Das Versammlungsgesetz vom 24. Juli 1953

Rechtshistorische Reihe

Band 474

Zur Qualitätssicherung und Peer Review der vorliegenden Publikation

Die Qualität der in dieser Reihe erscheinenden Arbeiten wird vor der Publikation durch einen der Herausgeber der Reihe geprüft.

Notes on the quality assurance and peer review of this publication

Prior to publication, the quality of the work published in this series is reviewed by one of the editors of the series.

Ruprecht Freiherr von Maltzahn

Das Versammlungsgesetz vom 24. Juli 1953

Vorgeschichte, Gesetzgebungsverfahren sowie spätere Änderungen

PL ACADEMIC RESEARCH

Bibliografische Information der Deutschen Nationalbibliothek
Die Deutsche Nationalbibliothek verzeichnet diese Publikation in der Deutschen Nationalbibliografie; detaillierte bibliografische Daten sind im Internet über http://dnb.d-nb.de abrufbar.

Zugl.: Kiel, Univ., Diss., 2017

Die vorliegende Arbeit wurde von Werner Schubert zur Aufnahme in die Reihe empfohlen.

Umschlagabbildung:
Justitia. Allegorie der Gerechtigkeit. Druck aus dem 17. Jahrhundert.

Gedruckt auf alterungsbeständigem, säurefreiem Papier.
Druck und Bindung: CPI books GmbH, Leck

D 8
ISSN 0344-290X
ISBN 978-3-631-73885-6 (Print)
E-ISBN 978-3-631-73920-4 (E-PDF)
E-ISBN 978-3-631-73921-1 (EPUB)
E-ISBN 978-3-631-73922-8 (MOBI)
DOI 10.3726/b12684

PL Academic Research ist ein Imprint der Peter Lang GmbH.

Peter Lang – Frankfurt am Main · Bern · Bruxelles · New York · Oxford · Warszawa · Wien

Diese Publikation wurde begutachtet.

www.peterlang.com

Für Giorgi

Vorwort

Die vorliegende Arbeit wurde im Wintersemester 2016/2017 von der rechtswissenschaftlichen Fakultät der Christian-Albrechts-Universität zu Kiel als Dissertation angenommen.

Ein ganz herzlicher Dank gilt meinem Doktorvater, Herrn Prof. Dr. *Werner Schubert*, der mir über viele Jahre mit kritischen Fragen, kollegialer Unterstützung und in fachlicher Diskussion beiseite gestanden und so wesentlich zum Gelingen beigetragen hat. Herrn Prof. Dr. *Rudolf Meyer-Pritzl* möchte ich für die sehr zeitnahe Erstellung des Zweitgutachtens danken.

Ebenso möchte ich mich bei Frau *Grit Fleischhauer* für ihre Unterstützung bei technischen Formatierungsfragen und für ihren unermüdlichen Einsatz beim Korrekturlesen bedanken.

Herrn Dr. *Maximilian Schroth* möchte ich für seine Motivation sowie die mehrfachen Arbeitsaufenthalte in Binz/Rügen danken, die, fern von universitärem und sonstigem Trubel, zum Entstehen ganz wesentlich beigetragen haben.

Ein ganz besonderer und inniger Dank gilt meinen Eltern, die mich während meiner juristischen Ausbildung in hohem Maße gefördert und stets ermunternd begleitet haben und die mich mit (fachlichem) Zuspruch und mit vielfältigem Beistand, nicht zuletzt durch das umfangreiche Korrekturlesen meines Vaters, bei der Entwicklung dieser Arbeit unterstützt haben.

Die allergrößte Dankbarkeit gilt jedoch meinen Kindern, die mich durch ihre Anwesenheit immer wieder aufgebaut haben, und in ganz besonderem Maße meiner Frau, die mich immerwährend begleitet, unterstützt, ermuntert und mir in vielfacher Weise den Rücken freigehalten hat. Erst durch ihre liebevolle und fürsorgliche Begleitung und ihren immer motivierenden Zuspruch habe ich diese Arbeit fertigstellen können. Diese sei ihr daher in tiefer Dankbarkeit gewidmet.

Inhaltsübersicht

Inhaltsverzeichnis

Fünfter Teil – Beratung des vom Bundestag verabschiedeten Gesetzes im Bundesrat, Mai 1953 309

Einleitung

Es gibt wohl nur wenige Rechtsgebiete im Geltungsbereich der Bundesrepublik Deutschland, die so stark im Fokus der Öffentlichkeit stehen und Gegenstand ständiger gerichtlicher Entscheidungen sind, wie das Versammlungsrecht. Der Umstand, dass seit der Verabschiedung des VersG 1953 zahlreiche verwaltungsgerichtliche Urteile und Entscheidungen des BVerfG[1] zu dem Gesetz und seiner praktischen Anwendung ergangen sind, ist ein Ausdruck gefestigter Demokratie und Rechtsstaatlichkeit in Deutschland. Denn das Ringen um die Grenzen der gesetzlichen und behördlichen Einschränkung des Grundrechts der Versammlungsfreiheit aus Art. 8 GG ist nur auf der Grundlage eines stabilen und beständigen Rechts- und Verfassungsstaates möglich. Zudem sind die juristischen Auseinandersetzungen und Diskussionen Ausdruck einer aktiven Wahrnehmung von Grund- und Freiheitsrechten durch Bürger, Parteien, Verbände und andere Grundrechtsträger, wenngleich die mit einer Versammlung angestrebten politischen Grundsätze, Ziele und Ideale gleichsam höchst unterschiedlich und im Einzelnen oder für den Einzelnen nicht tragbar zu sein scheinen. Denn die Versammlungsfreiheit und die zu ihr in enger Verbindung stehende Meinungsfreiheit bestehen gerade unabhängig von einer konkreten Meinung, von politischen Ideen oder von Gedankengut, so untragbar und verwerflich dem Einzelnen Themen und Ideale auch erscheinen mögen. Nur die bewusste Trennung von Versammlungsfreiheit einerseits und Inhalt der Versammlung andererseits hat ein absolutes Grundrecht der Versammlungsfreiheit ermöglicht. Und dennoch ist eine Versammlung nicht vollkommen unabhängig von ihrem Inhalt zu betrachten. Die (grund-)gesetzliche Grenze zulässigen Inhalts liegt dort, wo andere Grundrechte und Rechtsgüter einer nicht mehr hinnehmbaren Einschränkung oder Verletzung unterliegen.

Trotz oder gerade wegen der Auseinandersetzung und Diskussion quer durch alle wissenschaftlichen, rechtlichen und politischen Gruppierungen und Ansichten ist bislang eine breite Akzeptanz des VersG[2] zu verzeichnen. Gilt es doch zu bedenken, dass mit der im Grundgesetz gewährten Versammlungsfreiheit einer der Meilensteine deutscher Demokratiegeschichte geschaffen wurde wie es ihn vorher nicht gab. Aufgrund seiner grund- und verfassungsrechtlich herausragenden Bedeutung verdient das Versammlungsgesetz mit Blick auf seine eigentliche Entstehungsgeschichte eine nähere Betrachtung, bei der die Hinter- und Beweggründe für (und gegen) einzelne Normen näher beleuchtet werden sollen, um so die gesetzgeberische Intention hinter dem VersG zu verdeutlichen. Ebenso gibt es bislang

1 Exemplarisch sei hier nur die berühmte Brokdorf-Entscheidung des BVerfG aufgeführt: BVerfGE 69, 315 ff.

2 Bzw. seit 2006 der entsprechenden landesgesetzlichen Regelungen, vgl. unten S. 350 ff.

keine Untersuchungen und Darstellungen zur Entstehung des VersG anhand von (Primär-)Quellen der zuständigen Ministerien[3] sowie von Bundesrat und Bundestag und deren mit dem Gesetzgebungsverfahren zum VersG betrauten Ausschüsse. Es wäre dabei zu kurz gegriffen, die nachfolgenden Ausführungen auf die eigentliche Entstehungsgeschichte des VersG vom ersten ministeriellen Entwurf bis zur Verkündung durch den Bundespräsidenten zu begrenzen. Denn das Ergebnis der ministeriellen und parlamentarischen Beratungen, die gleichwohl den Schwerpunkt dieser Arbeit bilden, lässt sich, wie die weiteren Ausführungen zeigen werden, nur vor dem Hintergrund der Vorläufer des Versammlungsgesetzes einordnen und verstehen.[4] Dabei wäre ein denkbarer Ansatz, die Darstellung bei der Entstehung bzw. Rezeption von Versammlungsfreiheit in Deutschland zu beginnen[5], um über den gescheiterten Versuch, mit der Paulskirchenverfassung[6] einen Grundrechtskatalog und darin ein Grundrecht auf Versammlungsfreiheit erstmalig in Deutschland zu etablieren, die ersten gesetzlichen Bestimmungen auf Landesebene und die Entstehung des Reichsvereinsgesetzes abzubilden. Stattdessen erfolgt aus Platzgründen eine Beschränkung auf die Beschreibung und Erläuterung der zentralen Normen des Reichsvereinsgesetzes als erstem deutschlandweit[7] gültigen Gesetz mit zentralen Bestimmungen über das Versammlungswesen, der Regelungen in der Weimarer Reichsverfassung sowie der Entwicklungen in der Weimarer Republik und unter der Herrschaft der Nationalsozialisten bis hin zu den Rechtsetzungsakten der Alliierten in den Besatzungszonen und dem Inkrafttreten einzelner Landesverfassungen mit einem Grundrecht der Versammlungsfreiheit (Erster Teil). Dem schließt sich eine Darstellung der Entstehung von Art. 8 GG, der ersten Entwürfe eines Versammlungsgesetzes durch das Bundesinnenministerium, der Erörterung in den Sitzungen des Bundeskabinetts bis hin zur Verabschiedung des Regierungsentwurfs 1950 an (Zweiter Teil). Sodann erfolgen die Beratungen des Bundesrates und seiner Ausschüsse (Ausschuss für Innere Angelegenheiten und Rechtsausschuss) zum Regierungsentwurf und die Stellungnahme der Bundesregierung dazu

3 Bundesinnenministerium (BMI) und Bundesjustizministerium (BMJ).

4 Vgl. hierzu auch *Quilisch*, S. 29.

5 Zu den Einflüssen der in den USA und England bestehenden Freiheitsrechte auf die Rezeption von Versammlungsfreiheit in Deutschland, vgl. *Quilisch*, S. 37 ff. m.w.N. Zu den französischen Freiheitsideen und ihre Auswirkungen in Deutschland, siehe *Kraujuttis-Versammlungsfreiheit*, S. 7 m.w.N. Zur Entstehung und Entwicklung des Liberalismus in Deutschland, vgl. z.B. *Nipperdey-Liberalismus*, S. 286 ff.

6 Die Darstellung der Geschichte der verfassungsgebenden Nationalversammlung in der Frankfurter Paulskirche und die Gründe für das Scheitern der Paulskirchenverfassung sowie der Regelungen der Preußischen Verfassungsurkunde würden nicht der vom Verfasser gewählten Schwerpunktsetzung entsprechen. Zu den Gründen für ein Scheitern, insbesondere mit Blick auf die dafür erforderliche Abkehr vom absolutistischen Herrschaftsverständnis siehe u.a. *Dreier*-GG, Band 1, Vorbemerkung vor Art. 1 GG, Rn. 11; *Kraujuttis-Versammlungsfreiheit*, a.a.O.; *Quilisch*, S. 35 m.w.N.

7 Bezogen auf die Grenzen des Deutschen Kaiserreichs ab 1871.

(Dritter Teil). Die im nächsten Abschnitt abgebildeten und erläuterten Beratungen und Beschlüsse des Deutschen Bundestages und seiner Ausschüsse (federführend beraten durch den Ausschuss zum Schutze der Verfassung) in den Jahren 1950 bis 1953 bilden aufgrund ihrer zentralen Bedeutung im Rahmen der gesetzgeberischen Entstehungsgeschichte des Versammlungsgesetzes den Schwerpunkt der vorliegenden Arbeit (Vierter Teil). Dabei ist den Beratungen des Ausschusses zum Schutze der Verfassung unter der Leitung der Abgeordneten *Dr. Menzel* und *Zinn* (beide SPD) besondere Beachtung geschuldet, da hier der Kern der gesetzgeberischen Arbeit stattfand und der Schwerpunkt der politischen Debatte über den Gesetzentwurf lag. Dabei ist bemerkenswert, dass bis auf die Stellungnahme der „Gesellschaft für Bürgerrechte" keine sonstige außerparlamentarische Einschätzung oder Stellungnahme Eingang in die Beratungen gefunden hat.

Anschließend erfolgt die Darstellung der Beratungen des Bundesrates zu dem vom Bundestag 1953 beschlossenen Versammlungsgesetz, die in die Einberufung des Vermittlungsausschusses mündeten (Fünfter Teil). Dessen Beratungen und Beschlüsse sowie die Annahme des Gesetzes durch den Bundestag und den Bundesrat werden darauf folgend näher beleuchtet (Sechster Teil). Zuletzt behandelt die vorliegende Arbeit die Änderungen des VersG nach 1953 und stellt die Auswirkungen der Föderalismusreform 2006 auf das Bundesgesetz dar (Siebenter Teil). Die Arbeit endet mit einer Schlussbetrachtung (Achter Teil).

Erster Teil – Die Geschichte des Versammlungsrechts in Deutschland bis 1948

I. Das Reichsvereinsgesetz von 1908

1. Die Reichsverfassung von 1871

a) Reichsverfassung ohne ein Grundrecht der Versammlungsfreiheit

Ausgangspunkt für das Reichsvereinsgesetz (RVG) bildete die Reichsverfassung von 1871. Diese bildete den Abschluss des seit 1848/49[8] immer stärker in den deutschen Einzelstaaten vorherrschenden Konstitutionalismus. Nahezu alle Einzelstaaten hatten sich zwischenzeitlich „Landesverfassungen" gegeben, die im Hinblick auf die Regelung einer Versammlungsfreiheit gleichwohl inhaltlich noch stark auseinanderfielen,[9] von denen die meisten jedoch eine grundrechtlich gewährte Versammlungsfreiheit, wenn auch mit Einschränkungen, vorsahen.[10] Die Deutsche Reichsverfassung von 1871 (Reichsverfassung) sah jedoch keinen Grundrechtskatalog vor[11] und räumte somit der Versammlungsfreiheit (anders als vor ihr die Paulskirchenverfassung und später die Weimarer Reichsverfassung) keinen Verfassungsrang ein. Damit galten die einzelstaatlichen Regelungen zur Versammlungsfreiheit zunächst fort.[12]

Hatte die Preußische Verfassungsurkunde von 1850, in welcher die Grundrechtsbewegung des Vormärz und die Gedanken der Paulskirchenverfassung noch nachwirkten,[13] ein Grundrecht der Versammlungsfreiheit gewährt,[14] um Forderungen der Bevölkerung nach einem Recht auf Versammlungsfreiheit zumindest teilweise

8 Mit der Paulskirchenverfassung als einem zwischenzeitlichen „Höhepunkt" des Konstitutionalismus.

9 Teilweise waren bereits in Verfassungen des Früh-Konstitutionalismus wie z.B. in Bayern, Baden und Württemberg 1818/19 eigenständige Grundrechtskataloge vorgesehen. Siehe hierzu auch *Maunz-Dürig-GG-Depenheuer*, Art. 8, Rn. 16 ff m.w.N. Die Einräumung von Grundrechten diente dabei in erster Linie dem Machterhalt der monarchischen Herrscher und war folglich nicht bedingungslose Umsetzung der Forderungen der liberalen Bewegung, vgl. *Kraujuttis-Versammlungsfreiheit*, S. 10.

10 *Sachs*-GG, Art. 8, Rn. 2.

11 Eine Grundrechtsnormierung war in der DRV bewusst nicht vorgesehen, vgl. *Quilisch*, S. 64. Siehe auch *Schnabel-Deutsche Geschichte*, S. 166.

12 Vgl. unten S. 50 f.

13 *Müller-Versammlungsfreiheit*, S. 28 f.

14 Art. 29 der Preußischen Verfassungsurkunde lautete: *„(1) Alle Preußen sind berechtigt, sich ohne vorgängige obrigkeitliche Erlaubnis friedlich und ohne Waffen in geschlossenen Räumen zu versammeln. (2) Diese Bestimmung bezihet sich nicht auf Versammlungen*

zu entsprechen,[15] war dies in der Verfassung des Norddeutschen Bundes von 1867 nicht mehr vorgesehen. Vielmehr vollzog sich darin eine formelle und materielle Rückentwicklung im Hinblick auf die Garantie von Grund- und Freiheitsrechten. Begünstigt durch den Geist der Reaktion waren ein Grundrechtskatalog und damit auch ein Recht auf Versammlungsfreiheit in der Verfassung des Norddeutschen Bundes nicht zu finden. Die Grund- und Freiheitsrechte fielen dabei vor allem der zentralen Stoßrichtung der Verfassung zum Opfer, die immer stärker in den Vordergrund rückenden nationalen Einheitsfragen mittels einer gemeinsamen Verfassung beantworten zu wollen.[16]

Nach der „Gründung"[17] des Deutschen Reiches 1871 galten diese Bestrebungen umso mehr fort. Folglich befasste man sich bei der Verabschiedung der Reichsverfassung *„ausschließlich mit dem Aufbau und den Aufgaben des Reichs."*[18] Dabei folgte man der herrschenden Staatslehre *Labands*[19] mit ihrer strikten Trennung von Staatsgewalt und Einzelfreiheit. Man verzichtete ganz bewusst auf die Aufnahme einer *„Grundrechtsnormierung"*, so dass diesbezügliche Einzelfragen Teil der einfachgesetzlichen (Spezial-)Normierung blieben und eine Verbriefung der persönlichen Freiheiten auf Verfassungsebene nicht erfolgte.[20] Insgesamt wurden in der Reichsverfassung die Regelungen der Verfassung des Norddeutschen Bundes im Wesentlichen unverändert übernommen. Allein einige Begrifflichkeiten wurden entsprechend angepasst.[21] Die letzten Änderungen wurden am 10. Dezember 1870

---

unter freiem Himmel, welche auch in Bezug auf vorgängige obrigkeitliche Erlaubnis der Verfügung des Gesetzes unterworfen sind."

15 Die Preußische Verfassungsurkunde war jedoch unverändert von einem monarchischen Verständnis geprägt, die Gewährung von Grundfreiheit somit als *„zeitgemäßes Zugeständnis des Monarchen an die Untertanen"* anzusehen, vgl. *Kraujuttis-Versammlungsfreiheit*, S. 27 m.w.N.

16 *Kraujuttis-Versammlungsfreiheit*, S. 39.

17 Die Reichsgründung kann gleichwohl nicht als ein fixes Datum verstanden werden. Dem „Reichsgründungstag" am 18. Januar 1871 (Tag der Kaiserproklamation in Versailles) war eine längere Kette von Ereignissen, beginnend mit der Revolution 1848/49 über die Gründung des Norddeutschen Bundes sowie die Verabschiedung der Verfassung des Deutschen Bundes vom 1. Januar 1871 vorausgegangen. Teilweise fanden diese Ereignisse erst nach diesem Datum statt. Vgl. hierzu bspw. *Stürmer-Reichsgründung*, S. 39 und S. 100 m.w.N.

18 Siehe *Kraujuttis-Versammlungsfreiheit*, S. 39.

19 Sogenannte Freiheits- oder Grundrechte waren keine subjektiven Rechte des Einzelnen, sondern bildeten (lediglich) Normen der Staatsgewalt, welche als Schranken für die Machtbefugnisse der Behörden fungieren sollten, vgl. *Laband-Staatsrecht*, Band I, S. 138 ff; *Kraujuttis-Versammlungsfreiheit*, S. 36 f.

20 Vgl. *Quilisch*, S. 64; *Kraujuttis-Versammlungsfreiheit*, S. 39. Entsprechende Anträge, einen Grundrechtskatalog in die Verfassung aufzunehmen, wurden durch den Reichstag abgelehnt.

21 Zu der terminologischen Anpassung siehe „Zuschrift des Bundeskanzlers, v. Bismarck, an den Präsidenten des Reichstags, Simons (Beschluss des Norddeutschen

durch den Reichstag beschlossen, am 31. Dezember 1870 im Bundesgesetzblatt veröffentlicht, und die ehemalige Verfassung des Norddeutschen Bundes trat als *„Verfassung des Deutschen Bundes"* mit dem Namen *„Deutsches Reich"* am 1. Januar 1871 in Kraft. Auf der Grundlage dieser Verfassung wurde am 3. März 1871 ein neuer Reichstag gewählt. Dieser verabschiedete am 14. April 1871 eine neue Reichsverfassung, die am 16. April 1871 veröffentlicht wurde.[22] Die neue Reichsverfassung trat am 4. Mai 1871 in Kraft.

b) Gesetzgebungskompetenz aus Art. 4 Nr. 16 Reichsverfassung

Im Hinblick auf die erforderliche reichsrechtliche Gesetzgebungskompetenz für den Bereich des Versammlungswesens war in Art. 4 Nr. 16 Reichsverfassung folgende Regelung enthalten:

> *„Der Beaufsichtigung seitens des Reichs und der Gesetzgebung desselben unterliegen die nachstehenden Angelegenheit: [...] 16. die Bestimmungen über die Presse und das Vereinswesen."*

Eine ausdrückliche Gesetzgebungskompetenz für das Versammlungswesen war somit nicht vorgesehen. Jedoch wurden das Versammlungs- und das Vereinswesen als eine Art zusammenhängender Rechtsbereich[23] verstanden. Unter dem Oberbegriff *„Associationswesen"* verstand man Regelungen zum Vereinsrecht und zum Versammlungsrecht gleichermaßen.[24] Art. 29 (Versammlungsfreiheit) und 30 (Vereinigungsfreiheit) der Preußischen Verfassungsurkunde standen ebenfalls in engem Zusammenhang. Denn in Art. 30 wurde die gemeinsame Gesetzgebungskompetenz festgelegt.[25] Entsprechend wurde mit dem RVG[26] auch eine gemeinsame Kodifikation für beide Rechtsbereiche geschaffen. Es entsprach der allgemeinen Ansicht, in der

---

Bundesrats betreffend die Einführung der Bezeichnungen „Deutsches Reich" und „Deutscher Kaiser")" vom 9. Dezember 1870, abrufbar unter: http://www.documentarchiv.de/ksr/dtrdtk.html (Abruf vom 10. September 2017). Zu der verfassungs- und staatsrechtlichen Frage, ob das Deutsche Reich als neuer Staat mit neuer Verfassung ggü. dem Norddeutschen Bund entstand oder als identisches Völkerrechtssubjekt, bei dem lediglich eine Reorganisierung und entsprechende Umbenennung stattfand, siehe *Huber*, Band 3, S. 761 ff.

22 *„Gesetz betreffend die Verfassung des Deutschen Reiches"*, RGBl. 1871, S. 63.

23 Annexkompetenz für das Versammlungsrecht, vgl. *Müller-Versammlungsfreiheit*, S. 33; *Kraujuttis-Versammlungsfreiheit*, S. 39.

24 Zum Begriff der „Association" siehe ausführlich *Kraujuttis-Versammlungsfreiheit*, S. 12 m.w.N.

25 So lautete Art. 30 Abs. 2 der Preußischen Verfassungsurkunde: *„Das Gesetz regelt, insbesondere zur Aufrechterhaltung der öffentlichen Sicherheit, die Ausübung des in diesem und in dem vorstehenden Artikel (29) gewährleisteten Rechts."*

26 Der Titel des Vereinsgesetzes lautete: *„Verordnung über die Verhütung eines die gesetzliche Freiheit und Ordnung gefährdenden Missbrauchs des Versammlungs- und Vereinigungsrechts."*

Regelung des Art. 4 Nr. 16 DRV eine Annexkompetenz zum Erlass reichsrechtlicher Bestimmungen zum Versammlungswesen zu sehen.[27]

2. Das Zustandekommen des Reichsvereinsgesetzes

Nach Inkrafttreten der DRV wurde von der Gesetzgebungskompetenz für das Vereins- und Versammlungswesen zunächst nicht Gebrauch gemacht. Somit blieben bestehende einzelstaatliche Regelungen zur Versammlungsfreiheit weiterhin in Kraft,[28] so dass für den Bereich des Versammlungsrechts teilweise gravierende Unterschiede zwischen den einzelstaatlichen Regelungen (fort-)bestanden. *Paul Laband* unterstrich in seiner Kommentierung des Entwurfs zum RVG die Hoffnung auf ein einheitliches Reichsgesetz *„anstatt darauf zu warten, bis die Gesetzgebung in den einzelnen Staaten sich dazu aufrafft.“*[29] Ganz im Sinne seiner Staatsrechtslehre hielt er es gleichwohl für unbegründet, dass *„das Reich durch die RVerf. zum Erlaß eines solchen Gesetzes verpflichtet sei.“*[30] Durch die Einordnung des Versammlungswesens als Teil des Polizeirechts erachtete *Laband* einzelstaatliche Regelungen grundsätzlich für ausreichend, hielt aber aus Gründen der Effizienz und Einheitlichkeit einen reichsgesetzlichen Akt durchaus für sinnvoll. Die ab 1871 herrschende Ansicht, das Versammlungsrecht gewähre keine subjektiven Rechte, sondern diene, als Teil des Verwaltungsrechts, der Eingrenzung staatlicher Befugnisse,[31] ließ in der Praxis die Dringlichkeit einer einheitlichen reichsrechtlichen Regelung vermissen.

a) Das „Sozialistengesetz“ vom 21. Oktober 1878

Mit dem *„Sozialistengesetz“*[32] machte der Reichsgesetzgeber im Oktober 1878 das erste Mal Gebrauch von seiner Gesetzgebungskompetenz aus Art. 4 Nr. 16 DRV. Das Gesetz, politisch motiviert, verbot Vereine und Versammlungen mit sozialdemokratischen, sozialistischen oder kommunistischen Bestrebungen, durch

---

27 Vgl. *Quilisch*, S. 64 m.w.N.; *Kraujuttis-Versammlungsfreiheit*, S. 39.

28 Vgl. Art. 2 S. 1 u. 2 DRV: *„Innerhalb dieses Bundesgebietes übt das Reich das Recht der Gesetzgebung nach Maßgabe des Inhalts dieser Verfassung und mit der Wirkung aus, daß die Reichsgesetze den Landesgesetzen vorgehen. Die Reichsgesetze erhalten ihre verbindliche Kraft durch ihre Verkündung von Reichs wegen, welche vermittelst eines Reichsgesetzblatts geschieht.“*

29 *Laband-RVG*, DJZ 1/1908, Spalte 2.

30 Ders., ebda.

31 Vgl. *v. Gerber – Öffentliche Rechte*, S. 65. Das im Geiste der Paulskirchenverfassung vorherrschende Verständnis von Versammlungsfreiheit, dieser eine positive Mitwirkungsfunktion (vgl. *Bluntschli/Brater-Brater*, Staatswörterbuch, Band X, S. 760 f.), in jedem Fall aber eine subjektive Grundrechtsfunktion zuzuschreiben, war nicht zuletzt im Zuge der Reaktion immer stärker aufgegeben worden, siehe auch Fn. 19 zur Staatslehre *Labands*.

32 *„Gesetz gegen die gemeingefährlichen Bestrebungen der Sozialdemokratie“* vom 21. Oktober 1878, RGBl. 1878, S. 351.

die umstürzlerische Zwecke im Hinblick auf die bestehende Staats- oder Gesellschaftsordnung verfolgt wurden,[33] und stellte Verstöße gegen das Gesetz unter Strafe[34]. Aus „*Angst vor der Sozialdemokratie*“[35] sah sich Reichskanzler *Bismarck* dazu veranlasst, innenpolitisch äußerst radikal gegen Sozialdemokraten vorzugehen und versuchte gleichzeitig, mit seiner Sozialgesetzgebung den Kernanliegen der Sozialdemokratie ihre Aktualität zu nehmen. Die mit dem Sozialistengesetz eigentlich verfolgte politische Zielsetzung wurde nicht erreicht. Vielmehr konnten sozialdemokratische Kandidaten bei den folgenden Wahlen zum Reichstag teils erhebliche Stimmengewinne verzeichnen.[36]

b) Politische und rechtliche Ausgangslage

Mit dem Reichsvereinsgesetz von 1908 sollte den unterschiedlichen Regelungen in den Einzelstaaten des Deutschen Reiches mittels eines einheitlichen Reichsgesetzes und dem damit verbundenen abändernden Eingriff in die landesrechtlichen Regelungen begegnet werden.[37] Zudem sollte die aus staatlicher Sicht erfolglose Einführung des Sozialistengesetzes durch eine einheitliche Regelung ausgeglichen werden.[38]

Aufgrund der unterschiedlichen Abgeordnetengruppen[39] des Reichstags war für eine reichseinheitliche Lösung ein Kompromiss notwendig. Vor dem Hintergrund, dass die DRV kein Grundrecht der Versammlungsfreiheit vorsah, war es Ziel der liberalen Abgeordneten, zumindest auf verwaltungsrechtlicher Ebene weitgehende Freiheiten für Versammlungsteilnehmer zu verabschieden. Das liberale Lager sah im Gesetzentwurf des Reichsamts des Inneren von November 1907 noch einen

33 Vgl. § 9 des Sozialistengesetzes: „*(1) Versammlungen, in denen sozialdemokratische, sozialistische oder kommunistische auf den Umsturz der bestehenden Staats- oder Gesellschaftsordnung gerichtete Bestrebungen zu Tage treten, sind aufzulösen. (2) Versammlungen, von denen durch Tatsachen die Annahme gerechtfertigt ist, daß sie zur Förderung der im ersten Absatz bezeichneten Bestrebungen bestimmt sind, sind zu verbieten. (3) Den Versammlungen werden öffentliche Festlichkeiten und Aufzüge gleichgestellt.*“

34 So sah § 17 bei Verstoß gegen § 9 (vgl. Fn. 33) eine Geldstrafe von bis zu 500 Mark oder eine Gefängnisstrafe von bis zu drei Monaten vor.

35 Vgl. *Laband-RVG*, DJZ 1/1908, Spalte 3.

36 Siehe *Kraujuttis-Versammlungsfreiheit*, S. 39 m.w.N. Nachdem das Sozialistengesetz gemäß seinem § 30 zunächst nur bis zum 31. März 1881 gültig sein sollte, wurde die Gültigkeit durch den Reichstag in den Folgejahren wiederholt um ein weiteres Jahr verlängert und erst im September 1890 offiziell aufgehoben, vgl. https://www.fes.de/hfz/arbeiterbewegung/epochen/sozialistengesetz-1878-1890 (Abruf vom 21. Dezember 2016).

37 Die Verabschiedung des RVG führte zu einer Aufhebung der bestehenden landesrechtlichen Regelungen, vgl. *Kraujuttis-Versammlungsfreiheit*, S. 40 m.w.N.

38 *Quilisch*, S. 64.

39 U.a. Sozialdemokraten, Zentrum, Deutsche Volkspartei, Konservative, Freikonservative, Nationalliberale, Linksliberale.

„reaktionär-bureaukratischen Charakter.“[40] Demgegenüber befürworteten konservative Abgeordnete, die in Teilen noch den Gedanken der Reaktion anhingen, möglichst umfangreiche Eingriffsbefugnisse für die Polizei.[41] In der Einschränkung polizeilicher Befugnisse[42] befürchtete man eine *„große Gefahr“* für die *„gegenwärtige Staatsordnung.“*[43] Trotz dieser Gegensätze kam es im Ergebnis zu einem *„Kompromiss“*[44], der sowohl dem liberalen Anliegen nach einem möglichst freien Versammlungsrecht als auch den konservativen Forderungen nach ausreichend polizeirechtlichen Befugnissen Rechnung trug. Zwar war gegenüber einigen bisherigen landesrechtlichen Regelungen ein Rückschritt im Hinblick auf die gewährten Freiheiten zu verzeichnen, gleichzeitig wurden aber bestehende einzelstaatliche Beschränkungen[45] aufgegeben.[46] Insgesamt betrachtet fand eine Rechtsvereinheitlichung statt, die dem Geist der Reichsverfassung[47] entsprach.

c) Zentrale Regelungen des RVG

Im Folgenden werden zentrale (Neu-)Regelungen des RVG näher dargestellt. Insbesondere sollen die Normen unter Einbeziehung der Kommentarliteratur eingehender erläutert werden, die sich in ihrer Grundausrichtung auch in den Entwürfen des VersG wiederfinden.

aa) „Versammlungsfreiheit“ und Gesetzesvorbehalt, § 1 RVG

(1) Regelungsgehalt von § 1 RVG

Mit § 1 RVG wurde die zentrale und zugleich wichtigste (Neu-)Regelung dieser Kodifizierung gefasst:

---

40 *Laband-RVG*, DJZ 1/1908, Spalte 4. Vgl. auch *Müller-Versammlungsfreiheit*, S. 34.

41 Vgl. hierzu *Quilisch*, S. 64 m.w.N.

42 Gerade im Hinblick auf das Preußische Vereinsgesetz vom 11. März 1850, das in erheblichem Maße Einschränkungen der in den Art. 29 und 30 der Preußischen Verfassungsurkunde gewährten Grundrechtsausübung vorsah, insbesondere eine Genehmigungspflicht für Versammlungen unter freiem Himmel (§ 9) sowie Aufsichts- und Anwesenheitsrecht der Polizei (§ 4).

43 Vgl. *Laband-RVG*, DJZ 1/1908, Spalte 3.

44 *Quilisch*, S. 64.

45 So entfiel etwa die unter dem Preußischen Vereinsgesetz noch vorherrschende Diskriminierung von Frauen, denen bislang die Teilnahme an Versammlungen politischer Vereine untersagt gewesen war, vgl. *Kraujuttis-Versammlungsfreiheit*, S. 40 f.

46 Für das Gesetzgebungsverfahren war aber eine bewusste Nichtberücksichtigung bestimmter einzelstaatlicher Regelungen erforderlich, um überhaupt zu einer einheitlichen Regelung zu gelangen. Es kam also v.a. entscheidend *„auf den Gesamtinhalt des Entwurfs und auf den im weitaus größten Teil Deutschlands bestehenden Rechtszustand“* an, vgl. *Laband-RVG*, DJZ 1/1908, Spalte 2.

47 Siehe oben S. 4.

„(1) Alle Reichsangehörigen haben das Recht zu Zwecken, die den Strafgesetzen nicht zuwiderlaufen, Vereine zu bilden, und sich zu versammeln. Dieses Recht unterliegt poliz eilich nur den in diesem Gesetz und anderen Reichsgesetzen enthaltenen Beschränkungen. (2) Die allgemeinen sicherheitspolizeilichen Bestimmungen des Landesrechts finden Anwendung, soweit es sich um die Verhütung unmittelbarer Gefahr für Leben und Gesundheit der Teilnehmer an einer Versammlung handelt.“

Für sich betrachtet wurde in § 1 Abs. 1 S. 1 RVG eine unbeschränkte Versammlungsfreiheit gewährt, bei der *„alle polizeilichen Beschränkungen hinweggeräumt“*[48] sind. Im Verhältnis zu vielen einzelstaatlichen Regelungen entsprach diese Regelung einer positiven Betonung und Unterstreichung und damit einem gewandelten Verständnis von Versammlungsfreiheit. Allein, die Versammlung musste sich in einem (polizei- und straf-)rechtlich erlaubten Rahmen bewegen.[49] Gleichwohl sollte kein subjektiver Rechtsanspruch für den einzelnen Bürger geschaffen werden.[50] So wurde bewusst auch keine Definition des Begriffs der Versammlung in den Gesetzestext aufgenommen, die möglicherweise zur Begründung eines subjektiven Rechts geführt hätte.[51] Man betrachtete es vielmehr als eine natürliche Fähigkeit des Menschen, Versammlungen veranstalten oder an diesen teilnehmen zu können,[52] die es mittels gesetzlicher Regelungen einzuschränken[53] galt.

Die in § 1 Abs. 1 S. 2 RVG vorgesehene Einschränkungsmöglichkeit sicherte einerseits einen gewissermaßen rechtsstaatlichen Schutz zu, da nur gesetzliche Einschränkungsmöglichkeiten vorgesehen waren, so dass ein etwaiges, willkürliches Polizeiverhalten ausgeschlossen war. Allerdings war die Möglichkeit zur gesetzlichen Einschränkung inhaltlich unbeschränkt. Indem polizeiliches Handeln auf die gesetzlich normierten Fälle[54] begrenzt wurde, kam es zu einer Form von *„Privilegierung“*[55] der Versammlung gegenüber allgemeinen polizeirechtlichen

48 *Laband-RVG*, DJZ 1/1908, Spalte 4.

49 Ebenso wenig fand eine Einschränkung auf bestimmte Inhalte wie die Erörterung öffentlicher Angelegenheiten statt, vgl. *Kraujuttis-Versammlungsfreiheit*, S. 41. Der Inhalt der Versammlung spielte lediglich bei Einzelnormen eine Rolle, bspw. bei der Anzeigepflicht nach § 5 RVG. Das Gesetz zielte also nicht *per se* auf politische Versammlungen ab. Vgl. insoweit die Rechtsprechung des BVerfG zur Definition der Versammlung als *„eine örtliche Zusammenkunft mehrerer Personen zur gemeinschaftlichen, auf die Teilhabe an der öffentlichen Meinungsbildung gerichteten Erörterung oder Kundgebung“*, BVerfG, Beschluss von 12.07.2001, 1 BvQ 28/01, in: NJW 2001, S. 2459.

50 *Kraujuttis-Versammlungsfreiheit*, S. 40. Vielmehr galt das Verständnis einer natürlichen Fähigkeit, sich zu versammeln, die erst einmal unbegrenzt schriftlich fixiert wurde.

51 Vgl. *Hieber/Bazille-RVG*, § 1, S. 41. Zum Versammlungsbegriff siehe sogleich S. 11.

52 *Laband-RVG*, DJZ 1/1908, Spalte 4.

53 *Kraujuttis-Versammlungsfreiheit*, S. 40.

54 Im Sinne einer Ermächtigungsgrundlage.

55 *Quilisch*, S. 64.

Eingriffsbefugnissen. Zwar gab es keinen eigenen Rechtsanspruch auf Versammlungsfreiheit, jedoch wurde ein Abwehrrecht gegen ungesetzliche (Eingriffs-) Maßnahmen der Polizei geschaffen.

§ 1 Abs. 2 RVG durfte nicht als eine Rückausnahme von der beabsichtigten Rechtsvereinheitlichung auf dem Gebiet des Versammlungsrechts verstanden werden. Da die Reichsverfassung[56] die Zuständigkeit für die polizeiliche Gefahrenabwehr den Ländern zuwies, stellte § 1 Abs. 2 RVG vielmehr klar, dass polizeiliche Generalklauseln, also *„geschriebene und ungeschriebene [...] allgemeine sicherheitspolizeiliche Bestimmungen“*,[57] ggü. Versammlungsteilnehmern unverändert fortgelten sollten.[58]

(2) Versammlungsbegriff unter dem RVG

(a) Enger Versammlungsbegriff im Sinne des Gesetzgebers

Ausgehend vom Wortlaut in § 1 Abs. 1 RVG sprach vieles für einen weiten Versammlungsbegriff. Bis auf eine Negativabgrenzung[59] gab es keine (zusätzliche) Begrenzung, bspw. auf den Zweck der *„Erörterung öffentlicher Angelegenheiten“*.[60] Auch die begrifflichen Einschränkungen in § 5 RVG (Anzeigepflicht nur bei politischen Versammlungen) und § 7 (Genehmigungspflicht für Versammlungen unter freiem Himmel) führten nicht zu einer grundlegenden Einschränkung des Versammlungsbegriffs. Sie betrafen nur die Anzeige- bzw. Genehmigungspflicht, nicht jedoch das grundsätzlich freie Versammlungsrecht des § 1 RVG.[61] Zwar geht aus der Begründung zu § 5 RVG hervor, dass Einschränkungen nur für *„öffentliche Versammlungen, in denen öffentliche Angelegenheiten erörtert werden,“*[62] gelten sollten, während das preußische Vereinsgesetz von 1850 noch jegliche Versammlung (öffentlich oder nicht-öffentlich) unter bestimmte Beschränkungen gestellt hatte. Dies bedeutete jedoch lediglich, dass im Hinblick auf die gesetzlichen

56 Art. 4 Nr. 13 DRV sah lediglich eine Gesetzgebungskompetenz für den Bereich des Strafrechts vor, nicht jedoch für das „vorgelagerte“ Gefahrenabwehrrecht.

57 *Hieber/Bazille-RVG*, § 1, S. 53.

58 Hieraus ließ sich aber nicht eine *„Polizeifestigkeit der Versammlung“* entnehmen, vgl. zu dieser Begrifflichkeit z.B. *Maunz-Dürig-GG-Depenheuer*, Art. 8, Rn. 138, entnehmen. Denn die Anwendbarkeit entsprechender landespolizeirechtlicher Vorschriften war weder auf nicht versammlungsbezogene Maßnahmen beschränkt noch nur für die Abwehr nicht versammlungsbezogener Gefahren vorgesehen. Jedoch musste für die Anwendbarkeit der landesgesetzlichen Regelungen eine unmittelbare Gefahr für Leben und Gesundheit der Versammlungsteilnehmer vorliegen, vgl. *Hieber/Bazille-RVG*, § 1, S. 53.

59 Kein Verstoß gegen strafrechtliche Vorschriften, vgl. § 1 Abs. 1 S. 1 RVG.

60 Vgl. *Müller-Versammlungsfreiheit*, S. 34 m.w.N. Dort auch der Hinweis, dass gerade in der Rechtsprechung zum RVG eine solche thematische Einschränkung des Versammlungsbegriffs ganz überwiegend nicht mehr vertreten wurde.

61 *Müller-Versammlungsfreiheit*, S. 35.

62 Vgl. *Hieber/Bazille-RVG*, § 1, S. 41.

Einschränkungsmöglichkeiten eine genauere Definition von *„öffentlicher Versammlung"* und *„öffentlicher Angelegenheit"* erforderlich war.[63] Nicht öffentliche Versammlungen unterlagen dem Wortlaut nach weiterhin § 1 RVG.[64]

Gleichwohl galt nach herrschender Ansicht unter dem RVG ein eingeschränkter Versammlungsbegriff. Dies resultierte aus einem gewandelten Grundverständnis der Versammlungsfreiheit. Es fand eine immer stärkere Fokussierung des Wesensgehalts der Versammlungsfreiheit auf den Schutz der *„Freiheit des Wortes"*[65] bzw. das *„Recht auf freie Meinungsäußerung"*[66] statt. Als Versammlung galt *„das Zusammensein zum Zwecke der Erörterung und Beratung von Angelegenheiten."*[67] Dabei musste die Angelegenheit nicht zwangsläufig öffentlicher oder gar politischer Natur sein. Die Eingrenzung des Versammlungsbegriffs erfolgte durch die Einführung einer klar abgegrenzten Zweckbezogenheit, um gerade den beabsichtigten Schutz der Meinungsfreiheit zu unterstreichen. Es sollten die Veranstaltungen als Versammlungen i.S.d. RVG ausscheiden, denen ein erörterndes, kommunikatives und meinungsaustauschendes Element fehlte. *Kraujuttis* sah diese Einschränkung des Versammlungsbegriffs als freiheitlich an, da so gesellige Zusammenkünfte von den Beschränkungen des RVG freiblieben.[68]

(b) Weiterer Versammlungsbegriff im Sinne der Literatur

Basierend auf einer reichsgerichtlichen Entscheidung von 1890, die eine Versammlung als eine *„gewisse, nicht allzu klein an Zahl bemessene, äußerlich irgendwie vereinigte Personenmehrheit oder Menschenmenge,"* welche *„auf gemeinsamen, bewussten Zwecken und Zielen, also auf gemeinsamem Wollen beruht,"*[69] verstand, wurde bei der Auslegung von § 1 RVG insbesondere in der Literatur[70] mehrheitlich ein weiterer Versammlungsbegriff vertreten. Die Vertreter dieser weiten Auffassung sahen in

---

63 Siehe hierzu ausführlich *Hieber/Bazille-RVG*, § 1, S. 45 ff.

64 *Hieber/Bazille-RVG*, § 1, S. 45, stellt diesbezüglich richtigerweise fest, dass nicht die Abgrenzung zwischen Versammlung und Privatgesellschaft, sondern zwischen öffentlicher und nicht-öffentlicher Versammlung im Hinblick auf die gesetzlichen Einschränkungsmöglichkeiten im Vordergrund stehe.

65 *Müller-Versammlungsfreiheit*, S. 35 m.w.N.

66 So z.B. Reichsgericht, Urteil vom 21. November 1913, in: RGSt. 47, S. 389; Kammergericht, Urteil vom 14. Mai 1914, in: DJZ 19/1914, Spalte 830; *Stier-Somlo-RVG*, S. 53. Vgl. ebenso *Kraujuttis-Versammlungsfreiheit*, S. 42, *Müller-Versammlungsfreiheit*, S. 35 f.

67 *Müller-Versammlungsfreiheit*, S. 35 m.w.N.

68 *Kraujuttis-Versammlungsfreiheit*, S. 42. *Müller-Versammlungsfreiheit*, S. 35, sieht hingegen die Ursache für den Ausschluss von Versammlungen mit rein geselligem Charakter in der fehlenden Wertschätzung einer solchen Veranstaltung im Hinblick auf einen grundrechtlichen Schutz von Versammlungsfreiheit. Diese Ansicht mag zu kurz greifen, da sowohl das RVG als auch die DRV keinen grundrechtlichen Schutz von Versammlungsfreiheit gewährleisteten.

69 Reichsgericht, Urteil vom 22. September 1890, RGSt 21, S. 73.

70 *Hieber/Bazille-RVG*, S. 42; *Stier-Somlo*-RVG, S. 53 ff.; *Romen-RVG*, S. 29 ff.

jedem *„denkbaren Zweck“* das erforderliche *„Bindeglied“* für eine Versammlung.[71] So war für *Hieber/Bazille* nach dem *„allgemeinen Sprachgebrauch“* unter dem Begriff Versammlung *„eine Zusammenkunft einer größeren Zahl von Personen zu verstehen, die in der Absicht stattfindet, einen ihnen gemeinschaftlichen Zweck in Gemeinschaft zu verfolgen.“*[72] Eine Zweckeinschränkung im Sinne von Erörterung oder Meinungsaustausch in der Öffentlichkeit wurde abgelehnt.[73] Basierend auf diesem weiten Versammlungsbegriff erfolgte auch die Auslegung der Begriffe *„öffentliche Versammlung“*[74] und *„öffentliche“* und *„politische Angelegenheit“*[75] (§ 5 RVG), jedoch ohne die weitere, systematisch denkbare Schlussfolgerung, aus dem für jedwede öffentliche Angelegenheit wesentlichen und prägenden Charakter eines gemeinsamen Interesses die gedankliche Brücke zum Meinungsaustausch und damit zu einem eher eingegrenzten und vielleicht auch praktikableren Versammlungsbegriff zu schlagen. Auch das Verständnis von einer politischen Angelegenheit als *„Erörterungen [...], die [in] Richtung auf Kritik und Beeinflussung staatlicher Einrichtungen und Anordnungen“*[76] zielen, führte nicht zu einer begrifflichen Einschränkung im Hinblick auf die Freiheit der Meinungsäußerung.

bb) Anzeigepflicht, § 5 RVG

Wie bereits im Preußischen Vereinsgesetz geregelt, sah auch das RVG in § 5 eine grundsätzliche Anzeigepflicht für öffentliche politische Versammlung vor.[77] So waren weiterhin alle öffentlichen Versammlungen mit politischen Inhalten von

---

71 Vgl. *Müller-Versammlungsfreiheit*, S. 36; *Kraujuttis-Versammlungsfreiheit*, S. 42 m.w.N.

72 *Hieber/Bazille-RVG*, S. 42.

73 Eine Einschränkungsmöglichkeit des Versammlungsbegriffs sah man vielmehr bei der Zahl der Versammlungsteilnehmer, dem Versammlungsort und der Organisationsstruktur der Versammlung, vgl. *Hieber/Bazille-RVG*, S. 43 f.

74 *„Versammlungen, zu denen nicht nur bestimmte Personen Zutritt haben,“* vgl. *Hieber/Bazille-RVG*, § 1, S. 45.

75 *„Im Einzelfall mag zweifelhaft sein, welche Angelegenheiten als öffentliche und welche Gegenstände als politische zu verstehen sind. Jedenfalls aber erstreckt sich der Begriff der öffentlichen Versammlung [...] auf das weite Gebiet aller Verhältnisse, welche über den Rechtskreis bestimmter natürlicher oder juristischer Personen hinausgreifend die Gesamtheit angehen und deren Interessen berühren“*; vgl. *Hieber/Bazille-RVG*, § 1, S. 47 m.w.N.

76 *Hieber/Bazille-RVG*, § 1, S. 47.

77 § 5 RVG lautete: *„Wer eine öffentliche Versammlung zur Erörterung politischer Angelegenheiten (politische Versammlung) veranstalten will, hat hiervon mindestens 24 Stunden vor dem Beginne der Versammlung unter Angabe des Ortes und der Zeit bei der Polizeibehörde Anzeige zu erstatten. Über die Anzeige ist von der Polizeibehörde sofort eine kostenfreie Bescheinigung zu erteilen.“* Im preußischen Vereinsgesetz bezog sich die Anmeldepflicht noch generell auf *„öffentliche Angelegenheiten“*, also auf solche Themen, die über den Rechtskreis bestimmter physischer oder moralischer Personen hinausgingen.

einer Anzeigepflicht betroffen.[78] Folglich waren alle nicht-öffentlichen Versammlungen und alle öffentlichen Versammlungen mit nicht-politischem Inhalt von der Anzeigepflicht ausgenommen.[79]

Von einer Legaldefinition des Begriffs der öffentlichen Versammlung wurde abgesehen.[80] Vielmehr erwartete man sich eine Ausprägung durch *„Wissenschaft und Rechtsprechung.“*[81] Dabei sollte vor allem die Rechtsprechung des Reichsgerichts ihre Geltung bekommen, nach der unter einer öffentlichen Versammlung

> *„jede Versammlung verstanden werden [sollte], zu welcher der Zutritt nicht auf vorher namentlich oder sonst individuell bezeichnete Personen beschränkt, sondern, sei es auch unter Erfüllung gewisser Bedingungen, jedem gestattet ist.“*[82]

Für das Merkmal der Öffentlichkeit war somit die Frage der theoretischen Teilnahmemöglichkeit von entscheidender Bedeutung.

Für das Merkmal der politischen Versammlung war ursprünglich eine Ausweitung des Wortlauts auf öffentliche Angelegenheiten[83] vorgesehen, dies aber u.a. aufgrund der Weite und Ungenauigkeit des Begriffs der öffentlichen Angelegenheit aufgegeben worden,[84] so dass die Behandlung politischer Themen ausschlaggebend blieb. Eine politische Angelegenheit war gegeben, wenn sich das Thema auf oder gegen staatliche Einrichtungen, Institutionen, Regelungen etc. bezog, also das Verhältnis Bürger – Staat in irgendeiner Weise angesprochen war.[85] Für eine Erörterung i.S.v. § 5 RVG war erforderlich, dass eine *„Untersuchung, Auseinandersetzung, Auseinanderlegung einer Sache nach ihrem Grund und Wesen“*[86] stattfindet. Dies durfte auch einseitig, also ohne ein *„für und wider“* erfolgen.[87] So war auch nicht entscheidend, dass der einzelne Versammlungsteilnehmer seine eigene Meinung äußert,[88] sondern lediglich, dass eine bestimmte Meinung Teil der Erörterung war,

---

78 Vgl. *Quilisch*, S. 64. Jedoch wurde die Anzeigepflicht von Versammlungen unter freiem Himmel von der spezielleren Genehmigungspflicht des § 7 RVG verdrängt.

79 *Romen-RVG*, § 5, S. 67. Zudem galten die in § 6 RVG geregelten Ausnahmen von der Anzeigepflicht.

80 Siehe *Romen-RVG*, § 5, S. 67. Auch der folgende, gesetzliche Definitionsversuch war vom Gesetzgeber letztendlich verworfen worden: *„Öffentliche Versammlung ist jede Versammlung, in welche auf öffentliche Einladung jedermann gegen Entgelt oder unentgeltlich Zutritt hat.“* Vgl. *Stier-Somlo-RVG*, § 5, S. 105.

81 *Romen-RVG*, § 5, S. 67; *Stier-Somlo-RVG*, § 5, S. 105.

82 RGZ 44, S. 133. Vgl. auch *Romen-RVG*, § 5, S. 69.

83 Anstelle *„politischer Angelegenheiten“*.

84 Siehe *Stier-Somlo-RVG*, § 5, S. 108.

85 Vgl. *Hieber/Bazille-RVG*, § 1, S. 47.

86 *Romen-RVG*, § 5, S. 72.

87 *Hieber/Bazille-RVG*, § 5, S. 94.

88 Vgl. ders., ebda. Dies entspricht dem von *Hieber/Bazille* vertretenen weiten Versammlungsbegriff, der nicht die Meinungsäußerung mit in den Schutzbereich einbezieht.

ohne dass es auf eine bestimmte äußere Form der Meinungsäußerung ankam.[89] Es sollte ausreichen, dass eine Erreichbarkeit der Versammlungsteilnehmer und deren Möglichkeit, sich durch Zuhören ein eigenes (Meinungs-)Bild von dem zu verschaffen,[90] gegeben waren.

Hinsichtlich Form und Zuständigkeit der Anzeige galt folgendes: Verantwortlich für die rechtzeitige Anzeige war der Veranstalter der Versammlung.[91] Also derjenige, der eine entsprechende Versammlung *„anregt, beruft oder veranlaßt.“*[92] Dabei konnte eine Anzeige durch eine andere Person als die des Veranstalters dessen Pflicht nicht erfüllen; die Anzeigepflicht sollte auch nicht im Nachhinein entfallen, wenn z.B. die Erörterung einer politischen Angelegenheit gar nicht stattfand.[93] Zu den formellen Kriterien der Anzeige machte das Gesetz keine Angaben. Folglich war jede Form[94] der Anzeige denkbar. Allein die erforderliche Kenntnisnahme war entscheidend. Unter inhaltlichen Gesichtspunkten waren nur die Angaben von Ort und Zeit und der Hinweis auf die Ausrichtung als politische Versammlung zwingend geboten. Leitfaden dafür war die Möglichkeit, durch rechtzeitiges und ausreichendes Inkenntnissetzen für eine entsprechende Überwachung und Kontrolle der Veranstaltung sorgen zu können.[95]

cc) Genehmigungsvorbehalt von Versammlungen unter freiem Himmel, §§ 7 bis 9 RVG

§ 7 RVG[96] sah für öffentliche Versammlungen unter freiem Himmel unabhängig vom konkreten Inhalt[97] der Versammlung eine polizeiliche Genehmigungspflicht vor. Damit blieb es, wie schon im Preußischen Vereinsgesetz, bei einer rechtlich und tatsächlich weitgehenden Einschränkung der Versammlungsfreiheit.

Das Beibehalten der Genehmigungspflicht fußte im Wesentlichen auf folgender gesetzgeberischen Überlegung:

---

89 *Romen-RVG*, § 5, S. 72; für ihn war auch eine Erörterung mittels *„gesanglicher oder szenischer Aufführung“* denkbar.

90 So *Hieber/Bazille-RVG*, § 5, S. 94.

91 Das Gesetz spricht dabei nur von *„veranstalten.“*

92 *Stier-Somlo-RVG*, § 5, S. 108.

93 *Siehe Romen-RVG*, § 5, S. 73.

94 Also mündlich, schriftlich oder auch *„telegraphisch“*; vgl. *Romen-RVG*, § 5, S. 74.

95 *So Hieber/Bazille-RVG*, § 5, S. 97.

96 § 7 Abs. 1 RVG lautete: *„Öffentliche Versammlungen unter freiem Himmel und Aufzüge auf öffentlichen Straßen oder Plätzen bedürfen der Genehmigung der Polizeibehörde.“*

97 Nach *Romen-RVG*, § 7, S. 87, der einen weiten Versammlungsbegriff vertrat, zählten dazu auch *„gesellige“* Angelegenheiten. Sogar bei Fehlen jeglicher Erörterung von „Angelegenheiten“ sollte eine Genehmigungspflicht bestehen.

„Durch die Möglichkeit des Zusammenströmens unbegrenzter Menschenmassen bei öffentlichen Versammlungen unter freiem Himmel kann in besonderem Maße eine Gefährdung der öffentlichen Ordnung und Sicherheit hervorgerufen werden.“[98]

Während im späteren Versammlungsgesetz von 1953 (VersG) den besonderen Umständen einer Versammlung unter freiem Himmel durch die Pflicht zur Anzeige (und das nur im Extremfall mögliche Versammlungsverbot) begegnet wurde,[99] blieb im RVG der Genehmigungsvorbehalt bestehen.[100]

Um durch die Genehmigungspflicht nicht eine totale Verhinderung von Versammlungen unter freiem Himmel zu bewirken, wurde die Möglichkeit der Versagung an strenge Voraussetzungen geknüpft. Nur eine Gefahr für die öffentliche Sicherheit, nicht schon für die öffentliche Ordnung,[101] konnte eine Untersagung rechtfertigen. Mit Blick auf Versammlungen unter freiem Himmel war die Gefahr für die öffentliche Sicherheit, auch bei möglichen Abgrenzungsschwierigkeiten zur öffentlichen Ordnung, in jedem Fall dann gegeben, *„wenn schwerere Ausschreitungen zu befürchten sind.*“[102]

Das Preußische OVG[103] sah eine Gefahr für die öffentliche Sicherheit dann als gegeben an,

„wenn die Befürchtung begründet ist, dass die Versammlung Gelegenheit zu Reibungen und Ausschreitungen geben werde. Störungen des Rechtsfriedens, wie es solche Ausschreitungen darstellen, bilden stets eine Gefahr für die öffentliche Sicherheit.“

Zwar forderte die Rechtsprechung für die Annahme einer Gefahr im Einzelfall das Vorliegen von konkreten Tatsachen, mit denen sich die Befürchtung von Störungen der öffentlichen Sicherheit begründen ließ,[104] sie hielt jedoch im Gegensatz zur Intention des Gesetzgebers in § 1 Abs. 2 RVG keine unmittelbare Gefährdungslage für erforderlich. Richtschnur bildete eine *„nach vernünftigem Ermessen*“ vorhandene *„Möglichkeit*“ des Gefahreintritts. *„Allgemeine Vermutungen*“, eine *„nur entfernte Möglichkeit*“ und *„allgemeine Zweckmäßigkeitserwägungen*“ waren für die

---

98 So die Begründung des Gesetzentwurfs, vgl. *Romen-RVG*, § 7, S. 85.

99 Von den durch die Rechtsprechung entwickelten Grundsätzen zur sog. Spontanversammlung und der damit verbundenen Entbehrlichkeit einer Anmeldung einmal abgesehen.

100 Dies mag denklogisch richtig erscheinen, da die Möglichkeit der Anmeldung schon in § 7 verbraucht war, jedoch hätte man es auch in § 8 sicherlich bei einer Anmeldepflicht belassen können, indem man die Pflichten des § 7 auf jegliche Versammlung unter freiem Himmel ausgedehnt hätte.

101 Vgl. *Romen-RVG*, § 7, S. 96. Der Entwurf des RVG hatte eine Versagung auch für den Fall einer Gefahr für die öffentliche Ordnung vorgesehen; siehe *Hieber/Bazille-RVG*, § 7, S. 110.

102 *Hieber/Bazille-RVG*, § 7, S. 110.

103 Siehe Urteil des Preußischen OVG vom 7. Juni 1910, in: Preuß OVGE 57, S. 311 f.

104 *Hieber/Bazille-RVG*, § 7, S. 111.

Untersagung einer Versammlung unter freiem Himmel nicht ausreichend.[105] Im Gegensatz zum VersG war es für eine Untersagung jedoch unerheblich, ob die bestehende Gefährdungslage von der Versammlung ausging oder von Außenstehenden gegen die Versammlungsteilnehmer gerichtet war.[106]

Die Regelung zur Begrifflichkeit der Versammlung unter freiem Himmel in § 8 RVG[107] diente insbesondere dem Versuch einer klaren Abgrenzung zu öffentlichen Versammlungen in geschlossenen Räumen. Die getroffene gesetzliche Regelung basierte dabei im Wesentlichen auf einer Entscheidung des Preußischen OVG aus dem Jahre 1905, in welcher für Zwecke der Abgrenzung die „*wesentliche*" Prägung der Versammlung als Unterscheidungsmerkmal festgelegt worden war.[108] Die erarbeiteten Grundsätze flossen in § 8 RVG ein. Entscheidend war somit, ob die Versammlung von ihrer Gesamtkonzeption[109] als Versammlung unter freiem Himmel oder als Versammlung in geschlossenen Räumen anzusehen war, ohne dass spätere Veränderungen, etwa Zuhörer im Freien, die Prägung und damit die rechtliche Einordnung der Versammlung ändern konnten.[110] Durch ein Abstellen auf die Gesamtkonzeption konnte somit auch eine Umgehung der strengeren Vorschriften zu Versammlungen unter freiem Himmel verhindert werden, da die bloße Anmeldung als Versammlung in geschlossenen Räumen nicht ausreichte. Vielmehr war die tatsächliche Prägung entscheidend.

Die Intention in § 8 RVG zeigt einen deutlich liberaleren Charakter als die einzelstaatlichen Vorgängerregelungen. Damit verwirklichte sich der Gesamtansatz des Gesetzes, nach dem Einschränkungen nur bei Gefahren für öffentliche Sicherheit und Ordnung greifen sollten. Mit der nun vorliegenden Regelung unterstrich man diese Grundausrichtung, indem allein auf die Ausstrahlwirkung der Versammlung

---

105 Siehe *Romen-RVG*, § 7, S. 97 m.w.N.

106 *Vgl. Romen-RVG*, § 7, S. 97. Im späteren VersG hingegen waren polizeiliche Maßnahmen nur im Falle eine Gefahr, die von der Versammlung ausgeht, gerechtfertigt. Bei Gefahren von außen sollte grundsätzlich der Schutz und die Fortdauer der Versammlung Vorrang haben.

107 § 8 RVG lautete: „*Eine Versammlung, die in einem geschlossenen Raume veranstaltet wird, ist nicht schon deshalb als Versammlung unter freiem Himmel anzusehen, weil außerhalb des Versammlungsraumes befindliche Personen an der Erörterung teilnehmen, oder weil die Versammlung in einen mit dem Versammlungsraume zusammenhängenden umfriedeten Hof oder Garten verlegt wird.*" Zu dem Vorschlag einer ähnlichen Abgrenzungsregelung im VersG siehe S. 316 und zu den Gründen für eine Ablehnung S. 291.

108 OVGE 24, S. 435; *Stier-Somlo-RVG*, § 8, S. 143.

109 Insbesondere hinsichtlich Größe und Teilnehmerzahl, vgl. *Stier-Somlo-RVG*, § 8, S. 144.

110 Also Teilnahme an der Erörterung von Außenstehenden und Verlegung in einen umfriedeten Garten oder Hof. Für letzteres war entscheidend, dass kein ungehinderter Zugang für die breite Öffentlichkeit möglich war. Vgl. *Romen-RVG*, § 8, S. 102. *Stier-Somlo-RVG*, § 8, S. 145, spricht hinsichtlich der Anforderung an die Umfriedung von dem Vorliegen eines „*wesentlichen Wirtschaftsganzen*".

in die unbegrenzte äußere Öffentlichkeit und damit auf die potentielle Gefahrenlage abgestellt wurde, die man bei den in § 8 RVG beschriebenen Fällen gerade nicht als gegeben sah.

dd) Die Person des Versammlungsleiters, § 10 RVG

Mit § 10 RVG[111] wurden bestimmte, wenn auch begrenzte Kompetenzen auf die Person eines Versammlungsleiters übertragen. Damit wurden die bisher in weiten Teilen bestehenden landesrechtlichen Regelungen übernommen, die bereits Leitungspersonen für Versammlungen vorgesehen hatten. Man folgte somit dem Gedanken einer (inneren) Organisation der Versammlung.[112] Hierzu sollte u.a. das Vorhandensein eines Leiters gehören, um so eine *„geregelte Führung der Versammlungen und eine Aufrechterhaltung der Ordnung"*[113] zu gewährleisten. Die Norm sah eine, wenn auch nur kurze Beschreibung der Aufgaben und Befugnisse des Versammlungsleiters vor.[114] Hier blieb der Gesetzgeber seinem mit dem RVG verfolgten Grundgedanken treu, nur das Verhältnis zwischen Versammlung und staatlicher Gewalt festzulegen,[115] die nähere Ausgestaltung der inneren Ordnung der Versammlung hingegen dem Leiter (und Veranstalter) zu überlassen.[116] Weitergehende Befugnisse des Leiters als die im Gesetz genannten wurden abgelehnt. Man befürchtete andernfalls *„gesetzliche Berechtigungen zuzusprechen, die durch die öffentliche Gewalt nicht garantiert werden können."*[117] Die Auflösung der Versammlung durch den Versammlungsleiter wurde in dessen alleiniges Ermessen gestellt, ohne dass bestimmte Auflösungsgründe[118] vorliegen mussten. Im Gesetz unerwähnt blieb auch die Möglichkeit einer Ausübung des Hausrechts durch den Versammlungsleiter soweit ihm dies in der konkreten Versammlung auch tatsächlich zustand.[119]

---

111 § 10 RVG lautete: *„Jede öffentliche politische Versammlung muss einen Leiter haben. Der Veranstalter ist berechtigt, die Leitung selbst zu übernehmen, sie einem anderen zu übertragen oder die Wahl des Leiters durch die Versammlung zu veranlassen. Der Leiter oder, solange dieser noch nicht bestellt ist, der Veranstalter hat für Ruhe und Ordnung in der Versammlung zu sorgen. Er ist befugt, die Versammlung für aufgelöst zu erklären."*

112 *Hieber/Bazille-RVG*, § 10, S. 117.

113 *Romen-RVG*, § 10, S. 108.

114 *„[...] hat für Ruhe und Ordnung zu sorgen.[...]"*

115 *Hieber/Bazille-RVG*, § 10, S. 119.

116 *Romen-RVG*, § 10, S. 111.

117 *Hieber/Bazille-RVG*, § 10, S. 119. Eine etwaige Zuhilfenahme der Polizei sollte diesem Grundsatz jedoch nicht entgegenstehen, vgl. *Romen-RVG*, § 10, S. 114.

118 Anders als bei einer Auflösung durch die Polizei nach § 14 RVG, für die zwingend ein Grund vorliegen musste.

119 Vgl. *Romen-RVG*, § 10, S. 113.

ee) Waffenverbot, § 11 RVG

Das in § 11 RVG[120] manifestierte Waffenverbot für öffentliche Versammlungen und Aufzüge entsprach dem überwiegenden Stand der bisherigen Gesetzgebung in den Bundesstaaten und der Regelung in § 17 des Wahlgesetzes[121] für den Deutschen Reichstag.[122] Das Waffenverbot hielt man (nach wie vor) aus

> *„staats- und sicherheitspolizeiliche[m] Interesse [für] geboten, da das Mitführen von Waffen in erregter Stimmung leicht Anlass zu Gewalttätigkeiten geben“*[123]

könne. Der Geltungsbereich dieser Norm betraf öffentliche Versammlungen und Aufzüge, unabhängig von einer etwaigen Genehmigungspflicht oder einem bestimmten Versammlungszweck,[124] und sah nur für bestimmte Fälle eine Ausnahme vor. Dabei unterschied § 11 RVG zwischen zwei Ausnahmetatbeständen.[125] Bei der Ausnahmeregelung für Personen, die aufgrund eines *öffentlichen Berufs* zum Waffentragen berechtigt sind,[126] entschied sich der Gesetzgeber bewusst gegen eine stärkere Einschränkung, z.B. auf Polizeibeamte, um *„unnötige Misshelligkeiten“* zu vermeiden, die bislang durch die bestehenden Landesgesetze (teilweise) gegeben waren.[127] Die zweite Ausnahme des Waffenverbots bildete die behördliche Ermächtigung, welche sich wiederum nach Landesrecht richten sollte.[128]

---

120 § 11 RVG lautete: *„Niemand darf in einer öffentlichen Versammlung oder einem Aufzuge, der auf öffentlichen Straßen oder Plätzen stattfinden soll, bewaffnet erscheinen, es sei denn, daß er vermöge öffentlichen Berufs zum Waffentragen berechtigt oder zum Erscheinen mit Waffen behördlich ermächtigt ist.“*

121 Wahlgesetz für den Reichstag des Norddeutschen Bundes vom 31. Mai 1869, BGBl. NB 1869, Nr. 17, S. 145–149, dessen § 17 lautete: *„Die Wahlberechtigten haben das Recht, zum Betrieb der den Reichstag betreffenden Wahlangelegenheiten Vereine zu bilden und in geschlossenen Räumen unbewaffnet öffentliche Versammlungen zu veranstalten.“*

122 Vgl. insgesamt *Stier-Somlo-RVG*, § 11, S. 160; *Romen-RVG*, § 11, S. 114.

123 So die Begründung des Gesetzes, vgl. *Romen-RVG*, § 11, S. 114 und *Hieber/Bazille-RVG*, § 11, S. 122.

124 Vgl. *Stier-Somlo-RVG*, § 11, S. 160.

125 § 2 Abs. 3 VersG sah lediglich Befreiung vom Waffenverbot aufgrund behördlicher Ermächtigung vor.

126 Die Berechtigung richtete sich nach landesrechtlichen Vorschriften, vgl. *Hieber/Bazille-RVG*, § 11, S. 124.

127 *Stier-Somlo-RVG*, § 11, S. 162. Dazu zählten u.a. auch waffentragende Steuer- und Postbeamte.

128 Ders., ebda. Diese Ausnahmemöglichkeit richtete sich u.a. an einen Teilnehmerkreis, der typischerweise Waffen mit sich trug (wie z.B. Schützenvereine), um zwar die Beibehaltung bisheriger Traditionen etc. zu ermöglichen, aber dennoch eine Kontrollmöglichkeit zu haben, vgl. *Hieber/Bazille-RVG*, § 11, S. 123.

Als Waffe war

> *„jeder bewegliche Gegenstand, welcher begriffsmäßig die Bestimmung hat, als Angriffs- oder Verteidigungsmittel zur Zufügung von Körperverletzungen zu dienen, so daß z.B. stumpfe Rapiere, die zu einem Kommers gebraucht werden, keine Waffen sind“*[129],

zu verstehen. Orientiert an der Rechtsprechung zu § 7 des Preußischen Vereinsgesetzes konnten auch solche Gegenstände als Waffe in Betracht kommen, die

> *„nach der Bestimmung, dem Willen ihres Trägers als Angriffs- oder Verteidigungsmittel dienen sollen und zu diesem Zwecke in die Versammlung mitgebracht werden.“*[130]

Verstöße gegen das Waffenverbot begründeten ein polizeiliches Auflösungsrecht von Versammlungen (§ 14 Nr. 4 RVG) und stellten ein strafbares Verhalten dar (§ 19 Nr. 2 RVG).

ff) Auflösungsrechte der Polizei, §§ 14 bis 16 RVG

Das RVG sah für Verstöße gegen seine Bestimmungen ein polizeiliches[131] Auflösungsrecht vor. Das Gesetz sah dabei keine alternativen Handlungsmöglichkeiten für die Polizei vor, die u.U. ein milderes Mittel dargestellt hätten.[132] Dies lag vor allem an der fehlenden grundrechtlichen Ausgangslage für das RVG. Im Vergleich zum VersG und der Regelung des Art. 8 GG fußten die Regelungen im RVG nicht auf der Idee oder gar Notwendigkeit, größtmögliche Entfaltungsfreiheit und Schutz für die Versammlungsfreiheit als verbrieftem Grundrecht zu gewährleisten, gerade auch im Hinblick auf die Wahl der polizeilichen (Eingriffs-)Mittel.

gg) Ausgeschlossene Personen, § 17 RVG

Die fehlende grundrechtliche und damit verfassungsrechtliche Verankerung der Versammlungsfreiheit zeigte sich auch in der nicht allen Personen gewährten Möglichkeit, an einer Versammlung teilzunehmen (§ 17 RVG[133]). Vielmehr waren

---

129 *Stier-Somlo-RVG*, § 11, S. 161, der ausdrücklich diese eingegrenzte Definition statt des weiteren strafrechtlichen Waffenbegriffs (jedes gefährliche Werkzeug mit Verletzungseignung) vorsah; so auch *Romen-RVG*, § 11, S. 115.

130 Vgl. *Romen-RVG*, § 11, S. 115; *Stier-Somlo-RVG*, § 11, S. 161, m.w.N.

131 Die Anwesenheit der Polizei auf der Versammlung war in § 13 RVG durch die Entsendung von Polizeibeamten in die Versammlung geregelt.

132 In § 13 VersG war hingegen explizit geregelt, dass mildere Mittel einer Auflösung in jedem Fall vorzugehen hätten.

133 § 17 RVG lautete: *„Personen, die das achtzehnte Lebensjahr noch nicht vollendet haben, dürfen nicht Mitglieder von politischen Vereinen sein und weder in den Versammlungen solcher Vereine, sofern es sich nicht um Veranstaltungen zu geselligen Zwecken handelt, noch in öffentlichen politischen Versammlungen anwesend sein.“*

aus ordnungspolitischen Erwägungen altersmäßige Beschränkungen vorgesehen, die bei einem zunächst grenzenlos gewährten Grundrecht, wie im Fall des VersG, keinen Eingang in das Gesetz gefunden hätten.

3. Zwischenfazit

Die Verabschiedung des RVG stellte eine Zäsur in der Geschichte des Versammlungsrechts in Deutschland dar. Mit dem Gesetz wurde die schon seit längerem geforderte Rechtsvereinheitlichung im Gebiet der Versammlungsfreiheit geschaffen.[134] Erstmals gab es eine gesamtdeutsche einheitliche und umfassende Regelung für das Versammlungswesen. Man hatte erkannt, dass bloße einzelstaatliche Regelungswerke nicht halfen, die in der Gesellschaft vermehrt auftretende Forderung nach einer einheitlichen gesetzlichen Regelung für das Versammlungswesen zu erfüllen. Ebenso bestanden teilweise gravierende Unterschiede zwischen den einzelnen landesrechtlichen Regelungen, die erst durch das RVG und die damit einhergehende Rechtsvereinheitlichung beseitigt werden konnten.

Gleichwohl war das RVG ein reines Polizeigesetz, das lediglich eine Normierung des Verhältnisses zwischen Versammlungs- und Vereinigungsfreiheit der Teilnehmer und der Polizei beabsichtigte.[135] Dies zeigte sich u.a. durch die inhaltliche Anknüpfung an die Regelungen des Preußischen Vereinsgesetzes von 1850. Zwar sah das RVG in Teilen weitergehende Freiheiten der Versammlungsteilnehmer vor, als dies auf einzelstaatlicher Rechtsetzungsebene bisher der Fall gewesen war. Insgesamt blieb das RVG in seiner Gänze jedoch eine Kompromisslösung, aufgrund derer landesrechtliche Normierungen mit einem größeren freiheitsrechtlichen Regelungswerk, wie z.B. in Baden[136] und Württemberg[137], wieder „rückgängig" gemacht wurden. Die freiheitlichen Ideen der PKV oder der Preußischen Verfassungsurkunde wurden nicht zur inhaltlichen Grundlage für das RVG, sodass das Gesetz (zwangsläufig) hinter deren Regelungstiefe und Regelungsgehalt zurückbleiben musste. Als Polizeigesetz verblieb das RVG auf der Ebene des speziellen Versammlungsrechts, ohne dass der Versammlungsfreiheit Verfassungsrang eingeräumt wurde. Als Konsequenz dessen blieb auch die politische Bedeutung von Versammlungen mit Ausnahme bestimmter Tatbestände, die sich auf „politische Angelegenheiten" als Versammlungsgegenstand bezogen, bei der Fassung des Gesetzes außer Betracht.

---

134 Vgl. *Müller-Versammlungsfreiheit*, S. 33.

135 *Kraujuttis-Versammlungsfreiheit*, S. 40.

136 Mit dem Badischen Versammlungsgesetz von 1833 war das erste einfachgesetzliche Versammlungsgesetz in Deutschland geschaffen worden. Danach war ein Versammlungsverbot vorgesehen, wenn die öffentliche Sicherheit und das allgemeine Wohl bedroht waren. Solange kein explizites Versammlungsverbot vorlag, konnte im Umkehrschluss eine Versammlung ohne Anmeldung abgehalten werden, vgl. *Maunz-Düring-GG-Depenheuer*, Art. 8, Rn. 22.

137 Gewährung von Versammlungsfreiheit in § 149 des Württembergischen Strafgesetzbuches, vgl. *Quilisch*, S. 49.

Insbesondere ein denkbarer (und möglicher) Schutz der Versammlung als Instrument der politischen Meinungsäußerung war im RVG nicht vorgesehen.

Mit Blick auf die Kodifizierung des Versammlungswesens hat das RVG jedoch entscheidende Maßstäbe gesetzt. So hat sich der Gesetzgeber unter rechtsstaatlichen Gesichtspunkten einer Selbstbindung an bestehendes Recht unterworfen, da er die Einschränkungsmöglichkeiten der freien Versammlung auf gesetzlich vorgesehene Tatbestände explizit begrenzte und (polizei-)behördliches Handeln der Überprüfung durch die Verwaltungsgerichtsbarkeit unterstellte.[138] Ebenso wurden mit dem RVG konzeptionelle Grundlagen geschaffen, insbesondere mit Blick auf die Person des Versammlungsleiters, die sich auch im VersG wiederfinden.

II. Weimarer Republik

1. Aufruf des Rats der Volksbeauftragten 1918

Der im Zuge der „Novemberrevolution" nach dem Ende des 1. Weltkrieges und der Abdankung von Kaiser Wilhelm II. ins Leben gerufene Rat der Volksbeauftragten verkündete unter Nr. 2 seines Aufrufs vom 12. November 1918[139]:

> *„Das Vereins- und Versammlungsrecht unterliegt keiner Beschränkung, auch nicht für Beamte und Staatsarbeiter."*

Zumindest dem Wortlaut nach verloren die im RVG enthaltenen Beschränkungen der Versammlungsfreiheit hiermit ihre Gültigkeit.[140] Jedoch war der Aufruf des Rates der Volksbeauftragten, wenngleich er in unmittelbare Gesetzeskraft erwuchs,[141] nicht das Ergebnis längerer juristischer oder gar parlamentarischer Beratung, sondern entsprang vielmehr dem Willen zur Befreiung von Beschränkungen politischer Betätigung, wie sie von der (sozialdemokratischen) Opposition bis 1918 empfunden worden waren und auch tatsächlich bestanden hatten.[142] Damit war der Aufruf vor allem als Abkehr von den Zuständen im Kaiserreich zu verstehen. So war in der Folgezeit der Anwendungsbereich dieser Regelung durchaus umstritten. Da das RVG nicht explizit aufgehoben worden war, musste vielmehr bei jeder Norm geprüft werden, ob diese noch zur Anwendung kommen konnte oder aufgrund einer ihr innewohnenden Beschränkung der Versammlungsfreiheit nicht von einer weiteren Anwendung ausgeschlossen war.[143] So entspann sich beispielsweise mit Blick auf § 10 RVG[144] die Diskussion, ob hierin eine die Versammlungsfreiheit einschränkende Ordnungsvorschrift

---

138 Gleichwohl zeigten sich in der polizeilichen Praxis weiterhin „*Mißhelligkeiten*", insbesondere ggü. der politischen Linken, vgl. *Quilisch*, S. 80.

139 Aufruf des Rates der Volksbeauftragten vom 12. November 1918, RGBl., S. 1303.

140 So z.B. *Maunz/Dürig-GG-Depenheuer*, Art. 8, Rn. 25.

141 Ders., ebda.

142 Siehe *Kraujuttis-Versammlungsfreiheit*, S. 44.

143 *Kraujuttis-Versammlungsfreiheit*, S. 44 m.w.N.

144 Siehe oben S. 61.

gegeben sei,[145] oder ob der Regelung eine reine, den natürlichen Begebenheiten einer Versammlung Rechnung tragende Ordnungsfunktion innewohne, die an sich keine Beschränkung der Versammlungsfreiheit darstellte.[146] Zumindest als wesensimmanente Schranken der Versammlungsfreiheit,[147] insbesondere mit Blick auf das Verhältnis unter den Versammlungsteilnehmern[148] oder die Versammlung schützende Regelungen,[149] galten einige Normen des RVG[150] unverändert fort.

2. Art. 123 Weimarer Reichsverfassung

Hugo Preuß war bereits im November 1918 von *Friedrich Ebert* zum Staatssekretär des Innern berufen und mit dem Entwurf einer Reichsverfassung beauftragt worden. Während der erste Entwurf von *Preuß* nur drei Grundrechte[151] vorsah,[152] drang[153] der Rat der Volksbeauftragten auf die Aufnahme eines umfassenden Grundrechtskatalogs einschließlich der Versammlungs- und Vereinigungsfreiheit.

Die von der Nationalversammlung am 31. Juli 1919 in Weimar beschlossene und am 14. August 1919 in Kraft getretene *Verfassung des Deutschen Reiches*[154] regelte in Art. 123:

> „*(1) Alle Deutschen haben das Recht, sich ohne Anmeldung oder besondere Erlaubnis friedlich und unbewaffnet zu versammeln.*
> *(2) Versammlungen unter freiem Himmel können durch Reichsgesetz anmeldepflichtig gemacht und bei unmittelbarer Gefahr für die öffentliche Sicherheit verboten werden.*"

Damit schloss sich die WRV im Wesentlichen der Regelung in Art. 161 Paulskirchenverfassung an.[155] War der Aufruf des Rates der Volksbeauftragten noch im Geiste der Revolution verfasst worden, so wurde in Art. 123 die Versammlungsfreiheit nur

---

145 Durch welche die polizeiliche Kontrollmöglichkeit der Versammlung, v.a. mit Blick auf die Auflösungsmöglichkeiten verbessert wurde.

146 Vgl. *Quilisch*, S. 88, m.w.N.

147 *Kraujuttis-Versammlungsfreiheit*, S. 44.

148 So z.B. das Waffenverbot in § 11 RVG.

149 *Anschütz-WRV*, Art. 123, S. 566.

150 Ders., Art. 123, S. 565, der von einer teilweisen Fortgeltung der Regelungen des RVG ausgeht.

151 Glaubens- und Gewissensfreiheit, Gleichheit vor dem Gesetz und Schutz fremdsprachlicher Volksteile.

152 Zur Entstehungs- und Beratungsgeschichte von Art. 123 WRV siehe insgesamt *Apel-WRV*, S. 56 ff. und 106 ff.

153 Vgl. *Isensee/Kirchhof-StR I-Schneider*, S. 197.

154 RGBl. 1919, S. 1383.

155 Art 161 PKV lautete: „*(1) Die Deutschen haben das Recht, sich friedlich und ohne Waffen zu versammeln; einer besonderen Erlaubniß bedarf es dazu nicht. (2) Volksversammlungen unter freiem Himmel können bei dringender Gefahr für die öffentliche Ordnung und Sicherheit verboten werden.*" Siehe auch *v. Mangoldt/Klein/Starck-GG-Gusy*, Art. 8, Rn. 4.

eingeschränkt gewährt. Die Regelung in Art. 123 WRV war eng verknüpft mit der in Art. 118 WRV gewährten Meinungsfreiheit.[156] Von Art. 123 WRV war nicht nur die Anwesenheit des Einzelnen auf der Versammlung als solche geschützt. Vielmehr sollte durch Art. 123 WRV auch aktive Teilnahme und Interaktion bspw. durch Kundgebung und Meinungsäußerung geschützt sein, so dass hier eine inhaltliche Deckung mit Art. 118 WRV bestand.[157]

Mit Art. 123 WRV wurde erstmals für ganz Deutschland die Versammlungsfreiheit als Grundrecht verfassungsrechtlich garantiert.

3. Anwendung, Fortbestand und Änderungen des Reichsvereinsgesetzes

Trotz des Aufrufs des Rates der Volksbeauftragten[158] war es nicht zu einer formalen Aufhebung der RVG gekommen. Vielmehr wurde das Gesetz weiterhin angewendet, bei entsprechender Auslegung der Gesetzesnormen.

Aufgrund der Regelung in Art. 123 WRV hatte sich ein Nebeneinander verschiedener Rechtsquellen entwickelt, was zu einer Rechtsunsicherheit mit Blick auf die Anwendbarkeit der Regelungen des RVG führte.[159] Basierend auf der Gesetzgebungskompetenz in Art. 7 Ziffer 6 WRV[160] wurden 1926 und 1929 Entwürfe der Reichsregierung einer Neuregelung des Vereins- und Versammlungsrechts in den Reichstag eingebracht,[161] ohne dass es jedoch zu einer Beratung und Beschlussfassung kam.

Basierend auf dem in der h.L. vorherrschenden Verständnis von Versammlungsfreiheit als *„polizeibegrenzendes, staatsbürgerliches Grundrecht“*[162] bildeten die (noch) anwendbaren Regelungen des RVG die Abgrenzung zwischen grundrechtlich garantierter Versammlungsfreiheit und den staatlichen Regelungs- und Überwachungsansprüchen.[163] Aufgrund des eindeutigen Regelungsgehalts in Art. 123 WRV war die Anwendbarkeit insbesondere der folgenden Normen des RVG ausgeschlossen:[164] §§ 5 und 6 RVG (Anzeigepflicht), § 7 RVG (Genehmigung von öffentlichen Versammlungen unter freiem Himmel), § 10 RVG (Versammlungsleiter) und § 17 RVG (Ausschluss von Personen unter 18 Jahren).

---

156 *Apel-WRV*, S. 318.

157 Vgl. *Anschütz-WRV*, Art. 123, S. 566.

158 Siehe oben S. 65.

159 *Quilisch*, S. 80.

160 Art. 7 Ziffer 6 WRV lautete: *„(1) Das Reich hat die Gesetzgebung über: [...] 6. Das Presse-, Vereins- und Versammlungswesen.[...]“*

161 *Ridder*-Ridder, Geschichtliche Einleitung, Rn. 67; *Kraujuttis-Versammlungsfreiheit*, S. 45; *Quilisch*, S. 80 m.w.N.

162 Siehe insgesamt *Quilisch*, S. 82 ff, zum herrschenden Grundrechtsverständnis in der WRV, m.w.N; *Thoma-Festschrift OVG*, S. 187 ff.

163 *v. Mangoldt/Klein/Starck-GG-Gusy*, Art. 8, Rn. 4 m.w.N.

164 Siehe hierzu insgesamt: *Anschütz-WRV*, Art. 123, S. 569 ff.

Gleichzeitig galten die folgenden Regelungen des RVG weiterhin fort, da diese, auch vor dem Hintergrund des Aufrufs des Rates der Volksbeauftragten, keine Beschränkung der Versammlungsfreiheit, sondern den Schutz selbiger bezweckten:[165] § 1 Abs. 2 RVG (Vorbehalt der allgemeinen sicherheitspolizeilichen Bestimmungen des Landesrechts), § 11 RVG (Verbot des Waffentragens)[166] und § 13 RVG (Anwesenheitsrecht der Polizei). Das Auflösungsrecht der Polizei in § 14 RVG war auf Verstöße gegen diese Normen beschränkt. Insgesamt blieb es also bei einer teilweise undurchsichtigen Kodifikationslage im Hinblick auf die Versammlungsfreiheit. Die bestehende gesetzliche Lage führte dabei insgesamt zu verschiedensten Möglichkeiten, eine Versammlung zu verbieten,[167] so dass sich zumindest in der tatsächlichen Anwendung gegenüber der Zeit vor der WRV keine wirklichen Unterschiede ergaben.[168]

4. Rechtsetzungsakte bis 1933

Nach 1919 gewann die politische Versammlung als Ort und Instrument der politischen Auseinandersetzung immer mehr an Bedeutung. Gleichzeitig boten der noch junge Verfassungsstaat und die unklare Gesetzlage keine ausreichende Grundlage, der immer stärkeren Radikalisierung in den Versammlungen entgegenzuwirken. Mit dem Bannmeilengesetz vom 3. Mai 1920[169] und der Schaffung von § 107a StGB[170] wurde daher der (erfolglose) Versuch unternommen, den tatsächlichen Begebenheiten in der Versammlungspraxis, insbesondere den verschärften gewalttätigen Auseinandersetzungen zwischen den politischen Lagern zu begegnen.[171]

Jedoch fand nach und nach eine „*Delegitimation*"[172] der WRV und ihres Art. 123 statt, der man durch verschiedene Gesetzgebungsmaßnahmen, letzten Endes jedoch erfolglos entgegentreten wollte. In der Bevölkerung und den politischen Parteien, rechts wie links, hatte sich eine immer stärker werdende Ablehnungshaltung gegenüber der Republik und ihrer Verfassung herauskristallisiert, der man durch gewalttätige Auseinandersetzung auf Versammlungen Nachdruck verlieh. Zwar erkannte der Gesetzgeber die Notwendigkeit gesetzgeberischen Handelns, um die

---

165 Ders., ebda.

166 Hier hatte Art. 123 Abs. 1 WRV mit dem Wort „*friedlich*" eine klare Aussage getroffen.

167 *Apel-WRV*, S. 320.

168 *Anschütz-WRV*, Art. 123, S.568; *v. Mangoldt/Klein/Starck-GG-Gusy*, Art. 8, Rn. 4.

169 RGBl. 1929, S. 909.

170 § 107a StGB regelte die Strafbarkeit einer sog. Versammlungssprengung. Danach waren nicht verbotene Versammlungen gegen Verhinderung bzw. Sprengung mit Gewalt oder durch Drohung mit einem Verbrechen geschützt.

171 Siehe hierzu insgesamt: *Gusy*, S. 312 ff.

172 *v. Mangoldt/Klein/Starck-GG-Gusy*, Art. 8, Rn. 4.

Machtbefugnisse der Polizei bei Überwachung und Einschränkung von Versammlungen zu verbessern, jedoch blieb die gewünschte Wirkung der beschlossenen Gesetze[173] aus.[174]

Mit Notverordnungen[175] des Reichspräsidenten, basierend auf Art. 48 WRV[176], wurden weitere Versuche unternommen durch Einschränkungen der Versammlungs- und Vereinigungsfreiheit den politischen Geschehnissen Einhalt zu gebieten. So sah die „Verordnung zum Schutze des Inneren Friedens" vom 17. März 1932,[177] ein vollständiges Verbot von öffentlichen politischen Versammlungen für die Osterzeit vor. Durch die „Verordnung des Reichspräsidenten gegen politische Ausschreitungen" vom 14. Juni 1932 und die „Zweite Verordnung des Reichspräsidenten gegen politische Ausschreitungen" vom 28. Juni 1932[178] wurden Auflösungs- und Verbotstatbestände für öffentliche politische Versammlungen geschaffen. Die „Verordnung des Reichspräsidenten zur Sicherung des inneren Friedens" vom 2. November 1932[179] sah ein vollständiges Versammlungsverbot für öffentliche politische Versammlungen für den Zeitraum 6. November 1932 bis 19. November 1932 vor.[180] Doch auch diese staatserhaltenden Versuche blieben trotz teils erheblicher Einschränkungen der Versammlungsfreiheit in der Praxis wirkungslos. So schafften es die politischen Kräfte, die sich gegen den Bestand der Republik und ihrer Institutionen richteten, die ihnen durch in Art. 123 WRV gewährte Versammlungsfreiheit für ihre Zwecke einzusetzen und diese damit letztendlich zu zerstören.[181]

---

173 „Gesetz zum Schutz der Republik vom 21. Juli 1922", RGBl. 1921, S. 585. In dessen § 14 Abs. 1 wurde eine Verbotsmöglichkeit für Versammlungen mit republikfeindlichem Charakter geschaffen. Das Gesetz wurde am 25. März 1930, RGBl. 1930, S. 91, erneuert.

174 Vgl. *Quilisch*, S. 81.

175 Vgl. *Müller-Versammlungsfreiheit*, S. 39 f., m.w.N.

176 Art. 48 WRV lautete: „*[...] (2) Der Reichspräsident kann, wenn im Deutschen Reich die öffentliche Sicherheit und Ordnung erheblich gestört oder gefährdet wird, die zur Wiederherstellung der öffentlichen Sicherheit und Ordnung nötigen Maßnahmen treffen, erforderlichenfalls mit Hilfe der bewaffneten Macht einschreiten. Zu diesem Zwecke darf er vorübergehend die in den Artikeln [...] 123 [...] festgesetzten Grundrechte ganz oder zum Teil außer Kraft setzen. [...]*".

177 RGBl. 1932, S. 133.

178 RGBl. 1932, S. 297 und RGBl. 1932, S. 339.

179 RGBl. 1932, S. 517. Diese wurde durch „Verordnung des Reichspräsidenten zur Erhaltung des inneren Friedens" vom 19. Dezember 1932, RGBl. 1932, S. 543, wieder außer Kraft gesetzt.

180 Bedingt durch die Auflösung des Reichstags am 12. September 1932 fanden am 6. November 1932 Neuwahlen statt.

181 *Apel-WRV*, S. 321; *Quilisch*, S. 81.; *Müller-Versammlungsfreiheit*, S. 40.

III. NS-Zeit

Mit der Ernennung *Adolf Hitlers* zum Reichskanzler am 30. Januar 1933 und der damit verbundenen Machtübernahme durch die Nationalsozialisten verloren Art. 123 WRV[182] und in der Folge auch die Regelungen des RVG ihre Gültigkeit bzw. ihre ursprüngliche Anwendungshoheit.

So wurde mit der „Verordnung des Reichspräsidenten zum Schutze des deutschen Volkes" vom 4. Februar 1933[183] eine weitere erhebliche Einschränkung der Regelungen des RVG vorgenommen. Nunmehr konnten im Einzelfall öffentliche politische Versammlungen verboten werden, wenn *„nach den Umständen eine unmittelbare Gefahr für die öffentliche Sicherheit zu besorgen ist."*[184] Somit war auf reichsrechtlicher Ebene ein Verbotstatbestand hinzugekommen, der bisher den landesrechtlichen Polizeigesetzen vorbehalten gewesen war. Hinzu kam eine Erweiterung der möglichen Auflösungsgründe für eine Versammlung, die nicht mehr – wie bislang in § 14 RVG vorgesehen – nur bei Verstößen gegen die (ordnenden) Regelungen des RVG zum Tragen kommen sollten. Vielmehr bestand aufgrund der Verordnung (§ 2) die Möglichkeit der Auflösung im Falle von Aufrufen zum Ungehorsam gegen Gesetze und anderweitige Anordnungen der Regierung sowie bei Beschimpfung und böswilliger Verachtung von Staatsorganen, Behörden und sonstigen Einrichtungen des Staates. Die Verordnung zielte nunmehr auch auf die Unterbindung von Versammlungen ab, die sich inhaltlich gegen die nationalsozialistische Regierung und deren Regierungshandeln richteten, und untergrub somit das der Versammlungsfreiheit gem. Art. 123 WRV nahestehende Recht auf (politische) Meinungsfreiheit, die gerade in der Abhaltung von öffentlichen politischen Versammlungen ihre praktische Ausprägung finden sollte.

Die Verordnung kam einem faktischen Verbot von Versammlungen[185] gleich und war auf die Gleichschaltung der öffentlichen Meinungsäußerung im Sinne des Regimes ausgerichtet. Öffentliche politische Diskussion sollte und konnte nicht mehr stattfinden.

Mit der „Verordnung des Reichspräsidenten zum Schutz von Volk und Staat" vom 28. Februar 1933[186] wurden die Versammlungsfreiheit und weitere Grundrechte der WRV außer Kraft gesetzt. Dies führte zu einer weiteren Verfestigung der schon fortgeschrittenen freiheitsfeindlichen Entwicklung[187]. Ergänzend war es der

182 Dabei wurde die WRV nicht *„außer Kraft gesetzt"*, vgl. *Isensee/Kirchhof-StR I-H. Schneider*, S. 227.

183 RGBl. 1933, S. 35.

184 § 1 Abs. 2 der Verordnung des Reichspräsidenten zum Schutze des deutschen Volkes vom 4. Februar 1933, RGBl. 1933, S. 35.

185 Bei unliebsamen Versammlungsinhalten war nunmehr mit einem Verbot bzw. einer Auflösung der Versammlung zu rechnen. Zudem ermächtigte § 5 der Verordnung den Reichsinnenminister, weitere Versammlungsverbote auszusprechen.

186 RGBl. 1933, S. 83.

187 *Müller-Versammlungsfreiheit*, S. 40.

Reichsregierung aufgrund der Verordnung (§ 2) nunmehr gestattet, landesrechtliche Befugnisse wahrzunehmen und somit eine Durchsetzung der angestrebten „Gleichschaltung" in allen Landesteilen zu erreichen. Zu diesem Zwecke wurden in der Folge des Jahres 1933 weitere gesetzgeberische Maßnahmen ergriffen.[188]

Eine freie Meinungsäußerung in öffentlichen Versammlungen war nicht mehr möglich, vielmehr war Meinungsäußerung nur noch *„im Rahmen der Partei und im Geiste der Partei"*[189] vorgesehen. Freie Versammlungen als Organ der öffentlichen Meinung waren verboten.[190]Versammlungen dienten fortan als Instrument der nationalsozialistischen Propaganda und trugen zur Begeisterung der Massen für die nationalsozialistische Idee bei,[191] wobei in dieser pervertierten Form jeder freiheitliche und auf individuelle Grundrechte gestützte Ansatz von Versammlungsfreiheit beseitigt worden war.[192]

IV. Kapitulation und Besatzungszeit

1. Geltendes Recht und Normengefüge

Nach dem 8. Mai 1945 galten für das Versammlungsrecht zunächst die alliierten Regelungen und Bestimmungen in den jeweiligen Besatzungszonen.[193] So waren einerseits die Gesetzgebung des Alliierten Kontrollrats[194] maßgebend, andererseits die Regelungen der einzelnen Militärregierungen in den Besatzungszonen. Gleichwohl waren die vor der Kapitulation vom 8. Mai 1945 bestehenden deutsch- bzw. reichsrechtlichen Regelungen nicht grundsätzlich außer Kraft gesetzt, sondern galten weiterhin fort, wie auch das RVG, welches formal erst mit Inkrafttreten des VersG durch dessen § 30 aufgehoben wurde. Diese Normen waren aber den alliierten Rechtssetzungsakten untergeordnet und erfuhren auf diese Weise eine entsprechende Einschränkung.[195]

---

188 Z.B. „Gesetz gegen die Neubildung von Parteien" vom 14. Juli 1933, RGBl. 1933, S. 479; „Gesetz zur Sicherung von Einheit und Staat" vom 1. Dezember 1933, RGBl. 1933, S. 1016. Siehe hierzu insgesamt *Kraujuttis-Versammlungsfreiheit,* S. 55 m.w.N.

189 Ders., ebda.

190 Man beachte auch das Versammlungsverbot vom 13. April 1937 (Runderlass Heinrich Himmlers), das gezielt auf die Einschränkung des Rechts auf freie Versammlungen für bestimmte, freikirchliche Religionsgemeinschaften, unter anderem der Christlichen Versammlung (Brüderbewegung), gerichtet war. Siehe hierzu insgesamt: *Kretzer-Versammlungsverbot 1937,* S. 1 ff.

191 *Quilisch,* S. 81.

192 Zum Verhältnis von Versammlungsfreiheit und der Ideologie des Nationalsozialismus vgl. insgesamt *Kraujuttis-Versammlungsfreiheit,* S. 56 ff. m.w.N.

193 *Trubel/Hainka-VersG,* S. 11.

194 Dieser bestand vom 30. Juli 1945 bis zum 20. März 1948 und hatte die seit 1943 bestehende European Advisory Commission (EAC) abgelöst, vgl. *Isensee/Kirchhof-StR I-Stolleis,* S. 273.

195 Siehe zur Rechtsquellenhierarchie insgesamt *Isensee/Kirchhof-StR I-Stolleis,* S. 273 f.

2. Gesetzgebungsakte des Alliierten Kontrollrats

a) Formale Aufhebung nationalsozialistischer Gesetzgebung

So hob der Alliierte Kontrollrat mit Gesetz Nr. 1 vom 20. September 1945[196] diejenigen „*Gesetze politischer Natur oder Ausnahmegesetze, auf welchen das Nazi-Regime beruhte*", auf. Hierzu zählte u.a. das „Gesetz zur Behebung der Not von Volk und Reich" vom 24. März 1933.[197] Regelungen, die (auch) den Bereich des Versammlungsrechts betrafen, wie die „Verordnung des Reichspräsidenten zum Schutz von Volk und Staat" vom 28. Februar 1933[198], wurden hingegen nicht explizit aufgehoben, sondern bestanden zumindest formal weiter. Jedoch sah das Gesetz Nr. 1 des Alliierten Kontrollrats in dessen Artikel 2 eine einschränkende Anwendung all derjenigen Rechtssetzungsakte vor, aufgrund deren Anwendung

> „*[...] irgendjemand auf Grund [...] seiner Opposition zu der Nationalsozialistischen Deutschen Arbeiterpartei oder ihren Lehren, Nachteile erleiden würde.*" Zudem sah Artikel 3 des Gesetzes Nr. 1 vor: „*[...] Deutsches Recht, das nach dem 30. Januar 1933 in Kraft trat und in Kraft bleibt, ist so auszulegen und anzuwenden, wie es einem einfachen Wortlaut entspricht. Der Gesetzeszweck und Auslegungen, die in Vorsprüchen oder anderen Erklärungen enthalten sind, bleiben bei der Auslegung außer Betracht.*"

Somit waren auch die Regelungen faktisch aufgehoben, die von den Nationalsozialisten im Rahmen der „Gleichschaltung" gegen oppositionellen Meinungsaustausch auf Versammlungen geschaffen worden waren, also insbesondere die nach dem 30. Januar 1933 erlassenen Verordnungen des Reichspräsidenten zur Einschränkung bzw. Aufhebung der Versammlungsfreiheit.[199]

b) Beschränkung politischer Aussagen zur Gewährleistung der militärischen Sicherheit

Mit seiner Direktive Nr. 40 vom 12. Oktober 1946[200] untersagte der Alliierte Kontrollrat „*Mitgliedern der deutschen politischen Parteien*" unter Androhung von Strafe bestimmte gegen die Alliierten und die Entscheidungen des Alliierten Kontrollrats gerichtete Erklärungen.[201] Diese Einschränkung bedeutete eine inhaltliche

196 Amtsblatt des Kontrollrats in Deutschland, Nr. 1, 29. Oktober 1945, S. 6.

197 RGBl. 1933, S. 41, das sog. „Ermächtigungsgesetz". Zur Problematik der Beseitigung von nationalsozialistischen Rechtssetzungsakten durch den Alliierten Kontrollrat siehe auch *Isensee/Kirchhof-StR I-Stolleis*, S. 289.

198 RGBl. 1933, S. 83.

199 Vgl. oben A.III.

200 Amtsblatt des Kontrollrats in Deutschland, Nr. 11, 31. Oktober 1946, S. 212.

201 So waren solche Erklärungen untersagt, die „*[...] b) Gerüchte verbreiten, die zum Ziele haben, die Einheit der Alliierten zu untergraben oder welche Mißtrauen oder Feindschaft des deutschen Volkes gegen eine der Besatzungsmächte hervorrufen; c) Kritiken enthalten, welche gegen Entscheidungen der Konferenzen der Alliierten*

Beschränkung von Versammlungen als Ort der politischen Meinungsäußerung, jedoch stand hinter der Entscheidung des Kontrollrats die sichtbare Intention, das in seinen Augen noch labile Gefüge eines demokratischen Neuanfangs in Deutschland nicht durch entsprechendes Entgegenwirken der politischen Parteien zu gefährden. So wurde in § 1 der Direktive klargestellt, dass sich die Einschränkungen aus der *„Notwendigkeit, die militärische Sicherheit zu wahren"* ergaben, es jedoch ansonsten den politischen Parteien gestattet sein sollte, *„deutsche politische Probleme frei zu besprechen."*

3. Versammlungsspezifische Rechtsetzungsakte der Militärregierungen und erste Landesverfassungen

a) US-amerikanische Besatzungszone

In der US-amerikanischen Zone wurden neben den Bestimmungen des Alliierten Kontrollrats von der Militärregierung keine zusätzlichen, spezifischen Rechtssetzungsakte für den Bereich des Versammlungsrechts erlassen. Somit galten die Regelungen des RVG zunächst fort.[202] Parallel wurde die Ausarbeitung der Landesverfassungen für Bayern, Württemberg-Baden und Hessen[203] intensiv vorangetrieben. Ende 1946 hatten die drei Länder ihre Verfassungen erhalten, die jeweils ein Grundrecht der Versammlungsfreiheit vorsahen.[204] Während die bayerische und die hessische Verfassung die Versammlungsfreiheit schrankenlos gewährten, sah die Verfassung von Württemberg-Baden für Versammlungen unter freiem Himmel die Möglichkeit einer gesetzlichen Anmeldepflicht und eines Versammlungsverbots bei unmittelbarer Gefahr für die öffentliche Sicherheit vor.[205]

Mächte bezüglich Deutschlands oder gegen Entscheidungen des Kontrollrats gerichtet sind; d) die Deutschen zur Auflehnung gegen demokratische Maßnahmen, die die Zonenbefehlshaber in ihren Zonen treffen, aufreizen. [...]"

202 Vgl. Art. 2 der Proklamation Nr. 2 der US-amerikanischen Militärregierung vom 19. September 1946, in: Amtsblatt der Militärregierung Deutschland Amerikanische Zone vom 1. Juni 1946, S. 2.

203 Mit der Proklamation Nr. 2 (siehe Fußnote 202) wurden die Länder Bayern, Württemberg-Baden und Groß-Hessen offiziell gegründet bzw. wiederhergestellt, vgl. auch *Isensee/Kirchhof-StR I-Stolleis*, S. 292.

204 Vgl. z.B. Art. 113 der Bayerischen Landesverfassung vom 2. Dezember 1946, Bayerisches Gesetz- und Verordnungsblatt 1946, S. 333: *„Alle Bewohner Bayerns haben das Recht, sich ohne Anmeldung oder besondere Erlaubniss friedlich und unbewaffnet zu versammeln."*

205 Art. 14 der Verfassung für Württemberg-Baden vom 28. November 1946, Regierungsblatt der Regierung Württemberg-Baden 1946, Nr. 25 vom 30. November 1946, S. 277 ff., lautete: *„Allen Staatsbürgern steht das Recht zu, sich ohne Anmeldung und ohne Erlaubnis friedlich und unbewaffnet zu versammeln. Versammlungen unter freiem Himmel können durch Gesetz anmeldepflichtig gemacht und bei unmittelbarer Gefahr für die öffentliche Sicherheit verboten werden."*

b) Französische Besatzungszone

aa) Rechtsetzungsakte der französischen Militärregierung im Bereich des Versammlungswesens

Grundsätzlich galten in der französischen Besatzungszone die Regelungen des RVG zunächst fort. Mittels Verordnung der französischen Militärregierung wurde auch das dem Versammlungsrecht nahestehende Vereinsrecht wiederhergestellt,[206] wonach die Gründung von Vereinen grundsätzlich gestattet wurde, jedoch im Einzelfall von der Beachtung bestimmter Vorgaben abhing. Mit Verordnung vom 29. November 1945 wurde die Gründung politischer Parteien erlaubt,[207] deren (politische) Betätigung jedoch unter dem besonderen Genehmigungsvorbehalt der französischen Militärregierung stand. In Art. 3 der Verordnung Nr. 23[208] war mit Blick auf das Versammlungsrecht geregelt:

> *„Die genehmigten Parteien haben das Versammlungsrecht [...], vorbehaltlich allgemeiner und besonderer Bestimmungen, die die öffentliche Ordnung notwendig machen. Die Ausübung des Versammlungsrechts unterliegt der vorherigen Zustimmung des Gouvernement Militaire."*

Mit der Verfügung Nr. 26[209] wurde die Durchführung von Versammlungen durch erlaubte politische Parteien unter Genehmigungsvorbehalt gestellt.[210] Somit waren einerseits politische Betätigung und das Abhalten von Versammlungen (nach wie vor) möglich, jedoch verbunden mit erheblichen Auflagen. Die nicht unerheblichen Einschränkungen lassen sich u.a. auf die dezentrale Ausrichtung der französischen Besatzungspolitik[211] zurückführen. Die vorstehend genannten Regelungen wurden

---

206 Verordnung Nr. 22 vom 12. Dezember 1945, Amtsblatt des französischen Oberkommandos in Deutschland vom 21. Dezember 1945, S. 58.

207 Verordnung Nr. 23 vom 29. November 1945, Amtsblatt des französischen Oberkommandos in Deutschland vom 21. Dezember 1945, S. 54.

208 Siehe Fußnote 207.

209 Verfügung Nr. 26 des Administrateur Général betreffend die Durchführung der Verordnung Nr. .23 vom 13. Dezember 1945 über die Gründung politischer Parteien demokratischer und anti-nationalsozialistischer Richtung in der Zone Française d'Occupation vom 13. Dezember 1945, Amtsblatt des französischen Oberkommandos in Deutschland vom 21. Dezember 1945, S. 58.

210 So lautete Art. 5 der Verfügung Nr. 26: *„Jede geplante öffentliche Versammlung muß mindestens eine Woche vor dem in Aussicht genommenen Zeitpunkt dem Bürgermeisteramt zwecks Genehmigung angekündigt werden. Der Tag, die Stunde und der Ort der Abhaltung der Versammlung, desgleichen die Tagesordnung oder der zu behandelnde Gegenstand müssen genau angegeben werden. [...]"*

211 Vgl. *Isensee/Kirchhof-StR I-Stolleis*, S. 301 f.

nach Einführung des Grundgesetzes und dessen Art. 8 GG im März 1950 offiziell durch die Alliierte Hohe Kommission aufgehoben.[212]

bb) Verfassungen der Länder in der französischen Besatzungszone

Aufgrund der französischen Besatzungspolitik vollzog sich die Bildung eigener föderaler Staaten mit eigenen Verfassungen im Gebiet der französischen Besatzungszone nur schleppend.[213] In Württemberg-Hohenzollern trat gleichwohl am 20. Mai 1947 die Verfassung in Kraft.[214] Deren Art. 12 sah ein Grundrecht der Versammlungsfreiheit vor.[215] In Baden wurde durch Volksentscheid am 18. Mai 1947 eine Landesverfassung angenommen, welche in Art. 19 ebenfalls ein Grundrecht der Versammlungsfreiheit vorsah.[216] Auch die Landesverfassung von Rheinland-Pfalz vom 18. Mai 1947 enthielt in Art. 12 ein Grundrecht der Versammlungsfreiheit.[217] Im Saarland[218] wurde am 15. Dezember 1947 eine Verfassung verabschiedet, die

---

212 Gesetz Nr. A-2 „Aufhebung von Rechtsvorschriften über politische Parteien, Vereine nicht-politischen Charakters, Versammlungen und Aufzüge" der Alliierten Hohen Kommission vom 17. März 1950, Amtsblatt der Alliierten Hohen Kommission vom 25. März 1950, S. 138 ff.

213 Insbesondere im Vergleich zu den schon früh initiierten Vorhaben in der US-amerikanischen Zone. Zur Entwicklung der Landesverfassungen in den Ländern der französischen Besatzungszone siehe insgesamt auch *Isensee/Kirchhof-StR I-Stolleis*, S. 303 ff. m.w.N.

214 Verfassung für Württemberg-Hohenzollern vom 18. Mai 1947, RegBl. für das Land Württemberg-Hohenzollern 1947, S. 1 ff.

215 Art. 12 der Landesverfassung Württemberg-Hohenzollern lautete: „*(1) Alle Staatsangehörigen haben das Recht, sich ohne Anmeldung und ohne besondere Erlaubnis friedlich und unbewaffnet zu versammeln. (2) Versammlungen unter freiem Himmel können durch Gesetz anmeldungspflichtig gemacht und bei Gefahr für die öffentliche Ordnung verboten werden.*" Mit Gründung des Landes Baden-Württemberg im Jahre 1953 wurde die Verfassung von Württemberg-Hohenzollern durch Art. 94 Abs. 2 der baden-württembergischen Landesverfassung aufgehoben.

216 Verfassung des Landes Baden vom 18. Mai 1947, Regierungsblatt der Landesregierung Baden vom 28. Mai 1947, S. 129 ff. Art. 19 lautete: „*Alle Staatsbürger haben das Recht, sich zu Zwecken, die den Gesetzen nicht zuwiderlaufen, frei zusammenzuschließen, sofern nicht ihr Zusammenschluss die durch die Verfassung gewährten Freiheiten bedroht oder verletzt.*"

217 Versammlung des Landes Rheinland-Pfalz vom 18. Mai 1947, VOBl. Rheinland-Pfalz 1947, S. 269. Art. 12 lautete: „*(1) Alle Staatsbürger haben das Recht, sich friedlich und unbewaffnet zu versammeln. (2) Versammlungen unter freiem Himmel können durch Gesetz anmeldepflichtig gemacht und bei unmittelbarer Gefahr für die öffentliche Sicherheit verboten werden.*"

218 Mit der Verfassung von 1947 sollte das Saarland vom Rest der deutschen Staaten politisch getrennt und wirtschaftlich an den französischen Staat angebunden werden (so war der Franc die offizielle Landeswährung), ohne dass eine territoriale Einbindung (wie z.B. bei Elsass und Lothringen) erfolgte. Erst im Jahre

gleichfalls grundrechtliche Regelungen zur Versammlungsfreiheit enthielt.[219] Somit waren im Laufe des Jahres 1947 in allen Ländern der französischen Besatzungszone Landesverfassungen installiert worden, die alle ein Grundrecht der Versammlungsfreiheit vorsahen, wenn gleich die vorgesehenen Schranken der Versammlungsfreiheit unterschiedlich stark ausgeprägt waren.

c) Britische Besatzungszone

aa) Verordnungen der britischen Militärregierung im Bereich des Versammlungswesens

In der britischen Besatzungszone wurden im Vergleich zu den anderen (westlichen) Besatzungszonen die umfangreichsten Regelungen zur Versammlungsfreiheit durch die britische Militärregierung erlassen. Bereits im September 1945 erließ die Militärregierung in vier Verordnungen detaillierte Regelungen zum Versammlungsrecht in der britischen Besatzungszone.

Durch Verordnung Nr. 8 (Öffentliche Aussprachen und andere öffentliche Tätigkeiten)[220] wurden die Grenzen einer *„öffentlichen Aussprache, sei es bei einer öffentlichen Versammlung oder nicht“*[221], geregelt. Es durften fortan weder mündlich noch schriftlich Äußerungen erfolgen, die sich in verächtlicher, hasserfüllter oder beleidigender Weise gegen die britische Militärregierung oder die Alliierten Mächte richteten. Ebenso waren Krieg, Militarismus, Nationalsozialismus und Faschismus verherrlichende Äußerungen verboten. Des Weiteren sah die Verordnung die Möglichkeit der Auflösung von Versammlungen durch die Militärregierung oder die Alliierten Streitkräfte vor[222] und in Art. 6 eine Definition des Begriffs der öffentlichen Versammlung.[223] Dieser sah keine inhaltliche Abgrenzung, z.B. zwischen

1955 erfolgte der Beitritt zur Bundesrepublik Deutschland. Vgl. hierzu insgesamt *Thieme-Verfassungsrecht Saarland*, S. 432 ff.

219 Verfassung des Saarlandes vom 15. Dezember 1947, Amtsblatt des Saarlandes 1947, S. 1077 ff. Deren Art. 6 sah vor: *„(1) Alle Saarländer haben das Recht, sich ohne Anmeldung oder besondere Erlaubnis friedlich und unbewaffnet zu versammeln. (2) Versammlungen unter freiem Himmel können durch das Gesetz anmeldepflichtig gemacht und bei unmittelbarer Gefahr für die öffentliche Sicherheit verboten werden.“* Zusätzlich war in Art. 10 geregelt: *„Auf das Recht [...] der Versammlungs- und Vereinsfreiheit [...] kann sich nicht berufen, wer die verfassungsmäßige demokratische Grundlage angreift oder gefährdet.“*

220 Verordnung Nr. 8 – Regelung öffentlicher Aussprachen und anderer öffentlicher Tätigkeiten vom 15. September 1945, Amtsblatt der Militärregierung Deutschland Britisches Kontrollgebiet Nr. 4, S. 7 f.

221 Art. 1 Nr. 1 der Verordnung Nr. 8.

222 Art 3 der Verordnung Nr. 8.

223 Art. 6 der Verordnung Nr. 8 lautete: *„Eine „Öffentliche Versammlung“ ist jede öffentliche Zusammenkunft einschließlich öffentlicher Kundgebungen und öffentlicher Umzüge.“*

einem kirchlichen Umzug und einer politischen Kundgebung vor, sondern erfasste jegliche öffentliche Zusammenkunft, ungeachtet des dahinterliegenden „Versammlungszwecks".

Die Verordnung Nr. 9 (öffentliche unpolitische Versammlungen)[224] stellte klar, dass öffentliche Versammlungen zu „sportlichen, unterhaltenden, Erholungs-, Wohlfahrts- oder ähnlichen unpolitischen Zwecken"[225] ohne eine Genehmigung der Militärregierung abgehalten werden durften. Dies galt jedoch nicht für öffentliche Umzüge unpolitischer Natur.[226]

Mit Verordnung Nr. 10 (politische Versammlungen)[227] regelte eine zwingende Genehmigungspflicht für politische Versammlungen[228]:

> *„Jede Person oder jede Gruppe von Personen, die eine politische Versammlung abzuhalten wünscht, muß der Militärregierung einen Antrag auf Genehmigung der Abhaltung einer solchen Versammlung unterbreiten."*[229]

Die Verordnung sah in diesem Zusammenhang detaillierte Regelungen zur Antragsfrist (sieben Tage vor Versammlungsbeginn) und zu den im Genehmigungsantrag zu machenden Angaben vor. Zudem regelte die Verordnung die Rechtsfolgen von Verstößen gegen die Genehmigungspflicht sowie bei Fehlverhalten durch die Versammlungsteilnehmer. Eine eingehendere Regelung zur Frage, wann eine Genehmigung erteilt bzw. untersagt werde konnte, war nicht vorgesehen. Somit blieb die Entscheidung über die Zulassung einer Versammlung im alleinigen Ermessen der Militärregierung.

Mit gesonderter Verordnung, Verordnung Nr. 11 (öffentliche Umzüge),[230] regelte die britische Militärregierung die Zulässigkeit von öffentlichen Aufzügen. Diese wurden unabhängig von Zweck oder Zielrichtung der Versammlung[231] unter

---

224 Verordnung Nr. 9 – Öffentliche politische Versammlungen vom 15. September 1945, Amtsblatt der Militärregierung Deutschland Britisches Kontrollgebiet Nr. 4, S. 8 f.

225 Art. 1 der Verordnung Nr. 9.

226 Art. 5 der Verordnung Nr. 9.

227 Verordnung Nr. 10 – Politische Versammlungen vom 15. September 1945, Amtsblatt der Militärregierung Deutschland Britisches Kontrollgebiet Nr. 4, S. 9 f.

228 In Art. 4 der Verordnung Nr. 10 war der Begriff der politischen Versammlung legaldefiniert worden: *„Eine „politische Versammlung" ist jede öffentliche Versammlung, die zu politischen Zwecken abgehalten werden, sei es in einem Haus oder im Freien, einschließlich einer politischen Kundgebung, jedoch ausschließlich eines öffentlichen Umzuges."*

229 Art. 1 Nr. 1 der Verordnung Nr. 10.

230 Verordnung Nr. 11 – Öffentliche Umzüge vom 15. September 1945, in: Amtsblatt der Militärregierung Deutschland Britisches Kontrollgebiet Nr. 4, S. 10 ff.

231 Art. 4 der Verordnung Nr. 11 sah folgende Legaldefinition für öffentliche Umzüge vor: „Ein ‚Öffentlicher' Umzug" ist jeder Umzug an einem öffentlichen Orte, sei es zu politischen, unterhaltenden, religiösen oder anderen Zwecken."

Genehmigungsvorbehalt gestellt. Die näheren Bestimmungen zur Genehmigungspflicht bei öffentlichen Umzügen entsprachen dabei im Wesentlichen den Vorgaben zur politischen Versammlung.

Die Verordnungen der britischen Militärregierung wurden 1950 ebenfalls durch Gesetz der Alliierten Hohen Kommission offiziell aufgehoben.[232]

bb) Verfassungen der Länder in der britischen Besatzungszone

Im Gegensatz zur US-amerikanischen und französischen Besatzungszone vollzog sich die Verabschiedung der Landesverfassungen über einen deutlich längeren Zeitraum, sodass, mit Ausnahme des Landes Hamburg, die Verfassungen in Nordrhein-Westfalen, Niedersachsen und Schleswig-Holstein erst nach Einführung des Grundgesetzes verabschiedet wurden. Aufgrund der gesetzlichen Normenhierarchie und dem daraus resultierenden Vorrang der Artikel des Grundgesetzes gegenüber den Landesverfassungen galten die Grundrechte und damit die Versammlungsfreiheit in Art. 8 GG auch in den betreffenden Ländern, ohne dass es einer eigenständigen Landesverfassung für diesen Bereich bedurfte.[233] In der vorläufigen niedersächsischen Landesverfassung vom 13. April 1951[234] wurde daher vollständig auf die Aufnahme eines eigenständigen Grundrechtskatalogs verzichtet. Auch die Verfassung von Schleswig-Holstein[235] sah aus diesen Gründen keinen eigenständigen Grundrechtskatalog vor.

In Hamburg wurde bereits 1946 eine vorläufige Landesverfassung erlassen,[236] die jedoch keinen Grundrechtskatalog vorsah. In der endgültigen Landesverfassung vom 1. Juli 1952[237] wurde aufgrund der bestehenden Artikel des Grundgesetzes kein eigenständiger Grundrechtskatalog mehr aufgenommen.

---

232 Vgl. oben S. 74.

233 Gleichwohl war beispielsweise in Art. 4 der Verfassung des Landes Nordrhein-Westfalen vom 28. Juni 1950, GVBl. 1950, S. 127, ein ausdrücklicher Verweis auf die Regelungen des Grundgesetzes vorgesehen: „*Die im Grundgesetz für die Bundesrepublik Deutschland in der Fassung vom 23. Mai 1949 festgelegten Grundrechte und staatsbürgerlichen Rechte sind Bestandteil dieser Verfassung und unmittelbar geltendes Landesrecht.*"

234 Vorläufige Niedersächsische Verfassung vom 13. April 1951, Niedersächsisches Gesetz- und Verordnungsblatt 1951, S. 103.

235 Landessatzung für Schleswig-Holstein vom 13. Dezember 1949, Gesetz- und Verordnungsblatt Schleswig-Holstein 1950, S. 3.

236 Vorläufige Verfassung der Hansestadt Hamburg vom 15. Mai 1946, Hamburgisches Gesetz- und Verordnungsblatt 1946, S. 51.

237 Verfassung der Freien und Hansestadt Hamburg vom 6. Juni 1952, Hamburgisches Gesetz- und Verordnungsblatt 1952, S. 117.

d) Sowjetische Besatzungszone

In der sowjetischen Besatzungszone hatte man ab Juli 1945 mit dem Umbau der gesellschaftlichen und politischen Verhältnisse begonnen, um eine Ausgestaltung des Zonengebiets entsprechend der sowjetischen Staatsform zu erreichen.[238] Bereits im Oktober 1945 wurde den Ländern der sowjetischen Besatzungszone (Brandenburg, Mecklenburg, Sachsen, Sachsen-Anhalt und Thüringen) durch Befehl Nr. 110 der Sowjetischen Militäradministration in Deutschland (SMAD) das Recht eingeräumt,

> *„Gesetze und Verordnungen, die Gesetzeskraft haben, auf den Gebieten der gesetzgebenden richterlichen und vollstreckenden Gewalt zu erlassen, wenn sie den Gesetzen und Befehlen des Kontrollrates oder den Befehlen der Sowjetischen Militärverwaltung nicht widersprechen."*

Diese Gesetzgebungs- und Verwaltungskompetenz hätte auch den Bereich des Versammlungsrechts umfasst. Gleichwohl kam es nicht zu expliziten landesrechtlichen Regelungen für den Bereich des Versammlungsrechts, vielmehr hatte schon früh ein zentralistisches Staatssystem Einzug gehalten, das sich in den folgenden Jahren immer weiter manifestieren sollte.

aa) Landesverfassungen

Dies zeigte sich auch in den einzelnen Landesverfassungen der Länder, die allesamt auf einem Entwurf der SED beruhten.[239] Während die brandenburgische Verfassung vom 6. Februar 1947[240] in Art. 6 das Grundrecht der Versammlungsfreiheit als Grenze staatlichen Handelns vorsah, war dies in der thüringischen Verfassung vom 20. Dezember 1946 nicht mehr vorgesehen.[241] Auch die Verfassung von Sachsen-Anhalt vom 10. Januar 1947[242] sah in Art. 11 ein Grundrecht der Versammlungsfreiheit vor:

> *„Jeder Bürger hat das Recht, innerhalb der Schranken der Gesetze seine Meinung durch Wort und Schrift, Druck und Bild oder in sonstiger Weise frei zu äußern und sich an Versammlungen und Demonstrationen zu beteiligen. An der Ausübung dieses Rechts darf ihn kein Arbeitsverhältnis hindern, und niemand darf ihn benachteiligen, wenn er von diesem Recht Gebrauch macht."*

---

238 Siehe hierzu insgesamt *Isensee/Kirchhof-StR I-Stolleis*, S. 305 f.

239 *Isensee/Kirchhof-StR I-Stolleis*, S. 307 m.w.N.

240 Verfassung für die Mark Brandenburg vom 6. Februar 1947, Gesetz- und Verordnungsblatt der Provinzregierung Mark Brandenburg 1947, S. 45 ff.

241 Verfassung des Landes Thüringen vom 20. Dezember 1946, Regierungsblatt für das Land Thüringen 1947, S. 1 ff.

242 Verfassung der Provinz Sachsen-Anhalt vom 10. Januar 1947, Gesetzblatt der Provinz Sachsen-Anhalt Teil I 1947, S. 9 ff.

Die sächsische Verfassung vom 28. Februar 1947[243] enthielt einen identischen Artikel. Auch die Verfassung Mecklenburgs vom 16. Januar 1947[244] sah in Art. 10 ein Grundrecht der Versammlungsfreiheit vor.

bb) Verfassung der Deutschen Demokratischen Republik

Mit der Verfassung der DDR vom 7. Oktober 1949[245] wurden die Landesverfassungen zwar nicht abgeschafft, waren aber der Verfassung sowie dem sozialistischen Staatssystem zwangsläufig untergeordnet.[246] Die DDR-Verfassung selbst gewährte in ihrem Art. 9 ein Bürgerrecht[247] der Versammlungsfreiheit.[248] Gleichwohl war die Ausübung dieses Bürgerrechts nur in den Grenzen der Verfassung und damit der Staatsräson möglich. Diese sah aber nicht die Stärkung der Rechte des einzelnen Bürgers vor, sondern verstand die Bürgerrechte als ein Mittel zur Verwirklichung des sozialistischen Einheitsstaates. Dem stand ein umfassendes Versammlungsrecht mit der Möglichkeit der Bürger, ihren politischen Ideen und Zielen unbegrenzt Ausdruck zu verleihen, schon konzeptionell entgegen.

---

243 Verfassung des Landes Sachsen vom 28. Februar 1947, Gesetze/Befehle, Verordnungen, Bekanntmachung für Sachsen Teil 1 1947, S. 103 ff.

244 Verfassung des Landes Mecklenburg vom 16. Januar 1947, Regierungsblatt für Mecklenburg 1947, S. 1 ff. Durch die Verfassung war das Land Mecklenburg-Vorpommern formal in Mecklenburg umbenannt worden.

245 Verfassung der Deutschen Demokratischen Republik vom 7. Oktober 1949, Gesetzblatt der Deutschen Demokratischen Republik 1949, S. 5 ff.

246 So sah Art. 109 der DDR-Verfassung zwar für jedes Land zwingend eine Verfassung vor, die jedoch „*mit den Grundsätzen der Verfassung der Republik*" übereinstimmen mussten.

247 Die Verfassung sprach insgesamt von Bürgerrechten und nicht von Grundrechten.

248 Art. 9 der DDR-Verfassung lautete: „*Alle Bürger haben das Recht, innerhalb der Schranken der für alle geltenden Gesetze ihre Meinung frei und öffentlich zu äußern und sich zu diesem Zweck friedlich und unbewaffnet zu versammeln. Diese Freiheit wird durch kein Dienst- oder Arbeitsverhältnis beschränkt; niemand darf benachteiligt werden, wenn er von diesem Recht Gebrauch macht.*"

Zweiter Teil – Die Entstehung des Versammlungsgesetzes bis zum Regierungsentwurf vom 9. Mai 1950

I. Die Arbeiten am Grundgesetz und die Entstehung von Art. 8 GG

1. Londoner Sechsmächte-Konferenz

Ausgangspunkt für die Entstehung des Grundgesetzes und somit von Art 8 GG bildete die Londoner Sechsmächte-Konferenz im Frühjahr 1948.[249] Auf ihr wurde der grundsätzliche Entschluss der westlichen Besatzungsmächte sowie der Regierungsvertreter der Benelux-Staaten gefasst, den westdeutschen Staaten die Einführung einer Verfassung zu gestatten, die

> *„es den Deutschen ermöglicht, ihren Teil dazu beizutragen, die augenblickliche Teilung Deutschlands wiederaufzuheben, allerdings nicht die Wiedereinrichtung eines zentralistischen Reichs, sondern mittels einer föderativen Regierungsform, die die Rechte der einzelnen Staaten angemessen schützt und gleichzeitig eine angemessene zentrale Gewalt vorsieht und die Rechte und Freiheiten des Individuums garantiert.“*[250]

Durch diese Worte des Schlusskommuniqués wurde der strukturelle und inhaltliche Rahmen für die Schaffung einer westdeutschen Verfassung vorgegeben. Mit dem Erfordernis einer Garantie der Rechte und Freiheiten des einzelnen Bürgers war die Aufnahme eines Grundrechtskatalogs in die Verfassung vorgezeichnet.

2. Frankfurter Dokumente und Rittersturz-Konferenz

Mit Aushändigung der Frankfurter Dokumente[251] durch die westlichen Besatzungsmächte an die westdeutschen Ministerpräsidenten am 1. Juli 1948 in Frankfurt am Main wurde den westdeutschen Ländern das Angebot unterbreitet,

---

249 Siehe zur Entstehungsgeschichte des GG insgesamt: *Isensee/Kirchhof-StR I-Mußgnug*, S. 320 ff., m.w.N.

250 a.a.O., S. 321.

251 Dabei handelte es sich um ein Konvolut von Dokumenten, welches die Beratungsergebnisse der Sechsmächtekonferenz und die Empfehlungen für die Gründung eines gemeinsamen Staates durch die Länder der westlichen Besatzungszonen enthielt. Der Begriff Frankfurter Dokumente entstand aufgrund der Übergabe im I.G.-Farben-Haus in Frankfurt am Main, dem Sitz der amerikanischen

„eine verfassungsmäßige Versammlung einzuberufen, die spätestens zum 1. September 1948 zusammentreten sollte.“[252]

Es blieb bei der Londoner Entscheidung[253], eine föderale und somit dezentrale Staatsstruktur schaffen zu wollen. Gleichzeitig vermittelte das Angebot die klare Forderung, eine Verfassung zu schaffen, die *„Garantien der individuellen Rechte und Freiheiten enthält.“*

Nach Beratungen der westdeutschen Ministerpräsidenten auf dem Rittersturz bei Koblenz akzeptierten die Ministerpräsidenten diese Vorgaben und entschieden sich dafür,

„eine Vertretung (Parlamentarischer Rat) zu wählen, die die Aufgabe hat, ein Grundgesetz für die einheitliche Verwaltung des Besatzungsgebiets auszuarbeiten.“[254]

Auf der Frankfurter Schlusskonferenz vom 26. Juli 1948 erfolgte die Einigung zu Umfang und Auftrag für die Schaffung des Grundgesetzes zwischen den Alliierten und den Vertretern der Länder.[255]

3. Verfassungskonvent Herrenchiemsee

Hatte *Hugo Preuß* durch seinen Verfassungsentwurf wesentliche Vorarbeit für den Beratungs- und Entscheidungsprozess der WRV geleistet, so gab es auch mit Blick auf die Beratungen zum Grundgesetz inhaltliche Vorarbeiten. Da die Alliierten den 1. September 1948 als Zeitpunkt für den Beginn der Beratungen des Parlamentarischen Rates festgesetzt hatten, waren die Ministerpräsidenten der Länder genötigt, in kurzer Zeit eine inhaltliche Vorbereitung der Beratungen zustande zu bringen. Mit Einsetzung eines Sachverständigen-Ausschusses durch die Ministerpräsidenten der westdeutschen Länder, der vom 10. bis 23. August 1948 auf der Insel Herrenchiemsee tagte, sollte das *„verfassungsrechtliche Fundament“*[256] für die späteren Beratungen und Entscheidungen des Parlamentarischen Rates gelegt werden.

Mit Blick auf die Versammlungsfreiheit sah der Herrenchiemsee-Entwurf folgende Regelung in Art. 8 Ch.E vor:

Militärverwaltung. Texte der Frankfurter Dokumente finden sich bei *Huber-Verfassungsdokumente*, S.197 ff.

252 Frankfurter Dokument Nr. 1 „Verfassungsgebende Versammlung“.

253 Siehe S. 81 oben.

254 Vgl. *Huber-Verfassungsdokumente*, S.200 ff.

255 Siehe *Isensee/Kirchhof-StR I-Mußgnug*, S. 326. a.a.O.; S. 324 ff. zu den Diskussionen zwischen Alliierten und Landesvertretern zu Zweck- und Zielrichtung des Grundgesetzes in Folge der Frankfurter Dokumente.

256 a.a.O., S. 329, mit weiteren Ausführungen zum Umfang der Beratung des Verfassungskonvents.

„Alle haben das Recht, sich ohne vorherige Anmeldung oder Erlaubnis friedlich und unbewaffnet zu versammeln.“[257]

Auch wenn Art. 8 Ch.E selbst keine Einschränkungsmöglichkeit der Versammlungsfreiheit vorsah, so fand sich diese jedoch als generelle Einschränkungsmöglichkeit mit Blick auf die Grundrechte in Art. 21 Abs. 4 Ch.E.[258] Diese verfassungsmäßige Beschränkung der Versammlungsfreiheit griff damit nicht die Regelung in Art. 123 WRV auf, die lediglich eine Einschränkung von öffentlichen Versammlungen unter freiem Himmel vorgesehen hatte. Vielmehr beließ man es bei einer generellen Einschränkungsmöglichkeit, ohne die einzelnen Grundrechte näher zu berücksichtigen.[259]

4. Die Beratungen im Parlamentarischen Rat

Mit der Einsetzung des Parlamentarischen Rates begann auf Länderebene und länderübergreifend die eigentliche Arbeit an einer gemeinsamen Verfassung. Zuvor hatten schon einzelne Länder, jedoch in unterschiedlichem Ausmaß, Landesverfassungen erlassen, die sämtlich Grundrechtskataloge enthielten, in denen auch die Versammlungsfreiheit enthalten war.[260]

Mit dem Grundrecht der Versammlungsfreiheit befasste sich erstmals der Grundsatzausschuss des Parlamentarischen Rates in seiner Sitzung vom 5. Oktober 1948. Für diese Sitzung war durch das Redaktionskomitee des Ausschusses folgender Entwurfsvorschlag erarbeitet worden, der gegenüber dem Ch.E einige Änderungen vorsah:

„(1) Alle Deutschen haben das Recht, sich ohne Anmeldung oder Erlaubnis friedlich und ohne Waffen zu versammeln.
(2) Bei Versammlungen unter freiem Himmel kann dieses Recht durch Gesetz beschränkt werden. Sie können bei unmittelbarer Gefahr für die öffentliche Sicherheit verboten werden.“[261]

Dem Wortlaut nach sollte die Versammlungsfreiheit nur Deutschen gewährt werden. In den Beratungen des Grundsatzausschusses wurde jedoch klargestellt, dass auch Ausländern ein Recht auf Versammlungsfreiheit zukommen solle. Dies sollte jedoch nicht mit Verfassungsrang ausgestaltet sein, sondern nur einfachgesetzlich gewährt werden und zugleich *„administrativ oder sonst wie“* einschränkbar sein.[262]

---

257 Siehe *JöR-Entstehung GG*, S. 113.

258 Art. 21 Abs.4 Ch.E lautete: *„Eine Einschränkung der Grundrechte ist nur durch Gesetz und unter der Voraussetzung zulässig, daß es die öffentliche Sicherheit, Sittlichkeit oder Gesundheit zwingend erfordert. Die Einschränkung eines Grundrechts oder die nähere Ausgestaltung durch Gesetz muß das Grundrecht als solches unangetastet lassen.“*

259 Siehe auch *Maunz/Dürig-GG-Depenheuer*, Art. 8, Rn. 27.

260 *Ridder*-Ridder, Geschichtliche Einleitung, Rn. 70.

261 *JöR-Entstehung GG*, S. 114, m.w.N.

262 Ders., ebda. Der Grundsatzausschuss stimmte dieser Fassung dann auch mit Beschluss vom 10. Oktober 1948 zu.

Diese vom Grundsatzausschuss beschlossene Fassung von Art. 8 (bzw. Art. 11[263]) Abs. 1 wurde in den weiteren Beratungen des Parlamentarischen Rates nicht weiter diskutiert oder abgeändert, sondern stellte bereits den endgültigen Wortlaut der Beschlussfassung vom 8. Mai 1949 dar.[264]

Die Beratungen des Parlamentarischen Rates bzw. seiner Ausschüsse widmeten sich daher in Folge ausschließlich der Formulierung und konkreten Ausgestaltung der Einschränkungsmöglichkeiten der Versammlungsfreiheit. Bereits die Beschlussvorlage des Grundsatzausschusses vom 5. Oktober 1948 wich von der Fassung des Ch.E entscheidend ab. Anstelle einer generellen Einschränkungsmöglichkeit für alle Grundrechte war nunmehr der Weg einer spezifischen Einschränkung getrennt für jedes Grundrecht vorgesehen.

Damit folgte man im Grundsatz der Regelung in Art. 123 Abs. 2 WRV. Gleichzeitig ging die vom Grundsatzausschuss vorgesehene Formulierung über die Regelung in der WRV hinaus. Als Grund für eine generelle Einschränkungsmöglichkeit durch Gesetz[265] wurde die Notwendigkeit gesehen, Unklarheiten über die Verfassungsmäßigkeit von Bannmeilengesetzen in Bund und Ländern zu beseitigen.[266]

Im weiteren Verlauf der Beratungen zu Art. 8 Abs. 2 wurde die Frage diskutiert, ob für die Einschränkung durch Gesetz eine Rückausnahme vorzusehen sei, die eine Einschränkung aus politischen Gründen verbot.[267] Dies fand im Grundsatzausschuss jedoch keine Zustimmung, da man vielmehr davon ausging, dass für eine Einschränkung *„überhaupt nur politische Gründe“* in Frage kämen.[268]

Eine weitere Diskussion entwickelte sich über die Frage, ob die in Abs. 2 vorgesehene Einschränkungsmöglichkeit von *„durch Gesetz“* in *„aufgrund Gesetz“* abgeändert werden sollte.[269] Der Grundsatzausschuss hielt jedoch an der Formulierung *„durch Gesetz“* fest, da man die Möglichkeit *„einer Ermächtigung an die Verwaltung“* ausschließen wollte.[270]

---

263 Der Entwurf für die Beratungen des Grundsatzausschusses sah die Regelungen zur Versammlungsfreiheit in Art. 11 vor.

264 *Maunz/Dürig-GG-Depenheuer*, Art. 8, Rn. 27.

265 Die WRV sah lediglich eine konkrete Einschränkungsmöglichkeit in Form der Anmeldepflicht vor.

266 *JöR-Entstehung GG*, S. 114.

267 Ders., ebda.

268 a.a.O., S. 115.

269 Zudem wurde die Frage erörtert, ob denn nicht, wie in Art. 123 WRV vorgesehen, die Einschränkung durch *„Bundesgesetz“* geregelt werden müsse. Man entschied sich jedoch dafür, dies nicht in Art. 8 zu regeln, sondern die Frage der Gesetzgebungskompetenz im Zuständigkeitskatalog (Art. 70 ff GG) zu regeln, siehe *JöR-Entstehung GG*, S. 114.

270 *Maunz/Dürig-GG-Depenheuer*, Art. 8, Rn. 28; *JöR-Entstehung GG*, S. 115.

Eine abgeänderte Formulierung von Abs. 2 schlug der Fünferausschuss[271] des Parlamentarischen Rates mit Entwurf vom 5. Februar 1949 vor:

> *„Bei Versammlungen unter freiem Himmel kann dieses Recht durch Gesetz beschränkt werden. Sie können bei unmittelbarer Gefahr für die öffentliche Sicherheit auf Grund eines Gesetzes verboten werden."*

Die Formulierung in Abs. 2 S. 2 stieß bei einigen Mitgliedern des Hauptausschusses auf Bedenken, da man befürchtete, dass für ein Verbot einer öffentlichen Versammlung unter freiem Himmel zunächst ein Gesetz geschaffen werden müsse.[272] Durch den Abgeordneten *Dr. von Brentano* wurde jedoch klargestellt, dass vielmehr

> *„das Gesetz [regeln solle], in welchen Fällen und unter welchen Voraussetzungen eine öffentliche Versammlung verboten werden kann."*[273]

Die Formulierung des Fünferausschusses wurde sodann durch den Hauptausschuss mit Beschluss vom 8. Februar 1949 angenommen.

Eine letzte Änderung von Abs. 2 wurde durch den Allgemeinen Redaktionsausschuss in seinem Entwurf vom 2. Mai 1949 vorgenommen:[274]

> *„Für Versammlungen unter freiem Himmel kann dieses Recht durch Gesetz oder auf Grund eines Gesetzes beschränkt werden."*

Diese Fassung fand die Zustimmung des Hauptausschusses in der Beschlussfassung vom 5. Mai 1949, ohne dass eine weitere Begründung zu dieser Umformulierung ergangen war.[275]

Die Fassung der Ausschussberatung[276] wurde im Plenum des Parlamentarischen Rates in den abschließenden Lesungen nicht mehr weiter erörtert und in der abschließenden Abstimmung am 8. Mai 1949 unverändert angenommen.[277]

---

271 Der Fünferausschuss hatte sich aus informellen Treffen zwischen den Fraktionen außerhalb der offiziellen Beratungen gebildet.

272 *JöR-Entstehung GG*, S. 116.

273 Ders., ebda.

274 Ders., ebda.

275 Ders., ebda.

276 Abs. 8 lautete nach Abschluss der Ausschussberatungen wie folgt: *„(1) Alle Deutschen haben das Recht, sich ohne Anmeldung oder Erlaubnis friedlich und ohne Waffen zu versammeln. (2) Für Versammlungen unter freiem Himmel kann dieses Recht durch Gesetz oder aufgrund eines Gesetzes beschränkt werden."*

277 *JöR- Entstehung GG*, S. 116. Zum Prozedere der Genehmigung der Entwürfe des Parlamentarischen Rates durch die westlichen Militärregierungen vor der abschließenden Beschlussfassung durch den Parlamentarischen Rat siehe insgesamt *Isensee/Kirchhof-StR I-Mußgnug*, S. 341 ff.

II. Versammlungsfreiheit gem. Art. 8 GG

Das Grundgesetz wurde vom Parlamentarischen Rat am 23. Mai 1949 ausgefertigt und durch alle Mitglieder sowie die Ministerpräsidenten und Landtagspräsidenten der westdeutschen Länder unterzeichnet.[278] Gem. Art. 145 Abs. 2 trat das GG mit Ablauf des 23. Mai 1949 und damit auch dessen Art. 8 in Kraft, welcher nunmehr lautete:

> *„(1) Alle Deutschen haben das Recht, sich ohne Anmeldung oder Erlaubnis friedlich und ohne Waffen zu versammeln.*
> *(2) Für Versammlungen unter freiem Himmel kann dieses Recht durch Gesetz oder aufgrund eines Gesetzes beschränkt werden."*

Mit der Aufnahme der Versammlungsfreiheit als Grundrecht[279] setzte sich das GG auf eine Linie mit den Bestrebungen der Paulskirchenverfassung und der WRV.

Aufgrund der herausragenden Stellung als Grundrecht mit Verfassungsrang entwickelte sich schon bald eine kontroverse Diskussion zu der Frage, wieweit die Einschränkungsmöglichkeiten des Art. 8 Abs. 2 GG tatsächlich gehen dürften. Diese Frage war prägend für den Gesetzgebungsgang des künftigen VersG und fand auch nach der Verkündung des VersG in der praktischen Anwendung des Gesetzes durch Rechtsprechung und Verwaltung kein Ende.

III. Zuständigkeit des Bundes für die Gesetzgebung über die Versammlungsfreiheit

Durch Art. 74 Nr. 3 GG war die Gesetzgebungskompetenz für das Vereins- und Versammlungswesen als Gegenstand der konkurrierenden Gesetzgebung vorgesehen worden. Somit lag es in der Entscheidungsgewalt des Bundes, nach Inkrafttreten des GG eine bundesweite Regelung für das Versammlungswesen zu treffen.

---

278 *Isensee/Kirchhof-StR I-Mußgnug*, S. 345.

279 Zudem gilt für die Versammlungsfreiheit die Ewigkeitsgarantie des Art. 79 Abs. 3 GG.

IV. Ministerielle Entwürfe, März bis Mai 1950

1. Der Bedarf eines eigenständigen „Gesetzes über den Schutz politischer Versammlungen“[280]

In der 52. Sitzung des Bundeskabinetts am 14. März 1950[281] wurden Vorfälle erörtert, die sich auf verschiedenen Versammlungen zugetragen hatten.[282] Bundeskanzler *Adenauer* war es aufgrund der äußeren Umstände daran gelegen, möglichst zügig ein Gesetz zu verabschieden, das die Abläufe von politischen Versammlungen schütze, und bat daher um die schnelle Vorlage eines Entwurfes.[283] Auch in der Presse wurden Stimmen für die Schaffung eines Versammlungsgesetzes aufgrund aktueller Ereignisse immer lauter.[284]

Bereits im Entwurfsstadium befand sich zu diesem Zeitpunkt eine umfassende Novellierung des Strafgesetzbuches.[285] Diese sah u.a. auch Straftatbestände vor, die den Schutz politischer Versammlungen gewährleisten sollten.[286] Ein Abwarten hielt

---

280 Protokoll der 52. Kabinettssitzung vom 14. März 1950, *Kabinettsprotokolle BReg, Bd. 2 1950*, S. 265.

281 An der 52. Kabinettssitzung nahmen teil: *Dr. Konrad Adenauer* (Bundeskanzler), *Franz Blücher* (Bundesminister für den Marshallplan), *Dr. Gustav Heinemann* (Bundesinnenminister), *Dr. Thomas Dehler* (Bundesjustizminister), *Fritz Schäffer* (Bundesfinanzminister), *Dr. Ludwig Erhard* (Bundeswirtschaftsminister), *Prof. Dr. Wilhelm Niklas* (Bundesminister für Ernährung, Landwirtschaft und Forsten), *Anton Storch* (Bundesarbeitsminister), *Dr. Hans-Christoph Seebohm* (Bundesverkehrsminister), *Dr. Hans Lukaschek* (Bundesminister für Angelegenheiten der Vertriebenen), *Jakob Kaiser* (Bundesminister für gesamtdeutsche Fragen), *Heinrich Hellwege* (Bundesminister für Angelegenheiten des BR), *Dr. Manfred Klaiber* (Chef des Bundespräsidialamtes); *Heinrich Brand* (Chef des BPA), *Heinrich Böx* (BPA), *Ernst Wirmer* (Referent beim Beauftragten des BK für die mit der Vermehrung der alliierten Truppen zusammenhängenden Fragen / Dienststelle Blank, späteres BMVg), *Karl Gumbel* (Bundeskanzleramt / Protokollführer).

282 Protokoll der 52. Kabinettssitzung vom 14. März 1950, *Kabinettsprotokolle BReg, Bd. 2 1950*, S. 265.

283 Ders., ebda.

284 Vgl. z.B. in Bremer Nachrichten vom 18. März 1950: der Fall der Firma C&A Brenninkmeyer (Proteste vom 11. März 1950 im Zusammenhang mit geplanten Ladenöffnungszeiten), bei der es um die Frage der Erlaubnispflichtigkeit einer Demonstration ging. Die Rechtslage war dabei aufgrund konkurrierender Vorschriften (Art. 8 GG, RVG, Gesetz Nr. 16 der Alliierten Hohen Kommission, Bremer Landesverfassung) nicht eindeutig, insbesondere in Abgrenzung zu einer reinen Anmeldepflicht.

285 Vgl. Protokoll der 37. Kabinettssitzung vom 20. Januar 1950, *Kabinettsprotokolle BReg, Bd. 2 1950*, S. 141.

286 Vgl. hierzu auch den Vermerk von *Dr. Sauer* (BMI) vom 15. März 1950, BArch BMI-B106-3229-Bd I.

Adenauer jedoch für nicht geeignet, da die Änderung des StGB zu lange dauere und dies den Bedürfnissen nach einem „*Versammlungsgesetz*" zeitlich nicht gerecht werde.[287]

2. Der Rohentwurf des Bundesinnenministeriums vom 20. März 1950

a) *Besprechung im Bundesinnenministerium vom 14. März 1950*

Bereits am 14. März 1950 hatte im BMI bei Minister *Heinemann*[288] eine Besprechung zwischen Staatssekretär *Ritter von Lex*, Präsident *Egidi*, Staatsrat *von Nathusius*, *Dr. Lüders*, *Dr. Pickel*, Dr. *Kratzer* und *Dr. Füßlein* stattgefunden, die eine erste inhaltliche Abgrenzung erforderlicher, gesetzlicher Regelungen für ein Versammlungsordnungsgesetz zum Inhalt hatte.[289]

Die Bestimmungen des § 10 RVG aufgreifend kam man zu folgendem Ergebnis:[290]

Rechte (und Pflichten) des Versammlungsleiters sollten umfassend geregelt werden (Namensnennung von Ruhestörern, Ordnungsrufe, Saalschutz, Ausübung des Hausrechts, Verweisungsrecht und § 127 StPO, Tagesordnung). Zudem wurde eine besondere Abgrenzung des Begriffs für öffentliche und für geschlossene Versammlungen für erforderlich gehalten. Des Weiteren sollte ein Einladungsrecht zu öffentlichen Versammlungen unter Ausschluss bestimmter Personengruppen und Personen geschaffen werden. Auch wurde eine Strafbestimmung für Ruhestörungen in Aussicht genommen.

Des Weiteren wurden die folgenden Punkte erörtert:[291]

So wurde auf eine gesetzliche Anmeldepflicht für Versammlungen unter freiem Himmel und Umzüge[292] ebenso gedrungen wie auf das Verbot einer solchen Versammlung oder eines solchen Aufzugs in Fällen von Gefahr im Verzug, Gefahr für die öffentliche Sicherheit, bei Verkehrsbehinderungsgründen und bei Seuchengefahr.

Auch wurde das Bannmeilenrecht für regelungsbedürftig erachtet.[293] Zudem stellte sich in der Besprechung die Frage, inwieweit Landesregierungen bei öffentlichen Versammlungen und Umzügen Weisungen an lokale Polizeiverwaltungen

---

287 Protokoll der 52. Kabinettssitzung vom 14. März 1950, *Kabinettsprotokolle BReg, Bd. 2 1950*, S. 265.

288 *Gustav Heinemann* (CDU, später SPD) war nur bis Oktober 1950 als Innenminister im ersten Kabinett *Adenauer* und wurde am 11. Oktober 1950 von *Robert Lehr* (CDU) abgelöst.

289 Ergebnisprotokoll zur Besprechung beim Herrn Minister vom 14. März 1950, BArch BMI-B106-3229-Bd I, S. 1.

290 Ders., ebda.

291 a.a.O., S. 2.

292 Im ersten Rohentwurf und im weiteren Gang des Gesetzentwurfs wird dann von Aufzügen gesprochen.

293 Ergebnisprotokoll zur Besprechung beim Herrn Minister vom 14. März 1950, BArch BMI-B106-3229-Bd I, S. 2.

erteilen könnten und wie in diesem Zusammenhang ein ausreichender Verwaltungsrechtsschutz gewährleistet werden könne.

Schon diese erste Besprechung zeigt, dass eine spezialgesetzliche Regelung des Versammlungsrechts unabdingbar war, da die aufgeworfenen Einzelfragen ein Festhalten an der bisherigen gesetzlichen Regelung nicht mehr zuließen.[294] Das RVG enthielt insbesondere keinerlei Regelungen zu den Befugnissen eines Versammlungsleiters.

b) Der Rohentwurf vom 20. März 1950

Mit Schreiben vom 20. März 1950 wies *von Nathusius* den Referenten im BMI *Dr. Füßlein* an, unter Beteiligung von *Dr. Sauer*[295] und frühzeitiger Information und Einbeziehung (Stellungnahme) des BMJ bis zum 22. März 1950 einen Rohentwurf dem Minister vorzulegen.[296] Dies führte zu einem ersten (Roh-)Entwurf über ein Versammlungsordnungsgesetz:[297]

Dr. Füßlein und *von Nathusius* sowie ihre Unterabteilung I A (Verfassung und Staatsrecht) im BMI (Abteilung Verfassung und Verwaltung) waren in der Folgezeit für den Entwurf sowie den weiteren Gang des Gesetzes zuständig.

Der erste Rohentwurf enthielt lediglich sechzehn Normen und unterteilte sich in vier Abschnitte.

aa) Abschnitt 1 „Öffentliche Versammlung“ / Allgemeine Bestimmungen

Der erste Abschnitt (§§ 1–9) regelte insgesamt öffentliche Versammlungen, unabhängig davon, ob in geschlossenen Räumen oder unter freiem Himmel.

(1) Versammlungsfreiheit

In § 1 war dabei eine reine Wiederholung der in Art 8 GG gewährten Versammlungsfreiheit vorgesehen (Abs. 1) und die Klarstellung, dass das Gesetz nur für öffentliche Versammlungen gelte (Abs. 2).

---

294 Die gesetzlichen Grundlagen in diesem Zusammenhang bildeten das RVG und seine Änderungsgesetze, die „Verordnung des Reichspräsidenten zum Erhalt des inneren Friedens“ vom 19. Dezember 1932, siehe oben S. 68, die „Verordnung des Reichspräsidenten zum Schutze des deutschen Volkes“ vom 4. Februar 1933, siehe oben Seite 70 f., und die Verfügungen des Alliierten Kontrollrates, vgl. oben S. 72.

295 *Dr. Sauer* war für die strafrechtlichen Vorschriften zuständig und in diesem Zusammenhang für die Absprache mit dem BMJ hinsichtlich des „konkurrierenden“ Strafrechtsänderungsgesetzes.

296 Schreiben des Leiters der Unterabteilung 1 A im BMI (Verfassung und Staatsrecht) und späteren Ministerialdirektors (ab Oktober 1951), *Wilhelm von Nathusius*, vom 20. März 1950, BArch BMI-B106-3229-Bd.1.

297 Rohentwurf eines Gesetzes über Versammlungen und Aufzüge (Versammlungsordnungsgesetz) vom 22. März 1950 nebst Anmerkungen, BArch BMI-B106-3229-Bd.1.

(2) Begriff der öffentlichen Versammlung

Eine Definition oder zumindest Auslegungsregel dahingehend, wann eine öffentliche Versammlung vorliegt, war in § 2 vorgesehen.[298]

(3) Versammlungsleiter

Durch § 3 wurde eine grundsätzliche Leiterpflicht für öffentliche Versammlungen vorgeschrieben, jedoch mit der Möglichkeit, die Leitung Dritten zu übertragen oder einen Leiter durch die Versammlung wählen zu lassen.

§ 4 konkretisierte die Rechte und Pflichten des Versammlungsleiters. So sollte er nach Abs. 1 für Ruhe und Ordnung sorgen. Nach Abs. 2 wurde dem Leiter die Regelung des Ablaufs und die Worterteilung und -entziehung übertragen. Abs. 3 sah Ordnungsmaßnahmen wie Ordnungsrufe, Ausschlussmöglichkeiten und Auflösungsrechte für den Leiter vor. Die Zuhilfenahme unbewaffneter Ordner hierzu ermöglichte Abs. 4. Der Abs. 5 sah für jeden Versammlungsteilnehmer, insbesondere Pressevertreter, das Recht vor, sich Notizen zu machen, eine Regelung, die an dieser Stelle unsystematisch wirkt.

(4) Rechte und Pflichten der Polizei

In § 5 des Rohentwurfs war vorgesehen, dass in die Versammlung entsandte Polizeibeamte sich ggü. dem Leiter zu erkennen geben müssen, und ihnen im Gegenzug ein angemessener Platz eingeräumt werden muss.

Ein Auflösungsrecht der Versammlung für die Polizei war in § 6 vorgesehen. Danach konnte eine Versammlung aufgelöst werden, wenn (1) Themen zur Sprache kommen[299], die strafrechtlich relevant sind oder der verfassungsmäßigen Ordnung oder der Völkerverständigung widersprechen, (2) die Polizeibeamten (§ 2 des Rohentwurfes) nicht zugelassen werden, (3) wenn Bewaffnete, die unbefugt in der Versammlung anwesend sind, nicht entfernt werden können.

Nach § 7 löste die Auflösung einer Versammlung die Pflicht für die Teilnehmer aus, sich sofort zu entfernen.

In § 8 erfolgte eine Klarstellung dahingehend, dass allgemeine sicherheitspolizeiliche Bestimmungen[300] Anwendung finden, wenn dadurch eine unmittelbare Gefahr für Leben und Gesundheit der Teilnehmer verhütet werden kann.

---

298 § 2 des Rohentwurfes lautete: *„Eine Versammlung ist auch dann öffentlich, wenn bestimmte Personen oder ein bestimmter Personenkreis in der Einladung ausgeschlossen werden oder wenn neben einem eingeladenen bestimmten Teilnehmerkreis Gäste in erheblichem Umfang zugelassen werden."*

299 Wortlaut der Nr. 1: *„wenn [...] Anträge oder Vorschläge erörtert oder Beschlüsse gefasst werden, die den Strafvorschriften zuwiderlaufen oder die sich gegen die verfassungsmäßige Ordnung oder gegen den Gedanken der Völkerverständigung richten[...]."*

300 Dadurch sollte ein Bezug auf das allgemeine Polizei- und Ordnungsrecht hergestellt werden.

(5) Waffenverbot

Abschließend sah § 9 ein Waffenverbot mit der Ausnahme einer behördlichen Ermächtigung vor.

bb) Abschnitt 2 „Versammlungen und Aufzüge unter freiem Himmel"

Dieser Abschnitt bestand lediglich aus zwei Normen (§§ 10 und 11), die jedoch eine Vielzahl von Regelungen und Vorschriften enthielten.

(1) Anmeldepflicht

So war in § 10 Abs. 1 für Versammlungen und Aufzüge unter freiem Himmel eine Anmeldepflicht von 48 Stunden vorgesehen. Diese sollte unter Angabe des Ortes, der Zeit und des Verhandlungsgegenstandes erfolgen. Hinsichtlich der Frist schwieg der Rohentwurf darüber, ob diese vom Beginn der Versammlung oder vom Zeitpunkt der Bekanntgabe/Ankündigung zurück zu berechnen sei.

Von der Anmeldepflicht des Abs. 1 wurden in Abs. 4 kirchliche Veranstaltungen, Hochzeitszüge und Volksfeste ausgenommen.

(2) Auflagen

§ 10 Abs. 2 sah ein Verbot der Versammlung oder die Erteilung von Auflagen für ihre Durchführung vor, falls eine unmittelbare Gefahr für die Sicherheit zu *„besorgen"* sei.

(3) Auflösungsrecht

In § 10 Abs. 3 waren drei Auflösungstatbestände vorgesehen: (1) Durchführung der Versammlung trotz Verbots, (2) ein Abweichen von den Angaben der Anmeldung oder (3) ein Zuwiderhandeln gegen die Auflagen.

(4) Bannkreisregelungen

§ 11 des Rohentwurfes enthielt in seinen drei Absätzen umfassende Bannkreisregelungen hinsichtlich der befriedeten Bannkreise für Gebäude der gesetzgebenden Körperschaften des Bundes und der Länder.

cc) Abschnitt 3 „Strafvorschriften"[301]

Der Rohentwurf sah lediglich zwei jeweils umfangreiche Strafvorschriften vor. Während § 12 als Strafe Gefängnis oder Geldstrafe vorsah, war die Strafandrohung des § 13 auf Haft oder Geldstrafe bis DM 150,00 begrenzt.[302]

---

301 Rohentwurf eines Gesetzes über Versammlungen und Aufzüge (Versammlungsordnungsgesetz) vom 22. März 1950 nebst Anmerkungen, BArch BMI-B106-3229-Bd.1, S. 4 f.

302 Bis zur großen Strafrechtsreform 1969, vgl. diesbezüglich das Zweite Gesetz zur Reform des Strafrechts (2. StrRG) vom 4. Juli 1969, BGBl. I 1969, S. 717 ff.), sah das

§ 12 sah eine Strafbarkeit vor bei (1) Verstoß gegen das Waffenverbot, (2) Verstoß gegen die Anmeldepflicht des § 10, (3) Zurverfügungstellung von Räumlichkeiten oder Plätzen für verbotene oder nicht angemeldete Versammlungen, (4) Beteiligung an einer Schlägerei oder einem Mehrpersonenangriff mit Todesfolge oder Körperverletzung, (5) gröblicher Störung oder Mitnahme von verbotenen Gegenständen (vgl. § 4 des Entwurfs), (6) Verstoß gegen § 5 oder (7) Missbrauch eines Veranstalters oder Leiters seiner Befugnisse in absichtlicher und grober Weise.

Eine Strafbarkeit nach § 13 kam hingegen für denjenigen in Betracht, der (1) sich trotz Ausschlusses nicht umgehend aus einer Versammlung entfernt, (2) seiner Auskunftspflicht nach § 4 Abs. 3 nicht nachkommt, (3) an einer Versammlung teilnimmt, die nicht angemeldet oder verboten ist oder (4) sich trotz Auflösung nicht umgehend entfernt. Die Strafverfolgung sollte jedoch nur auf Antrag des Veranstalters oder Leiters erfolgen, § 13 Abs. 2.

dd) Abschnitt 4 „Übergangs- und Schlussbestimmungen"

Nach § 14 des Rohentwurfs fanden die Regelungen des Gesetzes auf Sitzungen der Vertretungskörperschaften des Bundes, der Länder, der Gemeindeverbände und der Gemeinden keine Anwendung. § 15 sah eine Ermächtigung für die Länder zur Bestimmung der nach dem Gesetz zuständigen Behörden vor. Mit § 16 sollten die Vorschriften des Reichsvereinsgesetzes, dessen Abänderungsgesetze und die Verordnung des Reichspräsidenten vom 4. Februar 1933 aufgehoben werden.[303]

ee) Zusammenfassung

Der Rohentwurf enthält bereits in Grundzügen Themenbereiche, die auch in der späteren Endfassung des Gesetzes Eingang gefunden haben. Insbesondere das Waffenverbot und die Anmeldepflicht des § 10 sind bereits vorhanden. Jedoch fehlte es dem Entwurf an Regelungen beispielsweise zum Uniformverbot und zum Flaggenverbot. Auch der Einsatz von Ordnern war noch nicht umfassend geregelt. Ebenso war das Teilnahmerecht noch nicht explizit ausgestaltet.

StGB abgestufte Formen der Freiheitsentziehung vor: *Zuchthaus* für Verbrechen (mind. ein Jahr bis 15 Jahre oder lebenslang plus ggf. Ehrverlust), *Gefängnis* für Vergehen (mind. ein Tag bis max. fünf Jahre), *Haftstrafe* für Übertretungen (min. ein Tag bis max. sechs Wochen), *Festungshaft/Einschließung*. Infolge des Gesetzes war nur noch eine einheitliche (zeitliche) Freiheitsstrafe vorgesehen.

303 RVG vom 19. April 1908 (RGBl. 1908, S. 151) mit Änderungen vom 26. Juni 1916 (RGBL. 1916, S. 635) und 19. April 1917 (RGBl. 1917, S. 361); „Verordnung des Reichspräsidenten zum Schutze des Deutschen Volkes" vom 4. Februar 1933 (RGBl. I 1933, S. 35). Nicht eingeschlossen wurde an dieser Stelle die „Verordnung des Reichspräsidenten zur Erhaltung des inneren Friedens" vom 19. Dezember 1933 (RGBl. I 1932, S. 548), die durch § 30 VersG im Ergebnis ebenfalls aufgehoben wurde, vgl. im Anhang, S. 497 ff.

Der Entwurf ist insgesamt recht kurz gefasst, in der Endfassung hat sich die Zahl der Normen verdoppelt. Kürze, Unvollständigkeit und teilweise Unübersichtlichkeit waren dem Umstand geschuldet, dass eine schnelle Fertigstellung aufgrund der bevorstehenden Landtagswahlen erwünscht war.[304]

c) Anmerkungen von Dr. Lüders *vom 22. März 1950*

Eine erste Kommentierung und Überarbeitung des Rohentwurfs wurde am 22. März 1950 von Reg. Dir. *Dr. Lüders* (BMI) vorgelegt.[305]

Hier zeigten sich wesentlich deutlichere Züge des Versammlungsgesetzes in seiner 1953 verabschiedeten Form.

aa) Öffentliche Versammlungen in geschlossenen Räumen / Allgemeine Bestimmungen

(1) Allgemeiner Teil

Hinsichtlich der Gliederung des Rohentwurfs schlug *Dr. Lüders* die Einführung eines *Allgemeinen Teils* vor, da Teile der Bestimmungen sowohl auf öffentliche Versammlungen wie auf Aufzüge und Versammlungen unter freiem Himmel zuträfen.[306] Separate oder ergänzende Regelungen für Versammlungen und Aufzüge unter freiem Himmel sollten nur aufgenommen werden, soweit die Bestimmungen des allgemeinen Teils der besonderen Situation dieser Versammlungen nicht ausreichend gerecht wurden.

(2) Versammlungsfreiheit

Zu § 1 des Rohentwurfs schlug *Dr. Lüders* vor, die Regelungen in Art. 8 Abs. 2 GG i.V.m. Art. 19 Abs. 1 S. 2 GG durch Einführung einer *Präambel* in das Gesetz aufzunehmen, in der Art. 8 Abs. 1 GG ausdrücklich zitiert und der bisherige § 1 aufgenommen werden sollte (Nr. 1 der Anmerkungen).[307]

---

304 Vgl. Schreiben *von Nathusius* vom 20. März 1950, BArch BMI-B106-3229-Bd. 1; Protokoll der 52. Kabinettssitzung vom 14. März 1950, *Kabinettsprotokolle BReg, Bd. 2 1950*, S. 265.

305 Anmerkungen von *Dr. Lüders* zum Rohentwurf vom 22. März 1950, BArch BMI-B106-3229-Bd. 1.

306 Nr. 2 und später Nr. 17 der Anmerkungen.

307 Vorgeschlagener Wortlaut für die Präambel: *„Gemäß Art. 8 Abs. 1 des Grundgesetzes haben alle Deutschen das Recht, sich ohne Anmeldung oder Erlaubnis friedlich und ohne Waffen zu versammeln. Die Durchführung solcher öffentlichen Versammlungen richtet sich nach den Bestimmungen dieses Gesetzes. Für Versammlungen und Umzüge unter freiem Himmel wird das Grundrecht des Art. 8 nach Maßgabe der Bestimmungen dieses Gesetzes beschränkt.“*

(3) Begriff der öffentlichen Versammlung

Nach Auffassung von *Dr. Lüders* sollte terminologisch zwischen *„Öffentlichen Versammlungen unter freiem Himmel"* und *„Öffentlichen Versammlungen in geschlossenen Räumen"* unterschieden werden, da es sich jeweils um öffentliche Versammlungen handele.[308]

Den § 2 des Rohentwurfs wollte *Dr. Lüders* daher um eine Definition für öffentliche Versammlungen in geschlossenen Räumen erweitern.[309] Zudem sollte eine Versammlung in einem geschlossenen Raum als öffentliche Versammlung unter freiem Himmel gelten, wenn durch Lautsprecher oder Öffnen der Fenster ein größerer Personenkreis der Versammlung folgen kann.[310]

Gleichzeitig schlug er vor, die Anwendung des Gesetzes auf Film- oder Theateraufführungen auszuschließen, zumindest soweit keine anschließende Diskussion stattfände.[311] *Dr. Lüders* bezog sich dabei auf den Tenor mehrerer gerichtlicher Entscheidungen.

(4) Versammlungsleiter

In § 3 sollte eine Definition des Leiters einer Versammlung aufgenommen werden.[312] § 4 des Rohentwurfs, betreffend die Rechte und Pflichten des Leiters, sollte auf fünf Normen aufgeteilt werden.[313] § 4 sollte demnach nur die grundsätzliche Zuständigkeit des Versammlungsleiters beinhalten.[314]

Der neue § 6 sollte die Auflösungsbefugnis des Versammlungsleiters enthalten.

Ein neuer § 7 sah vor, dass der Versammlungsleiter neben Ordnungsrufen auch einzelne Personen bei gröblichen Störungen ausschließen durfte. Im Zusammenhang mit Ordnungsrufen und ggf. Ausschluss von Versammlungsteilnehmern schlug *Dr. Lüders* eine Ausweispflicht vor, deren Nichtbefolgen ein einstweiliges Festnahmerecht begründen sollte.

(5) Ordnereinsatz

In einem neuen § 5 sollte der Ordnereinsatz geregelt werden. Ausgehend von der Pflicht des Versammlungsleiters, für Ruhe und Ordnung zu sorgen, sollte die Möglichkeit eröffnet werden, sich unbewaffneter Ordner zu bedienen. Um ihre Identifizierung sicherzustellen, sollten die Ordner Armbinden tragen.

---

308 Anmerkungen von *Dr. Lüders* zum Rohentwurf vom 22. März 1950, BArch BMI-B106-3229-Bd. 1.

309 Nr. 4 der Anmerkungen.

310 Nr. 18 der Anmerkungen. Eine solche Auslegungsregel wurde auch vom Land Berlin im Rahmen der Beratungen zum Gesetzentwurf im Ausschuss für Innere Angelegenheiten (BR) gemacht, siehe unten S. 316.

311 Nr. 10 der Anmerkungen.

312 Nr. 5 der Anmerkungen.

313 Nr. 6 der Anmerkungen.

314 Wortlaut des neuen § 4: *„Der Leiter bestimmt den Verlauf der Versammlung, insbesondere erteilt und entzieht er das Wort und regelt die Aussprache."*

(6) Rechte und Pflichten der Polizei

Hinsichtlich der Regelung in § 6 des Rohentwurfs (Auflösung durch die Polizei) trug *Dr. Lüders* Bedenken vor, ob dadurch nicht in das Polizeirecht der Länder eingegriffen werde.

Die Regelungen in § 8 des Rohentwurfs (Anwendung allgemeiner sicherheitspolizeilicher Bestimmungen) sah er lieber in eine Schlussbestimmung des Gesetzes aufgenommen.

(7) Waffenverbot

Das Waffenverbot in § 9 des Rohentwurfs erachtete *Dr. Lüders* als zu *„kriegerisch"*[315] formuliert. Er erwog daher, das Verbot sprachlich auf das *„Mitbringen von Waffen"* auszurichten.

(8) Flaggenverbot

Als eine wesentliche Ergänzung gegenüber dem Rohentwurf schlug *Dr. Lüders* vor, ein Verbot von Farben und Emblemen mit verfassungsfeindlichem Inhalt in Versammlungsräumen vorzusehen.[316] Dies zeigt einen ersten Ansatz der später heftig umstrittenen Flaggenfrage.

bb) Versammlungen und Aufzüge unter freiem Himmel

(1) Anmeldepflicht

Hinsichtlich der Anmeldefrist des § 10 schlug *Dr. Lüders* vor, diese nicht auf den Beginn der Versammlung zu beziehen, sondern auf den Zeitpunkt ihrer öffentlichen Bekanntgabe.[317]

(2) Auflagen

Die Regelung in § 10 Abs. 2 des Rohentwurfs (Erteilung von Auflagen) sollte nach Ansicht von *Dr. Lüders* in einer separaten Norm gefasst werden.[318]

In einer weiteren Ergänzung sollten diejenigen Personen, die für eine solche Versammlung Räume oder Plätze zur Verfügung stellen, das Vorliegen einer

---

315 Nr. 9 der Anmerkungen; der Rohentwurf sprach von einem *„bewaffneten Erscheinen"*.

316 Nr. 11 der Anmerkungen; *Dr. Lüders* schlug folgenden Wortlaut vor: *„Räume, in denen öffentliche Versammlungen stattfinden, können beliebig ausgeschmückt werden, jedoch nicht mit Farben und Symbolen, die sich gegen die verfassungsmäßigen Farben oder sonstigen Symbole des Bundes richten und nicht mit Sprüchen, die einen verfassungsfeindlichen oder sonstigen aufreizenden Inhalt haben."*

317 Nr. 14 der Anmerkungen.

318 Nr. 15 der Anmerkungen.

ordnungsgemäßen Anmeldung und das Nichtvorliegen eines Verbots der Versammlung überprüfen müssen.[319]

(3) Auflösung

Auch die Inhalte von § 10 Abs. 3 des Rohentwurfs sollten nach Ansicht von *Dr. Lüders* in einer eigenständigen Norm geregelt werden.[320]

(4) Versammlungsleiter

Die Anmerkungen enthielten den Vorschlag, den allgemeinen Teil des Gesetzes derart zu gestalten, dass die Vorschriften über Versammlungsleitung und die notwendigen Ordnungsmaßnahmen auch für Versammlungen und Aufzüge unter freiem Himmel gelten. *Dr. Lüders* erkannte gleichwohl die Problematik der Handhabe dieser Ordnungspflichten für den Leiter einer Versammlung unter freiem Himmel und schlug daher vor, die Rechte des Versammlungsleiters auf einen Beauftragten der zuständigen Behörde zu übertragen.[321]

cc) Strafvorschriften

Hinsichtlich der Strafvorschriften schlug *Dr. Lüders* in seinen Anmerkungen vor, diese (1) insgesamt zu kürzen, indem in einer generellen Strafrechtsnorm der Verstoß gegen die vorherigen Bestimmungen des Rohentwurfs geahndet wird,[322] und (2) einzelne Tatbestände neu zu formulieren (insbesondere § 12 Ziff. 4 des Rohentwurfs, da dieser sich kaum von § 127 StGB unterscheide).[323] Zudem wurde angemahnt, dass aufgrund der parallel entstehenden Strafrechtsnovelle eine schnelle Entscheidung darüber herbeizuführen sei, welche strafrechtlichen Bestimmungen in welches Gesetz (StGB oder Versammlungsgesetz) aufgenommen werden sollen.[324]

dd) Schlussbestimmungen

Hinsichtlich der geplanten Aufhebung des RVG schlug *Dr. Lüders* abschließend eine Prüfung der Weitergeltung einzelner Vorschriften des RVG vor.[325]

---

319 Nr. 16 der Anmerkungen.

320 Nr. 15 der Anmerkungen.

321 Nr. 17 der Anmerkungen.

322 Nr. 19 und 23 der Anmerkungen. So sollte eine Norm folgendermaßen gestaltet werden: *„Wer den Bestimmungen der §§... vorsätzlich zuwiderhandelt[...].“*

323 Nr. 20, 21 und 22 der Anmerkungen. So sah *Dr. Lüders* eine dezidierte Regelung der Strafbarkeit bei Verstößen gegen die Anweisungen des Leiters, bei Störungen der Versammlung und Anzetteln einer Schlägerei vor.

324 Vgl. Nr. 23 der Anmerkungen.

325 Nr. 24 der Anmerkungen.

ee) *Zusammenfassung*

Mit seinen Anmerkungen hat *Dr. Lüders* Themenbereiche und Regelungsmöglichkeiten aufgeworfen, die teilweise vollumfänglich Eingang in das Gesetz gefunden haben. Insbesondere haben seine Anmerkungen zu einer wesentlichen Entzerrung des Entwurfs geführt. Auch die später übernommene Aufteilung in einen Allgemeinen Teil und spezielle Regelungen für die unterschiedlichen Versammlungsformen (in geschlossenen Räumen oder unter freiem Himmel) fanden erstmals Eingang in die gesetzgeberische Arbeit. Bemerkenswert ist, dass er erstmalig auf ein Flaggenverbot eingeht. Gleichwohl wurde die Regelung eines Uniformverbots weiterhin nicht aufgeworfen. Insgesamt waren die Vorschläge von *Dr. Lüders* noch stark an den Vorgaben des RVG orientiert. Gleichwohl war die Stärkung der Position des Versammlungsleiters schon deutlich erkennbar.

d) *Ausblick*

Der Rohentwurf des BMI wurde in der Folgezeit mehrfach überarbeitet, so dass bis zur eigentlichen Kabinettsvorlage vier weitere (Zwischen-) Entwürfe entstanden. Im Folgenden sollen dabei nur die wesentlichen Änderungen und Ergänzungen dieser Zwischenentwürfe dargestellt werden.

3. Der 2. Entwurf eines „Gesetzes über öffentliche Versammlungen und Aufzüge (Versammlungsordnungsgesetz)“[326] von März/April 1950[327]

a) *Änderungen*

Der zweite Entwurf des BMI enthielt nur kleinere Änderungen oder Ergänzungen, berücksichtigte aber zum Teil schon die Anmerkungen von *Dr. Lüders.*

aa) *Ordnereinsatz*

Wie von *Dr. Lüders* in seinen Anmerkungen vorgeschlagen, wurden im 2. Entwurf die Regelungen zum Versammlungsleiter und Ordnereinsatz entzerrt und für letzteren eine eigene Norm, § 5 des 2. Entwurfs, geschaffen.

bb) *Waffenverbot*

Beachtenswert ist lediglich die Umwandlung des Waffenverbots (§ 9 des Rohentwurfs) in das allgemeine Verbot des Mitbringens von Gegenständen, deren Gebrauch

---

326 BArch BMI-B106-3229-Bd 1, unten im Anhang ab Seite 401 wiedergegeben.

327 Die in den Akten des BMI enthaltenen Entwürfe zwei bis fünf (einschließlich) sind undatiert. Aufgrund der bekannten Daten des 1. Rohentwurfs (20. März 1950) und des sechsten Entwurfs (18. April 1950) sind die Entwürfe zwei bis fünf in diesem Zeitraum entstanden.

die Versammlung stören kann, § 7 des 2. Entwurfs. Somit wurde unabhängig von einem evtl. offenen bzw. ungeklärten Waffenbegriff allein auf die Störeigenschaft von Gegenständen abgestellt.

b) Zusammenfassung

Die nur geringfügigen Änderungen im 2. Entwurf weisen jedoch eine Ungenauigkeit in der gesetzlichen Systematik auf. Während § 7 des 2. Entwurfs allgemein von störungsfähigen Gegenständen spricht, sieht § 9 Nr. 3 des 2. Entwurfs ein Auflösungsrecht der Polizei vor, wenn Bewaffnete, die unbefugt in der Versammlung anwesend sind, nicht entfernt werden. Dabei fehlte es jedoch an einer Vorschrift, die explizit die befugte / unbefugte Anwesenheit Bewaffneter regelte.
Flaggen- und Uniformverbot fanden nach wie vor keinen Eingang in den Entwurf.

4. Der 3. Entwurf eines „Gesetzes über öffentliche Versammlungen und Aufzüge (Versammlungsordnungsgesetz)“[328] von März/April 1950[329]

Der 3. Entwurf enthielt verschiedene Änderungen und Ergänzungen gegenüber dem Rohentwurf und dem 2. Entwurf.

a) Präambel – Versammlungsfreiheit

Die Versammlungsfreiheit aus Art. 8 GG wurde nun in einer *Präambel* wiedergegeben, die auf den Vorschlag von *Dr. Lüders* zurückging.[330] In Satz 2 wurde der Regelungsumfang des Gesetzes, öffentliche Versammlungen in geschlossenen Räumen und unter freiem Himmel sowie von Umzügen, beschrieben. Zudem stellte die Präambel in Satz 3 ausdrücklich klar, dass durch das Gesetz eine Einschränkung von Art. 8 GG erfolgt.

b) Allgemeine Bestimmungen

Der 3. Entwurf sah einen neuen ersten Abschnitt „Allgemeines“ (§§ 1 bis 4 des 3. Entwurfs) vor. Auch dies ging auf eine Anregung von *Dr. Lüders* zurück. Die „Allgemeinen Bestimmungen“ hatten ihre Geltung unabhängig von der Art der öffentlichen Versammlung.

---

328 3. Entwurf eines Gesetzes über öffentliche Versammlungen und Aufzüge (Versammlungsordnungsgesetz), BArch BMI-B106-3229-Bd 1, im Anhang ab Seite 405 vollständig wiedergegeben.
329 Siehe Fußnote 327.
330 Vgl. oben S. 93.

aa) *Generalklausel*

Zunächst wurde in § 1 des 3. Entwurfs erstmals eine Art Generalklausel aufgenommen, nach der die öffentliche Ruhe, Ordnung und Sicherheit nicht durch die Versammlungsteilnehmer beeinträchtigt werden durften. Diese Regelung war der polizeilichen Generalklausel nachempfunden und sorgte damit nicht für eine klare und deutliche Trennung des Versammlungsrechts von allgemeinen Vorschriften des Polizei- und Ordnungsrechts.

bb) *Waffenverbot*

In § 2 des 3. Entwurfs war nun ausdrücklich ein Waffenverbot geregelt. Dieses sah gleichzeitig eine Ausnahmeregelung für die Fälle vor, in denen eine polizeiliche Ermächtigung für das *„Beisichführen"*[331] der Waffe vorläge.

cc) *Uniformverbot*

Erstmalig fand nun ein Uniformverbot Eingang in den Gesetzentwurf, § 3 des 3. Entwurfs. Das Tragen von Uniformen oder uniformierten Kleidungsstücken wurde verboten, soweit dies eine politische Gesinnung oder die Zugehörigkeit zu einer politischen Organisation zum Ausdruck bringen sollte.

dd) *Flaggenverbot*

In § 4 des 3. Entwurfs wurde zudem erstmals ein Flaggenverbot geregelt. Danach waren solche Fahnen und Farben verboten, die eine verfassungsfeindliche Haltung oder eine Ablehnung der Bundesfarben verdeutlichen sollten. Dementsprechend sollte das Verbot auch für Gegenstände mit verfassungsfeindlichem oder *„aufreizendem"*[332] Inhalt gelten. Auch für Werbe- und Printerzeugnisse, mit denen zu einer Versammlung aufgefordert wird, galt das Verbot entsprechend.[333] Letzteres erscheint vor dem Hintergrund einer zum Zeitpunkt des Versands der Einladung noch nicht stattfindenden Versammlung zumindest problematisch. Denn, wie es sich auch

---

331 3. Entwurf eines Gesetzes über öffentliche Versammlungen und Aufzüge (Versammlungsordnungsgesetz), BArch BMI-B106-3229-Bd 1.

332 3. Entwurf eines Gesetzes über öffentliche Versammlungen und Aufzüge (Versammlungsordnungsgesetz), BArch BMI-B106-3229-Bd 1.

333 § 4 des 3. Entwurfs lautete: *„Das Zeigen von Fahnen oder Farben, die eine verfassungsfeindliche Haltung oder eine Ablehnung der Bundesfarben zum Ausdruck bringen, ist in öffentlichen Versammlungen oder Aufzügen verboten; das gleiche gilt für sonstige Ausstattung verfassungsfeindlichen oder sonst aufreizenden Inhalts, sowie entsprechend für Werbezettel, Plakate und Druckschriften, in denen zur Teilnahme an einer Veranstaltung aufgefordert wird."*

später in der praktischen Anwendung des Gesetzes zeigte, wurde die Einschränkung im Vorfeld einer Versammlung nicht ohne Weiteres als erlaubt angesehen.[334]

c) Öffentliche Versammlungen in geschlossenen Räumen

aa) Begriff der öffentlichen Versammlung

Der neue Abschnitt 2, „Öffentlichen Versammlungen in geschlossenen Räumen" (§§ 5 bis 15 des 3. Entwurfs), sah in § 5 des 3. Entwurfs eine umfassende Definition der öffentlichen Versammlung in geschlossenen Räumen vor. So wurde bestimmt, dass eine Versammlung dann öffentlich ist, wenn (1) jedermann die Teilnahme gestattet ist, (2) Personen oder Personenkreise ausgeschlossen werden oder zu einem bestimmten Teilnehmerkreis andere Personen zugelassen werden oder (3) die Versammlung im geschlossenen Raum aufgrund offener Fenster und Türen oder des Einsatzes von Lautsprechern im Freien und durch einen unbestimmten Personenkreis verfolgt werden kann.

bb) Versammlungsleiter

Die Rechte und Pflichten des Versammlungsleiters wurden, wie von *Dr. Lüders* angeregt,[335] auf mehrere Normen aufgeteilt (§§ 6, 7, 9, 10–12 des 3. Entwurfs). Inhaltlich entsprachen sie weitestgehend den Vorschlägen von *Dr. Lüders*.[336] In § 6 wurde der Grundsatz verankert, dass der Veranstalter einer Versammlung grundsätzlich deren Leiter ist, die Leitung jedoch auf einen Dritten übertragen werden kann.

cc) Ordnereinsatz

In § 8 des 3. Entwurfs fand der Einsatz von Ordnern eine eigenständige Regelung. Bei ihrer Zuhilfenahme wurde eine Kennzeichnung mittels Armbinden vorgeschrieben.

dd) Rechte und Pflichten der Polizei

Die §§ 13 und 14 des 3. Entwurfs sahen nun Regelungen für das Handeln der Polizei vor. § 13 regelte das Teilnahmerecht der Polizei, § 14 gab die möglichen Auflösungstatbestände einer Versammlung durch die Polizei vor.

---

334 Zu Vorfeldmaßnahmen im Zusammenhang mit dem Schutzwaffen- und Vermummungsverbot des späteren § 17a VersG, siehe unten S. 345 f. Zur Zulässigkeit von Vorfeldmaßnahmen vgl. z.B. VGH Mannheim, Urteil vom 26. Januar 1998, 1 S 3280/96, in: NVwZ 1998, S. 761 f.; zu den Rechtsgrundlagen für polizeiliche Vorfeldmaßnahmen siehe auch *Trurnit*, „Vorfeldmaßnahmen bei Versammlungen", in: NVwZ 2012, S. 1079 ff.

335 Vgl. oben S. 94 f.

336 So wurde das von *Dr. Lüders* noch vorgeschlagene Festnahmerecht nicht übernommen.

ee) *Verlassen der Versammlung*

Am Ende des 2. Abschnitts (§ 15 des 3. Entwurfs) fand sich abschließend eine Regelung, die das Verlassen der Versammlung nach erfolgtem Ausschluss und das Entfernen bei Auflösung der Versammlung vorschrieb. Dabei wurde keine Unterscheidung darüber getroffen, ob der Ausschluss durch den Versammlungsleiter oder die Polizei erfolgt ist.

d) *Öffentliche Versammlungen unter freiem Himmel*

Der Abschnitt 3 (§§ 16 – 22 des 3. Entwurfs) enthielt die Bestimmungen zu „Öffentlichen Versammlungen unter freiem Himmel".

aa) *Anmeldepflicht*

Hinsichtlich der Anmeldefrist von 48 Stunden wurde diese nun auf die öffentliche Bekanntgabe der Versammlung bezogen (§ 16). In der Anmeldung selbst sollten die Verantwortlichen benannt werden. Dabei stellte die Norm klar, dass im Falle einer Übertragung der Verantwortung vom Veranstalter / Leiter (§ 6 Abs. 1 des 3. Entwurfs) auf Dritte diese Beauftragten benannt werden müssen.

bb) *Auflagen und Versammlungsverbot*

Der 3. Entwurf sah einen neuen § 17 vor, der die Möglichkeit zur Erteilung von Auflagen durch die zuständige Behörde und die Möglichkeit eines Versammlungsverbots regelte. Für den Fall der Durchführung einer verbotenen Versammlung wurde klargestellt, dass diese aufzulösen ist. Zudem wurde die Möglichkeit der Auflösung („*können*"[337]) für die Fälle geschaffen, in denen erteilte Auflagen oder Angaben in der Anmeldung nicht eingehalten werden.

cc) *Ausnahmen für religiöse Feiern und Volksfeste*

Gem. § 19 des 3. Entwurfs sollten die §§ 16 bis 18 des 3. Entwurfs bei kirchlichen Prozessionen, Wallfahrten, gewöhnlichen Leichenbegängnissen, Zügen von Hochzeitsgesellschaften und hergebrachten Volksfesten nicht anwendbar sein.

dd) *Entsprechende Anwendung von Vorschriften des 2. Abschnitts*

§ 20 des 3. Entwurfs enthielt zudem eine Verweisungsnorm auf die §§ 6–9 (Rechte und Pflichten des Versammlungsleiters) und §§ 12–15 (Rechte und Pflichten der Polizei).

---

337 3. Entwurf eines Gesetzes über öffentliche Versammlungen und Aufzüge (Versammlungsordnungsgesetz), BArch BMI-B106-3229-Bd 1.

ee) *Ordnereinsatz*

Im Gegensatz zu öffentlichen Versammlungen in geschlossenen Räumen (vgl. § 8 des 3. Entwurfs) wurde in § 21 des 3. Entwurfs der Ordereinsatz unter einen polizeilichen Genehmigungsvorbehalt gestellt. Zudem musste der Einsatz schon im Rahmen der Anmeldung beantragt werden.

ff) *Eingriffspflicht bei Umzügen*

§ 22 des 3. Entwurfs sah die Pflicht des Veranstalters zum Eingreifen bei bestimmten Vorkommnissen vor, etwa bei unbefugtem Waffenbesitz oder bei Ausschreitungen unter den Versammlungsteilnehmern, verbunden mit der Pflicht zur Auflösung der Versammlung für den Fall, dass sich der Veranstalter nicht durchsetzen kann.[338] Dabei galten diese Vorgaben ausdrücklich nur für Umzüge.

e) *Strafvorschriften*

Die Strafvorschriften in Abschnitt 4 wurden gegenüber dem Rohentwurf in erster Linie entzerrt, zudem wurde die von *Dr. Lüders* geforderte Bezugnahme auf einzelne Normen hergestellt (vgl. §§ 28 und 30 des 3. Entwurfs).

Zusätzlich wurden einzelne Straftatbestände gesondert geregelt: Ausübung von Gewalttätigkeiten (oder deren Androhung) in der Absicht, Versammlungen oder Umzüge zu sprengen oder zu stören (§ 23), Mitbringen von Gegenständen, die den Ablauf der Versammlung beeinträchtigen, in der Absicht, sie zu stören (§ 24), (tätlicher) Widerstand gegen Anweisungen des Versammlungsleiters, der Beauftragten oder Ordner (§ 25), Aufruf zur Teilnahme an einer verbotenen Versammlung und Teilnahme an einer solchen Versammlung (§ 26), Nichtbefolgen der Auflagen durch Beauftragte oder nicht genehmigter Ordnereinsatz (§ 27), gröbliche Störung einer Versammlung auch in der Qualifikation der gemeinschaftlichen Begehung oder unter Auslösung einer Schlägerei (§ 29).

Dabei reichten die Strafandrohungen von Geldstrafen bis zu Gefängnis nicht unter drei Monaten.

f) *Zusammenfassung*

Mit dem dritten ministeriellen Entwurf nahm das Gesetz erstmals eine umfangreiche und ausgewogenere Gestalt an. Einzelne Regelungspunkte, insbesondere die Verbote des Allgemeinen Teils, wurden erstmalig in das Gesetz aufgenommen. Auch wenn der Entwurf noch an einigen Ungenauigkeiten litt,[339] so war in dem Entwurf schon die Linie erkennbar, die das Gesetz in seiner späteren Endfassung bekommen sollte.

---

338 Für den vollständigen Wortlaut von § 22 des 3. Entwurfs siehe Anhang, Seite 405 ff.

339 So spricht die Gesetzesüberschrift von *„Aufzügen"*, während im Gesetzestext noch von *„Umzügen"* die Rede ist.

5. Der 4. Entwurf eines „Gesetzes über öffentliche Versammlungen und Umzüge (Versammlungsordnungsgesetz)“[340] von März/April 1950[341]

Gegenüber dem 3. Entwurf sah der 4. Entwurf nur geringfügige Änderungen vor. So wurde die grundsätzliche Konzeption nicht mehr verändert. Zudem wurden vor allem sprachliche Veränderungen gegenüber dem 3. Entwurf vorgenommen.

a) Öffentliche Versammlungen in geschlossenen Räumen

aa) Versammlungsleiter

Eine wesentliche Änderung findet sich in § 9 des 4. Entwurfs. Eine Eingriffspflicht des Leiters sollte für den Fall bestehen, dass

> *„[...] Ansichten oder Vorschläge vertreten werden, welche die demokratische Grundordnung oder den Bestand der Bundesrepublik Deutschland angreifen oder den Strafgesetzen zuwiderlaufen.“*

In § 9 des 3. Entwurfs beschränkte sich die Eingriffspflicht noch allgemein auf verfassungsfeindliche Ansichten und Vorschläge.[342]

bb) Sonstige Änderungen

In § 8 (*Ordnereinsatz*) wurde die Pflicht eingeführt, auf Aufforderung der Polizei die eingesetzten Ordner mitzuteilen.

b) Schlussbestimmungen

In die Schlussbestimmungen war nun die polizeiliche Generalklausel aufgenommen worden, die bei *„unmittelbarer Gefahr für Leben oder Gesundheit von Teilnehmern“* die Anwendung der allgemeinen sicherheitspolizeilichen Bestimmungen vorsah.[343] Im Rohentwurf war diese Regelung noch im ersten Abschnitt vorgesehen gewesen. Nicht zuletzt aufgrund der Anregung von *Dr. Lüders* fand diese „Generalklausel“ nun Eingang in die Schlussvorschriften. Jedoch widersprach dies dem (späteren) Verständnis einer „Polizeifestigkeit“ von Versammlungen und dem Exklusivitätsgedanken der Regelungen im VersG ggü. anderen Bestimmungen des Polizei- und Ordnungsrechts.

---

340 4. Entwurf eines Versammlungsordnungsgesetzes, BArch BMI-B106-3229-Bd.1, im Anhang ab Seite 411 vollständig wiedergegeben.

341 Siehe Fußnote 327.

342 Vgl. den 3. Entwurf eines Versammlungsordnungsgesetzes, BArch BMI-B106-3229-Bd. 1.

343 4. Entwurf eines Versammlungsordnungsgesetzes, BArch BMI-B106-3229-Bd.1

c) *Zusammenfassung*

Insgesamt zeigte der 4. Entwurf keine großen Neuerungen, jedoch wurde aufgrund der sprachlichen Veränderungen versucht, die praktische Anwendbarkeit des Gesetzes stetig zu verbessern. Zudem zeigte sich, dass das BMI nun den „roten Faden" seines Gesetzesvorhabens gefunden zu haben schien, da an der grundsätzlichen Systematik keine Änderungen mehr vorgenommen wurden.

6. Der 5. Entwurf eines „Gesetzes über öffentliche Versammlungen und Aufzüge (Versammlungsordnungsgesetz)"[344] von März/April 1950"[345]

Der 5. Entwurf stellt im Gegensatz zu den Vorentwürfen einen wesentlichen Fortschritt dar, da ihm erstmals eine *Begründung* beigefügt wurde. Auch enthielt er teilweise weitgreifende inhaltliche Änderungen.

a) *Allgemeiner Teil*

Der 5. Entwurf sprach nun endgültig von *„Aufzügen"*[346] als Teil der öffentlichen Versammlungen unter freiem Himmel und nicht mehr von *„Umzügen"*[347] wie noch im 4. Entwurf.

aa) Präambel / Einschränkung von Art. 8 GG

Durch die Aufnahme einer Begründung kam mit dem 5. Entwurf erstmals umfangreich der gesetzgeberische Wille zum Ausdruck. Die mit der Schaffung des VersG zwingend einhergehende Einschränkung der Versammlungsfreiheit wurde folgendermaßen begründet:

(1) Das Grundrecht der Versammlungsfreiheit

Nach Ansicht der Entwurfsbegründung sei das Grundrecht der Versammlungsfreiheit eine Bestätigung des Persönlichkeitsrechts in Art. 2 GG. Dieses Entfaltungsrecht[348] stehe unter dem Vorbehalt der verfassungsmäßigen Ordnung und des

344 5. Entwurf eines Versammlungsordnungsgesetzes, BArch BMI-B106-3229-Bd.1, im Anhang ab Seite 417 vollständig wiedergegeben.

345 Siehe Fußnote 327.

346 Vgl. z.B. §§1 und 16 des 5. Entwurfs.

347 So noch z.B. §§ 1 und 16 des 4. Entwurfs eines Versammlungsordnungsgesetzes, BArch BMI-B106-3229-Bd.1.

348 Vgl. Begründung zum 5. Entwurf eines Versammlungsordnungsgesetzes, BArch BMI-B106-3229-Bd.1.

Sittengesetzes.[349] Mit Rücksicht auf Art. 2 GG müsse ein Schutz von Versammlungen vor Missbräuchen gewährleistet werden. Zudem habe schon Art. 123 WRV die Zulässigkeit solcher gesetzlichen Bestimmungen bejaht. Durch den Gesetzentwurf sollte ein ausreichender Schutz des Grundrechts geschaffen werden.

(2) Notwendigkeit gesetzgeberischen Handelns

Das gesetzgeberische Tätigwerden des Staates auf dem Gebiet der Versammlungsfreiheit sei notwendig geworden, da die *„Formen der öffentlichen Diskussion“*[350] von vielen nicht mehr eingehalten würden. Daher sollte mit dem Gesetz einer *„Verrohung der politischen Sitten“* entgegengetreten werden.[351]

Gleichwohl wurde in der Begründung ausgeschlossen, dies mit polizeistaatlichen Mitteln und Methoden durchsetzen zu wollen,[352] die in ihrer Wirkung eine Einengung der politischen Diskussion mittels Polizeizwang zur Folge hätten. Vielmehr sollten mit der Gesetzesvorlage das Verhalten von Versammlungsteilnehmern und die Aufgaben des Versammlungsleiters, geknüpft an eine strafrechtliche Verantwortung, festgelegt werden.

Die Begründung zum 5. Entwurf zeigt, dass sich das BMI zwar der bestehenden Regelungen des RVG und des damit bereits (in Teilen) bestehenden Schutzes der Versammlungsfreiheit bewusst war, gleichzeitig jedoch auch die wesentlichen Unterschiede in der gesetzgeberischen Intention der beiden Gesetze kannte. Denn im RVG waren im Wesentlichen nur Grundlagen und Voraussetzungen für ein polizeiliches Einschreiten festgelegt.[353] Der für das BMI entscheidende Pflichtenkatalog für die Versammlungsteilnehmer[354], mit dem es erst möglich wurde, die Versammlungen und Versammlungsfreiheit so weit wie möglich in den Händen der Bürger zu lassen, da nur die Rahmenbedingungen festgelegt wurden, fehlte dem RVG vollständig. Zudem hatte das RVG nicht ausschließlich öffentliche Versammlungen zum Gegenstand, sondern widmete sich diesen nur mit einem kleinen Teil seiner Normen.[355]

---

349 Den dritten Teil der sog. „Schranken-Trias“, die Rechte anderer, nennt die Begründung nicht.

350 Also Versammlungen als öffentlicher Meinungsaustausch zu einem bestimmten (politischen) Thema, vgl. den Versammlungsbegriff des BVerfG: *„Versammlung im Sinne des Art. 8 GG ist eine örtliche Zusammenkunft mehrerer Personen zur gemeinschaftlichen, auf die Teilhabe an der öffentlichen Meinungsbildung gerichteten Erörterung oder Kundgebung“*, Beschluss des BVerfG, 1 BvR 1190/90 vom 24. Oktober 2001, Leitsatz.

351 Vgl. Begründung zum 5. Entwurf eines Versammlungsordnungsgesetzes, BArch BMI-B106-3229-Bd.1.

352 So war noch die Intention des RVG zu verstehen, siehe sogleich.

353 Vgl. Begründung zum 5. Entwurf eines Versammlungsordnungsgesetzes, BArch BMI-B106-3229-Bd.1, S.1.

354 Dazu sind auch Leiter und deren Bevollmächtigte zu zählen.

355 Vgl. oben S. 52 ff.

Aufgrund der im Vergleich zum RVG stark veränderten gesetzgeberischen Intention nicht zuletzt durch die Regelungen der WRV[356] und des GG hielt der Gesetzgeber eine Neufassung des Versammlungsrechts für unbedingt geboten.[357]

Es wurde klargestellt, dass alle im Gesetzentwurf enthaltenen Verpflichtungen allein dem Schutz der Meinungs- und Versammlungsfreiheit dienen sollten. Das Gesetz sei ein Beweis für echte Demokratie, da Ordnung und Freiheit in Einklang gebracht würden.[358]

bb) Waffenverbot

In seiner Begründung stellte der 5. Entwurf klar, dass sich das Verbot nicht allein auf Schusswaffen bezog. Auch bedeutete ein Waffenschein nicht die automatische Berechtigung, mit der Waffe an einer öffentlichen Versammlung teilzunehmen, sondern es wurde das Erfordernis einer Sondergenehmigung zum Ausdruck gebracht.[359] Ebenso sollten Personen, die aufgrund eines öffentlichen Berufs zum Waffentragen berechtigt waren, nur im Rahmen ihrer Dienstausübung die Befugnis erhalten, die Waffe ohne Sondergenehmigung auf der Versammlung zu tragen.

Der 5. Entwurf brachte damit erstmals zum Ausdruck, dass sich der Gesetzgeber der Gefährlichkeit von Waffen bewusst war und somit einen Verbotstatbestand schaffen wollte, der nur aufgrund einer Sondererlaubnis im Einzelfall das Mitbringen von Waffen gestatten sollte.[360]

cc) Uniformverbot

Hinsichtlich des Uniformverbots in § 5 des 5. Entwurfs äußerte sich die Begründung nicht. Zudem blieb die Norm gegenüber den Vorentwürfen unverändert.

dd) Flaggenverbot

In dem auch im 4. Entwurf umfangreich geregelten Flaggenverbot wurde in § 4 des 5. Entwurfs[361] zwischen (a) dem Zeigen von Flaggen oder Farben, (b) sonstigen Gegenständen und (c) Werbemitteln, Plakaten und Druckschriften unterschieden.

---

356 Zur Frage der Anwendbarkeit von Normen des RVG unter den Regelungen des „Aufrufs der Volksbeauftragten“ und der WRV, siehe oben, S. 67 f.

357 Begründung zum 5. Entwurf eines Versammlungsordnungsgesetzes, BArch BMI-B106-3229-Bd.1, S. 1.

358 a.a.O., S. 2.

359 Ders., ebda.

360 Vgl. § 2 des 5. Entwurfs eines Versammlungsordnungsgesetzes, BArch BMI-B106-3229-Bd. 1.

361 Wortlaut des § 4 im 5. Entwurf: *„Das Zeigen von Fahnen oder Farben, die eine verfassungsfeindliche Haltung oder eine Ablehnung der Bundesfarben zum Ausdruck bringen, ist in öffentlichen Versammlungen oder Aufzügen verboten; entsprechendes gilt für sonstige Gegenstände verfassungsfeindlichen oder zu strafbarem Handeln*

Das insofern recht weit gefasste Verbot sollte dabei nicht verdecken, dass man sich in Verbundenheit zur Tradition der geschichtlichen Vergangenheit des Deutschen Reiches von seiner Gründung bis 1933 sah und dieser Tradition einen ausreichenden Schutz zukommen lassen wollte,[362] insbesondere, um einem Missbrauch dieser Tradition durch parteipolitische Tendenzen vorzubeugen. Aufgrund des nur schwer abzugrenzenden Übergangs der politischen Diskussion zwischen öffentlichen und nicht-öffentlichen Versammlungen entschied man sich im 5. Entwurf für eine gesetzessystematische Ungenauigkeit, indem man eine Regelung des Flaggenverbots für alle Versammlungsarten vorsah, ohne eine explizite Begrenzung auf öffentliche Versammlung vorzunehmen.[363] Eine Einschränkung des Flaggenverbots auf Fälle in öffentlichen Versammlungen sollte bewusst der (verwaltungsgerichtlichen) Rechtsprechung überlassen werden.[364]

b) Öffentliche Versammlungen in geschlossenen Räumen

aa) Begriff der öffentlichen Versammlung

Während in den vorherigen Entwürfen eine Definition des Begriffs der öffentlichen Versammlungen enthalten war, findet sich im 5. Entwurf in § 5 die Klarstellung, dass, soweit *„zu einer öffentlichen Versammlung geladen [wird]"*, jeder daran teilnehmen kann.[365] Auf eine Definition oder zumindest genauere gesetzliche Beschreibung der öffentlichen Versammlung wurde verzichtet. Nur indirekt ist die alte Definition[366] teilweise beibehalten worden. Denn aufgrund der Stellung von § 5 S. 2 im Gesetzentwurf (Abschnitt Öffentliche Versammlungen in geschlossenen Räumen) wurde zum Ausdruck gebracht, dass auch bei Ausschluss einzelner Personen oder Personenkreise bereits in der Einladung zur Versammlung (§ 5 S. 2 des 5. Entwurfs)

---

aufreizenden Inhalts, sowie für Werbezettel, Plakate und Druckschriften, in denen zur Teilnahme an einer Veranstaltung aufgefordert wird."

362 Begründung zum 5. Entwurf eines Versammlungsordnungsgesetzes, BArch BMI-B106-3229-Bd. 1, S. 3.

363 Man hielt zu diesem Zeitpunkt die Regelung eines Flaggenverbots für erforderlich und wollte trotz der Abgrenzungsschwierigkeiten nicht auf eine Normierung im Rahmen der Strafrechtsnovelle warten, vgl. Begründung zum 5. Entwurf eines Versammlungsordnungsgesetzes, BArch BMI-B106-3229-Bd. 1, S. 3.

364 Die Einbeziehung nicht-öffentlicher Versammlungen unter das Flaggenverbot wurde bereits im nächsten Entwurf des BMI wieder aufgegeben, siehe die Regelungen im 6. Entwurf des BMI, S. 116.

365 Wortlaut des § 5 im 5. Entwurf: *„Wird zu einer öffentlichen Versammlung geladen, so ist jedermann befugt, an dieser teilzunehmen. Bestimmte Personen oder Personenkreise können in der Einladung von der Teilnahme an einer öffentlichen Versammlung ausgeschlossen werden."*

366 Siehe z.B. § 5 des 4. Entwurfs.

dennoch eine öffentliche Versammlung vorliegen soll. Insgesamt sollte damit dem Begriff der öffentlichen Versammlung, wie er sich in Praxis und Rechtsprechung entwickelt hatte, entsprochen werden.[367]

bb) Versammlungsleiter, Ordnereinsatz

Die Vorschriften zu Rechten und Pflichten des Versammlungsleiters und der Möglichkeit des Ordnereinsatzes blieben im 5. Entwurf unverändert.

In der Begründung wurde betont, dass die Regeln über den Versammlungsablauf einer vernünftigen Übung entsprechen. Denn durch sie sollte die Versammlungsfreiheit aller Teilnehmer geschützt werden. Mit einer Teilnahme unterwerfe sich der Einzelne folglich den geltenden Bestimmungen, ohne dass damit eine Verletzung seines Rechts auf Versammlungsfreiheit einhergehe.[368] Ordnung und bestimmte Diskussionsregeln seien in diesem Zusammenhang unvermeidlich. Bei Einhaltung der „Spielregel" konnte somit die Ausübung der eigenen Versammlungs- und Meinungsfreiheit gelebt werden.

Hinsichtlich der Leiter und Ordner stellt die Gesetzesbegründung ausdrücklich klar, dass es sich bei diesen Personen nicht um Polizeiorgane handelt. Auch sollte keine Ausstattung mit polizeilichen Befugnissen erfolgen. Das Recht zur Auflösung der Versammlung sollte dabei nur den „Schlussstein" für die aus der Versammlungsfreiheit des Veranstalters und Leiters entsprungene Berechtigung bilden, Beginn, Umfang und eben auch Ende einer Versammlung zu bestimmen.

cc) Rechte und Pflichten der Polizei

Das Auflösungsrecht der Polizei wurde in § 14 Nr. 2 des 5. Entwurfes abgeändert. Eine Auflösung war nun auch dann möglich, *„wenn unmittelbare Gefahr für Leben oder Gesundheit von Teilnehmern besteht."* In den bisherigen Entwürfen bestand der Auflösungsgrund in der Nichtgewährleistung des *„geordneten Ablaufs der Versammlung."*[369] Das Eingreifen der Polizei bei unmittelbarer Gefahr für Leben und Gesundheit der Teilnehmer war stattdessen in einer Auffangnorm unter Verweis auf das allgemeine Polizeirecht geregelt worden.[370] Eine solche allgemeine Auffangnorm war im 5. Entwurf nicht mehr vorgesehen.[371] Die Begründung stellte hinsichtlich

---

367 Vgl. Begründung zum 5. Entwurf eines Versammlungsordnungsgesetzes, zu § 5, BArch BMI-B106-3229-Bd.1, S. 3.

368 a.a.O., S. 2.

369 Vgl. § 14 Nr. 2 des 4. Entwurfes eines Versammlungsordnungsgesetzes.

370 So z.B. § 31 des 4. Entwurfs: *„Die allgemeinen sicherheitspolizeilichen Bestimmungen sind anzuwenden, soweit es sich um die Verhütung unmittelbarer Gefahr für Leben oder Gesundheit von Teilnehmern an einer Versammlung handelt."*

371 Dies betonte die Besonderheit der Versammlung als geschütztes Rechtsgut und hat später in dem Begriff der „Polizeifestigkeit" einer Versammlung seine Ausprägung gefunden. Danach dürfen bei Vorliegen einer Versammlung Maßnahmen der Polizei nur auf Normen des VersG gestützt werden, nicht auf allgemeine polizei- oder

dieses Auflösungsrechts klar, dass zu dessen Ausübung nicht nur die auf einer Versammlung anwesenden Polizeibeamten, sondern auch jede zuständige Polizeibehörde im Falle einer unmittelbaren Gefahr ermächtigt sei.

In der Begründung zu § 14 wurde zudem die grundsätzliche Konzeption von Eingriffsrechten während einer Versammlung klargestellt. Zuvorderst stünde eine Eingriffspflicht des Leiters. Erst wenn diese von ihm nicht erfüllt würde, sollte ein sekundäres bzw. nachrangiges Eingriffsrecht der Polizei hinzutreten.[372]

Zusätzlich zu den speziellen Regelungen des Versammlungsgesetzes sollten auch sicherheitspolizeiliche Anordnungen ihre Geltung behalten, soweit der Versammlungsort davon betroffen ist.[373]

c) Öffentliche Versammlungen unter freiem Himmel

Im 5. Entwurf wurden hinsichtlich der Vorschriften des 3. Abschnitts (Öffentliche Versammlungen unter freiem Himmel) keine inhaltlichen Änderungen mehr vorgenommen. Lediglich kleine sprachliche Anpassungen erfolgten.

Jedoch betonte die Entwurfsbegründung, dass die stärkere Einschränkung von Versammlungen unter freiem Himmel deshalb geboten sei, da hier eine „*demonstrative Absicht*" stärker zum Ausdruck komme als bei Veranstaltungen und Diskussionen in geschlossenen Räumen.[374] Mithin bestünde auch eine größere Gefahr eines Missbrauchs des Versammlungsrechts sowie eine erhöhte Schutzbedürftigkeit der Öffentlichkeit[375].

aa) Entsprechenserklärung

In § 20 des 5. Entwurfs (Verweisvorschrift auf die Normen des Abschnitts 2 Öffentliche Versammlungen in geschlossenen Räumen) wurde festgelegt, dass im Fall des einbezogenen § 10 (Ausschluss von Störern) nur die anwesende Polizei (§ 13 des 5.

ordnungsbehördliche Ermächtigungsgrundlagen, vgl. *BVerfG*, Beschluss vom 26. 10. 2004, 1 BvR 1726/01, = NVwZ 2005, S. 80 m.w.N.

372 Sekundärzuständigkeit der Polizei im Gegensatz zu den Regelungen des RVG. Dieses war als reines Polizeigesetz gedacht gewesen, in dem nur das Verhältnis der Versammlungsfreiheit zur Polizei normiert wurde, vgl. *Kraujuttis-Versammlungsfreiheit*, S. 40.

373 Die Begründung nannte hierzu insbesondere bau-, feuer-, gesundheits- oder veterinärpolizeiliche Maßnahmen.

374 Begründung zum 5. Entwurf eines Versammlungsordnungsgesetzes, BArch BMI-B106-3229-Bd.1, S. 2.

375 Ders., ebda.

Entwurfes) die Befugnisse des § 10 vornehmen darf.[376] Dies war im Hinblick auf den Gemeingebrauch an öffentlichen Straßen und Plätzen erforderlich.[377]

bb) Ordnereinsatz

Auch die Genehmigungspflicht für einen Ordnereinsatz bei Versammlungen unter freiem Himmel wurde mit dem konkurrierenden Gemeingebrauch begründet. Im Falle einer Genehmigung sollte diese mit entsprechenden Auflagen versehen werden, um so die Zusammenarbeit mit den örtlichen Polizeikräften zu garantieren.[378]

d) Strafvorschriften

Mit der Schaffung der Strafbestimmungen sollten die Ordnungsaufgaben des Versammlungsleiters abgesichert werden, da ihm gerade keinerlei polizeiliche Funktionen übertragen werden sollten, er also keine Exekutivbefugnisse bekommen sollte. Um eine demokratische Ordnung des öffentlichen Versammlungswesens zu gewährleisten, sollten die Strafvorschriften auch abschreckend wirken. Daher wurden sowohl Übertretungs- als auch Vergehenstatbestände geschaffen.[379] Die Strafvorschriften sollten den Leiter einer Versammlung einerseits bei der Wahrnehmung seiner Befugnisse unterstützen, andererseits aber auch einem Missbrauch der ihm gewährten Rechte vorbeugen. Zuletzt erwähnt die Begründung, dass neben den strafrechtlichen Konsequenzen auch ein Verfahren wegen Verwirkung von Grundrechten nach Art. 18 GG in Betracht komme.[380]

Inhaltlich wurden die Strafvorschriften gegenüber dem Vorentwurf nicht mehr geändert.

e) Schlussbestimmungen

Die Schlussbestimmungen des 5. Entwurfs enthielten nur noch eine Norm (§ 31 des 5. Entwurfs), die die Aufhebung des RVG, dessen Änderungsgesetze und der Verordnung des Reichspräsidenten vom 4. Februar 1933 vorsah.

---

376 Im 3. und 4. Entwurf war eine solche Regelung ebenfalls vorgesehen, jedoch war dabei jeweils auf die Befugnisse in § 14 (Auflösungsrecht der Polizei) verwiesen worden. Dieses offensichtliche Versehen wurde im 5. Entwurf behoben.

377 Begründung zum 5. Entwurf eines Versammlungsordnungsgesetzes, BArch BMI-B106-3229, Bd. 1, S. 5.

378 Ders., ebda.; dabei machte der Gesetzestext keine Ausführungen dahingehend, ob eine Genehmigung mit Auflagen versehen werden dürfte.

379 Bis zur Strafrechtsnovelle von 1974/75 galt die Trichotomie von Verbrechen, Vergehen und Übertretung. Diese wurde durch die Dichotomie Verbrechen und Vergehen abgelöst.

380 Begründung zum 5. Entwurf eines Versammlungsordnungsgesetzes, BArch BMI-B106-3229-Bd.1, S. 5.

Der Entwurf enthielt keinerlei Regelungen bzgl. des Rechtsschutzes für betroffene Versammlungsteilnehmer sowie Veranstalter und Leiter. Dies wurde damit begründet, dass gegen behördliche und/oder polizeiliche Maßnahmen die allgemeinen Rechtsmittel der Beschwerde und der Klage vor den Verwaltungsgerichten gegeben seien und somit ein Anfechtungsrecht nicht gesondert geregelt werden müsse.[381]

f) Zusammenfassung

Mit dem 5. Entwurf, insbesondere seiner Begründung, wurde dem Gesetzgebungsvorhaben ein starkes Gewicht verliehen. Denn erstmals wurden die Konzeption und Absicht des Gesetzgebers hinter den einzelnen Normen sichtbar. Diese zeigen insgesamt eine starke Betonung der Versammlungsfreiheit und den damit verbundenen Willen, dies auch allen Teilnehmern zu garantieren. Für diese Garantie war aber eine Einschränkung, wie sie der Entwurf vorsah, unvermeidlich.

Mit der Streichung der polizeilichen Generalklausel aus dem Gesetzentwurf war in Grundzügen bereits die sich in der Anwendung des VersG stellende Frage des Verhältnisses zwischen den Normen des VersG und des allgemeinen Polizeirechts bereits in Richtung der später herrschenden Meinung[382] im Sinne einer Polizeifestigkeit der Versammlung beantwortet, wenngleich sich der Gesetzgeber zu diesem Zeitpunkt dieser Problematik noch nicht (wirklich) bewusst war.

g) Stellungnahme des BMJ zum 5. Entwurf

Mit Schreiben vom 1. April 1950 übersandte Bundesinnenminister *Dr. Heinemann* den 5. Entwurf an das BMJ mit der Bitte um Stellungnahme innerhalb von 10 Tagen. Das BMJ hat mit Vermerk vom 14. April 1950 zum 5. Entwurf Stellung genommen.[383]

aa) Waffenverbot

Für das Waffenverbot in § 2 schlug das BMJ vor, die Befugnis zum Waffentragen nicht *„durch Gesetz"*, sondern *„aufgrund Gesetzes oder polizeilicher Erlaubnis"* erfolgen zu lassen.[384]

bb) Uniformverbot

Das BMJ schlug statt *„uniformierter Kleidungsstücke"* *„gleichartige Kleidungsstücke als Uniformersatz [als Ausdruck politischer Gesinnung]"* im Wortlaut vor,[385] um präziser

---

381 a.a.O., S. 2.

382 Vgl. z.B. BVerfGE 104, S. 92 [107]; BVerwG, Beschluss vom 16. November 2010, 6 B 58/10, BeckRS 2010, 56683; *Maunz/Dürig-GG-Depenheuer*, Art. 8, Rn. 138 m.w.N.

383 Vermerk des BMJ vom 14. April 1950 zum am 1. April 1950 vom BMI übersandten 5. Entwurf eines Versammlungsordnungsgesetzes, BArch BMJ-B141-4689, S. 19–21.

384 Vgl. Vermerk des BMJ vom 14. April 1950, BArch BMJ-B141-4689, S. 19.

385 Ders., ebda.

hervorzuheben, dass gerade ein bestimmter Zweck der Verwendung solcher Kleidungsstücke verboten sein sollte.

cc) Flaggenverbot

Hinsichtlich des Flaggenverbots in § 4 sprach sich das BMJ dafür aus, die Variante der Verwendung verbotener Flaggen als Ausdruck einer *„Ablehnung der Bundesfarben"* zu streichen, da eine solche ablehnende Haltung als subjektives Element nicht nachgewiesen werden könne.[386] Hinsichtlich des 2. Halbsatzes wurde vorgeschlagen, die Formulierung *„[e]ntsprechendes gilt für Plakate, Druckschriften oder sonstige Gegenstände, die eine verfassungsfeindliche Haltung offenbaren"* aufzunehmen, da der bisherige Wortlaut des Entwurfs als ein generelles Verbot von Werbezetteln, Plakaten und Druckzetteln verstanden werden könne. Jedoch käme es speziell auf den verfassungsfeindlichen Inhalt an.[387]

dd) Begriff der öffentlichen Versammlung / Allgemeines Teilnahmerecht

Anstelle einer *„Befugnis zur Teilnahme"* sollte man nach Vorstellung des BMJ vielmehr an der Versammlung *„teilnehmen k[önnen]"* oder *„Zutritt [haben]"*.[388]

Die vom BMJ vorgeschlagene Formulierung für § 5 kann als Betonung der Freiheit zur Teilnahme an einer Versammlung verstanden werden, während der Begriff der *„Befugnis zur Teilnahme"* das zusätzliche Erfordernis einer staatlichen Genehmigung vermuten ließ. Der Begriff Befugnis scheint mit dem Recht zur Ausübung eines Grundrechts nur schwer vereinbar, da die Grundrechtsausübung gerade keine erlaubte (befugte) Tätigkeit ist, sondern der freien Entscheidung des Bürgers unterliegt.

ee) Versammlungsleitung

Um auch die Fälle abzudecken, in denen ein Verein und nicht eine natürliche Person als Veranstalter einer Versammlung auftritt, wurde § 6 Abs. 2 mit folgendem veränderten Wortlaut vorgeschlagen:

> *„Leiter der Versammlung ist der Einberufer oder der Erste Vorsitzende der Vereinigung, die zur Versammlung eingeladen hat."*[389]

Hinsichtlich der in § 11 des 5. Entwurfs geregelten Pflicht für Versammlungsteilnehmer, sich gegenüber dem Leiter oder einem Ordner auszuweisen, erhob das BMJ rechtliche Bedenken. Es verstand die Feststellung von Personalien als originäre Aufgabe der Polizei, die nicht einer Privatperson übertragen werden könne.[390]

386 Ders., ebda.
387 Ders., ebda.
388 Ders., ebda.
389 Ders., ebda.
390 a.a.O., S. 20.

ff) Rechte und Pflichten der Polizei

Für die Regelung des Auflösungsrechts der Polizei wurde in § 14 Nr. 4 eine sprachliche Verbesserung dergestalt vorgeschlagen, dass nicht

> *„gegen § 4 verstoßende Gegenstände“*, sondern *„Gegenstände, die nach § 4 nicht gezeigt werden dürfen“*[391],

zu einem Auflösungsrecht der Polizei führen können, wenn der Leiter trotz polizeilicher Aufforderung die Gegenstände nicht entfernen lässt.

gg) Bannkreisregelung

Das BMJ wies darauf hin, dass aufgrund des in der Strafrechtsnovelle[392] vorgesehenen Bannkreises für Gerichtsgebäude eine entsprechende Erweiterung des § 18 des 5. Entwurfs vorzunehmen sei. Zudem sei insgesamt festzuhalten, dass die Bundesregierung bzw. Landesregierung *„durch Verordnung“*[393] die jeweiligen Bannkreise zu bestimmen habe.

hh) Eingriffspflicht des Leiters bei Versammlungen unter freiem Himmel

Die in § 22 vorgesehene Eingriffspflicht im Rahmen eines Aufzuges sollte nicht nur für Beauftrage des Veranstalters, sondern auch für den Veranstalter selber gelten, da auch dieser einen Aufzug leiten könne.

ii) Strafvorschriften

Hinsichtlich der geplanten Strafvorschriften schlug das BMJ eine Streichung des § 23 (Versammlungssprengung) vor, da dieser bereits in § 109b der Strafrechtsnovelle vorgesehen sei.

§ 28 sei im Hinblick auf § 3 (Uniformverbot) zu modifizieren, da eine diesbezügliche Strafbarkeit bereits in § 109c der Strafrechtsnovelle geregelt sei.

§ 24 des Entwurfs sei als überflüssig zu streichen, da in § 23 nicht nur die Störung, sondern die Androhung einer Störung unter Strafe gestellt sei.[394] Zudem sei der beabsichtigte Strafrahmen (bis zu 5 Jahre Gefängnis)[395] als zu weit anzusehen.

Auch § 25 (tätlicher Widerstand gegen Leiter und Ordner) sei überflüssig, da der Widerstand rechtlich als gröbliche Störung einzuordnen sei.

---

391 Ders., ebda.

392 Hierfür war das BMJ federführend, vgl. die Vorlage des BMJ, BArch BMJ-B141-3014 sowie *Kabinettsprotokolle BReg, Bd. 2 1950*, S. 141.

393 Vermerk des BMJ vom 14. April 1950, BMJ-B141-4889, S. 20.

394 a.a.O., S. 21.

395 Ohne gesetzliche Einschränkung betrug die höchstmögliche Gefängnisstrafe fünf Jahre.

In § 27 (Nichteinhalten von Auflagen / Ordner ohne polizeiliche Genehmigung) sollte der Strafrahmen auf ein Jahr begrenzt werden.[396]

jj) Zusammenfassung

Die Stellungnahme des BMJ enthielt vor allem sprachliche Änderungsvorschläge. Diese waren jedoch sämtlich geeignet, eine noch klarere und sauberere Formulierung der einzelnen Normen im Entwurfstext zu erreichen. Die inhaltlichen Bedenken des BMJ zeigten erste unterschiedliche Rechtsauffassungen bezüglich der Übertragung von originären Polizeibefugnissen auf die Leitung der Versammlung. Im Hinblick auf die umfangreichen Anmerkungen zu den Strafvorschriften bleibt festzuhalten, dass die Strafrechtsnovelle unter der Federführung des BMJ stand und daher aus dessen Sicht eine „Zweitregelung“ durch das VersG als überflüssig angesehen wurde, während das BMI eben das Abwarten der Strafrechtsnovelle, die nicht nur versammlungsspezifische Regelungen enthielt, für nicht geboten hielt.

Insgesamt wurden die Vorschläge des BMJ in den 6. Entwurf weitestgehend übernommen.

7. 6. Entwurf eines „Gesetzes über öffentliche Versammlungen und Aufzüge (Versammlungsordnungsgesetz)“ vom 18. April 1950[397]

Der abschließende 6. Entwurf des BMI entsprach der späteren Kabinettsvorlage. Im Folgenden sind die Änderungen gegenüber dem 5. Entwurf dargestellt.

a) Allgemeines

aa) Notwendigkeit des gesetzgeberischen Handelns

Insbesondere in ihrer *Begründung* wurde die Kabinettsvorlage gegenüber dem 5. Entwurf nochmals umfangreich überarbeitet und ergänzt. Ohne den mit den bisherigen Entwürfen verfolgten Gesetzeszweck zu verändern oder aufzugeben, hob man noch deutlicher hervor, dass zum einen die Versammlungsfreiheit stark mit dem Recht auf freie Meinungsäußerung (Art. 5 GG) verbunden sei und zum anderen eine gesetzliche Regelung für den Bereich des Versammlungsrechts von staatlicher Seite erforderlich sei, *„solange Spielregeln der öffentlichen Diskussion nicht aus gesundem demokratischem Geist entwickelt werden oder sich nicht zu verfestigen mögen.“*[398] Mit einem Verweis auf turbulente und teilweise sogar abgebrochene Versammlungen wurde in der Begründung herausgearbeitet, dass mit dem Gesetzentwurf der

396 Vermerk des BMJ vom 14. April 1950, BMJ-B141-4889, S. 21.

397 Entwurf eines Gesetzes über öffentliche Versammlungen und Aufzüge (Versammlungsordnungsgesetz) vom 18. April 1950, BArch BMI-B106-3229-Bd. 1.

398 Begründung der Kabinettsvorlage vom 18. April 1950, a.a.O., S. 1.

Verrohung der politischen Sitten entgegengewirkt werden sollte. Der Entwurf stellte klar, dass die gesetzgeberische Initiative unabdingbar sei, da eine Selbstregulierung innerhalb der Bevölkerung nicht zu erwarten sei.

bb) Unzureichende Regelungen des RVG

Die Begründung befasste sich gegenüber dem 5. Entwurf auch intensiver mit dem reichsrechtlichen Vorgängergesetz, dem RVG. Neben die rein praktische Notwendigkeit des Gesetzes aufgrund der vielfachen Ergänzungen und Änderungen des RVG trat nun vor allem der Wunsch nach einer inhaltlichen Neuregelung gegenüber der reichsrechtlichen Regelung. Die Begründung brachte deutlich zum Ausdruck, dass nun der Veranstalter und Teilnehmer einer Versammlung verstärkt in die Pflicht genommen werden sollte: *„alle Teilnehmer [sind] zur Wahrung von Ordnung und Sicherheit verpflichtet."*[399] Ebenso sollte dem Leiter einer Versammlung eine Mitverantwortung für die reibungslose Durchführung auferlegt werden; gleichzeitig wurden seine Befugnisse erweitert, damit er seinen Verpflichtungen nachkommen konnte.

Da die Begründung auch am Ende nochmals auf den engen Zusammenhang zwischen Versammlungs- und Meinungsfreiheit hinweist und durch das Gesetz die politische Diskussion nicht eingeengt werden sollte, zeigt sich hier schon deutlich, dass die Frage, wann überhaupt eine Versammlung tatbestandsmäßig gegeben ist, stark von dem jeweiligen Inhalt der Versammlung, also dem Versammlungsgegenstand, bestimmt werden würde. Wie der Intention der Kabinettsvorlage zu entnehmen ist, sollte eine reine Ansammlung von Personen ohne den Zweck der (politischen) Meinungsbildung nicht ausreichen, um unter den Schutz des Versammlungsgesetzes zu fallen. Gleichwohl wurde es in der Kabinettsvorlage unterlassen, eine genauere Definition von Versammlungen zu regeln.[400]

b) Allgemeine Vorschriften / Abschnitt I

aa) Waffenverbot

Eine Ausnahme für das grundsätzlich für Versammlungen geltende Waffenverbot des § 2 wurde nun von einer behördlichen Ermächtigung abhängig gemacht. Die im 5. Entwurf noch mögliche gesetzliche Bestimmung (Generalklausel) sowie eine polizeiliche Erlaubnis reichten nicht mehr aus.

---

399 Vgl. a.a.O., S.2.

400 In den vorherigen Entwürfen war teilweise noch die Aufnahme einer Definition für Versammlungen (öffentlich / nicht öffentlich) vorgesehen gewesen, dies jedoch bereits mit dem 5. Entwurf aufgegeben worden, vgl. oben S. 107.

bb) Uniformverbot

Das Uniformverbot wurde sprachlich neu gefasst. Dabei fand der Vorschlag des BMJ Eingang, von *„gleichartigen Kleidungsstücken“*[401] zu sprechen. Entscheidend für das Uniformverbot war die Absicht des Trägers, dadurch eine politische Gesinnung oder die Zugehörigkeit zu einer politischen Organisation zum Ausdruck bringen zu wollen.

cc) Flaggenverbot

Das Flaggenverbot in § 4 wurde nochmals wesentlich überarbeitet. Während der 5. Entwurf noch auf eine verfassungsfeindliche Haltung oder eine Ablehnung der Bundesfarben als subjektives Motiv der Verwendung bestimmter Flaggen, Symbole etc. und das damit verbundene Verbot abstellte, kam es nun allgemein auf die Verwendung als Ausdruck einer politischen Gesinnung an. Dabei wurde das Zeigen früherer Reichsflaggen, Reichsfarben, Flaggen oder Farben ausländischer Staaten ebenso wie die nationalsozialistischen Symbole und die Symbole ausländischer Staaten verboten. Das Verbot sollte auch für eine Verwendung der

> *„Farben und Symbole auf Werbezetteln, Plakaten oder Druckschriften [gelten], auf denen zu Teilnahme an öffentlichen Versammlungen oder Aufzügen aufgefordert wird.“*

Es war also ein eigenständiges Verbot (auch) der nationalsozialistischen Symbole und Farben beabsichtigt, obwohl die geplante Strafrechtsnovelle dies ebenfalls vorsah.[402]

Zusätzlich zu den Entwurfsmaterialien findet sich ein Vermerk des BMI, in dem die Begründung des umfangreich geregelten Flaggenverbots enthalten ist.[403]

Mit dem Flaggenverbot verfolgte das BMI zweierlei Stoßrichtungen. Zum einen galt es, die freiheitlich demokratische Grundordnung zu schützen. Da frühere (Reichs-) Farben und Flaggen immer auch die Identifikation mit der jeweils bestehenden Staatsform darstellten, der Parlamentarische Rat aber gleichzeitig bewusst die schwarz-rot-goldenen Farben als Symbol der Demokratie gewählt hatte,[404] stellte

---

401 6. Entwurf eines Versammlungsordnungsgesetzes vom 16. April 1950, BArch BMI-B106-3229-Bd. 1, welcher inhaltlich der späteren Kabinettsvorlage entsprach.

402 Vgl. Art. 2 § 1 des „Entwurf eines Gesetzes zur Änderung des Strafgesetzbuches (Strafrechtsänderungsgesetz 1950)“ vom 4. September 1950, BT-Drs. 1/1307, S. 17: *„Wer öffentlich oder in einer Versammlung ein Kennzeichen der ehemaligen nationalsozialistischen Partei verwendet, wird mit Gefängnis nicht unter drei Monaten bestraft.“* Die Regelung war dabei nicht für eine dauerhafte Aufnahme in das StGB bestimmt, da man davon ausging, dass *„sich diese zeitbedingten Strafvorschriften nicht für die Dauer als erforderlich erweisen werden“*, siehe BT-Drs. 1/1307 (1950), S. 50.

403 Vermerk des BMI (ohne Datum und Verfasserkennzeichnung), BArch BMI-B106-3229-Bd.1.

404 Ders., ebda.

nach Ansicht des BMI die Verwendung anderer Farben und Flaggen eine *„ostentative Gegnerschaft zur bestehenden freiheitlich-demokratischen Grundordnung“*[405] dar.

Da zum anderen die Farben und Flaggen immer einen Teil der deutschen Geschichte darstellten, sollten diese

> *„vergangenen und zu ihrer Zeit angesehenen Geschichtsepochen als Teil der deutschen Geschichte geachtet werden“*[406]

und nicht in der Gegenwart zu parteipolitischen Zwecken verfassungsfeindlicher Elemente verwandt werden. Hier begab sich das BMI zumindest sprachlich in eine Richtung, die für den Umgang mit der deutschen Geschichte als bedenklich angesehen werden kann. Denn eine Achtung der durch die Farben und Flaggen repräsentierten Geschichtsepochen hätte auch eine Achtung der Zeit des Naziregimes bedeutet. Dies lässt sich dem BMI sicherlich nicht unterstellen, jedoch hätte hierbei klarer herausgestellt werden müssen, dass dieser Zeitraum nicht in seiner Erinnerung als achtenswert geschützt werden sollte.[407] Durch die Aufnahme des Verbots nationalsozialistischer Symbole ist dies zumindest indirekt zum Ausdruck gekommen. Gleichwohl wäre eine größere Distanzierung vom nationalsozialistischen Regime, welches das Recht auf freie Versammlung geradezu pervertiert hatte, wünschenswert gewesen.

c) Öffentliche Versammlungen in geschlossenen Räumen / Abschnitt II

aa) Versammlungsleiter

In § 6 des 6. Entwurfs wurde der Vorschlag des BMJ übernommen, auch den Fall einer Versammlung zu regeln, bei der eine Vereinigung als Veranstalter auftritt.[408]

bb) Auflösungsrecht der Polizei

Das Auflösungsrecht der Polizei wurde in § 14 Nr. 4 des 6. Entwurfs zum einen aufgrund des Vorschlags des BMJ abgeändert.[409] Zum anderen wurde eine Alternative des § 14 Nr. 4 erwogen, nach der ein Auflösungsrecht bestehen sollte,

---

405 Ders., ebda.; diese Gegnerschaft sollte im Gegensatz zur Zeit der Weimarer Republik nun nicht mehr durch öffentliche Verwendung von Flaggen und Symbolen zum Ausdruck gebracht werden dürfen.

406 Ders., ebda.

407 Dies ist nicht zu verwechseln mit einer mahnenden Erinnerung.

408 In diesem Fall sollte der Vorsitzende der Vereinigung als Versammlungsleiter fungieren, vgl. 6. Entwurf eines Versammlungsordnungsgesetzes vom 16. April 1950, BArch BMI-B106-3229-Bd. 1, S. 2.

409 So das Recht zur Auflösung, wenn Gegenstände, *„die nach § 4 nicht gezeigt werden dürfen“*, von der Versammlung nicht entfernt werden; ders., ebda.

„wenn der Leiter auf Aufforderung des Polizeibeamten gegen Verstöße gegen § 4 nicht vorgeht."[410]

Diese Variante des Auflösungsrechts wurde mithin wesentlich allgemeiner gefasst, da Verstöße gegen § 4 denkbar sind, die nicht in dem reinen Zeigen von bestimmten Gegenständen liegen, beispielsweise der Verteilung von Druckschriften o.ä. auf der Versammlung, auf denen z.B. nationalsozialistische Symbole, die mit diesem Entwurf in den Verbotstatbestand einbezogen wurden, abgebildet sind.

d) Öffentliche Versammlungen unter freiem Himmel / Abschnitt III

aa) Anmeldepflicht

Der 6. Entwurf sah im Rahmen der Anmeldepflicht keine Unterscheidung mehr zwischen Veranstalter und Beauftragtem vor. Entscheidend war allein, dass gem. § 16 Abs. 2 in der Anmeldung ein Leiter benannt würde.[411] Dies zeigt deutlich, dass im Rahmen der Versammlungen unter freiem Himmel ein Ansprechpartner in der Person des Leiters gefordert wurde, unabhängig von seiner Beziehung zur Organisation der Versammlung.

bb) Bannkreisregelung

Die Bannkreisregelung wurde, wie vom BMJ vorgeschlagen, auf Gerichtsgebäude erweitert. Die Möglichkeit für Ausnahmen sollte dabei dem Gerichtspräsidenten obliegen.[412]

e) Strafvorschriften

aa) Straftatbestände

Die Strafvorschriften blieben weitestgehend ohne Änderung. Lediglich die Strafbarkeit in § 24 des 5. Entwurfs (Mitbringen von den Versammlungsablauf störenden Gegenständen, insbesondere Lärminstrumente) wurde verworfen.

bb) Verwirkung von Grundrechten

Der 6. Entwurf enthielt zudem den Hinweis, dass neben möglichen strafrechtlichen Maßnahmen wegen Verstößen gegen die Vorschriften des Versammlungsgesetzes auch ein Verfahren wegen Verwirkung von Grundrechten gem. Art 18 GG in Betracht käme.[413]

---

410 Ders., ebda.
411 Ders., ebda.
412 Ders., ebda.
413 Begründung zum 6. Entwurf eines Versammlungsordnungsgesetzes, BArch BMI-B106-3229-Bd.1, S. 6, als handschriftliche Notiz.

Der Hinweis war lediglich deklaratorischer Natur, da ein solches Verfahren unabhängig von den Regelungen des VersG durchgeführt werden konnte. Zudem war es weder möglich noch Aufgabe des Versammlungsgesetzes, eine Regelung zu treffen, nach der bei (bestimmten) Verstößen gegen das Versammlungsgesetz (automatisch) eine Verwirkung von Grundrechten eintritt. Denn für die Feststellung einer Verwirkung von Grundrechten ist allein das BVerfG formell und materiell zuständig. Verstöße gegen das Versammlungsgesetz und daraus resultierende Strafbarkeit können nur indizielle Bedeutung haben.

f) Schlussbestimmungen

Die Aufhebungsvorschrift war nun detaillierter ausgestaltet worden und umfasste einen umfangreicheren Aufhebungstatbestand.[414]

Zudem wurde eine In-Kraft-Tretens-Vorschrift in § 31 des 6. Entwurfs aufgenommen

g) Zusammenfassung

Neben der Einarbeitung der Vorschläge des BMJ wurden gegenüber dem 5. Entwurf nur noch wenige Änderungen übernommen. Eine Ausnahme bildet insofern die Abänderung des Flaggenverbots. Der Entwurf war nun soweit gereift, dass er in das Kabinett eingebracht werden konnte.

V. Kabinettsvorlage und Befassung in der 59. Kabinettssitzung vom 21. April 1950

Der 6. Entwurf nebst Begründung wurde am 18. April 1950 vom BMI an das Bundeskanzleramt übersandt. Zeitgleich erfolgte eine Übersendung an die Innenminister der Länder zur *„vorläufigen Kenntnisnahme.*[415]

---

414 § 30 des 6. Entwurfs lautete: *„Die Vorschriften über Versammlungen und Aufzüge des Vereinsgesetzes vom 19.4.1908 (RGBl. S. 151) und der Abänderungsgesetze vom 26.6.1916 (RGBl. S. 635) und vom 19.4.1917 (RGBl. S. 361) sowie der Verordnung des Reichspräsidenten zur Erhaltung des inneren Friedens vom 19.12.1932 (RGBl. S. 548) und der Verordnung des Reichspräsidenten zum Schutze des deutschen Volkes vom 4.2.33 (RGBl. S. 33) werden aufgehoben.“*

415 Vgl. die Schreiben an das Bundeskanzleramt und die Innenminister der Länder, jeweils vom 18. April 1950, BArch BMI-B106-3229-Bd.1.

1. Ausführungen des Bundesinnenministers

In der 59. Kabinettssitzung[416] vom 21. April 1950 stellte Bundesinnenminister *Dr. Heinemann* den Entwurf vor und betonte die Eilbedürftigkeit der Gesetzesverabschiedung im Hinblick auf die bevorstehenden Landtagswahlen.[417] Diese sei auch von den Ländern gewünscht.[418]

2. Anmerkungen des Bundesjustizministers

Bundesjustizminister *Dehler* machte, wie auch die Mehrheit der anderen Minister schwere Bedenken gegen den Entwurf geltend. Zwar stimmte er dem Entwurf grundsätzlich zu, jedoch seien einige Regelungen zu polizeistaatlich verfasst worden.[419] Er riet zu einer entsprechenden Überarbeitung in Zusammenarbeit von BMI und BMJ. Hinsichtlich der parallel laufenden Strafrechtsnovelle äußerte sich der Minister an dieser Stelle jedoch nicht.

3. Anmerkungen des Bundesministers für Angelegenheiten des Marshallplans

Der Bundesminister für Angelegenheiten des Marshallplans, *Blücher*, machte vor allem schwere Bedenken gegen die Regelung in § 4 der Kabinettsvorlage (Flaggenverbot) geltend. Er sah hier die Gefahr für eine Befeuerung des alten Flaggenstreits[420],

416 An der 59. Kabinettssitzung nahmen folgende Personen teil: *Dr. Konrad Adenauer* (Bundeskanzler), *Franz Blücher* (Bundesminister für den Marshallplan), *Dr. Gustav Heinemann* (Bundesinnenminister), *Dr. Thomas Dehler* (Bundesjustizminister), *Fritz Schäffer* (Bundesfinanzminister), *Dr. Ludwig Erhard* (Bundeswirtschaftsminister), *Prof. Dr. Wilhelm Niklas* (Bundesminister für Ernährung, Landwirtschaft und Forsten), *Anton Storch* (Bundesarbeitsminister), *Dr. Hans-Christoph Seebohm* (Bundesverkehrsminister), *Hans Schuberth* (Bundesminister für Post- und Fernmeldewesen), *Eberhardt Wildermuth* (Bundesminister für Wohnungsbau), *Dr. Hans Lukaschek* (Bundesminister für Angelegenheiten der Vertriebenen), *Heinrich Hellwege* (Bundesminister für Angelegenheiten des BR); *Dr. Manfred Klaiber* (Chef des Bundespräsidialamtes); *Heinrich Brand* (Chef des BPA), *Heinrich Böx* (BPA), *Ernst Wirmer* (Referent beim Beauftragten des BK für die mit der Vermehrung der alliierten Truppen zusammenhängenden Fragen / Dienststelle Blank, späteres BMVg), *Dr. Josef Rust* (Bundeskanzleramt, Leiter Referat 6 / Protokollführer).

417 Protokoll der Kabinettssitzung vom 21. April 1950, *Kabinettsprotokolle BReg, Band 2 1950*, S. 328.

418 Bereits am 14. April 1950 hatte *Dr. Heinemann* das Gesetzesvorhaben auf der Innenministerkonferenz erörtert; vgl. Protokoll der Kabinettssitzung vom 21. April 1950, *Kabinettsprotokolle BReg, Bd. 2 1950*, S. 328.

419 Ders., ebda.

420 Art. 3 WRV sah vor: *„Die Reichsfarben sind schwarz-rot-gold. Die Handelsflagge ist schwarz-weiß-rot mit den Reichsfarben in der oberen inneren Ecke."*, vgl. *Kakies*-WRV, S. 77. Auf Drängen von Reichspräsident *Hindenburg* versuchte Reichskanzler

statt, wie von der Kabinettsvorlage beabsichtigt, dem Missbrauch der alten Flaggen und Farben vorzubeugen.[421] Der Wortlaut der Norm war nach Ansicht des Ministers dazu geeignet, die Diskussion, welches die richtigen Farben der Bundesrepublik Deutschland seien, wiederaufleben und *„den Flaggenstreit popularisieren"*[422] zu lassen.

4. Weitere Anmerkungen der Bundesminister

Der Bundesminister für Arbeit, *Storch*, teilte die Bedenken gegen das Gesetz. Er war der Ansicht, *„dass man alles, was man populär machen wollte, in der vorgesehenen Form verbieten müsse."*[423] Er sah also die Gefahr, dass mit dem beabsichtigten Flaggenverbot ein „Reiz des Verbotenen" geschaffen werden könnte, mit gegenteiliger Wirkung. Die den Versammlungsleiter betreffenden Regelungen (§§ 6–13 und 22 der Kabinettsvorlage) hielt *Storch* für praktisch nicht durchführbar.[424]

Der Bundesminister für Verkehr, *Hans-Christoph Seebohm*, und der Bundesminister für Wohnungsbau, *Eberhard Wildermuth*, hielten den Entwurf für insgesamt nicht durchführbar.[425]

5. Beschlussfassung

Der nach längerer Debatte gefasste Beschluss des Kabinetts sah vor, dass zunächst in den einzelnen BT-Fraktionen der Minister eine Vorbesprechung der in der Sitzung aufgegriffenen Grundgedanken stattfinden sollte, bevor sich das Kabinett erneut mit der Sache befassen würde.[426]

6. Zusammenfassung

Trotz der Eilbedürftigkeit des Gesetzesvorhabens brachte die 59. Kabinettssitzung keine wesentlichen Verbesserungen oder Klarheiten mit Blick auf das Gesetzgebungsverfahren. So sind zwei wesentliche Kritikpunkte des Kabinetts an der Vorlage erkennbar. Zum einen wurde die praktische Umsetzung der Regelungen[427]

Hans Luther 1926 für die Handelsschiffe ebenfalls die Farben schwarz-rot-gold einzuführen, um so eine einheitliche Farbenverwendung im Ausland zu erzielen. Die von ihm eingeführte Flaggenverordnung stieß jedoch auf starken politischen Protest, am Ende wurde *Luther* durch ein Misstrauensvotum am 12. April 1926 entmachtet.

421 Vgl. Begründung zum Kabinettsentwurf vom 18. April 1950, BArch BMI-B106-3229-Bd.1.

422 Protokoll der Kabinettssitzung vom 21. April 1950, *Kabinettsprotokolle BReg, Bd. 2 1950*, S. 329.

423 Ders., ebda.

424 Ders., ebda.

425 Ders., ebda.

426 Ders., ebda.

427 Insbesondere die Vorschriften über den Leiter der Versammlung.

zumindest stark in Zweifel gezogen, zum anderen wurden erhebliche Bedenken an der (Aus-)Gestaltung der „Flaggenfrage" geäußert, insbesondere vor dem Hintergrund der historischen Erfahrung mit einer solchen Regelung.

VI. Der weitere Gang der Kabinettsvorlage und Beschlussfassung, April und Mai 1950

1. Versand der Kabinettsvorlage an die Fraktionen am 29. April 1950

Mit Schreiben vom 29. April 1950 übersandte Innenminister *Heinemann* den Fraktionen von CDU/CSU, FDP und DP die Kabinettsvorlage zum Versammlungsordnungsgesetz. In seinem Schreiben teilte er den Beschluss des Kabinetts mit und übermittelte den Wunsch des Bundeskanzlers als auch verschiedener Landesinnenminister, das Gesetz noch vor den in mehreren Bundesländern anstehenden Landtagswahlen fertig zu stellen.[428] Neben der Bitte, den Entwurf möglichst bald in den Fraktionen zu besprechen, erfolgte der Hinweis, dass sich die Regelungen in § 4 der Kabinettsvorlage (Flaggenverbot) evtl. aufgrund der gleichlautenden Vorschrift in der Strafrechtsnovelle erübrigen könnten.[429] Insbesondere die Tatbestände zum Verbot einer Verwendung von Farben und Symbolen aus der NS-Zeit sowie die genaue Behandlung von Symbolen des Bundes und der Länder in den Entwürfen der Strafrechtsnovelle wären geeignet, auf entsprechende Regelungen im Versammlungsordnungsgesetz, gerade zu der umstrittenen Flaggenfrage, zu verzichten, um so die gewünschte, rasche Herbeiführung des Gesetzes zu ermöglichen.

2. Die Referentenbesprechung vom 4. Mai 1950

Bereits am 19. April 1950 hatte Landgerichtsdirektor *Dr. Lenz* vom BMA im BMI angefragt weshalb der Regierungsentwurf nicht schon Teil einer Referentenbesprechung gewesen sei.[430] Darauf war ihm mitgeteilt worden, dass auf die sonst übliche Referentenbesprechung vor der Behandlung im Kabinett aufgrund der

---

428 Vgl. Schreiben des BMI vom 29. April 1950, BArch BMI-B106-3229-Bd.1. Im Jahr 1950 fanden in sechs Bundesländern Landtagswahlen statt: 18. Juni Nordrhein-Westfalen; 9. Juli Schleswig-Holstein; 19. November Hessen und Württemberg-Baden; 26. November Bayern; 3. Dezember Berlin.

429 So waren in der Strafrechtsnovelle die Tatbestände „Verächtlichmachung der Farben und Symbole des Bundes und der Länder" (§ 101) sowie ausländischer Staaten (§ 102), „Volksverhetzung" (§ 130), „Staatsverleumdung" (§ 131), „Verwendung von ehemaligen nationalsozialistischen Symbolen" (Art. 2 § 1) und „Verächtlichmachung des Widerstandes gegen nationalsozialistische Gewaltherrschaft" (Art. 2 § 2) vorgesehen. Vgl. Übersicht des BMI vom 11. Mai 1950, BArch BMI-B106-3229-Bd.1 sowie BT-Drs. 1307 (1950).

430 Vermerk des BMI vom 19. April 1950, BArch BMI-B106-3229-Bd.1.

Eilbedürftigkeit[431] des Gesetzes verzichtet worden sei. Zudem berühre der Gesetzentwurf, bis auf das BMJ, nicht die Ressortzuständigkeit anderer Bundesministerien.[432] Aufgrund der Vertagung durch das Kabinett in der Sitzung vom 21. April 1950[433] bestand die Möglichkeit einer Referentenbesprechung vor einer weiteren Befassung im Kabinett.

a) Das „Drängen" Adenauers

Da *Adenauer* mit Schreiben vom 27. April 1950 Minister *Heinemann* dazu gedrängt hatte, das Versammlungsordnungsgesetz noch vor Beginn der Landtagswahlen fertigzustellen,[434] hierzu hatte sich der Bundeskanzler vor allem nach einer Besprechung mit den Vertretern des Bundesrats ausgesprochen, ging man im BMI (*Dr. Füßlein*) zwischenzeitlich davon aus, dass die Referentenbesprechung aufgrund äußerer Umstände ganz entfiele.[435]

b) Die Inhalte der Referentenbesprechung

Mit Schreiben vom 29. April 1950 wurde durch Innenminister *Heinemann* zu einer Referentenbesprechung am 04. Mai 1950 im BMI eingeladen.[436] An der Besprechung nahmen insgesamt 17 Referenten, insbesondere aus dem BMI und dem BMJ, aber auch aus dem BMA, dem Bundesverkehrsministerium, dem Bundesministerium für den Marshallplan[437] und dem Bundesministerium für gesamtdeutsche Fragen teil.[438]

---

431 Vgl. oben, S. 122.

432 Auch im persönlichen Gespräch wollte *von Nathusius* versuchen, das BMA von der Eilbedürftigkeit zu überzeugen, zumal *Dr. Lenz* angekündigt hatte, seinem Minister (*Anton Storch*, CDU) vorzuschlagen, eine Vertagung im Kabinett zu beantragen, um so eine vorherige Referentenbesprechung zu ermöglichen; vgl. Vermerk des BMI vom 19. April 1950, BArch BMI-B106-3229-Bd.1.

433 Siehe oben S. 121.

434 Schreiben von BK *Adenauer* an Bundesinnenminister *Heinemann* vom 27. April 1950, BArch BMI-B106-3229-Bd. 1. Zum Zeitpunkt seines Schreibens hielt es *Adenauer* also noch für realistisch, vor dem Wahlsommer und -herbst das Gesetz rechtzeitig auf den Weg zu bringen.

435 Vermerk des BMI vom 27. April 1950, BArch BMI-B106-3229-Bd.1, S. 1.

436 Einladung des BMI vom 29. April 1950, BArch BMI-B106-3229-Bd.1.

437 Für die Umsetzung des European Recovery Program (ERP), die offizielle Bezeichnung des Marshallplans, war ein eigenes Bundesministerium errichtet worden. Die Zuständigkeiten des Ministeriums umfassten auch Fragen zur wirtschaftlichen Zusammenarbeit auf europäischer Ebene. Zu den Einzelheiten des Marshallplans und seiner Auswirkungen auf die politische und volkswirtschaftliche Entwicklung der BRD siehe *Berger/Ritschl-Marshallplan, VfZ 1995*, S. 473 ff und *Knapp-Marshallplan*, S. 35 ff.

438 Siehe Anwesenheitsliste der Referentenbesprechung vom 4. Mai 1950, BArch BMI-B106-3229-Bd.1.

aa) Allgemeines

Wie schon in der Kabinettssitzung vom 21. April 1950 so wurden auch auf der Referentenbesprechung grundsätzliche Bedenken von Seiten verschiedener Ministerien geäußert. So war es vor allem das BMM, vertreten durch Referent *Dr. Vogel*, das sich grundsätzlich gegen die Schaffung eines Versammlungsordnungsgesetzes wandte.[439] Zum einen wurde der Widerstand gegen den Gesetzentwurf an § 4 der Kabinettsvorlage aufgehängt (Flaggenverbot), zum anderen war man grundsätzlich der Ansicht, dass sich Spielregeln der öffentlichen Versammlung aus sich selbst heraus entwickeln sollten, die geplante (Neu-)Regelung über das (Reichs-) Vereinsgesetz hinaus sei zu überdenken.[440] Hier zeigte sich, dass das BMM – im Gegensatz zur Begründung der Kabinettsvorlage – von einem geordneten Versammlungsablauf ausging und die Verrohung der politischen Sitten als (zumindest) nicht so dramatisch ansah, als dass es einer gesetzlichen Regelung bedurft hätte. Damit stand das Ministerium jedoch weitestgehend allein. Denn nicht nur die Befürwortung eines Gesetzes durch BMI und BMJ sowie Kanzleramt, sondern auch die Bitten der Länder nach einer Verabschiedung des Gesetzes vor Beginn der Landtagswahlkämpfe zeigten, dass ganz überwiegend die Schaffung eines Gesetzes für nötig erachtet wurde. Schon aus Gründen der Übersichtlichkeit war es nötig, das (Reichs-)Vereinsgesetz als Versammlungsordnungsgesetz neu zu fassen, um insbesondere die Wirkung von Art. 8 GG und das damit verbundene grundrechtliche Verständnis von Versammlungsfreiheit hinreichend zu reflektieren. Die Haltung des BMM widersprach der durch die Fassung von Art. 8 GG verfolgten Intention des Parlamentarischen Rates. Der in Art. 8 Abs. 2 GG enthaltene Gesetzvorbehalt war durch das RVG nicht mehr erfüllt, da dem Gesetz eben nicht der vorrangige Schutz des Grundrechts immanent war, sondern die Regelung von Befugnissen und Zuständigkeiten von Polizei und sonstigen staatlichen Stellen im Versammlungsablauf. Durch das neue Gesetz sollte aber eben gerade die Versammlungsfreiheit gestärkt werden.

Zwar mahnte auch das Bundeskanzleramt ein polizeistaatliches Gepräge des Gesetzes an[441], und auch das BMJ äußerte Kritik an § 4 (Flaggenverbot) der Kabinettsvorlage, jedoch fand der Entwurf bei beiden und ebenso beim Ministerium für gesamtdeutsche Fragen und beim BMA seine (grundsätzliche) Zustimmung.

Die grundsätzlichen Bedenken des ERP konnten in der Besprechung nicht ausgeräumt werden. Dennoch wurden einzelne Änderungsvorschläge im Hinblick auf die Kabinettsvorlage beschlossen.

439 Vgl. Vermerk des BMI vom 8. Mai 1950 zur Referentenbesprechung am 4. Mai 1950, BArch BMI-B106-3229-Bd.1, S. 1.

440 Ders., ebda.

441 Ders., ebda.

bb) Allgemeiner Teil / Abschnitt I

(1) Präambel

Es wurde beschlossen, für die Präambel eine Formulierung zu finden, die den Gleichklang zu Art. 8 Abs. 2 GG klarer herausstellte, nämlich, dass sich die mit dem Gesetz beabsichtigten Einschränkungen nur auf Versammlungen unter freiem Himmel beziehen.[442]

(2) Generalklausel

In § 1 der Kabinettsvorlage sollte vor das Wort *„Versammlung"* das Wort *„öffentlich"* eingefügt werden, um den in § 1 manifestierten Grundsatz der Beachtung öffentlicher Ordnung und Sicherheit zu verdeutlichen.[443] Ob dies wirklich notwendig war, kann angezweifelt werden, da durch die Betonung von öffentlicher Ordnung und Sicherheit der Bezug zu öffentlichen Versammlungen schon ausreichend hergestellt war. Dennoch machte der Änderungsvorschlag Sinn, da er möglichen Auslegungsfragen vorbeugte.

(3) Uniformverbot

Die Referenten einigten sich bei § 3 auf eine Neufassung in Anpassung an den Entwurf eines Strafrechtsänderungsgesetzes des BMJ. Man orientierte sich dabei an Art. 1 § 109 c des Entwurfs des Strafrechtsänderungsgesetzes,[444] ohne eine inhaltliche Änderung vorzunehmen.

(4) Flaggenverbot

Für das Flaggenverbot (§ 4 der Kabinettsvorlage) wurde eine inhaltliche Änderung in Anpassung an die Normen des Strafrechtsänderungsgesetzes sowie die Erweiterung um einen neuen § 4a beschlossen.[445] Die Anpassung war im Wesentlichen sprachlicher Natur, da schon in der Kabinettsvorlage ein entsprechendes Verbot vorgesehen war. Jedoch wurde mit diesem Vorschlag das (ausdrückliche) tatbestandliche Verbot der Verwendung der verbotenen Farben und Symbole, Werbezettel, Plakate

---

442 Vgl. Vermerk des BMI zu den Änderungsvorschlägen der Referentenbesprechung vom 4. Mai 1950, BArch BMI-B106-3229-Bd.1, S. 1.

443 Ders., ebda.

444 Ders., ebda.; § 3 sollte nun lauten: *„Es ist verboten, in Übereinstimmung mit Anderen Uniformen, Uniformteile oder andere gleichartige Kleidungsstücke zu tragen, um dadurch eine gemeinsame politische Gesinnung auszudrücken."*

445 § 4 sollte fortan lauten: *„Es ist verboten, öffentlich oder in einer Versammlung ein Kennzeichen der ehemaligen nationalsozialistischen Partei zu verwenden."*. § 4a lautete: *„Es ist verboten, öffentlich oder in einer Versammlung die Farben oder Symbole des Deutschen Reiches, soweit sie von den gegenwärtigen Bundesfarben und Bundessymbolen abweichen, oder eines nicht zum Bundesgebiet gehörenden Staates zur Bekundung einer politischen Gesinnung zu verwenden."*

oder Druckschriften, die zu öffentlichen Versammlungen auffordern, aufgegeben. Die Regelung war insoweit auf die Verwendung in der Öffentlichkeit und in Versammlung begrenzt.

cc) Öffentliche Versammlungen in geschlossenen Räumen / Abschnitt II

Der Beschluss der Referentenbesprechung sah vor, dass in der Begründung zu § 8 der Kabinettsvorlage (Pflicht des Leiters zur Wahrung der Ordnung und Möglichkeit der Hinzuziehung von Ordnern) ausdrücklich herausgestellt werden sollte, dass die Norm gerade nicht zum Ordnereinsatz verpflichten sollte, und ein Verstoß folglich nicht Haftungsansprüche aus § 823 BGB i.V.m. einem Schutzgesetz (§ 8 VersOG) begründen sollte.[446]

Die in § 9 geregelte Pflicht des Leiters, in den Ablauf der Versammlung einzugreifen, sollte auf *„erkennbar"* gegen das Schutzgut (freiheitlich demokratische Grundordnung) gerichtete Verstöße beschränkt bleiben.[447] Wann von einer Erkennbarkeit auszugehen war, ließ der Änderungsvorschlag jedoch offen.

Für § 11 (Ausweispflicht der Versammlungsteilnehmer) sollte nach Ansicht der Referenten neben einer kleinen sprachlichen Änderung des Gesetzestextes in der Begründung vor allem darauf hingewiesen werden, dass die Ausweispflicht nur für Versammlungen in geschlossenen Räumen gelte.[448]

dd) Versammlungen und Aufzüge unter freiem Himmel / Abschnitt III

(1) Bannkreisregelung

Für § 18 wurde das Wort *„befriedeten"* eingefügt, als Angleichung an Art. I § 106 des Entwurfs des Strafrechtsänderungsgesetzes.[449] Dies stellte inhaltlich keine Änderung dar, da durch die Ergänzung nur eine nähere Beschreibung des Bannkreises erfolgte, ohne dass dies für das Versammlungsverbot innerhalb desselben Bedeutung hätte.[450]

(2) Entsprechenserklärung

Für § 20 wurde eine Erweiterung der anwendbaren Vorschriften des Abschnitt II (Versammlungen in geschlossenen Räumen) gefordert, nach welcher der Leiter einer Versammlung unter freiem Himmel ebenfalls zu Ordnungsrufen (§ 10 S. 1) berechtigt ist,[451] jedoch nur die Polizei Störer von der Versammlung ausschließen

---

446 Vermerk des BMI zu den Änderungsvorschlägen der Referentenbesprechung vom 4. Mai 1950, BArch BMI-B106-3229-Bd.1, S. 2.

447 Ders., ebda.

448 Ders., ebda.

449 Ders., ebda.

450 Insbesondere gab es auch keinen „unbefriedeten" Bannkreis.

451 Daher die Neufassung von § 20 Abs. 1 durch die Referentenbesprechung: *„[...] §10 S.1 [...] entsprechend anzuwenden"*.

kann (§ 10 S. 2). Die Wahrnehmung der in § 10 S. 2 enthaltenen Befugnisse sollten für den Fall einer Versammlung unter freiem Himmel oder einem Aufzug ausschließlich der Polizei gestattet sein.[452]

(3) Eingriffspflicht des Leiters bei Umzügen

Für § 22 wurde eine Klarstellung in der Gesetzesbegründung dahingehend gefordert, dass unter dem Begriff *„Ausschreitungen"* nicht notwendig eine strafbare Handlung zu verstehen sei.[453] Es sollte verdeutlicht werden, dass sowohl bei nicht notwendigerweise strafbaren Ausschreitungen als auch bei anderweitigen strafbaren Handlungen ein Eingriffsrecht des Versammlungsleiters entstehen sollte.

(ee) Strafvorschriften / Abschnitt IV[454]

Von den Änderungsvorschlägen der Referentenbesprechung waren sämtliche Strafvorschriften der Kabinettsvorlage betroffen.

So sollte § 23 im Wortlaut an Art. 1 § 109b des Entwurfs des Strafrechtsänderungsgesetzes angepasst und mit dessen Einführung aufgehoben werden.

Die Strafbarkeit nach § 25[455] sollte nur noch in Betracht kommen, wenn die Aufforderung mit propagandistischer Absicht geschah. Daher wurden die Worte *„wirbt"* statt *„auffordert"* und *„Werbung"* statt *„Aufforderung"* als Änderung vorgeschlagen. Es erscheint zumindest fraglich, ob mit dieser neuen Begrifflichkeit tatsächlich der Propagandazweck der Aufforderung ausreichend umschrieben wurde.

Für § 26 (Strafbarkeit des Leiters) sollte der Ordnereinsatz ohne polizeiliche Genehmigung nur noch als Übertretung[456] geahndet werden.

Auch § 27 sollte dem Strafrechtsänderungsgesetz angepasst werden, mit der Folge, dass § 27 (jetzt Verstoß gegen § 3, Uniformverbot) ein neuer § 27a (Verstoß gegen § 4 und § 4a, Flaggenverbot) und neuer § 27b (Verstoß gegen §§ 2, 9 und 16 Abs. 1) beigefügt werden sollten. Somit wurde ein unterschiedlicher Strafrahmen zwischen Verstößen gegen das Uniformverbot (Gefängnis) und gegen das Flaggenverbot (Gefängnis von drei Monaten bis zu drei Jahren) geschaffen, der eine unterschiedliche Wertung und Gewichtung der beiden Verbote zum Ausdruck brachte. § 27 und § 27a sollten ebenfalls nur bis zur Einführung des Strafrechtsänderungsgesetzes Bestand haben.

Hinsichtlich § 28 wurde bemerkt, dass für die Strafbarkeit nach § 28 Abs. 2 lit. b diese nur bestehen könne, wenn auch tatsächlich eine Ausweispflicht nach § 11 bestehe. Eine entsprechende Umformulierung wurde angeregt. In § 28 Abs. 4 wurde

452 Ders., ebda.
453 Ders., ebda.
454 Siehe insgesamt: Vermerk des BMI über die Referentenbesprechung vom 4. Mai 1950, BArch BMI-B106-3229-Bd.1, S. 2 ff.
455 Aufforderung zur Teilnahme an einer verbotenen Versammlung.
456 Statt bisher Vergehen mit Gefängnisstrafe.

der Strafrahmen[457] für zu hoch erachtet und daher ein einheitlicher Strafrahmen mit Gefängnisstrafe ohne Mindest- oder Obergrenze vorgeschlagen.

Für § 29 (Teilnahme an verbotenen Versammlungen) wurde eine Klarstellung in der Begründung dahingehend gefordert, dass keine Strafbarkeit für Teilnehmer von Veranstaltungen bestehen sollte, die trotz Genehmigungspflicht nicht genehmigt, aber auch nicht ausdrücklich verboten wurden. Hierfür wurde die Strafbarkeit des Veranstalters nach § 27 b als ausreichend erachtet. Das Protokoll lässt offen, welche Veranstaltungen unter eine Genehmigungspflicht fallen sollen, da für Versammlungen generell keine Genehmigungs-, sondern nur noch eine (teilweise) Anmeldepflicht gelten sollte, um so das Grundrecht der Versammlungsfreiheit weitgehend zu stärken.

(ff) Stellungnahme des BMI

In seinem Vermerk[458] hielt das BMI fest, dass die redaktionellen und die aufgrund der Strafrechtsnovelle vorgeschlagenen Änderungen die Zustimmung des Ministeriums finden sollten. Nach Auffassung des BMI galt dies auch für die Neufassung der §§ 4 und 4a, da die Verschärfung der Bestimmungen zum *„Nazismus“*[459] eine eindeutige Verbesserung darstelle.

3. Erneute Behandlung im Kabinett

Die Vorschläge der Referentenbesprechung wurden sodann durch die Referenten im BMI in die bestehende Kabinettsvorlage eingearbeitet und von Bundesinnenminister *Heinemann* mit Schreiben vom 4. Mai 1950 zur Vorbereitung der nächsten Kabinettssitzung versandt.[460] Diese fand am 5. Mai 1950 statt.[461] Auch in dieser Sitzung

---

457 Bisher Gefängnis bis zu zwei Jahren bzw. Gefängnis nicht unter drei Monaten.

458 Vermerk über die Referentenbesprechung vom 4. Mai 1950, BArch BMI-B106-3229-Bd.1, S. 4.

459 Ders. ebda.

460 Die Überarbeitung wurde von Referent *Bargatzky* vorgenommen, vgl. Schreiben des BMI im Hause vom 4. Mai 1950, BArch BMI-B106-3229-Bd.1.

461 An der Sitzung nahmen teil: *Dr. Konrad Adenauer* (Bundeskanzler), *Franz Blücher* (Bundesminister für den Marshallplan), *Dr. Gustav Heinemann* (Bundesinnenminister), *Dr. Thomas Dehler* (Bundesjustizminister), *Fritz Schäffer* (Bundesfinanzminister), *Dr. Ludwig Erhard* (Bundeswirtschaftsminister), *Anton Storch* (Bundesarbeitsminister), *Dr. Hans-Christoph Seebohm* (Bundesverkehrsminister), *Hans Schuberth* (Bundesminister für Post- und Fernmeldewesen), *Eberhardt Wildermuth* (Bundesminister für Wohnungsbau), *Dr. Hans Lukaschek* (Bundesminister für Angelegenheiten der Vertriebenen), *Jakob Kaiser* (Bundesminister für gesamtdeutsche Fragen), *Heinrich Hellwege* (Bundesminister für Angelegenheiten des BR); *Dr. Manfred Klaiber* (Chef des Bundespräsidialamtes); *Heinrich Brand* (Chef des BPA), *Heinrich Böx* (BPA), *Ernst Wirmer* (Referent beim Beauftragten des BK für die mit der Vermehrung der alliierten Truppen zusammenhängenden Fragen / Dienststelle Blank, späteres BMVg), *Dr. Josef Rust* (Bundeskanzleramt, Leiter Referat 6 / Protokollführer).

war die Flaggenfrage zentrales Thema. Zudem wurde die Verantwortlichkeit des Versammlungsleiters ausführlich erörtert.[462]

a) Flaggenfrage

Das Kabinett war mehrheitlich davon überzeugt, dass mit der bisher in § 4 der Kabinettsvorlage getroffenen Regelung die Flaggenfrage noch nicht abschließend und vor allem noch nicht zufriedenstellend geklärt war. Insbesondere Bundeskanzler *Adenauer* führte aus, dass der Flaggenstreit durch ein gesetzliches Verbot wiederbelebt werden könne, daher sei von einer gesetzlichen Maßnahme abzusehen, um somit eine endgültige Beruhigung der Diskussion in dieser Sache zu erzielen.[463]

Zwar wurde noch diskutiert, ob zumindest ein Verbot der Hakenkreuzfahne geregelt werden sollte,[464] jedoch stimmte das Kabinett abschließend dafür, die Flaggenverbotsregelung insgesamt aus dem Gesetzentwurf zu streichen. Bundesinnenminister *Heinemann* schlug stattdessen vor, die Erfahrungen des nächsten (Landes-) Wahlkampfes abzuwarten.[465]

b) Pflichten des Versammlungsleiters (§ 9 der Kabinettsvorlage vom 18. April 1950)

Die Mehrheit der Kabinettsmitglieder war davon überzeugt, dass man einem Versammlungsleiter mit der beabsichtigten Regelung etwas aufbürde, das dieser gar nicht erfüllen könne.[466] Zum einen sei schon fraglich, ob ein Versammlungsleiter überhaupt wirksam und effektiv „*Polizeirecht*“[467] ausüben könne. Davon abgesehen erschien es zum anderen der Mehrheit des Kabinetts zweifelhaft, ob die vorgesehenen Befugnisse die bezweckte Wirkung entfalten würden. Man sah vielmehr die Gefahr, dass bei einem durchsetzungsschwachen Versammlungsleiter störende Versammlungsteilnehmer die Oberhand gewinnen könnten, was zum Nachteil der ansonsten friedlichen Besucher, bis hin zum Abbruch der Versammlung, gereichen würde.[468] Man sah also keine Gewähr dafür, dass ein Versammlungsleiter die ihm übertragenen Pflichten vollständig und ausreichend erfüllen konnte. Um das damit verbundene Risiko einer chaotischen Versammlung zu minimieren, beschloss das Kabinett auch diesen Punkt aus der Kabinettsvorlage zu streichen.[469]

---

462 Protokoll der 63. Kabinettssitzung vom 5. Mai 1950, *Kabinettsprotokolle BReg, Band 2 1950,* S. 365.

463 Ders., ebda.

464 Das Verbot der Fahne Schwarz-weiß-rot sollte übereinstimmend gestrichen werden.

465 Protokoll der 63. Kabinettssitzung vom 5. Mai 1950, *Kabinettsprotokolle BReg, Band 2,* S. 365.

466 Ders., ebda.

467 Ders., ebda.

468 Ders., ebda.

469 Wodurch die Zuständigkeiten wieder der Polizei zufielen.

4. Die überarbeitete Kabinettsvorlage vom 5. Mai 1950[470] und Beschlussfassung über den Regierungsentwurf in der Kabinettssitzung vom 9. Mai 1950

Für die nächste Kabinettssitzung am 9. Mai 1950 erstellte das BMI eine überarbeitete Kabinettsvorlage, in welche die Beschlüsse der 63. Kabinettssitzung[471] Eingang fanden.[472]

Die Präambel wurde dabei komplett gestrichen. Ebenso entfiel das Flaggenverbot vollständig. Das Auflösungsrecht der Polizei war nunmehr nur auf drei Fälle beschränkt: Missbrauch der Befugnisse durch den Versammlungsleiter, unmittelbare Gefahr für Leben oder Gesundheit von Teilnehmern und Nichtausschluss von Personen, die gegen das Waffenverbot verstoßen.[473] Ein neuer § 21 stellte klar, dass durch den Abschnitt „Öffentliche Versammlungen unter freiem Himmel" (Abschnitt III) eine Einschränkung von Art. 8 GG erfolgt und somit von dem Gesetzesvorbehalt in Art. 8 Abs. 2 GG Gebrauch gemacht wird. Zudem sollte ein Verstoß gegen § 3 (Uniformverbot) nun ausschließlich mit Gefängnis bestraft werden.

Der abgeänderte Entwurf wurde mit Schreiben vom 6. Mai 1950 dem Bundeskanzler zugeleitet und in der 64. Kabinettssitzung am 9. Mai 1950[474] durch das Kabinett als RegE angenommen.

VII. Stellungnahme zum Regierungsentwurf durch die Innenministerkonferenz vom 12. Mai 1950

Wie einem Vermerk des Referenten[475] im BMI, Verw. Ger. Rat *Bargatzky*, zu entnehmen ist,[476] wurden nach Rücksprache mit Präsident *Egidi* 45 Exemplare des RegE an den Bundesminister für Angelegenheiten des Bundesrates zur weiteren Verteilung an die einzelnen Länder übersandt.

Am 12. Mai 1950 tagte die Innenministerkonferenz in Berlin, auf der die Innenminister über den Regierungsentwurf unterrichtet wurden.

---

470 Entwurf eines Gesetzes über öffentliche Versammlungen und Aufzüge vom 5. Mai 1950, BArch BMI-B106-3229-Bd.1.

471 Siehe soeben, S. 128.

472 § 4 (Flaggenverbot) und § 9 (Pflichten des Leiters) wurden gestrichen, letztere zumindest erheblich abgemildert.

473 Damit wurde die Vorrangigkeit der Zuständigkeit des Versammlungsleiters gegenüber dem Handeln der Polizei als ein Grundsatz des Gesetzes unterstrichen.

474 Protokoll der 64. Kabinettssitzung vom 5. Mai 1950, *Kabinettsprotokolle BReg, Bd. 2 1950*, S. 368 f.

475 Referat I. A. 3

476 Vermerk des BMI, Referat I A 3, vom 11. Mai 1950, BArch BMI-B106-3229-Bd.1, S. 1.

1. Wesentliche Punkte der Innenministerkonferenz

a) *Flaggenverbot*

Der Wegfall des Flaggenverbots wurde von einigen Landesvertretern bedauert, und es wurde angekündigt, dass man im Bundesrat evtl. auf eine Wiederaufnahme des Verbots dringen werde.[477]

b) *Ordnereinsatz*

Hinsichtlich des Ordnereinsatzes (§ 7 Abs. 2 RegE) wurde gefordert, dass nur am Versammlungsort ansässige Personen hierzu bestimmt werden können, um so die Bildung eines festen Ordnerstabes, z.B. bei Parteien zu verhindern.[478] Auch wurde der Besitz bürgerlicher Ehrenrechte und des Wahlrechts als persönliche Voraussetzung an die Ordner gefordert.

c) *Teilnahmerecht / Versammlungsausschluss*

Gegen die Möglichkeit, bestimmte Versammlungsteilnehmer von der Versammlung auszuschließen (§ 4 Abs. 2 des RegE), wurde eingewandt, dies könne unter Umständen auch den Ausschluss von verfassungstreuen Personen bedeuten.[479]

d) *Störungen von Versammlungen*

Für die Zwischenrufe nach § 8 des RegE wurde angefragt, ob hiermit auch Zwischenrufe gemeint seien, die dem Schutz der Verfassung dienen.[480] Hier war wohl an Zwischenrufe gedacht, die sich gegen verfassungsfeindliches Verhalten wenden. Denn der Begriff *„Stören"* umfasste vom Wortlaut her grundsätzlich erst einmal jeden Zwischenruf.

e) *Auflösungsrecht der Polizei*

Zudem sollte das Auflösungsrecht der Polizei (§ 12 RegE) auch bei einer Bedrohung der verfassungsmäßigen Ordnung gelten. Die Ziffern 1–3 seien nur als Beispiele zu sehen und daher durch das Wort *„insbesondere"* zu ergänzen.[481]

---

477 Vermerk des BMI, Referat I A 3, vom 15. Mai 1950, BArch BMI-B106-3229-Bd.1, S. 1.

478 Zudem seien die Ordner somit den meisten Versammlungsteilnehmern bekannt, ders., ebda. Die persönliche Nähe sollte wohl dazu dienen, dass notweniges Einschreiten bzw. die Durchführung bestimmter Maßnahmen gegenüber „vertrauten" Personen leichter durchzusetzen sind.

479 Ders., ebda.

480 a.a.O., S. 2.

481 Insbesondere Ziffer 2, *„Gefahr für Gesundheit und Leben von Teilnehmern"*, stellte ein klassisches Schutzgut der öffentlichen Sicherheit dar.

f) Volksfeste

Für den Begriff der *„hergebrachten Volksfeste“* (§ 17 RegE) wurde erwogen, zumindest eine Anmeldepflicht einzuführen, da solche Veranstaltungen teilweise politisch geprägt sein könnten.[482]

2. Reaktion des BMI

Bundesinnenminister *Heinemann* ordnete trotz der Reaktion der Innenministerkonferenz auf den vollständigen Wegfall des Flaggenverbots in diesem Punkt Zurückhaltung an[483] und befürwortete gleichzeitig eine Anlehnung an die diesbezüglichen Bestimmungen der Strafrechtsnovelle.[484]

Hinsichtlich der auf der Innenministerkonferenz geäußerten Bedenken[485] zu § 7 (Einsatz von Ordnern), § 8 (Störung einer Versammlung) und § 12 (Auflösungsrecht der Polizei) des RegE wurden vom BMI Neuformulierungen entworfen, die diesen Bedenken Rechnung trugen, ohne dadurch von der Leitlinie des Kabinetts abzuweichen.[486]

---

482 Ders., ebda.; man bezog sich dabei insbesondere auf Schützenfeste oder sog. *„Deutsche Abende“*.

483 Da insoweit ein ablehnender Kabinettsbeschluss bestand; ders., ebda.

484 Denn gerade die Regelungen zur Flaggenfrage waren im Entwurf der Strafrechtsnovelle bereits umfangreich enthalten, vgl. Übersicht des BMI vom 11. Mai 1950, BArch BMI-B106-3229-Bd. 1, S. 1.

485 Siehe S. 131 f.

486 Folgende zentrale Umformulierungen wurden dabei vorgenommen: *„[...] diese müssen am Versammlungsorte polizeilich gemeldet und für Bundestagswahlen wahlberechtigt sein“* (§ 7), *„[...] durch verfassungsfeindliche Äußerungen“* (§ 8), *„[...] oder sich gegen fortgesetzte Störungen der Ordnung nicht durchsetzt“* (§ 12); vgl. Vermerk des BMI vom 17. Mai 1950, BArch BMI-B106-3229-Bd.1.

Dritter Teil – Beratungen zum Regierungsentwurf im Bundesrat (Art. 76 Abs. 2 GG a.F.), Mai 1950

Der RegE wurde mit Schreiben vom 13. Mai 1950 von Bundeskanzler *Adenauer* mit der Bitte um Beschlussfassung gem. Art. 76 Abs. 2 GG a.F. an den BR übersandt.[487]

Im BR erfolgte eine Überweisung des RegE gem. § 12 der vorl. GO-BR an den Ausschuss für Innere Angelegenheiten und den Rechtsausschuss im Bundesrat.

I. Beratung im Ausschuss für Innere Angelegenheiten am 19. Mai 1950

Der BR-Ausschuss für Innere Angelegenheiten befasste sich erstmals in seiner 13. Sitzung am 19. Mai 1950 mit dem RegE.[488] Die Sitzung fand unter der Leitung des schleswig-holsteinischen Innenministers *Wilhelm Käber* statt.[489] Nach einer allgemeinen Einführung in den RegE durch Minister *Heinemann* und dem erneuten Hinweis auf die Dringlichkeit der Gesetzesvorlage aufgrund der anstehenden Landtagswahlen wurden die Normen des RegE einzeln beraten. Die in der Sitzung gefassten Beschlüsse wurden durch einen Unterausschuss, bestehend aus Ministerialrat

---

487 Siehe Übersendungsschreiben des Bundeskanzlers vom 13. Mai 1950, zu BR-Drs. Nr. 328/50 = *Mat.-VersG, Nr. 2.*

488 „Protokoll der 13. Sitzung des BR-Ausschusses für Innere Angelegenheiten" am 19. Mai 1950, BR Ausschuss für Innere Angelegenheiten, BR-Drs. In 92/50, S. 1.

489 An der Sitzung nahmen folgende Ausschussmitglieder teil: Landgerichtsrat *Dr. Faller* (Baden), Staatsminister *Dr. Ankermüller* (Bayern), Hauptreferent *Dr. Wolkwitz* (Berlin), Senator *Ehlers* (Bremen), Regierungsdirektor *Dr. Glässing* (Hamburg), Staatsminister *Zinnkann* (Hessen), Staatssekretär *Dr. Lauffer* (Niedersachsen), Ministerialdirektor *Dr. Rombach* (Nordrhein-Westfalen), Oberregierungsrat *Schmitt* (Rheinland-Pfalz), Ministerialdirektor *Dr. Gögler* (Württemberg-Baden), Oberregierungsrat *Dr. Pfitzer* (Württemberg-Hohenzollern).
Zusätzliche Teilnehmer waren: Ministerialrat *Brandel*, Oberregierungsrat *Dr. Hausner* (beide Bayern), Referent *Dr. Burchard* (Hamburg), Regierungsrat *Schmunk*, Regierungsrat *Feige* (beide Hessen), Regierungsdirektor *Dr. Felder*, Ministerialrat *Kämper* (beide Niedersachsen), Ministerialdirektor *Dr. Schmidt*, Regierungsrat *Seidel* (beide Nordrhein-Westfalen), Oberregierungsrat *Dr. Mayer-Hentschel* (Rheinland-Pfalz), Referentin *Dr. Geigenmüller* (Schleswig-Holstein), *Dr. Dehm* (Württemberg-Hohenzollern).
Als Vertreter des Bundesinnenministeriums waren anwesend: Bundesinnenminister *Dr. Heinemann*, Oberregierungsrat *Dr. Füßlein*, Unterabteilungsleiter *von Nathusius*. Zudem war Ministerialrat *Wessel* vom Sekretariat des Bundesrates anwesend.

Brandl (Bayern) und Oberregierungsrat *Dr. Schmitt* (Rheinland-Pfalz) in eine Änderungsempfehlung umgesetzt.

1. Allgemeine Vorschriften / Abschnitt I

a) Gesetzesüberschrift

Die Überschrift des Gesetzes sollte in *„Gesetz über die Ordnung in öffentlichen Versammlungen und Aufzügen"* abgeändert werden.[490] Dadurch sollten Sinn und Zweck des Gesetzes stärker zum Ausdruck gebracht werden.

b) Waffenverbot

Hinsichtlich des Waffenverbots in § 2 RegE sprachen sich die Ausschussmitglieder mehrheitlich dafür aus, in der Entwurfsbegründung eindeutig zum Ausdruck zu bringen, dass das Recht der Polizei zum Waffentragen durch die Norm nicht beschränkt werden sollte.[491]

c) Uniformverbot (§ 3 RegE)

Die Mehrheit der Ausschussmitglieder sprach sich dafür aus, eine Ausnahme für Jugendorganisationen zuzulassen. Entsprechend wurde ein neuer Abs. 2 hinzugefügt, der eine Ausnahmegenehmigung durch die Oberste Landesbehörde vorsah.[492] Somit konnte das starre Uniformverbot im Hinblick auf Jugendorganisationen[493] flexibel und einzelfallbezogen gehandhabt werden.

d) Flaggenverbot und Verbot nationalsozialistischer Kennzeichen

Nachdem sich das Kabinett zur Streichung des Flaggenverbots entschlossen hatte,[494] war schon auf der Innenministerkonferenz eine Wiederaufnahme in den RegE gefordert worden.[495] Auch die Ausschussmitglieder sahen in ihrer Mehrheit einen Bedarf dafür gegeben, (zumindest) die Verwendung nationalsozialistischer Kennzeichen schlechthin zu verbieten. Hinsichtlich der Farben und Symbole des Deutschen Reiches wurde ein Verbot für die Fälle befürwortet, bei denen ein Abweichen von den Bundesfarben und -symbolen vorläge und gleichzeitig die Verwendung zur

---

490 Empfehlungen des Ausschusses für Innere Angelegenheiten des BR vom 20. Mai 1950, zu BR-Drs. 328/50, S.1 = *Mat.-VersG, Nr. 3*, S. 1.

491 Daher sollte der Teil der Begründung gestrichen werden, in dem für Polizeibeamte außer Dienst ebenfalls ein Waffenverbot erklärt wurde; *Mat.-VersG, Nr. 3*, S. 7.

492 Ders., a.a.O.

493 Hier sei z.B. an (christliche) Pfadfinder gedacht, die schwerlich mit ihrer Uniform eine politische Gesinnung zum Ausdruck bringen wollen.

494 Vgl. oben S. 129.

495 Siehe oben, S. 131.

Bekundung einer politischen Gesinnung erfolge.[496] Der Mehrheitsbeschluss (acht Ja-Stimmen, vier Enthaltungen) wurde durch Einfügung von §§ 3 a und 3 b umgesetzt.[497] Der Ausschuss wollte durch eine Aufteilung in zwei Normen zum Ausdruck bringen, dass das Verbot der Verwendung nationalsozialistischer Kennzeichen unabhängig von der Absicht, mit ihnen eine politische Gesinnung zum Ausdruck bringen zu wollen, bestehen sollte.[498]

Bei der Formulierung der Beschlussempfehlung griff man teilweise auf die Formulierung des Referentenentwurfs (6. Entwurf) zurück. Insbesondere die „Ungenauigkeit" hinsichtlich der Reichweite der beiden Verbotsnormen wurde übernommen. Die Einbeziehung von nichtöffentlichen Versammlungen (*„öffentlich oder in einer Versammlung"*) entsprach nicht dem eigentlichen Rahmen des Gesetzes. Es ist anzunehmen, dass auch die Beschlussempfehlung in dieser Weise die Lücke zur nicht-öffentlichen Versammlung schließen wollte, ohne eine Regelung durch die Strafrechtsnovelle abzuwarten.[499]

2. Versammlungen in geschlossenen Räumen / Abschnitt II

a) Ordnereinsatz (§ 7 Abs. 2 RegE)

Wie es sich schon auf der Innenministerkonferenz angedeutet hatte, wurde von Länderseite eine stärkere Ausgestaltung der Qualifikationsvoraussetzungen für Ordner angestrebt.[500] Folglich wurde, wie auch schon vom BMI mit Vermerk vom 17.

---

496 Protokoll der 13. Sitzung des BR Ausschusses für Innere Angelegenheiten am 19. Mai 1950, BR Ausschuss für Innere Angelegenheiten, In 92/50, S. 6.

497 § 3 a der Empfehlung lautete: *„Es ist verboten, öffentlich oder in einer Versammlung ein Kennzeichen der ehemaligen nationalsozialistischen deutschen Arbeiterpartei zu verwenden."* § 3 b hieß entsprechend: *„Es ist verboten, öffentlich oder in einer Versammlung die Farben oder Symbole des früheren Deutschen Reiches, soweit sie von den gegenwärtigen Bundesfarben und Bundessymbolen abweichen, oder eines ausländischen Staates zur Bekundung einer politischen Gesinnung zu verwenden."*

498 In welchen Fällen das Tragen dieser Kennzeichen keine politische Gesinnung ausdrücken konnte, wurde dabei nicht erläutert. Gleichfalls wurde der Fall einer Verwendung in „positiver" Absicht, also als Zeichen der Ablehnung der nationalsozialistischen Inhalte (z.B. „Durchgestrichenes Hakenkreuz"), nicht erwogen. Letzteres war wohl rein tatsächlich noch nicht vorstellbar. Vgl. hierzu das neuere Urteil des BGH, nach dem eine solche Hakenkreuzdarstellung, *„deren Inhalt in offenkundiger und eindeutiger Weise die Gegnerschaft zu der Organisation und die Bekämpfung ihrer Ideologie zum Ausdruck bringt,"* dem Schutzzweck der Norm (§ 86 a StGB) nicht widerspreche und somit nicht zu einer Strafbarkeit führen sollte; BGH, Urteil vom 15. März 2007, 3 StR 486/06, Leitsatz.

499 Vgl. Begründung der Kabinettsvorlage (6. Entwurf) zu § 4, BArch BMI-B106-3229-Bd.1, S. 3.

500 Protokoll der 13. Sitzung des BR Ausschusses für Innere Angelegenheiten am 19. Mai 1950, BR Ausschuss für Innere Angelegenheiten, In 92/50, S. 7.

Mai 1950 vorgesehen,[501] die Aufnahme von zusätzlichen Voraussetzungen für einen einzusetzenden Ordner empfohlen: Zum einen sollte die Ordnertätigkeit als Ehrenamt ausgestaltet sein, zum anderen sollte der Ordner am Versammlungsort oder im entsprechenden Bundestagswahlkreis polizeilich gemeldet sowie zum Bundestag wählbar sein.[502] Zudem sollte eine Kennzeichnung durch weiße Armbinden erfolgen. Die Neutralität der Farbe, das Ehrenamt und die weiteren Qualifikationsvoraussetzungen sollten als Vorbeugung *„politischer Entartungserscheinungen"* dienen.[503]

b) Rechte und Pflichten des Versammlungsleiters

Zusätzlich wurden ein neuer § 7a und § 7b eingefügt, da man die Regelung des RegE hinsichtlich der Verpflichtungen des Versammlungsleiters für unzureichend erachtete. Vielmehr sollten die Rechtsgedanken des § 20 RegE[504] auch für öffentliche Versammlungen in geschlossenen Räumen Anwendung finden. Daher wurde der Wortlaut von § 20 Abs. 1 RegE (soweit anwendbar) übernommen.[505]

§ 7a entsprach dabei weitestgehend § 9 der Kabinettsvorlage (6. Entwurf), letzterer war jedoch durch Kabinettsbeschluss wieder gestrichen worden.[506] Anscheinend teilte der Ausschuss nicht die Bedenken des Kabinetts, ein zu großer Pflichten-Kanon überfordere den Versammlungsleiter und könnte somit negative Auswirkungen auf den Versammlungsablauf haben.

§ 7b wurde gegenüber § 20 RegE insofern abgeändert, als die Eingriffspflicht schon bei Ausschreitungen, die unter einer Strafbarkeitsgrenze liegen, entstehen sollte.

c) Teilnahmerecht der Polizei

Mittels Austauschs (und Abänderung) der Reihenfolge von § 10 (Auflösungsrecht des Leiters) und § 11 (Teilnahme- und Platzrecht der Polizei) RegE wurde eine Stärkung der Stellung der Polizei bei Ausübung ihrer rechtmäßigen Tätigkeit

---

501 Vermerk des BMI (Abteilung I A 3) vom 17. Mai 1950, BArch BMI-B106-3229-Bd. 1, S. 1.

502 *Mat.-VersG, Nr. 3*, S.1 f.

503 a.a.O., S.2.

504 Dieser regelte im Regierungsentwurf die umfassende Eingriffspflicht des Versammlungsleiters.

505 § 7a sollte lauten: *„(1) Der Leiter ist verpflichtet einzugreifen, wenn Ansichten oder Vorschläge vertreten werden, die sich offensichtlich gegen die freiheitliche demokratische Grundordnung, den Bestand der Bundesrepublik Deutschland oder den Gedanken der Völkerverständigung richten oder den Strafgesetzen zuwiderlaufen. (2) Fährt der Redner trotz Zurechtweisung mit Äußerungen dieser Art fort, so hat der Leiter ihm das Wort zu entziehen."*
§ 7b: *„Der Leiter hat ferner einzugreifen, wenn 1.Teilnehmer sich Ausschreitungen oder den Strafgesetzen zuwiderlaufende Handlungen zuschulden kommen lassen, 2. Teilnehmer gegen die Bestimmungen der §§ 2 bis 3 b verstoßen."*

506 Vgl. 63. Kabinettssitzung vom 5. Mai 1950, siehe oben S. 129.

bezweckt.[507] Der „neue“ § 10 sah nur noch vor, dass der Polizei auf erstes Anfordern ein angemessener Platz einzuräumen ist. Die im RegE vorgesehene Pflicht, sich dem Versammlungsleiter zu erkennen zu geben, wurde gestrichen, da die Ausübung der rechtmäßigen Polizeitätigkeit nicht erst nach Rücksprache mit dem Versammlungsleiter erfolgen sollte.[508]

d) Rechte des einzelnen Versammlungsteilnehmers

Das in § 10 a[509] neu vorgesehene Recht für den einzelnen Versammlungsteilnehmer, Aufzeichnungen von der Veranstaltung zu machen,[510] sollte klarstellender Natur sein. Denn mit der Erlaubnis von Aufzeichnungen, gerade auch durch teilnehmende und beobachtende Journalisten, sollte und konnte das Ziel einer Versammlung, einen Beitrag zur öffentlichen Meinungsbildung zu liefern, erreicht werden.

Zu den Rechten des einzelnen Versammlungsteilnehmers zählte zudem nach wie vor das allgemeine Teilnahmerecht aus § 1 RegE, das unverändert blieb.

e) Auflösungsrecht des Versammlungsleiters

Das Auflösungsrecht des Versammlungsleiters sollte sich aus gesetzessystematischen Gründen hinter den Regelungen zum Teilnahmerecht der Polizei in einem „neuen“ § 11 finden. Eine inhaltliche Veränderung der Norm wurde nicht vorgenommen.

f) Auflösungsrecht der Polizei (§ 12 RegE)

Die Norm wurde den verschärften Pflichten des Versammlungsleiters (§§ 7a und 7b) entsprechend angepasst, da für den Fall eines pflichtwidrigen Verhaltens des Versammlungsleiters das Eingriffsrecht der Polizei stärker ausgestaltet werden sollte.[511] So war nun eine Auflösung der Versammlung durch die Polizei (1) im Falle einer Pflichtverletzung des Versammlungsleiters im Hinblick auf die §§ 7a und 7b und allgemein groben Missbrauchs seiner Befugnisse und (2) bei unmittelbarer Gefahr für Leben oder Gesundheit von Teilnehmern vorgesehen. Diese Empfehlung des Ausschusses für Innere Angelegenheiten bestätigte den Grundsatz des Gesetzes, nach dem zuvorderst der Versammlungsleiter die jeweilige Veranstaltung leiten und regeln sollte, und nur bei dessen *„Versagen“* die Polizei eingreifen sollte.[512]

---

507 Protokoll der 13. Sitzung des BR Ausschusses für Innere Angelegenheiten am 19. Mai 1950, BR Ausschuss für Innere Angelegenheiten, BR-Drs. In 92/50, S. 7.

508 *Mat.-VersG, Nr. 3*, S. 2.

509 Siehe die Änderungsvorschläge des BR zum RegE insgesamt unten, S. 433 ff.

510 *Mat.-VersG, Nr. 3*, S. 3.

511 Vgl. ders., ebda.

512 Vgl. hierzu den Begriff der *„Polizeifestigkeit von Versammlungen“*, BVerwGE 82, S. 34 [38], nach dem das Eingreifen der Polizei aufgrund der allgemeinen Polizeigesetze

Die Bezugnahmen auf § 11 RegE (Sicherkennengeben der Polizei) wurden gestrichen, da § 11 RegE bzw. § 10 der Empfehlungen diesen Schritt nicht mehr vorsahen. Ebenso sollte auch ein Verstoß gegen das Waffenverbot (§ 2 RegE) nicht mehr explizit als Auflösungsgrund geführt werden (vgl. § 12 Nr. 3 RegE), da durch die Inbezugnahme von § 7 b auch ein solcher Verstoß automatisch[513] ein Auflösungsrecht für die Polizei begründete.

Dies erscheint im Hinblick auf das Waffenverbot jedoch insofern bedenklich, als ein Auflösungsrecht der Polizei bei Verstößen gegen das Waffenverbot erst dann eintreten sollte, wenn der Leiter seinem Eingriffsrecht nicht nachgekommen war. Ob bei mitgeführten Waffen ein solches Abwarten zweckmäßig und gewollt war, erscheint fraglich. Zumal auch fraglich ist, ob die mitgeführte Waffe durch den Versammlungsleiter immer (rechtzeitig) entdeckt worden wäre. Eine hier evtl. entstandene Regelungslücke konnte jedoch dadurch geschlossen werden, dass bei mitgeführten Waffen zumindest auch ein Auflösungsrecht aufgrund einer Gefahr für Leib und Leben der Teilnehmer (§ 12 Nr. 2 der Empfehlungen) in Betracht kam.[514]

3. Versammlungen unter freiem Himmel und Aufzüge / Abschnitt III

a) Anmeldepflicht, Auflagen und Verbote, Bannkreisregelungen und Verweisnorm

Für die §§ 14 bis 17 RegE wurden lediglich kleine Änderungen vorgeschlagen, die jedoch die Intention und inhaltliche Ausgestaltung des RegE nicht wesentlich abänderten.[515] § 18 RegE, der eine entsprechende Anwendung von Vorschriften über Versammlungen in geschlossenen Räumen vorsah, wurde gemäß den mit den Empfehlungen einhergehenden Erweiterungen in Abschnitt II abgeändert.[516]

---

während einer Versammlung ausgeschlossen ist und nur die Rechte aus dem VersG durch die Polizei während der Versammlung ausgeübt werden dürfen.

513 In § 7b war eine Eingriffspflicht bei Verstoß gegen das Waffenverbot vorgesehen.

514 Wenngleich die Gefahr gem. § 12 Nr. 2 der Empfehlungen schon unmittelbar vorliegen, also ein Einsatz der Waffe unmittelbar bevorstehen musste.

515 So sollte die Anmeldepflicht des § 14 RegE nun durch jegliche Form der Bekanntgabe ausgelöst werden; vgl. *Mat.-VersG, Nr. 3*, S.4. Die Möglichkeit für Auflagen und Verbote in § 15 RegE sollte bei unmittelbaren Gefahren für die öffentliche Ordnung *„oder"* Sicherheit bestehen, also z.B. schon bei verkehrspolizeilichen Störungen.

516 Ders., ebda.

b) Eingriffspflichten des Leiters bei Versammlungen unter freiem Himmel

Gleichzeitig wurde die Einführung eines neuen § 18 a empfohlen.[517] Dadurch sollten die Grundsätze von § 20 Abs. 1 RegE, wie schon durch die §§ 7a und 7b geschehen, auch für Versammlungen unter freiem Himmel gelten und nicht lediglich nur für Aufzüge. Dadurch sollte die Einhaltung von in der polizeilichen Anmeldung der Versammlung gemachten Angaben und von Behördenseite gestellten Auflagen sichergestellt werden.

c) Eingriffspflichten des Leiters bei Aufzügen

§ 20 RegE wurde als neuer § 19 nach vorne gezogen und umformuliert, um eine Wiederholung der Inhalte der §§ 7a und 7b zu vermeiden. Gleichzeitig wurde die Auflösungsverpflichtung des Abs. 2 gestrichen und stattdessen in einen neuen § 20 a übernommen.[518] § 19 RegE (Ordnereinsatz) wurde daher aus systematischen Gründen zum „neuen" § 20.[519]

d) Pflicht des Leiters zur Auflösung von Versammlungen und Aufzügen

Mit dem neu geschaffenen § 20 a erhielt die Empfehlung des Ausschusses für Innere Angelegenheiten eine Auflösungsverpflichtung, die gleichermaßen für öffentliche Versammlungen unter freiem Himmel und für Aufzüge gelten sollte. Eine Auflösung sollte dann verpflichtend sein, wenn der Leiter nicht imstande war, sich auf der Veranstaltung mit seinen Rechten und Pflichten[520] durchzusetzen. Es erschien dem Ausschuss zudem wichtig, eine Bezugnahme auf § 13 RegE (Pflicht des Sich-Entfernens bei Auflösung) explizit in § 20a Abs. 2 aufzunehmen.[521]

e) Einschränkung von Grundrechten

§ 21 RegE (Einschränkung von Art 8 GG) wurde aus systematischen Gründen in die Schlussvorschriften des Gesetzes als „neuer" § 29 a gelegt und erweitert.[522]

---

517 Dieser lautete: *„Der Leiter einer Versammlung unter freiem Himmel hat außer in den Fällen der §§ 7a und 7b einzugreifen, wenn Teilnehmer die in der polizeilichen Anmeldung gemachten Angaben oder die von der Polizei angeordneten Auflagen (§ 15) nicht einhalten."*

518 Siehe hierzu sogleich.

519 *Mat.-VersG, Nr. 3*, S. 5.

520 Die Norm selber sagt nichts dazu aus, womit sich der Leiter durchzusetzen hat.

521 *Mat.-VersG, Nr. 3*, S. 5.

522 Siehe sogleich.

4. Strafvorschriften / Abschnitt IV

a) Widerstand gegen Leiter oder Ordner (§ 23 RegE)

In § 23 wurde ein zusätzliches positives Tatbestandsmerkmal aufgenommen, so dass die Strafbarkeit nur noch gegeben war, wenn Widerstand gegen eine *„rechtmäßige Ausübung [der] Befugnisse“* von Leitern oder Ordnern geleistet würde.[523] Zudem wurde der *„tätliche Widerstand“* in § 23 RegE durch tätigen Angriff und *„Gewalt oder Bedrohung mit Gewalt“* ersetzt. Dadurch sollte eine Anpassung an § 113 StGB (Widerstand gegen Vollstreckungsbeamte) erreicht werden.[524]

b) Werben für eine verbotene Veranstaltung (§ 24 RegE)

In diesem Zusammenhang wollte man statt des Begriffs der Werbung das Auffordern zur Teilnahme an einer verbotenen Versammlung unter Strafe stellen. Denn nach Ansicht der Ausschussmitglieder war der Begriff der Werbung für die Rechtssetzung noch unbekannt.[525]

c) Strafbarkeit des Leiters, Verstoß gegen das Uniformverbot, Verstoß gegen Meldepflichten (§§ 25 bis 27 RegE)

Die §§ 25 bis 27 RegE wurden vollständig überarbeitet und geben nur noch in Teilen den Inhalt der Normen des RegE wieder.

So wurde § 25 vollständig neu gefasst,[526] um auch einen Verstoß gegen die Leiterpflichten des § 7 (RegE bzw. Entwurfsempfehlungen) bei öffentlichen Versammlungen in geschlossenen Räumen unter Strafe zu stellen. Gleichwohl wurde ein Verstoß gegen die Pflicht zur namentlichen Bezeichnung der eingesetzten Ordner unter eine geringere Strafandrohung gestellt.

Der neue § 26 (§ 25 RegE) wurde entsprechend erweitert, so dass für den Leiter einer Versammlung unter freiem Himmel oder eines Aufzuges (§ 14 RegE) neben die Strafbarkeit von Verstößen gegen Anmeldeangaben oder Behördenauflagen auch die Strafbarkeit von Verstößen gegen § 7 Abs. 2 (Kenntlichmachung von Ordnern) trat. Neben die Gefängnisstrafe trat zudem die Geldstrafe. Bei einem ungenehmigten Ordnereinsatz blieb es bei der geringeren Strafandrohung von Haft oder Geldstrafe bis zu 150 DM.

---

523 Der RegE sah lediglich einen Ausschluss der Strafbarkeit für die Fälle vor, in denen Leiter oder Ordner *„ihre Stellung missbraucht haben“*.

524 Vgl. *Mat.-VersG, Nr. 3*, S. 5.

525 Protokoll der 13. Sitzung des BR Ausschusses für Innere Angelegenheiten am 19. Mai 1950, BR Ausschuss für Innere Angelegenheiten, In 92/50, S. 7.

526 Er lautete: *„(1) Wer als Leiter (§ 7 Abs. 2) Ordner einsetzt, die nicht den Bestimmungen des § 7 Abs. 2 entsprechen, wird mit Gefängnis bis zu einem Jahr oder Geldstrafe bestraft. (2) Wer der Pflicht zur namentlichen Bezeichnung der Ordner (§ 7 Abs. 3) nicht nachkommt, wird mit Haft oder Geldstrafe bis zu 150 Deutsche Mark bestraft.“*

Im neu gefassten § 27 sollte die Beachtung der neuen §§ 3a und 3b (Flaggenverbot) durch Strafandrohung sichergestellt werden. Gleichzeitig wurde § 26 RegE aufgenommen, da der zwischen § 26 und § 27 RegE bestehende Unterschied der Strafandrohungen dem Ausschuss sachlich nicht gerechtfertigt erschien.[527] Auf einen reinen Verweis der zu beachtenden Vorschriften, wie im Fall der §§ 2 bis 3b, wurde im Hinblick auf § 14 verzichtet. Eine Strafbarkeit bei Verstoß gegen die Anmeldepflicht des § 14 sollte nicht bereits bei bestehender Absicht eine Veranstaltung durchführen zu wollen in Betracht kommen, sondern erst bei Durchführung einer Versammlung ohne die erforderliche Anmeldung.[528] Die im RegE noch vorgesehene Strafbarkeit von Verstößen gegen § 20 RegE (Eingriffspflicht des Leiters) wurde vollends aufgegeben, da dies auch bei Versammlungen in geschlossenen Räumen nicht vorgesehen war.

5. Schlussvorschriften / Abschnitt V

In den Schlussvorschriften wurden ein neuer § 29a und ein neuer § 29b eingefügt.

§ 29a[529] diente zum einen als Ersatz für den gestrichenen § 21 RegE. Zum anderen wurde er aus systematischen Gründen „vor die Klammer“ gezogen, da ebenso die Meinungsfreiheit des Art. 5 GG nach Ansicht des Ausschusses[530] durch sämtliche Vorschriften des Gesetzes beschränkt bzw. betroffen wurde. Für die Einschränkung der Versammlungsfreiheit wurde daher dann die explizite Beschränkung auf Versammlungen unter freiem Himmel oder Aufzüge aufgenommen.

§ 29b enthielt eine Verordnungskompetenz für die Landesregierung hinsichtlich der Vollzugszuständigkeit des Gesetzes.

II. Gemeinsame Sitzung von Ausschuss für Innere Angelegenheiten und Rechtsausschuss des Bundesrates am 25. Mai 1950

Auf seiner 14. Sitzung am 25. Mai 1950 hatte der Ausschuss für Innere Angelegenheiten den RegE erneut auf der Tagesordnung. Die Beratungen wurden dabei gemeinsam mit den Mitgliedern des Rechtsausschusses des Bundesrates durchgeführt.[531]

---

527 Vgl. *Mat.-VersG, Nr. 3*, S. 6. § 27 („neu“) lautete nun: *„(1) Wer den Bestimmungen der §§ 2, 3, 3a oder 3b zuwiderhandelt, wird mit Gefängnis oder Geldstrafe bestraft. (2) Ebenso wird bestraft, wer entgegen der Vorschrift des § 14 Abs. 1 eine öffentliche Versammlung unter freiem Himmel oder einen Aufzug veranstaltet. (3) Bei Fahrlässigkeit ist auf Geldstrafe bis zu zehntausend Deutsche Mark zu erkennen.“*

528 *Mat.-Vers, Nr. 3*, S. 7.

529 *„Durch dieses Gesetz werden die Grundrechte des Artikels 5 und, für Versammlungen unter freiem Himmel und Aufzüge, auch des Artikels 8 des Grundgesetzes eingeschränkt.“*

530 Vgl. *Mat.-VersG, Nr. 3*, S. 7.

531 Vor der gemeinsamen Beratung hatte keine eigenständige Sitzung des Rechtsausschusses des Bundesrates stattgefunden, so dass sich dessen Mitglieder in der gemeinsamen Sitzung vom 25. Mai 1950 erstmals zu dem RegE berieten.

Aufgrund der gemeinsamen Beratungen[532] über den RegE kam es zu Ergänzungen und Änderungen der Empfehlungen des Ausschusses für Innere Angelegenheiten.[533] Vorsitzende der Gemeinsamen Sitzung waren *Dr. Beyerle* (Justizminister Württemberg-Baden) für den Rechtsausschuss und *Käber* (Innenminister Schleswig-Holstein) für den Ausschuss für Innere Angelegenheiten. Die Ergebnisse der Sitzung wurden in einer gemeinsamen Empfehlung der beiden Ausschüsse niedergelegt. Mit der Formulierung der Empfehlungen wurde ein gemeinsamer Unterausschuss, bestehend aus Oberstaatsanwalt *Roesch* (Bayern) und Oberregierungsrat *Dr. Schmitt*

---

532 An der gemeinsamen Sitzung nahmen als Mitglieder des Ausschusses für Innere Angelegenheiten folgende Personen teil: Landgerichtsrat *Dr. Faller* (Baden), Oberregierungsrat *Dr. Hausner* (Bayern), Hauptreferent *Dr. Wolkwitz* (Berlin), Referent *Dr. von Hoffmann* (Bremen), Regierungsdirektor *Dr. Glässing* (Hamburg), Regierungsrat *Dr. Feige* (Hessen), Staatssekretär *Dr. Lauffer* (Niedersachsen), Ministerialdirektor *Dr. Rombach* (Nordrhein-Westfalen), Oberregierungsrat *Dr. Schmitt* (Rheinland-Pfalz), Minister des Innern *Käber* (Schleswig-Holstein), Ministerialdirektor *Dr. Gögler* (Württemberg-Baden), Oberregierungsrat *Dr. Pfitzer* (Württemberg-Hohenzollern). Des Weiteren waren als Teilnehmer von den Ländern anwesend: Hauptreferent *Dr. Müller* (Berlin), Referent *Dr. Burchard* (Hamburg), Regierungsdirektor *Dr. Felder* (Niedersachsen), Ministerialdirektor *Dr. Schmidt* (Nordrhein-Westfalen), Ministerialrat *Dr. Krille* (Nordrhein-Westfalen), Oberregierungsrat *Dr. Meyer-Hentschel* (Rheinland-Pfalz). Für andere Dienststellen waren anwesend: Referent *Bargatzky* (BMI), Referent *Dr. Lüders* (BMI), Hilfsreferent *Sauer* (BMI), Referatsleiter *Dr. Schur* (BMW), Oberregierungsrat *Dr. Jentsch* (BMV), Referentin *Dr. Vogl* (BMfV), Regierungsdirektor *Dr. Dörr* (BMfBR).
Als Mitglieder des Rechtsausschusses des BR waren anwesend: Justizminister *Dr. Fecht* (Baden), Ministerialrat *Leusser* (Bayern), Ministerialrat *Dr. Müller* (Berlin), Oberregierungsrat *Dr. Blome* (Hamburg), Ministerialdirektor *Dr. Canter* (Hessen), Justizminister *Dr. Hofmeister* (Niedersachsen), Ministerialdirektor *Bleibtreu* (Nordrhein-Westfalen), Ministerialdirigent *Dr. ter Beck* (Rheinland-Pfalz), Oberlandesgerichtsrat *Dr. Mannzen* (Schleswig-Holstein), Justizminister *Dr. Beyerle* (Württemberg-Baden), Ministerialrat *Dr. Gilsdorf* (Württemberg-Hohenzollern). Zudem waren von den Vertretungen der Länder anwesend: Ministerialrat *Roemer* (Bayern), Oberregierungsrat *Dr. Wolkwitz* (Berlin), Referent *Dr. Kern* (Hamburg), Ministerialrat *Richter*, Regierungsdirektorin *von Brünneck*, Regierungsrat *Schmunk* (alle Hessen), Oberregierungsrat *Dr. Lühr* (Niedersachsen), Ministerialdirektor *Dr. Dehm*, Ministerialdirektor *Dr. Widenmann* (beide Württemberg-Hohenzollern). Von anderen Dienststellen nahmen teil: Staatssekretär *Dr. Strauß* (BMJ), Regierungsdirektor *Dr. Dörr* (BMfBR), Ministerialrat *Eschke* (BMW), Ministerialrat *Dr. Michaelis* (BMW), Ministerialrat *Dr. Krampe* (BMW), Ministerialrat *Schmitz* (BMW), sechs Vertreter des Bundeslandwirtschaftsministeriums sowie Ministerialrat *Wessel* als Ausschusssekretär.

533 Protokoll der 25. Sitzung des Rechtsausschusses des BR am 25. Mai 1950, BR Rechtsausschuss, R 80/50, S. 5.

(Rheinland-Pfalz),[534] beauftragt. Die gemeinsamen Empfehlungen[535] enthielten gegenüber der Empfehlung des Ausschusses für Innere Angelegenheiten die folgenden Änderungen:

1. Allgemeine Vorschriften / Abschnitt I

a) Waffenverbot (§ 2 RegE)

Die Beratungen ergaben, die Formulierung des Waffenverbots in § 2 stärker an Art. 8 GG zu orientieren. Die Befugnis zum Waffentragen sollte weitgehend eingeschränkt werden.[536] Das Verbot wurde dabei auf jeden *„Teilnehmer"* erstreckt, die Befugnis der Polizei war davon, mangels Teilnehmereigenschaft, nicht betroffen. Somit wurde die Möglichkeit, als Teilnehmer eine Waffe aufgrund behördlicher Erlaubnis bei sich zu führen (so der RegE), komplett aufgegeben.

b) Flaggenverbot und Verbot der Verwendung nationalsozialistischer Kennzeichen

Auch die gemeinsamen Empfehlungen sprachen sich für eine Aufnahme des Flaggenverbots und des Verbots der Verwendung nationalsozialistischer Kennzeichen in den Gesetzentwurf aus. Die Vorschläge des Ausschusses für Innere Angelegenheiten[537] (neue §§ 3a und 3b) wurden daher vollständig übernommen. Zudem wurde ein zusätzlicher § 3c eingefügt.[538] Die Norm verdeutlicht, dass sonstige Farben und Symbole zu politischer Willensbekundung ausdrücklich zugelassen waren, jedoch aus Gründen der demokratischen Eindeutigkeit diese zusammen mit Bundesfarben etc. gezeigt werden sollen. Die Ausschüsse teilten somit nicht die Ansicht der BReg, die Einführung eines expliziten Flaggenverbots wirke sich nachteilig aus, vielmehr wurde versucht, durch die Verpflichtung zur Verwendung von Bundesflaggen und -symbolen die Rechtsstaatlichkeit der jeweiligen Versammlung zu betonen.[539]

---

534 Vgl. Protokoll der 14. Sitzung des Ausschusses für Innere Angelegenheiten des BR, am 25. Mai 1950, In 100/50, S. 3.

535 Empfehlungen des Ausschusses für Innere Angelegenheiten und des Rechtsausschusses des BR vom 25. Mai 1950, zu BR-Drs. 328/50, S.1 ff = *Mat.-VersG, Nr. 4,* S. 1 ff.

536 *Mat.-VersG, Nr. 4,* S. 1.

537 Siehe oben S. 134.

538 Wortlaut des § 3 c: *„Werden in Verbindung mit öffentlichen Versammlungen oder bei Aufzügen Farben und Symbole gezeigt, die eine politische Gesinnung bekunden, so sind an hervorragender Stelle auch die Farben und Symbole der Bundesrepublik Deutschland zu zeigen."* Siehe *Mat.-VersG, Nr. 4,* S. 2. Denkbar ist zum Beispiel der Einsatz der Flaggen und Symbole von Gewerkschaften, Interessenverbänden etc.

539 Die Empfehlungen und Protokolle schweigen an dieser Stelle zu den genauen Hintergründen der Einführung von § 3c.

2. Öffentliche Versammlungen in geschlossenen Räumen / Abschnitt II

a) *Teilnahme- und Ausschließungsrecht (§ 4 RegE)*

Den § 4 Abs. 2 RegE sahen die Ausschüsse als zu weit gefasst an und empfahlen daher eine stärkere Begrenzung des Ausschließungsrechts auf bestimmte Personen oder Personengruppen, die *„nicht am Versammlungsort oder im Bundestagswahlkreis des Versammlungsortes ansässig sind.“*[540] Für Pressevertreter sollte dies ausdrücklich nicht gelten.

b) *Zwischenrufe und Ausschlussrecht (§ 8 RegE)*

Den Ausschüssen war es wichtig, in der Gesetzesbegründung klarzustellen, dass bestimmte Zwischenrufe erlaubt sein sollten. Dies sollte insbesondere für solche Zwischenrufe gelten, die nicht auf eine Störung abzielen, sondern vielmehr den Versammlungsleiter auf dessen mögliche Pflichtenverstöße aufmerksam machen sollen.[541]

3. Öffentliche Versammlungen unter freiem Himmel / Abschnitt III

Den Empfehlungen des Ausschusses für Innere Angelegenheiten zu § 20 RegE (in den Empfehlungen als abgeänderter § 19) wurde ein zusätzlicher Abs. 2 beigefügt.[542] Die Bezugnahme auf § 12 (Auflösungsrecht der Polizei bei öffentlichen Versammlungen in geschlossenen Räumen) in der bereits durch die Empfehlungen des Ausschusses für Innere Angelegenheiten abgeänderten Form[543] diente der Ausdehnung des Geltungsbereichs der darin enthaltenen polizeilichen Befugnisse auf Aufzüge. So sollte ein Gleichlauf mit § 18 erzielt werden, nach dem die Regelungen des § 12 (u.a.) auf öffentliche Versammlungen unter freiem Himmel angewendet werden sollten.[544]

4. Strafvorschriften / Abschnitt IV

a) *Strafbarkeit bei Widerstand gegen Leiter oder Ordner in geschlossenen Räumen (§ 23 RegE)*

Die Ausschüsse kamen in ihrer gemeinsamen Beratung zu dem Ergebnis, dass in Fällen von Widerstand gegen Versammlungsleiter oder Ordner keine eigene Strafbarkeitsregelung vonnöten sei. Vielmehr wurden die Regelungen im StGB

540 *Mat.-VersG, Nr. 4*, S. 2.
541 a.a.O., S. 3.
542 § 19 Abs. 2 der gemeinsamen Empfehlungen lautete: *„§ 12 gilt entsprechend.“*
543 Siehe oben S. 137.
544 *Mat.-VersG, Nr. 4*, S. 6.

zu Hausfriedensbruch und Körperverletzung als ausreichend erachtet.[545] Auch die durch den Ausschuss für Innere Angelegenheiten vorgeschlagene Aufnahme des positiven Tatbestandsmerkmals der *„rechtmäßigen Ausübung der Befugnisse“* wurde damit verworfen. Es ist zu vermuten, dass eine unrechtmäßige Ausübung durch die allgemeinen strafrechtlichen Rechtfertigungs- und Entschuldigungsgründe aufgefangen werden sollte. Zudem stellten die Ausschüsse somit klar, dass jedweder Angriff auf Versammlungsleiter oder Ordner grundsätzlich den objektiven Tatbestand der Strafvorschriften erfüllen sollte. Dies konnte als eine Stärkung der Position des Versammlungsleiters verstanden werden, dem eine grundsätzlich rechtmäßige Durchführung der Versammlung zugetraut wurde.

b) Strafbarkeit bei gröblicher Störung (§ 28 RegE)

Die Vorschrift des § 28 RegE wurde durch die gemeinsamen Empfehlungen ebenfalls stark modifiziert. Die Ausschüsse hielten es nicht mehr für erforderlich, eine generelle Strafbarkeit von Störungen auf öffentlichen Versammlungen oder Aufzügen zu regeln.[546] Die Regelung in § 22 RegE und die allgemeinen Vorschriften des StGB wurden für ausreichend erachtet.[547] § 28 sollte nur noch versammlungsspezifische Ordnungsverstöße unter Strafe stellen. Daher wurde unter Beibehaltung der Strafandrohung (Haft oder Geldstrafe bis zu 150 DM) eine Strafbarkeit der *„fortlaufenden Störung trotz Zurechtweisung,* des *„Nichtausweisens der Person trotz Verpflichtung“* und des *„Nichtentfernens trotz Ausschließung“* festgelegt. Die in § 28 Abs. 4 RegE enthaltene Qualifizierung wurde aus rechtspolitischen Gründen abgelehnt.[548]

c) Strafbarkeit bei Teilnahme an verbotener oder aufgelöster Versammlung (§ 29 RegE)

Die Ausschüsse erachteten es für notwendig, in § 29 RegE zusätzlich den Fall unter Strafe zu stellen, in dem ein Einzelner trotz Ausschlusses gem. § 4 Abs. 2 (generelles Ausschlussrecht) an einer öffentlichen Versammlung teilnimmt.[549]

545 Ders., ebda.

546 Mat.-VersG, Nr. 4, S. 8.

547 Dies bezog sich insbesondere auf § 360 Abs. 1 StGB a.F., nach dem bis zur großen Strafrechtsnovelle 1975 der Tatbestand des *„Groben Unfugs“* als Übertretung strafbar war. Die Strafandrohung belief sich dabei auf Geldbuße bis zu 150 DM oder Freiheitsstrafe.

548 Gefängnisstrafe für den Fall, dass durch Störung eine Schlägerei ausgelöst wird, die zur Auflösung der Versammlung führt. Die Ausschüsse empfanden vor allem das Strafmaß als zu hoch; vgl. *Mat.-VersG, Nr. 4*, S. 8.

549 Daneben blieb die Strafbarkeit für die Teilnahme an einer verbotenen Versammlung und eines Nichtentfernens trotz Auflösung der Versammlung bestehen; vgl. a.a.O., S. 8 f.

5. Schlussbestimmungen / Abschnitt V

a) Ermächtigung der Landesregierungen (§ 29b der Empfehlungen des Ausschusses für Innere Angelegenheiten)

Die noch vom Ausschuss für Innere Angelegenheiten empfohlene Ermächtigungsklausel wurde nicht aufgegriffen und übernommen.

b) Aufhebungsvorschrift (§ 30 RegE)

Die Aufhebungsbestimmungen wurden um § 107 a StGB a.F. (Versammlungssprengung) erweitert, da nach Auffassung des Ausschusses diese Norm durch die Regelungen des Entwurfs vollumfänglich überholt wäre.[550]

III. Verabschiedung einer Stellungnahme des Bundesrates am 25. Mai 1950

Auf seiner 22. Sitzung am 25. Mai 1950[551] befasste sich der Bundesrat mit dem RegE zum VersG. Die Berichterstattung erfolgte durch Innenminister *Käber* (Schleswig-Holstein). Der Minister brachte seine Übereinstimmung mit den Verhandlungsergebnissen der beiden Bundesratsausschüsse (Innere Angelegenheiten und Recht) zu Ausdruck und betonte die darin gewonnene Überzeugung der Notwendigkeit einer gesetzlichen Regelung. Nach Auffassung der Ausschüsse reiche die Bundesratsvorlage Nr. 328/50 jedoch nicht aus, um eine Ordnung von öffentlichen Versammlungen zu erreichen. *Käber* trug zudem die Bedenken gegen die Ausweitung der Rechte des Versammlungsveranstalters vor.

Auf eine Erläuterung der Beschlussempfehlungen wurde verzichtet. *Kärber* wies jedoch explizit auf die neu vorgeschlagenen §§ 3a, 3b (Flaggenverbot), 7a, und 7b (Eingriffspflichten des Leiters) hin. Es erfolgte sodann lediglich eine Wortmeldung.[552]

Die Empfehlungen wurden anschießend ohne weitere Einwendungen gegen den RegE einstimmig durch den BR angenommen.

Nach der Abstimmung nahm der Bundesrat durch seinen Präsidenten mit Schreiben vom 25. Mai 1950 zum RegE Stellung und übersandte dazu als Anlage die

---

550 Danach war „*Versammlungssprengung*" unter Strafe gestellt. Diese wurde nun jedoch von § 22 RegE ausreichend bedacht, vgl. Vermerk des BMI, IA3 (*Bargatzky*), vom 25. Mai 1950, BArch BMI-B106-3229-Bd. 1, S. 1 f.

551 Vgl. Protokoll der 22. Sitzung des Deutschen Bundesrates am 25. Mai 1950, *Mat.-VersG, Nr. 5.*

552 *Dr. Erhard* (Bayern) fragte an, ob auch § 3c, der noch in den Empfehlungen des Ausschusses für Innere Angelegenheiten enthalten war, aufrechterhalten werde. Der Berichterstatter verneinte dies; vgl. das Protokoll der 22. Sitzung des Deutschen Bundesrates am 25. Mai 1950, *Mat.-VersG, Nr. 5*, S.1.

beschlossenen Änderungsvorschläge.[553] Der Bundesrat hatte damit innerhalb der ihm zustehenden Sechs-Wochen-Frist (Art. 76 Abs. 2 GG) seine Stellungnahme abgegeben.

IV. Die Stellungnahme der Bundesregierung zu den Änderungsvorschlägen des Bundesrates, Juni 1950

Bereits nach der Sitzung des BR-Ausschusses für Innere Angelegenheiten hatte sich das BMI mit den in den Empfehlungen des Ausschusses einhergehenden Änderungsvorschlägen befasst[554] und eine Anpassung der Strafvorschriften vorgenommen. Dabei wurden die einzelnen Strafvorschriften in die Reihenfolge ihrer Schwere der Strafandrohung gebracht.[555] Auch in inhaltlicher Hinsicht wurden die einzelnen Normen erweitert. Hier erfolgte jedoch keine grundsätzliche Änderung oder Ausrichtung der Strafbarkeit, vielmehr wurde in einzelnen Vorschriften der Wortlaut erweitert, um so neben reinen Verweisen auf die Vorschriften der vorderen Abschnitte auch in der jeweiligen Strafnorm den unter Strafe gestellten Verstoß im Wortlaut wiederzugeben.[556]

1. Ministerielle (Vor-) Erörterungen

Mit Vermerk vom 6. Juni 1950 und Schreiben vom 11. Juni 1950 befasste sich das BMI mit einer ersten Stellungnahme zu den Änderungsvorschlägen des BR (Beschluss vom 25. Mai 1950).[557] Während große Teile der Änderungsvorschläge akzeptiert wurden, sprach man sich entschieden gegen einzelne Normänderungen aus.

a) Waffenverbot, Uniformverbot, Teilnahme- und Ausschlussrecht

So wurde hinsichtlich des Waffenverbots in § 2 RegE die Streichung der Ausnahmeberechtigung[558] durch den BR mit der Begründung, dass § 2 RegE das Waffentragerecht der Polizei gar nicht einschränke, sondern nur gegen die Versammlungsteilnehmer

553 Schreiben des Präsidenten des BR, *Arnold*, an BK *Adenauer* vom 25. Mai 1950, BR-Drs. 394/50, S. 1 = *Mat.-VersG, Nr. 6*, S.1.

554 Siehe hierzu die Vermerke des BMI vom 22., 23. und 25. Mai 1950, BArch BMI-B106-3229-Bd.1.

555 Vermerk des BMI vom 22. Mai 1950, BArch BMI-B106-3229-Bd.1, S. 3.

556 So zum Beispiel der Vorschlag für einen neuen § 24 Abs. 1 Nr. 1: *„Mit Gefängnis oder Geldstrafe wird bestraft: 1. Wer als Teilnehmer an öffentlichen Versammlungen oder Aufzügen entgegen der Bestimmung des § 2 Waffen bei sich führt oder entgegen der Bestimmung des § 3 Uniformen, Uniformteile oder gleichartige Kleidungsstücke trägt. […]"*; ebda., S. 1.

557 Vermerk des BMI vom 6. Juni 1950, BArch BMI-B106-3229-Bd.1; Entwurf einer Stellungnahme der BReg zur den Änderungsvorschlägen des BR, 11. Juni 1950, BArch BMI-B106-3229-Bd. 1.

558 Der RegE lautete in § 2: *„[…] es sei denn, dass sie zum Erscheinen mit Waffen behördlich ermächtigt sind."*

gerichtet sei,[559] nicht hingenommen. Grundsätzlich müssten bei Versammlungen Personen aufgrund behördlicher Ermächtigung mit Waffen erscheinen können.[560]

Auch dem Vorschlag des BR, bei dem generellen Uniformverbot des § 3 RegE eine Ausnahmeregelung für Jugendorganisationen zuzulassen, wurde widersprochen. Dabei wurde auf die grundsätzliche Bedeutung dieses Verbots verwiesen, das auch nicht zugunsten Jugendlicher durchbrochen werden sollte.[561]

Zudem sprach sich das BMI entschieden dagegen aus, die Möglichkeit in § 4 RegE, Personen von einer Versammlung auszuschließen, auf ortsfremde Personen zu beschränken, da man mit unverhältnismäßigen Schwierigkeiten bei Kontrolle und Durchsetzung eines solchen Ausschlusses rechnete.[562]

b) Strafbarkeit des tätlichen Widerstandes gegen Leiter und Ordner, § 23 RegE

Während der BR die Streichung dieser Norm als problemlos ansah, da der strafrechtliche Schutz in ausreichender Weise durch die Normen des StGB zu Körperverletzung und Hausfriedensbruch gegeben sei,[563] hielt das BMI eine „gesonderte" Strafvorschrift weiter für notwendig. Da Leiter und Ordner besondere Rechte und Pflichten träfen, würde der allgemeine strafrechtliche Schutz im Falle eines tätlichen Widerstandes nicht genügen.[564] Folglich wurde dieser Streichung des BR widersprochen.

c) Weitere Abänderungen durch den BR

Grundsätzlich sollten die weiteren Abänderungen nach Ansicht des BMI Zustimmung finden. Dies betraf insbesondere auch das vom BR wieder aufgenommene Flaggenverbot (§§ 3a und 3b der Änderungsvorschläge), das die BReg aus der Vorlage des BMI gestrichen hatte.[565]

2. Beratung in der 74. Kabinettssitzung vom 16. Juni 1950

Die Vorlage des BMI vom 11. Juni 1950[566] wurde bereits auf der 74. Kabinettssitzung am 16. Juni 1950 erörtert. Dabei fanden die Vorschläge des BMI, abgesehen vom Flaggenverbot, weitestgehend Zustimmung.

---

559 vgl. *Mat.-VersG, Nr. 6*, S. 2.

560 Entwurf einer Stellungnahme der BReg zu den Änderungsvorschlägen des BR, 11. Juni 1950, BArch BMI-B106-3229-Bd. 1, S. 1 ff.

561 Ders., ebda.

562 Ders., ebda.

563 Vgl. *Mat.-VersG, Nr. 6*, S. 7.

564 Entwurf einer Stellungnahme der BReg zu den Änderungsvorschlägen des BR, 11. Juni 1950, BArch BMI-B106-3229-Bd.1, S. 2.

565 Vermerk des BMI vom 6. Juni 1950, BArch BMI-B106-3229-Bd.1.

566 Schreiben von Bundesinnenminister *Dr. Heinemann* an das Bundeskanzleramt vom 11. Juni 1950 mit einem Entwurf der Stellungnahme im Anhang, BArch BMI-B106-3229-Bd.1.

a) Waffenverbot, § 2 RegE

Die Änderungen des BR zum Waffenverbot wurden gemäß der Vorlage des BMI abgelehnt.

b) Uniformverbot, § 3 RegE

Ebenso lehnte das Kabinett den vom BR vorgeschlagenen Ausnahmetatbestand beim Uniformverbot für Jugendorganisationen ab. Die Einführung des Ausnahmetatbestandes würde nach Ansicht des Kabinetts zu einer Ungleichbehandlung in den einzelnen Bundesländern führen und zudem eine Durchbrechung des Grundsatzes des Uniformverbots als Ausdruck einer politischen Gesinnung bedeuten.[567]

c) Flaggenverbot

Das vom BR in den Vorschlägen zu den §§ 3a und 3b wieder aufgeworfene Flaggenverbot wurde im Kabinett intensiv diskutiert. Dabei befürworteten sowohl Bundesjustizminister *Dehler* als auch Innenminister *Dr. Heinemann* den BR-Vorschlag bzw. schlugen einen Rückgriff auf die ursprüngliche Fassung der Kabinettsvorlage (Stand 18. April 1950) vor. Hauptargument war wie schon in der ersten Befassung mit der Kabinettsvorlage der erforderliche Schutz des Staates vor einer symbolischen Ablehnung durch öffentlichen Gebrauch der alten Reichsfarben.[568] Die Mehrheit der anwesenden Minister[569] sprach sich jedoch gegen den Änderungsvorschlag (und somit erneut gegen die ursprüngliche Fassung der Kabinettsvorlage) aus, wobei man sich auf dieselben[570] Argumente stützte. So wurde dem angeführten Schutzbedürfnis des Staates allgemein keine große Bedeutung beigemessen. Vor allem aber bestand nach wie vor die Befürchtung, dass mit Einführung eines Flaggenverbots die öffentliche Diskussion darüber an Bedeutung gewinnen und somit *„die Propaganda für die alten Reichsfarben neuen Auftrieb erhalten könnte.*"[571]

Im Ergebnis wurde die Einführung des Flaggenverbots mit überwiegender Mehrheit abgelehnt. Hinsichtlich des in § 3a der Änderungsvorschläge des BR enthaltenen Verbots nationalsozialistischer Symbole sprach sich das Kabinett für die Einführung

---

567 Protokoll der 74. Kabinettssitzung vom 16. Juni 1950, *Kabinettsprotokolle BReg, Bd. 2 1950*, S. 457.

568 Ders., ebda.; vgl. auch die 59. und 63. Kabinettssitzung am 21. April 1950 bzw. 5. Mai 1950, *Kabinettsprotokolle BReg, Bd. 2 1950*, S. 328 f. bzw. S. 365 f.

569 U.a. der Bundesminister für den Marshall-Plan, *Blücher*, Finanzminister *Schäffer*, Arbeitsminister *Storch*, der Bundesminister für den Wohnungsbau, *Wildermuth*, und der Bundesminister für Angelegenheiten des Bundesrates, *Hellwege.*

570 Vgl. oben S. 119 f.

571 Protokoll des 74. Kabinettssitzung vom 16. Juni 1950, *Kabinettsprotokolle BReg, Bd. 2 1950*, S. 457.

einer solchen Verbotsnorm aus, lehnte diese jedoch mit Hinweis auf das Strafrechtsänderungsgesetz für den vorliegenden Gesetzentwurf ab.[572]

d) Teilnahme- und Ausschlussrechte

Diesbezüglich schloss sich das Kabinett der Empfehlung des BMI[573] an und lehnte den Änderungsvorschlag des BR als unbegründet ab.

e) Eingriffsrechte und –pflichten für den Versammlungsleiter

Anders als das BMI in seiner Stellungnahme[574] zu den Änderungsvorschlägen des BR lehnte das Kabinett die vom BR vorgeschlagenen §§ 7a und 7b ab. Es sah darin eine zu weit gefasste (Mit-)Verantwortung des Versammlungsleiters, deren praktische Durchführung nicht möglich sei.[575] Auch die vom BR vorgeschlagene Pflicht zur Auflösung der Versammlung durch den Versammlungsleiter (§ 20a der Änderungsvorschläge des BR) wurde als nicht praktikabel abgelehnt.

f) Einschränkung von Grundrechten

Der BR hatte vorgeschlagen, in einem § 29a explizit die Einschränkung von Art. 5 und Art. 8 GG durch das Gesetz aufzunehmen. Hierzu kam das Kabinett noch zu keiner Entscheidung, sondern überließ dem BMI und dem BMJ die Prüfung der Notwendigkeit einer solchen Regelung.[576]

572 Zu Recht wies *von Nathusius* (BMI) darauf hin, dass mit den Regelungen in Art. 2 § 1 des Strafrechtsänderungsgesetzes nur die Verwendung von nationalsozialistischen Symbolen verboten werde, die missbräuchliche Verwendung von Flaggen und anderen Symbolen dort aber nicht geregelt sei; vgl. Vermerk des BMI vom 17. Juni 1950 zu den Ergebnissen der Kabinettssitzung vom 16. Juni 1950, BArch BMI B106-3229-Bd.1, S. 2.

573 Vgl. oben S. 147.

574 Vgl. u.a. Vermerk des BMI vom 6. Juni 1950, BArch BMI B106-3229-Bd.1, die in den §§ 7a und 7b enthaltenen Vorschläge hatte das BMI auch in seiner Kabinettsvorlage vorgesehen, die Regelungen waren vom Kabinett jedoch gestrichen worden.

575 Vgl. Protokoll der 74. Kabinettssitzung vom 16. Juni 1950, *Kabinettsprotokolle BReg, Bd. 2 1950*, S. 458, m.w.N.

576 In der später dem BT übersandten Stellungnahme wurde der Bezug auf Art. 5 GG gestrichen, da die BReg die Schranke der allgemeinen Gesetzte in Art. 5 GG für ausreichend erachtete, vgl. BT-Drs. 1102/50, Anhang C I.

3. Beratung und Beschlussfassung in der 75. Kabinettssitzung vom 20. Juni 1950

a) Erneutes Tätigwerden des BMI

Eigentlich hätte nunmehr die Zuleitung des RegE, der Änderungsvorschläge des BR und der Stellungnahme der BReg an den BT erfolgen können. Jedoch befasste sich das BMI nochmals mit den Änderungsvorschlägen und der in der Sitzung vom 16. Juni 1950 verabschiedeten Stellungnahme der BReg.[577] Aufgrund der Beschlüsse des Kabinetts hielt das BMI aus formellen und inhaltlichen Gründen eine Änderung der bisherigen Stellungnahme der BReg für geboten.

aa) Ablehnung von Änderungsvorschlägen durch das Kabinett

Das BMI trug Einwände gegen die Ablehnung von § 20a (Pflicht des Versammlungsleiters zur Auflösung einer Versammlung unter freiem Himmel oder eines Aufzugs bei fehlendem Durchsetzungsvermögen) der Änderungsvorschläge des BR vor, da es die darin bestehende Erweiterung der Auflösungspflicht auch auf Versammlungen unter freiem Himmel befürwortete.[578] *Bargatzky*[579] riet daher zu einer erneuten Befassung mit dieser Frage im Kabinett.

bb) Streichung von Vorschriften

In der vom Kabinett erfolgten Ablehnung der §§ 3a, 3b (Flaggenverbot) und §§ 7a und 7b (Eingriffsrechte und -pflichten des Versammlungsleiters) sah das BMI eine unzureichende Beschlussfassung des Kabinetts und hielt eine zusätzliche Ablehnung der Inhalte der §§ 12 Ziffer 1, 18, 18a, 19 Ziffer 1 und 27 Abs. 1 für erforderlich, da (und soweit) in diesen jeweils auf die abgelehnten §§ 3a, 3b, 7a und 7b Bezug genommen wurde.[580]

cc) Einschränkung von Grundrechten

Wie vom Bundeskabinett beschlossen, erfolgte nochmals eine Prüfung durch das BMI und das BMJ hinsichtlich der Frage, ob in § 29 a der Änderungsvorschläge auch ein Verweis auf Art. 5 GG (zwingend) erfolgen muss.

Das BMI kam mit Zustimmung des BMJ zu dem Ergebnis, dass zwar die Meinungsfreiheit durch die beabsichtigten Regelungen grundsätzlich betroffen sei,[581] jedoch dieses Grundrecht seine Schranken in den allgemeinen Gesetzen fände (Art. 5 Abs. 2 GG).

---

577 Siehe Vermerk des BMI vom 17. Juni 1950, BArch BMI B106-3229-Bd.1.
578 Der RegE sah diese Pflicht zur Auflösung nur für Aufzüge vor.
579 Vermerk des BMI vom 17. Juni 1950, BArch BMI B106-3229-Bd.1.
580 Ders., ebda.
581 So zum Beispiel durch das Uniformverbot, vgl. Ders., ebda.

b) Beschlussfassung des Kabinetts

Bereits in der 75. Sitzung des Bundeskabinetts vom 20. Juni 1950 trug Bundesinnenminister *Dr. Heinemann* die von seinem Ministerium vorgebrachten Änderungs- und Ergänzungsvorschläge zur Stellungnahme der BReg vor.[582] Diese fanden sämtlich die Zustimmung des Kabinetts und wurden entsprechend verabschiedet.[583] Somit wurde der Weg für die Befassung des Gesetzesvorhabens durch den BT frei. Von der ersten Befassung im Bundeskabinett im März 1950 hatte es nur gute drei Monate bis zu einer fertigen Gesetzesvorlage gebraucht.

582 Vgl. Protokoll der 75. Kabinettssitzung vom 20. Juni 1950, *Kabinettsprotokolle BReg, Band 2 1950*, S. 457 f.

583 Vgl. BT-Drs. 1102/50, S. 20.

Vierter Teil – Die Behandlung des Regierungsentwurfs im Deutschen Bundestag, Juni 1950 bis Mai 1953

I. Übersendung des Regierungsentwurfs an den Präsidenten des Bundestages

Mit Schreiben vom 26. Juni 1950 übersandte das Bundeskanzleramt den „*Entwurf eines Gesetzes über öffentliche Versammlungen und Aufzüge (Versammlungsordnungsgesetz)*“[584] an den Präsidenten des Deutschen Bundestages.[585]

II. Erste Beratung im Plenum des Bundestages, 83. Sitzung, 12. September 1950

1. Überlegungen einer vorgezogenen Überweisung an die Bundestagsausschüsse

Trotz der von Seiten der BReg immer wieder betonten Eilbedürftigkeit des Gesetzesvorhabens war der Gesetzentwurf erst auf der 83. Sitzung am 12. September 1950 Gegenstand der Tagesordnung.[586] Zwar hatte das Bundestagspräsidium noch am 26. Juni 1950 mitgeteilt, dass eine sofortige Überweisung des Gesetzentwurfs in die zuständigen BT-Ausschüsse aufgrund nicht stattfindender Plenarsitzungen des Hauses schwierig sei.[587] Gleichwohl hätte die Möglichkeit bestanden, in dringenden Ausnahmefällen die Überweisung durch den BT-Präsidenten vornehmen zu lassen. Ein solches Vorgehen hätte jedoch entweder eines Antrags des Ausschussvorsitzenden oder einer Bitte des zuständigen Bundesministers bedurft. Die von Seiten der BReg immer wieder betonte Eilbedürftigkeit der gesetzlichen Regelungen zu Versammlungen hätte jedoch nur schwerlich einen dringenden Ausnahmefall rechtfertigen können, zumal es vor allem politische Gründe gab – bevorstehende

584 BT-Drs. 1102/50 nebst Anlagen.

585 Das Übersendungsschreiben wurde dabei vom Stellvertreter des Bundeskanzlers, *Franz Blücher*, unterzeichnet, da Kanzler *Adenauer* selber für längere Zeit erkrankt war und somit die erforderliche Unterzeichnung nicht umgehend selbst vornehmen konnte; vgl. Vermerk des BMI vom 27. Juni 1950, BArch BMI B106-3229-Bd.1.

586 Vgl. Protokoll der 83. Sitzung des Deutschen Bundestags vom 12. September 1950, *BT-Protokolle 1949–1953, S. 3123 ff = Mat.-VersG, Nr. 8.*

587 Vgl. Vermerk des BMI vom 26. Juni 1950, BArch BMI B106-3229-Bd.1.

Landtagswahlkämpfe –, um zu einem gesetzgeberischen Erfolg zu kommen. Ein wirkliches Erfordernis im Sinne eines gesetzlichen Notstands lag nicht vor. Daher wurde diese Möglichkeit auch nicht weiter verfolgt.

2. Erste Beratung, Lesung und Aussprache im Bundestag am 12. September 1950

a) *Vorstellung und Begründung des Regierungsentwurfs durch Bundesinnenminister* Heinemann

aa) Schutz des Versammlungslebens

Der Gesetzentwurf wurde von Bundesinnenminister *Dr. Heinemann* vorgestellt und begründet. Er begann seine Ausführungen mit der Klarstellung, dass mit der Vorlage *„keine Beeinträchtigung des öffentlichen Versammlungslebens“*[588] einhergehe. Aufgrund der lediglich für Versammlungen unter freiem Himmel vorgeschlagenen Anmeldepflicht, verknüpft mit Auflagen- und Verbotsmöglichkeiten und der Kontrolle behördlicher Entscheidungen durch die Verwaltungsgerichte, sollte das Grundrecht der Versammlungsfreiheit nur in dem zulässigen Maße beschränkt werden.

bb) Notwendigkeit des gesetzgeberischen Handelns

Unter Bezugnahme auf das noch geltende RVG betonte *Dr. Heinemann* die Notwendigkeit einer neuen gesetzlichen Regelung, da das RVG sowohl in seiner Intention als auch in seinem Umfang den Anforderungen der Praxis nicht mehr genüge. Es kam dem Minister dabei insbesondere darauf an, den einzelnen Versammlungsteilnehmer in die Pflicht zu nehmen und somit Versammlungen frei von Störungen und Sprengungen zu ermöglichen.[589] Die Aufgabe des RVG wurde in der anschließenden Aussprache von dem DKP-DRP Abgeordneten[590] *Adolf von Thadden* ausdrücklich bedauert.[591]

cc) Schwerpunkte des Gesetzentwurfs

In seinen weiteren Ausführungen ging der Minister insbesondere auf die beabsichtigten Bannkreisregelungen und die Stellung des Versammlungsleiters ein. *Dr. Heinemann* betonte, dass dem Versammlungsleiter gegenüber den Regelungen des RVG weitergehende *„Befugnisse zugesprochen werden“*[592], ihm jedoch keine *„Polizeigewalt*

---

588 Protokoll der 83. Sitzung des Deutschen Bundestages vom 12. September 1950, *BT-Protokolle 1949–1953*, S. 3123 = *Mat.-VersG, Nr. 8*, S. 1.

589 Ders. ebda.

590 Der Abgeordnete der DRP-DKP war seit dem 20. April 1950 fraktionslos im BT.

591 Protokoll der 83. Sitzung des Deutschen Bundestages vom 12. September 1950, *BT-Protokolle 1949–1953*, S. 3124 = *Mat.-VersG, Nr. 8*, S. 2.

592 a.a.O., S. 1.

zugemessen"[593] werden sollte. Wie schon in der schriftlichen Begründung des Gesetzentwurfs wurde nochmals verdeutlicht, dass zum einen die Befugnisse des Versammlungsleiters gegenüber dem RVG erheblich erweitert werden sollten, zum anderen jedoch als Hauptpflicht der ordnungsgemäße Versammlungsablauf bestehen bleiben sollte. Mit den Neuregelungen sollte daher die Einhaltung der Pflichten für den Versammlungsleiter erleichtert werden.[594]

Der Bundesinnenminister ging in seinen Ausführungen nicht auf ein eventuelles Flaggenverbot und den umfangreichen Katalog der Straftatbestände ein, obwohl sein Ministerium ersteres vehement gefordert hatte.

b) Aussprache im Plenum

aa) Ausführungen des Abgeordneten Adolf von Thadden (DKP-DRP)

Die Ausführungen des Abgeordneten *von Thadden*, die von mehreren Zwischenrufen aus dem Plenum begleitet wurden, beschränkten sich nicht auf rechtliche Argumentationen und Ansichten, sondern enthielten im Wesentlichen Bemerkungen über den politischen Gegner (insbesondere SPD, VVN und KPD). Man kann dies als einen ersten Versuch der Politisierung des Gesetzes ansehen. Grundsätzlich wurde das Gesetzesvorhaben von seiner Seite aus jedoch begrüßt.

(1) Bannkreisregelungen

Von Thadden begrüßte ausdrücklich die Bannkreisregelungen und hielt diese für zwingend erforderlich, um Vorfälle der Vergangenheit, in denen Versammlungen gesprengt wurden, für die Zukunft zu vermeiden.[595]

(2) Strafvorschriften

Besondere Ausführungen machte *von Thadden* insbesondere zu den strafrechtlichen Regelungen des Gesetzentwurfs. Er erachtete diese für unzureichend und teilte dem Plenum einen ersten wesentlichen Änderungsvorschlag mit, den er im späteren Verlauf auch noch als Änderungsantrag in die Verhandlungen einbringen wollte.[596] Er schlug folgende weitere Regelung vor:

> *„Derjenige, der durch Gewaltanwendung oder fortgesetzten Lärm Versammlungen sprengt, wird mit Gefängnis bestraft. Bei Jugendlichen erfolgt Einweisung in [eine] Fürsorgeerziehung."*

---

593 Ders., ebda.

594 Ders., ebda.

595 a.a.O., S. 2; *von Thadden* bezog sich dabei auf einen Vorfall, bei dem die VVN in den Hessischen Landtag einmarschiert sei.

596 Ders., ebda.

Insbesondere die *„Auftraggeber und Rädelsführer"* sollten zur Verantwortung gezogen werden. Sollten diese zugleich

> *„Mitglieder kommunaler Körperschaften, Verwaltungs- oder Polizeibeamte, Vorsitzende von Partei- oder Berufsorganisationen oder hauptamtliche Funktionäre"*

sein, hielt *von Thadden* Zuchthaus nicht unter einem Jahr, im Falle von Bundes- oder Landtagsabgeordneten Zuchthaus nicht unter drei Jahren für das angemessene Strafmaß.[597] Zwar betonte *von Thadden* mehrfach, dass er den Gesetzesvorschlag begrüße und die geplanten Vorschriften der DKP-DRP sehr gelegen kämen. Jedoch zeigen seine Ausführungen, dass er die geplanten Regelungen nicht ausschließlich für den friedlichen Versammlungsablauf für notwendig erachtete, sondern als Einschränkung der freien Entfaltung des politischen Gegners verstanden wissen wollte.[598]

bb) Ausführungen des Abgeordneten Werner Jacobi (SPD)

(1) Grundsätzliche Zustimmung zum Gesetzentwurf

Jacobi stellte in seinen Ausführungen klar, dass die SPD den Gesetzentwurf begrüße, jedoch das Gesetz mit seinen Regelungen über die Festlegung von Spielregeln für den Versammlungsablauf hinausgehe. Er richtete den ausdrücklichen Appell an das Plenum, dass das *„Gesetz knapp und klar sein müsste und dass es notwendig ist, auf eine lange und zum Teil problematische Kasuistik zu verzichten."*[599] *Jacobi* begrüßte die Verknüpfung von *„Sauberkeit und Ordnung [...] für das Versammlungsleben"*, im Hinblick auf die Strafvorschriften und sonstigen Verbote sprach er sich statt dieser Bestimmungen für eine Stärkung der *„sauberen politischen Moral"* aus.[600] Zudem betonte *Jacobi*,

> *„dass mit der Schaffung des Gesetzes die „Tatsache praktiziert werden solle, dass Freiheit nicht Zügellosigkeit bedeutet und Meinungsfreiheit nicht der Schimpffreiheit gleichzusetzen ist."*

Es kam ihm also darauf an, mit dem Gesetz einen Maßstab für das ausgewogene und friedliche Miteinander in der (politischen) Diskussion zu schaffen und einen gerechten Ausgleich zwischen der Freiheit des Einzelnen und den Rechten Anderer

---

597 Ders., ebda.

598 *Von Thadden* zielte damit an Sinn und Zweck des Gesetzesvorhabens vorbei, da der Schutz der Versammlungsfreiheit (auch mit Mitteln des Strafrechts) keine unterschiedliche Gewichtung mit Blick auf den Störer einer Versammlung dadurch erfahren durfte, dass man den beruflichen Hintergrund des jeweiligen Störers berücksichtigte. Denn insbesondere Art. 8 GG sah keine diesbezügliche Unterscheidung der Grundrechtsgewährung vor. Entsprechend fand dieser Vorschlag von Seiten des FDP-Abgeordneten *Euler* eine ausdrückliche Ablehnung, a.a.O., S. 6.

599 Protokoll der 83. Sitzung des Deutschen Bundestages vom 12. September 1950, *BT-Protokolle 1949–1953*, S. 3125 = *Mat.-VersG, Nr. 8*, S. 3.

600 Ders., ebda.

herzustellen. Auch wenn die anschließenden Ausführungen zeigen, dass in der inhaltlichen Ausgestaltung des Gesetzes von Seiten der SPD Änderungen in nicht unerheblichem Maße gefordert wurden, so fand hinsichtlich der Grundausrichtung des Entwurfs ein Schulterschluss der größten Oppositionspartei mit den Regierungsfraktionen statt.

(2) Einzelanmerkungen zum Regierungsentwurf

(a) Waffenverbot, § 2 RegE

Hinsichtlich des Waffenverbots und der vom BR abgelehnten Waffenermächtigungsklausel bemängelte der Abgeordnete *Jacobi* das Fehlen einer Legaldefinition von *Waffen.* Diese sei aufgrund des im RVG und in der *„VO des Reichspräsidenten gegen Waffenmissbrauch"* unterschiedlich entwickelten Waffenbegriffs erforderlich.[601]

(b) Uniformverbot, § 3 RegE

Hinsichtlich der Regelungen zum Uniformverbot bezweifelte *Jacobi,*

> *„ob Polizeiaugen immer das richtige Maß dafür haben, ob eine Uniform, ein Uniformteil oder gleichartige Kleidungsstücke auch Ausdruck einer politischen Gesinnung sind."*[602]

Auch zweifelte er daran, dass Einheitskleidung generell eine Bedrohung des Staates darstellen würde. Zudem unterstützte er die Forderung des BR nach Ausnahmeregelungen für Jugendliche. Insgesamt bezeichnete *Jacobi* die Regelung in § 3 RegE als *„nicht sehr logisch"*, da zwar Uniformen etc. verboten, jedoch *„Transparente, [...] Wimpel oder Fahnen"*, mit denen man nach seiner Auffassung viel stärker eine politische Gesinnung zum Ausdruck bringen könne, nicht verboten seien[603].

(c) Flaggenverbot

Jacobi äußerte sich auch zu dem vom BR vorgeschlagenen Verbot von nationalsozialistischen Symbolen sowie Fahnen und Flaggen.[604] Grundsätzlich folgte er der Linie der BReg und sprach sich gegen die Aufnahme der Verbotstatbestände in das Gesetz aus. Er teilte zwar nicht die Bedenken des Kabinetts,[605] da er davon ausging, dass sich die *„Naziembleme [...] abgelebt haben [dürften]."* Er befürchtete jedoch,

601 Ders. ebda.; *Jacobi* sprach sowohl einen „weiten" als auch einen „engen" Waffenbegriff an und äußerte die Vermutung, dass mit § 2 RegE nur der „enge" Begriff gemeint sein könne.

602 Ders., ebda.

603 Ders., ebda.

604 Diese Regelungen waren ursprünglich sogar in der Kabinettsvorlage enthalten gewesen, vom Kabinett aber mehrheitlich abgelehnt worden.

605 Hauptargument gegen das Verbot war die Sorge, dass dadurch die nicht gewollten Flaggen, Symbole etc. erst in den Fokus der Aufmerksamkeit gelangen und somit das Gegenteil erreicht würde.

dass durch eine entsprechende Regelung ein *„künstliches Märtyrertum"* geschaffen werden würde. Stattdessen regte er an, durch *„positiven Verfassungsschutz"* die Symbole der Bundesrepublik *„in stärkerem Maße in das Bewusstsein der Bevölkerung"* zu bringen.[606] Die weitere Diskussion auch unter ausreichender Berücksichtigung der Absichten des BR wollte er in die Ausschussverhandlungen verlegen.

(d) Pflichten des Versammlungsleiters

Jacobi regte an, die Änderungsvorschläge des BR zu den Paragraphen 7a und 7b[607] nochmals zu überdenken. Er teilte nicht die Ansicht der BReg, die in diesen Regelungen eine Überforderung des Versammlungsleiters sah. Für ihn war es eine

> *„Frage der politischen Erziehung des Funktionärskörpers der politischen Parteien, ob der Funktionär nicht in der Lage ist, den Versammlungsleiter dazu zu bringen, sich so viel Wissen zu eigen zu machen"*,

dass er die Lage ausreichend beurteilen und ggf. entsprechend reagieren könne.[608] Für diesen Fall erachtete *Jacobi* den Vorschlag des BR für sinnvoll. Seine Einschätzung war jedoch (noch) davon geprägt, dass (politische) Versammlungen überwiegend von politischen Parteien veranstaltet werden und hier eine demokratische Erziehung greifen würde. Die Fälle von Versammlungen, deren Veranstalter nicht dem parteipolitischen Spektrum zuzuordnen waren, wurden bei seiner Argumentation nicht berücksichtigt.

(e) Strafvorschriften

Die im RegE enthaltenen Strafvorschriften in den §§ 22 und 23 RegE sah *Jacobi* äußerst kritisch. Im Falle von § 22 RegE sah er die Gefahr eines zu großen Ermessensspielraums,[609] bei § 23 RegE sah er die Gefahr einer Beweislastumkehr zuungunsten des Beschuldigten.[610] Jedoch sprach er sich auch gegen die Ablehnung durch den BR

---

606 Protokoll der 83. Sitzung des Deutschen Bundestages vom 12. September 1950, *BT-Protokolle 1949–1953*, S. 3126 = *Mat.-VersG, Nr. 8*, S. 4. Hierzu stellte der FDP-Abgeordnete *Euler* im weiteren Verlauf der Sitzung fest, dass die SPD erst neuerdings zu dieser Auffassung hinsichtlich des Umgangs mit den Farben Schwarz-Weiß-Rot gekommen sei.

607 Die beiden Normen regelten eine umfassende Eingriffspflicht des Versammlungsleiters sowie den Fall einer zwingenden Auflösung der Versammlung durch den Versammlungsleiter.

608 Protokoll der 83. Sitzung des Deutschen Bundestages vom 12. September 1950, *BT-Protokolle 1949–1953*, S. 3126 = *Mat.-VersG, Nr. 8*, S. 4.

609 Hinsichtlich der Beurteilung der Frage, wann die „Absicht zur Versammlungsstörung" und wann eine „grobe Störung" vorliegt.

610 Die Formulierung – *„sofern nicht die genannten Personen ihre Stellung missbraucht haben"* – würde seines Erachtens den Beschuldigten verpflichten, den Missbrauch von Versammlungsleiter und Ordner nachzuweisen. Dabei ließ *Jacobi* den im Strafverfahren geltenden Amtsermittlungsgrundsatz außer Acht, nach dem grundsätzlich keine Beweislastverteilung oder -umkehr in Betracht kommt, sondern

aus, da seiner Ansicht nach die Tatbestände Hausfriedensbruch und Körperverletzung als Privatklagedelikte verfolgt werden würden, was zu praktischen Schwierigkeiten führen würde. [611]

cc) Ausführungen des Abgeordneten Dr. Max Solleder (CDU/CSU)[612]

(1) Notwendigkeit gesetzlichen Handelns

Ebenso wie Bundesinnenminister *Dr. Heinemann* betonte auch *Dr. Solleder* die unumgängliche Notwendigkeit des vorliegenden Gesetzentwurfes. In erster Linie hielt er dies aus ordnungspolitischen Gründen für erforderlich, da *„ein Bedürfnis besteht, im neuen Staate eine Ordnung zu schaffen, die die politische Versammlungstätigkeit reguliert."*[613] Dabei sah er aufgrund unkontrollierter Versammlungen in der Vergangenheit den Staat als gefährdet an.[614]

(2) Vereinbarkeit des Gesetzentwurfs mit den Regelungen des GG

Gleichwohl machte *Dr. Solleder* einige Ausführungen zu der Vereinbarkeit des Gesetzentwurfs mit den Regelungen des GG. Obwohl die Inhalte des Gesetzentwurfs nur in Teilen durch Art. 8 GG gedeckt seien, sah er auch die Regelungen zu Versammlungen in geschlossenen Räumen sowie die allgemeinen Vorschriften des 1. Abschnitts als verfassungskonform an.[615] Es war dem Abgeordneten durchaus bewusst, dass durch oder aufgrund eines solchen Gesetzes nicht die persönliche Freiheit des Einzelnen eingeschränkt werden dürfe. Deren natürliche Grenze sah er in der Schranken-Trias des Art. 2 Abs. 1 GG[616], und zwar dergestalt, dass durch den Schutz der Demokratie erst die persönliche Freiheit des Einzelnen geschützt werde. Er war der Auffassung, dass

---

Staatsanwaltschaft und Gerichte das Vorliegen sämtlicher Tatbestandsvoraussetzungen und etwaiger Ausschlussgründe erforschen müssen.

611 Protokoll der 83. Sitzung des Deutschen Bundestages vom 12. September 1950, *BT-Protokolle 1949–1953*, S. 3126 = *Mat.-VersG, Nr. 8*, S. 4; *Jacobi* wollte hiermit wohl darauf hinweisen, dass unter dem Gesichtspunkt der Generalprävention die Einordnung eines solchen Vergehens als Offizialdelikt notwendig sei. Zumal ein solches Vergehen gerade in der Öffentlichkeit geschieht und nicht in dem privaten Umfeld, für das der Privatklageweg ausreichend ist.

612 Das Protokoll gibt eine Zugehörigkeit zur CDU an. *Dr. Solleder* saß jedoch für die CSU (Wahlkreis Regensburg, Bayern) im Bundestag.

613 Protokoll der 83. Sitzung des Deutschen Bundestages vom 12. September 1950, *BT-Protokolle 1949–1953*, S. 3126 = *Mat.-VersG, Nr. 8*, S. 4.

614 a.a.O., S. 5; auf den Missbrauch von Versammlungen und Versammlungsfreiheit von staatlicher Seite, gerade in der Zeit vor 1945, ging er dabei nicht ein.

615 Ders., ebda.

616 Art. 2 Abs. 2 GG lautet: *„Jeder hat das Recht auf die freie Entfaltung seiner Persönlichkeit, soweit er nicht die Rechte anderer verletzt und nicht gegen die verfassungsmäßige Ordnung oder das Sittengesetz verstößt."*

„dieses Gesetz ein wertvolles Mittel zur Sicherung und Begründung der Demokratie und der demokratischen Freiheit und damit der freien Entfaltung des Menschen innerhalb des Staates ist.“[617]

(3) Inhaltliche Anmerkungen

(a) Rechte und Pflichten der Versammlungsteilnehmer

Dr. Solleder begrüßte die dem einzelnen Versammlungsteilnehmer auferlegten Pflichten und hielt dies für einen Gedanken, der

> *„außerordentlich erzieherisch auf den einzelnen einwirken kann, aber auch einen Gedanken, der geeignet ist, die politische Atmosphäre zu reinigen und eine sachliche Arbeitsweise in der Zukunft zu ermöglichen.“*[618]

(b) Rechte und Pflichten des Versammlungsleiters

Hinsichtlich der Rechte und Pflichten des Versammlungsleiters fanden die Regelungen im Gesetzentwurf ebenfalls die Zustimmung von *Dr. Solleder.*

Die Unterscheidung zwischen Versammlungen in geschlossenen Räumen und Versammlungen und Aufzügen unter freiem Himmel und die für letztere Versammlungsart damit verbundenen erweiterten polizeilichen Befugnisse sah er als unbedenklich an.[619] Der Schutz vor unrechtmäßigem Handeln der Polizei durch das Verwaltungsrechtsverfahren, aber vor allem das praktische Zusammenspiel aller Beteiligten *„im Sinne einer demokratischen Gesetzgebung“* ließen bei *Dr. Solleder* keine grundlegenden Bedenken aufkommen. Er beantragte die Überweisung in den zuständigen Ausschuss.

dd) Ausführungen des Abgeordneten August-Martin Euler (FDP)

(1) Begrüßung des Gesetzentwurfs

Der Abgeordnete *Euler* begrüßte die grundsätzliche Zustimmung aller politischer Lager[620] zu dem Gesetzentwurf und sah darin die Chance, dass

> *„demnächst von keiner Seite mehr Versammlungsstörungen und Versammlungssprengungen unternommen werden.“*[621]

---

617 Protokoll der 83. Sitzung des Deutschen Bundestages vom 12. September 1950, *BT-Protokolle 1949–1953*, S. 3127 = *Mat.-VersG, Nr. 8*, S. 5

618 Ders., ebda.

619 Ders., ebda.

620 Nur von der KPD erwartete er keine Zustimmung.

621 Protokoll der 83. Sitzung des Deutschen Bundestages vom 12. September 1950, *BT-Protokolle 1949–1953*, S. 3127= *Mat.-VersG, Nr. 8*, S. 5.

Dem dann nur noch verbleibenden *„organisierte[n] Kampf gegen die Demokratie"*, wie er in seinen Augen durch die Linken geführt wurde, sollte mit aller Macht begegnet werden.

(2) Rechte und Pflichten des Versammlungsleiters

Die Regelung des Gesetzentwurfs zu der Stellung des Versammlungsleiters und die damit einhergehenden Ordnungsmittel wurden von *Euler* begrüßt. Er sah in den Regelungen des RVG eine (Mit-) Ursache für das noch aktuelle *„Versammlungschaos"*, da bisher dem Versammlungsleiter nur ein reines Auflösungsrecht zustand, was oftmals genau dem angestrebten Zweck der Störer entsprochen habe.[622]

Entschieden wandte sich *Euler* jedoch gegen den Vorschlag des BR (§§ 7a und 7b der Änderungsvorschläge des BR), dem Versammlungsleiter weitere konkrete Pflichten im Umgang mit Versammlungsteilnehmern und Rednern aufzuerlegen. Im Gegensatz zur SPD, die die Erweiterung des Pflichtenkanons für hilfreich erachtete, hatte *Euler* insbesondere im Hinblick auf die praktische Handhabe dieser Pflichten erhebliche Bedenken.[623] Seiner Ansicht nach sollte die Eingriffsbefugnis des Leiters nicht davon abhängen, welche Ausführungen der Redner macht,[624] vielmehr sei es Aufgabe der Polizei,

> *„dafür zu sorgen, dass der Redner unterbrochen wird, wenn er [entsprechende] Ausführungen [gegen Bestand der demokratischen Grundordnung und der BRD] macht."*[625]

ee) Ausführungen des Abgeordneten Anton Freiherr von Aretin (BP)

Der Abgeordnete der BP sah eine gewisse Notwendigkeit gesetzlicher Regelungen für Versammlungen unter freiem Himmel,[626] kritisierte ansonsten den Gesetzentwurf grundlegend in mehreren Punkten.

(1) Zuständigkeit des Bundes für den Gesetzentwurf

Freiherr von Aretin kritisierte, dass die Frage der Zuständigkeit des Bundes für den Gesetzentwurf bisher nicht angesprochen oder diskutiert worden sei.[627] Da das

622 a.a.O., S. 6.
623 Da der Versammlungsleiter oftmals nicht beurteilen könne, ob ein Redner mit dem Ziel die Versammlung zu sprengen entsprechende Äußerungen tätigt; ders. ebda.
624 Ders., ebda.
625 Ders., ebda.
626 Ders., ebda.
627 In der Begründung des Gesetzentwurfs wurde auf die allgemeine Notwendigkeit einer Regelung verwiesen. Die BReg führte darin aus, dass aufgrund der *„Verrohung politischer Sitten"* eine gesetzliche Neuregelung erforderlich sei, vgl. BT-Drs. 1102/50. Daraus kann abgelesen werden, dass im Sinne von Art. 72 GG a.F. das erforderliche Bedürfnis einer bundesweit einheitlichen Regelung angenommen

Versammlungsrecht nach Art. 74 Ziffer 3 GG Gegenstand der konkurrierenden Gesetzgebung war,[628] hielt es der Abgeordnete für erforderlich zu überlegen,

> *„ob es überhaupt ein zwingendes Bedürfnis ist, dass dieses Recht der Versammlung in ganz Westdeutschland einheitlich geregelt wird.“*[629]

Es war *Freiherrn von Aretin* vielmehr ein Anliegen, die nach seiner Auffassung regionalen Unterschiede, gerade im Umgang mit Versammlungen, zu berücksichtigen. So wollte er in jedem Fall zusätzliche Regelungen über mögliche *„präventive Polizeimaßnahmen“* im Rahmen der Ausschussberatungen verhindern.[630]

(2) Umfang der Regelungsmaterie

Hinsichtlich der Regelungsmaterie sprach sich *Freiherr von Aretin* dafür aus, für Versammlungen in geschlossenen Räumen keinerlei Regelungen vorzusehen, um somit *„ein Vertrauen in das demokratische Verhalten [der] [...] Bevölkerung“*[631] auszusprechen.

(3) Verbot und Auflagen für Versammlungen, § 15 RegE

Freiherr von Aretin störte sich zudem an der Regelung des § 15 RegE, da dadurch für die Polizei eine Pflicht entstehen könne, einzelne Versammlungen aufgrund bestehender äußerer Einflüsse (z.B. im Vorfeld angekündigte Störungen oder Gegenveranstaltungen) zu verbieten, dies vom Gesetzgeber jedoch nicht gewollt sei.[632]

ff) Ausführungen des Abgeordneten Dr. Hans-Joachim von Merkatz (DP)

Der Vertreter der DP sprach sich grundsätzlich und in ganz überwiegendem Maße für den Gesetzentwurf aus. Gleichwohl sah er noch einigen Nachbesserungsbedarf für die Ausschussarbeit.

---

wurde, da nur so die Wahrung der Rechtseinheit gewährleistet werden kann (vgl. § 72 Ziffer 3 GG a.F.), und zwar ein gleicher Umgang mit Versammlungen.

628 Im Rahmen der Föderalismusreform ist das Versammlungsrecht aus den Gegenständen der konkurrierenden Gesetzgebung gestrichen worden und liegt nunmehr ausschließlich in der Zuständigkeit der Länder, siehe unten S. 350 ff.

629 Protokoll der 83. Sitzung des Deutschen Bundestages vom 12. September 1950, *BT-Protokolle 1949–1953*, S. 3128 = *Mat.-VersG, Nr. 8*, S. 6.

630 Ders., ebda.

631 Ders., ebda.

632 Ders., ebda.; die spätere Entwicklung hat gezeigt, dass Störungen oder Gefahren, die von außen auf die Versammlung einzuströmen drohen, grundsätzlich nicht zu deren Vorab-Verbot führen dürfen. Vgl. z.B. VG Karlsruhe, Beschluss vom 02. Oktober 2012, 4 K 23969/12.

(1) Wahrung des Legalitätsprinzips

Die von der BReg in der Entwurfsbegründung angeführten Gründe für die Notwendigkeit einer gesetzlichen Regelung fanden auch die Zustimmung von *Dr. von Merkatz*. Gleichwohl mahnte er an, das Gesetz *„im rechtsstaatlichen Sinn nach dem Legalitätsprinzip zu gestalten."*[633] Im Hinblick auf die im Entwurf enthaltenen Straftatbestände forderte er technisch und praktisch durchführbare Regelungen und wandte sich aus Gründen fehlender Praxistauglichkeit gegen den Vorschlag des BR, die Eingriffspflicht des Versammlungsleiters zu erweitern.[634] *Dr. von Merkatz* sah in diesem Vorschlag die Gefahr eines Übergangs von Begehungstatbeständen hin zu Gesinnungs- und Meinungsdelikten.[635] Die Polizei würde hier mit großem Ermessenspielraum Gesinnung und Meinung[636] zu beurteilen haben.

(2) Uniformverbot

Auch hinsichtlich des Uniformverbots machte *Dr. von Merkatz* rechtsstaatliche Bedenken geltend. Zwar sieht er den übermäßigen Gebrauch von Uniformen und ähnlichen Gegenständen als *„Zeichen der politischen Erkrankung und eines Verlustes der Spielregeln"*, zweifelte aber daran, dass *„auf polizeistaatlichem Wege durch ein politisches Schutzrecht"* Abhilfe geschaffen werden könne. Insgesamt empfahl der Vertreter der DP einen maßvollen Umgang mit Verbotsnormen.

gg) Ausführungen des Abgeordneten Willi Agatz (KPD)

Der Vertreter der KPD sprach sich gegen den Gesetzentwurf aus. Neben einzelnen rechtlichen Ausführungen wurde ebenso wie bei den Ausführungen des Abgeordneten *von Thadden* versucht, den Gesetzentwurf zu politisieren und zu diesem Zwecke Argumente der politischen Auseinandersetzung ins Feld geführt. So sah *Agatz* den Gesetzentwurf als *„eine Hilfe für die Reaktion"* an.[637]

---

633 Protokoll der 83. Sitzung des Deutschen Bundestages vom 12. September 1950, BT-Protokolle 1949–1953, S. 3129.

634 Vgl. BT-Drs. 1102/50 = *Mat.-VersG, Nr. 7*; *Dr. von Merkatz* war der Ansicht, dass eine praktisch nicht durchführbare Vorschrift, deren Nichteinhaltung aber mit Strafe bedroht war, rechtsstaatlichen Grundsätzen zuwiderliefe; Protokoll der 83. Sitzung des Deutschen Bundestages vom 12. September 1950, BT-Protokolle 1949–1953, S. 3129 = *Mat.-VersG, Nr. 8*, S. 7.

635 Ders., ebda.

636 Denn nach Ansicht von *Dr. von Merkatz* könne ein Versammlungsleiter nicht in der Lage sein zu beurteilen, welche Äußerungen sein Eingreifen erforderlich machen und welche nicht. Wenn nach seiner Meinung eine Äußerung in Ordnung ist, die Polizei dies jedoch anders sieht, würde er zu strafrechtlicher Verantwortung gezogen werden. Ders., ebda.

637 *Mat.-VersG, Nr. 8*, S. 7.

(1) Einschränkung von Grundrechten

Der Abgeordnete der KPD sah in dem Gesetzentwurf eine *„wesentliche Einschränkung des Grundgesetzes."*[638] Diese Einschränkung sah *Agatz* insbesondere mit Blick auf Art. 5 GG gegeben. Eine weitere Ausführung, worin die Einschränkung bestehen sollte, blieb der Abgeordnete jedoch schuldig. Auch seine Ansicht, es läge eine Grundrechtseinschränkung vor, da *„nach diesem Gesetz die Polizei bestimmt, was eine ordentliche freiheitliche, demokratische Versammlung ist"*[639], fand keine weitere Ausführung.

(2) Gesetzentwurf zugunsten der „Hohen Kommissare"[640]

Vielmehr ordnete *Agatz* den Gesetzentwurf im Vergleich zu den *„fortschrittlichen Kräften"* als rückwärtsgewandt ein. Zudem äußerte er seine Befürchtung, dass mit diesem Gesetzentwurf Stimmen und Ansichten, die sich gegen die Politik der Alliierten Hohen Kommission richteten, noch stärkere Einschränkung erfahren würden.[641] Seine gesamte Rede, die sich an keiner Stelle mit den Einzelregelungen des Gesetzentwurfs befasste, wurde von entsprechenden Zwischenrufen aus dem Plenum begleitet.

hh) Ausführungen des Abgeordneten Dr. Reismann (Zentrum)

(1) Umfang der strafrechtlichen Regelungen

Der Vertreter des Zentrums begrüßte den Gesetzentwurf, hielt aber eine Überarbeitung für angebracht, um trotz der fehlenden demokratischen Tradition ein Gesetz zum *„Schutz der Demokratie"* zu verabschieden.[642] Zentraler Kritikpunkt von *Dr. Reismann* war die übermäßige Neuregelung von Straftatbeständen, gerade im Hinblick auf die Aufgaben des Versammlungsleiters. Dies sah er zum einen vor dem Hintergrund der parallel beratenen Strafrechtsnovelle als bedenklich an.[643] Zum anderen und insbesondere bereiteten ihm die detaillierten strafrechtlichen Regelungen deshalb Sorge, da er dies als falsches Mittel ansah, *„demokratische[n] Funktionen und demokratische[n] Einrichtungen"* zu schützen.[644] In seinen Augen war es sinnvoller, anstelle von Straftatbeständen nur Ordnungswidrigkeiten festzulegen, da noch unerfahrene Versammlungsleiter umso schneller in demokratischer Weise eine Versammlung leiten würden, *„je weniger formelle, äußere Krücken und Hilfen der Polizei zur Verfügung stehen."*[645]

638 Ders., ebda.
639 a.a.O., S. 8.
640 Damit meinte *Agatz* die Kommissare des Alliierten Kontrollrats.
641 a.a.O., S. 7.
642 *Mat.-VersG, Nr. 8.*, S. 8.
643 *Dr. Reismann* wollte diese Abstimmung aber den Ausschüssen überlassen.
644 Ders., ebda.
645 Ders., ebda.

(2) Einsatz von Ordnern

Dr. Reismann störte sich zudem an der geplanten Zulassung von Ordnern als Helfer des Versammlungsleiters (§ 7 RegE). Vor dem Hintergrund der jüngeren Vergangenheit sah er hier eine Parallele zum *„Saalschutz der NSDAP."*[646] Folglich hielt er eine Kontrolle der Ordner durch die Polizei für notwendig, wenngleich hierdurch eine nicht gewollte Steigerung der Einflussnahme der Polizei mit einherging.[647]

c) Beschlussfassung im Plenum des Bundestages

Auf Vorschlag des Bundestagsvizepräsidenten *Dr. Schmidt* beschloss der Bundestag, den Gesetzentwurf dem Ausschuss für Angelegenheiten der inneren Verwaltung (24. Ausschuss) und dem Ausschuss zum Schutze der Verfassung (5. Ausschuss) zu überweisen. Letzterem wurde dabei die Federführung übertragen. Eine Überweisung an den Rechtsausschuss fand nicht statt.

III. Erste Ausschussberatungen, September 1950 bis Juli 1952

Mit Schreiben vom 13. September 1950 wurde dem 5. und dem 24. Ausschuss die Beschlussfassung des BT mitgeteilt.[648]

1. Beratung im Ausschuss für Angelegenheiten der inneren Verwaltung (24. Ausschuss)

Erstmals beschäftigte sich der 24. Ausschuss auf seiner 15. Sitzung am 20. September 1950 mit dem Gesetzentwurf.[649]

a) Sitzungsteilnehmer

An der Sitzung am 20. September 1950 unter dem Vorsitz des Abgeordneten *Friedrich Maier* (SPD) nahmen folgende Personen teil: die Abgeordneten *Etzenbach, Dr. Ehlers, Feldmann, Hoppe, Dr. Dr. Lehr, Schmücker* und *Stauch* (alle CDU/CSU), *Arnholz* (i.V.), *Gleisner, Jacobi, Nadig* (alle SPD) und *Dr. Fecker* (BP); als Vertreter des Bundesrates bzw. der Länder *Rausch* (Hessen), *Dr. von Mettenheim* (Berlin), *Dr. Bernhardt*

646 Ders., ebda.

647 Der BR hatte bereits in seinen Änderungsvorschlägen zu § 7 RegE Regelungen aufgenommen, die objektive Anforderungen an die Ordner aufstellten und anhand derer *„politische[n] Entartungserscheinungen"* verhindert werden sollten, vgl. BT-Drs. 1102/50, S. 13 = *Mat.-VersG, Nr. 7*, S. 13.

648 Schreiben des Bundestagspräsidenten vom 13. September 1950, *Mat-VersG, Nr. 9 und 11.*

649 Protokoll der 15. Sitzung des Ausschusses für Angelegenheiten der inneren Verwaltung am 20. September 1950, *Mat-VersG, Nr. 10.*

(Niedersachsen), *Zimmer* (Hamburg), *Dr. Schmidt* (Nordrhein-Westfalen); als Vertreter der Bundesregierung bzw. einzelner Bundesministerien *Pietsch, Dr. Kratzer, Dickhoff, von Nathusius, Dr. Füßlein* (alle BMI), *Dr. von Arnim* (BMJ), *Sieg* (Bundesministerium für Ernährung, Landwirtschaft und Forsten), *Dr. Vogl* (Bundesministerium der Angelegenheiten für Vertriebene) und *Dr. Kunisch* (Bundesministerium für Gesamtdeutsche Fragen).

b) Beratung und Beschlüsse über den Gesetzentwurf in der Sitzung vom 20. September 1950

Der 24. Ausschuss erörterte die Inhalte des RegE sowie die entsprechenden Änderungsvorschläge des BR und fasste hierzu die im Folgenden näher dargestellten Beschlüsse. Dabei beschränkt sich die Darstellung im Wesentlichen auf die Regelungen des RegE, die von den Ausschussmitgliedern eingehender diskutiert wurden und, im Einzelfall, einen Änderungsvorschlag nach sich zogen.

aa) Allgemeine Bestimmungen, Abschnitt I

(1) Allgemeines Teilnahmerecht (§ 1 RegE) und Waffenverbot (§ 2 RegE)

Der Ausschuss übernahm die Regelung in § 1 RegE. Hinsichtlich § 2 RegE regte der Abgeordnete *Jacobi* (SPD) an, eine genauere Definition des Waffenbegriffs im Gesetz festzulegen.[650]

(2) Uniformverbot (§ 3 RegE) und Flaggenverbot

Hinsichtlich des Uniformverbots griff der Ausschuss die Anregung des BR auf und beschloss, in einem neuen Abs. 2 *„im Einzelfall Ausnahmegenehmigungen"* zuzulassen. Den vom BR und BMI vorgeschlagenen Verboten nationalsozialistischer Symbole sowie von Flaggen etc. des früheren Deutschen Reiches folgte der Ausschuss nicht, da ein solches Verbot bereits durch *„Besatzungsrecht"* installiert worden sei.[651]

---

650 *Mat-VersG, Nr. 10,* S. 4; dies fand die Zustimmung der Vertreter der BReg, der Ausschuss beschloss jedoch keine Änderung diesbezüglich.

651 *Mat.-VersG, Nr. 10,* S. 4; vgl. auch das Uniform- und Abzeichenverbot im Gesetz Nr. 7 der Alliierten Hohen Kommission vom 21. September 1949 (Amtsblatt der Alliierten Hohen Kommission, S. 11 f.).
Das Gesetz Nr. 1 (Aufhebung von Nazigesetzen) des Alliierten Kontrollrats vom 20. September 1945 (Amtsblatt des Alliierten Kontrollrats Nr. 1 vom 29. Oktober 1945, S. 6 f.) sah in Artikel 1 Nr. 1 lit. j die Aufhebung des Reichsflaggengesetzes vom 15. September 1935 vor. In diesem waren die Hakenkreuzfahne als Reichsflagge und die Farben schwarz-weiß-rot als Reichsfarben festgelegt worden.
Das Gesetz Nr. 2 des Alliierten Kontrollrats vom 10. Oktober 1945 (Amtsblatt des Alliierten Kontrollrats in Deutschland Nr. 1 vom 29. Oktober 1945, S. 19 f.) sah die Auflösung und Liquidierung der Naziorganisationen vor.

bb) Öffentliche Versammlungen in geschlossenen Räumen, Abschnitt II

(1) Teilnahmerecht (§ 4 RegE), Rechte und Pflichten des Versammlungsleiters (§§ 5 und 6 RegE), Pflicht zur Ordnung/Ordnereinsatz (§ 7 RegE)

Die §§ 4–6 RegE wurden durch den Ausschuss unverändert angenommen. Zu § 7 RegE fand eine Aussprache statt, in welcher der Ausschuss die Änderungsvorschläge des BR hinsichtlich einer erweiterten Eingriffspflicht des Versammlungsleiters[652] aus Gründen seiner (mutmaßlichen) Überforderung ablehnte. Gleichwohl wurden § 7 Abs. 2 RegE neu gefasst und an die Person des Ordners strengere Voraussetzungen geknüpft. Dieser sollte nun volljährig sein und auf der weißen Armbinde die Beschriftung „Ordner" tragen.[653]

(2) Ausschlussmöglichkeiten (§ 8 RegE), Ausweispflicht (§ 9 RegE), Auflösungsrecht des Versammlungsleiters (§ 10 RegE), Teilnahmerecht der Polizei (§ 11) und Ende / Verlassen der Versammlung (§ 13 RegE)

Zu den Regelungen der §§ 8 bis 11 und 13 RegE fasste der Ausschuss keinerlei Änderungsbeschlüsse.

(3) Auflösungsrecht der Polizei (§ 12 RegE)

Mit Blick auf das in § 12 RegE vorgesehene Recht der Polizei, Versammlungen in geschlossenen Räumen aufzulösen, fasste der Ausschuss Änderungsbeschlüsse. Da der Abgeordnete *Jacobi* (SPD) nach wie vor[654] Bedenken hinsichtlich des der Polizei eingeräumten Ermessensspielraums mit Blick auf eine Versammlungsauflösung trug, kam es auf Anregung des Abgeordneten *Dr. Ehlers* (CDU/CSU) zu folgender Neufassung von § 12 RegE: Während eine Berechtigung zur Auflösung im Falle eines Missbrauchs der Befugnisse des Versammlungsleiters sowie bei unmittelbarer Gefahr für Leben oder Gesundheit von Teilnehmern in einem neuen Abs. 2 erhalten blieb, wurde in Abs. 1 nunmehr festgelegt, dass

> *„die Polizei die Versammlung unterbrechen [kann], um dem Leiter Gelegenheit zu geben, Personen, die ohne behördliche Erlaubnis Waffen mit sich führen, aus der Versammlung zu entfernen."*[655]

Damit kam der Ausschuss Bedenken von Teilen des BT entgegen, wonach die zu schnelle Auflösung einer Versammlung durch die Polizei befürchtet wurde, was als konträr zum Sinn und Zweck des Gesetzesvorhabens angesehen wurde. Mit

652 §§ 7a und 7b der Änderungsvorschläge des BR, vgl. BT-Drs. 1102/50, S. 13.
653 *Mat-VersG, Nr. 10,* S. 4.
654 So schon in der Bundestagsdebatte am 12. Oktober 1950.
655 *Mat-VersG, Nr. 10,* S. 4.

seinem Beschluss schaffte der Ausschuss an dieser Stelle eine Balance zwischen Sicherung der Versammlung durch die Polizei einerseits und Fortgang der Versammlung andererseits.

cc) Öffentliche Versammlungen unter freiem Himmel und Aufzüge, Abschnitt III[656]

(1) Anmeldepflicht (§ 14 RegE), Auflagen und Verbot (§ 15 RegE), Bannkreisregelungen (§ 16)

Zu § 15 RegE fand im Ausschuss eine Aussprache über den Begriff der *„öffentlichen Ordnung und Sicherheit“* statt. Nach kurzer Diskussion darüber, ob zwischen die beiden Worte ein *„und“* oder ein *„oder“* gestellt werden sollte, beließ man es bei der Fassung der Regierungsvorlage (und).[657] Ebenso wurden die §§ 14 und 16 RegE unverändert angenommen.

(2) Genehmigungspflicht hinsichtlich Ordnereinsatz (§ 19 RegE)

Die Genehmigungspflicht eines Ordnereinsatzes in Versammlungen unter freiem Himmel oder Aufzügen wurde inhaltlich unverändert angenommen. Es wurde lediglich eine Umformulierung vorgenommen, die jedoch keine Auswirkungen auf die inhaltliche Aussage der Norm hatte.[658]

dd) Strafvorschriften, Abschnitt IV

(1) Strafbarkeit der Verhinderung, Sprengung, Vereitelung der Durchführung einer Versammlung (§ 22 RegE)

In der Aussprache über § 22 RegE wurde insbesondere als bedenklich angesehen, dass auch bei *„Tätlichkeiten gegen extremistische Kreise und Terrororganisationen“* eine Gefängnisstrafe drohe.[659] Der Abgeordnete *Jacobi* (SPD) schlug daher vor, den Tatbestand dahingehend abzuändern, dass nur bei einem Vorgehen gegen Versammlungen von *„verfassungstreuen demokratischen Organisationen oder genehmigter Aufzüge“* eine Strafbarkeit in Betracht käme. Auch die Abgeordnete *Nadig* (SPD) sprach sich für Schutzbestimmungen zugunsten verfassungstreuer Organisationen aus. Diese Möglichkeit der Einschränkung rief insbesondere bei den Vertretern der BReg Bedenken hervor.

---

656 Der Ausschuss beschloss an dieser Stelle die Überschrift des 3. Abschnitts um die Worte *„und Aufzüge“* zu erweitern, ders., ebda.

657 *Mat.-VersG, Nr. 10*, S. 4.

658 So wurde § 7 Abs. 2 statt „in Klammern“ nunmehr in § 19 S.3 für entsprechend anwendbar erklärt, *Mat.-VersG, Nr. 10*, S. 5. Die Qualifikationsanforderungen für Ordner sollten also auch für öffentliche Versammlungen unter freiem Himmel gelten. Die Genehmigungspflicht blieb jedoch weiterhin bestehen.

659 *Mat.-VersG, Nr. 5*, S. 10.

Übereinstimmend kam der Ausschuss aber zu dem Ergebnis, dass auf die Bestimmungen des § 22 RegE aufgrund der mit der Strafrechtsänderungsnovelle verfolgten Änderungen evtl. gänzlich verzichtet werden könnte.[660] Daher wurde beschlossen, den Diskussionsstand (Formulierungsvorschlag des Abgeordneten *Jacobi*) dem federführenden 5. Ausschuss mitzuteilen, ohne einen Beschluss des 24. Ausschuss zu diesem Punkt zu fassen.[661]

Die Beratungen des 24. Ausschuss zu § 22 RegE zeigen, dass einzelne Ausschussmitglieder Versammlungsfreiheit in unterschiedlichem Maße, etwa in Abhängigkeit von der Verfassungstreue des Grundrechtsträgers, gestatten bzw. schützen wollten, während der RegE einen strafrechtlichen Schutz aller Versammlungen (soweit nicht verboten oder aufgelöst) vorsah, ohne zwischen einzelnen Grundrechtsträgern zu unterscheiden. Dies entsprach im Ergebnis der Intention von Art. 8 GG.

(2) Tätlicher Widerstand gegen Versammlungsleiter und Ordner (§ 23 RegE)

Im Hinblick auf § 23 RegE diskutierte der Ausschuss die bereits durch den Abgeordneten *Jacobi* in der Aussprache im Plenum des BT aufgeworfene Frage,[662] ob durch die Formulierung *„sofern nicht die genannten Personen ihre Stellung missbraucht haben“* eine Beweislastumkehr zuungunsten des Beschuldigten eingeführt werden würde. Im Ergebnis wurde an der Regierungsvorlage festgehalten. Der Ausschuss folgte somit auch nicht dem Änderungsvorschlag des BR, der hier eine gänzliche Entbehrlichkeit der Norm vorschlug, da der Tatbestand schon durch die Tatbestände Hausfriedensbruch und Körperverletzung gedeckt sei.

(3) Strafbarkeit des Leiters (§§ 25 und 26 RegE)

Hinsichtlich der Strafbarkeit des Versammlungsleiters übernahm der Ausschuss vollständig die Änderungsvorschläge des BR. Damit wurde der Absicht des BR gefolgt, eine klare Trennung zwischen Versammlungen in geschlossenen Räumen und unter freiem Himmel vorzunehmen, um somit eine Einhaltung der Pflichten des Versammlungsleiters durch Strafandrohung zu gewährleisten.[663] Dem hatte auch die Bundesregierung zugestimmt.[664]

660 Im Ergebnis wurden die Bestimmungen des § 22 RegE nahezu unverändert als § 21 VersG verabschiedet.

661 Ders., ebda.

662 Vgl. oben, S. 158.

663 Vgl. BT-Drs. 1102/50, S.17.

664 a.a.O., S. 20.

(4) Strafbarkeit des Verstoßes gegen Waffen- und Uniformverbot sowie Anmeldepflicht (§ 27 RegE), der fortgesetzten Störung einer Versammlung (§ 28 RegE) und der Teilnahme an einer verbotenen oder aufgelösten Versammlung (§ 29 RegE), Schlussbestimmungen

Hinsichtlich der Bestimmungen in den §§ 27, 28 und 29 RegE stimmte der Ausschuss den Änderungsvorschlägen des BR zu und nahm allenfalls kleine Änderungen vor.[665] Auch die Schlussbestimmungen (5. Abschnitt) wurden nur unwesentlich überarbeitet.[666]

2. Beratungen im federführenden Ausschuss zum Schutze der Verfassung (5. Ausschuss), Oktober 1950 bis Juni 1951

Der mit dem Gesetzentwurf federführend beauftragte Ausschuss zum Schutze der Verfassung (5. Ausschuss)[667] befasste sich erstmals am 12. Oktober 1950 mit dem Gesetzentwurf.

---

665 Hinsichtlich § 27 wurde die Bezugnahme auf die vom BR neu vorgeschlagenen §§ 3a und 3b gestrichen, da diese Änderungsvorschläge keine Zustimmung des Ausschusses erfahren hatten, ansonsten hatte die BReg den Änderungen des BR zugestimmt. Dies galt auch für die Änderungsvorschläge zu § 28 RegE. In § 29 wurde eine kleine Änderung vorgenommen. Diese betraf nur eine anderweitige Bezugnahme von Normen aus systematischen Gründen, § 20 Abs. 2 statt § 20a, vgl. *Mat-VersG, Nr. 10*, S. 6.

666 Der Ausschuss übernahm die Fassung des BR für § 30 (Aufhebung von Vorschriften). Bei § 31 RegE (Inkrafttreten des Gesetzes) entschied sich der Ausschuss für eine vollständige Streichung aufgrund praktischer Erwägungen. Das ursprünglich von der BReg vorgesehene Inkrafttreten am Tage nach der Verkündung wurde aufgegeben, um so ausreichend Zeit für die Bekanntmachung der mit dem Gesetz neu geschaffenen Straftatbestände zu ermöglichen, vgl. BT-Drs. 1102/50, S.20. Somit kam Art. 82 Abs. 2 GG zur Anwendung, nach dem bei fehlender Regelung das Gesetz 14 Tage nach Verkündung in Kraft tritt.

667 Ordentliche Ausschussmitglieder des 5. Ausschuss waren: *Georg-August Zinn* (SPD, Ausschussvorsitzender bis zum 21. Januar 1951, *Walter Menze*l (SPD) Ausschussvorsitzender ab dem 15. Februar 1951, *Richard Jaeger* (CDU/CSU), stellv. Ausschussvorsitzender ab dem 5. Mai 1952, *Kurt Georg Kiesinger* (CDU/CSU), stellv. Ausschussvorsitzender bis zum 20. März 1953, des weiteren: *Hermann Etzel* (BP), *Paul Bausch, Aenne Brauksiepe, Martin Heix, Matthias Hoogen, Wilhelm Laforet, Ernst Lemmer, Matthias Mehs, Hubert Schulze-Pellengahr* (alle CDU/CSU), *Heinz Matthes, Hans-Joachim von Merkatz* (beide DP), *Heinrich Glasmeyer, Bernhard Reismann, Alex Willenberg* (alle Zentrum), *Max Becker, August-Martin Euler, Hubertus von Golitschek, Richard Hammer, Wilhelm Stahl, Rudolf Will* (alle FDP), *Ludwig Bergsträsser, Alfred Gleisner, Werner Jacobi, Wilhelm Knothe, Friedrich Maier, Karl Meitmann, Wilhelm Melles, Ernst Paul, Carlo Schmid* und *Philipp Wehr* (alle SPD). Siehe auch die Kurzlebensläufe im Anhang ab S. 369.

a) *Allgemeine Aussprache zum Gesetzentwurf in der 17. Sitzung des 5. Ausschusses am 12. Oktober 1950*

In dieser Sitzung fand zunächst eine allgemeine Aussprache statt.[668] Dabei stimmten die Abgeordneten darin überein, dass der Gesetzentwurf auch bei einer schnellen Behandlung im Ausschuss und im Plenum aufgrund der zweiwöchigen Einspruchsfrist des BR (Art. 77 GG aF) und der dreiwöchigen Einspruchsfrist der Hohen Kommission (Art. 5 Besatzungsstatut 1949) nicht noch im Oktober 1950 verabschiedet werden könne.[669] Der Abgeordnete *Dr. von Merkatz* (DP) übernahm dabei zunächst ein erstes Referat, in dem er auf grundsätzliche Punkte zum Gesetzentwurf und anschließend auf Einzelregelungen einging. Diesem schlossen sich die Ausführungen des Abgeordneten *Jacobi* (SPD) sowie weitere Wortbeiträge von Ausschussmitgliedern an. Den Abgeordneten lag zu dieser Sitzung auch eine Stellungnahme der Frankfurter Gesellschaft für Bürgerrechte (GfB)[670] vor.

aa) *Allgemeine Ausführungen*

(1) Bedarf gesetzgeberischen Handelns

Dr. von Merkatz erläuterte zunächst den in seinen Augen bestehenden Bedarf an gesetzgeberischem Handeln. So sah er den Gesetzentwurf als *„Festlegung der Spielregeln der Demokratie bei den Formen der Wahlkämpfe"* an.[671] Hier zeigte sich die zu Beginn der Bundesrepublik noch nicht ausgeprägte Grundrechtsdogmatik. Eine Beschränkung des Schutzzwecks des Gesetzes auf Wahlkampfveranstaltungen entsprach nur begrenzt dem später durch die Rechtsprechung des BVerfG und der Staatsrechtslehre entwickelten Verständnis von Versammlungsfreiheit nach Art. 8 GG im Zusammenspiel mit den Regeln des VersG.[672]

---

668 Das in den *Mat.-VersG, Nr. 12,* enthaltene Stenographische Protokoll enthält keine Auflistung der anwesenden Ausschussmitglieder. Aufgrund der Wortbeiträge kann von der Teilnahme folgender BT-Abgeordneter ausgegangen werden: *Georg-August Zinn* (SPD), *Werner Jacobi* (SPD), *Dr. Walter Menzel* (SPD), *Dr. Hans-Joachim von Merkatz* (DP), *Dr. Max Becker* (FDP), *Dr. Richard Jaeger* (CSU), *Hans Ewers* (DP).

669 *Mat.-VersG, Nr. 12,* S.1. Im Oktober standen die Wahlen im Amerikanischen Sektor an, aufgrund derer die BReg u.a. auf eine schnelle Verabschiedung des Gesetzes gedrängt hatte.

670 Anhang zum Protokoll der 17. Sitzung des 5. Ausschusses am 12. Oktober 1950, *Mat-VersG, Nr. 12,* Anhang 1.

671 *Mat.-VersG, Nr. 12,* S. 2.

672 Erst mit der „Brockdorff-Entscheidung" des BVerfG aus dem Jahre 1985, BVerfGE 1985, 315, wurde dieses Verständnis grundlegend festgelegt. Danach ist eine (schützenswerte) Versammlung *„die örtliche Zusammenkunft mehrerer Personen zu einem gemeinsamen Zweck mit dem Ziel der Teilhabe an der öffentlichen Meinungsbildung."*

Aufgrund der Erfahrungen in der Weimarer Republik[673] als auch bei den vorangegangenen Landtags- und Bundestagswahlkämpfen sei der Entwurf entstanden. Der Abgeordnete betonte die Notwendigkeit gesetzgeberischen Handelns, da nach seiner Ansicht die Regelungen in Art. 123 WRV und des RVG nicht ausreichten. Dies betraf seiner Meinung nach insbesondere die Festlegung von (Verhaltens-)Pflichten der Versammlungsteilnehmer sowie der Pflichten und Befugnisse des Versammlungsleiters. Der Schutz der Versammlung stand für *Dr. von Merkatz* im Vordergrund. Gleichwohl bezweifelte er, dass die vorgeschlagenen Regelungen insbesondere bei *„terroristischen Versammlungssprengungen"* praktikabel seien.[674]

(2) Vereinbarkeit des Gesetzentwurfs mit dem GG

Ausgehend von einer Dreigliedrigkeit des Gesetzentwurfs (Vorschriften für öffentliche Versammlungen in geschlossenen Räumen und unter freiem Himmel sowie die Strafvorschriften) befasste sich *Dr. von Merkatz* mit der Frage, ob im Hinblick auf Art. 8 GG die Regelungen des Gesetzentwurfs überhaupt *„mit dem Grundgesetz vereinbar seien."*[675] Mit Blick auf Art. 8 Abs. 1 GG hielt er nur eine Einschränkung aufgrund der Bestimmungen in Art. 18 GG und in Art. 2 GG[676] für möglich, nicht jedoch durch oder aufgrund Gesetz. Daher

> *„müsse sehr eingehend geprüft werden, ob die in diesem Gesetzentwurf vorgesehenen Ordnungsregeln Beschränkungen sind."*[677]

Zudem gab der Abgeordnete seinen Bedenken Ausdruck, dass *„besonders die im allgemeinen Teil befindlichen Bestimmungen"* auch eine Beschränkung der in Art. 5 GG gewährten Meinungsfreiheit darstellen könnten.[678] Daraus ergab sich für *Dr. von Merkatz* der Rückschluss, dass die Bestimmungen des Gesetzentwurfs insgesamt

> *„in ihrer Tragweite und in ihrer Rechtsgrundlage nach dem Grundgesetz zweifelhaft erschienen."*[679]

Er sah in dem Gesetzentwurf, insbesondere in den §§ 1–13 RegE, zwar grundsätzlich einen *„sehr eindringlichen Versuch"*[680], der teilweise auch erfolgreich sein könne. Um aber entscheidenden Erfolg in der Praxis zu erlangen, gerade vor dem Hintergrund einer möglichen Pervertierung des gesetzlich Manifestierten, sah er

---

673 Den Zeitraum zwischen dem 30. Januar 1933 bis zum 8. Mai 1945 grenzte er dabei nicht gesondert ab.

674 Protokoll 17. Sitzung 5. Ausschuss (BT) vom 12. Oktober 1950, *Mat.-VersG, Nr. 12*, S.3.

675 a.a.O., S. 4.

676 Die Argumentation, dass man aus Art. 2 GG auch eine Einschränkung von Art. 8 Abs. 1 GG ableiten könne, hielt *Dr. von Merkatz* gleichwohl für zweifelhaft.

677 Protokoll 17. Sitzung 5. Ausschuss (BT) vom 12. Oktober 1950, *Mat.-VersG, Nr. 12*, S.5.

678 Ders., ebda.

679 Ders., ebda.

680 a.a.O., S. 17 f.

die Notwendigkeit quantitativ und qualitativ gesteigerter Polizeikräfte.[681] Gleichzeitig sollte seines Erachtens eine umfassende Überarbeitung und Erweiterung der polizeilichen Ausführungsbestimmungen erfolgen.

(3) Tauglichkeit des Gesetzentwurfs für die Praxis

Auch der Abgeordnete *Jacobi* (SPD) begrüßte die Regelungen des RegE, wenngleich er eine abschließende Beratung im Ausschuss zu diesem Zeitpunkt noch nicht gekommen sah. Vielmehr hielt er eine *„sehr eingehende Beratung in einem Unterausschuss unter Hinzuziehung eines Vertreters des Innenministeriums“*[682] für angemessen. Nur so könnte in seinen Augen eine Praktikabilität des Gesetzes erreicht werden.[683] Zudem warnte er davor, das Gesetz vorschnell zu verabschieden und sich (allein) auf polizeiliche Durchführungsbestimmungen zu verlassen.[684] Vielmehr stellte er den Anspruch an das Gesetz, dass dieses

> *„so klar wie möglich und weitgehend ohne Durchführungsbestimmungen verständlich und anwendbar sein [sollte].“*[685]

In seinen Ausführungen ging *Jacobi* aber nicht in der Ausführlichkeit und Breite auf den RegE ein, wie es vor ihm der Abgeordnete *Dr. von Merkatz* getan hatte.

Auch der Vorsitzende des Ausschusses, der Abgeordnete *Zinn* (SPD), hielt eine grundlegende Überarbeitung des Gesetzentwurfs für dringend geboten. Trotz der Dringlichkeit eines Versammlungsgesetzes hielt er ein Inkrafttreten vor den Wahlen in der amerikanischen Besatzungszone[686] für unmöglich.[687]

bb) Allgemeine Vorschriften, Abschnitt I

(1) Allgemeines Teilnahmerecht (§ 1 RegE)

Gegen die in § 1 RegE festgelegte Pflicht für Versammlungsteilnehmer, sich so zu verhalten, dass die öffentliche Ordnung und Sicherheit nicht beeinträchtigt würden, erhob *Dr. von Merkatz* keine Einwände, insbesondere im Hinblick auf Art. 8 GG.[688] Die vom BR vorgeschlagene Änderung der Gesetzesüberschrift[689] fand dabei ebenfalls seine Zustimmung. Auch der Abgeordnete *Jacobi* befürwortete die Regelung in § 1 RegE. Er sprach sich zudem gegen die Anmerkung der Frankfurter Gesellschaft

---

681 a.a.O., S. 18.
682 a.a.O., S. 21.
683 *Jacobi* mahnte daher trotz der Eilbedürftigkeit eines fertigen Gesetzes eine ausreichende Beratungszeit an; ders., ebda.
684 a.a.O., S. 25.
685 Ders., ebda.
686 Landtagswahlen am 19. November 1950 in Bayern und am 26. November in Hessen.
687 Protokoll 17. Sitzung 5. Ausschuss (BT) vom 12. Oktober 1950, *Mat.-VersG, Nr. 12*, S. 27.
688 a.a.O., S. 6.
689 *„Gesetz über die Ordnung in öffentlichen Versammlungen und Aufzügen.“*, vgl. BT-Drs. 1102/50, S. 12.

für Bürgerrechte (GfB)[690] aus, die *„öffentliche Ordnung"* aus § 1 RegE zu streichen.[691] Denn die *„ratio legis"* in § 1 RegE sei im Hinblick auf die Einhaltung der öffentlichen Ordnung und Sicherheit eine *„Deklaration, [die] Herausstellung einer Forderung, die allgemein an den Staatsbürger zu stellen sei."*[692] Sie sollte auch für öffentliche Versammlungen gelten.

(2) Waffenverbot (§ 2 RegE)

Auch das Waffenverbot sah *Dr. von Merkatz* als bedenkenlos an, da dies dem in Art. 8 GG vorgesehenen Schutz von friedlichen Versammlungen ohne Waffen entsprach.[693] *Jacobi* unterstützte dies, hielt jedoch eine Durchführungsbestimmung mit genauerer Definition des Begriffs „Waffe" für erforderlich.[694]

(3) Uniformverbot (§ 3 RegE)

Hinsichtlich des Uniformverbots erhob der Abgeordnete *Dr. von Merkatz* große Bedenken. Er sah mit der im Gesetzentwurf enthaltenen Regelung die *„Grenze der Beschränkbarkeit"* als überschritten an.[695] Dabei störte sich der Abgeordnete vor allem an der Formulierung *„gleichartige Kleidungsstücke"* des § 3 RegE. *Dr. von Merkatz* betonte die grundlegende Notwendigkeit einer Regelung, die über das Verbot von Uniformen hinausgehen sollte. Dabei sollten gerade die Fälle eingeschlossen werden, bei denen gleiche Kleidungsstücke von Versammlungsteilnehmern getragen würden und diese dadurch Gewaltbereitschaft im Rahmen der politischen Auseinandersetzung zum Ausdruck bringen würden.[696] *Dr. von Merkatz* wollte daher jegliche Form von Ersatzuniform verhindern, also insbesondere auch das Tragen

690 „Stellungnahme der Gesellschaft für Bürgerrechte, Frankfurt, zu dem Entwurf eines Gesetzes über öffentliche Versammlungen und Aufzüge", Anlage zu *Mat.-VersG, Nr. 12*; zu den Inhalten der Stellungnahme siehe unten, S. 183 ff.

691 Die GfB hatte angemerkt, dass der Begriff „öffentliche Ordnung" in diesem Zusammenhang einen Verstoß gegen die im GG gewährte Versammlungsfreiheit darstellen würde, da bei einem Verstoß gegen die öffentliche Ordnung nicht zwingend eine unfriedliche und damit nicht mehr von Art. 8 GG geschützte Versammlung gegeben sei. Insbesondere Zwischenrufe müssten grundsätzlich bei öffentlichen Versammlungen möglich sein. Es wurde daher die Begrenzung auf einen ordnungsgemäßen Versammlungsablauf bzw. eine Einhaltung des Versammlungszwecks gedrungen; ders., ebda.

692 Protokoll 17. Sitzung 5. Ausschuss BT vom 12. Oktober 1950, *Mat.-VersG, Nr. 12*, S. 22.

693 a.a.O., S.6.

694 a.a.O., S. 22.

695 Ders., ebda.

696 a.a.O., S. 7; *Dr. von Merkatz* führt hier exemplarisch den Fall des Verbots von SA-Uniformen in Deutschland und Österreich (vor der Machtergreifung durch die Nationalsozialisten) an, auf das als Reaktion einheitlich weiße Hemden bzw. Strümpfe getragen wurden.

von Kleidungsstücken, die, anders als eine (militärische) Uniform, erst in der Masse getragen, und nicht nur von einer Einzelperson, eine gewaltbereite Einstellung zum Ausdruck bringen würden. Eine solche umfassende Regelung war aus seiner Sicht jedoch vorzugsweise im Bereich des allgemeinen Polizeirechts und nicht in einem Versammlungsgesetz zu verankern.[697] Vor diesem Hintergrund hielt *Dr. von Merkatz* die momentane Regelung in § 3 RegE für *„unfertig"*, da nach deren Wortlaut auch Kleidungsstücke von Jugendorganisationen oder Trachten unter das Uniformverbot fallen könnten, ohne dass diesen ein gewaltbejahender Charakter innewohne. Zudem sah er in der generellen Erweiterung des Uniformverbots auf gleichartige Kleidungsstücke eine unzulässige Einschränkung der freien Meinungsäußerung, da das Tragen von gleichen Kleidungsstücken zwar Ausdruck gemeinsamer politischer Gesinnung sei, jedoch solange erlaubt sein müsse,

> *„als sich mit dem Tragen einer solchen Tracht und/oder von Abzeichen nicht eine militante Gesinnung [...] [zeige], auch mit den Mitteln der Gewalt [...] ein politisches Ziel zu erreichen."*[698]

Die nicht-militante und stumme Meinungsäußerung musste nach Ansicht von *Dr. von Merkatz* nicht zuletzt aufgrund der historischen Erfahrungen möglich sein. Im Ergebnis forderte er eine weitergehende *„Diskussion und Durchdenkung"* der Norm.

Der Abgeordnete *Dr. Becker* (FDP) hielt für die inhaltliche Ausrichtung von § 3 RegE gerade auch mit Hinblick auf gleichartige Kleidungsstücke ohne militante Gesinnung die Regelung in Art. 8 Abs. 1 GG für maßgeblich.[699]

Auch der Abgeordnete *Jacobi* (SPD) äußerte sich kritisch zu § 3 RegE. In der Weite des Tatbestandes, der sich auch auf *„gleichartige Kleidungsstücke als Ausdruck einer politischen Gesinnung"*[700] bezog, sah er ein Problem hinsichtlich des dadurch den Polizeikräften eingeräumten Ermessens.[701] Folglich forderte auch *Jacobi* eine weitere ausführliche Befassung im Unterausschuss.[702]

Den Vorschlag des BR bzw. des 24. Ausschusses, § 3 RegE um einen Ausnahmetatbestand in Abs. 2 zu ergänzen, begrüßte *Dr. von Merkatz* grundsätzlich, sah jedoch die Zuständigkeit der Obersten Landesbehörde für Ausnahmen vom Uniformverbot als kritisch an.[703]

---

697 a.a.O., S.8.

698 Ders., ebda.

699 a.a.O., S. 30; er zielte dabei auf den Teil *„friedlich und ohne Waffen"*, Art. 8 Abs. 1 GG, ab.

700 BT-Drs. 1102/50, S. 2.

701 Protokoll 17. Sitzung 5. Ausschuss BT vom 12. Oktober 1950, *Mat.-VersG, Nr. 12*, S.22; nach seiner Ansicht konnte eine Polizeikraft nur schwerlich erkennen, ob durch das Tragen gleichartiger Kleidungsstücke auch eine politische Gesinnung zum Ausdruck gebracht werden soll, oder nur eine anderweitige gemeinsame Gesinnung, die nicht zwangsläufig politisch ist.

702 a.a.O., S. 23.

703 a.a.O., S. 10.

(4) Flaggenverbot und Verbot nationalsozialistischer Kennzeichen

Den Änderungsvorschlag des BR, auch ein Flaggenverbot in den Allgemeinen Teil aufzunehmen, lehnte *Dr. von Merkatz* ab. Er sah darin eine *„Überschreitung der Grenze der Beschränkbarkeit der Bekundung einer politischen Gesinnung."*[704] Auf die Bedenken des Kabinetts zu einem Flaggenverbot, die größtenteils auf eher praktischen Erwägungen beruhten,[705] ging der Abgeordnete nicht ein.

Auch der Abgeordnete *Jacobi* lehnte die §§ 3a und 3b der Änderungsvorschläge des BR[706] ab, da er die vom BR angeführten Gründe für eine Einführung der beiden Verbotstatbestände als nicht gegeben ansah. Zwar zeigte er ein grundsätzliches Verständnis dafür, hier ein *„alliiertes Dekret"*[707] umsetzen zu wollen, hielt es jedoch aus mehreren praktischen Überlegungen für unzweckmäßig. So glaubte er nicht, dass die nationalsozialistischen Symbole und Embleme übermäßig zum Einsatz kommen würden, sondern vielmehr die Bevölkerung diesen überwiegend ablehnend gegenüberstünde.[708] Zudem befürchtete *Jacobi*, dass mit der Regelung des BR der Reiz des Verbotenen geschaffen würde.[709] Die vorhandenen Eingriffsmöglichkeiten der Polizei bei Störung der öffentlichen Ordnung durch die Verwendung solcher Symbole sah er als ausreichend an. *Jacobi* folgte also der Mehrheitsansicht im Kabinett, nach der ein Verbot von Fahnen und Flaggen, ebenso wie der nationalsozialistischen Symbole erst zu einer erhöhten Verwendung führen könnte und somit abzulehnen sei.[710]

Insgesamt betonte der Abgeordnete *Jacobi*, dass es ihm bei der Schaffung des gesamten Gesetzes darauf ankomme, nicht in eine *„Verbots-Hysterie"*[711] zu verfallen, sondern sich vielmehr auf den Kernbereich des Gesetzes, Versammlungsschutz und Versammlungsordnung, zu beschränken.[712]

cc) Öffentliche Versammlungen in geschlossenen Räumen, Abschnitt II

(1) Allgemeines Teilnahme- und Ausschlussrecht (§ 4 RegE)

Die Regelung des § 4 RegE, insbesondere die Möglichkeit bestimmte Personen von der Versammlungsteilnahme auszuschließen, fand die uneingeschränkte Zustimmung des Abgeordneten *Dr. von Merkatz.*

---

704 a.a.O., S. 9, da z.B. historische Vereine weiterhin Symbole oder Farben z.B. aus dem Heiligen Römischen Reich Deutscher Nation zeigen dürfen sollten.

705 Befürchtung der Entstehung eines neuen Flaggenstreits wie unter Reichskanzler *Luther.*

706 BT-Drs. 1102/50, S. 12f.

707 *Mat.-VersG, Nr. 12,* S. 23; vgl. Gesetz Nr. 7 (Uniformen und Abzeichen) der AHK vom 21. September 1949.

708 Ders., ebda.

709 *Jacobi* befürchtete einen *„Heroismus"* hinsichtlich Flaggen und Symbolen, a.a.O., S. 24.

710 Vgl. oben S. 121.

711 *Mat.-VersG, Nr. 12,* S. 23.

712 a.a.O., S. 24.

(2) Leiter der Versammlung (§ 5 RegE)

Hinsichtlich § 5 RegE begrüßte *Dr. von Merkatz* die damit einhergehenden Verbesserungen ggü. dem § 10 RVG, nach dem noch die Wahl eines Versammlungsleiters aus der Versammlung heraus möglich war. Dies hätte regelmäßig zu Zuständen geführt, bei denen *„die Leitung dem Leiter aus der Hand genommen worden [sei].“*[713]

Insgesamt begrüßte auch der Abgeordnete *Jacobi* die Regelungen über Zuständigkeiten, Rechte und Pflichten des Versammlungsleiters, gab jedoch zu bedenken, dass ein *„durchschnittlicher Versammlungsleiter“* mit der Vielzahl der Regelungen überfordert sein könnte.[714] Daher hielt er eine *„entsprechende Erziehungsarbeit“* für Versammlungsleiter für angebracht, um dem Versammlungsleiter eine ordnungsgemäße Erfüllung seiner Pflichten und eine umfassende Wahrnehmung seiner Rechte zu ermöglichen.[715]

Der Abgeordnete *Dr. Becker* wies ergänzend darauf hin, auch die Wahrung des Hausrechts sei als ein grundsätzliches Recht des Versammlungsleiters in den Gesetzentwurf aufzunehmen.[716] Er sperrte sich jedoch ebenso wie die Abgeordneten *Dr. von Merkatz* und *Jacobi* gegen eine Einschränkung des Hausrechts.[717]

Während der 5. Ausschuss § 5 RegE noch unverändert übernommen hatte, nahm dessen Redaktionsausschuss einige Änderungen dazu vor. So wurde die Möglichkeit, *„die Wahl des Leiters durch die Versammlung herbei[zu]führen“* (§ 5 Abs. 3 2. Alt. RegE) ersatzlos gestrichen.[718] Zusätzlich wurde ein neuer § 5 Abs. 4 5.A.-VersG 1951 geschaffen, in den die vom 5. Ausschuss noch für § 6 S. 1 HS 1 5.A.-VersG 1951 vorgesehene Regelung über das Hausrecht des Versammlungsleiters übernommen wurde.[719]

---

713 a.a.O., S. 11.

714 a.a.O., S. 24.

715 a.a.O., S. 25.

716 a.a.O., S. 31; dabei hätte eine solche Aufnahme lediglich deklaratorischen Charakter gehabt. Erst eine mögliche Einschränkung des Hausrechts wäre konstitutiv.

717 Ders., ebda. Hier setzte *Becker* auf eine Selbstregulierung durch die Praxis: Ein Versammlungsleiter dürfte von seinem Hausrecht und der Möglichkeit des Ausschlusses von Versammlungsteilnehmern ohne zwingenden Grund wohl keinen Gebrauch machen, da dies sonst den Verlust von zahlreichen Unterstützerstimmen der Teilnehmer auf der Versammlung bedeuten würde.

718 Ders., ebda. Diese umfassende Möglichkeit, den Versammlungsleiter durch Wahl bestimmen zu lassen, war ein Ausdruck der Versammlungsfreiheit. Für den Redaktionsausschuss schien dies zu weit zu gehen, zumal mit der ursprünglichen Regelung ein Versammlungsleiter erst nach Beginn der Versammlung benannt werden konnte. Im Interesse eines ungestörten Versammlungsablaufs musste aber bereits zu Beginn der Versammlung der Verantwortliche und Ansprechpartner feststehen. Es hätte zudem keine Garantie gegeben, dass eine solche Wahl schnell und reibungslos abgelaufen wäre, was einem ordnungsgemäßen Versammlungsablauf widersprochen hätte.

719 Ders., ebda. § 5 Abs. 3 und 4 5.A.-VersG 1951 lauteten nunmehr: *„(3) Der Veranstalter kann die Leitung einer anderen Person übertragen. (4) Der Leiter übt das Hausrecht aus.“*

(3) Leitung der Versammlung durch den Versammlungsleiter (§ 6 RegE)

Auch § 6 RegE fand die Zustimmung von *Dr. von Merkatz*. Er sah in den Regelungen keine Einschränkung der Versammlungsfreiheit, sondern die Möglichkeit, einer Versammlung eine Ordnung zu geben.[720] In Folge der Einführung von § 5 Abs. 4 5.A.-VersG 1951 durch die Redaktionskommission entfiel in der Folge § 6 S. 1 Hs. 1.

(4) Pflichten des Versammlungsleiters und Ordnereinsatz (§ 7 RegE)

Die Regelungen in § 7 RegE, insbesondere den Einsatz von Ordnern, sah *Dr. von Merkatz* als nicht unbedenklich an. Vor dem Hintergrund und den Erfahrungen auf Versammlungen während der Weimarer Republik, auf denen entweder schlagkräftige Ordner eingesetzt worden seien, um jegliche Störung oder Unruhe zu unterbinden, oder aufgrund fehlender Ordnergewalt regelmäßig *„Saalschlachten"* stattgefunden hätten, sah der Abgeordnete in der geplanten Regelung die *„Anerkennung einer außerordentlich gespannten Situation."*[721] Durch das Zulassen von Ordnern wurde in seinen Augen die friedliche und störungsfreie Versammlung als wünschenswerter Normalzustand teilweise negiert. Gleichwohl lehnte *Dr. von Merkatz* den Einsatz von Ordnern nicht grundsätzlich ab.

Hinsichtlich der vom 24. Ausschuss beschlossenen Änderungen zu § 7 RegE begrüßte der DP-Abgeordnete die Volljährigkeit als Voraussetzung für einen Einsatz als Ordner, da dies dem Jugendschutz diene.[722]

Auch begrüßte *Dr. von Merkatz* grundsätzlich die Kennzeichnung durch weiße Armbinden mit der Aufschrift Ordner. Somit erfolgte in seinen Augen eine Abkehr von dem früher eher *„militanten Aussehen"* der Ordner.[723]

Hinsichtlich der vom BR in seinen Änderungsvorschlägen beschlossenen (zusätzlichen) Anforderungen an die einzelnen Ordner – gemeldet am Versammlungsort und Wählbarkeit zum Bundestag – begrüßte er zwar das dahinter stehende Telos[724], hielt diese Qualifikationsvoraussetzungen jedoch für (in der Praxis) nicht notwendig und damit nicht mehr mit dem GG vereinbar.

Auch *Jacobi* begrüßte die Regelungen zum Einsatz von Ordnern. Insbesondere der Vorschlag des BR, nur den Einsatz ehrenamtlicher Ordner zu gestatten, war in seinen Augen geeignet, dauerhaft bestehende Ordnergruppierungen zu vermeiden.[725] Ebenso fand die Einführung der Volljährigkeit als weiteres Kriterium die Zustimmung des Abgeordneten *Jacobi*.

---

720 a.a.O., S. 12.

721 Ders., ebda.

722 a.a.O., S. 13; nach Ansicht von *Dr. von Merkatz* würden so Jugendliche vor einem Missbrauch zum politischen Kampf geschützt werden.

723 Ders., ebda.

724 Vorbeugen gegen politische Entartungserscheinungen auf Versammlungen, also vor allem das Zusammenziehen von Kräften einer politischen Partei oder Gruppe für eine bestimmte Versammlung, a.a.O., S. 14.

725 Hier bezog sich *Jacobi* insbesondere auf das Negativbeispiel der SA, die sich aufgrund Besoldung und Unterbringung zu einer dauerhaften Schutztruppe entwickelt hatte; a.a.O., S. 26.

Die vom BR in den §§ 7a und 7b der Änderungsvorschläge getroffenen Regelungen[726], welche die Eingriffs- und Verhaltenspflichten weiter konkretisieren sollten, fanden nicht die Zustimmung von *Dr. von Merkatz*. Wie auch schon der 24. Ausschuss, hielt er die Vorschriften für praktisch nicht durchführbar und sah aufgrund der mit den Vorschriften verbundenen strafrechtlichen Sanktionierung eines Verstoßes die Gefahr der Einführung eines Gesinnungsstrafrechts und eines entsprechenden Missbrauchs dieser Normen.[727] Die Beurteilung, ob eine Äußerung sich

> *„gegen die freiheitlich demokratische Grundordnung, den Bestand der Bundesrepublik Deutschland oder den Gedanken der Völkerverständigung"*

richtete, sollte nun allein von einer (subjektiven) polizeilichen Einschätzung abhängen und nicht ausschließlich von objektiven Kriterien. Denn eine Äußerung, die der betroffene Versammlungsleiter nach seiner Einschätzung noch als rechtmäßig eingestuft hätte, könnte die zuständige Polizei bereits als rechtswidrig beurteilen, so dass sich daraus eine Strafbarkeit ergäbe, obwohl der Versammlungsleiter in dem festen Bewusstsein gehandelt habe, die Regeln für eine ordnungsgemäße Versammlung zu befolgen.

(5) Ordnungsrufe und Ausschluss von der Versammlung (§ 8 RegE)

Ausgehend von praktischen Erfahrungen bezweifelte *Dr. von Merkatz*, dass die in § 8 RegE vorgesehenen Maßnahmen praktisch durchführbar seien. Insbesondere aufgrund der bislang großen Zahl an Störern auf öffentlichen Versammlungen war nach seiner Auffassung *„mit Massenverhaftungen und Massenverfahren vor den Amtsgerichten zu rechnen."*[728] *Dr. von Merkatz* schien aufgrund negativer Eindrücke von einer regelmäßig großen Zahl an Störern auszugehen, ohne die Zahl geordneter und ungestörter Versammlung ausreichend zu berücksichtigen. Vor diesem Hintergrund erscheint es konsequent, dass er, wie bislang durch die Verwaltungspraxis gelebt, im Falle einer zu großen Zahl von Störern die (sofortige) Auflösung einer Versammlung durch die Polizei forderte, statt durch entsprechende Maßnahmen die Störer ausschließen zu lassen und gleichzeitig einen Fortgang der Versammlung zu ermöglichen. Mit den Neuregelungen in § 8 RegE wurde nach seiner Ansicht eher eine Verschärfung denn eine Bekämpfung von Störungen hervorgerufen,[729] da dieses Auflösungsrecht nicht mehr sofort greifen und den potentiellen Störern also mehr Raum bieten würde.

(6) Ausweispflicht von Versammlungsteilnehmern bei Ordnungsrufen oder Versammlungsausschluss (§ 9 RegE)

§ 9 RegE wurde von dem Abgeordneten *Dr. von Merkatz* grundsätzlich gutgeheißen. Jedoch hielt er die Norm nur für leichte bis mittlere Störungen praktisch anwendbar. Bei einer Versammlungsstörung

---

726 Vgl. BT-Drs. 1102/50, S. 13.

727 Protokoll 17. Sitzung 5. Ausschuss (BT) vom 12. Oktober 1950, *Mat.-VersG, Nr. 12*, S. 15.

728 a.a.O., S. 16.

729 Ders., ebda.

„großen Stils, zu deren Bewältigung der Versammlungsleiter einen […] großen Ordnungsdienst bereitstellen müsste“,

hielt er die Regelung im RegE für nicht ausreichend.[730]

(7) Auflösungsrecht des Leiters (§ 10 RegE)

Das Auflösungsrecht in § 10 RegE wurde von *Dr. von Merkatz* nicht weiter kommentiert.

(8) Rechte und Pflichten entsandter Polizeibeamter (§ 11 RegE)

§ 11 RegE entsprang nach Ansicht des DP-Abgeordneten einer praktischen Notwendigkeit.[731]

(9) Auflösungsrecht der Polizei (§ 12 RegE)

Im Gegensatz zu der Behandlung im 24. Ausschuss, machte *Dr. von Merkatz* keine Anmerkungen zum Auflösungsrecht der Polizei. Auch auf den differenzierten Vorschlag des 24. Ausschusses, bei einem Waffenverbot nicht die sofortige Auflösung durch die Polizei vorzusehen, sondern vielmehr zunächst dem Versammlungsleiter die Möglichkeit zu geben, Teilnehmer, die unerlaubt Waffen bei sich führen, von der Versammlung zu entfernen, und damit einen Fortgang der Versammlung zu ermöglichen, ging er nicht ein.

Der Abgeordnete *Jacobi* hingegen begrüßte den Vorschlag des 24. Ausschusses, bei Verstößen gegen das Versammlungsverbot die Versammlung zunächst nur zu unterbrechen, statt eine sofortige Auflösung anzuordnen.[732] Jedoch erachtete er die vorgeschlagene Regelung inhaltlich noch nicht als abschließend und ausreichend, so dass er an dieser Stelle vorschlug, die Beratungen in einem kleineren Unterausschuss unter Hinzuziehung von Vertretern des mit der Erstellung des Gesetzentwurfs betrauten BMI fortzusetzen und stellte dazu den entsprechenden Antrag.[733]

---

730 a.a.O., S. 17; *Dr. von Merkatz* äußerte sich hier nicht näher zu seinem Verständnis einer leichten oder schweren Versammlungsstörung. Jedoch kann aus seinem Verweis auf die für eine Beseitigung der Störung erforderliche Ordnerzahl geschlossen werden, dass er den Grad der Störung im Wesentlichen von der Zahl der involvierten Versammlungsteilnehmer abhängig zu machen schien, nicht von der Art der Störung (z.B. Zwischenruf oder Tätlichkeiten).

731 Ders., ebda.

732 Vgl. oben, S. 167.

733 Protokoll 17. Sitzung 5. Ausschuss (BT) vom 12. Oktober 1950, *Mat.-VersG, Nr. 12*, S. 26.

(10) Verhalten nach Versammlungsausschluss und Versammlungsauflösung (§ 13 RegE)

Während *Dr. von Merkatz* die Regelung in § 13 Abs. 1 RegE für eine Selbstverständlichkeit hielt, sah er in Abs. 2 einen polizeirechtlichen Tatbestand, dessen Erweiterung oder Einschränkung *„nur der Polizeifachmann und der Sachverständige beurteilen könne[n]"*.[734]

dd) Öffentliche Versammlungen unter freiem Himmel und Aufzüge, Abschnitt III

(1) Anmeldepflicht, Anmeldung und Versammlungsverbot (§§ 14 und 15 RegE)

Die Regelungen in den §§ 14 und 15 RegE hielt *Dr. von Merkatz* aufgrund einer zulässigen Beschränkung der Versammlungsfreiheit gem. Art. 8 Abs. 2 GG für unbedenklich.

(2) Bannkreisregelungen (§ 16 RegE)

Hinsichtlich der Bannkreisregelungen in § 16 RegE hielt der DP-Abgeordnete die vorgeschlagene Regelung für richtig, forderte jedoch eine Nachbesserung der polizeirechtlichen Vorschriften, um auch in der Praxis einen Schutz der Bannmeile gewährleisten zu können.[735]

(3) Ausnahme für religiöse Feiern usw., Volksfeste (§ 17 RegE)

Dr. von Merkatz hielt es für bedenklich, die Ausnahmen für unpolitische Versammlungen, wie im RegE vorgesehen, beizubehalten. Denn unter Umständen könnten sich auch bei derartigen Veranstaltungen *„Tatbestände ähnlich derer einer politischen Versammlung ergeben."*[736]

(4) Entsprechenserklärung, Ordnereinsatz und Eingriffspflicht des Versammlungsleiters (§§ 18 bis 20 RegE)

Zu den §§ 18 und 20 RegE (entsprechende Anwendung der Vorschriften des II. Abschnitts sowie Eingriffspflichten des Versammlungsleiters) äußerte sich *Dr. von Merkatz* nicht. Hinsichtlich § 19 RegE (Genehmigungspflicht für Ordnereinsatz) begrüßte er den Änderungsvorschlag des 24. Ausschusses[737], da damit auch für Versammlungen unter freiem Himmel die Qualifikationsanforderungen an die Person des Ordners übernommen worden seien.

734 a.a.O., S. 18.
735 a.a.O., S. 19.
736 a.a.O., S. 20.
737 Vgl. oben S. 168.

ee) Strafvorschriften, Abschnitt IV

Hinsichtlich der Strafvorschriften im RegE unterließ *Dr. von Merkatz* eine Einzelbetrachtung der Normen. Er betonte vielmehr erneut, dass die Ordnung in einer Versammlung nur auf *„polizeitechnischem Wege erzielt werden könne."*[738] Die Straftatbestände hielt er in der gerichtlichen Anwendung für problematisch. Vor dem Hintergrund der zahlreichen Änderungsvorschläge zu den Tatbeständen durch den Bundesrat und den 24. Ausschuss sah er in diesem Abschnitt den problematischsten Teil des Gesetzes.[739]

Jacobi sah ebenfalls eine Überarbeitung und vor allem inhaltliche Einschränkung der Strafvorschriften als notwendig an, unterließ an dieser Stelle jedoch eine weitere Einzelbetrachtung.[740]

Auch der Vorsitzende *Zinn* forderte eine weitgehende Überarbeitung der Strafvorschriften des RegE. Dabei forderte er eine eingehende Befassung mit bereits bestehenden Normen das StGB ebenso wie mit den in der Strafrechtsnovelle vorhandenen, den RegE betreffenden Neuregelungen.[741] Der Vertreter des BMI, *von Nathusius*, merkte diesbezüglich an, dass die BReg aufgrund einer starken zeitlichen Verzögerung der Strafrechtsnovelle die Aufnahme der vorliegend einschlägigen Regelungen in das VersG für notwendig erachte.[742]

ff) Schlussbestimmungen, Abschnitt V

Der Vorsitzende *Zinn* führte zu den gemäß Vorschlag des RegE aufzuhebenden gesetzlichen Bestimmungen aus, er halte es für fraglich, ob die Bestimmungen des RegE, die über die bisherigen Regelungen hinausgehen, *„praktikabel"* seien und nicht vielmehr die bestehenden Regelungen fortgelten sollten.[743] Zudem verdeutlichte er, dass weitere gesetzliche Einschränkungen der Versammlungsfreiheit vorlägen,[744] die unabhängig von einer gesetzlichen Neuregelung bestehen bleiben würden, ohne dass es einer ausdrücklichen Regelung im Gesetzentwurf bedürfe. Des Weiteren forderte Zinn, dass sämtliche bestehenden gesetzlichen Regelungen, die bereits vor Inkrafttreten von Art. 8 GG dem Schutz der Versammlungsfreiheit gegolten hätten, weiterhin Bestand haben müssten.[745] Er hielt es daher für angebracht, dass in dem vom Abgeordneten *Jacobi* beantragten Unterausschuss eine Überprüfung der Notwendigkeit einzelner Neuregelungen stattfände.[746] Der

738 Protokoll 17. Sitzung 5. Ausschuss (BT) vom 12. Oktober 1950, *Mat.-VersG, Nr. 12*, S. 20.

739 Dies sah er darin bestätigt, dass insbesondere die BR-Vorschläge *„Ratschläge von Fachleuten und Polizeipraktikern"* enthalten würden, a.a.O., S. 21.

740 a.a.O., S. 25.

741 a.a.O., S. 28.

742 a.a.O., S. 32.

743 *Mat.-VersG, Nr. 12*, S. 28.

744 Er nennt hier die allgemeinen Strafbestimmungen, aber auch Vorschriften, *„die Leben, Gesundheit und Sicherheit der Versammlungsteilnehmer garantieren"*; a.a.O., S. 29.

745 Ders., ebda.

746 Ders., ebda.

Abgeordnete *Dr. Becker* (FDP) regte in diesem Zusammenhang an, die Beratungen zum Gesetzentwurf so lange auszusetzen, bis Klarheit über die Regelungen in der Strafrechtsnovelle eingetreten sei.[747] Alternativ hielt er eine vorübergehende Aufnahme der entsprechenden Strafvorschriften für möglich. Diese sollten dann nach Abschluss der Strafrechtsnovelle, soweit *„aus Gründen der Systematik"* notwendig, aus dem VersG gestrichen werden.[748]

gg) Beschlussfassung zur Einsetzung eines Unterausschusses

Einstimmig[749] setzte der Ausschuss einen Unterausschuss zum Zwecke der eingehenderen Beratung des Gesetzentwurfs ein und bestimmte die Abgeordneten *Dr. von Merkatz, Dr. Becker, Dr. Jäger* und *Jacobi* als dessen Mitglieder.

b) Exkurs: Die Stellungnahme der Gesellschaft für Bürgerrechte (GfB) vom 15. September 1950

aa) Allgemeine Erläuterungen

Mit Datum vom 15. September 1950 hat sich die GfB[750] (Frankfurt am Main) mit einer Stellungnahme ihres Justizausschusses zum RegE geäußert.[751] Dieser fand die grundsätzliche Zustimmung der GfB. Insbesondere wurde kein *„Widerspruch zu den*

---

747 a.a.O., S. 30.

748 Ders., ebda.

749 a.a.O., S. 34.

750 Mit inhaltlicher und finanzieller Unterstützung der American Civil Liberties Union (ACLU) wurde(n) die Gesellschaft(en) für Bürgerrechte im Laufe des Jahres 1949 gegründet. Dem Gründungsausschuss der Bundesorganisation, der im Januar 1949 seine Tätigkeit aufgenommen hatte, gehörten u.a. der Staatsrechtler *Prof. Dr. Theodor Eschenburg* und der spätere Bundesverfassungsrichter *Fabian von Schlabrendorff* an. Neben der Bundesorganisation mit Sitz in Frankfurt am Main wurden in verschiedenen Universitätsstädten lokale (Unter-)Gesellschaften gegründet. So hatte der später im BMI federführend für das Versammlungsgesetz zuständige Ministerialrat *Dr. Füßlein* bei der Gründung der lokalen Untergruppierung in Bonn mitgewirkt. Siehe hierzu und zur Gründung der Gesellschaften für Bürgerrechte insgesamt: *Rupieper*, S. 301 ff. Die Gesellschaften für Bürgerrechte nahmen die Vertretung von Bürgern bei Klagen wegen Grundrechtsverletzungen vor den Verwaltungsgerichten wahr (ein Bundesverfassungsgericht gab es noch nicht), unterstützten die Verbreitung der *Grundrechtsidee*, bildeten wissenschaftliche Arbeitskreise, die sich mit grundrechtsdogmatischen Fragen beschäftigten und entsprechende Publikationen herausgaben, und standen im regen inhaltlichen Austausch mit der ACLU; siehe hierzu insgesamt *Rupieper*, S. 322 ff. Die Gesellschaft(en) für Bürgerrechte beendeten ihre Tätigkeiten in den Jahren 1953/54 und existieren heute nicht mehr.

751 „Stellungnahme der Gesellschaft für Bürgerrechte zu dem Entwurf eines Gesetzes über öffentliche Versammlungen und Aufzüge", Anlage zu *Mat.-VersG, Nr. 12.*

Grundrechten der Verfassung"[752] gesehen. Gleichwohl forderte die GfB parallel zu der gesetzlichen Regelung des Ablaufs von Versammlungen die Errichtung eines BVerfG.[753]

Die GfB äußerte sich nur zu bestimmten Teilen des RegE. In den Beratungen der zuständigen BT-Ausschüsse fand die Stellungnahme nur wenig Berücksichtigung.[754]

bb) Einzelanmerkungen zum RegE

(1) Allgemeines Teilnahmerecht / Versammlungsfreiheit, § 1 RegE

Wie bereits dargestellt,[755] lehnte es die GfB ab, bereits bei *„Beeinträchtigung der öffentlichen Ordnung"* ein Recht auf Teilnahme an einer Versammlung zu untersagen. Stattdessen sollte allein das GG den Maßstab für das richtige Verhalten auf Versammlungen bilden.[756] Die in Art. 8 Abs. 1 GG geschützte *„friedliche Versammlung"* konnte nach Ansicht der GfB bei Störung der öffentlichen Ordnung nicht automatisch unfriedlich werden und damit aus dem Schutzbereich des Art. 8 GG fallen. Entsprechend verlangte die GfB eine Umformulierung des § 1 RegE.[757]

---

752 Ders., ebda.

753 Ders., ebda; hier bewies die GfB einen enormen Weitblick, da das BVerfG eine erhebliche Bedeutung bei Anwendung und Auslegung des VersG bekommen sollte. Das BVerfG nahm am 9. September 1951 seine Arbeit auf und wurde am 28. September 1951 offiziell eröffnet.

754 So ging lediglich der Abgeordnete *Dr. von Merkatz* in seinen Ausführungen im 5. Ausschuss auf die Stellungnahme ein. Diese begrenzte Berücksichtigung ist u.a. sicherlich auch darauf zurückzuführen, dass die GfB nur mit einem Schreiben Stellung bezogen hat, zudem zum Zeitpunkt der Gesetzesentstehung keinen ausreichenden Bekanntheitsgrad besaß, um nachhaltig in den Ausschüssen Gehör zu finden. Gleichwohl ist anzumerken, dass es sich bei der vorliegenden Stellungnahme nach Lage der Quellen um die einzige externe Äußerung (außer der Berichterstattung der Presse) zu dem Gesetzentwurf außerhalb von BT, BR, den zuständigen Ministerien und der BReg handelt. Dies kann zumindest als Indiz dafür gewertet werden, dass über die grundlegende Notwendigkeit des Gesetzes weitgehend Einigkeit herrschte. Ebenso gab es zu diesem Zeitpunkt noch keine weiteren einschlägigen Institutionen, vergleichbar mit der GfB, die einer bestimmten Meinung oder Interessengruppe durch eine Stellungnahme Gehör hätten verschaffen können.

755 Siehe oben S. 173.

756 „Stellungnahme der Gesellschaft für Bürgerrechte zu dem Entwurf eines Gesetzes über öffentliche Versammlungen und Aufzüge", Anlage zu *Mat.-VersG, Nr. 12.*

757 Es sollte nunmehr nur noch die *„ordnungsgemäße Durchführung der Versammlung"* und die Nichtbeeinträchtigung von *„Versammlungszweck und [der] öffentliche[n] Sicherheit"* in § 1 RegE enthalten sein; ders. ebda.

(2) Uniformverbot, § 3 RegE

Ohne weitere inhaltliche Ausführungen nahm die GfB das Uniformverbot in der Form des RegE an, vermerkte jedoch in ihrer Stellungnahme, dass dies erst nach *„eingehender Erörterung"* geschehen sei.[758]

(3) Teilnahmerecht und Ausschluss von der Teilnahme, § 4 RegE

Kritisch sah die GfB die Regelungen in § 4 RegE. Zum einen ging ihr die Regelung eines allgemeinen Rechts auf Teilnahme an einer Versammlung zu weit, da der Gesetzentwurf der Einschränkung der polizeilichen Befugnisse dienen sollte, nicht jedoch das Recht zur Teilnahme an jedweder öffentlichen Versammlung eröffnen sollte[759] Zum anderen sollte der generelle Ausschluss von der Teilnahme auch zu einem späteren Zeitpunkt als mit der Einladung möglich sein, um so das Hausrecht des Versammlungsleiters nicht *„ungerechtfertigt"* einzuschränken.[760]

(4) Rechte und Pflichten des Versammlungsleiters

Hinsichtlich der in den §§ 5 bis 10 geregelten Pflichten des Versammlungsleiters regte die GfB wie auch der Abgeordnete *Dr. Becker*[761] die Aufnahme einer hausrechtlichen Generalklausel an, um so die in *„ständiger Rechtsprechung"* entwickelten Befugnisse des Hausrechts dem Versammlungsleiter zuzuerkennen.[762]

(5) Teilnahmerecht der Polizei, § 11 RegE

§ 11 RegE sah die GfB als äußerst kritisch an. Zum einen wurde die gesamte Norm als *„unzweckmäßig angesehen"*, zum anderen sah man in der Verpflichtung des § 11 S. 2 RegE, der Polizei einen ggf. umfangreichen Platz auf der Versammlung einräumen zu müssen, die Gefahr einer *„polizeistaatlichen Überwachung"* der Versammlung gegeben.[763] Stattdessen sollte lediglich ein unbeschränktes Zutrittsrecht zugunsten der Polizei aufgenommen werden.

758 Ders., ebda; hier sind ähnliche inhaltliche Diskussionen zu vermuten, wie sie im 5. Ausschuss, aber auch bereits im Kabinett zutage getreten waren.

759 Ders., ebda.

760 Ders., ebda.

761 Vgl. oben S. 177 f.

762 „Stellungnahme der Gesellschaft für Bürgerrechte zu dem Entwurf eines Gesetzes über öffentliche Versammlungen und Aufzüge", Anlage zu *Mat.-VersG, Nr. 12*; damit einhergehend erachtete die GfB die Regelungen der §§ 6, 7 Abs.1, 8 und 10 RegE für *„überflüssig"*, da diese Rechte bereits vom allgemeinen Hausrecht gewährleistet würden.

763 Ders., ebda; § 11 S. 2 RegE lautete: *„Es muss ihnen ein angemessener Platz eingeräumt werden."*

(6) Ausschluss von der Versammlung und Verlassenspflicht, § 13 RegE

Die Regelungen in § 13 Abs. 1 RegE sah die GfB als vollkommen überflüssig an, da nach ihrer Auffassung ein *„Verbleib im Versammlungsraum nach Ausschluss den Tatbestand des § 123 StGB"* erfülle.[764] Hier übersah die GfB den grundsätzlichen Ansatz des RegE, den ordnungsgemäßen Ablauf von Versammlungen zu gewährleisten.[765] In § 13 Abs. 1 RegE wurde daher [vielmehr] zusätzlich zu der Regelung des § 123 StGB mit Blick auf ausgeschlossene Versammlungsteilnehmer eine Pflicht die Versammlung umgehend zur verlassen aufgenommen, um unabhängig von der Strafbarkeit eines möglichen Verbleibens in praktischer Hinsicht den Versammlungsleiter bei der Durchsetzung des von ihm angeordneten Ausschlusses gegenüber den betroffenen Versammlungsteilnehmern zu stärken.

(7) Anmeldefrist, § 14 RegE

Nach Ansicht der GfB sollte das BVerfG bei der Bestimmung der Anmeldefrist berücksichtigt werden.[766] Man sah in der Festsetzung einer Anmeldefrist keinen Eingriff in das Grundrecht der Versammlungsfreiheit, sofern eine angemessene Frist festgesetzt würde.[767]

(8) Auflagen und Versammlungsverbot, § 15 RegE

In der Regelung in § 15 Abs. 1 RegE sah die GfB eine mögliche Einfalltür für umfangreiche Verbote von Versammlungen, da bisher

> *„vielfach unter Berufung auf die öffentliche Ordnung und Sicherheit von Verwaltungsstellen Versammlungen verboten"*

worden seien,

> *„ohne dass die nach Art 18 GG erforderliche Verwirkung von Grundrechten durch das BVerfG ausgesprochen"*

---

764 Ders., ebda.

765 BT-Drs. 1102/50, S. 9.

766 Die im RegE vorgesehene 2-Wochen-Frist fand später Bestätigung in der Rechtsprechung des BVerfG, vgl. BVerfG, NJW 1985, S. 2395 ff. [2397], BVerfGE 69, 315 ff., [351]. Zusätzlich stellte das BVerfG jedoch klar, dass auch Spontanversammlungen ohne Einhaltung der Anmeldefrist im Lichte des Art. 8 GG möglich sein müssen, vgl. BVerfG, NJW 1985, S. 2395 ff. [2397].

767 „Stellungnahme der Gesellschaft für Bürgerrechte zu dem Entwurf eines Gesetzes über öffentliche Versammlungen und Aufzüge", Anlage zu *Mat.-VersG, Nr. 12.* Hier wendete die GfB jedoch eine falsche Begrifflichkeit an, da in systematischer Hinsicht auch die Festlegung einer Anmeldefrist als Eingriff in das Grundrecht der Versammlungsfreiheit zu werten ist, jedoch dieser Eingriff aufgrund der in Art. 8 Abs. 2 GG enthaltenen Grundrechtsschranke gerechtfertigt ist. Vgl. hierzu auch *Erbs/Kohlhaas-VersG-Wache,* § 15, Rn. 2 m.w.N.

worden sei.[768] Der Vorschlag der GfB, die Verwirkung von Grundrechten als zusätzliches Kriterium für ein Versammlungsverbots anzunehmen, vermag nicht zu überzeugen. Denn mit der Regelung in § 15 Abs. 1 RegE und der damit verbundenen Möglichkeit, eine Versammlung zu verbieten, sollte eine Regelung in den zulässigen Grenzen des Art. 8 Abs. 2 GG geschaffen werden. Die Möglichkeit eines einmaligen Versammlungsverbots ist als milderes Mittel gegenüber einer gerichtlich festgestellten Verwirkung des Grundrechts auf Versammlungsfreiheit zu sehen. Der Vorschlag in § 15 RegE war als Stärkung des Grundrechts zu verstehen. Denn ein Versammlungsverbot wäre nur im Einzelfall verhängt worden und eine solche Maßnahme hätte der gerichtlichen Überprüfung unterlegen. Zudem kann zu einem späteren Zeitpunkt eine andere Versammlung durch die betroffenen Personen durchgeführt werden, was im Falle einer Grundrechtsverwirkung ausgeschlossen wäre. Zudem wäre eine Verwirkung gegebenenfalls deutlich öfter erfolgt, um so bereits im Vorfeld ein faktisches Versammlungsverbot zu erreichen. Für § 15 RegE sprach zudem das praktische Argument, mit der Verbots- und Auflagenmöglichkeit ein abgestuftes System entwickelt zu haben, das im Vergleich zu einer pauschalen Grundrechtsverwirkung eine wesentlich flexiblere und einzelfallbezogene Entscheidung ermöglichte.[769]

(9) Eingriffspflicht des Leiters, § 20 RegE

Die GfB hielt die Eingriffspflicht des Versammlungsleiters für nicht erfüllbar,[770] ohne dies jedoch in ihrer Stellungnahme eingehender zu begründen.

c) Beratungen im Unterausschuss „Versammlungsordnungsgesetz" des Ausschusses zum Schutze der Verfassung, Oktober 1950 bis Februar 1951

Der mit Beschluss des 5. Ausschusses am 12. Oktober 1950 eingesetzte Unterausschuss „Versammlungsordnungsgesetz"[771] befasste sich in vier Sitzungen zwischen dem 25. Oktober 1950 und dem 13. Februar 1951 mit dem Gesetzentwurf zum VersG. Dabei fasste der Unterausschuss nur Beschlüsse zu den §§ 1–13 RegE. Die Abschnitte III bis V wurden durch den Unterausschuss in diesem Zeitrahmen nicht

---

768 „Stellungnahme der Gesellschaft für Bürgerrechte zu dem Entwurf eines Gesetzes über öffentliche Versammlungen und Aufzüge", Anlage zu *Mat.-VersG, Nr. 12.* Die GfB wollte daher eine Abgrenzung der Begriffe öffentliche Sicherheit und Ordnung wie z.B. in § 5 StVO.

769 Auch zielte § 15 VersG auf das Vorfeld einer Versammlung ab. Hier musste allein aus praktischen Erwägungen die im RegE enthaltene Regelung bestehen bleiben, um auch bei einer „ersten" Versammlung eingreifen zu können, bei der eine Grundrechtsverwirkung nur schwerlich in Betracht kam.

770 „Stellungnahme der Gesellschaft für Bürgerrechte zu dem Entwurf eines Gesetzes über öffentliche Versammlungen und Aufzüge", Anlage zu *Mat.-VersG, Nr. 12.*

771 Vgl. oben, S. 183.

erörtert. Dies ist auffällig, da insbesondere mit Blick auf die Strafvorschriften des IV. Abschnitts in der Ausschusssitzung vom 12. Oktober 1950 eine deutliche Überarbeitung dieses Teils des RegE gefordert worden war.

aa) Allgemeines, Abschnitt I

(1) Allgemeine Verhaltenspflicht, § 1 UAVersG

§ 1 UAVersG sah nunmehr im Gegensatz zu § 1 RegE und den Beschlüssen des 24. Ausschusses[772] nicht mehr die *„öffentliche Ordnung und Sicherheit"*, sondern die *„ordnungsgemäße Durchführung"* als Maßstab der allgemeinen Verhaltenspflicht vor.[773] Der Unterausschuss folgte somit der Forderung der GfB, obwohl sich die Unterausschussmitglieder, insbesondere *Dr. von Merkatz* und *Jacobi*,[774] in der Sitzung des 5. Ausschusses noch für eine Übernahme von § 1 RegE ausgesprochen hatten. In seiner Berichterstattung an den 5. Ausschuss bezeichnete *Jacobi* die Änderung von § 1 RegE als eine *„rein redaktionelle Änderung"*,[775] womit er den Schwenk von öffentlicher Ordnung und Sicherheit hin zu ordnungsgemäßer Durchführung nur unzureichend darstellte. Denn mit dieser Änderung stand eben gerade nicht mehr das allgemeine Schutzgut der öffentlichen Ordnung und Sicherheit im Vordergrund, sondern vielmehr der Schutz der Versammlung. Beides dürfte aber nicht als deckungsgleich verstanden werden, da die Fassung von § 1 UAVersG als umfassender angesehen werden konnte. Denn der Adressatenkreis der Norm hatte sich weg von den Teilnehmern einer Versammlung auf *„jedermann"* erweitert.[776] Die Neuformulierung bewirkte zudem eine umfassendere Schutzrichtung zugunsten eines ordnungsgemäßen Versammlungsablaufs, da mit der Bezugnahme auf eine ordnungsgemäße Durchführung auch solch ein Verhalten untersagt wurde, das noch nicht zwingend die Schwelle der öffentlichen Ordnung und Sicherheit erreichen musste.

---

772 Vgl. „Zusammenstellung des Entwurfs eines Gesetzes über öffentliche Versammlungen und Aufzüge (Versammlungsordnungsgesetz) mit den Beschlüssen des 24. und des Unterausschusses des 5. Ausschusses", Anlage 1 zu *Mat.-VersG, Nr. 17.*

773 „Beschlüsse des Unterausschusses betr. Entwurf eines Gesetzes über Versammlung und Aufzüge (Versammlungsordnungsgesetz) – Nr. 1102 der Drucksachen" vom 25. Oktober 1950, *Mat.-VersG, Nr. 13*, S.1.

774 Vgl. oben S. 173.

775 „Kurzprotokoll der 19. Sitzung des Ausschusses zum Schutze der Verfassung" vom 15. Februar 1951, *Mat.-VersG, Nr. 17*, S. 3.

776 „Beschlüsse des Unterausschusses betr. Entwurf eines Gesetzes über Versammlung und Aufzüge (Versammlungsordnungsgesetz) – Nr. 1102 der Drucksachen" vom 25. Oktober 1950, *Mat.-VersG, Nr. 13*, S. 1.

(2) Waffenverbot, § 2 UAVersG

Das Waffenverbot des § 2 RegE wurde erweitert, indem dieses nun nicht mehr allein für *„Teilnehmer“* bestand, sondern für jedwede Person gelten sollte.[777] Der Ausnahmetatbestand der behördlichen Ermächtigung[778] wurde beibehalten.

(3) Uniformverbot, § 3 RegE

Während der 24. Ausschuss das umstrittene Uniformverbot des § 3 RegE übernommen und um einen Ausnahmetatbestand erweitert hatte,[779] wurde es nun durch den Unterausschuss vollständig gestrichen.[780] Damit wurde zumindest vorläufig ein Schlussstrich unter das im Plenum des BT und vor allem im 5. Ausschuss höchst umstrittene Uniformverbot gesetzt. Eine Verkürzung auf *„Uniformen und Uniformteile“*[781] – die eher unstreitigen Verbotsteile – wurde mit Hinblick auf *„gleichartige Kleidungsstücke“*[782] nicht in Betracht gezogen. Es ist zu vermuten, dass die Ausschussmitglieder an dieser Stelle zunächst keinerlei Regelung treffen wollten, da die Norm insgesamt schwierigen Abgrenzungsmöglichkeiten zwischen den einzelnen Varianten ausgesetzt war. Zudem erachtete der Unterausschuss diese Norm insgesamt *„nicht für notwendig“* und wollte die inhaltlichen Regelungen dem Rechtsausschuss im Rahmen der Verhandlungen zur Strafrechtsnovelle überlassen.[783]

Wie zu erwarten, verabschiedete der Unterausschuss keine Regelungen zu Flaggenverbot und Verbot von nationalsozialistischen Symbolen und Emblemen.[784]

777 Ders., ebda; Wortlaut von § 2 UAVersG war: *„[...] darf niemand Waffen bei sich führen[...].“* Dem Unterausschuss war die Bezeichnung „Teilnehmer“ als zu eng erschienen, vgl. „Kurzprotokoll der 19. Sitzung des Ausschusses zum Schutze der Verfassung“ vom 15. Februar 1951, *Mat.-VersG, Nr. 17*, S. 3.

778 „Beschlüsse des Unterausschusses betr. Entwurf eines Gesetzes über Versammlung und Aufzüge (Versammlungsordnungsgesetz) – Nr. 1102 der Drucksachen“ vom 25. Oktober 1950, *Mat.-VersG, Nr. 13.*

779 „Zusammenstellung des Entwurfs eines Gesetzes über öffentliche Versammlungen und Aufzüge (Versammlungsordnungsgesetz) mit den Beschlüssen des 24. und des Unterausschusses des 5. Ausschusses“, Anlage 1 zu *Mat.-VersG, Nr. 17*, S. 1.

780 „Beschlussprotokoll der Unterausschusssitzung vom 15. Januar 1951“, *Mat.-VersG, Nr. 14*, S. 1. Dieser Sitzung wohnten neben den Ausschussmitgliedern bei: *Jacobi, Dr. Jaeger, Dr. Becker* und *Ewers* (DP), letzterer als Vertreter von *Dr. von Merkatz*, auch die Vertreter des BMI, die Herren *von Nathusius* und *Dr. Füßlein* und der Vertreter des BMJ, *Dr. Schafheutle.*

781 Vgl. § 3 RegE.

782 ebda.

783 „Kurzprotokoll der 19. Sitzung des Ausschusses zum Schutze der Verfassung“ vom 15. Februar 1951, *Mat.-VersG, Nr. 17*, S. 3.

784 So noch der BR in seinen Änderungsvorschlägen zum RegE, der dafür neue §§ 3a bzw. 3b vorgeschlagen hatte, vgl. BT-Drs. 1102/50, S. 12 f.

bb) Öffentliche Versammlungen unter freiem Himmel, Abschnitt II

(1) Allgemeines Teilnahmerecht, § 4 UAVersG

Das allgemeine Teilnahmerecht des § 4 RegE wurde durch den Unterausschuss modifiziert und erweitert.[785] So wurde die Norm nicht mehr in zwei Absätze unterteilt und sprachlich leicht umgestellt. Der Ausschluss von der Teilnahme im Vorfeld, ausgesprochen in der Einladung zur Versammlung, wurde beibehalten. Neu hingegen war eine Ausnahmeregelung für Pressevertreter in § 4 S. 2 und 3 UAVersG. Danach sollte die Möglichkeit, Teilnehmer im Vorfeld auszuschließen, nicht für jeweils *„einen"* entsendeten Vertreter der Presse gelten.[786] Dies wurde verknüpft mit der Pflicht des Pressevertreters, sich *„dem Leiter der Versammlung gegenüber ordnungsgemäß auszuweisen."*[787] Auf diesem Wege wollte man verhindern, dass unter dem Deckmantel der Pressefreiheit und mit der Möglichkeit, unbegrenzt Vertreter auf die Versammlung zu schicken, *„Störtrupps in die Versammlungen"* geleitet würden.[788]

(2) Person des Versammlungsleiters, § 5 UAVersG

Die Regelung in § 5 RegE erfuhr durch den Unterausschuss keine inhaltlichen Änderungen.

(3) Leitung der Versammlung durch den Versammlungsleiter, § 6 UAVersG

Hinsichtlich der Leitung der Versammlung fand durch den Unterausschuss eine Modifizierung des RegE statt. Danach hatte der Versammlungsleiter nunmehr lediglich *„das Recht, eine Aussprache zu begrenzen."*[789]

(4) Pflichten des Versammlungsleiters und Ordnereinsatz, § 7 UAVersG

Die Regelungen in § 7 RegE wurden durch den Unterausschuss abgeändert. So erfolgte in § 7 S. 1 UAVersG eine klarstellende Erwähnung des Hausrechts des Versammlungsleiters.[790] Auch für die Anforderungen an die Person der eingesetzten

---

785 „Beschlussprotokoll der Unterausschusssitzung vom 15. Januar 1951", *Mat.-VersG, Nr. 14*, S. 2.

786 Ders., ebda.

787 Ders., ebda.

788 „Kurzprotokoll der 19. Sitzung des Ausschusses zum Schutze der Verfassung" vom 15. Februar 1951, *Mat.-VersG, Nr. 17*, S. 3.

789 „Beschlussprotokoll der Unterausschusssitzung vom 15. Januar 1951", *Mat.-VersG, Nr. 14*, S. 2. § 6 RegE hatte noch vorgesehen, dass der Versammlungsleiter auch bestimmt, *„ob eine Aussprache stattfindet."* Es wurde also nunmehr grundsätzlich von einer Aussprache ausgegangen, die jedoch begrenzt werden durfte. Dies entsprach der gängigen Praxis, vgl. „Kurzprotokoll der 19. Sitzung des Ausschusses zum Schutze der Verfassung" vom 15. Februar 1951, *Mat.-VersG, Nr. 17*, S. 3.

790 „Beschlussprotokoll der Unterausschusssitzung vom 15. Januar 1951", *Mat.-VersG, Nr. 14*, S. 2. Dies war während der Sitzung des 5. Ausschusses am 12. Oktober 1950 von verschiedenen Seiten gefordert worden, vgl. oben S. 185.

Ordner sowie deren Kennzeichnung wurden wesentliche Änderungen[791] eingeführt. So sollten die Ordner nun zusätzlich *„ehrenamtlich"* tätig und zudem *„volljährig"* sein.[792] Die Armbinden sollten eine weiße Farbe erhalten und mit der Bezeichnung *„Ordner"* versehen werden.[793] Somit sollte zumindest eine gewisse Sicherheit dafür geschaffen werden, dass nicht von den eingesetzten Ordnern Unruhe in den Versammlungsablauf gebracht würde.

(5) Verhaltenspflicht von Versammlungsteilnehmern, § 7a UAVersG

Mit § 7a UAVersG führte der Unterausschuss eine zusätzliche Regelung gegenüber dem RegE ein. Darin wurde die Pflicht zur Befolgung von Anweisungen des Leiters und der Ordner festgelegt.[794] Der 24. Ausschuss hatte eine solche Regelung bisher nicht vorgesehen.[795]

(6) Ordnungsrufe und Ausschluss von der Versammlung, § 8 UAVersG

Im Hinblick auf § 8 RegE beschloss der Unterausschuss die Möglichkeit von Ordnungsrufen durch den Versammlungsleiter aufzugeben.[796] Diese bisherige Regelung war hinfällig geworden, da von § 7a UAVersG auch die Möglichkeit von Ordnungsrufen für Fälle von Störungen durch Versammlungsteilnehmer erfasst wurde. Die Möglichkeit des Ausschlusses von Versammlungsteilnehmern in Fällen von *„gröblich[en] und wiederholt[en] Störungen"* wurde um den Fall eines Verstoßes gegen das Waffenverbot des § 2 UAVersG erweitert.[797]

(7) Ausweispflicht von Versammlungsteilnehmern bei Ordnungsrufen und Versammlungsausschluss, § 9 UAVersG

In einer ersten Fassung sah § 9 UAVersG eine Ausweispflicht von Versammlungsteilnehmern nur mehr für Fälle eines Versammlungsausschlusses vor.[798] Gleichwohl

---

791 Basierend auf den Änderungsvorschlägen des BR, des 24. Ausschusses und des 5. Ausschusses.

792 „Beschlussprotokoll der Unterausschusssitzung vom 15. Januar 1951", *Mat.-VersG, Nr. 14*, S. 2 f.

793 a.a.O., S. 3.

794 § 7a UAVersG lautete: *„Alle Versammlungsteilnehmer sind verpflichtet, den zur Aufrechterhaltung der Ordnung getroffenen Anweisungen des Leiters oder der von ihm bestellten Ordner Folge zu leisten."*

795 Vgl. „Zusammenstellung des Entwurfs eines Gesetzes über öffentliche Versammlungen und Aufzüge (Versammlungsordnungsgesetz) mit den Beschlüssen des 24. und des Unterausschusses des 5. Ausschusses", Anlage 1 zu *Mat.-VersG, Nr. 17*, S. 3.

796 „Beschlussprotokoll der Unterausschusssitzung vom 15. Januar 1951", *Mat.-VersG, Nr. 14*, S. 3.

797 Ders., ebda.

798 Ders., ebda. Für Fälle von lediglich wiederholten Ordnungsrufen sollte keine Ausweispflicht mehr bestehen.

behielt sich der Unterausschuss in seiner Sitzung vom 15. Januar 1951 eine endgültige Fassung vor und sprach sich für eine Neufassung von § 9 RegE / UAVersG durch das BMI aus. Bereits auf der Sitzung vom 25. Januar 1951 beschloss der Unterausschuss daher die vollständige Streichung von § 9 RegE.[799] Begründet wurde dies mit dem Argument, es handle sich bei der Ausweispflicht um eine *„Einzelheit der Verwaltungspraxis, die im Gesetz nicht geregelt werden sollte.“*[800]

(8) Auflösungsrecht des Versammlungsleiters, § 10 UAVersG

Das Auflösungsrecht des Versammlungsleiters wurde in § 10 UAVersG erweitert. Zu dem Recht der jederzeitigen Auflösung kam nun auch noch die Möglichkeit einer Unterbrechung der Versammlung[801] und einer späteren Fortsetzung der unterbrochenen Versammlung hinzu.[802] Somit war die Möglichkeit geschaffen worden, Versammlungen nicht endgültig abzubrechen, sondern nach Entscheidung des Versammlungsleiters lediglich zu unterbrechen, wodurch der Sinn und Zweck der Norm, die ordnungsgemäße Durchführung einer Versammlung zu gewährleisten, noch deutlicher zum Ausdruck kam. Diese Änderung fand auch die Zustimmung des BMI.[803]

(9) Rechte und Pflichten entsandter Polizeibeamter, § 11 UAVersG

In § 11 UAVersG wurde keine Änderung zu § 11 RegE aufgenommen. So wurde auch der von der GfB aufgeworfene Punkt einer möglichen *„polizeistaatlichen Überwachung“*[804] der Versammlung nicht weiter verfolgt.

(10) Auflösungsrecht der Polizei, § 12 UAVersG

Parallel zu dem Auflösungs- und Unterbrechungsrecht des Versammlungsleiters in § 10 UAVersG wurde auch das Auflösungsrecht der Polizei in der ersten Fassung des § 12 UAVersG entsprechend angepasst, wie es auch schon der 24. Ausschuss

---

799 „Beschlussprotokoll der Unterausschusssitzung vom 25. Januar 1951“, *Mat.-VersG*, Nr. 15. An dieser Sitzung nahmen als Ausschussmitglieder *Jacobi, Dr. Menzel* (SPD), *Dr. Schneider* (FDP) und *Ewers* (DP) sowie der Vertreter des BMI, *Dr. Füßlein*, und der Vertreter des BMJ, *Dr. Stoecker*, teil.

800 „Kurzprotokoll der 19. Sitzung des Ausschusses zum Schutze der Verfassung“ vom 15. Februar 1951, *Mat.-VersG, Nr. 17*, S. 3.

801 Beispielsweise, um wieder geordnete Zustände zu schaffen.

802 „Beschlussprotokoll der Unterausschusssitzung vom 15. Januar 1951“, *Mat.-VersG, Nr. 14*, S. 3.

803 „Kurzprotokoll der 19. Sitzung des Ausschusses zum Schutze der Verfassung“ vom 15. Februar 1951, *Mat.-VersG, Nr. 17*, S. 4.

804 „Stellungnahme der Gesellschaft für Bürgerrechte zu dem Entwurf eines Gesetzes über öffentliche Versammlungen und Aufzüge“, Anlage zu *Mat.-VersG, Nr. 12.*

beschlossen hatte.[805] So sollte nun auch die Polizei die Möglichkeit haben, eine Versammlung zu unterbrechen, *„um dem Leiter Gelegenheit zu geben"*, Personen, die gegen das Waffenverbot verstießen, aus der Versammlung zu entfernen.[806] Damit erfuhren der Grundsatz der ordnungsgemäßen Durchführung einer Versammlung und zugleich ihr Bestandsschutz eine gesetzgeberische Bekräftigung. Der Tatbestand der Auflösung einer Versammlung für den Fall eines Verstoßes gegen das Waffenverbot wurde vorerst fallen gelassen.[807] Dies war zum einen Folge der vorherigen Erweiterung von § 12 RegE mit Hinblick auf die Unterbrechungsmöglichkeit, zudem konnte der Fall eines Verstoßes gegen das Waffenverbot auch als unmittelbare Gefahr für Leben oder Gesundheit von Teilnehmern verstanden werden. Gleichwohl behielt sich der Unterausschuss eine endgültige Fassung vor und ersuchte die Polizeiabteilung des BMI, die in der Sitzung vom 15. Januar 1951 beschlossene Fassung zu überprüfen.[808] So wurde auf der Sitzung des Unterausschusses vom 25. Januar 1951 eine Neufassung beschlossen. Der Polizei wurde nunmehr die Möglichkeit eingeräumt, eine Versammlung aufzulösen oder zu unterbrechen,

> *„(1) wenn der Leiter seine Befugnisse in gröblicher Weise missbraucht und dadurch die öffentliche Ordnung und Sicherheit in erheblicher Weise gestört wird, (2) wenn unmittelbare Gefahr für Leben oder Gesundheit von Teilnehmern besteht, (3) wenn Personen, die ohne behördliche Ermächtigung Waffen mit sich führen (§ 2), auf andere Weise nicht aus der Versammlung entfernt werden können."*[809]

Somit gab der Ausschuss seine ursprünglich eher moderate Fassung der Eingriffsrechte der Polizei auf und übernahm vielmehr die ursprüngliche Fassung von § 12 RegE, erweitert um die Möglichkeit einer Versammlungsunterbrechung. Im Hinblick auf das Recht der Polizei, eine Versammlung bei einem Verstoß gegen das Waffenverbot aufzulösen, war es im Vergleich zum RegE nicht mehr allein entscheidend, dass die betroffene Person nicht umgehend durch den Versammlungsleiter ausgeschlossen wird. Vielmehr kam eine Auflösung der Versammlung nur noch in Betracht, wenn die betroffene Person weder durch den Versammlungsleiter noch durch die Polizei von der Versammlung entfernt werden konnte.

---

805 Vgl. „Zusammenstellung des Entwurfs eines Gesetzes über öffentliche Versammlungen und Aufzüge (Versammlungsordnungsgesetz) mit den Beschlüssen des 24. und des Unterausschusses des 5. Ausschusses", Anlage 1 zu *Mat.-VersG, Nr. 17*, S. 4.

806 „Beschlussprotokoll der Unterausschusssitzung vom 15. Januar 1951", *Mat.-VersG, Nr. 14*, S. 4.

807 Ders., ebda.

808 Ders., ebda.

809 „Beschlussprotokoll der Unterausschusssitzung vom 25. Januar 1951", *Mat.-VersG*, Nr. 15, S. 1.

(11) Verhalten nach Versammlungsausschluss und Versammlungsauflösung, § 13 UAVersG

Die Regelung in § 13 RegE wurde in § 13 UAVersG vollständig beibehalten.

cc) Zusammenfassung

In den Beschlüssen des Unterausschusses fanden sich im Wesentlichen die Änderungsvorschläge und Anmerkungen aus der Sitzung des 5. Ausschusses vom 12. Oktober 1950 wieder. Die Beschlüsse des Unterausschusses wurden in der Ausschuss-Drucksache Nr. 3 vom 13. Februar 1951 festgehalten.[810]

dd) Berichterstattung des Unterausschusses in der 19. Sitzung des Ausschusses zum Schutze der Verfassung (5. Ausschuss) am 15. Februar 1951.

Die Berichterstattung der Beschlüsse des Unterausschusses an den Hauptausschuss erfolgte in der 19. Sitzung des Ausschusses zum Schutze der Verfassung vom 15. Februar 1951.[811] Den Vorsitz der Ausschusssitzung hatte der Abgeordnete *Dr. Menzel* (SPD) inne.[812] Der Vorsitzende des Unterausschusses, der Abgeordnete *Jacobi*, übernahm die Berichterstattung. Dabei wurde einstimmig durch den 5. Ausschuss beschlossen, die Aussprache und Lesung auf die nächsten Sitzungen zu vertagen.[813]

(1) Allgemeine Ausführungen

Der Berichterstatter stellte zu der Arbeit des Unterausschusses fest, dass für die einzelnen Entscheidungen zahlreiche Materialien und Vorschläge von Abgeordneten vorgelegen haben. Ziel der einzelnen vom Unterausschuss getroffenen Regelungen sei der Verzicht auf „*kasuistische Regelungen*“ gewesen, um „*genügend Raum für Ermessensentscheidungen bei der Anwendung des Gesetzes*“ zu lassen.[814]

---

810 Ausschuss-Drucksache Nr. 3 des 5. Ausschusses – Unterausschuss „Versammlungsordnungsgesetz“, *Mat.-VersG*, Nr. 16, S. 1.

811 An dieser Sitzung nahmen teil: die Abgeordneten *Heix, Kiesinger, Prof. Dr. Laferet, Mehs* und *Schulze-Pellengahr* (alles CDU/CSU), *Dr. Menzel, Prof. Dr. Bergsträsser, Gleisner, Pauk, Meitmann, Jacobi, Prof. Dr. Schmidt* (alle SPD), *Dr. Becker, Stahl* (alle FDP), *Dr. von Merkatz* (DP), *Dr. Etzel* (BP), *Fisch* (KPD) und *Willenberg* (Zentrum), die Vertreter des BMI, *Dr. Füßlein* und *Bargatzky*, der Vertreter des BMJ, *Dr. Dallinger* und ein Vertreter des BR, *Dr. Geigenmüller* (Schleswig-Holstein).

812 Er war auf der Sitzung vom 15. Februar 1951 als Nachfolger des Abgeordneten *Zinn* (SPD) gewählt worden, der am 21. Januar 1951 Hessischer Ministerpräsident geworden war; vgl. „Kurzprotokoll der 19. Sitzung des Ausschusses zum Schutze der Verfassung“ vom 15. Februar 1951, *Mat.-VersG, Nr. 17*, S. 2.

813 Ders., ebda.

814 a.a.O., S. 3.

(2) Eilbedürftigkeit einer bundesweit einheitlichen Regelung

Auch in dieser Sitzung betonte der Berichterstatter die Eilbedürftigkeit einer bundesweit einheitlichen Regelung zur Versammlungsordnung.[815] Einige Bundesländer hatten bereits Verordnungen erlassen, um so *„Prinzipien für die Durchführung der Versammlungen aufzustellen."*[816] So hatte zum Beispiel die niedersächsische Landesregierung mit der „Verordnung über das Verbot von Versammlungen und Aufzügen unter freiem Himmel"[817] geplante Versammlungen von FDJ, Jungpionieren, VVN und weiteren kommunistisch / sozialistisch ausgerichteten Jugend- und Erwachsenengruppierungen verboten. Unabhängig von der Frage der Vereinbarkeit einer solchen Verordnung mit der Regelung in Art. 8 GG[818] zeigte diese einzelstaatliche Lösung die Unsicherheit einzelner Bundesländer im Umgang mit der Versammlungsordnung ebenso wie die Gefahr eines möglichen Missbrauchs von Gesetz- und Verordnungskompetenzen, um so politisch unliebsame Gegner auf dem Verordnungswege an der Ausübung ihrer Versammlungsfreiheit und somit an der Kundgabe ihrer politischen Gesinnung zu hindern.

Auch die Bekanntmachung des bayerischen Innenministeriums vom Februar 1951[819] zielte in vielen Punkten auf eine Verhinderung bestimmter Versammlungen und Aufzüge bereits im Vorfeld ab. So waren

> *„öffentliche Kundgebungen von Organisationen, deren Zwecke oder deren Tätigkeit den Strafgesetzen zuwiderlaufen oder die sich gegen die verfassungsmäßige Ordnung oder gegen den Gedanken der Völkerverständigung richten und die deshalb in der vorläufigen Liste der Bundesregierung vom 19. September 1950 aufgeführt sind sowie öffentliche Kundgebungen aller Organisationen gleicher Zielsetzung und ihrer Ersatzorganisationen, zu verhindern."*[820]

Auch diese Regelung war im Hinblick auf Art. 8 (und Art. 5) GG zumindest zweifelhaft. Dies schien auch das bayerische Staatsministerium nicht ausschließen zu wollen, da es selber unter Nr. 4 der Bekanntmachung die *„Frage der etwaigen Verfassungswidrigkeit"*[821] durch das BVerfG klären lassen wollte.

---

815 a.a.O., S. 5.

816 a.a.O., S. 4.

817 „Verordnung über das Verbot von Versammlungen und Aufzügen unter freiem Himmel" vom 26. September 1950, in: Nds. GVB, 4. Jahrgang Nr. 23, S. 49.

818 Das Verbot bezog sich nämlich auf *„geplante"* Versammlungen.

819 „Bekanntmachung des Bayerischen Staatsministeriums des Innern vom 1. Februar 1951 betreffend die Durchführung von öffentlichen Versammlungen", in Bayerischer Staatsanzeiger, 6. Jahrgang Nr. 5 von dem 3. Februar 1951, S. 1.

820 Ders., ebda.

821 a.a.O., S. 2.

Die vom Berichterstatter als auch von den anderen am Gesetzentwurf Beteiligten immer wieder betonte Eilbedürftigkeit einer bundesgesetzlichen Regelung[822] trat also aufgrund der konkreten Verhältnisse und Umstände bei Versammlungen und aufgrund der unterschiedlichen Vorgehensweisen der Bundesländer immer deutlicher zutage. Wie die Beratungen zum VersG zeigen, war die Erforderlichkeit und Eilbedürftigkeit einer bundesweit einheitlichen Regelung nicht Gegenstand der Diskussion zwischen den Fraktionen im Bundestag;[823] gleichwohl ließen sich die beteiligten Ausschüsse nicht zu einer übereilten und damit evtl. unsauberen bzw. unfertigen Gesetzesarbeit hinreißen.[824]

(3) Neufassung von § 12 UAVersG

Hinsichtlich § 12 UAVersG schlug der Berichterstatter aus Gründen der Verhinderung von

> *„polizeistaatlichen Regelungen"* im Gesetz und der Gewähr von *„in einem eingespielten Versammlungsleben die Ordnung durch den Versammlungsleiter"*

wahrnehmenden gesetzlichen Regelungen eine Neufassung der Norm vor.[825] So wollte er das Auflösungsrecht aufgrund von Verstößen des Versammlungsleiters (§ 12 Nr. 1 UAVersG) nicht mehr unter der Voraussetzung von Störungen der öffentlichen Ordnung und Sicherheit wissen, sondern wie in § 1 UAVersG nur noch nach der Frage einer evtl. erheblichen Störung des ordnungsgemäßen Ablaufs der Versammlungen beurteilen.

Zudem schlug *Jacobi* eine zusätzliche Nr. 4 für § 12 UAVersG vor, nach der eine Auflösung oder Unterbrechung der Versammlung durch die Polizei möglich werden sollte,

> *„wenn in der Versammlung, ohne dass der Leiter einschreitet, Anträge oder Vorschläge erörtert werden, die sich gegen die verfassungsmäßige Ordnung oder den Gedanken der Völkerverständigung richten oder den Strafgesetzen zuwider laufen."*[826]

Dieser Vorschlag war im Unterausschuss nicht diskutiert worden, er wäre aber zumindest vor dem Hintergrund des Rechts auf freie Meinungsäußerung, Art. 5 GG, nicht unumstritten gewesen. Gleichwohl sieht auch Art. 5 Abs. 2 GG Schranken

---

822 So z.B. *von Nathusius* als Vertreter des BMI in der 17. Sitzung des 5. Ausschusses vom 12. Oktober 1950, *Mat.-VersG, Nr. 12*, S. 32, der zwar nicht auf die einzelstaatlichen Regelungen einging, aber aufgrund der Vielzahl von durchgeführten und geplanten Versammlungen zu dem gleichen Rückschluss kam.

823 Von der Ablehnung des RegE durch die KPD einmal abgesehen.

824 Vgl. *Jacobi* in der 17. Sitzung des 5. Ausschusses vom 12. Oktober 1950, *Mat.-VersG, Nr. 12*, S. 32.

825 „Kurzprotokoll der 19. Sitzung des Ausschusses zum Schutze der Verfassung" vom 15. Februar 1951, *Mat.-VersG, Nr. 17*, S. 4. *Jacobi* sah in der bisher der Polizei eingeräumten Ermessensentscheidung genau diese Gefahr einer polizeistaatlichen Regelung.

826 Ders., ebda.

für die Meinungsfreiheit vor, so dass der Ergänzungsvorschlag zumindest nicht gänzlich abwegig war.

d) *Erneute Beratung und Beschlussfassung im 5. Ausschuss, Februar bis Juni 1951*

Verteilt über mehrere Sitzungen des 5. Ausschusses fanden zwischen dem 22. Februar 1951 und dem 19. Juni 1951 die Aussprache zu den vom Unterausschuss beschlossenen Änderungen (UAVersG) und die weitere Beratung zum RegE statt. In der folgenden Darstellung sind dabei auch die Beschlüsse der Redaktionskommission berücksichtigt, soweit diese gegenüber der Beratung im Plenum des 5. Ausschusses nochmals eine Veränderung mit sich brachten. Die Redaktionskommission war auf der Sitzung des 5. Ausschusses vom 12. Juni 1951 eingesetzt worden, um die noch offenen Fragen zu prüfen sowie eine *„vollständige redaktionsmäßige Überprüfung der erarbeiteten Formulierungen vor[zu]nehmen."*[827] Als feste Mitglieder der Redaktionskommission wurden die Abgeordneten *Dr. Becker* (FDP) und *Dr. Bergsträsser* (SPD) bestimmt.[828] Auf seiner Sitzung vom 19. Juni 1951 beschäftigte sich die Redaktionskommission abschließend mit dem Gesetzentwurf und den vom 5. Ausschuss getroffenen Regelungen.[829]

aa) Allgemeine Vorschriften, I. Abschnitt

(1) Allgemeine Verhaltenspflicht, § 1 5.A.-VersG 1951

Nach kurzer Diskussion wurde § 1 5.A.-VersG 1951 in der Form des § 1 UAVersG durch den 5. Ausschuss angenommen, da dessen Formulierung gegenüber der Fassung von § 1 RegE nach Ansicht der Mehrheit der Ausschussmitglieder[830] umfassender sei.[831] Der Einwand des BMI-Vertreters *von Nathusius*, bei einer Änderung von § 1 RegE müsse auch § 12 RegE entsprechend angepasst werden,

827 *Mat.-VersG, Nr. 23*, S. 8. Der Redaktionsausschuss beschäftigte sich also mit den Beschlüssen der Sitzungen vom 22. Februar, 15. März, 5. April, 26. April, 31. Mai und 12. Juni 1951.

828 Diesen oblag es, ein weiteres Unterausschussmitglied zu bestimmen. Zudem waren Vertreter des BMI und des BMJ zugelassen.

829 Auf der Sitzung waren anwesend: die Abgeordneten *Schulze-Pellengahr* (CDU/CSU), *Dr. Bergsträsser* (Vorsitzender) und *Knothe* (SPD) sowie *Dr. Becker* (FDP), zudem die Vertreter der Bundesregierung Dr. *Stöcker* (BMJ) und *Dr. Füßlein* (BMI).

830 So hatte, soweit erkennbar, nur der Abgeordnete *Menzel* (SPD) für die Beibehaltung von § 1 RegE plädiert.

831 „Kurzprotokoll der 20. Sitzung des Ausschusses zum Schutze der Verfassung" (5. Ausschuss) vom 22. Februar 1951, *Mat.-VersG, Nr. 18*, S. 4. An dieser Sitzung nahmen teil: die Abgeordneten *Mehs, Schulze-Pellengahr, Kiesinger* (alle CDU/CSU), *Friedrich Maier, Dr. Bergsträsser, Gleisner, Knothe, Dr. Menzel* (Vorsitzender), *Ernst Paul* und *Meitmann* (alle SPD), *Dr. Becker, Dr. Hammer, Stahl* (FDP), *Dr. von Merkatz* (DP), *Willenberg* (Zentrum), als Vertreter des BMI *von Nathusius, Füßlein*

der mit diesem *„in gewisser Weise korrespondiere,“*[832] wurde von *Dr. Menzel* mit dem Argument zurückgewiesen, letzterer beträfe die Pflichten der Polizei, während sich § 1 an die Teilnehmer (bzw. Anwesenden) einer Versammlung richte.[833]

(2) Waffenverbot, § 2 5.A.-VersG 1951

Hinsichtlich des Waffenverbots erfolgte eine längere Diskussion zum Begriff der „Waffe“, und man erwog eine entsprechende Definition in die Norm aufzunehmen. Von Seiten des BMI (*von Nathusius*) wurde diesbezüglich die Auffassung vertreten, dass eine Definition des Waffenbegriffs *„sehr schwierig sei und man diese Frage der Judikatur überlasse.“*[834] Im Ergebnis wurde § 2 5.A.-VersG 1951 in der Fassung des § 2 UAVersG[835] angenommen.

(3) Uniformverbot, § 3 RegE

In Übereinstimmung zwischen dem Ausschuss und den Vertretern des BMI wurde beschlossen, § 3 RegE gem. den Beschlüssen des Unterausschusses entfallen zu lassen. In der vorangegangen Diskussion betonte der Abgeordnete *Meitmann* (SPD) die praktischen Erwägungen des Wegfalls des Uniformverbots, da das Tragen von Uniformen auf Versammlungen als Erleichterung für die Polizei anzusehen sei, Gruppen *„zu erkennen.“*[836] Schon auf der 19. Sitzung des 5. Ausschusses hatte der Berichterstatter *Dr. Menzel* hinsichtlich § 3 RegE ausgeführt und betont, dass mit Hinblick auf die momentanen Versammlungsabläufe fragwürdig erscheine,

> *„ob man durch ein Uniformverbot nicht gerade das Gegenteil von dem erreichen würde, was mit dem Gesetz angestrebt werde, nämlich eine Beruhigung und eine Versammlungsordnung, die von Spannungen möglichst frei sei.“*[837]

Neben den allgemeinen ordnungspolitischen Erwägungen versprach man sich durch die Streichung des Uniformverbots auch Erleichterungen für die Versammlungspraxis.

---

und *Dr. Sauer*, als Vertreter des BMJ Min. Direktor *Römer* und als Vertreter des Bundespressedienstes Herr *Hamm*.

832 „Kurzprotokoll der 20. Sitzung des Ausschusses zum Schutze der Verfassung“ (5. Ausschuss) vom 22. Februar 1951, *Mat.-VersG, Nr. 18*, S. 4.

833 Ders., ebda.

834 Ders., ebda.

835 Das Waffenverbot war nun nicht mehr nur an den Kreis der Teilnehmer der Versammlung, sondern an jedwede anwesende Person gerichtet, vgl. oben S. 189.

836 „Kurzprotokoll der 20. Sitzung des Ausschusses zum Schutze der Verfassung“ (5. Ausschuss) vom 22. Februar 1951, *Mat.-VersG, Nr. 18*, S. 4. Der Vertreter des BMI, *von Nathusius*, verwies auf die systematische Fehlstellung von § 3 RegE im *„Versammlungsordnungsgesetz.“*

837 „Stenographisches Protokoll über die 19. Sitzung des Ausschusses zum Schutze der Verfassung“ (5. Ausschuss) vom 15. Februar 1951, *Mat.-VersG, Anhang 1*, S. 2 f.

Dass die Streichung des Uniformverbots[838] einen Widerspruch zu den Vorschriften des Gesetzes Nr. 7 (Uniformen und Abzeichen) der Alliierten Hohen Kommission darstellen könnte,[839] kam weder im 5. Ausschuss noch in den weiteren Beratungen von Bundestag und Bundesrat zur Sprache.

(4) Vorschlag der Abgeordneten Dr. Becker und Stahl (FDP) für einen neuen § 3 5.A.-VersG 1951, Anwendung der allgemeinen sicherheitspolitischen Bestimmungen / allgemeines Präventivverbot

(a) Der Vorschlag der Abgeordneten Dr. Becker und Dr. Stahl

Die Abgeordneten *Dr. Becker* und *Stahl* (beide FDP) hatten mit einem separaten Vorschlag einen neuen § 3 für das 5.A.-VersG 1951 vorgeschlagen. Mit der Norm sollten allgemeine sicherheitspolizeiliche Bestimmungen zur Anwendung kommen, *„soweit es sich um die unmittelbare Gefahr von Gesundheit und Leben eines Versammlungsteilnehmers handelt.“*[840] Der Vorschlag stieß auf heftige Kritik. So waren es mehrheitlich Abgeordnete der SPD, die sich entschieden gegen eine solche Neuregelung wandten. Nach Ansicht des Abgeordneten *Meitmann* würden mit einer solchen Regelung *„der Polizei Präventivhandhaben zum Verbieten von Versammlungen gegeben.“*[841] Der Vertreter des BMI, *Dr. Füßlein*, verwies noch auf die vermehrte Anwendung von Präventivverboten in den Bundesländern[842] und ordnete den Vorschlag als eine allgemeine Kollisionsnorm ein.[843] Die Bedenken der Ausschussmitglieder entsprachen dem Grundtenor im Unterausschuss, der eine bundeseinheitliche Regelung anstrebte, um gerade die einzelstaatlichen Präventivverbote zu verhindern. Mit dem Vorschlag der FDP-Abgeordneten wäre aber die Zielrichtung des Gesetzentwurfs, möglichst keine polizeistaatlichen Regelungen aufzunehmen, aufgegeben worden. Denn der Vorschlag der beiden FDP-Abgeordneten hätte die Möglichkeit der Anwendung allgemeiner polizeirechtlicher Eingriffsnormen vor und während einer Versammlung eröffnet.[844]

---

838 Und des Verbots der Verwendung von nationalsozialistischen Kennzeichen sowie des Flaggenverbots.

839 Gesetz Nr. 7 (Uniformen und Abzeichen) der Alliierten Hohen Kommission vom 21. September 1949 (Amtsblatt der Hohen Alliierten Kommission, S. 11 f.). Siehe zu dieser Frage die Beratungen im Bundeskabinett, unten S. 320.

840 „Kurzprotokoll der 20. Sitzung des Ausschusses zum Schutze der Verfassung“ (5. Ausschuss) vom 22. Februar 1951, *Mat.-VersG, Nr. 18*, S. 5.

841 Ders., ebda.

842 Siehe hierzu die bei der Frage der Eilbedürftigkeit erwähnten und verfassungsrechtlich zumindest bedenklichen Vorgehensweisen von Niedersachsen und Bayern, oben S. 195.

843 „Kurzprotokoll der 20. Sitzung des Ausschusses zum Schutze der Verfassung“ (5. Ausschuss) vom 22. Februar 1951, *Mat.-VersG, Nr. 18*, S. 5.

844 Und widersprach damit dem Grundsatz der *„Polizeifestigkeit“* einer Versammlung, vgl. z.B. BVerfG, Beschluss vom 26. Oktober 2004, 1 BvR 1726/01 = NVwZ 2005, S. 80.

Der Vorschlag wurde im Ergebnis vom 5. Ausschuss abgelehnt. Gleichwohl ersuchte der Ausschuss die Vertreter des BMI, eine Regelung zu entwerfen, nach der zumindest Versammlungen von denjenigen Vereinigungen verboten werden können, bei denen die Voraussetzungen des Art. 9 Abs. 2 GG vorliegen.[845] Auch dies hätte im Ergebnis zwar Präventivmaßnahmen ermöglicht, diese hätten aber unter der zusätzlichen Voraussetzung eines bereits ausgesprochenen Verbots der entsprechenden Vereinigung gestanden. Dieses Verbot wäre aber nur wirksam und sinnvoll, wenn bei einem Verbot auch die Ausübung der Rechte aus Art. 8 GG verboten werden könnte. Andernfalls wäre die Verbotsmöglichkeit nach Art. 9 Abs. 2 GG nicht wirkungsvoll und die Vereinigung dürfte, zumindest auf Versammlungen, weiter agieren. Vor dem Hintergrund dieser Gesamtschau widersprach eine solche Präventivmöglichkeit daher nicht dem Sinn und Zweck des Gesetzentwurfs.

(b) Regelung eines Allgemeinen Präventivverbots (Vorschlag des BMI)

Auf der 21. Sitzung des 5. Ausschusses stand dann die Neufassung des § 3 bzw. § 3a[846] durch das BMI zur Diskussion. Sie hatte folgenden Wortlaut:[847]

> *„Auf Grund der allgemeinen sicherheitspolizeilichen Bestimmungen kann die Abhaltung einer Versammlung nur im Einzelfall und nur dann verboten werden, wenn es sich zur Verhütung unmittelbarer Gefahr für Leben oder Gesundheit der Teilnehmer als zwingend erforderlich erweist. Ein Verbot ist ferner zulässig, wenn Tatsachen vorliegen, die mit Sicherheit erwarten lassen, dass der Veranstalter die Versammlung dazu missbrauchen wird, die Strafgesetze zu verletzen, die verfassungsmäßige Ordnung anzugreifen oder gegen den Gedanken der Völkerverständigung zu verstoßen."*

Bereits bei Übersendung dieser Neufassung hatte das BMI klargestellt, mit dieser Regelung (und der Neufassung von § 12 RegE) eine

> *„erschöpfende Regelung der polizeilichen Befugnisse auf dem Gebiet des Versammlungsrechtes erstreben [zu wollen]."*[848]

---

845 „Kurzprotokoll der 20. Sitzung des Ausschusses zum Schutze der Verfassung" (5. Ausschuss) vom 22. Februar 1951, *Mat.-VersG, Nr. 18*, S. 5.

846 Zunächst wurde das Präventivverbot statt des Uniformverbots als neuer § 3 diskutiert. Erst im Mündlichen Bericht des 5. Ausschusses vom 19. Oktober 1951 wurde das Präventivverbot in einem neuen § 3a 5.A.-VersG 1951 verankert; vgl. *Mat.-VersG, Nr. 28*, S. 3.

847 In den Protokollen zur 21. und 22. Sitzung des 5. Ausschusses wird die Neufassung des BMI mit Datum vom 24. Februar 1951 als *„Regierungsfassung"* bezeichnet, vgl. „Stenographisches Protokoll der 21. Sitzung des Ausschusses zum Schutze der Verfassung" (5. Ausschuss) vom 15. März 1951, *Mat.-VersG, Anhang 2*, S. 20. Dabei war die Neufassung allein vom BMI erstellt worden, ohne dass es dazu einen entsprechenden Beschluss des Kabinetts gab.

848 Kurzprotokoll der 21. Sitzung des Ausschusses zum Schutze der Verfassung" (5. Ausschuss) vom 15. März 1951, *Mat.-VersG, Nr. 19*, Anlage 1.

Mit diesem Formulierungsvorschlag hielt sich das BMI jedoch nicht an die Vorgaben des 5. Ausschusses. Vielmehr sah der Vorschlag ein Versammlungsverbot auch für Fälle sicherheitspolitischer Notwendigkeit vor und ging somit über die bloße Möglichkeit eines Versammlungsverbots im Zusammenhang mit einem Vereinsverbot gem. Art. 9 Abs. 2 GG hinaus. Bereits in der Weiterleitung des Vorschlags des BMI an die Ausschussmitglieder regte der Ausschussvorsitzende *Dr. Menzel* an, ein Präventivverbot explizit nur auf *„baupolizeiliche, gesundheitspolizeiliche oder ähnliche Gründe“*[849] zu beziehen. Entsprechend kontrovers verlief die Debatte hierzu.

Das BMI versuchte, die Ausschussmitglieder davon zu überzeugen, dass die Regelung eines Präventivverbots von Versammlungen insbesondere aus praktischen und rechtsdogmatischen Gründen notwendig sei. Denn *v. Nathusius* sah die Gefahr, dass aufgrund der bisher durch die Länder genutzten, präventiven Verbotsmöglichkeit von § 1 RVG mit dessen Streichung durch Schaffung des VersG keinerlei präventive Verbotsmöglichkeit mehr bestünde.[850] Dies habe eine *„absolute“* Versammlungsfreiheit zur Folge. Dem BMI war eine Aufnahme dieser Regelung so wichtig, dass es sogar ein Scheitern vor dem Bundesverfassungsgericht in Kauf nahm.[851] Die Ausführungen der BMI-Vertreter zeigen, dass auf Seiten des Ministeriums bzw. der BReg ein anderes Verständnis von Versammlungsfreiheit herrschte, als das dem Grundgesetz zugrundliegende. Wenn auch aus nachvollziehbaren praktischen Erwägungen[852], so widersprach die Einführung einer generellen präventiven Verbotsmöglichkeit der durch Art. 8 Abs. 1 GG gewährten unbegrenzten Versammlungsfreiheit.

Während in der Aussprache der KPD-Abgeordnete *Fisch* in der vorliegenden Regelung die große Gefahr eines Missbrauchs sah,[853] versuchten die übrigen Abgeordneten eine Formulierung zu finden, die sowohl der grundgesetzlichen Regelung entsprach als auch in praktischer Hinsicht eine sinnvolle Lösung ergab. So sollte statt *„eine[r] Flucht vor der Verantwortung [...] der Polizei eine Handhabe“*[854] ermöglicht werden, die einen geordneten Versammlungsablauf gewährleisten konnte. Gleichwohl hielt der Abgeordnete *Fisch* seine Bedenken gegen eine *„Verhinderung von Versammlungen durch Polizeiverfügungen“* aufrecht und wollte diese allein in der Zuständigkeit der Gerichte belassen.[855]

---

849 a.a.O., Anlage 2.

850 „Stenographisches Protokoll der 21. Sitzung des Ausschusses zum Schutze der Verfassung“ (5. Ausschuss) vom 15. März 1951, *Mat.-VersG, Anhang 2*, S. 20.

851 Ders., ebda.

852 Die BMI-Vertreter führten in der 21. Sitzung des 5. Ausschusses mehrere Fälle von Versammlungen an, auf denen im Sinne eines *„Neofaschismus“* ein Angriff auf die Verfassung erfolgt sei, dies nach dem ersten Stattfinden einer solchen Versammlung aufgrund Personenidentität auch für die folgenden Versammlungen wahrscheinlich war (und auch eintrat) und mit einem Präventivverbot eine weitere verfassungsfeindliche Versammlung hätte verhindert werden können. Vgl. a.a.O., S. 21.

853 Ders., ebda.

854 So der Ausschussvorsitzende *Dr. Menzel*; a.a.O., S. 23.

855 a.a.O., S. 21.

Die Mehrheit der Abgeordneten hielt in den Fällen, in denen eine konkrete Wiederholungsgefahr des Verstoßes gegen Strafbestimmungen gegeben war, das Bedürfnis einer Präventivbestimmung für gegeben. Um dem Konflikt zu Art. 8 Abs. 1 GG zu entgehen, schlug der Ausschussvorsitzende *Dr. Menzel* folgende Regelung vor:

> *„Versammlungen können vorbeugend nur untersagt werden, wenn sie entgegen der Vorschrift des Art. 8 Abs. 1 GG zu unfriedlichen oder nicht zu friedlichen Zwecken benutzt werden.“*[856]

Zwar lag auch dem BMI an einer gesetzlichen Fixierung des Begriffs „friedlich“, jedoch brachten die Abgeordneten *Gleisner* (SPD) und *Dr. Becker* (FDP) das Bedenken vor, dass eine Versammlung selber friedlich verlaufen, jedoch die *„Vorbereitung“* eine Verletzung der geschützten Rechtsgüter darstellen könne und sich dann die Frage stelle, ob die Versammlung unfriedlich sei.[857] Hinzu kam die von *Dr. Menzel* aufgeworfene Frage, ob bei der Beurteilung der Unfriedlichkeit allein auf den Veranstalter bzw. Versammlungsleiter abgestellt werden solle oder auch das Verhalten der Versammlungsteilnehmer eine Rolle spielen müsse.[858] Der Abgeordnete *Meitmann* (SPD) hielt eine Berücksichtigung der Teilnehmer in dieser Frage für angebracht, gerade wenn diese als Anhänger des Veranstalters die Unfriedlichkeit hervorrufen.[859]

Diese Punkte aufgreifend machte *von Nathusius* (BMI) einen neuen Formulierungsvorschlag:

> *„Ein Verbot der Versammlung ist dann zulässig, wenn Tatsachen vorliegen, die mit Sicherheit erwarten lassen, dass der Veranstalter und sein Anhang die Versammlung dazu missbrauchen werden: (a) die Versammlung zu einer unfriedlichen zu machen, (b) Waffen zuzulassen, (c) die Strafgesetze zu verletzen, (d) die verfassungsmäßige Ordnung anzugreifen, (e) gegen die Gedanken der Völkerverständigung zu verstoßen.“*[860]

Mit dieser Formulierung wurde ein durchaus tauglicher Versuch unternommen, den grundgesetzlichen Vorgaben und den praktischen Bedürfnissen gerecht zu werden, indem das Präventivverbot entsprechend auf unfriedliche Versammlungen begrenzt wurde. Gleichwohl hatte auch dieser Formulierungsvorschlag den grundsätzlichen Nachteil, das Verbot allein auf eine Prognoseentscheidung stützen zu wollen. Zudem konnte aus dem Wortlaut von Art 8 Abs. 1 GG nicht automatisch der Rückschluss gezogen werden, dass bei zu erwartender Unfriedlichkeit ein Verbot möglich sein sollte. Vielmehr hätte die Norm so verstanden werden müssen, dass allein für den

856 a.a.O. S. 22.
857 Ders., ebda.
858 a.a.O., S. 23.
859 Ders., ebda.
860 a.a.O., S. 24.

Fall einer tatsächlich unfriedlichen und damit schon stattfindenden Versammlung ein Verbot bzw. eine Auflösung möglich sein musste, wie es dann auch § 12 RegE vorsah.[861]

Auf Anregung des Ausschusses wurde vom BMI eine Neufassung des § 3 (und § 12) erstellt, die Grundlage der weiteren Beratung in der 22. Sitzung am 5. April 1951[862] war. § 3 sollte nunmehr lauten:

> *„Die Abhaltung einer Versammlung kann nur im Einzelfall und nur dann verboten werden, wenn Tatsachen vorliegen, die mit Sicherheit erwarten lassen, dass der Veranstalter die Versammlung dazu missbrauchen wird, 1.) um einen unfriedlichen Verlauf der Versammlung zuzulassen, 2.) um entgegen der Vorschrift des § 2 bewaffneten Teilnehmern Zutritt zu gewähren, 3,) um Strafgesetze zu verletzen, 4.) um die verfassungsmäßige Ordnung anzugreifen, 5.) um gegen den Gedanken der Völkerverständigung zu verstoßen."*[863]

Der Vorsitzende *Dr. Menzel* stellte zusammenfassend fest, dass im Ausschuss Einigkeit darüber bestanden habe, dass ein Präventivverbot nur dann möglich sei, *„wenn gegen die Artikel 8 und 9 des Grundgesetzes verstoßen wird."*[864] Aus diesem Grund wurde Ziffer 1 des BMI-Vorschlags vom 24. Februar 1951 nicht weiter in die Beratungen einbezogen, sondern vielmehr stillschweigend fallen gelassen.[865] *Dr. Menzel* selber befürwortete die Fassung des BMI aus der Sitzung vom 15. März 1951, da er die *„Um-Zu-Fassung"*[866] vom 20. März 1951 zu sehr als Erfordernis einer Absicht ausgeformt sah. Der BMI-Vertreter *Reg. Dir. Füßlein* führte dazu aus, dass mit der Neufassung lediglich eine sprachliche, nicht jedoch eine inhaltliche Änderung beabsichtigt gewesen sei.[867]

In der weiteren Debatte befassten sich die Abgeordneten mit der Frage, von welchem Personenkreis entsprechende Handlungen zu erwarten sein müssten, um ein Präventivverbot auszusprechen. Dabei waren die Ausschussmitglieder überwiegend

---

861 Die Diskussion zu § 12, siehe unten S. 219. Der Ausschuss unterbrach an dieser Stelle seine Beratungen zu § 3 und § 12 und führte diese in seiner 22. Sitzung am 5. April 1951 fort.

862 An dieser Sitzung nahmen teil: die Abgeordneten *Heix, Mehs* (CDU/CSU), *Dr. Menzel, Maier, Prof. Dr. Bergsträsser, Gleisner, Ernst Paul, Meitmann* (SPD), *Dr. Becker* (FDP), *Dr. von Merkatz* (DP), *Dr. Etzel* (BP), *Willenberg* (Zentrum), sowie für den BR *Dr. Dehm* (Württemberg-Hohenzollern) und als Vertreter der BReg *Reg. Dir. Füßlein, Dr. Sauer, Bargatzky* (BMI) und *Landger.Rat Lackner* (BMJ).

863 Siehe Entwurf des BMI zu einer Neufassung von § 3 vom 20. März 1951, *Mat.-VersG, Nr. 20,* Anlage 1.

864 „Stenographisches Protokoll der 22. Sitzung des Ausschusses zum Schutze der Verfassung am 5. April 1951", *Mat.-VersG, Anhang 3,* S. 4.

865 § 3 S.1 vom 24. Februar 1951 lautete: *„Auf Grund der allgemeinen sicherheitspolizeilichen Bestimmungen kann die Abhaltung einer Versammlung nur im Einzelfall und nur dann verboten werden, wenn es sich zur Verhütung einer unmittelbaren Gefahr für Leben oder Gesundheit der Teilnehmer als zwingend erforderlich erweist."*

866 *Mat.-VersG, Anhang 3,* S. 5.

867 a.a.O., S. 6.

der Ansicht, dass nur in Fällen, in denen die Störungen vom Veranstalter und seinem Anhang zu befürchten seien, ein solches Verbot zulässig sein dürfte, nicht aber, wenn die Störung allein von Versammlungsteilnehmern bzw. Dritten zu erwarten sei. Denn dies hätte gerade nicht den Schutz der Versammlung bezweckt, sondern vielmehr Gruppierungen in die Hände gespielt, die mittels Störungen eine Versammlung bzw. deren ungestörten Ablauf (von vornherein) verhindern wollen.

Reg. Dir. Füßlein (BMI) drängte aus praktischen Gründen gleichwohl auf eine Formulierung, nach der ein Präventivverbot auch dann möglich sein sollte, wenn die Versammlung *„dazu missbraucht wird, einen unfriedlichen Verlauf anzustreben, ohne auf die Veranstalter abzustellen."*[868] Zudem betonte er, dass eine Regelung deshalb erforderlich sei, da nicht genügend Polizeikräfte zur Verfügung stünden, um alle Versammlungen ausreichend zu schützen. *Bargatzky* (BMI) regte diesbezüglich an, eine präventive Verbotsmöglichkeit für den Fall zu schaffen, dass eine

> *„Veranstaltung aus objektiven Gründen nicht geschützt werden kann, [...], auch wenn die Störung von Dritter Seite und nicht vom Veranstalter kommt."*[869]

Diese Forderung konnte als Forderung nach einem gesetzlich geregelten, polizeilichen Notstand verstanden werden[870]. Eine solche Regelung wurde von den Abgeordneten jedoch überwiegend abgelehnt. Insbesondere sah man die Gefahr, dass *„kleine Gruppen die anderen terrorisieren"*,[871] indem durch entsprechendes Auftreten ein Versammlungsverbot erreicht würde. Zudem sei es Sache der Polizei, *„die Versammlungen zu schützen. Wie sie das macht, ist ihre Sache."*[872]

Dr. von Merkatz (DP) gab in einer langen Ausführung zu bedenken, dass seiner Ansicht nach ein Präventivverbot *„demokratisch unzulässig"*[873] sei, wenn (schon) ein Diskussionsredner bzw. Vortragender sich friedlich verhalte und nur der Veranstalter unfriedlich sei. Dies erntete großen Widerspruch der anderen Abgeordneten. *Meitmann* (SPD) sah darin einen falschen Schwerpunkt im Rahmen eines Präventivverbots gesetzt, da eine *„Nebenfigur"* als Entscheidungsmerkmal herangezogen

---

868 a.a.O., S. 7.

869 a.a.O., S. 8. Der von *Bargatzky* konstruierte Beispielsfall bezog sich auf eine Versammlung in einem „polizeischwachen" Gebiet,

870 Im sog. *Brockdorf-Beschluss* (1985) legte das BVerfG fest, dass gegen eine Versammlung vorgegangen werden kann, von der selbst keine unmittelbare Gefahr ausgeht, jedoch aus anderen Gründen eine gegenwärtige erhebliche Gefahr vorliegt und diese nicht durch Inanspruchnahme des Störers oder durch den Einsatz eigener Mittel beseitigt werden kann; vgl. BVerfG, *BVerfGE 69*, S. 315 ff. Jedoch sind die Voraussetzungen in der Praxis so eng anzulegen, dass personelle Engpässe regelmäßig nicht ausreichen (dürften), um damit ein Vorfeldverbot ausreichend zu begründen.

871 *Mat.-VersG, Anhang 3*, S. 8

872 Ders., ebda.

873 a.a.O., S. 13.

wurde, statt auf den Charakter des Veranstalters abzustellen.[874] *Gleisner* (SPD) ging sogar so weit, den Redner zu den Veranstaltern zu zählen, so dass die Friedlichkeit des einzelnen die Unfriedlichkeit der anderen nicht ausgleichen könne.[875] *Dr. von Merkatz* gab in seiner Erwiderung zu verstehen, dass er vielmehr auf die allgemeine Schwierigkeit eines Präventivverbots abgezielt habe. Die damit verbundene Prognoseentscheidung könne in seinen Augen dazu führen, dass bei einem bestehenden politischen Vorurteil gegenüber einem Veranstalter oder einer Partei mit Blick auf dessen bzw. deren unfriedlichem Verhalten[876] friedliche Teile oder Parteimitglieder keine ausreichende Berücksichtigung bei der Verbotsentscheidung finden könnten. Dies wurde jedoch nicht weiter erörtert.

Hinsichtlich der Frage, was unter *„Anhang"* zu verstehen sei, stellte *Dr. von Merkatz* zwar fest, dass dieser Begriff *„rechtlich nicht genau umrissen"* sei;[877] *Dr. Menzel* hielt dies jedoch für unbedenklich, da er den Begriff zumindest für *„politisch umrissen"* sah und der Gesetzgeber solche politischen Entwicklungen mittragen müsse, auch wenn die rechtliche Einordnung nicht abgeschlossen sei.[878]

Für die Abgeordneten stand somit insgesamt fest, dass die präventive Verbotsmöglichkeit allein für die Fälle bestehen sollte, in denen von den Veranstaltern oder deren Anhang ein entsprechendes *„störendes"*[879] Verhalten ausginge, dass aber Störungen durch Dritte kein Präventivverbot rechtfertigten.

Ebenso intensiv befassten sich die Abgeordneten mit der genauen Formulierung der einzelnen Verbotstatbestände und der möglichen Definition des *„Missbrauchs"* sowie dem Begriff der Friedlichkeit.

Der Ausschussvorsitzende schlug diesbezüglich vor, den § 3 abstrakter zu formulieren, indem das Verbot bei einem Verstoß *„gegen die Vorschriften der Artikel 8 Abs. 1 und 9 Abs. 2 [GG]"* möglich sein sollte.[880] Er sah darin den Vorteil, dass sämtliche dem GG nach zulässigen Fälle aufgezählt wären. Gleichwohl betonte *Dr. Menzel* auch den Nachteil einer solchen Abstraktion, da somit in der praktischen Anwendung dem Leser, insbesondere der Polizei, nicht klar sei, was das GG in diesem Zusammenhang vorschreibe.[881]

---

874 a.a.O., S. 14.

875 Ders., ebda.

876 Vorliegend diente das Beispiel der Sozialistischen Reichspartei Deutschlands (SRPD, Verbot durch das BVerfG mit Urteil vom 23. Oktober 1952, *BVerfGE* 2, S.1), in der es nach Ansicht von *Dr. von Merkatz* auch friedliche Redner wie z.B. *Wolf Graf von Westarp* gäbe; vgl. *Mat.-VersG, Anhang 3*, S. 13.

877 a.a.O., S. 16.

878 Ders., ebda. Übereinstimmend waren *Dr. von Merkatz* und *Dr. Menzel* darin, dass unter Anhang nicht allein Parteimitglieder gemeint waren, sondern *„Leute, die aller Regel und Erfahrung gemäß mit einer bestimmten Auffassung auftreten."*

879 a.a.O., S. 9.

880 a.a.O., S. 10.

881 Ders., ebda. Daher sprach sich *Dr. Menzel* für eine Aufzählung der Verbotstatbestände aus.

Dr. Becker legte großen Wert darauf, in § 3 nicht von *„bezwecken"*, sondern von *„beabsichtigen"* im Zusammenhang mit den einzelnen Missbrauchstatbeständen im Rahmen eines präventiven Versammlungsverbots zu sprechen, da immer der Ausgang der Versammlung im Blick der Leute stünde.[882] Dem pflichtete *Dr. Füßlein* (BMI) bei, der die einzelnen Missbrauchstatbestände als *„Nebenabsichten"* einordnete, zusätzlich zu dem Hauptzweck, die Versammlung stören zu wollen.[883] Um an dieser Stelle die Nebenabsichten noch treffender ins Verhältnis zur geplanten Versammlung zu setzen, pochten sowohl *Prof. Dr. Bergsträsser* (SPD) als auch *Landger. Rat Lackner* (BMJ) unter Zustimmung des Abgeordneten *Mehs* (CDU/CSU) darauf, in jedem Falle den Begriff des *„Missbrauchs der Versammlung"* hinsichtlich der *„Nebenabsichten"* zu verwenden.[884] Mit einer solchen Formulierung konnte eindeutig zum Ausdruck gebracht werden, dass die Versammlung als grundgesetzlich zugestandenes Recht bereits im Vorfeld verboten werden konnte, wenn unter dem Deckmantel der grundgesetzlichen Freiheit in Wahrheit andere Zwecke und Absichten verfolgt wurden, das Grundrecht also eindeutig missbraucht wurde.

Reg. Dir. Füßlein betonte die Notwendigkeit, den Begriff der *„Friedlichkeit"* in das Gesetz aufzunehmen,[885] da andernfalls die Polizei einen Verbotsmaßstab ansetzen könnte, der unterhalb jeglicher Unfriedlichkeitsschwelle liege. Von Seiten des BMJ (*Landger. Rat Lackner*) kam in diesem Zusammenhang die Frage auf, wie durch die Polizeibeamten die Unfriedlichkeit erkannt werden solle.[886] Der Abgeordnete *Meitmann* (SPD) wollte diese Entscheidung dem Polizeipräsidenten am Veranstaltungsort überlassen, der sich dabei auf *„frühere, ähnliche Versammlungen"* stützen könne.[887] Eine weitere Definition der Unfriedlichkeit und die genauere Klärung der Frage, wann eine ausreichende Tatsachengrundlage für die sichere Erwartung eines Missbrauchs gegeben sei, wurden durch die Ausschussmitglieder nicht erörtert.

Im Ergebnis beschlossen die Abgeordneten mit § 3 5.A.-VersG 1951 ein allgemeines Präventivverbot mit folgendem Wortlaut:

> *„Die Abhaltung einer Versammlung kann nur im Einzelfall und nur dann verboten werden, wenn Tatsachen vorliegen, die mit Sicherheit erwarten lassen, dass der Veranstalter oder sein Anhang die Versammlung dazu missbrauchen wird, 1.) einen unfriedlichen Verlauf der Versammlung anzustreben oder zuzulassen, 2.) entgegen der Vorschrift des § 2 bewaffneten Teilnehmern Zutritt zu gewähren, 3.) die Strafgesetze zu verletzen, 4.) die verfassungsmäßige Ordnung anzugreifen, 5.) gegen den Gedanken der Völkerverständigung zu verstoßen."*[888]

---

882 Und nicht der *„Zweck eines unfriedlichen Verlaufes"*, ders., ebda.
883 Ders., ebda.
884 a.a.O., S. 11. Dabei waren sich die Abgeordneten uneins darüber, ob die Verwendung von „missbräuchlich" als Adjektiv oder Adverb im Gegensatz zu dem Substantiv „Missbrauch" eine Abschwächung bedeuten würde.
885 a.a.O., S. 8.
886 a.a.O., S. 15.
887 Ders., ebda.
888 *Mat.-VersG, Anhang 3*, S. 16 f.

Die dieser Fassung vorausgegangene Diskussion zeigt zum einen die Schwierigkeiten, ein präventives Versammlungsverbot zu formulieren, obwohl dies zumindest für Versammlungen in geschlossenen Räumen grundgesetzlich nicht eindeutig vorgesehen war. Zum anderen machen die ausführlichen Beratungen klar, dass sich die Abgeordneten ihrer demokratischen Verantwortung insbesondere zur Wahrung der Grundrechte bewusst waren. Gleichwohl wurde von ministerieller Seite, bedingt durch praktische Bedürfnisse und Erfahrungen, mehrmals der Versuch unternommen, über die grundgesetzlichen Möglichkeiten hinaus ein Präventivverbot zu verabschieden, was jedoch im Ergebnis erfolglos war. Die Entscheidung war somit der Versuch, Missbräuchen vorzubeugen, gleichzeitig aber den Grundrechtsschutz nicht außer Acht zu lassen. Die spätere Rechtsprechung zum VersG zeigt (bis heute) vielfach die Problematik von Vorfeldmaßnahmen, Präventivverboten, Mindermaßnahmen etc. mit Hinblick auf die Regelung in Art. 8 Abs. 1 GG. § 3 5.A.-VersG 1951 betraf somit einen der Kernbereiche des Grundrechts der Versammlungsfreiheit und die schwierige, wenn nicht sogar Kernfrage des gesamten Gesetzgebungsverfahrens, wie das Grundrecht vor Eingriffen aus dem Innenleben einer Versammlung, vor allem durch Versammlungsteilnehmer, und vor Eingriffen von außen geschützt werden kann, um somit nicht zuletzt eine inhaltliche Abgrenzung und gesetzliche Fortentwicklungen gegenüber den Regelungen des RVG zu erzielen.

In der Zusammenfassung der Beschlüsse des 5. Ausschuss war § 3 nicht im allgemeinen Teil (Abschnitt I) enthalten, sondern in Abschnitt II (Öffentliche Versammlungen in geschlossenen Räumen).[889] Eine entsprechende Aussprache dazu erfolgte nicht.

(c) Erörterung von § 3 / § 3a 5.A.-VersG 1951 auf der Sitzung vom 12. Juni 1951[890]

Vor allem aufgrund der Erörterungen zu § 15 5.A.-VersG 1951 und der zu dieser Norm ausführlich diskutierten Frage, ob man eine Regelung bzgl. des polizeilichen Notstands in das Gesetz aufnehmen sollte,[891] wurde auf der Ausschusssitzung vom

889 *Mat.-VersG, Nr. 20*, Anlage 1. Erst ab dem Mündlichen Bericht zur ersten Ausschussberatung wurden die Regelungen über das Präventivverbot als neuer § 3a 5.A.-VersG 1951 geführt; vgl. „Mündlicher Bericht des Ausschusses zum Schutze der Verfassung (5. Ausschuss) über den Entwurf eines Gesetzes über öffentliche Versammlungen und Aufzüge (Versammlungsordnungsgesetz)" vom 19. Oktober 1951, *Mat.-VersG, Nr. 28*, S. 3.

890 Vgl. Kurzprotokoll der „25. Sitzung des (5.) Ausschusses zum Schutze der Verfassung" vom 12. Juni 1951, *Mat.-VersG, Nr. 23*. An der Ausschusssitzung nahmen teil: die Abgeordneten *Braukiepe, Heix, Kiesinger* und *Mehs* (CDU/CSU), *Striebeck* (i.V.), *Dr. Bergsträsser, Gleisner, Knothe, Dr. Schöne* (i.V.) *Meitmann* (SPD), *Dr. Becker* (FDP), *Dr. Hamacher* (Zentrum), als Vertreter der BReg *von Nathusius* und *Dr. Füßlein* (BMI) sowie *Dr. Stöcker* (BMJ) und als Vertreter des Bundesrates *Winckhler* (Bayern), *Dr. Gastmann* (Niedersachsen) und *Dr. Schmidt* (Nordrhein-Westfalen).

891 Siehe die Diskussion zu dieser Frage ausführlich unten, S. 230 ff.

12. Juni 1951 § 3 / § 3a 5.A.-VersG 1951 erneut zum Gegenstand der Tagesordnung. Der Abgeordnete *Kiesinger* (CDU/CSU) hielt die am 5. April 1951 beschlossene Fassung für unzureichend, da es bei einer solchen Formulierung unmöglich sei, *„eine Versammlung zu verbieten, selbst wenn die Störungen ordnungsmäßiger Versammlungen durch radikale Elemente einen solchen Umfang annähmen, dass die Staatsmacht nicht ausreichte, um diese legalen Versammlungen zu schützen."*[892] *Meitmann* (SPD) lehnte die Aufnahme einer solchen Regelung in das Gesetz ab und verwies auf das der Abstimmung zu § 3 5.A.-VersG 1951 zugrunde liegende Verständnis.[893] Mit der Aufnahme des polizeilichen Notstands in § 3 / 3a 5.A.-VersG 1951 wäre ein Präventivverbot aufgrund äußerer Störungen über den Umweg des polizeilichen Notstandes möglich geworden. *Meitmann* betonte, dass man sich vielmehr einig gewesen sei, *„durch rücksichtsloses Vorgehen [gegen] radikale[n] Gruppen"* diesen keine Entwicklungsmöglichkeit zu geben.[894] Die Argumentation von *Kiesinger* zu diesem Punkt, bei einer Nichteinführung des polizeilichen Notstands in § 3 5.A.-VersG 1951 sei eine *„Inkonsequenz [...] bei Behandlungen von Versammlungen in geschlossenen Räumen und Versammlungen unter freiem Himmel"*[895] gegeben, erscheint nicht stringent. Denn auch für letztere wurde eine gesetzliche Regelung des polizeilichen Notstands abgelehnt, da man dieses Institut bereits als durch die Rechtsprechung ausreichend gesichert ansah.[896] Auch ohne eine ausdrückliche gesetzliche Regelung dürfte also ein Eingriff auf Grundlage des gesetzlichen Notstandes bei öffentlichen Versammlungen in geschlossenen Räumen möglich gewesen sein. Im Ergebnis fasste der 5. Ausschuss auf seiner Sitzung vom 12. Juni 1951 zu § 3 / 3a 5.A.-VersG 1951 keine neuen Beschlüsse.

892 *Mat.-VersG, Nr. 23*, S. 2. *Kiesinger* hatte bereits auf der Sitzung vom 26. April 1951 für eine Aufnahme des polizeilichen Notstandes in das Gesetz plädiert (bzgl. § 15), auf der Sitzung vom 31. Mai 1951 diesen Standpunkt jedoch nicht mehr nachhaltig vertreten.

893 Ders., ebda. Nach längerer Diskussion hatten die Abgeordneten beschlossen, dass ein Präventivverbot allein bei entsprechendem Verhalten des Versammlungsleiters und seines Anhangs greifen sollte. Äußere Einflüsse sollten dabei gerade keine Rolle spielen.

894 Ders., ebda. Aus ähnlichem Grund wurde auch der nun von *Dr. Füßlein* (BMI) gemachte Vorschlag, in § 3 5.A.-VersG 1951 den Bezug zum Versammlungsleiter und seinem Anhang wieder zu streichen, überwiegend abgelehnt, da bei einer ordnungsgemäßen Versammlung unter keinen Umständen ein Verbot aus dem Gesichtspunkt des polizeilichen Notstandes erfolgen sollte.

895 Ders., ebda.

896 Vgl. unten S. 230. *Kiesinger* selbst war auf der Sitzung vom 31. Mai 1951 dieser Ansicht gewesen.

bb) Öffentliche Versammlungen in geschlossenen Räumen, II. Abschnitt

(1) Allgemeines Teilnahmerecht, § 4 bzw. § 2 a 5.A.-VersG 1951

Auch zu § 4 RegE erfolgte eine längere Diskussion und Aussprache unter den Ausschussmitgliedern. Nach Ansicht des Vorsitzenden, *Dr. Menzel*, hatte die Norm lediglich deklaratorischen Charakter und sei *„rechtlich nicht notwendig"* gewesen.[897] Besonders umstritten war die Regelung über die Teilnahme von Pressevertretern. So sollte die Frage geklärt werden, ob ein Pressevertreter nur als Berichterstatter teilnehmen oder auch an der Diskussion in der Versammlung mitwirken dürfe.[898] Im Ergebnis wurden die Abs. 1 und 2 von § 4 RegE in § 4 5.A.-VersG 1951 übernommen. In diesem Zusammenhang wurde der Formulierungsvorschlag von *Dr. von Merkatz*, der eine Ausschlussmöglichkeit auch für Pressevertreter vorsah,[899] verworfen, und stattdessen ein ausdrücklich normiertes Verbot, Pressevertreter von einer Versammlung auszuschließen sowie eine Pflicht der Pressevertreter, sich dem Versammlungsleiter gegenüber auszuweisen, verabschiedet.[900] In diesem Zusammenhang sah die Redaktionskommission einen neuen § 2a 5.A.-VersG 1951 mit folgendem Wortlaut vor: *„Wird zu einer öffentlichen Versammlung oder einem Aufzug geladen, so ist jedermann berechtigt teilzunehmen."*[901] Damit wurde die Regelung des § 4 Abs. 1 5.A.-VersG 1951 bzw. des § 4 Abs. 1 RegE als allgemeine Aussage an den Beginn des Gesetzes gestellt ohne eine inhaltliche Änderung vorzunehmen. In dieser „Verschiebung" ist eine Betonung bzw. Stärkung des Rechts auf freie Ausübung der Versammlungsfreiheit aus Art. 8 GG zu sehen. Durch die Einführung von § 2a 5.A.-VersG 1951 wurde § 4 5.A.-VersG 1951 durch die Redaktionskommission modifiziert, so dass nur noch das Ausschlussrecht ggü. Dritten und das Ausschlussverbot ggü. Pressevertretern beibehalten wurden.[902]

(2) Person des Versammlungsleiters, § 5 5.A.-VersG 1951

Die Regelung in § 5 RegE wurde durch den 5. Ausschuss in § 5 5.A.-VersG 1951 unverändert übernommen.

---

897 „Kurzprotokoll der 20. Sitzung des Ausschusses zum Schutze der Verfassung (5. Ausschuss)" vom 22. Februar 1951, *Mat.-VersG, Nr. 18*, S. 5.

898 a.a.O., S. 6.

899 Sein Vorschlag von Abs. 3 lautete: *„Das Recht der Presse, einen Vertreter zu entsenden, kann nicht ausgeschlossen werden, es sei denn, dass er zum Personenkreis des Abs. 2 gehört."*; ders., ebda.

900 Ders., ebda.

901 *Mat.-VersG, Nr. 24*, Anlage, S. 1.

902 Ders., ebda. § 4 5.A.-VersG 1951 lautete daher nunmehr: *„(1) Bestimmte Personen oder Personenkreise können in der Einladung von der Teilnahme an einer Versammlung ausgeschlossen werden. (2) Pressevertreter können nicht ausgeschlossen werden; sie haben sich dem Leiter der Versammlung gegenüber durch ihren Presseausweis ordnungsgemäß auszuweisen."*

(3) Leitung der Versammlung durch den Versammlungsleiter, § 6 5.A.-VersG 1951 sowie Pflichten des Versammlungsleiters und Ordnereinsatz, § 7 5.A.-VersG 1951

(a) Umfang und Begrenzung einer Aussprache in Versammlungen

Zunächst befasste sich der 5. Ausschuss mit § 6 S. 2 UAVersG[903] und der Frage, ob der Gesetzentwurf Regelungen hinsichtlich des „ob" und „wie" einer Aussprache enthalten sollte. Insgesamt war der 5. Ausschuss mehrheitlich der Ansicht, dass die Regelung in § 6 S. 2 UAVersG den praktischen Bedürfnissen und Anforderungen einer Versammlung mit Hinblick auf eine Aussprache gerecht werde.

Die Abgeordneten der SPD, *Dr. Bergsträsser* und *Meitmann*, vertraten dabei die Ansicht, dass der Gesetzentwurf auch eine Regelung enthalten sollte, nach der der Versammlungsleiter auch über das „ob" einer Aussprache entscheiden kann.[904] Der FDP-Abgeordnete *Dr. Becker* widersprach dem jedoch mit systematischen Argumenten, da es sich bei einer Versammlung ohne Aussprache *„in Wirklichkeit um eine Kundgebung"* handele.[905] Dem schloss sich auch der Abgeordnete *Gleisner* (SPD) an, der die Veränderung der Begriffe *„Versammlung und Kundgebung"*[906] für den Fall einer zu weiten Begrenzung der Aussprache erwartete.

Auch wurden Argumente vorgebracht, wonach der Versammlungsleiter die gesetzliche Berechtigung bekommen müsste, Redezeiten während der Aussprache zu begrenzen, um allen Versammlungsteilnehmern die gleiche Möglichkeit zur Äußerung zu verschaffen. Dies wurde jedoch nicht vor dem Hintergrund einer möglichst umfangreichen Ausübung der Versammlungs- und Meinungsfreiheit erwogen, vielmehr spielte der friedliche Versammlungsablauf eine entscheidende Rolle. Sowohl Fälle, in denen keinerlei Aussprache zugelassen wurde, als auch Fälle, in denen die Redezeit einseitig vergeben wurde, hatten nach Ansicht der Abgeordneten *Meitmann* und *Gleisner* zu Unruhen und Tumulten und damit zu einem ungeordneten Versammlungsablauf geführt.[907]

Der Abgeordnete *Gleisner* vertrat die Ansicht, dass ein Versammlungsleiter zwingend eine Aussprache zulassen müsse.[908] Sein Parteigenosse *Dr. Menzel* widersprach dieser Ansicht und erwog, zu der Frage der Aussprache keinerlei Regelung zu

---

903 § 6 S.2 UAVersG lautete: *„Er hat insbesondere das Recht, eine Aussprache zu begrenzen, das Wort zu erteilen und zu entziehen."*

904 Vgl. „Stenographisches Protokoll der 21. Sitzung des Ausschusses zum Schutze der Verfassung" (5. Ausschuss) vom 15. März 1951, *Mat.-VersG, Anhang 2*, S. 3. An dieser Ausschusssitzung nahmen teil: die Abgeordneten *Brauksiepe* und *Mehs* (CDU/CSU), *Dr. Bergsträsser, Gleisner, Dr. Mentzel, E. Paul* und *Meitmann* (SPD), *Dr. Becker* und *Stahl* (FDP), *Dr. Etzel* (BP), *Fisch* (KPD), die Vertreter des BMI *von Nathusius, Füßlein* und *Dr. Sauer.*

905 Ders., ebda.

906 a.a.O., S. 4.

907 Ders., ebda.

908 Ders., ebda.

erlassen. Er glaubte vielmehr an eine Selbstregulierung in der Praxis, da *„eine Partei sich selbst blamiert, wenn sie einen unfähigen Versammlungsleiter beauftrágt [sic!] und dieser die Diskussion nicht zulässt.“*[909] Dies fand die Zustimmung des Abgeordneten *Dr. Becker.*[910] Die Abgeordneten *Meitmann* und *Gleisner* sahen zwar die Möglichkeit einer Selbstregulierung, hielten aber eine ausdrückliche Regelung mit Hinblick auf einen ordnungsgemäßen Versammlungsablauf für zwingend erforderlich.[911]

Auf Vorschlag des Vorsitzenden *Dr. Menzel* und unter Zustimmung des BMI-Vertreters *von Nathusius* wurde beschlossen,[912] § 6 S. 2 UAVersG vollständig zu streichen und es nunmehr bei § 6 S. 1 UAVersG bzw. § 6 S. 1 1. Hs. RegE zu belassen: *„Der Leiter bestimmt den Ablauf der Versammlung.“*

(b) Allgemeine Ordnungspflicht, Ausübung des Hausrechts sowie Unterbrechung und Auflösung einer Versammlung durch den Versammlungsleiter

Einer weiteren intensiven Diskussion unterzogen die Ausschussmitglieder die Frage nach Umfang und Möglichkeit der Ausübung des Hausrechts[913] durch den Versammlungsleiter. Der Abgeordnete *Gleisner* (SPD und der BMI-Vertreter *Dr. Füßlein* teilten die Ansicht, dass dem Versammlungsleiter das Hausrecht für die Dauer der Miete des Versammlungsortes obliege.[914]

Der Vorsitzende *Dr. Menzel* regte an, auch die zivilrechtliche Komponente des Hausrechts, insbesondere Einstands- und mögliche Schadensersatzpflichten des

909 a.a.O., S. 5.

910 a.a.O., S. 6.

911 Der Abgeordnete *Gleisner* hielt den Fall, in dem eine Aussprache angekündigt und anschließend nicht durchgeführt wurde, für *„unlauteren Wettbewerb“* im *„geistigen Leben“*; ders., ebda.

912 *Dr. Menzel* wollte somit das „ob“ und „wie“ vollständig dem Versammlungsleiter überlassen, ohne hier eine weitere Reglementierung vorzunehmen. Die Formulierung *„bestimmt den Ablauf der Versammlung“* enthielt nach seiner Auffassung eine ausreichende Regelung. *Von Nathusius* verwies diesbezüglich ergänzend auf die Regelung in § 10 RVG und hielt es für das Zweckmäßigste, *„die Frage ungeregelt und der Praxis freien Lauf zu lassen.“*; vgl. hierzu insgesamt a.a.O., S. 6 f.

913 Erst der Unterausschuss hat in § 7 Abs. 1 UAVersG explizit die Ausübung des Hausrechts durch den Versammlungsleiter aufgenommen; vgl. oben S. 191. Der Abgeordnete *Dr. Becker* (FDP) erwähnte den Fall einer geschlossenen Versammlung, die durch eine Oppositionsgruppe neu eröffnet wird, und die Frage, ob der ursprüngliche Versammlungsleiter diese verbieten könne; „Stenographisches Protokoll der 21. Sitzung des Ausschusses zum Schutze der Verfassung“ (5. Ausschuss) vom 15. März 1951, *Mat.-VersG, Anhang 2*, S. 7.

914 Ders., ebda; dabei verwies *Gleisner* jedoch auf das *„gebräuchliche Recht“*, wonach das Hausrecht schon mit Ende der Versammlung und vor Ablauf des Mietzeitraums erlischt, wenn nicht der Versammlungsleiter zum Verbleiben in dem Raum auffordert.

Hausrechtsinhabers gegenüber dem Vermieter des Versammlungsraums, in die Überlegungen einzubeziehen.[915] Zudem merkte er an, dass die Regelungen in § 10 UAVersG eher der Frage der allgemeinen Versammlungsleitung und der Ausübung des Hausrechts zuzuordnen seien.[916] Dem schloss sich auch *von Nathusius* (BMI) an.

Ohne auf die einzelnen Erwägungen und Vorschläge einzugehen, gab *Dr. Becker* (FDP) zu bedenken, dass mit Hinblick auf die strafrechtlichen Regelungen in Abschnitt IV zu überlegen sei, ob *„man das alles unter Strafe stellen [soll]? Wie soll das erzwungen werden?"*[917] Ohne diesen Aspekt der strafrechtlichen Durchsetzbarkeit weiter zu verfolgen, unternahm der Abgeordnete *Dr. Bergsträsser* einen ersten Formulierungsentwurf, in dem er die bisherigen Punkte versuchte zusammen zu fassen:

> *„§ 7 (1) Der Leiter bestimmt den Ablauf der Versammlung. Er übt das Hausrecht – während oder in der Versammlung – aus. Er hat während der Versammlung für Ordnung zu sorgen. Er kann die Versammlung jederzeit unterbrechen und auflösen. Er bestimmt, wann eine unterbrochene Versammlung fortgesetzt wird."*[918]

Obwohl diese Formulierung schon weitgehend dem späteren Beschluss des 5. Ausschusses entsprach, folgte dennoch eine weitere Diskussion. Dabei ging es vor allem um die Frage, ob man hinsichtlich des Hausrechts eine wörtliche Begrenzung auf den Zeitraum der Versammlung vornehmen und die Ausübungsbefugnis explizit nur gegenüber den Teilnehmern[919] zulassen sollte.

Dr. Sauer (BMI) sah das Hausrecht (zutreffender Weise) als zivilrechtliches Instrument originär beim Eigentümer oder Besitzer des Versammlungsortes liegend. Dieser könne es auf einen anderen übertragen.[920] Die geplante gesetzliche Regelung bedeutete für ihn jedoch in rechtlicher Hinsicht eine hoheitliche Übertragung des Hausrechts auf den Versammlungsleiter und gerade keine zivilrechtliche Übertragung durch den Eigentümer etc.[921] Daher hielt er es aus systematischen Gründen für einzig richtig, die Ausübung des Hausrechts durch den Versammlungsleiter explizit auf die Zeit der Versammlung zu beschränken.[922]

Auch der Abgeordnete *Stahl* (FDP) befürwortete die Formulierung *„[d]er Leiter übt das Hausrecht in der Versammlung aus"*[923], während *Dr. Bergsträsser* noch

915 a.a.O., S. 8.
916 Ders., ebda. § 10 UAVersG enthielt die Möglichkeit einer Versammlungsunterbrechung oder Auflösung der Versammlung durch den Leiter.
917 a.a.O. S. 9.
918 Ders., ebda.
919 So sah es § 7 Abs.1 UAVersG vor: *„Der Leiter übt das Hausrecht gegenüber allen Teilnehmern der Versammlung aus."*
920 „Stenographisches Protokoll der 21. Sitzung des Ausschusses zum Schutze der Verfassung" (5. Ausschuss) vom 15. März 1951, *Mat.-VersG, Anhang 2*, S. 9.
921 a.a.O., S. 10.
922 Ders., ebda.
923 Ders., ebda; er hielt die Formulierung *„[d]er Leiter übt das Hausrecht gegenüber allen Teilnehmern aus"* für falsch.

zwischen „*in*" oder „*während*" der Versammlung wählen wollte.[924] Sowohl *Dr. Füßlein* als auch *Dr. Becker* stellten jedoch klar, dass die Befugnis zur Ausübung des Hausrechts an die Stellung als Versammlungsleiter gebunden sei.[925] Da mit Ende einer Versammlung auch die Stellung als Versammlungsleiter entfiel, war folglich dieser nach Ende der Versammlung nicht mehr Berechtigter des Hausrechts. Es bedurfte somit nicht mehr der Aufnahme einer Begrenzung der Befugnis auf den Zeitraum „*in*" oder „*während*" der Versammlung.[926]

Die Möglichkeit für den Versammlungsleiter, die Versammlung zu unterbrechen oder aufzulösen (§ 10 UAVersG), wurde von den Abgeordneten einstimmig angenommen, ebenso wie die allgemeine Ordnungsvorschrift. Die Regelungen der §§ 6 S. 1, 7 Abs. 1 S. 1 und 2 sowie 10 UAVersG wurden daher wie folgt in § 6 5.A.-VersG 1951 zusammengefasst:

> *„Der Leiter bestimmt den Ablauf der Versammlung, er übt das Hausrecht aus. Er hat während der Versammlung für Ordnung zu sorgen. Er kann die Versammlung jederzeit unterbrechen oder auflösen. Er bestimmt, wann eine unterbrochene Versammlung fortgesetzt wird."*

Sowohl Diskussion als auch gefasster Beschluss zeigen, dass im Gegensatz zu den Regelungen des RegE eine wesentlich straffere Fassung der Normen angestrebt wurde. Ebenso wurde versucht, die Einzelnormen nach ihrem Inhalt entsprechend zusammenzufassen. So wurden die grundsätzlichen Ordnungsrechte und –pflichten des Versammlungsleiters nunmehr unter einer Norm (§ 6 5.A.-VersG 1951) zusammengefasst.

(c) Ordnereinsatz

Mit Blick auf den Einsatz von Ordnern entschieden sich die Ausschussmitglieder dafür, diesbezügliche Regelungen in einer separaten Norm aufzunehmen. Dies mag sicherlich auch mit der historischen Erfahrung von Ordnereinsätzen und deren Missbrauch zu tun haben (insbesondere die SA-Ordner in der Zeit des Nationalsozialismus), so dass der streng umgrenzte und unter bestimmten Voraussetzungen vorgesehene Einsatz von Ordnern in einer gesonderten Norm geregelt wurde. Der Unterausschuss hatte bereits weitgehend die Änderungsvorschläge des BR hinsichtlich der Qualifikationen und Kennzeichnung der Ordner übernommen.[927] So herrschte weitgehend Übereinstimmung dahingehend, die Regelungen über den Einsatz von Ordnern in der Fassung von § 7 Abs. 1 S. 3 und 4 UAVersG unverändert anzunehmen. Allein der KPD-Abgeordnete *Fisch* wollte lediglich den Einsatz von

924 Ders., ebda.
925 a.a.O., S.11.
926 Vgl. ders., ebda.
927 Vgl. oben S. 191.

Ordnern gesetzlich festlegen lassen, die Aufnahme der Qualifikationsvoraussetzungen hielt er für (überflüssige) Reglementierung.[928] *Dr. Bergsträsser* machte jedoch deutlich, dass insbesondere eine fehlende Kennzeichnung zu einem Missbrauch der Ordnerposition führen könnte.[929]

Hinsichtlich der Qualifikation *„nur aus dem Versammlungsort oder Wahlkreis"* führte *Dr. Menzel* aus, dass der Unterausschuss dies aus Gründen einer schwierigen praktischen Überprüfbarkeit nicht übernommen hat.[930]

Den neu gefassten § 7 Abs.1 5.A.-VersG 1951 beschloss der 5. Ausschuss daher wie folgt:

> *„Der Leiter kann sich bei der Durchführung seiner Rechte aus § 6 der Hilfe ehrenamtlicher unbewaffneter Ordner bedienen. Diese müssen volljährig sein und sind durch weiße Armbinden, die nur die Bezeichnung „Ordner" tragen dürfen, kenntlich zu machen."*

Damit wurde der Einsatz von Ordnern nicht nur für die Durchsetzung der Ordnung, sondern vielmehr für den gesamten Versammlungsablauf ermöglicht.

Weitaus strittiger unter den Ausschussmitgliedern war hingegen die Pflicht des Versammlungsleiters, die eingesetzten Ordner der Polizei auf Aufforderung namentlich mitzuteilen (§ 7 Abs. 2 UAVersG). Insbesondere der KPD-Abgeordnete *Fisch* sprach sich vehement gegen eine solche Regelung aus. Er sah darin vor allem eine *„direkte Aufforderung zum Missbrauch."*[931] Auch *Dr. Bergsträsser* sah in der Mitteilungspflicht die Gefahr eines polizeilichen Abusus, mit dem eine Kartei über die Ordner angelegt werden könne.[932]

Der Abgeordnete *Meitmann* (SPD) sah in der Regelung in § 7 Abs. 2 UAVersG keine Gefahr für einen Missbrauch. Vielmehr verstand er dies als eine Möglichkeit, Ordner, die ihrem Ordnungsauftrag nicht nachkommen, zu identifizieren und ggf. auch dem Veranstalter mitzuteilen und eine Empfehlung über die Eignung als Ordner abzugeben.[933] Er fand darin die Zustimmung seines Fraktionskollegen *Dr. Menzel*, der zumindest eine Mitteilungspflicht hinsichtlich der Zahl der eingesetzten Ordner in Erwägung zog.[934]

---

928 „Stenographisches Protokoll der 21. Sitzung des Ausschusses zum Schutze der Verfassung" (5. Ausschuss) vom 15. März 1951, *Mat.-VersG, Anhang 2*, S. 10.

929 Beispielsweise, indem sich ein Teilnehmer fälschlich als Ordner ggü. anderen Teilnehmern ausgibt und verhält; ders., ebda.

930 a.a.O., S. 11.

931 Ders., ebda.

932 a.a.O., S. 12.

933 Ders., ebda. Der Abgeordnete *Stahl* (FDP) wollte einen Missbrauch der Ordnerfunktion in den Strafvorschriften geregelt wissen und hielt daher die namentliche Mitteilung der Ordner für zwingend geboten.

934 Ders., ebda. *Dr. Menzel* gab zu bedenken, dass die äußerliche Kennzeichnung als Ordner (weiße Armbinden) leicht selbst hergestellt werden könne.

Die Regelung des Unterausschusses wurde von *Fisch* (KPD) kritisiert, da er darin ein *„Recht"* der Polizei sah, *„zu bestätigen, wer Ordner ist oder nicht"*,[935] während *Meitmann* nur eine empfehlende Mitteilung von Erfahrungen vor Augen hatte.[936]

Die Abgeordneten griffen in der weiteren Diskussion die Idee einer Mitteilungspflicht, begrenzt auf die Zahl der eingesetzten Ordner, auf und sahen darin sowohl die Möglichkeit, einem evtl. Missbrauch der Ordnerstellung vorzubeugen, als auch eine ausreichende Kontrolle durch die Polizei sicherzustellen.[937] Abschließend wurde der Beschluss gefasst, § 7 Abs. 2 5.A.-VersG 1951 mit folgendem Wortlaut zu fassen: *„Der Leiter ist verpflichtet, die Zahl der von ihm bestellten Ordner der Polizei auf Aufforderung mitzuteilen."*[938]

Die auf der Sitzung vom 15. März 1951 beschlossene Fassung von § 7 5.A.-VersG 1951 (Ordnereinsatz) wurde auf der Sitzung vom 12. Juni 1951 nochmals an zwei Stellen überarbeitet. Aufgrund von Berichten durch *von Nathusius* (BMI), aus denen hervorging, dass *„Ordner von radikalen Gruppen als eine Art Saalschutz missbraucht werden"* und in der Lage seien *„die Versammlung zu terrorisieren"*,[939] beschlossen die Abgeordneten nunmehr, eine Begrenzung der Ordnerzahl zuzulassen. Dies geschah mittels *„Angemessenheit der Zahl"* als zusätzliche Anforderung an den Ordnereinsatz und einer gleichzeitigen Erweiterung der Befugnisse der Polizei, die nun die Zahl der eingesetzten Ordner auf ein angemessenes Maß reduzieren konnte.[940] Aufgrund dieser Beschlüsse lautet § 7 5.A.-VersG 1951 nunmehr wie folgt:

---

935 a.a.O., S. 13; *Fisch* berichtete in diesem Zusammenhang von der teilweisen Unmöglichkeit für die KPD, in Bayern Veranstaltungen durchzuführen. Dies verhelfe durch die momentan beabsichtigte Regelung der Polizei zur Druckausübung.

936 Ders., ebda.

937 a.a.O., S. 13 und 14; nach Ansicht des BP-Abgeordneten *Dr. Etzel* zeigte die Diskussion um diese Regelung, dass das grundsätzliche Verhältnis zwischen Versammlungsleiter und Polizei noch nicht abschließend geklärt sei und insbesondere in den Beratungen zu § 12 5.A.-VersG (Eingriffs- und Auflösungsrechte der Polizei) noch eingehend zu beraten sei.

938 Die Abgeordneten umrissen zudem oberflächlich die Frage, in wie weit bei einem Missbrauch der Ordnerstellung betroffene Versammlungsteilnehmer, z.B. bei einer Körperverletzung, die Person des Ordners feststellen können. Hier wurde ein zivilrechtlicher Auskunftsanspruch bzw. Haftungsanspruch ggü. dem Versammlungsleiter angenommen. Eine Regelung im VersG wurde nicht erwogen.

939 *Mat.-VersG, Nr. 23*, S. 3.

940 Damit wurde einem (erneuten) Missbrauch des Ordnereinsatzes, wie er durch die SA bei Versammlungen der NSDAP regelmäßig begangen worden war, umfangreich begegnet. Zwar gab der Ausschuss nicht weiter vor, wann von einer Angemessenheit auszugehen sei, jedoch konnte diese Frage wie auch in anderen Fällen unbestimmter Rechtsbegriffe getrost der gerichtlichen Überprüfung des Einzelfalls überlassen werden.

„(1) Der Leiter kann sich bei der Durchführung seiner Rechte aus § 6 der Hilfe einer angemessenen Zahl ehrenamtlicher, unbewaffneter Ordner bedienen. Diese müssen volljährig sein und sind durch weiße Armbinden, die nur die Bezeichnung „Ordner" tragen dürfen, kenntlich zu machen. (2) Der Leiter ist verpflichtet, die Zahl der von ihm bestellten Ordner der Polizei auf Anforderung mitzuteilen. Die Polizei kann die Ordner auf eine angemessene Zahl beschränken."

In § 7 Abs. 2 S. 2 nahm die Redaktionskommission eine kleine Änderung vor. Dort hieß es fortan:[941] *„Die Polizei kann die Zahl der Ordner angemessen beschränken."* Im Zentrum der Regelung stand damit nunmehr die Angemessenheit der Beschränkung, statt wie bisher die Angemessenheit der Zahl der Ordner. Dies mag als nur kleiner Unterschied verstanden werden, jedoch konnte mit dieser Änderung eine wesentlich flexiblere Handhabe der Polizei erreicht werden. Während nämlich nach der alten Fassung die Gefahr bestand, bei Versammlungen ähnlicher Größe immer die gleiche Zahl an Ordnern für angemessen zu halten, mit der Folge eines gewissen Automatismus im Hinblick auf die Beschränkung, implizierte die Neufassung, dass eine Beschränkung nur dann durchzuführen sei, wenn diese den Umständen des Einzelfalls entsprechend angemessen ist.

(4) Verhaltenspflicht von Versammlungsteilnehmern, § 7a UAVersG

Der Vorschlag des UAVersG, mit einem neuen § 7a eine allgemeine Verhaltenspflicht für Versammlungsteilnehmer hinsichtlich der Anweisungen von Leiter und Ordnern einzuführen, wurde einstimmig angenommen.[942]

(5) Ordnungsrufe und Ausschluss von der Versammlung, § 8 5.A.-VersG 1951

Sowohl § 8 RegE als auch § 8 in der Fassung des 24. Ausschusses sahen noch eine umfangreiche Regelung zum Umgang mit störenden Personen auf einer Versammlung vor. Bereits der UAVersG hatte eine Modifizierung dieser Norm vorgenommen.[943] Die Abgeordneten hielten die Regelung in § 8 UAVersG hinsichtlich der Ausschlussmöglichkeit bei Störungen[944] für geeignet, lediglich der Abgeordnete

941 a.a.O., S. 3. Bisher hieß es: *„Die Polizei kann die Ordner auf eine angemessene Zahl beschränken."*

942 Wortlaut von § 7a 5.A.-VersG 1951: *„Alle Versammlungsteilnehmer sind verpflichtet, den zur Aufrechterhaltung der Ordnung getroffenen Anweisungen des Leiters oder der von ihm bestellten Ordner Folge zu leisten."* Dabei waren sich die Abgeordneten bewusst, dass bei einer Überschreitung der Befugnisse durch den Versammlungsleiter ein Nichtbefolgen seiner Anordnungen nicht zu einer Strafbarkeit führen könne, vgl. „Stenographisches Protokoll der 21. Sitzung des Ausschusses zum Schutze der Verfassung" (5. Ausschuss) vom 15. März 1951, *Mat.-VersG, Anhang 2*, S. 15; siehe hierzu die Diskussionen zu § 23 5.A.-VersG 1951, unten S. 247.

943 Vgl. oben S. 191.

944 Bei gröblicher oder wiederholter Störung.

Dr. Bergsträsser (SPD) hatte Bedenken, dem Versammlungsleiter schon bei wiederholten Störungen die Möglichkeit zum Ausschluss zu geben.[945] Entsprechend wurde diese Variante durch den Ausschuss gestrichen. Hinsichtlich der „gröblichen Störung“ sah keiner der Abgeordneten die Notwendigkeit, deren Definition oder Grundvoraussetzungen eingehender zu diskutieren bzw. festzulegen.

Zu der Frage, ob man dem Versammlungsleiter bei einem Verstoß gegen das Waffenverbot des § 2 durch einen Versammlungsteilnehmer die Möglichkeit zum Versammlungsausschluss geben sollte, entwickelte sich hingegen eine längere Diskussion. Dabei hielt es die Mehrheit der Ausschussmitglieder für bedenklich, an dieser Stelle eine Kann-Vorschrift aufzunehmen. Aufgrund der besonderen Gefahr durch Waffen wurde erwogen, für den Fall des Bei-sich-Führens einer Waffe den Versammlungsleiter zu verpflichten, den betroffenen Teilnehmer auszuschließen.[946]

Die Vertreter des BMI hielten es nicht für notwendig, bei einer freiwilligen Abgabe der Waffe noch einen Ausschluss vorzusehen; für den Fall, dass keine Abgabe erfolge, sah *Reg. Dir. Füßlein* die Regelungen in § 12 RegE (Auflösungsmöglichkeiten der Polizei) für ausreichend an.[947] *Dr. Bergsträsser* (SPD) wies darauf hin, dass schon *„das Erscheinen mit Waffe strafbar“*[948] und folglich die Polizei zuständig sei. Der Abgeordnete *Meitmann* (SPD) führte unter praktischen Gesichtspunkten aus, dass im Falle einer reinen Kann-Vorschrift der Versammlungsleiter nicht zum Ausschluss von Teilnehmern trotz des Mitführens von Waffen gezwungen sei, sofern diese Teilnehmer *„seine eigene Unterstützung darstellen.“*[949]

Im Ergebnis einigten sich die Abgeordneten auf die Streichung der Ausschlussmöglichkeit bei Waffenbesitz i.S.v. § 8 UAVersG, da sie die Regelungen in § 12 RegE[950] und § 27 RegE[951] als ausreichend ansahen und die Entscheidung über einen Ausschluss für diesen Fall nicht der Ordnungspflicht bzw. Entscheidungsgewalt des Versammlungsleiters unterordnen wollten.[952]

Folglich wurde § 8 5.A.-VersG in folgender Form beschlossen: *„Der Leiter kann Teilnehmer, welche die Ordnung gröblich stören, von der Versammlung ausschließen.“*

---

945 *Mat.-VersG, Anhang 2*, S. 15.
946 a.a.O., S. 15 und 16; hier wurde der Begriff einer Muss-Vorschrift verwendet.
947 *Mat.-VersG, Anhang 2*, S. 15.
948 a.a.O., S. 16.
949 Ders., ebda.
950 Ausschlussmöglichkeit der Polizei.
951 Strafbarkeit eines Verstoßes gegen das Waffenverbot (§ 2 RegE).
952 *Mat.-VersG, Anhang 2*, S. 17.

(6) Verhalten nach Versammlungsausschluss und Versammlungsauflösung, § 9 5.A.-VersG 1951 (§ 13 RegE) Ausweispflicht von Versammlungsteilnehmern bei Ordnungsrufen und Versammlungsausschluss, § 9 RegE

Die in § 13 RegE getroffenen Regelungen zu dem Verhalten von Versammlungsteilnehmern nach Ausschluss von oder Auflösung der Versammlung wurde aus systematischen Gründen als neuer § 9 5.A.-VersG 1951 unverändert übernommen.[953] Die in § 9 RegE enthaltene Regelung zur Ausweispflicht der Versammlungsteilnehmer wurde aufgrund der bereits erfolgten (Neu-) Regelungen in den §§ 7a und 8 5.A.-VersG ersatzlos gestrichen.[954]

Auch für § 9 Abs. 1 5.A.-VersG 1951 sah der Redaktionsausschuss eine sprachliche Änderung vor. Diese führte zu folgender Neuformulierung: „*Wer aus der Versammlung ausgeschlossen wird, hat sie sofort zu verlassen.*“[955] Dieser Wechsel der Zeitform hatte eine entscheidende Auswirkung. Für den betroffenen Versammlungsteilnehmer entstand zeitgleich mit der Ausschlussentscheidung die Pflicht sich zu entfernen, was bei einem Nichtbefolgen unmittelbar zu einer Strafbarkeit gem. § 28 lit c 5.A.-VersG 1951 führen konnte. Die alte Formulierung ließ zumindest eine kleine zeitliche Verzögerung zwischen Ausschluss und Entfernen zu.

(7) Auflösungsrecht des Versammlungsleiters (§ 10 RegE)

Auch § 10 RegE wurde aufgrund der Neufassung von § 6 5.A.-VersG und dem darin bereits festgelegten Auflösungsrecht des Versammlungsleiters ersatzlos gestrichen.

(8) Rechte und Pflichten entsandter Polizeibeamter, § 11 5.A.-VersG 1951

Die Diskussion zu § 11 5.A.-VersG 1951 befasste sich im Wesentlichen mit der Frage, ob die Rechte und Pflichten des Polizeibeamten (Erkennengeben ggü. dem Versammlungsleiter und Einräumung eines angemessenen Platzes durch diesen) nur dann bestünden, wenn der Beamte „*dienstlich anwesend*“ oder in „*dienstlich[em] Auftrag*“ anwesend bzw. entsandt ist.[956] Dabei sah es *Dr. Bergsträsser* (SPD) als naturgegeben an, dass ein Polizeibeamter nicht ohne dienstlichen Auftrag entsandt werden

953 a.a.O., S. 19. Wortlaut von § 9 5.A.-VersG 1951: „*(1) Wer aus der Versammlung ausgeschlossen worden ist, hat sie sofort zu verlassen. (2) Sobald eine Versammlung für aufgelöst erklärt ist, haben alle Teilnehmer sich sofort zu entfernen.*“

954 In der Ausschusssitzung vom 15. März 1951 wurde fälschlicherweise nur auf § 8 5.A.-VersG verwiesen, obwohl gerade mit § 7a 5.A.-VersG 1951 eine Norm geschaffen worden war, die das Befolgen von Leiter- und Ordneranweisungen vorsah. Die Ausweispflicht von Versammlungsteilnehmern war damit aber nicht mehr eindeutig geregelt, sondern fiel nunmehr unter das allgemeine Anweisungsrecht der §§ 7a und 8 5.A.-VersG 1951.

955 Ders., ebda. Die ursprüngliche Formulierung war gewesen: „*Wer aus der Versammlung ausgeschlossen worden ist, hat sie sofort zu verlassen.*“

956 *Mat.-VersG, Anhang 2*, S. 18.

könne.[957] Den Vertretern des BMI kam es darauf an, dass durch die Formulierung der Norm der klare dienstliche Auftrag zum Ausdruck kommt.[958] Anderen Abgeordneten kam es allein darauf an, dass die Norm eindeutig ausdrückt, dass die besonderen Rechte und Pflichten nur bestehen, wenn der Polizeibeamte dienstlich (und nicht privat) anwesend ist. Im Ergebnis einigte man sich auf das Erfordernis, dass der Polizeibeamte *„entsandt"*[959] sein muss. Denn die Voraussetzung der Entsendung implizierte den dahinter stehenden dienstlichen Auftrag. Die weiteren Regelungen des § 11 RegE (sich zu erkennen geben und das Anrecht auf Platzeinräumung) wurden unverändert übernommen. § 11 5.A.-VersG 1951 lautete daher wir folgt:

> *„Werden Polizeibeamte in eine öffentliche Versammlung entsandt, so haben sie sich dem Leiter zu erkennen zu geben. Es muss ihnen ein angemessener Platz eingeräumt werden."*

(9) Auflösungsrecht der Polizei, § 12 5.A.-VersG 1951

Die Debatte zu § 12 5.A.-VersG wurde ebenso ausführlich wie zu § 3 geführt.[960] Beide Normen standen in unmittelbarem Zusammenhang, da sie die Möglichkeit der Versammlungsverhinderung, einmal im Vorfeld (§ 3) und einmal nach Beginn (§ 12) der Versammlung vorsahen. Gleichwohl wiesen die Normen gravierende Unterschiede auf. Allen voran die unterschiedliche Entscheidungsgrundlage für die jeweiligen Entscheidungsträger. Denn für § 12 war keine Prognoseentscheidung mehr notwendig, vielmehr konnte die Polizei aufgrund von konkreten Vorfällen auf der Versammlung eine Auflösung beschließen.

Dem Ausschuss lag die Formulierung des RegE[961] vor, ebenso eine Neufassung des BMI vom 20. März 1951:

> *„Die Polizei (§ 11) kann die Versammlung unter Angabe des Grundes unterbrechen oder auflösen, 1.) wenn sie einen unfriedlichen Verlauf nimmt, insbesondere wenn unmittelbare Gefahr für Leben oder Gesundheit von Teilnehmern besteht, 2.) wenn der Leiter seine Befugnisse in gröblicher Weise missbraucht und dadurch der ordnungsmäßige Ablauf der Versammlung erheblich gefährdet wird, insbesondere wenn er Personen, die entgegen § 2 Waffen mit sich führen, nicht sofort ausschließt, 3.) wenn in der Versammlung, ohne dass*

---

957 Ders., ebda.

958 Ggf. um als Veranstalter zu wissen, bei welcher Stelle man sich beschweren kann; ders. ebda.

959 a.a.O., S. 19.

960 Die Debatte zu § 12 wurde im Wesentlichen auf der 22. Sitzung vom 12. April 1951 geführt, vgl. oben Fußnote 862.

961 § 12 RegE lautete: *„Die Polizei (§ 11) kann die Versammlung unter Angabe des Grundes auflösen, 1.) wenn der Leiter seine Befugnisse in gröblicher Weise missbraucht, 2.) wenn unmittelbare Gefahr für Leben oder Gesundheit von Teilnehmern besteht, 3.) wenn Personen, die Waffen ohne behördliche Ermächtigung mit sich führen (§ 2), nicht sofort ausgeschlossen werden."*

der Leiter es verhindert oder zu verhindern in der Lage ist, Kundgebungen stattfinden oder Anträge oder Vorschläge erörtert werden, die den Strafgesetzen zuwiderlaufen oder sich gegen die verfassungsmäßige Ordnung oder den Gedanken der Völkerverständigung richten."[962]

Die Abgeordneten *Dr. Becker* und *Stahl* (beide FDP) hatten für die Sitzung am 22. Februar 1951 eine Neufassung des § 12 verfasst,[963] diese wurde jedoch nicht zum Gegenstand der Diskussion.

(a) Allgemeines

Obwohl der Entwurf des BMI vom 20. März 1951 eine Erweiterung um die Möglichkeit einer Versammlungsunterbrechung statt der bisher nur vorgesehenen Auflösung vorsah, hatten die Abgeordneten hierzu keinen Diskussionsbedarf. Sie stiegen vielmehr umgehend in die Beratungen zu den Ziffern 1 bis 3 ein.

(b) Auflösung bei unfriedlichem Verlauf, § 12 Ziff. 1 5.A.-VersG 1951

Hinsichtlich Ziffer 1 erfolgte die Aussprache zur Frage, wann eine Versammlung *„unfriedlich"* ist. Das BMI hatte bei seiner Neuformulierung des § 12 vom 20. März 1951 darauf hingewiesen, dass für diesen Begriff eine enge Auslegung wünschenswert sei.[964] Die Abgeordneten waren dabei überwiegend der Ansicht, dass die Beurteilung der *„Unfriedlichkeit"* in der Praxis Probleme bereiten könne. So wies der Abgeordnete *Mehs* (CDU / CSU) darauf hin, dass es den anwesenden Polizeibeamten schwer fallen könne *„die Grenze zwischen friedlich und unfriedlich"* zu unterscheiden.[965] Auch bei einer Austragung von Gegensätzen sah er nicht zwingend eine Unfriedlichkeit. Vielmehr hielt er es ebenso für möglich, dass *„Meinungsverschiedenheiten parlamentarisch ausgetragen werden."*[966] Auch der Einsatz von Wurfgegenständen wurde nicht zwangsläufig als unfriedlich angesehen, wenngleich diese Auffassung nicht ernsthaft vertreten wurde.[967] Während *Dr. Menzel* die genaue Bestimmung oder Definition von *„unfriedlich"* der Rechtsprechung überlassen wollte, führte *Dr. Füßlein* (BMI) aus, dass § 12 an § 14 RVG angelehnt worden sei.[968] Diese Anlehnung sollte aber nur soweit verstanden werden, dass es den Polizeikräften

962 „Entwurf einer Neufassung von §§ 3 und 12" des BMI vom 20. März 1951, *Mat.-VersG, Nr. 20,* Anlage 2.

963 Vgl. „Kurzprotokoll der 20. Sitzung des Ausschusses zum Schutze der Verfassung" vom 22. Februar 1951, *Mat.-VersG, Nr. 18,* Anlage 2.

964 *Mat.-VersG, Nr. 20,* Anlage 2.

965 *Mat.-VersG, Anhang 3,* S. 17.

966 Ders., ebda.

967 So sah es Dr. Menzel nicht zwangsläufig als unfriedlich an, wenn auf einer Versammlung in Bayern Maßkrüge (=Bierkrüge) fliegen; ders., ebda.

968 Ders., ebda. § 14 RVG lautete: *„Die Beauftragten der Polizei sind befugt, unter Angaben des Grundes die Versammlung aufzulösen."*

vor Ort überlassen sein sollte, den Übergang zur Unfriedlichkeit festzulegen. Das BMI sah keine Möglichkeit, eine gesetzliche Lösung zu finden,[969] sondern überließ die Frage der Praxis und somit der gerichtlichen Überprüfbarkeit.

Die schon zu § 3 ausgiebig diskutierte Frage, wie störende Einwirkungen von außen auf die Versammlung einen Verbots- bzw. Auflösungstatbestand begründen sollten, wurde von den Abgeordneten zu § 12 nur oberflächlich erörtert. So stellte *Dr. Becker* (FDP) fest, dass ein unfriedlicher Verlauf auch *„von außen kommen"* könne, und auch wenn Veranstalter und Anhang nicht für die Unfriedlichkeit verantwortlich seien, eine Auflösung möglich sein sollte.[970] Dies vermag zu erstaunen, da trotz der betonten Kongruenz zwischen § 3 und § 12 in einem wesentlichen Punkt, nämlich dem Umgang mit Störungen von außen, zumindest vordergründig eine unterschiedliche Auffassung vertreten wurde. Die Äußerung *Dr. Beckers* kann nur so verstanden werden, dass auch bei „bloßen" Störungen von außen und einer damit entstandenen Unfriedlichkeit eine Auflösung möglich sein sollte. Die noch in § 3 eindeutig getroffene Regelung, dass die Unfriedlichkeit von dem Veranstalter und seinem Anhang ausgehen musste, wurde in § 12 Ziffer 1 5.A.-VersG 1951 nicht übernommen, vielmehr wurde auf eine allgemeine Unfriedlichkeit abgestellt:

> *„Die Polizei (§ 11) kann die Versammlung unter Angabe des Grundes unterbrechen und auflösen, 1.) wenn sie einen unfriedlichen Verlauf nimmt, insbesondere wenn eine unmittelbare Gefahr für Leben oder Gesundheit von Teilnehmern besteht."*

Dies kann seinen Grund darin gehabt haben, dass im Gegensatz zu der Prognoseentscheidung des § 3 in § 12 eine Entscheidung aufgrund konkreter Begebenheiten getroffen werden sollte. Zudem wurde in Ziffer 1 der allgemeine Gefahrentatbestand aufgenommen. Jedoch widerspricht die verabschiedete Fassung bzw. deren Interpretation durch die Ausschussmitglieder der Intention des GG und des Gesetzentwurfs, die friedliche Versammlung zu schützen. Störern wurde also die Möglichkeit eröffnet, durch ein entsprechendes Verhalten eine Auflösung der Versammlung zu erreichen. Genau davor sollte das Gesetz aber eigentlich schützen. Eine Differenzierung zwischen der Unfriedlichkeit und der Gefahr für Versammlungsteilnehmer hätte hier für mehr Klarheit und somit zur Einhaltung des Gesetzeszwecks führen können.

(c) Verstoß gegen Befugnisse durch den Versammlungsleiter, § 12 Ziffer 2 5.A.-VersG 1951

Zu dem Auflösungstatbestand in § 12 Ziffer 2 5.A.-VersG diskutierten die Abgeordneten die Frage, ob der Versammlungsleiter auch die Pflicht zur Überwachung und Durchsetzung einer von ihm ausgesprochenen Ausschlussverfügung haben sollte. Während das BMI eine solche Pflicht für zu weitgehend ansah,[971] schlug der Vorsitzende *Dr. Menzel* vor, zumindest für den Fall eines Ausschlusses aufgrund

969 Ders., ebda.
970 a.a.O., S. 18.
971 Ders., ebda.

Verstoßes gegen § 2 5.A.-VersG (Waffenverbot) eine Pflicht zur Durchsetzung vorzuschreiben.[972] Dabei sahen es die Abgeordneten nicht als ausreichend an, wenn dem Betroffenen lediglich die Waffe abgenommen werden würde.[973] Somit wurde folgende Fassung der Ziffer 2 beschlossen:

> *„[W]enn der Leiter seine Befugnisse in gröblicher Weise missbraucht und dadurch der ordnungsmäßige Ablauf der Versammlung erheblich gefährdet wird, insbesondere, wenn er Personen, die entgegen der Vorschrift des § 2 Waffen mit sich führen, nicht sofort ausschließt und nicht für die Durchführung des Ausschlusses sorgt."*[974]

Der Abgeordnete *Paul* (SPD) hatte zu Recht angeführt, dass durch die Anwesenheit eines Waffenträgers die Friedlichkeit der Versammlung bedroht sei, da *„[d]er friedliche Teilnehmer der Versammlung [...] stark erregt sei"* und nur durch ein endgültiges Entfernen die Friedlichkeit garantiert werden könne.[975]

(d) Verstöße gegen Strafgesetze, verfassungsmäßige Ordnung und den Gedanken der Völkerverständigung, § 12 Ziffer 3 5.A.-VersG 1951

Zu § 12 Ziffer 3 5.A.-VersG 1951 führten die Abgeordneten eine ausführliche Diskussion. So war zunächst die Frage zu klären, bei welchen Verhaltensweisen (Schmähungen, Kundgebungen oder Sprechchören) eine Auflösung möglich sein sollte, wenn diese entsprechende (verfassungsfeindliche) Inhalte aufweisen. Reg.Dir. *Füßlein* betonte die Notwendigkeit, auch Kundgebungen in Ziffer 3 aufzunehmen, da unter diesen Fall auch Sprechbänder zu zählen seien.[976]

Der dann folgende Formulierungsvorschlag des Ausschussvorsitzenden, der lediglich auf § 3 5.A.-VersG 1951 Bezug nahm,[977] ging den Vertretern von BMJ und BMI nicht weit genug. Denn sie wollten im Gegensatz zu § 3 5.A.-VersG 1951 in § 12 auch den Fall eines Missbrauchs von anderer Seite berücksichtigt sehen. So sollte der Polizei dann ein Auflösungsrecht zustehen, wenn der Leiter nicht in der Lage war, sich mit seinen Maßnahmen, z.B. die Anordnung der Entfernung von Spruchbändern, durchzusetzen.[978] *Dr. von Merkatz* (DP) verwies hier auf die Versammlungspraxis in Niedersachsen und betonte, dass bei einer solchen Regelung wohl faktisch keine Versammlung mehr zu Ende geführt werden könne.[979] Er erbat sich ein *„vernünftiges Polizeimaß"*. Dem schloss sich der Abgeordnete *Meitmann* (SPD) mit einem praktischen Lösungsvorschlag an, nämlich dem Versammlungsleiter

---

972 Ders., ebda.
973 a.a.O., S. 19.
974 a.a.O., S. 26.
975 a.a.O., S. 19.
976 a.a.O., S.20.
977 Der Vorschlag von *Dr. Menzel* lautete: *„Die Versammlung kann aufgelöst werden in all denjenigen Fällen, in denen ihr vorheriges Verbot nach § 3 möglich ist."*; ders., ebda.
978 Ders., ebda.
979 Ders., ebda.

die Möglichkeit zu geben, die Polizei um Unterstützung zu bitten, wenn er selber nicht in der Lage ist, Störer aus der Versammlung zu entfernen.[980] Dieser Vorschlag fand allgemeine Zustimmung. Damit schaffte *Meitmann* den Spagat zwischen einer effektiven Abwehr von äußeren Störern und der Aufrechterhaltung der Versammlung anstelle einer polizeilichen Auflösung.[981] Der BP-Abgeordnete *Dr. Etzel* trug das Bedenken vor, dass die Einführung einer solchen Zuhilfenahme die Änderung von § 7 5.A.-VersG 1951 (Ordnereinsatz) erfordere.[982] Andernfalls würde der Leiter in die Lage kommen, *„auch noch die Polizei in Bewegung zu setzen."*[983] *Meitmann* hielt hingegen eine Änderung von § 7 5.A.-VersG 1951 für nicht erforderlich, da der Versammlungsleiter nicht die Polizeihoheit übernähme, sondern nur ein Anrufungsrecht habe.[984] Die Polizei sollte die Entscheidungshoheit für ihr Handeln behalten, der Leiter also nicht viel mehr als auf seine Hilfsbedürftigkeit hinweisen können.[985] Dem stimmte *Dr. Menzel* zu, der diese Möglichkeit für den Versammlungsleiter als Ausfluss des Rechts auf Hilfe der Polizei ansah.[986] Korrespondierend hierzu befürworteten die Abgeordneten die Möglichkeit der Polizei, die Versammlung als „Minusmaßnahme" zu unterbrechen, statt sofort eine Auflösung herbeizuführen. Selbiges stand nach § 6 auch dem Leiter der Versammlung zu. Somit konnte der durch die Rechtsprechung entwickelte Grundsatz, *„das polizeiliche Ziel und die Mittel zur Erreichung dieses Ziels in ein rechtes Verhältnis zueinander zu bringen"*[987], umgesetzt werden.

Neben diesen praktischen Erwägungen befassten sich die Abgeordneten zudem mit einer grundlegenden Frage: *Dr. von Merkatz* brachte die Idee in die Diskussion ein, den Auflösungstatbestand in § 12 Ziffer 3 nur noch auf die Verletzung von Strafgesetzen und die Verletzung der öffentlichen Ordnung zu begrenzen. Er wollte damit Rechtssicherheit für den Auflösungstatbestand schaffen, die er für den Fall von *„Anträgen und Vorschlägen gegen die verfassungsmäßige Ordnung oder gegen den Gedanken der Völkerverständigung"* nicht gewährleistet sah.[988] *Dr. von Merkatz* hielt es für äußerst bedenklich, *„reine Meinungstatbestände [...] polizeilichen Restriktionen zu unterwerfen."*[989] Denn den in der Wissenschaft und auf Versammlungen geäußerten kritischen Stimmen[990] zu der demokratischen Staatsform in Deutschland sollte durch

980 a.a.O., S. 21. Er formulierte dies wie folgt: *„nicht in der Lage ist mit Hilfe der Ordner oder Polizei zu verhindern"*; a.a.O., S. 24.

981 Somit konnten Sinn und Zweck von Art. 8 GG und des VersG eingehalten werden.

982 a.a.O., S. 25.

983 Ders., ebda.

984 Ders., ebda.

985 Ders., ebda.

986 Ders., ebda.

987 a.a.O., S. 26.

988 a.a.O., S. 21.

989 a.a.O., S. 23.

990 Hier wurden genannt *José Ortega y Gasset*, ein spanischer Philosoph, der für den modernen Massenindustriestaat die parlamentarische Demokratie nicht für

die Vertreter der demokratischen Staatsidee im kritischen Dialog begegnet werden. Wenn aber, so das Verständnis von *Dr. von Merkatz* (DP), *Dr. Etzel* (BP) und *Dr. Becker* (FDP), die Regelung in Ziffer 3 unverändert bliebe, so würden statt einer Annäherung vielmehr *„die Gegensätze vertieft und verschärft werden."*[991]

Die Abgeordneten hielten es für erforderlich, dass auf einer Versammlung auch kritische Stimmen zu Demokratie und Staatsidee geäußert und erörtert werden dürfen,[992] ohne dass dies gleich als eine Art Hochverrat verstanden wird bzw. der Polizei ein Eingreifen erlaubt ist.

Der Ausschussvorsitzende führte dazu aus, dass man an die Formulierung des Grundgesetzes (Art. 9 GG) gebunden sei und daher die Ziffer 3 in der vorliegenden Form annehmen müsse.[993] Gleichwohl sah er ebenfalls die praktischen Probleme einer solchen Formulierung.

Die Diskussion zeigt die geringe Erfahrung der Politik mit der demokratischen Staatsform und dem damit verbundenen Umgang mit Versammlungs- und Meinungsfreiheit. Statt kritische Äußerungen zu Demokratie und Staatsform als Ausdruck dieser Grundrechte zuzulassen und im Wege des Dialogs Überzeugung für Demokratie zu gewinnen, wurden solche Äußerungen vielmehr bereits als Angriff auf den Bestand der verfassungsmäßigen Ordnung verstanden. Bei einem richtigen Verständnis dieses Begriffs hätten die Abgeordneten wohl ohne weiteres die Formulierung von Ziffer 3 hingenommen, da allein in einer kritischen Äußerung zur Staatsform der Bestand der verfassungsmäßigen Ordnung noch nicht gefährdet sein konnte. Zudem herrschte Übereinstimmung zwischen allen Beteiligten, dass ein polizeiliches Handeln (also Auflösung oder zumindest Unterbrechung der Versammlung) nur aufgrund einer Meinungsäußerung zumindest fragwürdig und vor allem unzweckmäßig erschien.[994]

Aufgrund der Vorgaben des Grundgesetzes wurde Ziffer 3 dennoch wie folgt beschlossen:

> *„wenn in der Versammlung, ohne dass der Leiter es verhindert oder mit Hilfe der Ordner oder der Polizei zu verhindern in der Lage ist, Kundgebungen stattfinden oder Anträge oder Vorschläge erörtert werden, die den Strafgesetzen zuwiderlaufen oder sich gegen die verfassungsmäßige Ordnung oder den Gedanken der Völkerverständigung richten."*[995]

---

geeignet hielt, vgl. a.a.O., S. 21, und *Prof. Dr. Hans Hugo Hellfritz,* ein deutscher Staatsrechtler, der in seinen Vorlesungen die Monarchie als ideale Staatsform gepriesen hat, vgl. a.a.O., S. 22.

991 Ders., ebda.

992 a.a.O., S. 24

993 Ders., ebda.

994 a.a.O., S. 23; *Dr. von Merkatz* bezog sich dabei auf die negative historische Erfahrung der sog. *„Demagogenverfolgung"* in Folge der *Karlsbader Beschlüsse* (1819), bei der die Anhänger von liberalen und nationalstaatlichen Ideen als *„Volksverhetzer"* angesehen und verfolgt wurden, vgl. hierzu *Huber*, Band I, S. 732 ff.

995 In der praktischen Anwendung des Gesetzes hat sich später gezeigt, dass Äußerungen, insbesondere mit Hinblick auf den Bestand der verfassungsmäßigen Ordnung, als sehr weitgehend von der Versammlungs- und Meinungsfreiheit

Durch die Redaktionskommission erfuhr § 12 Ziff. 3 5.A.-VersG nochmals eine sprachliche Veränderung. Gegenüber der Ursprungsfassung des 5. Ausschusses beschloss der Redaktionsausschuss nunmehr die Fassung,

> *„[ohne] dass der Leiter es verhindert oder mit Hilfe der Ordner oder der Polizei zu verhindern in der Lage ist[...].“*[996]

Damit wurde die Zweistufigkeit innerhalb des Auflösungstatbestands deutlicher herausgestellt. Zunächst sollte es der Leiter versuchen, die unerlaubten Kundgebungen etc. zu verhindern, erst anschließend mit Hilfe von Ordnern und ggf. Polizei jene unterbinden. Erst danach war es der Polizei möglich, die Versammlung aufzulösen. Dadurch wurde die Eigenständigkeit des Leiters noch klarer herausgestellt und somit die Versammlungsfreiheit deutlich unterstrichen.

(10) Verhalten nach Versammlungsausschluss und Versammlungsauflösung, § 13 RegE

Die Regelung in § 13 RegE wurden vom 5. Ausschuss in § 9 5.A.-VersG unverändert übernommen.[997]

cc) Öffentliche Versammlungen unter freiem Himmel und Aufzüge, III. Abschnitt

(1) Allgemeines

Auf seiner 23. Sitzung vom 26. April 1951 befasste sich der 5. Ausschuss erneut mit dem RegE, insbesondere mit dem II. Abschnitt (Öffentliche Versammlungen unter freiem Himmel).[998] Zunächst erfuhr die Abschnittsüberschrift eine Ergänzung durch den 5. Ausschuss. So wurden die Worte *„und Aufzüge“* der Abschnittsüberschrift angefügt.[999]

---

gedeckt zu verstehen sind. Damit eine Gefährdung des Bestands eintreten kann, reichen allein bestimmte Ideen oder Äußerungen nicht aus, vielmehr muss eine so intensive und konkrete Äußerung verbunden mit bestimmten Handlungen erfolgen, damit eine Bestandsgefährdung angenommen werden kann.

996 a.a.O., S. 4.

997 Vgl. oben Seite 218.

998 „Kurzprotokoll der 23. Sitzung des (5.) Ausschusses zum Schutze der Verfassung“, 26. April 1951, *Mat.-VersG, Nr. 21*; „Stenographisches Protokoll der 23. Sitzung des (5.) Ausschusses zum Schutze der Verfassung“, 26. April 1951, *Mat.-VersG, Anhang 4*; auf der Sitzung waren folgende Personen anwesend: die Abgeordneten *Brauksiepe, Heix, Kiesinger, Mehs* und *Schulze-Pellengahr* (alle CDU/CSU), *Dr. Menzel* (Vorsitzender), *F. Maier, Gleisner, Knothe, E. Paul* und *Meitmann* (alle SPD), *Dr. Becker, Dr. Hammer* und *Kohl* (alle FDP), *Willenberg* (Zentrum) und als Vertreter der Bundesregierung *Reg.Dir. Dr. Füßlein* (BMI) und *Stoecker* (BMJ).

999 *Mat.-VersG, Anhang 4*, S. 3. Dabei traf der Ausschuss in einzelnen Bereichen noch keine abschließende Entscheidung darüber, ob bestimmte Regelungen gleichermaßen auch für Aufzüge gelten sollten, a.a.O., S. 9.

(2) Anmeldepflicht, § 14 5.A.-VersG 1951

Die Regelungen von § 14 RegE wurden in § 14 5.A.-VersG 1951 vollständig übernommen, ohne dass eine weitergehende Diskussion erfolgte. Lediglich in § 14 Abs. 1 5.A.-VersG wurde eine kleine Änderung vorgenommen. So wurde nunmehr nur auf die *„Bekanntgabe"* hinsichtlich der Anmeldefrist abgestellt, nicht mehr auf die *„öffentliche Bekanntgabe."*[1000] Die Form der Bekanntgabe war für den Ausschuss also nicht mehr relevant. Vielmehr die Bekanntgabe an sich, gleich in welcher Form war entscheidend.

(3) Auflagen, Auflösung und Versammlungsverbot, § 15 5.A.-VersG 1951

Die Regelungen in § 15 RegE wurden sowohl auf der Sitzung vom 26. April 1951 als auch auf den Sitzungen vom 31. Mai[1001] und 12. Juni 1951[1002] ausführlich erörtert.

(a) Allgemeine Feststellungen und Struktur der Norm

Dr. Menzel stellte in seiner Bewertung von § 15 RegE fest,

> *„dass von der Ermächtigung in Art. 8 Abs. 2 GG in der Regierungsvorlage gar kein Gebrauch gemacht wurde."*[1003]

Dies fand die Zustimmung des Abgeordneten *Kiesinger.*[1004] Hier deutet sich ein wohlmöglich falsches Verständnis der Abgeordneten von Art. 8 Abs. 2 GG an. Die Grundgesetznorm sieht Einschränkungsmöglichkeiten der Versammlungsfreiheit bei Versammlungen unter freiem Himmel vor. Da lediglich Art. 8 Abs. 1 GG eine uneingeschränkte Versammlungsfreiheit garantierte, musste bereits in der

---

1000 Vgl. *Mat.-VersG, Nr. 21*, Anlage, S. 5; § 14 Abs. 1 5.A.-VersG 1951 lautete daher nunmehr: *„Wer die Absicht hat, eine öffentliche Versammlung unter freiem Himmel oder einen Aufzug zu veranstalten, hat dies spätestens 48 Stunden vor der Bekanntgabe der zuständigen Behörde anzumelden."*

1001 Auf der Sitzung am 31. Mai 1951 waren anwesend: die Abgeordneten *Heix, Dr. Jäger, Kiesinger* und *Mehs* (CDU/CSU), *Dr. Bergsträsser, Gleisner, Knothe, E. Paul,* und *Meitmann* (SPD), *Dr. Becker* und *Stahl* (FDP), *Dr. von Merkatz* (DP) und *Willenberg* (Zentrum) sowie als Vertreter der Bundesregierung *Dr. Füßlein* und *Geeb* (BMI) und *Stöcker* (BMJ). Den Vorsitz führte bei Abwesenheit von *Dr. Menzel* (SPD) der Abgeordnete *Kiesinger.*

1002 Auf der Sitzung am 12. Juni 1951 waren anwesend: die Abgeordneten *Brauksiepe, Heix, Kiesinger* und *Mehs* (CDU/CSU), *Striebeck, Dr. Bergsträsser, Gleisner, Knothe, Dr. Schöne* und *Meitmann* (SPD), *Dr. Becker* (FDP), *Dr. Hamacher* (Zentrum), als Vertreter der Bundesregierung *von Nathusius, Dr. Füßlein* (BMI) und *Dr. Stöcker* (BMJ) sowie als Vertreter des BR *Winckhler* (Bayern), *Dr. Gastmann* (Niedersachsen) und *Dr. Schmidt* (Nordrhein-Westfalen). Den Vorsitz führte bei Abwesenheit von *Dr. Menzel* der Abgeordnete *Kiesinger.*

1003 *Mat.-VersG, Anhang 4*, S. 5.

1004 Ders., ebda.

vorgesehenen Möglichkeit einer Auflagenerteilung eine (zulässige) Einschränkung des Grundrechts auf Versammlungsfreiheit gesehen werden. *Dr. Füßlein* (BMI) teilte diesbezüglich mit, dass das Ministerium *„die mildere Form [gewählt habe], d.h. lediglich Anmeldung, weil das den polizeilichen Bedürfnissen genügend entspricht."*[1005] Diese Aussage zeigt, dass auch das BMI zumindest mit dem Gedanken spielte, statt einer Anmeldepflicht für Versammlungen unter freiem Himmel einen Erlaubnistatbestand zu wählen. Dies hätte den Vorgaben des GG wohl nicht mehr entsprochen. Denn mit der Schaffung von Art. 8 GG sollte die uneingeschränkte Versammlungsfreiheit gewährt und der insbesondere nach dem RVG noch vorgesehene Erlaubnistatbestand und eine damit verbundene umfangreiche Eingriffs- bzw. Verhinderungsmöglichkeit für die Polizeikräfte abgeschafft werden.

Ausgehend von der Schilderung des BMI schlug *Dr. Menzel* eine inhaltliche Umstellung von § 15 Abs. 1 RegE vor. Zunächst sollte die Möglich der Erteilung von Auflagen und dann erst der Verbotstatbestand genannt werden.[1006] Dieser Vorschlag wurde nicht weiter verfolgt.

Der Ausschuss beschloss aber eine kleine, wenn auch in ihrer Wirkung erhebliche Änderung des § 15 Abs. 1 RegE: Die Möglichkeit, eine Versammlung unter Auflagen zu stellen und Versammlungsverbote auszusprechen, sollte nunmehr bestehen, wenn eine Gefahr für die öffentliche Ordnung *„oder"* Sicherheit vorläge.[1007] *Dr. Menzel* schlug zudem vor, die Möglichkeit von Auflagen auch dann bereits vorzusehen, wenn *„die öffentliche Ruhe"* gestört würde.[1008] Zudem wollte er den Gefährdungstatbestand durch eine positive Formulierung ersetzen.[1009] Dieser Ansatz wurde vom Ausschuss jedoch zunächst nicht weiter verfolgt.

1005 Ders., ebda.

1006 Ders., ebda.

1007 a.a.O., S. 6; die Unterscheidung von öffentlicher Ordnung und öffentlicher Sicherheit wurde später sowohl im Hinblick auf das Versammlungsrecht als auch im allgemeinen Polizeirecht von der Rechtsprechung aufgegriffen und teilweise noch schärfer gezogen. Dies hatte zur Folge, dass eigentlich nur noch bei einer Gefahr für die öffentliche Sicherheit (Unversehrtheit der objektiven Rechtsordnung, der subjektiven Rechte und Rechtsgüter des Einzelnen und die Funktionsfähigkeit von Einrichtungen und Veranstaltungen des Staates) ein Versammlungsverbot in Betracht kommen konnte, vgl. BVerfG, Urteil vom 24. März 2001 – 1 BvQ 13/01, NJW 2001, S. 2069.

1008 *Mat.-VersG, Anhang 4*, S. 6. Mit diesem Vorschlag wurde ein weiterer unbestimmter Rechtsbegriff eingeführt. Die öffentliche Ruhe hatte wie die öffentliche Sicherheit und Ordnung ihren Ursprung in § 10 II 17 ALR (Paragraph 10 des Zweiten Teils, Siebzehnter Abschnitt) und später, ab 1931, in § 14 Preuß. PolVwG.

1009 Ders., ebda. Der Formulierungsvorschlag lautete: *„Die Polizei kann Auflagen machen, die dazu dienen, die öffentliche Ruhe, Sicherheit und Ordnung zu gewährleisten."*

(b) Zusätzliche Auflösungstatbestände

So regte *Dr. Becker* (FDP) an, weitere Auflösungstatbestände in § 15 5.A.-VersG 1951 aufzunehmen. Danach sollte eine Auflösung durch die Polizei auch dann möglich werden, wenn Verstöße gegen Redeverbote vorlägen, Religionsgemeinschaften verunglimpft würden oder zu Gewalttätigkeiten gegen Personen oder Sachen aufgerufen würde.[1010] Eine Konkretisierung, was als Redeverbot zu verstehen sei, erfolgte nicht. Der Schutz von Religionsgemeinschaften sollte wohl dem Schutz der Grundrechte aus Art. 4 Abs. 1 und 2 GG[1011] dienen, gleichwohl war dieser Teil der Regelung sicherlich unfertig, da auch die Religionsfreiheit und die Meinungsfreiheit (Art. 5 GG) der Versammlungsteilnehmer zu schützen waren. Auch wenn Art. 5 Abs. 2 GG eine Schrankenregelung enthält, so schien der Vorschlag von *Dr. Becker* nicht konkret genug. Insbesondere blieb unklar, in welchen Fällen eine Beschimpfung oder böswillige Verachtung vorliegen dürfte. Der Ausschuss beschloss daher auch lediglich die Empfehlung, dass das BMI beim Erlass von Durchführungsbestimmungen zu dem Gesetz die Vorschläge von *Dr. Becker* als Erläuterung berücksichtige.[1012] Eine Aufnahme in das Gesetz selber wurde abgelehnt.[1013]

Ergänzend erwog der Abgeordnete *Kiesinger* auch den Gedanken des polizeilichen Notstands mit in § 15 5.A.-VersG aufzunehmen. Er bezog sich dabei auf eine OVG-Entscheidung aus der Weimarer Republik, in der bei einer Versammlung von *„Deutsch-Nationalen“* die schwarz-weiß-rote Fahne gezeigt worden sei und kommunistische Vereinigungen dagegen demonstriert hätten.[1014] Dies habe zu Schlägereien geführt. Die Polizei habe die Versammlung daraufhin verboten, obwohl das Zeigen der Fahne erlaubt war, und sich auf das Fehlen ausreichender Polizeikräfte, also das Vorliegen polizeilichen Notstands berufen.[1015] Dieses Vorgehen hatte das OVG bestätigt. Die Entscheidung zu diesen Fragen wurde am 26. April 1951 jedoch zunächst offengelassen.

1010 *Dr. Becker* formulierte seine Forderungen wie folgt: *„1.) wenn in einer Versammlung oder einem Aufzug ein oder mehrere Redner auftreten, gegen die ein Redeverbot vorliegt; 2.) wenn in den Versammlungen und Aufzügen Einrichtungen von Religionsgemeinschaften, deren Gebräuche oder Gegenstände ihrer religiösen Verehrung beschimpft oder böswillig verächtlich gemacht werden oder wenn in ihnen zu einer Gewalttat gegen bestimmte Personen oder allgemein zu Gewalttätigkeiten gegen Personen oder Sachen aufgefordert oder aufgereizt wird.“* Vgl. *Mat.-VersG, Anhang 4*, S. 3.

1011 Glaubensfreiheit und Recht auf ungestörte Religionsausübung.

1012 *Mat.-VersG, Anhang 4*, S. 3.

1013 a.a.O., S. 4.

1014 a.a.O., S. 6. Mit dem Zeigen dieser alten Reichsfarben als Gegensatz zu den offiziellen Farben der Weimarer Republik (schwarz-rot-gold) sollte ein Protest gegen die Demokratie gezeigt und eine Rückkehr zur Monarchie angeregt werden. Dies rief natürlich die Empörung von politischen Kräften, die in jedem Falle gegen die Monarchie bzw. das Kaiserreich gerichtet waren, hervor.

1015 Bereits in der Diskussion zu § 3 5.A.-VersG 1951 hatten die Abgeordneten eine gesetzliche Verankerung des polizeilichen Notstandes abgelehnt, vgl. oben Fußnoten 892 und 894.

(c) Auswirkungen von äußeren Störungen auf die Versammlung

Wie schon zu § 3 5.A.-VersG 1951 fand auch zu § 15 5.A. VersG 1951 eine längere Aussprache zu der Frage statt, wie mit Störungen umzugehen sei, die nicht von Versammlungsteilnehmern, sondern von Außenstehenden auf die Versammlung und ihren friedlichen Verlauf einwirkten.

Dabei war es den Abgeordneten daran gelegen, auch bei Versammlungen unter freiem Himmel und Aufzügen eine Störung von außen möglichst nicht als Anlass für eine polizeiliche Auflösung genügen zu lassen. *Dr. Menzel* (SPD) gab zu bedenken, dass im Gegensatz zu § 3 für den vorliegenden Fall das *„öffentliche Interesse an der Aufrechterhaltung der Ruhe, Sicherheit und Ordnung"* größer sei.[1016]

Deshalb hielt er ein Versammlungsverbot oder eine Versammlungsauflösung aufgrund äußerer unfriedlicher Umstände und somit auf Kosten friedlicher Versammlungsteilnehmer grundsätzlich für gerechtfertigt. Gleichwohl sah *Dr. Menzel* das Bedürfnis, eine Lösung für diesen Zustand zu finden.[1017] Es entsprach dabei dem Wunsch der Abgeordneten, für die Versammlungspraxis festzuschreiben, dass im Falle einer Störung von außen zunächst (zwingend) ein Vorgehen gegen die Störer durch die Polizei zu erfolgen habe, bevor der Bestand der Versammlung in Frage gestellt werden dürfe. Dabei bezogen sich die Abgeordneten auf die Rechtsprechung des preußischen OVG.[1018] Jedoch entstand zwischen den Abgeordneten und den Vertretern der Bundesregierung eine Diskussion darüber, ob und in welchem Umfang ein solcher Grundsatz in das Gesetz Eingang finden solle. Während *Dr. Menzel* (SPD) und *Kiesinger* (CDU/CSU) erste Formulierungsversuche unternahmen,[1019] hielt *Dr. Füßlein* (BMI) dies nicht für erforderlich. Er sah vielmehr in der bestehenden Rechtsprechung des Preußischen OVG, nach der im Rahmen der Ermessensentscheidung der Polizei zwingend die Möglichkeit, zunächst gegen Störungen von Dritten vorzugehen, zu prüfen sei und die das in diesem Zusammenhang ausgeübte polizeiliche Ermessen einer vollständigen verwaltungsgerichtlichen Überprüfung zugänglich machte,[1020] ausreichende Möglichkeiten, um den gewollten Versammlungsschutz durchzusetzen. *Dr. Menzel* hielt es jedoch für angebracht, dies gleichwohl in das Gesetz aufzunehmen, *„damit es zur Kenntnis breiterer Kreise kommt, da die Rechtsprechung des OVG weiten Kreisen nicht bekannt wurde."*[1021]

1016 Ders., ebda.

1017 Dies traf auch auf die Zustimmung der anderen Abgeordneten, vgl. a.a.O., S. 4 ff.

1018 a.a.O., S. 4.

1019 *Dr. Menzel* schlug die Formulierung *„Bei Störungen von dritter Seite hat die Polizei zunächst gegen die Ruhestörer vorzugehen"* vor, hielt dies jedoch mehr für die Ausgangsthese, die durch das BMI bzw. BMJ noch exakter zu formulieren war; Kiesinger nahm eine eigene Formulierung des Gesetzestextes vor: *„Ist eine Störung der öffentlichen Ruhe, Sicherheit und Ordnung dadurch zu erwarten, dass versammlungsfremde Personen die Versammlung stören oder zu sprengen beabsichtigen, so hat die Polizei die Aufgabe, sich zunächst gegen die Ruhestörer zu wenden."* Vgl. a.a.O., S. 4.

1020 a.a.O., S. 5. Es ging also um die Ausübung eines korrekten Störerauswahlermessens.

1021 Ders., ebda.

Es kam auf der Sitzung vom 26. April 1951 zu keiner abschließenden Entscheidung. Vielmehr wurde das BMI beauftragt, eine Neuformulierung zu finden, die den Willen der Ausschussmitglieder berücksichtigte.[1022]

Hinsichtlich der Frage, an welcher Stelle des Gesetzes dieser Grundsatz polizeilichen Verhaltens aufgenommen werden sollte, hielt *Dr. Menzel* eine Aufnahme im Rahmen der polizeilichen Generalklausel[1023] des § 15 Abs. 1 RegE für angebracht. *Dr. Becker* (FDP) wollte einen solchen Grundsatz bereits im allgemeinen Teil verordnet haben.[1024]

(d) Die Neufassung von § 15 durch das BMI / Ausschusssitzung vom 31. Mai 1951

Auf der Sitzung vom 31. Mai 1951 beschäftigte sich der 5. Ausschuss eingehend mit einem neuen Formulierungsvorschlag des BMI zu § 15 RegE, der aufgrund der Beschlüsse des Ausschusses vom 26. April 1951 erarbeitet worden war. § 15 sollte folgende Neufassung erhalten:

> „*(1) Die zuständige Behörde kann die Veranstaltung einer Versammlung oder eines Aufzuges von der Erfüllung bestimmter Auflagen abhängig machen, die der Aufrechterhaltung der öffentlichen Sicherheit oder Ordnung dienen.*
> *(2) Sie kann die Versammlung oder den Aufzug verbieten, wenn Tatsachen vorliegen, die mit Sicherheit erwarten lassen, dass der Veranstalter oder sein Anhang eine unmittelbare Gefahr für die öffentliche Ordnung oder Sicherheit herbeiführen werden oder wenn eine solche Gefahr von anderer Seite droht und auf sonstige Weise nicht abgewendet werden kann.*
> *(3) Eine Versammlung oder ein Aufzug können aufgelöst werden,*
> *1.) wenn sie nicht angemeldet oder verboten sind,*
> *2.) wenn die öffentliche Ordnung oder Sicherheit bedroht ist und die Gefahr auf andere Weise nicht abgewendet werden kann,*
> *3.) wenn von den Angaben der Anmeldung abgewichen oder den Auflagen zuwidergehandelt wird.*“[1025]

Mit dieser Neufassung versuchte das Ministerium den Änderungs- bzw. Anpassungswünschen des 5. Ausschusses nachzukommen.

So hatten zum einen der Grundsatz des vorrangigen Vorgehens gegen Drittstörer einer Versammlung und die Möglichkeit eines Präventivverbots ausschließlich in Fällen des polizeilichen Notstands Eingang in den neugefassten Wortlaut

---

1022 Ders., ebda. Somit auch die Neuformulierung eines § 15 des BMI vom 23. Mai 1951, siehe sogleich.

1023 So verstand das BMI (*Dr. Füßlein*) die Regelungen in § 15 Abs. 1RegE, ders., ebda.

1024 Ders., ebda.

1025 Vgl. „Neufassung des § 15 des Entwurfes eines Versammlungsordnungsgesetzes“ des BMI vom 23. Mai 1951 in „Kurzprotokoll der 24. Sitzung des (5.) Ausschusses zum Schutze der Verfassung“ vom 31. Mai 1951, *Mat.-VersG, Nr. 22*, Anlage, S. 3.

gefunden.[1026] Dabei wollte das BMI den polizeilichen Notstand nur in Grundsätzen regeln. Denn ihm erschien eine solche grundsätzliche Regelung als ausreichend,

> *„da es sich bei dem polizeilichen Notstandsrecht um einen allgemein geltenden poliz eirechtlichen Grundsatz handelt, der in den landesrechtlichen Bestimmungen näher ausgeführt wird."*[1027]

Zum anderen wurde klargestellt, dass die polizeiliche Generalklausel im Rahmen der Auflagenmöglichkeit des § 15 Abs. 1 RegE auch für die Auflösungsmöglichkeiten in Abs. 3 Anwendung finden sollte.

(aa) Möglichkeit der Auflagenerteilung

Außerdem sollte die Befugnis zur Erteilung von Auflagen nunmehr umfänglicher gestaltet werden. So waren Auflagen nicht mehr auf einen zwingenden Zusammenhang mit der polizeilichen Generalklausel beschränkt.[1028] Vielmehr wurde jedwede Auflage möglich, solange sie die Eigenschaft beinhaltete, die öffentliche Sicherheit oder Ordnung zu gewährleisten.[1029] Diese Änderung bedeutete für die Polizei eine weitaus umfangreichere Befugnis zur Verhängung von Auflagen als bisher vorgesehen. Denn nun war nicht mehr der Nachweis einer Gefährdung des Schutzgutes[1030] erforderlich,[1031] sondern vielmehr nur noch die allgemeine Tauglichkeit der Auflage für den Erhalt der öffentlichen Sicherheit oder Ordnung zwingende Voraussetzung. Auf eine konkrete Gefährdungslage sollte es nicht mehr ankommen. Dieser grundlegend andere Ansatz wurde entsprechend ausgiebig von den Abgeordneten erörtert. Ganz überwiegend waren die Abgeordneten der Ansicht, dass mit der Regelung des BMI in dieser Frage der Polizei eine zu umfangreiche Befugnis eingeräumt würde.

Der Abgeordnete *Kiesinger* (CDU/CSU) wies darauf hin, dass nach dem bisherigen Polizeirecht ein Versammlungsverbot und damit auch die Erteilung von Auflagen nur bei Vorliegen einer konkreten Gefahr zulässig gewesen seien.[1032] Gleichwohl bejahte das BMI (*Dr. Füßlein*) auf Nachfrage *Kiesingers*, dass mit Blick

---

1026 a.a.O., S. 2.

1027 Ders., ebda. Das BMI bezog sich dabei insbesondere auf die §§ 21 und 70 Preuß. PolvwG. Jedoch war das BMI der Ansicht, dass die in Abs. 2 getroffene Unterscheidung zwischen inneren und äußeren Störungen nicht erforderlich sei, da dies aufgrund der Regelungen in § 21 Preuß. PolvwG bzw. der feststehenden Rechtsgrundsätze in den anderen Bundesländern bereits gängige Praxis sei; a.a.O., S. 1.

1028 Ders., ebda.

1029 Ders., ebda; die Erteilung stand somit nicht mehr in Abhängigkeit zur polizeilichen Generalklausel = Gefahr für die öffentliche Ordnung oder Sicherheit. Diese Änderung ging auf den Vorschlag von *Dr. Menzel* zurück, vgl. oben S. 226.

1030 = Öffentliche Sicherheit oder Ordnung.

1031 So auch der Abgeordnete *Becker*, in: „Stenographisches Protokoll der Sitzung des Verfassungsschutzausschusses" vom 31. Mai 195, *Mat.-VersG, Anhang 5*, S. 5.

1032 Ders., ebda. Die Erteilung von Auflagen unter dieser Voraussetzung war als sog. „Minus" immer für zulässig erachtet worden.

an Gefährdung vorliegen müsse.[1039] Daher beanstandete *Kiesinger* an der zur Diskussion stehenden Formulierung *„ein erhebliches Maß an Eingriffsrecht prophylaktischer Art*",[1040] ohne zumindest auf eine abstrakte Gefährdungslage abzustellen. Denn er sah in der vom BMI gefassten Formulierung die Gefahr, dass schon bei einer nur theoretischen Möglichkeit von Gefahr, z.B. einer Gegendemonstration, bestimmte Auflagen festgelegt werden könnten, ohne dass die Gefährdung auch nur ansatzweise vorläge.[1041] Nach *Kiesingers* Argumentation sollten die Grundsätze des Polizeirechts hinsichtlich eines zwingenden Gefährdungstatbestands beibehalten werden. Er wollte verhindern, dass das, was das *„Polizeirecht mit Sorgfalt eliminiert [hat], [...] mit einem Federstrich wieder [eingeführt wird].*"[1042] Dies fand die volle Zustimmung von *Dr. von Merkatz.*[1043] Dieser berief sich ergänzend auf den von der Rechtsprechung entwickelten Grundsatz der Sparsamkeit der Mittel.[1044] Für den Betrachter drängt sich hier die Frage auf, weshalb eine solch umfangreiche Auflagenregelung nicht auch deshalb kritisiert wurde, weil sie eine Möglichkeit zur effektiven Einschränkung von Versammlungsfreiheit ohne feste Voraussetzungen ermöglichte, somit dem Sinn und Zweck des Gesetzes zuwider zu laufen schien.

Dr. Becker (FDP) widersprach den Erläuterungen von *Kiesinger* nicht, hielt es hinsichtlich der Befugnis zur Erteilung von Auflagen jedoch für ausreichend, das Vorliegen einer abstrakten Gefahr als Voraussetzungen vorzusehen.[1045] Ein präventives Verbot sollte auch in seinen Augen nur bei einer konkreten Gefahr möglich sein. *Kiesinger* hielt dagegen, dass man auch mittels Auflagen ein faktisches Versammlungsverbot erreichen könne.[1046] Zudem sah er auch für den geschilderten „Hamburger Fall" in der „Variante Meitmann" die Gefahr einer übermächtigen Stellung der Polizei.[1047] Dieser Argumentation wollte sich auch *Meitmann* nicht

1039 Ders., ebda; Eingriffe durch Verfügungen oder Einzelanordnungen setzten immer eine unmittelbare Gefahr voraus, selbst bei Polizei-Verordnungen war zumindest eine abstrakte Gefährdungsordnung notwendig.

1040 Ders., ebda.

1041 a.a.O., S. 9.

1042 a.a.O., S. 10. Zudem wies *Kiesinger* darauf hin, dass (aus gutem Grund) die OVG-Rechtsprechung regelmäßig strenge Voraussetzungen für den Nachweis einer unmittelbaren Gefährdung aufgestellt hat. Dies sollte seiner Ansicht nach beibehalten werden, um das Verhältnis zwischen Versammlungsfreiheit und notwendigem polizeilichen Eingreifen in dem gewünschten Rahmen zu belassen, vgl. a.a.O., S. 11.

1043 a.a.O., S. 10.

1044 Ders., ebda. Danach soll die Polizei die ihr zur Verfügung stehenden Eingriffsmöglichkeiten so gering wie möglich wahrnehmen und Abläufen möglichst die Eigenständigkeit erhalten, um somit ein verfrühtes und damit oft überzogenes Eingreifen zu verhindern.

1045 Ders., ebda.

1046 Ders., ebda. Genau aus diesem Grund sollten die Voraussetzungen für eine Auflagenerteilung möglichst hoch sein. Im Ergebnis schätzte *Kiesinger* sogar eine abstrakte Gefahr als nicht ausreichend ein.

1047 a.a.O., S. 10.

verwehren. *Dr. Becker* hingegen war mit der Neuformulierung des BMI einverstanden und vertraute auf eine ordnungsgemäße Handhabe durch die zuständigen Exekutivorgane.[1048] *Kiesinger* war in diesem Punkt eher misstrauisch. *Dr. Bergsträsser* gab zusätzlich zu bedenken, dass eine (Polizei-) Behörde möglicherweise gewillt sein könne, *„sich die Sache einfach zu machen und die Dinge danach zu entscheiden."*[1049]

Ein erster Vorschlag zur Umformulierung von *Dr. von Merkatz*, der die augenscheinlich überwiegende Ausschussmeinung hierzu widerspiegelte und für Abs. 1 allein Auflagen als Regelungsgegenstand vorsah, lautete:

> *„Soweit nach den Umständen eine unmittelbare Gefahr für die öffentliche Sicherheit zu erwarten ist."*[1050]

Der Abgeordnete *Meitmann* wollte es lieber bei dem Wort *„besteht"* statt *„zu erwarten ist"* belassen.[1051] Dies führte zu der von den Abgeordneten diskutierten Frage, ob zwischen den unterschiedlichen Formulierungen des Abs. 1 (Möglichkeit zur Erteilung von Auflagen) von *Dr. von Merkatz* – *„den Umständen nach zu erwarten ist"* – und der Formulierung des BMI für Abs. 2 (Möglichkeit des präventiven Versammlungsverbots) – *„mit Sicherheit erwarten lassen"* – ein inhaltlicher Unterschied bestünde und bei materiell-rechtlicher Deckung aufgrund unterschiedlich gewählter Formulierungen in der praktischen Anwendung des Gesetzes dennoch Unterschiede auftreten könnten, die vom Gesetzgeber nicht gewollt seien. *Kiesinger* und *Dr. von Merkatz* sahen keinen materiellen Unterschied zwischen beiden Absätzen.[1052] Daher forderte *Kiesinger* eine übereinstimmende Formulierung beider Absätze, um so eine gerichtliche Fehlinterpretation zu vermeiden. Bei einer gerichtlichen Überprüfung sollte die Polizei entsprechend der gesetzlichen Vorgaben belegen müssen,

> *„[dass] aufgrund der und der Tatsache eine unmittelbare Gefährdung bevor[stand] und deshalb habe ich*[1053] *die Auflage gemacht und dadurch die Gefährdung abgewendet. Oder es war keine Abwendungsmöglichkeit vorhanden, und darum habe ich verboten."*[1054]

1048 Ders., ebda. Dies galt seiner Ansicht nach vor allem für die demokratisch gewählten Innenminister der Länder. Zudem erwartete er auf Seiten der Polizei eine Selbstkontrolle durch die Öffentlichkeit, folglich derer nur vernünftige Auflagen zu erwarten seien, a.a.O., S. 11. Außerdem sah *Dr. Becker* in den Vorschlägen des BMI die Möglichkeit durch polizeiliches Handeln der Demokratie Autorität zu verleihen.

1049 a.a.O., S. 10.

1050 a.a.O., S. 11. *Dr. von Merkatz* befürwortete dabei die grundsätzliche Aufteilung von Auflagen und Verboten auf zwei Absätze.

1051 Ders., ebda. So wie es auch in § 15 Abs. 1 RegE bereits vorgesehen war.

1052 a.a.O., S. 12. *Dr. Füßlein* gab erneut den Hinweis, dass nach Auffassung des BMI Abs. 2 insgesamt kürzer gefasst werden könne, da die darin enthaltene Regelung des vorrangigen Vorgehens gegen Drittstörer der Versammlung bereits durch die Rechtsprechung ausreichend entwickelt und bestätigt worden sei.

1053 Die Polizei.

1054 *Mat.-VersG, Anhang 5*, S. 12.

Dr. Stöcker (BMJ) wandte ein, dass mit Auflagen eben keine Versammlung gestört oder verhindert werden solle. Vielmehr dienten diese der Sicherung der Möglichkeit, eine Versammlung durchzuführen.[1055] Dieses unterschiedliche Telos einer Auflage im Vergleich zu dem eines Verbots ließ *Dr. Stöcker* schwächere Voraussetzungen für Auflagen als möglich erscheinen. Dabei verkannte er jedoch, dass auch mittels Auflagen und damit unter dem Deckmantel der Versammlungsförderung faktisch ein Versammlungsverbot herbeigeführt werden kann.

Während *Dr. von Merkatz* an seinem Formulierungsversuch festhalten wollte, war dem BMI (*Dr. Füßlein*) daran gelegen, auch für Fälle, in denen aufgrund der äußeren Umstände keine mit Sicherheit zu erwartende Gefahr für die Versammlung vorliegt, der Polizei eine gesetzliche Grundlage zum Erlass von Auflagen aus Gründen der „*Zweckmäßigkeit*"[1056] zu schaffen.[1057] Im Ergebnis unterließen die Abgeordneten an dieser Stelle eine Beschlussfassung zu den verschiedenen Formulierungsvorschlägen.[1058] Die ausführliche Diskussion unter den Abgeordneten spiegelt zwei unterschiedliche Auffassungen zu der aufgeworfenen Frage wider. Zum einen sollte der Polizei ein möglichst umfangreiches Handlungsinstrumentarium gegeben werden, um damit einen Bestand von Versammlungen zu schützen. Auf der anderen Seite zeigte sich die Sorge vor unkontrolliertem Handeln der Exekutivorgane und dem damit verbundenen Anliegen, die zum Polizeirecht und der Generalklausel entwickelten Grundsätze beizubehalten. Beiden Auffassungen kann man zugutehalten, dass sie den Schutz der ordnungsgemäßen Versammlung bezwecken wollten. Jedoch zeigte sich hier, dass die Parlamentarier selbst noch nicht vollständig an das Funktionieren der Demokratie glaubten und vielmehr von der historisch geprägten Sorge einer zu großen Machtbefugnis der Polizei getrieben waren.[1059] Mit welcher gesetzgeberischen Entscheidung das Ziel, die Stärkung der Versammlungsfreiheit und damit der Demokratie, besser erreicht werden konnte, war am Ende nur durch die Praxis zu erfahren. Diese hatte noch während des Gesetzgebungsverfahrens selbst

---

1055 Ders., ebda.

1056 a.a.O., S.13.

1057 Ders., ebda. *Dr. Füßlein* nannte ein Beispiel, bei dem die Verlaufsroute eines Aufzugs über eine stark befahrene Straße führt. Er bezweifelte für einen solchen Fall die direkte Gefährdung, jedoch sah er es als zweckmäßig an, durch Auflagen einen anderen Verlaufsweg vorgeben zu können. *Dr. von Merkatz* sah diese Möglichkeit durch seine Formulierung als gegeben an, ders., ebda.

1058 Jedoch kam der Ausschuss noch auf derselben Sitzung zu einer Entscheidung bzgl. des Umfangs der Auflagenmöglichkeit. Diese wurde jedoch erst nach Erörterung der Fragen zur möglichen Einführung eines polizeilichen Notstandes gefasst, siehe unten S. 236.

1059 An anderer Stelle wiederum schien die Sorge vor einem erneuten Obrigkeitsstaat mit (zu) starker Stellung der Polizei deutlich geringer geworden zu sein, s.u. S. 239.

immer wieder bewiesen,[1060] dass in jedem Fall eine gesetzgeberische Grundlage notwendig war, nicht nur aufgrund des uneinheitlichen Umgangs mit Versammlungen in den einzelnen Bundesländern, sondern vor allem wegen des noch vom RVG geprägten Umgangs mit der Versammlungsfreiheit. Zwar war mit Art. 8 GG der Kern des Verständnisses von Versammlungsfreiheit bundesweit festgelegt worden, jedoch erschien ein gesetzgeberisches Tätigwerden notwendig, um einheitliches demokratisches Handeln zu gewährleisten. Vor diesem Hintergrund erklärt sich, weshalb die Abgeordneten zu der Frage der Erteilung von Auflagen so kontrovers diskutierten. Denn der einzelne wusste nicht, wie weit er der Polizei als Vertreter des demokratischen Rechtsstaats, bedingt durch die historischen Erfahrungen, trauen konnte und zögerte, ihr daher teilweise zu weitgehende Befugnisse zu erteilen. Hinzu kam die Sorge, dass bei einem politischen Machtwechsel das demokratische System durch Ausnutzung zu großer polizeilicher Befugnisse gefährdet werden könnte. Doch Demokratie muss, gerade in ihren Anfängen, immer auch ein Wagnis sein. Und in der Bundesrepublik waren die Zeichen für einen Erfolg trotz oder gerade wegen der historischen Erfahrungen schon weithin sichtbar.

(bb) Gesetzliche Regelung des polizeilichen Notstands

Neben der Frage der Zulässigkeit bzw. den Voraussetzungen für die Erteilung von Auflagen beschäftigten sich die Abgeordneten auf ihrer Sitzung vom 31. Mai 1951 ebenso eingehend mit der Frage, ob in § 15 5.A.-VersG 1951 eine Regelung über den polizeilichen Notstand aufgenommen werden sollte.[1061] *Kiesinger* brachte dabei seine grundsätzliche Zustimmung zu dem Formulierungsvorschlag des BMI eines § 15 Abs. 2 zum Ausdruck.[1062] Gleichwohl machte *Kiesinger* einen neuen Formulierungsvorschlag, um den Ausnahmecharakter des polizeilichen Notstandes im Rahmen von Versammlungen noch stärker zum Ausdruck zu bringen.[1063] Dieser Vorschlag rief bei *Dr. Bergsträsser* große Bedenken hervor, da er darin die Möglichkeit für politische Extremparteien sah, regelmäßig mit der Störung einer Versammlung zu drohen, um

1060 Fast jedes der Ausschussmitglieder wartete mit einem Praxisbeispiel auf, dessen Eklatanz immer (auch) auf eine fehlende gesetzliche Regelung zurückgeführt wurde.

1061 Dieser Punkt war auf der Sitzung vom 26. April 1951 vom Abgeordneten *Kiesinger* aufgeworfen worden, vgl. oben S. 228.

1062 Dabei verstand Kiesinger unter polizeilichem Notstand, *„dass eine an sich ordnungsgemäße Versammlung nur dann verboten werden darf, wenn die Gefahr nicht anders abgewendet werden kann.*"; vgl. *Mat.-VersG, Anhang 5*, S. 13.

1063 Sein Vorschlag lautete daher: *„(1) Die zuständige Behörde kann die Versammlung verbieten oder von der Erfüllung bestimmter Auflagen abhängig machen, wenn nach den Umständen eine Gefahr für die öffentliche Sicherheit oder Ordnung besteht. (2) Soweit eine solche Gefahr für die öffentliche Sicherheit oder Ordnung nicht von dem Veranstalter, sondern von anderer Seite droht, kann die Polizei die Erfüllung von Auflagen, oder die Veranstaltung nur verbieten, wenn die Gefahr auf eine sonstige Weise nicht abgewendet werden kann."* Vgl. a.a.O., S. 14.

damit ein Versammlungsverbot zu erreichen.[1064] Er sah in dem Formulierungsvorschlag von Kiesinger eine *„Legalisierung von Randalierungsgruppen."*[1065] Die Überlegungen von *Dr. Bergsträsser* teilte der Abgeordnete *Meitmann* nicht, da er gerade für den Fall mangelnder Kräfte eine Verbotsmöglichkeit für die Polizei gesetzlich verankert sehen wollte.[1066] *Kiesinger* hingegen sah sich von *Dr. Bergsträsser* überzeugt und sprach sich nun ebenfalls gegen eine Regelung des polizeilichen Notstands im Gesetzestext aus.[1067] Im Übrigen waren die Abgeordneten der Ansicht, dass die Frage des polizeilichen Notstandes eine Sache der Landesgesetzgebung (Polizeirecht) sei. Insbesondere die Unterschiede in den landesgesetzlichen Regelungen mit Hinblick auf mögliche Schadensersatzansprüche im Falle polizeilichen Notstandes führten zu der Entscheidung, diesen nicht in das Gesetz aufzunehmen.[1068] Der Ausschuss beschloss nunmehr folgende Fassung von § 15 Abs. 1:

> *„Die zuständige Behörde kann die Versammlung oder den Aufzug verbieten oder von bestimmten Auflagen abhängig machen, wenn nach den Umständen eine unmittelbare Gefahr für die öffentliche Ordnung oder Sicherheit besteht."*[1069]

Mit dieser Entscheidung, sowohl den polizeilichen Notstand nicht gesetzlich zu regeln als auch die Möglichkeiten der Polizei mit Blick auf die Erteilung von Auflagen zu begrenzen, trafen die Abgeordneten eine Entscheidung, die ganz im Sinne des bisherigen Verständnisses des Einsatzes von Polizeikräften stand: Polizeilicher

---

1064 Beispielhaft nannte er hier die SRPD. Vgl. insgesamt ders., ebda. Gleichwohl traf er nicht die Unterscheidung, dass allein eine Drohung nach Maßgabe des Formulierungsvorschlags nicht zwangsläufig zu einem Verbot führen musste, da nur unter der zusätzlichen Voraussetzung, dass die Polizei einer tatsächlichen Störung durch Dritte nicht effektiv Einhalt gebieten kann, ein solches Verbot möglich wäre. Gleichwohl durfte er unter praktischen Gesichtspunkten dennoch von einem Versammlungsverbot im Falle einer solchen Drohung ausgehen, da die Polizei, auch aus Gründen einer schnellen Entscheidung, mit dem Argument mangelnder Polizeistärke sich regelmäßig für ein sofortiges Verbot entscheiden dürfte. Genau für einen solchen Fall war der Formulierungswortlaut nicht präzise genug. Denn auch ein Verbot aufgrund einer Drohung erforderte eine Prognoseentscheidung. Im Sinne des Schutzes einer Versammlung wäre eine Klarstellung dahingehend hilfreich gewesen, dass ein Verbot nur dann möglich sein sollte, wenn aufgrund gesicherter Tatsachen eine Verhinderung der Störung ausgeschlossen ist. Dies hat später auch die allgemeine Rechtsprechung zum polizeilichen Notstand gezeigt, vgl. z.B. BVerfG, Beschluss vom 26. März 2001, 1 BvQ 15/01, Rn. 1–26, nach welcher der allgemeine Verweis auf mangelnde Polizeikräfte regelmäßig nicht ausreichte, um einen polizeilichen Notstand zu begründen.

1065 *Mat.-VersG, Anhang 5,* S. 15.

1066 Ders., ebda.

1067 Er erachtete die geltende Regelung hierzu als ausreichend, da das Institut des polizeilichen Notstands nicht von einer Manifestierung im vorliegenden Gesetz abhänge.

1068 *Mat.-VersG, Anhang 5,* S. 16.

1069 Ders., ebda.

Notstand als ungeschriebenes Institut, entwickelt im Wesentlichen durch die Rechtsprechung, und Berufen auf die polizeiliche Generalklausel nur bei Vorliegen eines konkreten Gefährdungstatbestandes und nicht bereits bei allgemeiner Tauglichkeit bestimmter Maßnahmen zur Gefahrenabwehr.

(cc) Umfang des eingeräumten Ermessens

Eine durch das BMI in dem Vorschlag vom 23. Mai 1951[1070] vorgenommene systematische Veränderung wurde ebenfalls von den Ausschussmitgliedern umfänglich beleuchtet und diskutiert. Diese Änderung sah im Hinblick auf die Auflösungstatbestände eine Kann-Vorschrift hinsichtlich der Zuständigkeiten der Polizei vor, insbesondere bzgl. der Auflösung einer verbotenen Versammlung.

> *„Denn bei Zuwiderhandlungen gegen Bestimmungen dieses Gesetzes besteht, soweit zugleich strafrechtliche Vorschriften verletzt werden, eine Verpflichtung der Polizei zum Einschreiten, die nicht besonders zum Ausdruck zu kommen braucht"*,[1071]

so die Begründung des BMI dazu. Nach § 15 RegE wäre die Polizei diesbezüglich noch zwingend zum Eingreifen bzw. zur Verkündung einer Auflösung von verbotenen Versammlungen verpflichtet gewesen.[1072] Der zentrale Diskussionspunkt war die Frage, inwieweit der Polizei im Rahmen von § 15 eine eigene Ermessenentscheidung zugestanden werden sollte bzw. konnte.[1073]

Der Abgeordnete *Meitmann* sprach sich entschieden dafür aus, im Falle einer *„ungesetzlichen Handlung"*[1074]ein Einschreiten der Polizei zwingend vorzuschreiben. Auch *Dr. Jäger* hielt hier das Beibehalten einer Mussvorschrift für angebracht. Er sah die Gefahr, dass ansonsten zuständige Exekutivorgane *„zu Gunsten ihrer Partei in den Wahlkampf eingreifen und dergleichen mehr."*[1075]

Kiesinger hingegen sprach sich für die Kann-Vorschrift aus. Schon aufgrund des für das Gesetz geltenden Grundsatzes der Versammlungsfreiheit dürfte das polizeiliche Eingreifen immer nur als Ausnahme angesehen werden.[1076] Die damit zwangsläufig einhergehende Ermessenentscheidung sah er als zwingend notwendig an, um auf *„vielgestaltige Tatbestände"*[1077] reagieren zu können. *Dr. von Merkatz* erkannte ebenfalls die Notwendigkeit, auf eine Vielzahl polizeilicher Fälle angemessen

---

1070 *Mat.-VersG, Nr. 22*, Anlage, S. 3.
1071 a.a.O., S. 2 f.
1072 Muss-Vorschrift.
1073 *Dr. Stöcker* führte diesbezüglich aus, dass bei einem Beibehalten dieser Kann-Vorschrift die Aufnahme einer Strafnorm, die die Teilnahme an einer verbotenen Versammlung unter Strafe stellt, nicht aufrechterhalten werden könne, vgl. *Mat.-VersG, Anhang 5*, S. 17.
1074 Ders., ebda.
1075 Ders., ebda. Diese Meinung war also von einem gewissen Misstrauen ggü. der zuständigen Exekutive geprägt.
1076 Ders., ebda.
1077 a.a.O., S. 18.

reagieren zu können, sah jedoch andererseits die schon von *Dr. Jäger* angesprochene Missbrauchsgefahr. Er hielt es daher für falsch,

> „*in einer parlamentarischen Demokratie, wo die Winde aus verschiedenen Richtungen wehen, [...] einen Ermessensspielraum zuzulassen, in der Weise, dass Begünstigungen stattfinden können.*"[1078]

Um dem Rechtsstaatsprinzip gerecht zu werden, hielt er daher eine Muss-Vorschrift für geboten. In seiner Erwiderung stellte sich *Kiesinger* auf den Standpunkt, dass zur Wahrung des Rechtsstaatsprinzips eine Muss-Vorschrift nicht zwingend erforderlich sei. Vielmehr dürfe ein Zwangseingriff immer nur aufgrund einer gesetzlichen Ermächtigung erfolgen. Für ihn war die grundsätzliche Frage entscheidend, ob man in Abkehr von der Tradition der Ermessensvorschrift stattdessen ein Muss für alle Absätze des § 15 vorschreibe, und sich so nicht mehr auf die Entscheidungen der Exekutive verlassen müsse.[1079]

Da zwischen den Abgeordneten Uneinigkeit darüber bestand, ob eine Mussvorschrift für alle Absätze der Norm eingeführt werden sollte,[1080] wurde keine finale Entscheidung über die Norm getroffen.

Neben der bereits beschlossenen Neufassung von § 15 Abs. 1 kam es zu keiner weiteren inhaltlichen Änderung von § 15 RegE. Es fand lediglich der Vorschlag von *Dr. Bergsträsser*, § 15 Abs. 2 RegE[1081] und § 15 Abs. 3 RegE[1082] in ihrer Reihenfolge zu tauschen, die allgemeine Zustimmung. Statt einer abschließenden Entscheidung wurde das BMI daher gebeten, bis zur nächsten Sitzung eine Neuformulierung, insbesondere der Abs. 2 und 3, zu entwerfen.[1083] Dies fand die einstimmige Zustimmung der Ausschussmitglieder.

(e) Behandlung auf der Sitzung des 5. Ausschusses vom 12. Juni 1951

Wie vom 5. Ausschuss erbeten, hatte das BMI eine Neuformulierung von § 15 RegE für die Sitzung am 12. Juni 1951 vorgelegt. Diese lautete nunmehr:

1078 Ders., ebda.

1079 Ders., ebda. *Kiesinger* verwies noch auf den Hintergrund der Einführung des Ermessens in § 21 Preuß. PolvwG, nämlich, um die extensive und damit kostenintensive Anwendung des § 839 BGB (Staatshaftungsanspruch) zu verringern, vgl. a.a.O., S. 17.

1080 *Dr. Füßlein* (BMI) gab diesbezüglich zu bedenken, dass ein „*Muss*" aus praktischen Gesichtspunkten ungeeignet sei, da man mit einer Kann-Vorschrift, auch bei einem faktischen Muss für die Polizei, „*einen gewissen Spielraum lassen [kann].*" Vgl. a.a.O., S. 19.

1081 „*Eine verbotene Versammlung oder ein verbotener Aufzug sind aufzulösen.*"

1082 „*Eine Versammlung oder ein Aufzug können aufgelöst werden, wenn sie nicht angemeldet sind, oder wenn von den Angaben der Anmeldung abgewichen oder den Auflagen zuwidergehandelt wird.*"

1083 *Mat.-VersG, Anhang 5*, S. 17.

„(1) Die zuständige Behörde kann die Versammlung oder den Aufzug verbieten oder von bestimmten Auflagen abhängig machen, wenn nach den Umständen die öffentliche Ordnung oder Sicherheit unmittelbar gefährdet ist.
(2) Sie kann eine Versammlung oder den Aufzug auflösen, wenn sie nicht angemeldet sind, wenn von den Angaben der Anmeldung abgewichen oder den Auflagen zuwidergehandelt wird oder wenn die Voraussetzungen zu einem Verbot der Veranstaltung nach Absatz 1 gegeben sind."

Kiesinger stellte zu dieser Formulierung fest, dass in der Neuformulierung alle Punkte berücksichtigt worden seien, die der Ausschuss auf seiner Sitzung am 31. Mai 1951 beschlossen habe.[1084] Dabei begrüßte er insbesondere, dass nun auch *„die Möglichkeit eines Verbotes einer Versammlung unter freiem Himmel aus dem Gesichtspunkt des polizeilichen Notstandes möglich [sei]."* Jedoch ließ es *Kiesinger* offen, worin genau er den polizeilichen Notstand verankert sah. Denn allein die Änderung der Formulierung von *„nach den Umständen eine unmittelbare Gefahr [...] besteht"* zu *„nach den Umständen [...] unmittelbar gefährdet ist"* gibt für Kiesingers Verständnis vom Regelungsinhalt der Norm keinen Raum. Jedoch behielt der polizeiliche Notstand unabhängig von § 15 als im Wesentlichen von der Rechtsprechung entwickeltes Institut seine Gültigkeit.

Daher fand die Vorlage des BMI die volle Zustimmung der Abgeordneten und wurde in dieser Fassung als § 15 5.A.-VersG 1951 beschlossen. Auf Bitten von *Dr. Stöcker* (BMJ) beschäftigten sich die Abgeordneten jedoch erneut mit der Frage, ob nicht zumindest im Falle einer verbotenen Versammlung eine Auflösung zwingend geboten sei.[1085] Erneut stand für die Abgeordneten der Umfang eingeräumten Ermessens zur Debatte. *Dr. Stöcker* führte aus, dass das BMJ nach wie vor darauf bestehe, dass im Falle einer verbotenen Versammlung eine Auflösung zwingend zu erfolgen habe.[1086] Er sah hierbei keinen Raum für eine Ermessensentscheidung. Für den Fall, dass eine Versammlung verboten wird und diese trotzdem weiterhin stattfindet, liege eine Verletzung des Schutzgutes der öffentlichen Sicherheit vor. Dann sei die Polizei jedoch verpflichtet aufzulösen.[1087] Alles andere bedeute für ihn Rechtsunsicherheit, für eine Ermessenentscheidung sei kein Raum.[1088] Dazu stellte *Kiesinger* fest, dass im Falle einer verbotenen Versammlung ein Eingreifen zwingend zu erfolgen habe, das pflichtgemäße Ermessen also gar nicht anders ausgeübt

1084 *Mat.-VersG, Nr. 23*, S. 4.
1085 Ders., ebda.
1086 a.a.O., S. 5.
1087 Ders., ebda.
1088 Ders., ebda. Insbesondere sah er in einer Muss-Vorschrift keinen Widerspruch zu der Systematik des Polizeirechts. Vielmehr sah er durch § 14 Abs. 2 Preuß. PolvwG die Sichtweise des BMJ bestätigt. Neben einer korrekten Ermessensausübung war ebenfalls vorgeschrieben, *„diejenigen Aufgaben zu erfüllen, die ihnen durch Gesetz besonders übertragen seien."*

werden könne.[1089] *Kiesinger* bezog sich also auf den Fall einer Ermessensreduktion auf null.[1090] Den Abgeordneten ging es vor allem darum sicherzustellen, dass eine Auflösung erfolge. Dies war jedoch auf beiderlei Weise garantiert.[1091] Folglich war hier vielmehr nur eine rechtsdogmatische Entscheidung, Ermessen oder nicht, zu treffen. Der Ausschuss blieb bei seiner Entscheidung, § 15 Abs.2 5.A.-VersG 1951 als Ermessensnorm zu führen. Auf Vorschlag von *Kiesinger* wurde noch ein neuer § 15 Abs. 3 5.A.-VersG 1951 formuliert: *„Eine verbotene Veranstaltung ist aufzulösen."* Darüber traf der Ausschuss jedoch auf dieser Sitzung keine Abstimmung mehr.[1092] Der Vorschlag *Kiesingers* wurde von der Redaktionskommission nicht übernommen, sondern ersatzlos gestrichen.[1093] Damit blieb es vollständig bei einer Ermessenentscheidung für die Polizei hinsichtlich der Ausübung der Auflösungsrechte.

(f) Zusammenfassung

Die ausführliche Debatte zu § 15 5.A.-VersG 1951 zeigt, dass die genaue Ausgestaltung der Normen insgesamt oft weniger als man es hätte erwarten können von parteipolitischen Diskursen oder Auseinandersetzungen geprägt war. Vielmehr einte die Ausschussmitglieder das Bestreben, durch eine klare Formulierung und entsprechend klar gezogene Grenzen polizeilicher Zuständigkeit, zum einen die möglichst uneingeschränkte Ausübung der Versammlungsfreiheit zu gewährleisten, gerade auch durch ausreichenden Bestandsschutz bei Störungen von außen. Zum anderen waren sich die Abgeordneten bewusst, dass bei Versammlungen unter freiem Himmel sowohl die allgemeine Gefährdungslage aufgrund des Gemeingebrauchs als auch die größere Störungsanfälligkeit ausreichend berücksichtigt werden mussten. Gleichzeitig stellte sich die rechtsdogmatische und vor allem durch historische Erfahrungen geprägte Frage, wie weit man der Polizei eigene Entscheidungs- und Handlungsspielräume zugestehen sollte. Wie schon bei der Diskussion zu den §§ 6 und 7 5.A.-VersG 1951[1094] wurde eine Formulierung gefunden, die, basierend auf den Grundsätzen des allgemeinen Polizeirechts, durch flexible Lösungen[1095] im Sinne von Art. 8 GG Freiheit und Kontrolle in einen gerechten Ausgleich zu bringen gedachte.

1089 a.a.O., S. 5.

1090 So dass zwingend eine gebundene Entscheidung durch die zuständige Behörde vorzunehmen war.

1091 *Kiesinger* wies noch auf die geistes- und gesetzesgeschichtliche Tatsache hin, dass *„offenbar die alte Furcht vor dem alten Obrigkeitsstaat verloren [gegangen] sei,"* und man vielmehr *„die Polizei zu verpflichten wünsche," Mat.-VersG, Nr. 23*, S. 5.

1092 Vornehmlich aus Gründen fehlender Beschlussfähigkeit, vgl. a.a.O., S. 6.

1093 *Mat.-VersG, Nr. 24*, Anlage, S. 6.

1094 Bei der es um die Verantwortungs- und Zustellungsaufteilung zwischen Versammlungsleiter (und Ordner) und Polizei ging.

1095 Sowohl hinsichtlich der Voraussetzungen für Verbote und Auflagen als auch hinsichtlich des Umfangs des eingeräumten Ermessens.

(4) Bannkreisregelungen, § 16 5.A.-VersG 1951[1096]

Bei der Frage der Bannkreisregelungen entwickelte sich unter den Ausschussmitgliedern eine Diskussion darüber, ob und in welchem Umfang Bannkreisregelungen für Gerichte gesetzlich geregelt werden sollten.[1097] Es ging den Ausschussmitgliedern zu weit, grundsätzlich für jedes Gericht bundesweit einen Bannkreis festzulegen.[1098] Insgesamt waren die Abgeordneten der Ansicht, dass für Gerichte keinerlei Regelung getroffen werden sollte.[1099] Des Weiteren sahen die Abgeordneten in der Formulierung des RegE eine scheinbare Rechtspflicht zur Bestimmung von Bannkreisen,[1100] was jedoch vom BMI (*Dr. Füßlein*) verneint wurde.[1101] *Dr. Bergsträsser*[1102] verfasste entsprechend der Änderungswünsche des Ausschusses eine Neufassung, die vom Ausschuss unverändert angenommen wurde. Dabei erfuhr § 16 Abs. 3 RegE (Zuständigkeit für die Bestimmung der Bannkreise) keine Anpassung. § 16 Abs. 1 und 2 5.A.-VersG 1951 lautete:

> *(1) Öffentliche Versammlungen unter freiem Himmel und Aufzüge sind innerhalb des befriedeten Bannkreises der Gesetzgebungsorgane des Bundes und der Länder verboten.*
> *(2) Ausnahmen können für den befriedeten Bannkreis um Gebäude des Bundes von der Bundesregierung, für den befriedeten Bannkreis um Gebäude eines Landes von der Landesregierung jeweils mit Zustimmung des Präsidenten der gesetzgebenden Körperschaft zugelassen werden."*

(5) Ausnahmeregelungen für Volksfeste u.a., § 17 5.A.-VersG 1951

Inhaltlich fand die Ausnahmeregelung aus § 17 RegE die Zustimmung der Ausschussmitglieder. Jedoch wurden in sprachlicher Hinsicht Änderungen vorgenommen. Statt *„finden keine Anwendung"* wurde die Formulierung *„gelten nicht"* gewählt. Zudem sprach sich der 5. Ausschuss gegen die Streichung des Wortes *„gewöhnlich"* vor *„Leichenbegängnisse"* aus. Wohl deswegen, weil man bei ungewöhnlichen Leichenbegängnissen, insbesondere hinsichtlich der Größe der Teilnehmerzahl sich der Eingriffs- und Reaktionsmöglichkeiten des VersG nicht von vornherein begeben wollte.[1103]

1096 Die §§ 16 bis 21 5.A.-VersG 1951 wurden allesamt auf der Sitzung des 5. Ausschusses vom 26. April 1951 beraten.

1097 So sah es noch § 16 Abs. 1 RegE vor.

1098 *Mat.-VersG, Anhang 4*, S. 6.; *Kiesinger* (CDU) verlangte jedoch an dieser Stelle die gesetzliche Klarstellung, dass es den Landesregierungen freisteht, Bannkreise für einzelne Gerichte festzulegen.

1099 a.a.O., S. 7.

1100 Ders., ebda.

1101 Er schlug jedoch zur Klarstellung vor, eine Kann-Vorschrift in § 16 abs. 1 aufzunehmen; ders., ebda.

1102 Ders., ebda.

1103 § 17 5.A.-VersG 1951 lautete nunmehr: *„§§ 14–16 gelten nicht für kirchliche Prozessionen, Bittgänge und Wallfahrten, gewöhnliche Leichenbegängnisse, Züge von Hochzeitsgesellschaften und hergebrachte Volksfeste."*

(6) Entsprechende Anwendung von Vorschriften des II. Abschnitts und Ordnereinsatz, § 18 5.A.-VersG 1951

(a) Ausschlussrecht für den Versammlungsleiter gem. § 8 5.A.-VersG 1951 auch bei öffentlichen Versammlungen unter freiem Himmel

Mit Blick auf die Regelung einer entsprechenden Anwendung der Vorschriften des 2. Abschnitts (Öffentliche Versammlungen in geschlossenen Räumen) in § 18 RegE diskutierten die Abgeordneten als zentrale Frage, ob § 8 5.A.-VersG 1951 (Ausschlussrecht des Leiters bei gröblicher Störung) auch für Versammlungen unter freiem Himmel gelten sollte. Die Abgeordneten hatten diesbezüglich ihre Bedenken, da sich ein solcher Ausschluss auf öffentliche Wege und Plätze beziehen würde,[1104] und somit dem Gemeingebrauch widerspräche.[1105]

> *„[D]er Versammlungsleiter [kann] einen Bürger, der Anspruch auf öffentliche Wege hat, nicht einfach ausschließen. Das kann nur die Polizei.“*[1106]

Gleichsam sahen einige Abgeordnete in einer Alleinzuständigkeit der Polizei ein praktisches Problem, da so die Polizei auch in einem gewissen Maße willkürlich Teilnehmer ausschließen könne.[1107] Im Ergebnis verneinten die Abgeordneten ein Ausschlussrecht für den Versammlungsleiter in § 18 Abs. 2 5.A.-VersG; dieser lautete:

> *„Bei Störungen von Versammlungen unter freiem Himmel kann nur die Polizei (§ 11) die Befugnisse des § 8 wahrnehmen.“*

Auf seiner Sitzung vom 26. April 1951 behielt sich der 5. Ausschuss dennoch vor zu prüfen,

> *„1.) ob § 18 Abs. 1 und 2 sich auch auf öffentliche Aufzüge erstrecken sollte, 2.) inwieweit dem Leiter Versammlungen unter freiem Himmel das Recht gegeben werden kann, ob nur, wenn die Versammlung auf einem Privatgrundstück stattfindet oder auch dann, wenn sie auf öffentlichen Wegen und Plätzen stattfindet.“*[1108]

(b) Entsprechende Anwendung weiterer Vorschriften des 2. Abschnitts

Im Übrigen beschlossen die Abgeordneten weitere Vorschriften für anwendbar zu erklären: § 6 (Leitung, Unterbrechung und Auflösung einer Versammlung), § 7 (Ordnereinsatz), § 7 a (Verhalten der Teilnehmer gegenüber Anweisungen des Leiters), § 9 (Pflicht des Sich-Entfernens) und § 11 (Sich-Erkennengeben der entsandten

---

1104 *Mat.-VersG, Anhang 4*, S. 8.
1105 So der Abgeordnete *Maier* (SPD); ders., ebda.
1106 Ders., ebda.
1107 So sah es der Abgeordnete *Dr. Becker* (FDP); ders., ebda.
1108 a.a.O., S. 9.

Polizeikräfte). Jedoch erfolgte eine Modifizierung hinsichtlich des Einsatzes von Ordnern. Dieser bedurfte nun einer polizeilichen Genehmigung, die bei Versammlungsanmeldung zu beantragen war.[1109]

Die Redaktionskommission beschloss, die entsprechende Anwendung von § 7 5.A.-VersG 1951 lediglich auf Abs. 1 zu beschränken.[1110] Eine entsprechende Anwendung von § 7 Abs. 2 5.A.-VersG 1951 schied aus systematischen Gründen aus, da für den Einsatz von Ordnern bei öffentlichen Versammlungen unter freiem Himmel in § 18 5.A.-VersG 1951 eine Spezialregelung (Genehmigungspflicht) vorgesehen war.[1111] Diese war ursprünglich in § 18 Abs. 1 S. 2 und 3 5.A.-VersG 1951 vorgesehen und wurde nunmehr als eigenständiger Abs. 2 geführt. Folglich wurde das Ausschlussrecht der Polizei für Fälle einer gröblichen Störung durch Versammlungsteilnehmer nunmehr in Abs. 3 geregelt.[1112]

(c) Feststellungen des 5. Ausschuss zur Frage der Öffentlichkeit von Versammlungen unter freiem Himmel

Der 5. Ausschuss bezog außerdem bei der Debatte zu § 18 5.A.-VersG 1951 zu Fragen der Definition von *„Öffentlichkeit"* einer Versammlung Stellung. Ausgehend von der Frage, ob eine Versammlung, die in einer *„Gastwirtschaft"* stattfindet, *„dann aber noch eine öffentliche Versammlung unter freiem Himmel ist"*, stellte der Ausschuss im Sitzungsprotokoll klar:

> *„1. Soweit in den §§ 15 ff. von Versammlungen unter freiem Himmel die Rede ist, sind öffentliche Versammlungen unter freiem Himmel gemeint.*
> *2. Der Ausschuss steht auf dem Standpunkt, dass Versammlungen, die nicht in geschlossenen Räumen stattfinden, als Versammlungen unter freiem Himmel im Sinne der §§ 14 ff anzusehen sind."* [1113]

1109 § 18 Abs. 1 5.A.-VersG lautet daher nunmehr: *„Für Versammlungen unter freiem Himmel sind die §§ 6 – 7a, 9 und 11 entsprechend anzuwenden. Die Verwendung von Ordnern bedarf der polizeilichen Genehmigung. Sie ist bei der Anmeldung zu beantragen."*

1110 § 7 Abs. 2 5.A.-VersG 1951 wurde nicht für entsprechend anwendbar erklärt. Er lautete: *„Der Leiter ist verpflichtet, die Zahl der von ihm bestellten Ordner der Polizei mitzuteilen. Die Polizei kann die Zahl der Ordner angemessen beschränken."*

1111 Diese lautete: *„Die Verwendung von Ordnern bedarf der polizeilichen Genehmigung. Sie ist bei der Anmeldung zu beantragen."*

1112 Dieser erfuhr zudem eine sprachliche Änderung. Ursprünglich lautete er: *„Bei Störungen von Versammlungen unter freiem Himmel kann nur die Polizei (§ 11) die Befugnisse des § 8 wahrnehmen."* Nunmehr wurde das Ausschlussrecht der Polizei positiv formuliert: *„Die Polizei kann Teilnehmer, welche die Ordnung gröblich stören, von der Versammlung ausschließen."* Dies sorgte für mehr Klarheit in der gesetzlichen Regelung.

1113 Siehe insgesamt *Mat.-VersG, Anhang 4*, S. 9.

Mit diesem Beschluss stellte der Ausschuss also fest, dass jede Versammlung, die außerhalb geschlossener Räume stattfindet, unabhängig davon, ob auf einem Privatgrundstück oder auf öffentlichen Wegen und Plätzen, als öffentliche Versammlung unter freiem Himmel anzusehen ist. Der Ausschuss schloss somit die Möglichkeit einer nicht-öffentlichen Versammlung unter freiem Himmel grundlegend aus. Gleichwohl war damit die Frage nicht entschieden, ob bei öffentlichen Versammlungen unter freiem Himmel, soweit diese auf einem Privatgrundstück stattfinden, dem Versammlungsleiter das Recht auf Ausschluss einzelner Teilnehmer zusteht.

(7) Ordnereinsatz, § 19 RegE

Umfang und Zulässigkeit des Einsatzes von Ordnern auf Versammlungen unter freiem Himmel waren bereits in § 18 Abs. 1 5.A.-VersG geregelt worden. Folglich wurde § 19 RegE ersatzlos gestrichen.

(8) Rechte und Pflichten des Leiters bei einem Aufzug, § 20 5.A.-VersG 1951

Aufgrund der Unterscheidung zwischen einer Versammlung unter freiem Himmel und einem Aufzug hinsichtlich der Rechte und Pflichten des Versammlungsleiters hatte bereits der Gesetzgeber in § 20 RegE eine abweichende Regelung für die Aufzüge getroffen. Die Mitglieder des 5. Ausschusses stimmten der inhaltlichen Unterscheidung in diesem Punkt zu. Jedoch wurde die Norm entsprechend der Systematik der §§ 6 – 8 und 18 5.A.-VersG 1951 auf Vorschlag des BMI (*Dr. Füßlein*) umgestellt.[1114] Dabei wurden die einzelnen Eingriffspflichten aufgegeben und stattdessen die Leiter in § 20 Abs. 1 5.A.-VersG dazu verpflichtet, für den *„ordnungsgemäßen Ablauf“* des Aufzugs zu sorgen.[1115] In § 20 Abs. 2 5.A.-VersG 1951 war korrespondierend dazu festgelegt, dass Teilnehmer den Anordnungen des Leiters und der Ordner Folge zu leisten hätten. Für den Fall, dass der Leiter sich nicht durchsetzen konnte, wurde er in § 20 Abs. 3 5.A.-VersG 1951 dazu verpflichtet, die Auflösung des Aufzuges zu erklären.[1116] Auf die Nachfrage des Abgeordneten *Meitmann* (SPD), ob die Polizei berechtigt sei einzugreifen, *„wenn die Auflösungserklärung noch nicht abgegeben sei,“* sie selber aber nicht mehr von einer Aufrechterhaltung

1114 *Mat.-VersG, Anhang 4*, S. 10.

1115 In § 20 RegE war noch detailliert festgeschrieben worden, dass der Leiter bei einem Verstoß gegen Strafgesetze, das Waffenverbot und gegen polizeiliche Auflagen einzugreifen habe.

1116 Insgesamt lautet § 20 5.A.-VersG nun: *„(1) Der Leiter des Aufzuges hat für den ordnungsgemäßen Ablauf zu sorgen. Er kann sich hierbei der Hilfe ehrenamtlicher Ordner bedienen, für welche die §§ 7 und 18 Abs. 1 S. 2 und 3 gelten. (2) Die Teilnehmer sind verpflichtet, den zur Aufrechterhaltung der Ordnung getroffenen Anordnungen des Leiters oder der von ihm bestellten Ordner Folge zu leisten. (3) Vermag der Leiter sich nicht durchzusetzen, so ist er verpflichtet, den Aufzug für aufgelöst zu erklären.“*

der Ordnung ausgehe,[1117] verwies der Abgeordnete *Dr. Becker* (FDP) zur Klärung dieser Frage einer möglichen vorrangigen Auflösungsbefugnis des Leiters auf die Regelungen zu § 15 5.A.-VersG 1951.[1118]

Die Redaktionskommission nahm in § 20 5.A.-VersG 1951 zum einen die aufgrund der Änderungen in § 18 5.A.-VersG 1951 notwendig gewordenen Anpassungen vor.[1119] Zum anderen wurde ein neuer § 20 Abs. 4 5.A.-VersG 1951 aufgenommen, in dem auch für Aufzüge das Ausschlussrecht im Falle einer gröblichen Störung allein der Polizei übertragen wurde.[1120]

(9) Grundrechtseinschränkung, § 21 5.A.-VersG 1951

Mit § 21 5.A.-VersG 1951 übernahm der 5. Ausschuss unverändert die Regelung des RegE.[1121]

dd) Strafvorschriften, IV. Abschnitt

Mit den Strafvorschriften beschäftigte sich der 5. Ausschuss im Wesentlichen auf seiner Sitzung vom 12. Juni 1951.

(1) Allgemeines

Dr. Becker (FDP) erwog auf dieser Sitzung, eine systematische Umstellung der Strafvorschriften und dabei eine Unterteilung in *„kriminelle"* und *„polizeiliche"* Tatbestände vorzunehmen.[1122] Sein Vorschlag ging dabei sogar so weit, dass er sich für eine Streichung der kriminellen Tatbestände aussprach und die entsprechenden Regelungen im StGB für ausreichend erachtete. Dies fand jedoch nicht die Zustimmung der Mehrheit der Ausschussmitglieder. Diese wollten in Bezug auf die Strafvorschriften eine möglichst umfangreiche und abschließende Regelung im Gesetz selber, um all

---

1117 *Mat.-VersG, Anhang 4*, S. 10.

1118 Ders., ebda.; *Dr. Becker* hatte zu diesem Zeitpunkt die Leitung der Sitzung vom 26. April 1951 inne. Auf dieser Sitzung war es noch nicht zu einer abschließenden Regelung der Befugnisse der Polizei bei Versammlungen unter freiem Himmel und Aufzüge gekommen. Erst auf der Sitzung vom 12. Juni 1951 wurde § 15 5.A.-VersG 1951 abschließend beraten, vgl. oben S. 239.

1119 *Mat.-VersG, Nr. 24*, Anlage, S.7. Dies betraf lediglich Abs. 1 S. 2. Dieser lautete nunmehr: *„Er kann sich hierbei der Hilfe ehrenamtlicher Ordner bedienen, für welche die §§ 7 Abs. 1 und 18 Abs. 2 gelten."*

1120 a.a.O., S. 8. Er lautete: *„Die Polizei kann Teilnehmer, welche die Ordnung gröblich stören, von dem Aufzug ausschließen."*

1121 § 21 lautete: *„Das Grundrecht des Artikels 8 des Grundgesetzes wird durch die Bestimmungen dieses Abschnitts eingeschränkt."*

1122 *Mat.-VersG, Nr. 23*, S. 6.

das zu regeln, *„was gewissermaßen die Interna einer Versammlung betrifft.“*[1123] Es blieb folglich bei der Grundsystematik der Strafvorschriften des RegE. Gleichwohl nahm der 5. Ausschuss einige Änderungen bei den Einzelnormen vor.

(2) Strafbarkeit der Verhinderung, Sprengung oder Vereitelung der Durchführung einer Versammlung, § 22 RegE[1124]

Auf Vorschlag des Abgeordneten *Dr. Becker* beschloss der Ausschuss die vollständige Streichung von § 22 RegE. Man sah in der Regelung des § 107 a StGB[1125] eine präzisere und damit tauglichere Regelung als in § 22 RegE.[1126]

(3) Tätlicher Widerstand gegen Versammlungsleiter und Ordner, § 23 5.A.-VersG 1951

§ 23 RegE erfuhr in seiner Fassung vom 12. Juni 1951 drei Änderungen durch den 5. Ausschuss. Zunächst erweiterte der Ausschuss ohne weitere Diskussion den Anwendungsbereich der Norm, so dass es für die Strafbarkeit nunmehr allein auf die Öffentlichkeit der Versammlung ankam.[1127] Des Weiteren erschien dem Ausschuss das angedrohte Strafmaß zu hoch, so dass auch die Möglichkeit einer Geldstrafe eingeführt wurde. Als wesentliche Änderung zu § 23 RegE wurde durch die Abgeordneten auf Vorschlag des BMJ eine *„Änderung der Beweislast“* verabschiedet.[1128]

1123 Ders., ebda.

1124 § 22 RegE lautete: *„Wer in der Absicht, Versammlungen oder Aufzüge zu verhindern oder zu sprengen oder sonst ihre Durchführung zu vereiteln, Gewalttätigkeiten vornimmt oder androht oder grobe Störungen verursacht, wird mit Gefängnis bestraft.“*

1125 „Versammlungssprengung“, siehe oben Fn. 170. Der Entwurf des Strafrechtsänderungsgesetzes vom 4. September 1950, BT-Drs. 1307/1950, sah die Regelung von § 107a StGB nunmehr in einem neuen § 109b StGB vor.

1126 Ders., ebda. Es verwundert daher, dass laut *Mat.-VersG, Nr. 23,* Anlage, S. 11, in § 30 (Aufhebungsvorschriften) der 5. Ausschuss auch die Aufhebung von § 107 a StGB beschlossen hat. Bei gleichzeitiger Streichung von § 22 RegE hätte es nun an einer Strafnorm für diesen Bereich gefehlt, obwohl in einer solchen Regelung ein wesentlicher Teil des Gesetzes gesehen werden musste, da die Regelung von § 22 RegE einen entscheidenden Beitrag zum Schutz der Versammlungsfreiheit lieferte.

1127 Ders., ebda. § 23 RegE hatte den strafrechtlichen Schutz nur für öffentliche Versammlungen *„in geschlossenen Räumen“* vorgesehen.

1128 Ders., ebda. In diesem Zusammenhang von einer *„Änderung der Beweislast“* zu sprechen mag verwirren, da in einem möglichen Strafverfahren aufgrund des Amtsermittlungsgrundsatzes durch die Strafverfolgungsbehörden die Erfüllung des Tatbestandes bewiesen werden muss. Einen möglichen Beschuldigten des Ermittlungsverfahrens bzw. Angeklagten eines Hauptverfahrens trifft zum einen die Unschuldsvermutung, zum anderen ist er nicht verpflichtet, Beweise für das Nichtvorliegen von Tatbestandsvoraussetzungen zu erbringen (ganz im Gegenteil zu zivilrechtlichen Verfahren). Mit Änderung der Beweislast ist also vielmehr gemeint, dass aufgrund der Änderung von Tatbestandsvoraussetzungen

Bisher entfiel eine Strafbarkeit, wenn Leiter oder Ordner *„ihre Stellung missbraucht haben."* Nunmehr wurde dies als eine objektive Strafbarkeitsbedingung behandelt, die ein Handeln *„in rechtmäßiger Ausübung ihrer Befugnisse"* von Leiter und Ordner verlangte.[1129]

§ 23 5.A.-VersG 1951 wurde durch die Redaktionskommission nochmals erheblich überarbeitet. So wurde zum einen die Strafbarkeit auf Aufzüge erweitert. Zum anderen wurde die objektive Strafbarkeitsbedingung der *„rechtmäßigen Ausübung ihrer Befugnisse"* nunmehr durch die *„rechtmäßige Ausübung seiner Ordnungsbefugnisse"*

(des objektiven Tatbestands) diese nunmehr bewiesen werden müssen, damit eine strafrechtliche Verurteilung möglich wird.

1129 Ob es sich bei dieser Formulierung tatsächlich um eine objektive Strafbarkeitsbedingung handelt, ist aus den Beratungen des 5. Ausschusses nicht ersichtlich. Eine ähnliche Fragestellung hat sich zu § 113 Abs. 3 StGB (Rechtmäßigkeit der Diensthandlung) entwickelt. Der BGH sieht hierin eine objektive Strafbarkeitsbedingung, vgl. Urteil des BGH vom 31. März 1953, 1 StR 670/52, in: BGHSt 4, S. 166 f., NJW 1953, S. 1032 f. BGHSt 4, S. 163. Der Verfasser folgt dieser Ansicht. Aufgrund der Ausführungen der Literatur zu § 113 Abs. 3 StGB kann die vom 5. Ausschuss gewählte Formulierung dogmatisch ebenso als Tatbestandsmerkmal, vgl. *S/S-Esser,* § 113 Rn. 20, oder als Rechtfertigungsgrund, vgl. *Tröndle,* § 113, Rn. 10, angesehen werden. Auch zu der Frage, welches Verständnis dem Rechtmäßigkeitsbegriff zugrunde zu legen ist, äußerte sich der Ausschuss nicht. Hierzu vertritt der BGH bei § 113 StGB Abs. 3 eine formelle Betrachtungsweise, nach der die Rechtmäßigkeit *„von der sachlichen und örtlichen Zuständigkeit des Beamten zum Eingreifen, von den gesetzlichen Förmlichkeiten, soweit solche vorgeschrieben sind, von dem vom zuständigen Vorgesetzten erteilten Auftrag (Befehl) oder, soweit der Beamte nach eigenem Ermessen handelt, von der Ordnungsmäßigkeit der Ermessensausübung"* abhängt, vgl. BGHSt 4, S.164. Eine eher abstrakte Sichtweise definiert folgendermaßen: *„Rechtmäßigkeit im Sinne des § 113 StGB setzt grundsätzlich nicht materielle Richtigkeit voraus. Vielmehr kommt es nur darauf an, ob die Vollstreckungshandlung formal der Rechtsordnung entspricht und der Amtsträger sie im Bewußtsein seiner Verantwortung und unter bestmöglicher pflichtgemäßer Abwägung aller ihm erkennbaren Umstände für sachlich gerechtfertigt und erforderlich halten durfte"*, vgl. BayObLG, JR 1989, S. 24. Ob diese Definitionen bei der Beurteilung der Rechtmäßigkeit im Rahmen von § 23 5.A.-VersG 1951 ebenso angewandt werden können, lässt sich zumindest bezweifeln, da für die Beurteilung der Rechtmäßigkeit allein die Vorschriften aus dem VersG maßgeblich sein dürften, in denen die Ordnungsbefugnisse abschließend geregelt sind. Am ehesten scheint die abstrakte Betrachtungsweise zu passen, da diese nicht auf die öffentlich-rechtliche Stellung des Diensthandelnden abstellt. Insgesamt bleibt festzuhalten, dass der Gesetzgeber für eine historische Auslegung an dieser Stelle jedoch keine Anhaltspunkte geliefert hat. Daher lautete § 23 5.A.-VersG 1951 nun: *„Wer bei öffentlichen Versammlungen dem Leiter oder einem Ordner, die in rechtmäßiger Ausübung ihrer Befugnisse handeln, tätlichen Widerstand entgegensetzt, wird mit Gefängnis bis zu einem Jahr oder Geldstrafe bestraft."*

ersetzt.[1130] Zudem wurde das Tatbestandsmerkmal des *„tätlichen Widerstands“* erheblich detaillierter formuliert.[1131] § 23 5.A.-VersG 1951 erhielt dadurch die folgende Fassung:

> *„Wer bei einer öffentlichen Versammlung oder einem Aufzug dem Leiter oder einem Ordner in der rechtmäßigen Ausübung seiner Ordnungsbefugnisse durch Gewalt oder durch Bedrohung mit Gewalt Widerstand leistet, wird mit Gefängnis bis zu einem Jahr oder Geldstrafe bestraft.“*

(4) Strafbarkeit der Werbung für verbotene Versammlungen, § 24 5.A.-VersG 1951

Zu § 24 RegE erfolgte der Hinweis durch *Dr. Stöcker* (BDJ), dass dieser in seiner bisherigen Form in Widerspruch zu § 29 RegE gestanden habe.[1132]

§ 24 5.A.-VersG 1951[1133] wurde durch den Redaktionsausschuss nochmals überarbeitet. Neben einer sprachlichen Umstellung, wurde zum einen der Begriff des Werbens konkretisiert, zum anderen wurde das Strafmaß verändert.[1134] § 24 5.A.-VersG 1951 erhielt daher folgende Fassung:

> *„Wer öffentlich, in einer Versammlung oder durch Verbreiten von Schriften, Schallaufnahmen, Abbildungen oder Darstellungen für die Teilnahme an einer verbotenen Versammlung oder einem verbotenen Aufzug wirbt, wird mit Gefängnis bis zu zwei Jahren bestraft. Hätte der Täter bei Anwendung pflichtgemäßer Sorgfalt erkennen müssen, dass die Veranstaltung verboten war, so ist auf Geldstrafe zu erkennen.“*

1130 Auch an dieser Stelle wurde vom Ausschuss zu der Frage der Einordnung als objektiver Strafbarkeitsbestimmung, Tatbestandsmerkmal oder Rechtfertigungsgrund keine Aussage getroffen. Dies betrifft auch die Frage der Auslegung des Begriffs der Rechtmäßigkeit. Vgl. hierzu insgesamt, oben S. 247.

1131 *Mat.-VersG, Nr. 24*, Anlage, S.8.

1132 a.a.O., S. 7. § 24 RegE sah vor, dass bei einer Werbung in der Öffentlichkeit ein deutlich höheres Strafmaß gelten sollte (Gefängnisstrafe nicht unter drei Jahren). Ausgangstatbestand war also die nicht-öffentliche Werbung gewesen. Diese bereits unter Strafe zu stellen hätte wohl erhebliche Beweisprobleme bedeutet. Zudem entsprach es der gesetzgeberischen Intention, eben erst bei einer gewissen „Außenwirksamkeit“ einer Werbung und der damit zusammenhängenden Gefahr einer größeren Teilnehmerzahl auf der verbotenen Versammlung eine Strafbarkeit festzulegen.

1133 *„Wer für die Teilnahme an einer verbotenen Versammlung öffentlich wirbt, wird mit Gefängnis nicht unter einem Monat bestraft. Wusste der Täter nicht, dass die Versammlung verboten war, hätte er dies aber bei Anwendung pflichtgemäßer Sorgfalt erkennen müssen, so ist auf Geldstrafe zu erkennen.“*

1134 Ursprünglich hatte der 5. Ausschuss eine Gefängnisstrafe von nicht unter einem Jahr vorgesehen.

(5) Strafbarkeit des Leiters, §§ 25,26 und 26 a 5.A.-VersG 1951

Die Strafbarkeit des Leiters einer Versammlung wurde in der Fassung der §§ 25 und 26 5.-A.-VersG 1951 neu gefasst.[1135] Dabei betraf § 25[1136] nunmehr die Verhaltenspflichten des Leiters bei öffentlichen Versammlungen in geschlossenen Räumen – insbesondere den ordnungsgemäßen Einsatz von Ordnern gem. § 7 5.A.-VersG 1951 –, während in § 26[1137] ein Verstoß gegen Leiterpflichten bei öffentlichen Versammlungen unter freiem Himmel unter Strafe gestellt wurde.

Durch Einführung eines neuen § 26 a 5.A.-VersG 1951 erweiterte die Redaktionskommission die Strafbarkeit des Leiters:

> *„(1) Wer vorsätzlich als Veranstalter oder Leiter*
> *1. eine öffentliche Versammlung oder einen Aufzug trotz Verbots abhält oder trotz Auflösung durch die Polizei fortsetzt, oder*
> *2. eine öffentliche Versammlung unter freiem Himmel oder einen Aufzug ohne die erforderliche Genehmigung durchführt,*
> *wird mit Gefängnis bestraft.*
> *(2) Wer die Tat fahrlässig begeht, wird mit Gefängnis bis zu einem Jahr oder Geldstrafe bestraft.“*

Diese zusätzliche Regelung hatte im Wesentlichen zwei Auswirkungen. So wurden einerseits korrespondierend zu der Strafbarkeit des Versammlungsteilnehmers in § 28 5.A.-VersG 1951[1138] auch Veranstalter bzw. Leiter in die strafrechtliche Verantwortung bei Fortführung der Versammlung trotz Verbots bzw. Auflösung genommen. Dabei war das angedrohte Strafmaß für den Leiter (Gefängnisstrafe) jedoch deutlich höher als das für den Versammlungsteilnehmer (Haft oder Geldstrafe bis 150 DM). In diesem unterschiedlichen Strafmaß kam die im Gesetz festgelegte Rollen-, Zuständigkeits- und Verantwortungsverteilung zwischen Leiter und Teilnehmer klar zum Ausdruck.

1135 Dabei stützte sich der Ausschuss im Wesentlichen auf einen Neuformulierungsvorschlag des BMJ, vgl. *Mat.-VersG, Nr. 23*, Anlage 2.

1136 § 25 5.A.-VersG 1951 lautete: *„(1) Wer als Leiter einer öffentlichen Versammlung in geschlossenen Räumen Ordner einsetzt, die nicht den Bestimmungen des § 7 entsprechen, wird mit Gefängnis bis zu einem Jahr oder Geldstrafe bestraft. (2) Wer auf Anfordern der Polizei die Zahl der von ihm bestellten Ordner nicht oder wissentlich unrichtig mitteilt (§ 7 Abs. 2), wird mit Haft oder Geldstrafe bis zu einhundertfünfzig Deutsche Mark bestraft.“*

1137 § 26 erhielt folgende Fassung: *„Wer als Leiter einer öffentlichen Versammlung unter freiem Himmel oder eines Aufzuges a) Ordner ohne polizeiliche Genehmigung einsetzt, b) Ordner einsetzt, die nicht den Vorschriften des § 7 entsprechen, c) die in der polizeilichen Anmeldung gemachten Angaben nicht einhält, d) den Auflagen der zuständigen Behörden nicht nachkommt, wird mit Gefängnis bis zu einem Jahr oder mit Geldstrafe bestraft.“*

1138 Insbesondere hinsichtlich der Teilnahme an einer verbotenen Versammlung und des Nichtentfernens trotz Auflösung.

Andererseits wurde durch Aufnahme der Strafbarkeit des Verstoßes gegen die Anmeldepflicht des § 14 5.A.-VersG 1951 (bisher § 27 Abs. 2 5.A.-VersG 1951) in § 26 a 5.A.-VersG 1951 unter Beibehaltung des Strafmaßes sowohl systematisch die Strafbarkeit des Leiters abschließend in drei Normen geregelt, zum anderen dadurch der Strafbarkeit eines Verstoßes gegen das Waffenverbot aufgrund der Alleinstellung mehr Bedeutung eingeräumt.[1139]

(6) Strafbarkeit des Verstoßes gegen Waffenverbot und Anmeldepflicht, § 27 5.A.-VersG 1951

In § 27 5.A.-VersG 1951 beschloss der 5. Ausschuss ggü. § 27 RegE verschiedene Änderungen. So wurde statt des abstrakten Verweises auf bestimmte Normen[1140] nunmehr deren Wortlaut als Tatbestandsmerkmale in den Straftatbestand übernommen. Dies muss insbesondere als deutliche Verbesserung im Hinblick auf das strafrechtliche Bestimmtheitsgebot[1141] angesehen werden. Zudem zeigte die wörtliche Wiederholung noch deutlicher, welche Bedeutung dem Waffenverbot (3 2 5.A.-VersG 1951) zukam. Die Strafbarkeit eines Verstoßes gegen die Anmeldepflicht (§ 14 5.A.-VersG 1951) war nachvollziehbar, erfuhr jedoch durch die spätere Rechtsprechung des BVerfG eine erhebliche praktische Einschränkung.[1142] Des Weiteren wurde der Verstoß gegen § 2 und § 14 5.A.-VersG 1951 nun separat in zwei Absätzen aufgeführt. In § 27 Abs. 3 5.A.-VersG 1951 wurde die fahrlässige Begehungsweise unter Strafe gestellt.[1143]

§ 27 5.A.-VersG 1951 in der Fassung der Redaktionskommission sah nur noch die Strafbarkeit eines Verstoßes gegen das Waffenverbot (§ 2 5.A.-VersG 1951) vor.[1144] Dies betraf jede auf der Versammlung anwesende Person, unabhängig ob Veranstalter, Leiter oder Teilnehmer. Durch Streichung der anderen Tatbestandsalternativen kam die Bedeutung des Waffenverbots als wesentlicher Garant eines friedlichen Versammlungsablaufs zum Ausdruck. Dies diente der Umsetzung und Stärkung von

1139 Siehe hierzu sogleich.

1140 So hieß es in § 27 RegE: *„Wer den Bestimmungen der §§ 2, 14, 20 vorsätzlich zuwiderhandelt[...].“*

1141 Vgl. Art. 103 Abs. 2 GG.

1142 Die vom BVerfG aus Gründen der Wahrung von Art. 8 GG eingeräumte Zulässigkeit von Spontanversammlungen, bei denen die Anmeldepflicht entbehrlich wird, bedeutete in diesem Zusammenhang, dass dann auch die korrelierende Strafnorm für solche nicht mehr zutraf. Vgl. BVerfG, BVerfGE 85, S. 69.

1143 Die Norm erhielt daher nunmehr folgenden Wortlaut: *„(1) Wer bei öffentlichen Versammlungen Waffen bei sich führt, ohne zum Erscheinen mit Waffen behördlich ermächtigt zu sein, wird mit Gefängnis oder Geldstrafe bestraft. (2) Ebenso wird bestraft, wer entgegen der Vorschrift des § 14 Abs. 1 eine öffentliche Versammlung unter freiem Himmel oder einen Aufzug veranstaltet oder leitet. (3) Bei Fahrlässigkeit ist auf Geldstrafe zu erkennen.“*

1144 *Mat.-VersG, Nr. 24,* Anlage, S. 10.

Art. 8 Abs. 1 GG. Da der Redaktionsausschuss zudem die ursprünglich vorgesehene fahrlässige Begehungsweise ersatzlos strich, wurde die herausragende Wichtigkeit noch unterstrichen. § 27 5.A.-VersG 1951 lautete daher:

> *„Wer bei öffentlichen Versammlungen oder Aufzügen Waffen bei sich führt, ohne zum Erscheinen behördlich ermächtigt zu sein, wird mit Gefängnis oder Geldstrafe bestraft.“*

(7) Strafbarkeit der Teilnahme an einer verbotenen Versammlung, der fortgesetzten Störung, der Teilnahme trotz Ausschluss und des Nichtentfernens trotz Auflösung, § 28 5.A.-VersG 1951

Während § 28 RegE ausschließlich die *„gröbliche Störung“* unter Strafe gestellt hatte, sollten in § 28 5.A.-VersG 1951 verschiedene Verstöße von Versammlungsteilnehmern unter Strafe gestellt werden: Teilnahme an einer verbotenen öffentlichen Versammlung, fortgesetzte Störung einer Versammlung, kein Entfernen trotz Ausschluss, kein Entfernen trotz Auflösung der Versammlung.[1145] Die Norm war unter den Abgeordneten nicht unumstritten. So wurde von *Kiesinger* vorgeschlagen, Ziffer a (Strafbarkeit der Teilnahme an einer verbotenen Versammlung) statt in § 28 nun als § 27 Abs. 1 5.A.-VersG 1951 zu führen. Das hätte eine erhebliche Veränderung der Strafandrohung für diesen Gesetzesverstoß bedeutet, da in § 27 Gefängnis (bis zu fünf Jahre) statt Haftstrafe (maximal sechs Wochen) als Form der Freiheitsentziehung vorgesehen war. Um Ziffer d) eine ausreichende Legitimation zu verschaffen, wurde von *Kiesinger* zudem eine Anpassung von § 6 5.A.-VersG 1951[1146] oder § 9 Abs. 2 5.A.-VersG 1951[1147] verlangt. Auf der Sitzung vom 12. Juni 1951 trafen die Abgeordneten hierzu keine abschließende Entscheidung, sondern übertrugen diese dem in der Sitzung eingesetzten Redaktionsausschuss.[1148]

Die von Redaktionsausschuss vorgenommenen Änderungen führten zu einer Ausweitung der Strafbarkeit auf entsprechendes Verhalten der Teilnehmer eines Aufzugs. In § 28 lit. b 5.A.-VersG 1951 wurde zudem die Strafbarkeit nunmehr an das Tatbestandsmerkmal des Widerstandleistens geknüpft, was insbesondere bei einer fortwährenden Störung der Fall sein sollte. Die Norm erhielt daher folgenden Wortlaut:[1149]

1145 Der Vorschlag des BMJ lautete: *„Mit Haft oder Geldstrafe bis zu einhundertfünfzig Deutsche Mark wird bestraft, a) wer an einer verbotenen öffentlichen Veranstaltung teilnimmt, b) wer trotz wiederholter Zurechtweisung durch den Leiter fortfährt, den Ablauf einer öffentlichen Versammlung zu stören, c) wer sich nicht unverzüglich nach seiner Ausschließung aus einer öffentlichen Versammlung entfernt, d) wer sich trotz Auflösung einer öffentlichen Versammlung nicht unverzüglich entfernt.“*

1146 Auflösungsrecht des Versammlungsleiters.

1147 Pflicht sich zu entfernen nach Auflösung einer Versammlung.

1148 *Mat.-VersG, Nr. 23*, S. 8.

1149 Ders., ebda.

„Mit Haft oder Geldstrafe bis zu einhundertfünfzig deutsche Mark wird bestraft,
a)[1150] *wer an einer verbotenen Versammlung oder Aufzug teilnimmt,*
b) wer trotz wiederholter Zurechtweisung dem Leiter oder einem Ordner in der rechtmäßigen Ausübung seiner Ordnungsbefugnisse Widerstand leistet, insbesondere fortfährt, den Ablauf einer öffentlichen Versammlung oder eines Aufzuges zu stören,[1151]

(8) Strafbarkeit der Teilnahme an einer verbotenen Versammlung, der Teilnahme trotz Ausschluss und des Nichtentfernens trotz Auflösung der Versammlung, § 29 5.A.-VersG 1951

Aufgrund der fehlenden endgültigen Entscheidung auf der Sitzung des 12. Juni 1951 zu § 28 5.A.-VersG 1951 wurde zu § 29 RegE, der denselben Regelungsgegenstand betraf, keine Entscheidung getroffen. Gleichwohl wurde § 29 RegE durch die Redaktionskommission auf der Sitzung vom 19. Juni 1951 ersatzlos gestrichen.[1152]

ee) Schlussbestimmungen, V. Abschnitt

Die Regelungen in § 30 RegE (Aufhebung überholter Vorschriften in anderen Gesetzen) wurden durch den 5. Ausschuss auf seiner Sitzung am 12. Juni 1951 nicht eingehender diskutiert. Es wurde lediglich auch die Aufhebung von § 107a StGB beschlossen. Dabei muss es sich um ein redaktionelles Versehen gehandelt haben. Denn in den Beratungen zu § 22 RegE[1153] (Absicht der Versammlungsverhinderung oder -störung mittels Gewalt) wurde eine vollständige Streichung dieser Norm genau vor dem Hintergrund beschlossen, dass man in § 107a StGB eine deutlich bessere Regelung als in der Fassung von § 22 RegE sah. Eine Aufhebung von § 107a

1150 Nach Ende der 1. Ausschussberatung wurden die einzelnen Tatbestände nicht mit Buchstaben, sondern mit Ziffern aufgeführt, vgl. *Mat.-VersG, Nr. 28*, S.9.

1151 Auch hier erfolgte keinerlei Aussage zu der Frage der rechtlichen Einordnung der Rechtmäßigkeitsvoraussetzung oder des Rechtmäßigkeitsbegriffs, vgl. oben S. 247. Das geringere Strafmaß (Haftstrafe) im Vergleich zu § 23 5.A.-VersG 1951 (Gefängnis bis zu einem Jahr) wirkt auf den ersten Blick verwunderlich, insbesondere da in § 28 die Wiederholung des Widerstandleistens Teil des Tatbestands wurde. Jedoch ist in § 28 eine wesentlich geringere Form des Widerstands unter Strafe gestellt worden (fortwährende Störung) als in § 23 (Gewalt oder Bedrohung mit Gewalt). Der (körperliche) Widerstand richtete sich somit direkt gegen Personen. Es stand also auch die körperliche Unversehrtheit des Leiters oder Ordners im Raum, während sich in § 28 der Widerstand nicht persönlich gegen eine Person richten musste, sondern nur gegen dessen Anweisungen. Das rechtfertigt in jedem Fall einen unterschiedlichen Strafrahmen.

1152 Vgl. „Kurzprotokoll der 26. Sitzung des (5.) Ausschusses zum Schutze der Verfassung – Unterausschuss Redaktionskommission" vom 19. Juni 1951, *Mat.-VersG, Nr. 24*, Anlage, S. 11.

1153 Siehe oben, S. 247.

StGB konnte also nicht gewollt gewesen sein. Diese Aufhebung wurde von der Redaktionskommission entsprechend korrigiert.[1154]

3. Gemeinsame Sitzung des 5. und des 24. Ausschuss am 5. Juli 1951

Auf einer gemeinsamen Sitzung des 5. und des 24. Ausschusses[1155] befassten sich die Abgeordneten mit dem Gesetzentwurf in der Fassung der Redaktionskommission vom 19. Juni 1951.[1156]

a) *Allgemeines*

Zu Beginn der Sitzung äußerte *Dr. Menzel* den Wunsch, auf der gemeinsamen Sitzung den Entwurf in einer Schlusslesung zu verabschieden.[1157] Er hoffte dadurch eine Befassung im Plenum des Bundestages noch vor der Sommerpause erreichen zu können. Gleichzeitig warnte er jedoch davor, das Gesetz durch den BT zu schnell verabschieden zu lassen.[1158] Aufgrund der Bedeutung des Gesetzes drang er auf eine eingehende Befassung des Entwurfes durch die einzelnen Fraktionen.[1159] *Schmücker* (CDU/CSU) forderte hingegen eine schnelle Verabschiedung durch den BT, um somit den Problemen der Versammlungspraxis[1160] effektiv begegnen zu können.[1161] Dazu

---

1154 *Mat.-VersG, Nr. 24*, Anlage, S. 11.

1155 Der 24. Ausschuss hatte sich mit dem Regierungsentwurf bislang nur auf seiner 15. Sitzung vom 20. September 1950 befasst, vgl. oben S. 165 ff.

1156 Siehe hierzu insgesamt: „Kurzprotokoll der 27. Sitzung des (5.) Ausschusses zum Schutze der Verfassung (federführend) gemeinsam mit dem mitberatenden (24.) Ausschuss für Angelegenheiten der Inneren Verwaltung (29. Sitzung) am 5. Juli 1951“, *Mat.-VersG, Nr. 25*. An dieser Sitzung nahmen teil: die Abgeordneten des 5. Ausschusses *Brauksiepe, Dr. Jäger, Mehs* und *Schulze-Pellengahr* (CDU/CSU), *F. Maier, Dr. Bergsträsser, Gleisner, Knothe, Dr. Menzel, E. Paul* und *Meitmann* (SPD), *Dr. Becker* und *Stahl* (FDP), *Dr. v. Merkatz* (DP), *Fisch* (KPD), die Abgeordneten des 24. Ausschusses *Etzenbach, Feldmann, Hoppe, Schmücker, Stauch* und *Majonika* (CDU/CSU), *Diel, Gleisner* und *Nadig* (SPD), *Neumayer, Stahl* und *Onnen* (FDP) sowie die Vertreter der Bundesregierung *Dr. Stöcker* (BMJ), *Dr. Füßlein* und *Geeb* (BMI). Den Vorsitz führte *Dr. Menzel.*

1157 *Mat.-VersG, Nr. 25*, S. 2.

1158 Ders., ebda.

1159 Die Berichterstattung an den BT fand erst nach der Sommerpause statt (19. Oktober 1951). Zudem gab es noch Änderungsanträge verschiedener Fraktionen. Siehe unten S. 260.

1160 Nach seiner Ansicht galt dies insbesondere für Niedersachsen, vgl. *Mat.-VersG, Nr. 25*, S. 2.

1161 Ders., ebda. *Schmücker* ging es dabei insbesondere um die Präventivverbotsmöglichkeit in § 3 5.A.-VersG 1951.

wandte *Dr. Füßlein* (BMI) ein, dass einzelne landesgesetzliche Regelungen deutlich stärkere Eingriffsbefugnisse für die zuständigen Behörden vorsahen als der vorliegende Gesetzentwurf.[1162] Um in zeitlicher Hinsicht die Geltung und vor allem die Anwendung des Gesetzes schnellstmöglich zu gewährleisten, schlug *Dr. von Merkatz* (DP) vor, in den Bundesländern bereits Durchführungsbestimmungen vorbereiten zu lassen.[1163] Dadurch sollte die sofortige *„Exekutionsmöglichkeit“*[1164] des Gesetzes nach Inkrafttreten sichergestellt werden. Die Eilbedürftigkeit einer Verabschiedung noch vor der Sommerpause erachtete *Dr. von Merkatz* als weniger wichtig, da er aufgrund der Erntezeit eine Vielzahl von Versammlungen nicht erwartete.[1165]

Sodann erfolgte die Einzelberatung zum Gesetzentwurf.

b) Überschrift des Gesetzes und allgemeine Vorschriften, I. Abschnitt

aa) Überschrift des Gesetzes

Auf Vorschlag von *Dr. Becker* (FDP) wurde die Überschrift des Gesetzes von *„Entwurf eines Gesetzes über öffentliche Versammlungen und Aufzüge (Versammlungsordnungsgesetz)“* in *„[...] (Versammlungsgesetz)“* abgeändert.[1166] Mit dieser Umformulierung wurde die Intention des Gesetzes deutlicher. Denn während unter Versammlungsordnungsgesetz noch der polizeirechtliche Ordnungsgedanke zum Ausdruck kam, der insbesondere dem RVG innewohnte, zeigte sich nun der Wille, durch das Gesetz die ungestörte Ausübung des Grundrechts aus Art. 8 GG sicherzustellen zu wollen.

bb) Allgemeine Verhaltenspflicht, § 1 5.A.-VersG 1951

Der Abgeordnete *Schmücker* (CDU/ CSU) wünschte, in § 1 5.A.-VersG 1951 die Fassung des RegE beizubehalten.[1167] *Dr. Becker* erläuterte diesbezüglich, dass die Änderung von § 1 RegE auf Anregung der Gesellschaft für Bürgerrechte erfolgt sei, um eine Vereinbarkeit der Norm mit Art. 8 Abs. 1 GG herzustellen. Da danach nur bei unfriedlichen Versammlungen eingegriffen werden dürfe, vertrage sich die

1162 Ders., ebda.

1163 Ders., ebda. Dies sollte nach seiner Auffassung durch das BMI umgesetzt werden.

1164 Ders., ebda.

1165 Ders., ebda. Hier bezog er sich jedoch vornehmlich auf Niedersachen. Zudem ließ er dabei außer Acht, dass in Städten oder in Industrieregionen dieses Faktum nicht gegolten haben dürfte.

1166 a.a.O., S. 3.

1167 Ders., ebda. § 1 RegE lautete: *„Wer an einer öffentlichen Versammlung oder an einem Aufzug teilnimmt, hat sich so zu verhalten, dass die öffentliche Ordnung und Sicherheit nicht beeinträchtigt werden.“* § 1 5.A.-VersG 1951 war folgendermaßen gefasst worden: *„Bei öffentlichen Versammlungen und Aufzügen hat sich jedermann so zu verhalten, dass die ordnungsgemäße Durchführung nicht gestört wird.“*

in § 1 RegE enthaltene allgemeine Polizeiklausel nicht mit der grundgesetzlichen Regelung.[1168] Bei Enthaltung von *Schmücker*[1169] wurde § 1 in der Fassung des Redaktionsausschusses angenommen.

c) Öffentliche Versammlungen in geschlossenen Räumen, II. Abschnitt

Allein bei § 3 Nr. 1 5.A.-VersG 1951 (Präventivverbot) wandte sich der Abgeordnete *Fisch* (KPD) gegen die darin enthaltenen Vermutungen.[1170] Diese Anmerkung fand jedoch kein Gehör bei den übrigen Abgeordneten. *Fisch* schien zu verkennen, dass der gesamten Norm gewisse Vermutungen innewohnen mussten, um das Präventivverbot überhaupt wirksam ausgestalten zu können. Gleichwohl wurden diese Norm sowie die weiteren Bestimmungen des 2. Abschnitts auf der gemeinsamen Sitzung unverändert angenommen.

d) Öffentliche Versammlungen unter freiem Himmel und Aufzüge, III. Abschnitt

Bei den Regelungen des 2. Abschnitts entspannte sich eine erneute Diskussion zu § 15 Abs. .3 5.A.-VersG 1951 (Zwingende Auflösung einer verbotenen Versammlung durch die Polizei).

Der 5. Ausschuss hatte auf seiner Sitzung vom 12. Juni 1951 noch einen Absatz 3 vorgesehen, in dem die zwingende Auflösung nach einem Versammlungsverbot durch die Polizei erfolgen sollte.[1171] Dies wurde nun auch auf dieser Sitzung zum Gegenstand der Diskussion.[1172] *Dr. Füßlein* (BMI) wies darauf hin, dass das für sämtliche Auflösungstatbestände in § 15 vorgesehenen Ermessen den allgemein gültigen Ermessensregeln unterliege. Somit sei sich der Ausschuss darüber klar gewesen, dass *„dieses „kann" auch ein „muss" bedeutet, eine Art „Ermessensmuss" der Polizei aufgrund der polizeilichen Generalklausel."*[1173]

Der Abgeordnete *Neumayer* (FDP) befürwortete dennoch eine Aufnahme von § 15 Abs. 3 in den Gesetzentwurf, um so die Umsetzung der gesetzgeberischen Intention,

---

1168 Ders., ebda. Zum Gegenentwurf der GfB siehe oben, S. 184.

1169 Dieser kündigte zudem eventuelle Änderungsanträge für das Bundestagsplenum an.

1170 a.a.O., S. 3. In § 3 Nr. 1 5.A.-VersG 1951 hieß es: *„[...] einen unfriedlichen Verlauf der Versammlung anzustreben oder zuzulassen."*

1171 Folgende Formulierung von § 15 Abs. 3 5.A.-VersG 1951 stand dabei zu Diskussion: *„Eine verbotene Veranstaltung ist aufzulösen."*

1172 Siehe zu der in diesem Zusammenhang ausführlich erörterten Frage, wieweit der Polizei Ermessen eingeräumt werden sollte, oben S. 239.

1173 *Mat.-VersG, Nr. 25*, S. 4. *Füßlein* verdeutlichte damit den Standpunkt der Mehrheit des 5. Ausschusses, die aufgrund der Ermessenslehre auch in einer Kann-Vorschrift ausreichend Gewähr dafür sah, dass es zu der zwingend gebotenen Auflösung einer verbotenen Versammlung kommt.

die zwingende Auflösung einer verbotenen Versammlung, sicherzustellen.[1174] Auch der Abgeordnete *Dr. Becker* (FDP) befürwortete nun aus praktischen Gründen diese Aufnahme einer Muss-Vorschrift in Abs. 3. Jedoch forderte er, ergänzend Hinweise in die entsprechenden Polizeianweisungen aufzunehmen, um dadurch klarzustellen,

> *„dass mit dieser Formulierung nichts Neues geschaffen werden solle und vor allem dadurch nicht für die Rechtsprechung der Schluss des argumentum e contrario möglich sein sollte."*

Dr. Becker wollte also Abs. 3 als Ausnahmetatbestand für einen ganz bestimmten Fall verstanden haben. Die bisher geltende Ermessenslehre sollte dadurch weder abgeändert oder aufgehoben werden, noch sollten die Gerichte bei einer gerichtlichen Überprüfung von Ermessensentscheidungen im Rahmen von § 15 5.A.-VersG 1951 aufgrund Abs. 3 in anderen Fällen von Ermessensentscheidungen ein zwingendes polizeiliches Muss verneinen können; sei ein Muss vom Gesetzgeber gewollt gewesen, so hätte er dies ebenfalls ausdrücklich wie in Abs. 3 geregelt.[1175]

Im Ergebnis beschlossen die Abgeordneten die Aufnahme von § 15 Abs. 3 5.A.-VersG 1951 in den Gesetzentwurf mit folgendem Wortlaut: *„Eine verbotene Veranstaltung ist aufzulösen."*

e) Strafvorschriften, IV. Abschnitt

aa) Widerstand gegen Leiter oder Ordner, § 23 5.A.-VersG 1951

Zu § 23 5.A.-VersG beschlossen die Abgeordneten lediglich eine kleine sprachliche Änderung, die von *Dr. Bergsträsser* angeregt worden war.[1176] Im Übrigen wurde § 23 5.A.-VersG 1951 durch die beiden Ausschüsse unverändert angenommen.

bb) Werbung für eine verbotene Versammlung, § 24 5.A.-VersG 1951

Hinsichtlich § 24 5.A.-VersG 1951 nahmen die Ausschüsse eine Unterteilung der Norm in zwei Absätze vor. Während in Abs. 1 der Vorschlag der Redaktionskommission bei gleichzeitiger Erhöhung des Strafmaßes[1177] übernommen wurde, wurde in

1174 Ders., ebda.

1175 *Dr. Becker* verkannte dabei, dass bei der gerichtlichen Ermessensüberprüfung ein solches *argumentum e contrario* eigentlich gar nicht möglich sein durfte. Nach der geltenden Ermessenslehre kommt es immer auf den Einzelfall der Ermessensentscheidung an. Folglich kann auch eine Ermessensreduktion auf Null (= Muss) nur aus Gründen des Einzelfalls bejaht oder verneint werden. Eine Entscheidung aufgrund angeblicher gesetzgeberischer Motive ist nicht möglich. Denn Ermessen meint immer auch die Möglichkeit eines Muss.

1176 *Mat.-VersG, Nr. 25*, S. 5. Vor das Wort *„Geldstrafe"* wurde ein *„mit"* gesetzt.

1177 Statt *„Gefängnis bis zu einem Jahr"* nunmehr *„Gefängnis nicht unter einem Monat"*, vgl. *Mat.-VersG, Nr. 25*, S. 5.

Abs. 2 ein genereller[1178] Fahrlässigkeitstatbestand aufgenommen. Dabei beschlossen die Abgeordneten eine vollständige Umformulierung aus Gründen der von *Dr. Stöcker* (BMJ) erläuterten Strafrechts-Änderungsbestimmungen.

4. Erneute Beratung im 5. Ausschuss am 11. und 17. Oktober 1951

Nach der Sommerpause war der Entwurf erneut Gegenstand der Beratungen des 5. Ausschusses.[1179]

a) Annahme der Änderungen der gemeinsamen Sitzung von 5. und 24. Ausschuss (5. Juli 1951) in der Sitzung vom 11. Oktober 1971[1180]

In der Sitzung des 5. Ausschusses wurden die Beschlüsse der gemeinsamen Sitzung mit dem 24. Ausschuss vom 5. Juli 1951 ohne weitere Erörterung oder Diskussion angenommen, um möglichst zeitnah eine Zuleitung an das Plenum des Bundestages zu erreichen.[1181] Zudem wurde der Abgeordnete *Dr. Becker* (FDP) zum Berichterstatter gewählt.

b) Aufnahme der sog. Berlin-Klausel in der Sitzung vom 17. Oktober 1951[1182]

In der Sitzung des 5. Ausschusses vom 17. Oktober 1951 war der Gesetzentwurf erneut Gegenstand der Tagesordnung,[1183] um zurückgehend auf eine Anregung des Landes Berlin einen zusätzlichen § 30a in den Gesetzentwurf aufzunehmen:

1178 Abs. 2 lautete: *„Ist die Tat fahrlässig begangen, ist auf Geldstrafe zu erkennen."* Ursprünglich war ein geringeres Strafmaß (Geldstrafe) nur möglich gewesen, *„hätte der Täter bei Anwendung pflichtgemäßer Sorgfalt [erkennt], dass die Veranstaltung verboten war."* Der erforderliche Sorgfaltspflichtverstoß musste also nicht zwingend in einem Verkennen des Versammlungsverbots liegen, sondern konnte sich auch auf andere Tatbestandsmerkmale des Abs. 1 erstrecken.

1179 Sitzungen am 11. und 17. Oktober 1951.

1180 An dieser Sitzung nahmen teil: die Abgeordneten *Brauksiepe, Heix, Dr. Jäger, Mehs* und *Schulze-Pellengahr* (CDU/CSU), *Dr. Bergsträsser, Gleisner, Knothe, Dr. Menzel* (Vorsitzender), *F. Maier* und *Meitmann* (SPD), *Dr. Becker* und *Stahl* (FDP), *Dr. Etzel* (BP), *Hoffmann* (Zentrum), als Vertreter der Bundesregierung *Dr. Füßlein* und *Geeb* (BMI) sowie als Vertreter des BR *Dr. Dietrich* (Hessen), *Dr. Winckhler* (Bayern), *Baier* (Nordrhein-Westfalen) und Dr. *Wolkwitz* (Berlin).

1181 „Kurzprotokoll der 28. Sitzung des (5.) Ausschusses zum Schutze der Verfassung am 11. Oktober 1951", *Mat.-VersG, Nr. 26.*

1182 Auf dieser Sitzung waren anwesend: *Dr. Jäger, Mehs* und *Schulze-Pellengahr* (CDU/CSU), *Dr. Menzel* (Vorsitzender), *Dr. Bergsträsser* und *F. Maier* (SPD) sowie als Vertreter des BR *Dr. Dietrich* (Hessen), *Dr. Schmidt* (Nordrhein-Westfalen) und *Dr. Wolkwitz* (Berlin).

1183 Vgl. „Kurzprotokoll der 29. Sitzung des (5.) Ausschusses zum Schutze der Verfassung am 17. Oktober 1951", *Mat.-VersG, Nr. 27.*

„Dieses Gesetz gilt auch im Lande Berlin, wenn das Land Berlin gem. Art. 87 Absatz 2 seiner Verfassung die Anwendung des Gesetzes beschließt.“[1184]

5. Zwischenfazit

Die rund ein Jahr andauernden (ersten) Beratungen des 5. und 24. Ausschusses zum RegE brachten zahlreiche Änderungen des RegE mit sich. So wurden systematische Anpassungen vorgenommen, gleichzeitig aber auch neue Regelungsbereiche – z.B. das Präventivverbot in § 3 bzw. § 3 a 5.A.-VersG 1951[1185] – eingeführt. Ebenso wurden bestimmte Normen des RegE abgelehnt, so etwa das Uniformverbot in § 3 RegE. Insgesamt waren die Ausschussbehandlungen stark davon geprägt, eine Wahrung von Art. 8 GG sicherzustellen, da im RegE in Teilen noch Ansätze eines Verständnisses von Versammlungsfreiheit im Sinne des RVG vorherrschten. Diese Änderungen gingen teilweise mit starken rechtsdogmatischen Diskussionen einher, was sich insbesondere an dem Streit über den Umfang einzuräumenden Ermessens im Zusammenhang mit Verboten von Versammlungen unter freiem Himmel, § 15 5.A.-VersG 1951 zeigte. Insgesamt befreiten sich die Ausschüsse von dem durch die BReg und von den Ländern angemahnten Zeitdruck und übten sich stattdessen in

1184 Sog. *„Berlinklausel“*. Art. 87 Abs. 2 der Berliner Landesverfassung vom 1. September 1950 lautete: *„In der Übergangszeit kann das Abgeordnetenhaus durch Gesetz feststellen, dass ein Gesetz der Bundesrepublik Deutschland auch in Berlin Anwendung findet.“* Hintergrund dieser Regelung war die bereits im „Genehmigungsschreiben der Militärgouverneure der britischen, französischen und amerikanischen Besatzungszone zum Grundgesetz“ vom 12. Mai 1949 vertretene Auffassung der Westalliierten, dass (West-) Berlin nicht als gleichwertiger Bundesstaat anzusehen sei. Aufgrund dessen wurde Art. 1 Abs. 2 und 3 der Berliner Landesverfassung -*„(2) Berlin ist ein Land der Bundesrepublik Deutschland. (3) Grundgesetz und Gesetze der Bundesrepublik Deutschland sind für Berlin bindend.“*- außer Kraft gesetzt und in Art. 87 Abs. 1 geregelt: *„Artikel 1 Absatz 2 und 3 treten in Kraft, sobald die Anwendung des Grundgesetzes für die Bundesrepublik Deutschland in Berlin keinen Beschränkungen unterliegt.“* Vor der eigentlichen Abstimmung wurde unter den Abgeordneten erörtert, ob über den Änderungsvorschlag ohne Einbeziehung des 24. Ausschusses beschlossen werden könne. Der Abgeordnete *F. Maier* (SPD) in seiner Funktion als Vorsitzender des 24. Ausschusses äußerte diesbezüglich keinerlei Bedenken, *Mat.-VersG, Nr. 27*, S.1. Denn eigentlich waren die Beratungen durch die gemeinsame Beschlussfassung vom 5. Juli 1951 abgeschlossen worden. Zudem sollte verhindert werden, dass bei einer Aufnahme der Berlinklausel auch eine Abstimmung des 24. Ausschusses nötig werden würde.

1185 An dieser Stelle sei darauf hingewiesen, dass im Mündlichen Bericht und entsprechend in den späteren Änderungsanträgen der BT-Fraktionen das Präventivverbot statt in § 3 nunmehr in § 3a 5.A.-VersG 1951 enthalten war. Dies wohl um deutlich zu machen, dass diese Neuregelung zusätzlich eingeführt wurde und nicht als Ersatz des in § 3 RegE geregelten aber durch den Ausschuss verworfenen Uniformverbots gelten sollte.

angemessener gesetzgeberischen Genauigkeit. So versuchte man, der gesetzgeberischen Verantwortung in einem so sensiblen Bereich wie dem des Versammlungsrechts und vor dem Hintergrund der historischen Erfahrungen und der Ausrichtung von Art. 8 GG gerecht zu werden.

6. Berichterstattung und Beratung im Bundestag, Juni 1952

Der „Mündliche Bericht" des 5. Ausschuss wurde am 19. Oktober 1951 an den Bundestag mit folgendem Beschlussantrag überwiesen:

> *„Der Bundestag wolle beschließen, dem Gesetzentwurf mit den aus der nachstehenden Zusammenstellung ersichtlichen Änderungen zuzustimmen."*[1186]

Die eigentliche Berichterstattung und Beratung im Plenum durch den Abgeordneten *Dr. Becker* (FDP) erfolgte jedoch erst am 26. Juni 1952, nachdem der Entwurf zweimal von der Tagesordnung abgesetzt worden war.[1187]

a) Berichterstattung in der 220. Sitzung des Bundestages[1188] *vom 26. Juni 1952*

In seinen Ausführungen machte *Dr. Becker* deutlich, dass der 5. Ausschuss im Wesentlichen zwei Kritikpunkte im RegE ausgemacht hatte. Zum einen habe man sich an *der „Verbotshysterie"* gestört, zum anderen an den überhöhten Anforderungen an den Versammlungsleiter.[1189] Im Weiteren erläuterte *Dr. Becker* sodann die Beschlüsse des 5. Ausschusses. Dabei betonte er, dass Art. 8 und Art. 9 GG sowohl Ausgangspunkt als auch Richtschnur für die Beratungen gewesen seien. Besonders ausführlich berichtete er zu den Verbotsregelungen der §§ 3a und 15 5.A.-VersG 1951.[1190] Zudem wollte der Abgeordnete vom anwesenden Bundesinnenminister *Dr. Lehr* (CDU) wissen, ob bereits Bannmeilen für den Bundestag und den Verfassungsgerichtshof durch entsprechende Verordnung auf den Weg gebracht worden seien.[1191] Der Bundesinnenminister erklärte diesbezüglich, dass sofort nach Verabschiedung des Gesetzes durch den BT, eine entsprechende Verordnung auf den

---

1186 „Mündlicher Bericht des Ausschusses zum Schutze der Verfassung (5. Ausschuss) über den Entwurf eines Gesetzes über öffentliche Versammlungen und Aufzüge (Versammlungsordnungsgesetz" vom 19. Oktober 1951, BT-Drs. Nr. 51/2759 = *Mat.-VersG, Nr. 28*, S. 1.

1187 Vgl. Protokoll der 172. Sitzung des BT vom 7. November 1951, *Mat.-VersG, Nr. 29* und der 176. Sitzung vom 23. November 1951, *Mat.-VersG, Nr. 30.*

1188 Den Vorsitz führte Vizepräsident *Dr. Carlo Schmid* (SPD).

1189 Stenographisches Protokoll der 220. Sitzung des BT am 26. Juni 1952, *Mat.-VersG, Nr. 31*, S. 2.

1190 Ders., ebda.

1191 a.a.O., S. 3.

Weg gebracht werden würde.[1192] Zudem nahm er seine Anwesenheit zum Anlass, erneut die Eilbedürftigkeit des Gesetzentwurfs zu betonen. Eine Verabschiedung sei *„zur Aufrechterhaltung unserer öffentlichen Ruhe, Sicherheit und Ordnung dringend notwendig.“*[1193] Zu den einzelnen Punkten des Berichts von *Dr. Becker* oder den Änderungsvorschlägen des 5. Ausschusses insgesamt äußerte sich *Dr. Lehr* hingegen nicht. Auch kam es zu keiner weiteren Aussprache zwischen den Abgeordneten. Diese wurde auf eine der nächsten Bundestagssitzungen vertagt.[1194]

b) Änderungsanträge der Fraktionen

Als Reaktion auf den Mündlichen Bericht des 5. Ausschusses gab es Änderungsanträge von drei Bundestagsfraktionen.

aa) Änderungsantrag der KPD

Der Änderungsantrag der KPD sah die Streichung von 11 Normen oder Teilnormen vor. Eine Begründung der einzelnen Streichungen wurde jedoch nicht angegeben.[1195] Im Einzelnen sollten folgende Regelungen des 5.A.-VersG 1951 gestrichen werden:

§ 3a (Präventivverbot), § 4 Abs. 1 (vorheriger Ausschluss von Teilnehmern in der Einladung), § 7 Abs. 2 (Mitteilung der Ordnerzahl und Möglichkeit der Beschränkung durch die Polizei), § 12 Nr. 3 (Auflösungsrecht der Polizei bei Verletzung von Strafgesetzen, der verfassungsmäßigen Ordnung oder Gedanken der Völkerverständigung), § 15 (Verbot, Auflagen und Auflösung bei Versammlungen unter freiem Himmel), § 16 (Bannkreisregelung), § 24 (Strafbarkeit der Werbung für eine verbotene Versammlung), § 26 (Strafbarkeit des Leiters bei Verstoß gegen Auflagen , genehmigte Ordnerzahl und Angaben der Anmeldung), § 26 a (Strafbarkeit des Abhaltens einer Versammlung trotz Verbots oder ohne Anmeldung), § 28 Nr. 1, 3 und 4 (Teilnahme an einer verbotenen Versammlung, kein Entfernen bei Ausschluss oder Auflösung), § 30 a (Berlin-Klausel).

Wie schon bei den Beratungen des 5. Ausschusses hielt sich die KPD-Fraktion auch an dieser Stelle mit inhaltlichen Ausführungen zu ihrem Antrag zurück. Es ist zu vermuten, dass die Streichungen in der Mehrzahl dazu gedacht waren, den gegenwärtigen Ablauf von Versammlungen in der Praxis möglichst nicht zu verändern und insbesondere notwendiges polizeiliches Eingreifen nur auf ein Mindestmaß zu beschränken. Hinsichtlich der Streichung der Berlin-Klausel sollte auf diesem Wege

---

1192 Ders., ebda.

1193 Ders., ebda.

1194 Ders., ebda. Bevor es jedoch zu dieser Aussprache kommen sollte, wurde der Entwurf zunächst nochmals an den 5. Ausschuss verwiesen, vgl. unten S. 265.

1195 Vgl. Änderungsantrag der Gruppe der KPD zur zweiten Beratung des Entwurfs eines Gesetzes über öffentliche Versammlungen und Aufzüge (Versammlungsordnungsgesetz)“ vom 26. Juni 1952, *Mat.-VersG, Nr. 32.*

versucht werden, eine (gesetzliche) Festigung von Berlin im Verhältnis zur übrigen Bundesrepublik zu verhindern, da dies eine stärkere (gesetzliche) Trennung von der DDR bedeutete.[1196]

bb) Änderungsantrag der DP

Der Änderungsantrag der DP war deutlich detaillierter. Er enthielt im Wesentlichen eine Neuformulierung des II. Abschnitts und von einzelnen Strafvorschriften. Dabei wurden einige Regelungen des RegE wieder aufgegriffen, ebenso Beschlüsse des 5. Ausschusses erweitert und detaillierter gefasst.

(1) Änderungsvorschläge für den II. Abschnitt, Öffentliche Versammlungen in geschlossenen Räumen

(a) Allgemeines Teilnahmerecht, § 4 RegE und § 4 5.A.-VersG 1951

Die Neuformulierung lautete:

> *„Jedermann ist befugt, an Versammlungen, zu denen Öffentlichkeit eingeladen ist, teilzunehmen, es sei denn, dass in der Einladung bestimmte Personen oder Personenkreise von der Teilnahme ausgeschlossen sind.“*[1197]

Der Änderungsvorschlag sah also eine Verschiebung des in § 2a 5.A.-VersG 1951 und damit zu Beginn des Gesetzes „exponiert“ geregelten allgemeinen Teilnahmerechts vor, und schwächte somit die vom 5. Ausschuss beabsichtigte Aufnahme am Anfang des Gesetzes zur Betonung von Art. 8 GG ab. Zum anderen wurden die besondere Stellung der Presse und ihr damit verbundenes unbeschränktes Teilnahmerecht aufgehoben.[1198]

(b) Veranstalter und Leitung einer Versammlung, § 5 RegE und § 5 5.A.-VersG 1951

Im Gegensatz zu der ursprünglichen Regelung von RegE und 5.A.-VersG 1951 sah der Änderungsantrag der DP genauere Regelungen für die Person des Veranstalters vor. So sollte es erforderlich sein, dass *„jede öffentliche Versammlung [...] von einem Veranstalter einberufen sein [muss].“*[1199] Mit der gleichzeitigen Erweiterung des Begriffs des Veranstalters wurden auch die Fälle einbezogen, in denen keine natürlichen Personen zur Versammlung eingeladen hatten. Zudem wurde nun explizit

---

1196 Die Berliner Verfassung vom 1. September 1950 galt nämlich gem. Art. 4 für Groß-Berlin, also auch den Ostteil der Stadt, vgl. bereits oben S. 258.

1197 Vgl. „Änderungsantrag der Fraktion der Deutschen Partei zur zweiten Beratung des Entwurfs eines Gesetzes über öffentliche Versammlungen und Aufzüge (Versammlungsordnungsgesetz)“ vom 10. Juli 1952, *Mat.-VersG, Nr. 33*, S. 1.

1198 Das unbeschränkte Teilnahmerecht der Presse war Ausfluss der Pressefreiheit aus Art. 5 Abs. 1 S. 2 GG.

1199 *Mat.-VersG, Nr. 33*, S.1.

geregelt, wann eine Veranstaltereigenschaft möglich war.[1200] Bei der Bestimmung des Versammlungsleiters sollte nun doch, wie im RegE vorgesehen, auch die Wahl des Leiters durch die Versammlung möglich sein.

(2) Änderungsvorschläge für den IV. Abschnitt, Strafvorschriften

Auch für die Strafbestimmungen sah der Antrag der DP-Fraktion zwei Neufassungen vor. So wurden zum einen in einem neu gefassten § 22 Tatbestände aus verschiedenen Strafnormen von RegE und 5.A.-VersG 1951 zusammengefasst.[1201] Zum anderen wurde § 28 neu gefasst und enthielt im Vergleich zu § 28 5.A.-VersG 1951 nur noch die Strafbarkeit für den Fall der Teilnahme an einer verbotenen Versammlung oder Aufzug.[1202]

1200 So kamen nach § 5 Abs. 1 S. 2 des DP-Vorschlags folgende Veranstaltereigenschaften in Betracht: *„Veranstalter kann jede Partei sein, die zulässigerweise sich am politischen Leben beteiligt und Grundrechte nicht gemäß Art. 18 Grundgesetz verwirkt hat, jede gesetzlich erlaubte sonstige Organisation und jeder Staatsbürger, der im Besitz der Grundrechte und der bürgerlichen Ehrenrechte ist.“* Dies scheint hinsichtlich der Parteien zumindest fragwürdig, da man von einem zulässigen Handeln ausgehen musste, solange nicht ein Parteiverbot durch das BVerfG ausgesprochen wurde, vgl. Art. 21 Abs. 2 GG.

1201 Der 5. Ausschuss hatte § 22 RegE zugunsten detaillierterer Regelungen in den anderen Strafnormen ersatzlos gestrichen. § 22 des DP-Antrags vom 10. Juli 1952 lautete: *„(1) Mit Gefängnis bis zu zwei Jahren oder mit Geldstrafe bis zu 2.000 Deutsche Mark wird bestraft, 1.) wer der Vorschrift des § 2 zuwider in einer öffentlichen Versammlung Waffen bei sich führt, 2.) wer der Vorschrift der §§ 7 Abs. 1 und 8 Abs. 1 zuwider absichtlich durch lärmende Zwischenrufe, Grölen, Singen oder durch grobe Ungebühr den Ablauf einer öffentlichen Versammlung beharrlich stört, 3.) wer der Vorschrift des § 9 zuwider der rechtmäßigen Aufforderung des Versammlungsleiters, den Saal zu verlassen, nicht unverzüglich Folge leistet, 4.) wer der Vorschrift des § 13 zuwider in dem Fall, dass eine Versammlung gem. § 12 durch die Polizei aufgelöst ist, vorsätzlich in dem Saal zurückbleibt. (2) Handeln mehrere gemeinschaftlich, so tritt Gefängnisstrafe nun unter drei Monaten ein, neben der auf Geldstrafe bis zu 10.000 deutsche Mark erkannt werden kann.“* Mit diesem Vorschlag entfernte sich die DP-Fraktion von der Intention des RegE und des 5.A., nach der insbesondere Verstöße, z.B. gegen das Waffenverbot, gesondert in Strafnormen festgehalten werden sollten, um somit den Verstößen eine unterschiedliche Gewichtung über das angedrohte Strafmaß zukommen zu lassen. Hier wurde nun diese unterschiedliche gesetzgeberische Gewichtung aufgegeben, da insbesondere immer der gleiche Strafrahmen gelten sollte und eine Verschärfung lediglich bei gemeinschaftlichem Handeln mehrerer in Betracht kam, vgl. *Mat.-VersG, Nr. 33*, S. 3 f.

1202 Dabei sprach der Formulierungsvorschlag der DP von einer *„öffentlichen Versammlung, die gesetzlich nicht zulässig ist“*, vgl. a.a.O., S. 4. Es wurde also zwischen (gesetzlich) verbotenen und anderweitig gesetzlich unzulässigen Versammlungen unterschieden, wobei die Unterschiede in der Praxis nicht wirklich vorhanden gewesen sein dürften, zumal ja die Intention des Gesetzes auf eine grundsätzlich unbeschränkte Ausübung der Versammlungsfreiheit abzielte, also ein Versammlungsverbot nur

cc) Änderungsantrag der SPD

Mit Blick auf die Regelungen über den Einsatz von Ordnern und den an die einzelne Ordnerperson zu stellenden Anforderungen sah der Antrag der SPD[1203] eine Neufassung von § 7 Abs. 1 S. 2 und 3 5.A.-VersG 1951 vor:

> *„Diese müssen am Versammlungsort polizeilich gemeldet und zum Bundestag wählbar sein. Die Ordner dürfen lediglich durch weiße Armbinden, die nur die Bezeichnung ‚Ordner' tragen dürfen, kenntlich gemacht werden."*[1204]

Durch die Aufteilung in zwei Sätze wurde eine genauere Trennung zwischen Qualifikationsvoraussetzungen (S. 2) und Kennzeichnung der Ordner (S. 3) herbeigeführt. Die Formulierung in S. 2 und 3 entsprach dabei vollständig dem Änderungsvorschlag des BR zum RegE.[1205] Der 5. Ausschuss hatte die Regelung des BR als zu weitgehend verworfen[1206] und sich stattdessen der Regelung des 24. Ausschusses[1207] angeschlossen und diese in § 7 5.A.-VersG 1951 beschlossen.

Ergänzend zu § 21 RegE / 5.A.-VersG 1951 sah der Änderungsantrag der SPD-Fraktion die Aufnahme eines zusätzlichen § 21 a vor. Dieser sah einen Ausschluss der Rechte aus dem Versammlungsgesetz für die Personen vor, welche durch ihre Teilnahme an oder die Durchführung einer Versammlung eine Förderung von durch das BVerfG für verfassungswidrig erklärten Parteien oder ihren „Tarnorganisationen" darstellen würde.[1208] Diese recht weit gehende Begrenzung der Versammlungsfreiheit muss vor dem Hintergrund des grundsätzlich unbegrenzt gewährten Grundrechts und dem mit diesem im Zusammenhang stehenden Grundrecht der Meinungsfreiheit als kritisch angesehen werden. Denn es war und ist ein Unterschied, ob die verbotene Partei selbst Versammlungen durchführt. Das Verbot einer von einer verbotenen Partei durchgeführten Versammlung dürfte wohl keine Grundrechtsverletzung dargestellt haben. Versammlungen Dritter, die

---

unter strengen Voraussetzungen in Betracht kam. Nichts anderes konnte für Fälle gesetzlich unzulässiger Versammlungen gelten.

1203 Vgl. „Änderungsantrag der Fraktion der SPD zur zweiten Beratung des Entwurfs eines Gesetzes über öffentliche Versammlungen und Aufzüge (Versammlungsordnungsgesetz)" vom 16. Juli 1952, *Mat.-VersG, Nr. 34.*

1204 In § 7 Abs. 1 S. 2 5.A.-VersG 1951 hieß es noch: *„Diese müssen volljährig sein und sind durch weiße Armbinden, die nur durch die Bezeichnung ‚Ordner' tragen dürfen, kenntlich zu machen."*

1205 Vgl. *Mat.-VersG, Nr. 5* = BR Drs. 394/1950, Anlage, S. 2.

1206 Vgl. *Mat.-VersG, Nr. 12,* S. 14.

1207 *Mat.-VersG, Nr. 10,* S. 4.

1208 Siehe *Mat.-VersG, Nr. 34,* S. 1. § 21 a hatte folgenden Wortlaut: *„(1) Auf die Rechte aus diesem Gesetz darf sich nicht berufen, wer mit der Durchführung oder Teilnahme an einer Versammlung die Ziele einer durch das Bundesverfassungsgericht für verfassungswidrig erklärten Partei oder einer ihrer Tarnorganisationen fördern will. (2) Entsprechendes gilt für rechtliche oder organisatorisch selbstständige Teile einer Partei, soweit sich die Feststellung der Verfassungswidrigkeit auf solche Teile beschränkt."*

lediglich Themen und Inhalte von verbotenen Parteien, also beispielsweise ähnliche Ideologien, zum Gegenstand hatten, mussten im Lichte der Grundrechte zunächst separat betrachtet werden.[1209]

Für § 24 5.A.-VersG 1951 sah der Änderungsantrag der SPD lediglich kleine Änderungen vor. So wurde nun nicht mehr das *„Werben"* für die Teilnahme an einer verbotenen Versammlung unter Strafe gestellt, vielmehr sollte der Straftatbestand bei einer *„Aufforderung"* zur Teilnahme erfüllt sein.[1210] Diese Änderung entsprach dem Wortlaut des 6. Entwurfs des BMI (Kabinettsvorlage). Auf der Referentenbesprechung zur Kabinettsvorlage am 4. Mai 1950 war jedoch eine Abänderung hin zur Begrifflichkeit des Werbens beschlossen worden, da man in diesem Begriff die erforderliche propagandistische Absicht einer Aufforderung besser verdeutlicht sah.[1211]

Korrespondierend mit der Neuregelung eines § 21 a[1212] sah die SPD-Fraktion auch die Schaffung eines zusätzlichen Straftatbestandes vor, der das Abhalten einer Versammlung zum Zwecke der Unterstützung von Zielen von verbotenen Parteien oder Parteiteilen unter Strafe stellen sollte.[1213]

7. Rückverweisung an den 5. Ausschuss

Ohne weitere Aussprache wurde auf der 226. Sitzung des BT am 18. Juli 1952 gemäß dem Vorschlag des Ältestenrates eine Rückverweisung des Gesetzentwurfs an den 5. Ausschuss mit der Maßgabe beschlossen, die drei eingegangen Änderungsanträge zu berücksichtigen und sie im Rahmen der Ausschussberatungen zu berücksichtigen bzw. zu ihnen Stellung zu nehmen.[1214]

1209 Diese Regelung fand somit auch keinen Eingang in den Gesetzentwurf.

1210 *Mat.-VersG, Nr. 34*, S. 1.

1211 Vgl. oben S. 127.

1212 Vgl. oben S. 261.

1213 Vgl. *Mat.-VersG, Nr. 34*, S. 1; dieser § 29 lautete: *„(1) Wer eine Versammlung abhält oder einen Aufzug veranstaltet, um die Ziele einer vom Bundesverfassungsgericht für verfassungswidrig erklärten Partei oder eines rechtlichen oder organisatorischen Teiles einer Partei oder einer ihrer Tarnorganisationen zu fördern, wird mit Gefängnis nicht unter drei Monaten bestraft. (2) Der Versuch ist strafbar. (3) Soweit durch diese Handlungen gegen Vorschriften des Strafgesetzbuches verstoßen wird und diese Vorschriften einen höheren Strafrahmen enthalten, finden die Bestimmungen des Strafgesetzbuches Anwendung."* Die Regelung in Abs. 3 ist vor dem Hintergrund des Grundsatzes *nulla poena sine lege certa* durchaus kritisch zu sehen, da die Einhaltung des Bestimmtheitsgrundsatzes aus Art. 103 Abs. 2 GG zumindest fragwürdig erscheint. Denn dem Betroffenen wird mit dieser Formulierung nicht eindeutig vor Augen geführt, unter welcher Strafandrohung sein Handeln steht. Der allgemeine Verweis auf das StGB dürfte zur Wahrung des Bestimmtheitsgrundsatzes nicht ausgereicht haben. Gleichwohl ist die Regelung nachvollziehbar, da diese wohl der gleichzeitig in Beratungen befindlichen Strafrechtsnovelle Berücksichtigung schenken sollte.

1214 „Sitzungsprotokoll der 226. Sitzung des Bundestages vom 18. Juli 1952", *Mat.-VersG, Nr. 35*, S. 1.

IV. Erneute Ausschussberatung, September 1952 bis April 1953

1. Beratung im 5. Ausschuss

An insgesamt sechs Sitzungstagen zwischen dem 18. September 1952 und dem 16. April 1953 war der Gesetzentwurf erneut Gegenstand der Tagesordnung des 5. Ausschusses.

a) 35. Sitzung des 5. Ausschusses am 18. September 1952

Auf der Sitzung vom 18. September 1952 waren die drei Änderungsanträge der Fraktionen von SPD, KPD und DP Gegenstand der Tagesordnung.[1215] Während hinsichtlich der Anträge von DP und SPD eine Vertagung beschlossen wurde, war der Änderungsantrag der KPD in Abwesenheit von KPD-Abgeordneten Gegenstand der Aussprache im Ausschuss. Mit einstimmigem Beschluss wurden sämtliche Änderungsanträge[1216] der KPD-Fraktion abgelehnt.[1217]

Zudem beschloss der 5. Ausschuss eine Abänderung der Berlinklausel (§ 30a 5.A.-VersG 1951). Die Änderung erfolgte auf Vorschlag der Vertretung der Stadt Berlin. § 30 a erhielt daher nun folgende Fassung:

> *„Dieses Gesetz gilt nach Maßgabe des § 13 des Gesetzes über die Stellung des Landes Berlin im Finanzsystem des Bundes (Drittes Überleitungsgesetz) vom 4. Januar 1952 (BGBl. 1 Seite 1) auch im Lande Berlin.“*[1218]

1215 Vgl. „Kurzprotokoll der 35. Sitzung des Ausschusses Nr. 5 zum Schutze der Verfassung am 18. September 1952“, *Mat.-VersG, Nr. 37*, S. 1. An dieser Sitzung nahmen teil: die Abgeordneten *Brauksiepe, Heix, Hoogen, Dr. Jaeger, Lemmer* und *Mehs* (CDU/CSU), *Dr. Menzel, Dr. Bergsträsser, Gleisner, Maier, Meitmann* und *Wehr* (SPD), *Stegner, Hütter* (Vertretung von *Dr. v. Golitschek*) und *Stahl* (FDP) sowie *Dr. Etzel* (BP/FU als Vertretung von *Dr. Reismann*), als Vertreter des BR *Dr. Danckwerts* (Niedersachsen), *Dr. Schmidt* (Nordrhein-Westfalen) und *Dr. Wolkwitz* (Berlin), als Vertreter der BReg *Dr. Wende, Dr. Anders, Dr. Mosheim, Dr. Füßlein, Dr. Kipp* und *Zahrkowski* (BMI), *Häs* (BMJ), *Dr. Abicht* (BMfV), *Dr. Bachmann* (Bundeskanzleramt) sowie *Hamm* (Bundespresseamt).

1216 Vgl. oben S. 260.

1217 *Mat.-VersG, Nr. 37*, S. 3.

1218 Ders., ebda. Während die ursprüngliche Fassung von § 30 a noch in Übereinstimmung mit den Regelungen in Art. 87 Abs. 1 und 2 der Berliner Landesverfassung vom 1. September 1950 verabschiedet worden war, vgl. oben S. 258, war diese Neufassung nun an die Regelung des Gesetzes über die Stellung des Landes Berlin im Finanzsystem des Bundes (Drittes Überleitungsgesetz) vom 4. Januar 1952 angelehnt. In § 13 Abs. 1 des Dritten Überleitungsgesetzes hieß es: *„Sonstiges Bundesrecht, das für den übrigen Geltungsbereich des Grundgesetzes gleichzeitig mit oder nach dem Inkrafttreten dieses Gesetzes verkündet wird und dessen Geltung im Gebiet des Landes Berlin ausdrücklich bestimmt ist, wird im Land Berlin*

b) 38. Sitzung des 5. Ausschusses vom 5. Februar 1953

Auf seiner Sitzung am 5. Februar 1953 war der Gesetzentwurf erneut Gegenstand der Tagesordnung.[1219] Zunächst beschloss der Ausschuss auf Antrag des Abgeordneten *Dr. Friedensburg* (CDU/CSU) die Ablehnung des Antrags der DP-Fraktion.[1220]

aa) Beschlussfassung über den Änderungsantrag der SPD sowie weitere Änderungen des Gesetzentwurfes

Im weiteren Verlauf der Sitzung traf der Ausschuss sodann weitere Änderungsbeschlüsse, die sowohl den Änderungsantrag der SPD-Fraktion als auch Anregungen von BMI und BMJ zum 5.A.-VersG 1951 berücksichtigten.[1221] Bereits zu Beginn hatte der Abgeordnete *Maier* (SPD) ohne nähere Begründung mitgeteilt, dass seine Fraktion gegen den Gesetzentwurf stimmen werde.[1222] Gleichwohl nahmen die SPD-Abgeordneten an der weiteren Ausschussberatung teil.

(1) Änderungen in Abschnitt I – Allgemeines

Die SPD-Fraktion hatte in ihrem Änderungsantrag die Aufnahme eines zusätzlichen § 21a 5.A.-VersG 1951 (Begrenzung der Rechte aus dem Gesetz im Zusammenhang mit verfassungswidrigen Parteien) beantragt.[1223] Dieser wurde unverändert vom 5. Ausschuss angenommen, die Regelung jedoch an anderer Stelle verortet. Nunmehr

---

binnen eines Monats nach seiner Verkündung im Bundesgesetzblatt oder im Bundesanzeiger gemäß Artikel 87 Abs. 2 der Verfassung von Berlin in Kraft gesetzt." Die Neuformulierung von § 30 a entsprach dabei schon im Wesentlichen der von der BReg am 7. Dezember 1952 beschlossenen einheitlichen Fassung der Berlinklausel, vgl. *Mat.-VersG, Nr. 37*, Anlage 1.

1219 Vgl. „Kurzprotokoll der 38. Sitzung des Ausschusses (Nr. 5) zum Schutze der Verfassung vom 5. Februar 1953", *Mat.-VersG, Nr. 38*, S. 1. An dieser Sitzung nahmen teil: die Abgeordneten *Heix, Dr. Jaeger, Mehs, Dr. Friedensburg* und *Schulze-Pellengahr* (CDU/CSU), *Dr. Menzel, Dr. Bergsträsser, Gleisner, Maier, Meitmann, Paul* und *Wehr* (SPD), *Stahl* und D*r. Trischler* (FDP) sowie *Fisch* (KPD), als Vertreter des BR *Dr. Schmidt* (Nordrhein-Westfalen), *Dr. Hoffmann* (Bayern), *Dr. Dietrich* (Hessen), *Dr. Schuster* (Hessen), *Maneck* (Hessen), *Molsberger* (Hamburg) und *Thümer* (Hamburg und als Vertreter der BReg *Ritter von Lex, Dr. Füßlein, Dr. Schmidt* und *Dr. Anders* (BMI), *Dr. Seifert, Dr. Kantner* und *Lackner* (BMJ), Oberbundesanwalt *Güde* und Vizepräsident *Radke* (Bundesamt für Verfassungsschutz).

1220 *Mat.-VersG, Nr. 38*, S. 3. Weder auf der Sitzung vom 5. Februar 1953 noch auf der Sitzung vom 18. September 1952 waren DP-Abgeordnete anwesend.

1221 Vgl. z.B. die „Anregungen des Bundesministeriums der Justiz zur Neufassung des Abschnitts IV des Entwurfs eines Gesetzes über öffentliche Versammlungen und Aufzüge" vom 5. Februar 1953, BArch BMJ-B141-4692, S. 83–86.

1222 *Mat.-VersG, Nr. 38*, S. 2.

1223 Siehe oben S. 261.

wurde diese Begrenzung der Rechte aus dem Gesetz bereits an exponierter Stelle als neuer § 2 b 5.A.-VersG 1951 geführt.

(2) Änderungen in Abschnitt II – Öffentliche Versammlungen in geschlossenen Räumen

(a) § 3 a 5.A.-VersG 1951 (Präventivverbot)

Zunächst beschloss der 5. Ausschuss in § 3a 5.A.-VersG 1951 (Präventivverbot von Versammlungen) die Formulierung *„mit Sicherheit"* durch die Formulierung *„mit an Sicherheit grenzender Wahrscheinlichkeit"* zu ersetzen.[1224] Dadurch wurde der Prognosecharakter von § 3a[1225] noch deutlicher herausgestellt, da im Vorfeld der jeweiligen Versammlung nie absolute Sicherheit für das Eintreten der Verbotsvoraussetzungen bestehen konnte.

(b) § 7 5.A.-VersG 1951 (Ordnereinsatz)

Auch zu § 7 5.A.-VersG 1951 (Ordnereinsatz) wurde eine Änderung beschlossen. Der Änderungsantrag der SPD-Fraktion hierzu[1226] wurde abgelehnt. Hinsichtlich der Kennzeichnungspflicht der Ordner wurde nunmehr die Kennzeichnung von Ordnern *„ausschließlich"* mittels weißer Armbinden vorgeschrieben.[1227]

(3) Änderungen in Abschnitt III – Öffentliche Versammlungen unter freiem Himmel und Aufzüge

(a) § 16 5.A.-VersG 1951 (Bannkreisregelungen)

Auf Vorschlag des BMI wurde eine Erweiterung der Bannkreisregelungen auf das Gebiet des BVerfG beschlossen.[1228] Damit näherte sich der 5. Ausschuss zumindest teilweise wieder der Fassung des RegE an, der die Bannkreisregelungen allgemein für Gerichte vorsah, und unterstrich so die besondere Stellung des BVerfG.

1224 a.a.O., S. 3. Dies geschah auf Vorschlag des BMI.

1225 Zu der Frage des Präventivverbots insgesamt siehe oben S. 200 ff.

1226 Siehe oben S. 261.

1227 *Mat.-VersG, Nr. 38*, S. 3.

1228 Ders., ebda. § 16 Abs. 1 und 2 5.A.-VersG 1951 lauteten daher nunmehr: *„(1) Öffentliche Versammlungen unter freiem Himmel und Aufzüge sind innerhalb des befriedeten Bannkreises der Gesetzgebungsorgane des Bundes oder der Länder sowie des Bundesverfassungsgerichtes verboten. (2) Ausnahmen können für den befriedeten Bannkreis um Gebäude des Bundes von der Bundesregierung, für den befriedeten Bannkreises um Gebäude eines Landes von der Landesregierung, jeweils mit Zustimmung des Präsidenten der gesetzgebenden Körperschaft oder des Bundesverfassungsgerichts zugelassen werden."* Das Bundesverfassungsgericht war dabei als Gebäude des Bundes zu verstehen.

(b) § 18 5.A.-VersG 1951 (Entsprechende Anwendung von Vorschriften des 2. Abschnitts)

Ergänzend zu der bisherigen Regelung in § 18 Abs. 1 5.A.-VersG 1951 wurde nun auch § 5 5.A.-VersG 1951 (Leiter einer Versammlung) für Versammlungen unter freiem Himmel für entsprechend anwendbar erklärt.[1229]

(4) Änderungen in Abschnitt IV – Strafvorschriften

(a) § 23 5.A.-VersG 1951 (Widerstandleisten gegen den Leiter oder Ordner)

Auf Anregung des BMJ wurde auch § 23 5.A.-VersG um eine Variante erweitert. Während bisher lediglich das Widerstandleisten unter Strafe gestellt war, kam es nach *Dr. Lackner* (BMJ) darauf an, dass *„der tätliche Angriff als die schwerere Form des Delikts nicht straflos bleiben könne."*[1230] Dadurch sollte die gleiche Unrechtsbewertung für die vorliegende Norm wie bei § 113 StGB (Widerstand gegen Vollstreckungsbeamte) vorgenommen werden.

(b) § 24 5.A.-VersG 1951 (Werbung für eine verbotene Versammlung)

Hinsichtlich § 24 5.A.-VersG 1951 wurde durch den Ausschuss auf Anregung der Vertreter des BMJ die abgeänderte Fassung des Antrags der SPD-Fraktion übernommen.[1231] Man sah nun in einer *„Aufforderung"* eine klarere Begriffsbestimmung als in einem *„Werben"*.[1232] Diese Änderung entsprach der Fassung der Kabinettsvorlage des Gesetzentwurfs (6. Entwurf). Hinsichtlich des angedrohten Strafmaßes wurde durch den Ausschuss die Mindeststrafe von einem Monat Gefängnis aufgehoben, da man mit Hinblick auf § 26 a 5.A.-VersG 1951 für das *„Auffordern"* keine schwerere Strafandrohung als für das *„Durchführen"* einer verbotenen Versammlung vorsehen wollte.[1233] Für den Tatbestand der fahrlässigen Begehungsweise in § 24 Abs. 2 5.A.-VersG 1951 wurde eine Formulierung gewählt, mit welcher der Sorgfaltspflichtverstoß allein auf die Unkenntnis des Versammlungsverbots gerichtet wurde.[1234]

1229 *Mat.-VersG, Nr. 38*, S.3. § 5 5.A.-VersG 1951 lautete: *„(1) Jede öffentliche Versammlung muss einen Leiter haben. (2) Leiter der Versammlung ist der Veranstalter. Wird die Versammlung von einer Vereinigung veranstaltet, so ist ihr Vorsitzender der Leiter. (3) Der Veranstalter kann die Leitung einer anderen Person übertragen."*

1230 *Mat.-VersG, Nr. 38*, S. 4. § 23 5.A.-VersG 1951 lautete nunmehr: *„Wer bei einer öffentlichen Versammlung oder einem Aufzug dem Leiter oder einem Ordner in der rechtmäßigen Ausübung seiner Ordnungsbefugnisse durch Gewalt oder durch Bedrohung mit Gewalt Widerstand leistet oder ihn während der rechtmäßigen Ausübung tätlich angreift, wird mit Gefängnis bis zu einem Jahr oder mit Geldstrafe bestraft."*

1231 Siehe oben, S. 261.

1232 *Mat.-VersG, Nr. 38*, S. 4.

1233 a.a.O., S. 5.

1234 Ders., ebda. § 24 5.A.-VersG 1951 lautete daher nun: *„(1) Wer öffentlich, in einer Versammlung oder durch Verbreiten von Schriften, Schallaufnahmen, Abbildungen oder Darstellungen zur Teilnahme an einer verbotenen öffentlichen Versammlung oder einem*

(c) § 25 5.A.-VersG 1951 (Strafbarer Ordnereinsatz)

Im Gegensatz zu der ursprünglichen Fassung von § 25 5.A.-VersG 1951 beschloss der Ausschuss auf Vorschlag des BMJ nun eine Fassung der Norm, nach der eine Strafbarkeit nur noch in Betracht kam, wenn *„bewaffnete"* Ordner eingesetzt würden.[1235] Somit sollte nur mehr der Verstoß gegen die Auflagen von § 7 5.A.-VersG 1951 strafbar sein, der einen gewissen kriminellen Gehalt in sich barg.[1236]

(d) § 26 5.A.-VersG 1951 (Strafbares Fehlverhalten des Leiters einer Versammlung unter freiem Himmel oder eines Aufzuges)

Das BMJ schlug auch für § 26 5.A.-VersG 1951 eine Neuformulierung vor. Diese wurde vom Ausschuss unverändert angenommen. § 26 5.A.-VersG 1951 bekam daher folgenden Wortlaut:

> *„Wer als Leiter einer öffentlichen Versammlung unter freiem Himmel oder eines Aufzuges 1.) die Versammlung oder den Aufzug in anderer Weise durchführt, als die Veranstalter bei der Anmeldung angegeben haben, oder 2.) Auflagen nach § 15 Abs. 1 nicht nachkommt, wird mit Gefängnis bis zu einem Jahr oder mit Geldstrafe bestraft."*[1237]

Damit sollte vor allem eine klarere Formulierung erreicht werden.[1238] Die fehlende polizeiliche Genehmigung eines Ordnereinsatzes war nicht mehr strafbar. Man sah darin keinen ausreichend schwerwiegenden Unrechtsgehalt, der eine Strafandrohung als Vergehen rechtfertigte.[1239] Ein Ordnereinsatz entgegen der Voraussetzungen des § 7 5.A.-VersG 1951 war bereits in § 25 abschließend geregelt worden und konnte an dieser Stelle entfallen.

(e) § 26 a 5.A.-VersG 1951 (Durchführung einer Versammlung trotz Verbots oder fehlender Anmeldung)

Wie schon zu § 24 5.A.-VersG 1951[1240] wurde auch in § 26 5.A.-VersG 1951 der Fahrlässigkeitstatbestand deutlicher herausgearbeitet. Der Sorgfaltspflichtverstoß bezog sich nunmehr auf die Unkenntnis *„[des] Verbot[s], [der] Auflösungsverfügung oder den Mangel der Anmeldung."*[1241]

---

verbotenen Aufzug auffordert, wird mit Gefängnis oder mit Geldstrafe bestraft. (2) Kannte der Täter das Verbot infolge von Fahrlässigkeit nicht, so ist auf Geldstrafe zu erkennen."

1235 Ders., ebda. Die Norm lautete nun: *„Wer als Leiter einer öffentlichen Versammlung oder eines Aufzuges Ordner verwendet, die bewaffnet sind, wird mit Gefängnis bis zu einem Jahr oder mit Geldstrafe bestraft."*

1236 Ders., ebda. Falsche Kennzeichnung, fehlende Ehrenamtlichkeit und falsches Alter sollten also nicht mehr zu einer Strafbarkeit führen.

1237 *Mat.-VersG, Nr. 38*, S. 6.

1238 Ders., ebda.

1239 Ders., ebda. Für den Fall eines missbräuchlichen Einsatzes dieser Ordner erachtete man andere Straftatbestände, nicht nur in diesem Gesetz, für ausreichend.

1240 Siehe oben S. 263.

1241 *Mat.-VersG, Nr. 38*, S. 7.

(f) § 27 5.A.-VersG 1951 (Strafbarkeit des Verstoßes gegen das Waffenverbot)

Die vom BMJ vorgeschlagene Neufassung dieser Norm wurde durch den Ausschuss abgelehnt.[1242]

(g) § 28 5.A.-VersG 1951 (Strafbarkeit bei Teilnahme an verbotener Versammlung, Störung der Versammlung, Nichtentfernen trotz Ausschluss oder Auflösung)

Das BMJ sah auch für § 28 5.A.-VersG 1951 eine umfängliche Neufassung vor. Zum einen sollten sämtliche Tatbestände des § 28 nunmehr als reine Ordnungswidrigkeiten geregelt werden. Damit sollte der allgemeinen Tendenz im Strafrecht, auf Übertretungen möglichst zu verzichten, Rechnung getragen werden.[1243] Die Mehrheit der Abgeordneten wollte jedoch nicht auf die Möglichkeit einer Freiheitsstrafe verzichten,[1244] daher blieb es bei der Fassung als Straftatbestand. Zudem wurden inhaltliche Änderungen der einzelnen Ziffern vom BMJ vorgeschlagen.[1245] Diese zusätzlichen Ziffern 5 und 6 wurden mit leichten Änderungen angenommen.[1246] Dabei entschied sich der Ausschuss auch an dieser Stelle gegen eine Strafbarkeit der Verwendung von minderjährigen oder nicht ehrenamtlichen Ordnern, da er darin keine ausreichende kriminelle Energie sah.[1247]

1242 Das BMJ hatte folgende Formulierung vorgeschlagen: *„Wer vorsätzlich bei öffentlichen Versammlungen oder Aufzügen Waffen bei sich führt, ohne zum Erscheinen mit Waffen behördlich ermächtigt zu sein, wird mit Gefängnis oder mit Geldstrafe bestraft.“* Siehe „Anregungen des Bundesministeriums der Justiz zur Neufassung des Abschnitts IV des Entwurfs eines Gesetzes über öffentliche Versammlungen und Aufzüge“ vom 5. Februar 1953, BArch BMJ-B141-4692, S. 85.

1243 *Mat.-VersG, Nr. 38*, S. 8. Übertretungen waren eine eigene Deliktsart unterhalb von Verbrechen und Vergehen.

1244 Vermerk von *Lackner* (BMJ) zu den Ergebnissen der 38. Sitzung des 5. Ausschusses vom 5. Februar 1952, BArch BMJ-B141-4692, S. 3.

1245 Neben den neuen Ziffern 5 und 6 (siehe sogleich), wollte das BMJ auch in § 28 Abs. 1 Ziffer 2 5.A.-VersG 1951 eine Änderung dergestalt herbeiführen, dass allein die fortdauernde Störung einer Versammlung unter Strafe gestellt wurde, da das Widerstandleisten von § 23 5.A.-VersG 1951 umfasst sei, vgl. „Begründung zu dem Änderungsantrag zu § 28 Nr. 2 des Entwurfs zum Versammlungsgesetz“ vom 5. Februar 1951, BArch BMJ-B141-4692, S. 70.

1246 Sie lauteten: *„5.) wer der Aufforderung der Polizei, die Zahl der von ihm bestellten Ordner mitzuteilen, nicht nachkommt oder wissentlich eine unrichtige Zahl mitteilt (§ 7 Abs. 2) oder 6.) wer als Leiter oder Veranstalter einer öffentlichen Versammlung oder eines Aufzuges eine größere Zahl von Ordnern verwendet, als die Polizei zugelassen oder genehmigt hat (§7 Abs. 2, § 18 Abs. 2) oder Ordner verwendet, die anders gekennzeichnet sind, als es nach § 7 Abs. 1 zulässig ist,“ Mat.-VersG, Nr. 38*, S. 8.

1247 Man muss an dieser Stelle berücksichtigen, dass das BMJ mit seinem Vorschlag eine Ordnungswidrigkeit vorgesehen hatte, der 5. Ausschuss aber eine Strafbarkeit als Vergehen bzw. Übertretung ablehnte. Die Frage, ob in der Verwendung von

2. Befassung auf der 250. Sitzung des Bundestages vom 25. Februar 1953 und erneute Rücküberweisung an den 5. Ausschuss

Der Ausschuss hatte mit Datum vom 5. Februar 1953 einen neuen Mündlichen Bericht verfasst und *Dr. Friedensburg* (CDU/CSU) als Berichterstatter eingesetzt.[1248] Für die weitere Beratung im BT war der Gesetzentwurf sodann für die 250. Sitzung am 25. Februar 1952 auf die Tagesordnung gesetzt worden. Zudem gab es einen neuen Änderungsantrag der KPD-Fraktion, der noch mehr als bisher die Streichung von Vorschriften des Gesetzentwurfs vorsah.[1249]

Auf Antrag des DP-Abgeordneten *Ewers* wurde der Gesetzentwurf auf der BT-Sitzung vom 25. Februar 1953 ohne weitere Verhandlung wieder von der Tagesordnung abgesetzt und erneut an den 5. Ausschuss verwiesen. Als Begründung führte *Ewers* das Fehlen der DP-Abgeordneten auf den Sitzungen des 5. Ausschusses am 18. September 1952 und 5. Februar 1953 an.[1250] *Ewers* wollte so eine erneute Beratung im Ausschuss, insbesondere zum Änderungsantrag der DP-Fraktion vom 10. Juli 1952,[1251] ermöglichen, um im Ergebnis abweichende Anträge zwischen den Koalitionsparteien im Plenum zu verhindern.[1252]

---

minderjährigen oder nicht ehrenamtlichen Ordnern wenigstens eine Ordnungswidrigkeit zu sehen sei, ließ der Ausschuss hingegen unbeantwortet.

1248 Siehe „Mündlicher Bericht des Ausschusses zum Schutze der Verfassung (5. Ausschuss) über den Entwurf eines Gesetzes über öffentliche Versammlungen und Aufzüge (Versammlungsordnungsgesetz)“ vom 5. Februar 1953, *Mat.-VersG, Nr. 39.*

1249 Vgl. „Änderungsantrag der Gruppe der KPD zur zweiten Beratung des Entwurfs eines Gesetzes über öffentliche Versammlungen und Aufzüge (Versammlungsordnungsgesetz)“, *Mat.-VersG, Nr. 43.* Die Änderungsanträge wurden allesamt auf der 39. Sitzung des 5. Ausschusses am 27. Februar 1953 behandelt und im Ergebnis abgelehnt, vgl. „Kurzprotokoll der 39. Sitzung des Ausschusses (Nr. 5) zum Schutze der Verfassung“ vom 27. Februar 1953, *Mat.-VersG, Nr. 45,* S. 1 bis 3.

1250 Siehe „Stenographisches Protokoll der 250. Sitzung des Bundestages am 25. Februar 1953“, *Mat.-VersG, Nr. 44.*

1251 Siehe oben S. 260 ff.

1252 Die DP bildete in der 1. Legislaturperiode zusammen mit der CDU/CSU und der FDP die Regierungskoalition.

3. Erneute Beratung des Gesetzentwurfs im 5. Ausschuss, Februar bis April 1953

Der 5. Ausschuss befasste sich in der Folge zwischen dem 27. Februar und 16. April 1953 erneut mit dem Gesetzentwurf und verabschiedete auf der 39.[1253], 40.[1254], 41.[1255] und 42.[1256] Sitzung weitere Änderungen des 5.A.-VersG 1951. Diese betrafen sämtliche Abschnitte des Gesetzentwurfs.

a) Änderungen in Abschnitt I – Allgemeines

aa) § 1 5.A.-VersG 1951 (Allgemeines Teilnahmerecht)

Auf Vorschlag des BMI[1257] wurde eine Neufassung von § 1 5.A.-VersG 1951 durch den 5. Ausschuss beschlossen. Während in der ursprünglichen Regelung lediglich

---

1253 Auf der 39. Sitzung am 27. Februar 1953 waren anwesend: die Abgeordneten *Brauksiepe, Heix, Hoogen, Dr. Jaeger, Lemmer* und *Mehs* (CDU/CSU), *Prof. Dr. Bergsträsser, Prof. Dr. Schmid, Gleisner, Jacobi, Meitmann, Maier, Dr. Menzel, Paul* und *Wehr* (SPD), *Onnen, Dr. Trischler* und *Euler* (FDP) sowie *Ewers* (DP), als Vertreter des BR *Dr. Dietrich* (Hessen), *Dr. Wolkwitz* (Berlin) und *Dr. Hoffmann* (Bayern) und als Vertreter der Bundesregierung *Dr. Füßlein, Dr. Seifert* sowie *Dr. Anders* (BMI) und *Dr. Lackner* (BMJ); vgl. *Mat.-VersG, Nr. 45*, S.1.

1254 Auf dieser Sitzung waren anwesend: die Abgeordneten *Heix, Hoogen, Mehs* sowie *Muckermann* (CDU/CSU), *Dr. Menzel, Prof. Dr. Bergsträsser, Gleisner, Maier, Meitmann, Paul* sowie *Albrecht* (SPD), *Euler* sowie *Dr. Schneider* (FDP) und *Ewers* (DP), als Vertreter des BR *Dr. Dietrich* (Hessen), *Dr. Schmidt* (Nordrhein-Westfalen) sowie *Dr. Gichtel* (Hessen) und als Vertreter der BReg *Ritter von Lex, Dr. Anders, Dr. Füßlein, Dr. Seifert* (BMI), *Dr. Lackner* (BMJ) und *Mühlenstädt* (Dienststelle Blank), siehe „Kurzprotokoll der 40. Sitzung des Ausschusses (Nr. 5) zum Schutze der Verfassung" am 9. März 1953, *Mat.-VersG, Nr. 46*, S.1.

1255 An der Sitzung am 11. März 1953 nahmen teil: die Abgeordneten *Brauksiepe* und *Mehs* (CDU/CSU), *Prof. Dr. Bergsträsser, Maier, Meitmann, Paul, Wehr, Albrecht* und *Dr. Jäger* (SPD), *Euler* und *Dr. Schneider* (FDP), *Ewers* (DP) sowie *Dr. Reismann* (FU), als Vertreter des BR *Dr. Dietrich* (Hessen), *Dr. Wolkwitz* (Berlin) und *Niederalt* (Bayern) und als Vertreter der BReg *Dr. Anders, Dr. Füßlein* und *Dr. Seifert* (BMI) sowie *Dr. Lackner* (BMJ), vgl. „Kurzprotokoll der 41. Sitzung des Ausschusses (Nr. 5) zum Schutze der Verfassung" am 11. März 1953, *Mat.-VersG, Nr. 47*, S. 1.

1256 An dieser letzten Sitzung des 5. Ausschusses am 16. April 1953, auf der der Gesetzentwurf letztmalig auf der Tagesordnung stand, nahmen teil: die Abgeordneten *Leonhard, Hoogen, Mehs* und *Schulze-Pellengahr* (CDU/CSU), *Gleisner, Maier, Meitmann, Wehr* und *Dr. Menzel* (SPD), *Dr. Trischler* und *Dr. Schneider* (FDP) sowie *Matthes* (DP), als Vertreter des BR *Dr. Dietrich* (Hessen), *Dr. Hoffmann* (Bayern) und *Dr. Gichtel* (Bayern), als Vertreter der BReg *Dr. Berger, Dr. Füßlein* und *Dr. Seifert* (BMI), vgl. „Kurzprotokoll der 42. Sitzung des Ausschusses (Nr.5) zum Schutze der Verfassung" am 16. April 1953, *Mat.-VersG, Nr. 48*, S. 1.

1257 Vgl. „Vermerk von Dr. Seifert [BMI] zur Sitzung des Bundestagsausschusses zum Schutze der Verfassung vom 9.3.1953", BArch BMI-B106-3229-Bd.2, S. 1.

eine allgemeine Verhaltenspflicht festgelegt worden war, regelte § 1 des Gesetzentwurfs nunmehr das allgemeine Teilnahmerecht für Versammlungen mit den entsprechenden Ausnahmen.[1258] Mit dieser Umstellung betonte der Ausschuss die grundsätzlich unbeschränkt gewährte Versammlungsfreiheit und unterstrich damit Sinn und Zweck des Gesetzentwurfs, nämlich die ungestörte Ausübung dieses Grundrechts zu gewährleisten. Gleichzeitig wurde so bereits im Allgemeinen Teil deutlich gemacht, dass unter bestimmten Voraussetzungen das Recht auf ungestörte Ausübung der Versammlungsfreiheit versagt werden konnte.[1259]

bb) § 2 5.A.-VersG 1951 (Waffenverbot)

Auch § 2 5.A.-VersG 1951 wurde nochmals verändert und ergänzt. Neben das Waffenverbot traten nun weitere allgemeine Verhaltenspflichten in § 2 5.A.-VersG 1951.[1260] Nunmehr wurden ebenso die Mitteilung des Veranstalternamens in der öffentlichen Einladung und das Gebot, Störungen der Versammlung zu unterlassen, als zwingend zu befolgen festgeschrieben.[1261] § 2 5.A.-VersG 1951 hatte daher nun folgenden Wortlaut:

> *„(1) Wer zu einer öffentlichen Versammlung oder zu einem Aufzug öffentlich einlädt, muss als Veranstalter in der Einladung seinen Namen angeben. (2) Bei öffentlichen Versammlungen und Aufzügen hat jedermann gröbliche Störungen zu unterlassen, die bezwecken, die ordnungsgemäße Durchführung zu verhindern. (3) Niemand darf Waffen bei sich tragen, es sei denn, daß er zum Erscheinen mit Waffen behördlich ermächtigt ist.“*

1258 § 1 5.A.-VersG 1951 hatte nun folgenden Wortlaut: *„(1) Jedermann hat das Recht, öffentliche Versammlungen und Aufzüge zu veranstalten und an solchen Veranstaltungen teilzunehmen. (2) Dieses Recht hat nicht, 1.) wer das Grundrecht der Versammlungsfreiheit gemäß Art. 18 GG verwirkt hat, 2.) wer mit der Durchführung oder Teilnahme an einer solchen Veranstaltung die Ziele einer nach Art. 21 Abs. 2 GG durch das Bundesverfassungsgericht für verfassungswidrig erklärten Partei oder Teil- oder Ersatzorganisation einer Partei fördern will, 3.) eine Partei, die nach art. 21 Abs. 2 GG durch das Bundesverfassungsgericht für verfassungswidrig erklärt worden ist, oder 4.) eine Vereinigung, die nach Art. 9 GG verboten ist.“*

1259 Ob dabei die in Ziffer 2 enthaltene Regelung eines Rechtsverlustes im Falle einer Unterstützung von Zielen von verbotenen Parteien mit dem Grundrecht aus Art. 8 GG vereinbar war, erscheint zumindest vor dem Hintergrund der heutigen Rechtsprechung des BVerfG fraglich.

1260 Auch diese Änderungen waren auf eine Anregung des BMI zurückzuführen, vgl. *Mat.-VersG, Nr. 46*, S. 2 sowie „Vermerk von Dr. Seifert [BMI] zur Sitzung des Bundestagsausschusses zum Schutze der Verfassung vom 9.3.1953“, BArch BMI-B106-3229-Bd.2, S. 1.

1261 Das Unterlassen von Störungen war dabei ursprünglich in § 1 5.A.-VersG 1951 vorgesehen gewesen, vgl. oben S. 197 und 255, war aber nun durch die Aufnahme des allgemeinen Durchführungs- und Teilnahmerechts verdrängt worden.

cc) § 2a und 2b 5.A.-VersG 1951

Als Folge der Neufassung der §§ 1 und 2 5.A.-VersG 1951 beschloss der 5. Ausschuss einstimmig die Streichung der §§ 2 a (allgemeines Teilnahmerecht)[1262] und 2 b (Einschränkung der Rechte aus dem Gesetz).[1263]

b) Änderungen in Abschnitt II – Öffentliche Versammlungen in geschlossenen Räumen

aa) § 3a 5.A.-VersG 1951 (Präventivverbot einer öffentlichen Versammlung in geschlossenen Räumen)

Nachdem bereits in der ersten Ausschussberatung eine intensive Diskussion und Auseinandersetzung über Umfang und Zulässigkeit eines solchen Präventivverbots geführt worden war,[1264] stand im 5. Ausschuss in der zweiten Beratungsrunde vor allem die konkrete Ausgestaltung des Präventivverbots im Zentrum der Debatte. Zum einen wurde darüber diskutiert, ob die Prognoseentscheidung in § 3a in der bisherigen Formulierung – *„mit an Sicherheit grenzender Wahrscheinlichkeit"* – erhalten bleiben sollte oder vielmehr noch konkreter eine Betonung der Einzelfallentscheidung zum Ausdruck gebracht werden sollte.[1265] Der 5. Ausschuss entschied sich im Ergebnis, der konkreten Einzelfallentscheidung wesentliche Bedeutung zukommen zu lassen.[1266] Zum anderen war die konkrete Ausgestaltung der Verbotstatbestände Inhalt einer längeren Auseinandersetzung über mehrere Sitzungen hinweg. So wurde auf der Sitzung am 27. Februar 1953 erörtert, ob ein Verbot dann in Frage kommen sollte,

> *„wenn 1.) der Veranstalter in der öffentlichen Einladung nicht oder nicht richtig angegeben ist, 2.) der Veranstalter gemäß § 2a Abs. 2 nicht befugt ist, eine Versammlung einzuberufen, 3.) entgegen der Vorschrift des § 2 bewaffneten Teilnehmern von dem Veranstalter oder dem von ihm bestellten Leiter der Zutritt gewährt ist, 4.) Tatsachen festgestellt sind, aus denen sich ergibt, daß der Veranstalter oder sein Anhang a) einen unfriedlichen Verlauf der Versammlung anstrebt, b) die Versammlung dazu missbrauchen wird, um gegen Strafgesetze zu verstoßen oder die verfassungsmäßige Ordnung anzugreifen."*

1262 Diese Regelung fand sich nun in § 1 5.A.-VersG 1951.

1263 Dies war jetzt in § 1 Abs. 2 5.A.-VersG 1951 geregelt. Vgl. insgesamt *Mat.-VersG, Nr. 46*, S. 3.

1264 Siehe oben, S. 199 ff.

1265 So hatte es bereits der Hessische Justizminister *Georg-August Zinn* im März 1952 gefordert, vgl. „Schreiben des Hessischen Ministers der Justiz an den Bundesminister der Justiz" vom 19. März 1952, BArch BMJ-B141-4692, S. 80. *Zinn* sah das notwendige Ermessen einer Verbotsentscheidung als ausreichend gewährleistet, wenn *„das Verbot nur für den Einzelfall und nur auf Grund von Tatsachen ausgesprochen werden darf."*

1266 Vgl. „Mündlicher Bericht des Ausschusses zum Schutze der Verfassung (5. Ausschuss) über den Entwurf eines Gesetzes über öffentliche Versammlungen und Aufzüge", BT-Drs. 4291/1953 = *Mat.-VersG, Nr. 49*, S. 3.

Die Neuformulierungen zeigen an dieser Stelle eine merkliche Veränderung der bisherigen Ausrichtung von § 3a 5.A.-VersG 1951. So wurde durch Ziffer 3 die Bedeutung des Waffenverbots nochmals deutlich zum Ausdruck gebracht. Hinzu kam, dass, während in § 3a bisher die ausschließliche Regelung eines Präventivverbots im Vordergrund stand, nun auch Tatbestände formuliert wurden, die ein Verbot als Folge bestimmter Verhaltensweisen des Versammlungsleiters während einer bereits stattfindenden Versammlung vorsahen. Dies wäre vergleichsweise einfacher zu beschließen gewesen, da bei solchen Verbotstatbeständen der Konflikt zwischen umfassender Ausübung der Versammlungsfreiheit und (notwendigem) polizeilichem Handeln aufgrund konkreter Geschehnisse leichter zu lösen war. Denn nun waren konkrete Vorkommnisse entscheidend für ein Verbot, nicht mehr nur reine Prognosefeststellungen. Gleichwohl erscheint es zumindest fragwürdig, dass nun Verbotstatbestände geplant waren, die vergleichsweise geringe Verstöße gegen das geplante Gesetz, beispielsweise die fehlende Angabe des Veranstalters in der Einladung berücksichtigten.[1267]

Auf der Sitzung vom 9. März 1953 beschloss der 5. Ausschuss, dass ein Verbot dann möglich sein sollte,

> *„wenn 1.) der Veranstalter unter die Vorschriften des § 1 Abs. 2 Nr. 1 bis 4 fällt, und im Falle der Nr. 4 das Verbot durch die zuständige Verwaltungsbehörde festgestellt worden ist, 2.) in einer öffentlichen Einladung (§ 2 Abs. 1) der Name des Veranstalters nicht oder falsch angegeben ist, 3.) der Veranstalter oder Leiter der Versammlung entgegen § 2 Abs. 3 bewaffneten Teilnehmern Zutritt gewährt, 4.) Tatsachen festgestellt sind, aus denen sich ergibt, daß der Veranstalter oder sein Anhang einen gewalttätigen oder aufrührerischen Verlauf der Versammlung anstrebt.“*[1268] Der Ausschuss übernahm die Neufassung in seinen „Mündlichen Bericht“ an den BT.[1269]

bb) § 6 5.A.-VersG 1951 (Befugnisse des Versammlungsleiters)

Die in § 6 5.A.-VersG 1951 festgelegten Befugnisse des Versammlungsleiters erfuhren auf der Sitzung des Ausschusses am 11. März 1953 eine kleine sprachliche Änderung, ohne dass eine inhaltliche Änderung damit einherging. Gleichwohl bewirkte diese

---

1267 Zwar waren im Gegensatz Versammlungen unter freiem Himmel, bei denen im Wege der Anmeldung der Veranstalter den zuständigen Behörden bekannt wird, vgl. § 15 5.A.-VersG 1951, die Einladung die einzige Möglichkeit, im Vorfeld der Versammlung Kenntnis über die Person des Veranstalters zu bekommen, gleichwohl dürfte ein Verbot bei einem solchen formalen Verstoß zu weit gehen. Erst bei Hinzutreten weiterer Voraussetzungen im Zusammenhang mit der verspäteten Kenntniserlangung über den Namen des Veranstalters dürfte ein Verbot gerechtfertigt gewesen sein.

1268 *Mat.-VersG, Nr. 46*, S. 3. Ein gewalttätiger oder aufrührerischer Verlauf entsprach dem Begriff einer unfriedlichen Versammlung, die nicht mehr unter den Schutz von Art. 8 Abs. 1 GG fällt, vgl. *Alpmann-Brockhaus*, S. 1411.

1269 *Mat.-VersG, Nr. 49*, S.3.

Umformulierung die klarere Umschreibung der Befugnisse des Versammlungsleiters. Statt der Möglichkeit, die Versammlung jederzeit *„aufzulösen“*, konnte der Versammlungsleiter nun jederzeit die Versammlung *„schließen.“*[1270] Damit wurde klargestellt, dass eine Versammlungsauflösung allein Aufgabe der Polizei blieb, gerade vor dem Hintergrund, dass der Leiter oder Veranstalter nicht die Befugnisse erhalten sollte, die Auflösung einer Versammlung herbeizuführen.[1271] Die jederzeitige Schließung, also Beendigung einer Versammlung war hingegen Ausfluss der Versammlungsfreiheit aus Art. 8 GG, die auch das Recht auf freie Bestimmung des Versammlungsendes beinhalten musste.

cc) § 9 5.A.-VersG 1951 (Entfernen von und Verlassen der Versammlung)

Die in § 9 5.A.-VersG 1951 enthaltenen Regelungen, nach denen ein ausgeschlossener Teilnehmer die Versammlung sofort zu verlassen hatte und im Falle einer Auflösung der Versammlung sich alle Teilnehmer zu entfernen hatten, wurden bei vollständiger Streichung von § 9 als neue Absätze in den §§ 8 und 12 aufgenommen.[1272]

dd) § 12 5.A.-VersG 1951 (Befugnisse der Polizei)

Auch § 12 5.A.-VersG 1951 war im Rahmen der zweiten Ausschussbehandlung Gegenstand der Beratungen des 5. Ausschusses. Bereits auf der Sitzung vom 27. Februar 1953 beschloss der Ausschuss eine Neufassung der Norm. Dabei wurden die Ziffern 1 und 2 abgeändert und ermöglichten eine Unterbrechung oder Auflösung der Versammlung durch die Polizei,

> *„1.) wenn sie einen aufrührerischen Verlauf nimmt, oder, wenn unmittelbare Gefahr für Leib und Leben oder Gesundheit der Teilnehmer besteht, 2.) wenn Personen, die Waffen ohne behördliche Ermächtigung mit sich führen (§ 2), nicht sofort ausgeschlossen werden.“*[1273]

Mit der Änderung in Ziffer 1 war der darin enthaltene allgemeine Gefahrentatbestand nun noch präziser ausgestaltet worden. Während bisher ein *„unfriedlicher Verlauf“*[1274] Maßnahmen der Polizei zuließ und eine unmittelbare Gefahr für die Rechtsgüter

---

1270 *Mat.-VersG, Nr. 47*, S. 2.

1271 Hier zeigte sich also eine klare Betonung des Gewaltmonopols des Staates. Das Hausrecht des Leiters konnte vor diesem Hintergrund nicht die Durchführung einer (zwangsweisen) Auflösung begründen.

1272 § 8 Abs.2 lautete nunmehr: *„Wer aus der Versammlung ausgeschlossen wird, hat sie sofort zu verlassen.“* § 12 Abs. 2 lautete nunmehr: *„Sobald eine Versammlung für aufgelöst erklärt ist, haben alle Teilnehmer sich sofort zu entfernen.“* Damit wurde die Differenzierung zwischen Ausschlussrecht (allein beim Leiter) und Auflösungsrecht (allein bei der Polizei) konsequent fortgesetzt und auf die Auswirkungen für die betroffenen Versammlungsteilnehmer übertragen; vgl. insgesamt *Mat.-VersG, Nr. 47*, S. 2.

1273 *Mat.-VersG, Nr. 45*, S. 2.

1274 Vgl. *Mat.-VersG, Nr. 39*, S. 5.

Leben oder Gesundheit von Versammlungsteilnehmern nur als sicheres Indiz für eine unfriedliche Versammlung dienen sollten,[1275] sollte eine Auflösungsmöglichkeit auch dann gegeben sein, wenn der Verlauf sich als friedlich und ohne aufrührerische Elemente entwickelte,[1276] aber aus anderen Gründen eine gesundheitliche Gefährdung für die Versammlungsteilnehmer bedeutete. Damit kehrte der 5. Ausschuss wieder zu der Ausrichtung des Regierungsentwurfs zurück, in dem ebenfalls die allgemeine Gefahrenklausel enthalten war.[1277] In Ziffer 2 wurde ein Auflösungsrecht nur noch für Fälle vorgesehen, in denen der Versammlungsleiter Verstöße gegen das Waffenverbot nicht umgehend ahndete. Sonstiger *„Missbrauch der Befugnisse in gröblicher Weise“*[1278] sollte nunmehr kein Auflösungsrecht der Polizei begründen.

Hinsichtlich der Regelungen in Ziffer 3 wurde das BMI beauftragt, eine vollständige Neuformulierung *„in Anlehnung an das Vereinsgesetz vorzulegen, die möglichst den Bereich der Vergehen, die erfasst werden sollen, enthält“*, zu entwerfen.[1279]

Es erfolgte nunmehr eine umfassende Änderung von § 12 5.A.-VersG 1951. Dabei wurden zum einen weitere Tatbestände für eine Auflösung in die Norm aufgenommen, zum anderen wurde für bestimmte Auflösungstatbestände eine zusätzliche Voraussetzung geschaffen, nach der die Auflösung nur erlaubt sein sollte, wenn eine andere Maßnahme, insbesondere eine Unterbrechung, nicht möglich war. § 12 5.A.-VersG 1951 erhielt daher nun abschließend folgenden Wortlaut:

> *„(1)Die Polizei (§ 11) kann die Versammlung nur dann und unter Angabe des Grundes auflösen, wenn 1.) der Veranstalter unter die Vorschriften des § 1 Abs. 2 Nr. 1 bis 4 fällt, und im Falle der Nr. 4 das Verbot durch die zuständige Verwaltungsbehörde festgestellt worden ist, 2.) die Versammlung einen gewalttätigen oder aufrührerischen Verlauf nimmt oder unmittelbare Gefahr für Leben und Gesundheit der Teilnehmer besteht, 3.) der Leiter Personen, die entgegen § 2 Abs. 3 Waffen mit sich führen, nicht sofort ausschließt und für die Durchführung des Ausschlusses sorgt, 4.) durch den Verlauf der Versammlung gegen Strafgesetze verstoßen wird, die ein Verbrechen oder von Amts wegen zu verfolgendes Vergehen zum Gegenstand haben, oder wenn in der Versammlung zu solchen Straftaten aufgefordert oder angereizt wird und der Leiter dies nicht unverzüglich unterbindet. In den Fällen der Nr. 2 bis 4 ist die Auflösung nur zulässig, wenn andere polizeiliche Maßnahmen, insbesondere eine Unterbrechung nicht ausreichen. (2) Sobald eine Versammlung für aufgelöst erklärt ist, haben alle Teilnehmer sich sofort zu entfernen.“*[1280]

1275 *„[...] einen unfriedlichen Verlauf nimmt, insbesondere, wenn unmittelbare Gefahr für [...] besteht“*, ders., ebda.

1276 Und damit der vollständige Schutz aus Art, 8 Abs. 1 GG griff.

1277 Vgl. § 12 RegE. Siehe hierzu auch oben S. 130.

1278 Vgl. § 12 Ziffer 1 RegE.

1279 *Mat.-VersG, Nr. 45*, S. 2. Damit wurde auch der Änderungsantrag der KPD vom 25. Februar 1953, der eine vollständige Streichung von Ziffer 3 vorsah, vgl. *Mat.-VersG, Nr. 43*, S.1, durch den Ausschuss abgelehnt.

1280 *Mat.-VersG, Nr. 49*, S. 5 f.

Während die Ziffern 2 und 3 unverändert zu der Fassung vom 27. Februar 1953 blieben, war mit den Ziffern 1 und 4 eine umfassendere Aufnahme von Verbotstatbeständen vorgenommen worden. Mit Ziffer 1 wurde parallel zu den in § 1 Abs. 2 5.A.-VersG 1951 neu aufgenommenen Beschränkungen der Versammlungsfreiheit[1281] ein korrespondierender Auflösungstatbestand beschlossen.[1282] Mit Ziffer 4 griff der Ausschuss seine Beschlüsse aus der ersten Ausschussberatung auf,[1283] änderte diese jedoch ab. So wurde der Verbotstatbestand wesentlich allgemeiner gefasst, da es allein auf strafrechtlich relevantes Verhalten oder die Aufforderung dazu ankam.[1284] Gleichzeitig führten nun Verhaltensweisen, die gegen die verfassungsmäßige Ordnung oder den Gedanken der Völkerverständigung gerichtet waren, nicht mehr explizit zu einer Auflösungsmöglichkeit. Sie waren jedoch durch die grundsätzliche Relevanz strafrechtlichen Verhaltens ausreichend berücksichtigt worden. Mit der zwingenden Prüfung einer Unterbrechung oder anderer polizeilicher Maßnahmen als „Minus" zu der endgültigen Auflösung wurde der Bestand einer Versammlung noch eingehender im Sinne von Art. 8 GG geschützt.[1285]

c) Änderungen in Abschnitt III – Öffentliche Versammlungen unter freiem Himmel und Aufzüge

aa) § 18 5.A.-VersG 1953 (Entsprechende Anwendung von Vorschriften des II. Abschnitts)

In § 18 5.A.-VersG 1953 wurden zusätzlich die §§ 8 Abs. 2 und 12 Abs. 2 für anwendbar erklärt.[1286] Dies war eine Folge der Streichung von § 9.[1287]

bb) § 20 5.A.-VersG 1953

In § 20 Abs. 3 beschloss der 5. Ausschuss ebenfalls eine Änderung. Danach war der Leiter bei fehlendem Durchsetzungsvermögen nunmehr verpflichtet, die Versammlung für *„beendet"* statt wie bisher für *„aufgelöst"* zu erklären.[1288] Begründet

---

1281 Vgl. oben, S. 273.

1282 Ohne diesen hätte die Regelung in § 1 keinerlei praktische Konsequenzen bewirkt, da trotz Beschränkung der Versammlungsfreiheit mit Durchführung einer solchen ohne Möglichkeit der Auflösung durch die Polizei faktisch eine Art „Heilung" der Beschränkung möglich geworden wäre.

1283 Vgl. *Mat.-VersG, Nr. 28*, S. 5.

1284 Ursprünglich musste der Verstoß zwingend durch Kundgebungen, Anträge oder Vorschläge verursacht werden, ders., ebda.

1285 Ursprünglich war bei Vorliegen der Tatbestandsvoraussetzungen die Entscheidung über eine Unterbrechung oder eine direkte Auflösung in das Ermessen der Polizei gestellt worden, vgl. *Mat.-VersG, Nr. 39*, S. 5. Nun war die Mindermaßnahme zwingend Teil der Ermessensprüfung im Rahmen einer Auflösungsentscheidung.

1286 *Mat.-VersG, Nr. 49*, S. 7

1287 Vgl. oben S. 275.

1288 *Mat.-VersG, Nr. 47*, S. 2.

wurde diese Änderung mit dem praktischen Argument, dass bei einer Auflösung die Teilnehmer den Versammlungsort sofort verlassen müssten.[1289]

d) Änderungen in Abschnitt IV - Strafvorschriften

aa) § 22 5.A.-VersG 1951 (Versammlungssprengung)

Entgegen seinen Beschlüssen in der ersten Ausschussberatung[1290] entschied sich der 5. Ausschuss, nunmehr § 22 RegE mit geringfügigen Anpassungen beizubehalten.[1291] Damit wurde eine versammlungsspezifische Strafbarkeit direkt im Spezialgesetz verankert. Zudem war der Tatbestand der Versammlungssprengung[1292] nach den Beratungen des 23. Ausschusses zur Strafrechtsnovelle im StGB nicht mehr vorgesehen,[1293] inhaltlich jedoch die Beibehaltung dieses Tatbestandes von allen Seiten beabsichtigt.[1294] Die kleinen Änderungen betrafen die Schärfung der Tatbestandsvoraussetzungen[1295] und die Erweiterung des Strafrahmens auf die Geldstrafe.[1296]

bb) § 26 5.A.-VersG 1951 (Strafbarkeit bei Abweichen von Anmeldung oder Auflagen einer öffentlichen Versammlung unter freiem Himmel)

In § 26 5.A.-VersG 1951 nahm der Ausschuss eine weitere Konkretisierung des Tatbestands vor. So kam die Strafbarkeit einer Abweichung von Angaben in der Anmeldung (§ 14 5.A.-versG 1951) nur noch in Betracht, wenn diese *„wesentlich"* war.[1297] Damit führte der Ausschuss eine Erheblichkeitsschwelle ein, mit welcher geringfügige Abweichungen nicht zur Strafbarkeit führen sollten. Denn ein gewisses

1289 Ders., ebda. Dies entsprach zudem auch den in den §§ 6, 8 und 12 5.A.-VersG 1951 festgelegten Zuständigkeiten für Beendigung und Auflösung einer Versammlung, vgl. oben S. 275.

1290 Zu der auf Vorschlag von *Dr. Becker* (FDP) ursprünglich vorgesehenen vollständigen Streichung von § 22 RegE, siehe oben S. 246 f.

1291 *Mat.-VersG, Nr. 49*, S. 8.

1292 Diese war ursprünglich in einem neuen § 109 StGB vorgesehen gewesen statt wie bisher in § 107a StGB.

1293 Siehe hierzu den „Dritten Mündlichen Bericht des Ausschusses für Rechtswesen und Verfassungsrecht (23. Ausschuss) über den Entwurf eines Gesetzes zur Änderung des Strafgesetzbuches" vom 10. April 1953, BT-Drs. 1953/4250, S. 1 ff.

1294 Mit dem 3. Strafrechtsänderungsgesetz vom 4. August 1953 wurde der Tatbestand der Versammlungssprengung dann auch endgültig aus dem StGB gestrichen, vgl. BGBL. I 1953, Nr. 44, S. 740.

1295 Strafbarkeit nur im Falle von nicht verbotenen Versammlungen.

1296 § 22 5.A.-VersG 1951 lautete nunmehr: *„Wer in der Absicht, nichtverbotene Versammlungen oder Aufzüge zu verhindern oder zu sprengen oder sonst ihre Durchführung zu vereiteln, Gewalttätigkeiten vornimmt oder androht oder grobe Störungen verursacht, wird mit Gefängnis bestraft. Daneben kann auf Geldstrafe erkannt werden."* Vgl. *Mat.-VersG, Nr. 49*, S. 8.

1297 *Mat.-VersG, Nr. 45*, S. 2.

Maß an Abweichungen musste möglich bleiben, um der Versammlungsfreiheit ausreichend Rechnung zu tragen, gerade im Hinblick auf kurzfristige Veränderungen. Gleichwohl ließ es der Ausschuss ungeklärt, wann von einer wesentlichen Abweichung auszugehen war.[1298]

cc) § 26a 5.A.-VersG 1951 (Verstoß gegen Versammlungsverbot, Auflösungsverfügung oder Unterbrechung)

In § 26 a 5.A-VersG 1951 erweiterte der Ausschuss die Strafbarkeit auf den Fall der Fortführung einer Versammlung trotz einer vorherigen Unterbrechung (§ 12 5.A.-VersG 1951) durch die Polizei.[1299] Die Möglichkeit einer fahrlässigen Begehungsweise im Falle der Unkenntnis der Unterbrechung wurde jedoch nicht eingeführt.[1300] Damit trug der Ausschuss dem geringeren Unrechtsgehalt dieser Begehungsw eise Rechnung. Gleichwohl unterließ er eine Anpassung des Strafmaßes der vorsätzlichen Begehungsweise mit Hinblick auf die Unterschiede zwischen Verbot, Auflösung und Unterbrechung.

dd) § 28 5.A.-VersG 1951 (Strafbarkeit des Fehlverhaltens von Versammlungsteilnehmern und von unzulässigem Ordnereinsatz)

Auch in § 28 5.A.-VersG 1951 nahm der 5. Ausschuss im Rahmen der 2. Ausschussberatung Änderungen vor. So wurde der Tatbestand der Ziffer 2 nochmals umgestellt.[1301] Während im Rahmen der ersten Ausschussbehandlung das Widerstandleisten gegen Leiter und Ordner im Rahmen ihrer rechtmäßigen Ausübung von Befugnissen tatbestandliche Grundvoraussetzung gewesen war, die durch eine fortwährende Störung indiziert wurde, war nun die fortwährende Störung trotz wiederholter Zurechtweisung durch Leiter oder Ordner strafrechtlich relevant, ohne dass es auf eine Form des Widerstandes ankommen sollte.[1302]

1298 Von einer Wesentlichkeit dürfte man ausgehen, wenn, bspw. im Hinblick auf eine geplante Route, das Thema der Versammlung und die dadurch geprägte Teilnehmerzahl, die Möglichkeit der Polizei sich auf die konkrete Versammlung vorzubereiten oder mittels Auflagen zu reagieren, durch eine Abweichung ins Leere läuft. Wenn also evtl. sogar bewusst falsche Angaben gemacht werden, um einer Auflagenerteilung zu entgehen.

1299 *Mat.-VersG, Nr. 49*, S. 9.

1300 So sah es § 26 Abs. 2 5.A.-VersG 1951 für den Fall eines Verbots oder einer Auflösung vor.

1301 Ziffer 2 lautete bisher: *„[W]er trotz wiederholter Zurechtweisung dem Leiter oder einem Ordner in der rechtmäßigen Ausübung seiner Ordnungsbefugnisse Widerstand leistet, insbesondere fortfährt, den Ablauf einer öffentlichen Versammlung oder eines Aufzuges zu stören.“*

1302 *Mat.-VersG, Nr. 49*, S. 10.

e) Änderungen in Abschnitt V – Schlussbestimmungen

aa) § 30 5.A.-VersG 1951 (Aufhebung von Vorschriften)

Korrespondierend mit der Übernahme von § 22 RegE (Strafbarkeit der Versammlungssprengung)[1303] wurde die gleichlautende Regelung in § 107a StGB durch § 30 Abs. 2 5.A.-VersG 1951 aufgehoben.[1304]

bb) § 31 5.A.-VersG 1951 (Inkrafttreten)

In § 31 5.A.-VersG 1951 wurde gem. Art. 82 GG der Zeitpunkt des Inkrafttretens des Gesetzes bestimmt. Dieser lag 14 Tage nach der Verkündung des Gesetzes.[1305]

4. Exkurs: Ablehnung einer Stellungnahme des Ausschusses für Rechtswesen und Verfassungsrecht (23. Ausschuss) zum Gesetzentwurf

Auf seiner Sitzung vom 5. Februar 1953 hatte der 5. Ausschuss beschlossen, vom Ausschuss für Rechtswesen und Verfassungsrecht (23. Ausschuss) eine gutachtliche Stellungnahme zum Gesetzentwurf, insbesondere hinsichtlich der Strafvorschriften, einzuholen.[1306] Der 23. Ausschuss befasste sich unter dem Vorsitz des Abgeordneten *Prof. Dr. Laforet* (CDU/CSU) auf seiner 237. Sitzung am 25. Februar 1953 mit dem Gesetzentwurf.[1307] Ohne in die inhaltliche Beratung einzusteigen, beschloss der 23. Ausschuss einhellig, dass er

> *„sich grundsätzlich, ohne daß eine Überweisung eines Gegenstandes an den Ausschuss durch das Plenum bzw. den Ältestenrat stattgefunden hat, nicht gutachtlich für einen anderen Ausschuss äußern wird."*[1308]

Folglich kam es zu keiner Stellungnahme des 23. Ausschusses zu diesem Gesetzentwurf. Man mag diese recht formelle Ablehnung einer Befassung durch den 23. Ausschuss kritisieren, jedoch zeigt diese Entscheidung, dass den Ausschussmitgliedern an einer Einhaltung der vorgeschriebenen Abläufe und Zuständigkeiten im Bundestag und seinen Ausschüssen gelegen war. Gleichwohl hätte der Ausschuss sich mit der Sache inhaltlich befassen können. Aufgrund der Tatsache, dass die Besetzung des einzelnen Ausschusses den Parteien- bzw. Fraktionsproporz im

---

1303 Vgl. oben S. 276.

1304 *Mat.-VersG, Nr. 49*, S. 11.

1305 a.a.O., S.12. Der RegE hatte ein Inkrafttreten schon für den Tag nach der Verkündung vorgesehen, was hinsichtlich der immer wieder betonten Eilbedürftigkeit eines Versammlungsgesetzes nur logische Konsequenz sein konnte.

1306 *Mat.-VersG, Nr. 38*, S.9.

1307 Siehe „Protokoll der 237. Sitzung des Ausschusses für Rechtswesen und Verfassungsrecht am 25. Februar 1953", *Mat.-VersG, Nr. 42.*

1308 a.a.O., S. 2.

Plenum widerspiegelt, hätten die Abgeordneten als Vertreter ihrer Fraktion über die Befassung selbstständig entscheiden können.[1309] Gerade hinsichtlich der strafrechtlichen Bestimmungen des Gesetzentwurfs hätte eine Stellungnahme helfen können, da einige Regelungsgegenstände, insbesondere die Strafbarkeit der Versammlungssprengung (bisher § 107a StGB), auch im Rahmen der Beratungen des 23. Ausschusses zum Strafrechtsänderungsgesetz auftauchten.

5. Zusammenfassung der erneuten Ausschussberatung von September 1952 bis April 1953

Die erneute (2.) Ausschussberatung hat einige Änderungen gegenüber dem Mündlichen Bericht des 5. Ausschusses vom 19. Oktober 1951[1310] gebracht. Insgesamt verabschiedete der Ausschuss in einigen Teilen noch präzisere Vorschriften und Normen, die sowohl für die praktische Handhabe als auch für das Verhältnis zwischen Gesetz und Grundrecht zu klareren Vorgaben führten. So zeigte bereits die Änderung der Gesetzesüberschrift von *„Versammlungsordnungsgesetz"* in *„Versammlungsgesetz"*[1311], dass es sich bei dem Gesetz nicht um eine (weitere) Sammlung von Normen für den Bereich des allgemeinen Polizei- und Ordnungsrechts handeln sollte,[1312] sondern dass der grundgesetzlich gewährten Versammlungsfreiheit das vorliegende Gesetz unterstützend beigeordnet werden sollte, um die Rechte aller Beteiligten in bester Weise in Einklang zu bringen. Ebenso ist mit der Neufassung des § 1 5.A.-VersG 1951 der Grundsatz der unbeschränkten Versammlungsfreiheit sowohl im Hinblick auf die Durchführung als auch die Teilnahme bewusst an die exponierte Stellung am Anfang des Gesetzes gestellt worden. Gleichzeitig wurden die Fälle der Beschränkung dieses Grundrechts aufgeführt.

Ebenso wurde auch das Verhältnis zwischen Versammlungsleitung und Polizei durch die Differenzierung zwischen Schließung/Beendigung und Auflösung noch stärker abgegrenzt. Vorrangig blieb der Veranstalter zuständig. Bei Eintritt von bestimmten Verlaufsformen oder Verstößen gegen zwingende Vorschriften wie z.B. das Waffenverbot war polizeiliches Handeln unumgänglich und durfte nun auch nicht mehr durch den Leiter etc. durchgeführt werden. Sowohl dem Hausrecht des Veranstalters als auch dem Gewaltmonopol des Staates wurde damit ausreichend Rechnung getragen.

1309 Ob in der Aussage des 23. Ausschusses, *„der 5. Ausschuss [habe] sich auch früher schon mit rechtlich bedeutsamen Vorlagen befasst und dies abschließend beraten,"* eine Kritik an der fehlenden Hinzuziehung bei früheren Gesetzesvorlagen oder vielmehr eine Stärkung des 5. Ausschusses in seiner Kompetenz für das konkrete Gesetzesvorhaben zu sehen ist, kann an dieser Stelle offenbleiben. Siehe hierzu *Mat.-VersG, Nr. 42*, S. 2.

1310 Siehe *Mat.-VersG, Nr. 28.*

1311 Mat.-VersG, Nr. 47, Anlage, S. 1

1312 So war noch das Verständnis der einschlägigen Normen des RVG gewesen, mit denen der Polizei lediglich bestimmte Handlungsmöglichkeiten für Versammlungen zugeteilt wurden.

Hinsichtlich der Handlungsmöglichkeiten der Polizei bei öffentlichen Versammlungen in geschlossenen Räumen[1313] wurde die Trennung zwischen präventiven Verbotsmöglichkeiten und aktiven Auflösungsmöglichkeiten zwar beibehalten. Gleichwohl nahm der Ausschuss Verbotsmöglichkeiten in § 3a 5.A.-VersG 1951 auf, deren präventiver Charakter zumindest in fließendem Übergang zu einer Auflösung stand. Dies zeigte sich insbesondere bei der Handhabe des Waffenverbots. Während das präventive Verbot auf die Gewährung des Zugangs zur Versammlung für bewaffnete Teilnehmer abstellte, knüpfte die Auflösungsmöglichkeit an den Nichtausschluss von bewaffneten Teilnehmern an. Ersteres war zweifelsfrei gegeben, wenn der Veranstalter in Kenntnis von der Bewaffnung einzelner diesen die Teilnahme gewährte und somit die Voraussetzungen für ein Verbot erfüllte. Wenn jedoch der Veranstalter von der Bewaffnung nichts wusste und aus Gründen der Unkenntnis den Zugang ermöglichte, war gleichwohl ein Verbot zumindest dem Wortlaut nach möglich. Schon hier hätte noch deutlicher differenziert werden können. Da das Verbot jedoch eine Ermessensentscheidung der Polizei („*kann*") voraussetzte, war hier ein Regulativ gegeben. Gleichwohl wäre eine eindeutigere Fassung sicherlich begrüßenswert gewesen, um dem Veranstalter Reaktionsmöglichkeiten einzuräumen und somit die Durchführung der Versammlung weitgehend zu ermöglichen. Ein überschnelles Verbot war nach jetzigem Stand nicht auszuschließen.

Auch die Überarbeitung der Straftatbestände zeigte einige interessante Punkte auf. So führte die Schaffung von Fahrlässigkeitstatbeständen zu einer noch genaueren Abstufung von Delikten hinsichtlich des ihnen innewohnenden Unrechtsgehalts. Mit der Entscheidung des Ausschusses, in § 28 5.A.-VersG (Strafbarkeit von Teilnehmern der Versammlung) nicht, wie vom BMJ erwogen, nur noch reine Ordnungswidrigkeitstatbestände aufzunehmen, sondern es bei Straftatbeständen und der damit verbundenen Möglichkeit von Freiheitsstrafen zu belassen, hatte einen klaren Aussagecharakter. Denn eine Ordnungswidrigkeit stellt ein *„Verwaltungsunrecht"* dar, das sich in der Schaffung von abstrakten Gefahren für Rechtsgüter bzw. in der Verletzung von abstrakten Vorfeld-Rechtsgütern realisierte. Auf die Normabweichung folgt lediglich eine *„technische"* Reaktion ohne den gewichtigen sozialethischen Tadel des Kriminalunrechts.[1314] Ein Straftatbestand dient hingegen dem unmittelbaren Schutz von Rechtsgütern, d.h. dem Schutz vor einer Gefährdung oder Schädigung von als wichtig eingeschätzten kollektiven und individuellen Interessen bzw. Rechtspositionen, wie der Versammlungsfreiheit.[1315] Der Ausschuss stärkte somit im Hinblick auf das Fehlverhalten einzelner Versammlungsteilnehmer die Versammlungsfreiheit der übrigen Versammlungsteilnehmer sowie des Veranstalters, indem er in bestimmten gegen die Versammlung gerichteten Verhaltensweisen einen Unrechtsgehalt oberhalb der Schwelle zur Strafbarkeit sah. Somit kam § 28

1313 Verbot, § 3a 5.A.-VersG 1951 und Auflösung, § 12 5.A.-VersG.
1314 *Kunz*, S. 148 ff [S. 189]; *Appel*, S. 482 ff.
1315 *Frisch*, S. 71 f.; *Appel*, S. 340 ff.

5.A.-VersG 1951,[1316] auch vor dem Hintergrund der negativen Generalprävention,[1317] eine besondere Bedeutung im Hinblick auf die Stärkung der Versammlungsfreiheit und der damit verbundenen Erfüllung des Abwehranspruches des einzelnen Bürgers auf Wahrung seiner (Grund-) Rechte gegenüber dem Staat zu.

V. Berichterstattung, wiederholte Beratung und Beschlussfassung im Bundestag am 6. Mai 1953

Berichterstattung sowie 2. und 3. Lesung des Gesetzentwurfs im Plenum des BT waren für die 264. Sitzung am 6. Mai 1953 angesetzt worden. In Vorbereitung dessen stellten die Fraktionen von CDU/CSU, KPD und SPD jeweils gesonderte Änderungsanträge. Dabei enthielt der Antrag der CDU/CSU-Fraktion lediglich eine Änderung, die eine Erweiterung der Ausnahmeregelung für kirchliche Prozessionen etc. (§ 17 5.A.-VersG 1951) vorsah.[1318]

1. Änderungsanträge der Fraktionen und Abgeordnetengruppen

a) Änderungsantrag KPD

Die KPD-Abgeordneten stellten erneut einen Änderungsantrag, der auf die Streichung verschiedener Vorschriften des Gesetzes gerichtet war.[1319] Dies betraf u.a. die Verbotsmöglichkeiten des § 3a 5.A.-VersG 1951, die Bannkreisregelungen aus § 16 5.A.-VersG 1951 und verschiedene Strafvorschriften (u.a. die §§ 26 und 26a 5.A.-VersG 1951). Der Antrag ließ erneut sämtliche Begründungen oder Argumente für die Streichungen vermissen. Jedoch wurden die Anliegen der Fraktion durch

---

1316 Wie auch den anderen Straftatbeständen.

1317 Die negative Generalprävention als Teil der relativen Straftheorien dient der Abschreckung. Dabei soll aufgrund der Härte des Strafausspruchs bei möglichen künftigen Tätern ein Gegengewicht gegen die Versuchung oder Neigung erzeugt werden, es dem schon straffällig gewordenen nachzutun, BGHSt 17, S. 354 ff. [S. 357].

1318 Siehe „Änderungsantrag der Fraktion der CDU/CSU zur zweiten Beratung des Entwurfs eines Gesetzes über öffentliche Versammlungen und Aufzüge (Versammlungsordnungsgesetz)“ vom 5. Mai 1953, *Mat.-VersG, Nr. 50*, S.1. Danach sollte die Ausnahmeregelung auch für *„kirchliche Organisationen“* gelten. Dies wurde im Ergebnis vom BT nicht übernommen. Denn wie es der bisherigen Regelung in § 17 5.A.-VersG 1951 entsprach, bezogen sich die Ausnahmetatbestände auf bestimmte (traditionelle) Veranstaltungen, nicht auf bestimmte Gruppierungen, Verbände etc. Denn auch eine kirchliche Organisation könnte Versammlungen im Sinne des Gesetzes abhalten. In diesem Fall müssten aber dieselben Anforderungen bestehen.

1319 Siehe „Änderungsantrag der Gruppe der KPD zur zweiten Beratung des Entwurfs eines Gesetzes über öffentliche Versammlungen und Aufzüge (Versammlungsordnungsgesetz)“ vom 5. Mai 1953, *Mat.-VersG, Nr. 51*, S. 1.

den Abgeordneten *Fisch* auf der Sitzung vom 6. Ami 1953 im Plenum ausführlich dargetan, wenngleich sich *Fisch* eher mit allgemeinen politischen Ausführungen statt Äußerungen zur Sache erklärte.[1320]

b) Änderungsanträge SPD

Von Seiten der SPD-Fraktion gab es zwei Änderungsanträge.[1321] Diese zielten zum einen auf eine Anpassung der Bannkreisregelungen des § 16 5.A.-VersG 1951 ab. Danach sollte die Verordnungs- und Gesetzgebungskompetenz für den Bereich der Bannkreise beim Bund bzw. den Ländern liegen. In diesen sollten dann auch die weiteren Einzelheiten wie z.B. Ausnahmetatbestände festgelegt werden.[1322]

Zum anderen wurde die Überarbeitung einiger Strafvorschriften beantragt. So sollte der Tatbestand der Versammlungssprengung (§ 22 5.A.-VersG 1951) nicht mehr im Falle der Verursachung von *„groben Störungen"*, sondern nur noch bei Vornahme oder Androhung von *„Gewalttätigkeiten"* einschlägig sein.[1323] Hinsichtlich § 25 5.A.-VersG 1951 (Einsatz bewaffneter Ordner) sah der SPD-Antrag vor, die Möglichkeit einer Geldstrafe entfallen zu lassen und damit das angedrohte Strafmaß zu erhöhen. Gleichzeitig sollte in § 26 a 5.A.-VersG 1951 (Strafbarkeit des Verstoßes gegen Verbot, Auflösung oder Unterbrechung einer Versammlung und der Durchführung einer Versammlung ohne Anmeldung) das Strafmaß von Gefängnisstrafe auf *„Gefängnis bis zu 6 Monaten oder mit Geldstrafe"* herabgesetzt werden.[1324] Für § 27 5.A-VersG 1951 (Verstoß gegen das Waffenverbot) war ebenso wie für § 25 eine

---

1320 Vgl. „Protokoll der 264. Sitzung des Deutschen Bundestages vom 6. Mai 1951", Mat.-VersG 1951, Nr. 54, S. 5 ff. Dies führte dazu, dass ihm nach mehreren Ermahnungen das Wort entzogen wurde.

1321 „Änderungsantrag der Fraktion der SPD zur zweiten Beratung des Entwurfs eines Gesetzes über öffentliche Versammlungen und Aufzüge (Versammlungsordnungsgesetz)" vom 6. Mai 1953 (Umdruck Nr. 900), *Mat.-VersG, Nr. 52* und „Änderungsantrag der Fraktion der SPD zur zweiten Beratung des Entwurfs eines Gesetzes über öffentliche Versammlungen und Aufzüge (Versammlungsordnungsgesetz) vom 6. Mai 1953 (Umdruck Nr. 907), *Mat.-VersG, Nr. 53.*

1322 *Mat.-VersG, Nr. 52,* S.1. § 16 sollte folgenden Wortlaut bekommen: *„(1) Öffentliche Versammlungen unter freiem Himmel und Aufzüge sind innerhalb des befriedeten Bannkreises der Gesetzgebungsorgane des Bundes oder der Länder sowie des Bundesverfassungsgerichts verboten. (2) Die befriedeten Bannkreise für die Gesetzgebungsorgane des Bundes und für das Bundesverfassungsgericht werden durch Bundesgesetz, die befriedeten Bannkreise für die Gesetzgebungsorgane der Länder durch Landesgesetz bestimmt. (3) Das Weitere regeln die Bannmeilengesetze des Bundes und der Länder."*

1323 Ders., ebda. Korrespondierend sollte jedoch die sonstige Strafbarkeit von Versammlungsteilnehmern in § 28 Ziffer 2 5.A.-VersG 1951 geregelt sein.

1324 Ders., ebda. Das Strafmaß in § 26 5.A.-VersG 1951 sollte entsprechend auf *„Gefängnis bis zu 6 Monaten oder mit Geldstrafe"* – statt wie bisher Gefängnis bis zu einem Jahr oder Geldstrafe – herabgesetzt werden, vgl. *Mat.-VersG, Nr. 53,* S. 1.

Begrenzung des Strafrahmens vorgesehen. Diesem Vorschlag mögen Zweifel an der Bedeutung des Waffenverbots des § 2 Abs. 3 5.A.-VersG- 1951 bzw. aus Art. 8 Abs. 1 GG aF für die SPD-Fraktion zugrunde gelegen haben.

2. Berichterstattung und Beratung (2. Lesung)

a) Berichterstattung des 5. Ausschusses

Die Berichterstattung im Plenum übernahm anstelle des vorgesehenen Abgeordneten *Hoogen* (CDU) der Abgeordnete *Mehs* (CDU). In seinem Bericht stellte *Mehs* zunächst in einem kurzen Abriss den bisherigen Gang des Gesetzgebungsverfahrens dar. Anknüpfend an die Berichterstattung des Abgeordneten *Dr. Becker* nach der ersten Ausschussberatung befasste er sich inhaltlich nur mit den Änderungen, die die weitere Ausschussberatung mit sich gebracht hatte.[1325] Dabei beließ er es meist bei einer deskriptiven Darstellung der Änderungsbeschlüsse und ging nur an einigen Stellen auf die Gründe der getroffenen Entscheidungen ein.

So verdeutlichte *Mehs*, dass mit der Aufnahme der Strafbarkeit eines tätlichen Angriffs gegen Leiter oder Ordner in § 23 5.A.-VersG 1951 dieselbe Unrechtsbewertung wie in § 113 StGB (Widerstand gegen Vollstreckungsbeamte) vorgenommen werden sollte, da *„kein Grund ersichtlich war, warum im Versammlungsgesetz andere Grundsätze gelten sollten."*[1326]

Zur Erweiterung von § 2 RegE[1327] stellte der Abgeordnete fest, dass man mit der Schaffung von Abs. 2[1328] vor allem verhindern wollte,

> *„daß die Durchführung der Veranstaltungen demokratischer Parteien durch rechts- oder linksradikale Elemente unmöglich gemacht wird."*[1329]

Mit dieser Äußerung wurde mit Blick auf die äußeren politischen Umstände deutlich, dass der Gesetzentwurf rechtzeitig vor dem anstehenden Bundestagswahlkampf verabschiedet werden sollte. Man wollte vor allem für Wahlkampfveranstaltungen die entsprechenden Regelungen auf den Weg bringen. Dies war eine Reaktion auf die bisherigen praktischen Erfahrungen, gleichwohl kam diese Regelung jeder Versammlung unabhängig vom konkreten Veranstalter zugute. Das Versammlungs- und Demonstrationswesen war in diese Zeit im Wesentlichen von Parteiveranstaltungen geprägt; erst im Laufe der Jahre entwickelte sich eine Versammlungskultur, in der bei weitem nicht mehr nur politische Parteien, sondern sonstige Organisationen, genauso wie Privatpersonen Veranstaltungen durchführten.

1325 *Mat.-VersG, Nr. 54*, S. 2 ff.

1326 a.a.O., S. 2.

1327 § 2 RegE enthielt nur die Regelung über das Waffenverbot.

1328 *„Bei öffentlichen Versammlungen und Aufzügen hat jedermann Störungen zu unterlassen, die bezwecken, die ordnungsmäßige Durchführung zu verhindern."*

1329 *Mat.-VersG, Nr. 54*, S. 3.

So zog der Abgeordnete *Mehs* zum Abschluss seiner Ausführungen die Bedeutung des Gesetzentwurfs in Zweifel, da seiner Ansicht nach das Gesetz, nicht zuletzt aufgrund der bisherigen Beratungszeit von fast drei Jahren, nur

> *„einen Sinn haben [kann], [wenn] [...] es vor dem bevorstehenden Wahlkampf zum Bundestag verabschiedet werden"* würde.[1330]

Bezogen auf die aktuellen Abläufe von Versammlungen mögen diese Zweifel für sich betrachtet ihre Berechtigung gehabt haben. Jedoch griff *Mehs* mit dieser Aussage deutlich zu kurz. Denn mit dem vorliegenden Gesetzentwurf wurde die Versammlungsfreiheit und die mit ihr verknüpfte Meinungsfreiheit, wie sie im GG verankert worden waren, hinsichtlich Möglichkeit der Ausübung durch den einzelnen Grundrechtsträger gestärkt und gleichzeitig Schutzmöglichkeiten vor einer unzulässigen Einschränkung der Grundrechtsausübung geschaffen. Davon konnten und sollten auch politische Parteien profitieren können.[1331]

b) Ausführungen von Bundesinnenminister Dr. Lehr

Bundesinnenminister *Dr. Lehr* unterstrich in seinen Ausführungen die Vorteile der langen Dauer der Beratung des Gesetzentwurfs. Dies habe zu einer *„einstimmigen Verabschiedung im Ausschuss geführt"* und aufgrund der sorgfältigen Arbeiten den Entwurf *„in manchen Teilen verbessert."*[1332] Auch *Dr. Lehr* betonte die Dringlichkeit des Gesetzes, begründete diese aber nicht schwerpunktmäßig mit dem bevorstehenden Bundestagswahlkampf. Vielmehr sah er aufgrund der bisherigen Gesetzeslage in den Ländern und der undurchsichtigen Rechtslage im Bereich des Versammlungsrechts, bedingt durch die vielen Änderungen des RVG seit seiner Einführung 1908,[1333] eine *„verworrene Rechtslage"*, bei der *„es selbst der Rechtsprechung der*

1330 a.a.O., S. 4.

1331 Selbstverständlich ist in dieser abschließenden Bemerkung des Abgeordneten *Mehs* auch eine bewusste Übertreibung zu sehen. Zudem muss man bedenken, dass, unabhängig von dem bevorstehenden Bundestagswahlkampf, nach der Wahl eine neue Legislaturperiode beginnen würde, so dass bei einer fehlenden Verabschiedung vor der Wahl das Gesetzgebungsverfahren erneut eingeleitet werden müsste.

1332 *Mat.-VersG, Nr. 54*, S. 4.

1333 Nicht zuletzt die „Verordnung des Reichspräsidenten zum Schutze des deutschen Volkes vom 4. Februar 1933", Reichsgesetzblatt I 1933, S. 35. So sah z.B. § 5 der Verordnung eine starke Einschränkungsmöglichkeit der Versammlungsfreiheit (Art. 123 WRV) vor, die auch nicht von der Schranke des Art 123 Abs. 2 WRV gedeckt war: *„Der Reichsminister des Innern kann allgemein oder mit Einschränkungen für das ganze Reichsgebiet oder einzelne Teile Versammlungen unter freiem Himmel und Aufzüge sowie das Tragen einheitlicher Kleidung, die die Zugehörigkeit zu einer politischen Vereinigung kennzeichnet, verbieten und für Zuwiderhandlungen Gefängnisstrafe oder Geldstrafe allein oder nebeneinander androhen."*

Verwaltungsgerichte nicht gelungen ist, Klarheit darüber zu schaffen.“[1334] Die Schaffung des vorliegenden Gesetzentwurfs war für ihn daher entscheidend für die *„Gestaltung eines geordneten demokratischen Rechtslebens.“*[1335] *Dr. Lehr* maß dem Gesetzentwurf einen liberalen Charakter bei, da die Rechte der Polizei auf das Notwendige beschränkt seien.[1336] Er bat die Abgeordneten um Zustimmung zum Gesetzentwurf.

Dr. Lehr ging im Detail nur auf einige der Normen des Gesetzentwurfs ein. Dabei hob er im Hinblick auf die Beratungen zu § 3a 5.A.-VersG 1951 hervor, dass die polizeiliche Generalklausel, wie sie bereits im ALR Eingang gefunden hatte, für Versammlungen *„nicht mehr allgemein gelte.“*[1337] Ebenso lobte der Bundesinnenminister, dass nun

> *„die Rechtsbeziehungen zwischen dem Veranstalter, dem Leiter und dem Teilnehmer einer Versammlung klar und viel eingehender [...] gegeneinander abgegrenzt [wurden].“*[1338]

Hinsichtlich der Strafvorschriften sah er deren wesentliche Bedeutung darin,

> *„den Missbrauch verfassungsmäßiger Versammlungsfreiheit durch undemokratische Veranstalter, undemokratische Leiter und undemokratische Teilnehmer zu verhindern.“*[1339]

Dr. Lehr betonte hinsichtlich der verschiedenen Beschränkungen der Versammlungsfreiheit (insbesondere hinsichtlich der §§ 3a, 12, 15 und der Strafvorschriften), dass die Freiheit nicht *„schrankenlos“* sei, um den *„Missbrauch demokratischer Freiheiten zu verhindern.“*[1340] Im Übrigen gab der Minister schlicht die Ergebnisse der Beratungen des 5. Ausschusses wieder und beschränkte sich auf die Akzentuierung einiger Punkte.

1334 *Mat.-VersG, Nr. 54*, S. 4.

1335 Ders. ebda. Wie bereits in der Begründung zum RegE bemerkt, siehe *Mat.-VersG, Nr. 7*, S. 8, sollte somit *„der drohenden Verrohung der politischen Sitten“* entgegengewirkt werden.

1336 a.a.O., S. 5.

1337 a.a.O., S. 4. Paragraph 10 II 17 ALR lautete: *„Die nöthigen Anstalten zur Erhaltung der öffentlichen Ruhe, Sicherheit, und Ordnung, und zur Abwendung der dem Publico, oder einzelnen Mitgliedern desselben, bevorstehenden Gefahr zu treffen, ist das Amt der Polizey.“* § 14 des Preußischen Polizeiverwaltungsgesetzes von 1931 lautet darauf beruhend: *„Die Polizeibehörden haben im Rahmen der geltenden Gesetze die nach pflichtgemäßem Ermessen notwendigen Maßnahmen zu treffen, um von der Allgemeinheit oder dem Einzelnen Gefahren abzuwehren, durch die die öffentliche Sicherheit oder Ordnung bedroht wird.“* Bis zur Verabschiedung des VersG hatte man sich in einigen Ländern dieser sehr weit gefassten Ermächtigungsgrundlage bedient, um unfriedlicher Versammlungen Herr zu werden.

1338 *Mat.-VersG, Nr. 54*, S. 4.

1339 Ders., ebda.

1340 a.a.O., S. 5.

c) *Einzelberatung und Abstimmung mit Ausführungen der einzelnen Abgeordnetengruppen und Fraktionen*

aa) Überschrift

Die Abgeordneten stimmten der vom 5. Ausschuss gewählten Gesetzesüberschrift *„Versammlungsgesetz“* anstelle von *„Versammlungsordnungsgesetz“* zu.[1341]

bb) Allgemeine Vorschriften, I. Abschnitt

(1) § 1 5.A.-VersG 1951 (Allgemeines Teilnahmerecht und Ausnahmen)

(a) Redebeitrag der Gruppe der KPD (Abgeordneter Fisch)

Zunächst erhielt der Abgeordnete *Fisch* (KPD) das Wort.[1342] In seinen Ausführungen zeichnete er die Entstehung von § 1 5.A.-VersG 1951 nach und kennzeichnete dabei insbesondere und wiederholt die Beteiligung der SPD-Abgeordneten an dieser Norm und dem Gesetzentwurf insgesamt, als eine

> *„Mitwirkung der SPD-Führung an der Schaffung von Ausnahmegesetzen zum Schutze des Adenauer-Regimes und damit ihre Mitwirkung an der Faschisierung des Staatsapparates.“*[1343]

Insgesamt befasste sich *Fisch* eher mit generellen politischen Ausführungen zum geteilten Deutschland, der Abhängigkeit von den Westalliierten und der Unterwürfigkeit der SPD gegenüber der Regierungskoalition. Erst auf Ermahnung des Bundestagspräsidenten äußerte er sich auch zur Sache. So teilte er mit, dass die Gruppe sich mit der Fassung von § 1 5.A.-VersG 1951 einverstanden erklärt hätte,

> *„wenn es in Abs. 2 bei der Ziffer 1 geblieben wäre. [...] Aber mit den Ziffern 2, 3 und 4 wird der Gedanke der Ziffer 1, die die Anrufung des Bundesverfassungsgerichts für den Entzug des Grundrechts vorsieht, praktisch unwirksam gemacht.“*[1344]

Hier verkannte *Fisch* den Regelungsgehalt der Ziffern 2–4. Zwar war die Ausübung des Grundrechts der Versammlungsfreiheit bis auf Ziffer 3[1345] nun nicht mehr von einer direkten Entscheidung des BVerfG abhängig, jedoch musste einer Beschränkung der Ausübung der Versammlungsfreiheit ein Verbot bzw. eine Beschränkung durch das Gericht zugrunde liegen.[1346] Allein Ziffer 4 sah keine gerichtliche Entscheidung als Voraussetzung dafür vor, die Ausübung der Versammlungsfreiheit

1341 Siehe Mat.-VersG, Nr. 54, S. 26.

1342 Die KPD hatte eine Streichung von § 1 Abs. 2 Ziffern 2 bis 4 5.A.-VersG 1951 gefordert, vgl. *Mat.-VersG, Nr. 51*, S. 1.

1343 *Mat.-VersG, Nr. 54*, S. 5.

1344 *Mat.-VersG, Nr. 54*, S. 7.

1345 Für die Ausübungsbeschränkung von Parteien war gem. Art. 21 Abs. 2 GG ebenfalls das BVerfG zuständig.

1346 Für Ziffer 2 (Förderung einer verbotenen Partei oder Ersatzorganisation) war ebenfalls ein Verbot nach Art. 21 Abs.2 GG notwendig.

durch verbotene Vereinigungen zu beschränken. Jedoch betraf diese Beschränkung die Veranstaltung und Teilnahme einer Vereinigung und nicht das Grundrecht des einzelnen Bürgers.[1347] *Fisch* sah dennoch in Ziffer 1 lediglich eine

> *„Dekoration"*, um *„den Charakter der Willkür, der in den folgenden Ziffern zum Ausdruck kommt, zu verwischen und zu tarnen."*[1348]

Er kritisierte zudem an Ziffer 4 die Verwendung des Begriffs der verfassungsmäßigen Ordnung und dessen fehlende Bestimmtheit. Argumentativ verwies er auf die Beratungen des Parlamentarischen Rates, der die Schaffung einer „Verfassung" ausdrücklich abgelehnt habe,

> *„weil man der Auffassung war, eine Verfassung sei ein Dokument, das sich auf die freie Selbstbestimmung des ganzen Volkes zu stützen habe."*[1349]

Dabei übersah *Fisch* jedoch, dass im GG selbst der Begriff der „verfassungsmäßigen Ordnung" enthalten ist.[1350] Da Fisch im weiteren Verlauf jedoch wieder und trotz mehrmaliger Ermahnung zu allgemeinen politischen Ausführungen überging, wurde ihm durch den sitzungsleitenden Bundestagsvizepräsidenten, *Dr. Schäfer* (FDP), das Wort entzogen.[1351]

(b) Redebeitrag der Fraktion der DP (Abgeordneter Ewers)

Der Abgeordnete *Ewers* reagierte in seinen Ausführungen auf die Worte des Abgeordneten *Fisch*. Dabei war ihm insbesondere daran gelegen, den Vorwurf einer durch § 1 Abs. 2 5.A.-VersG 1951 geschaffenen Möglichkeit für die zuständigen Behörden, Versammlungen oder Versammlungsfreiheit willkürlich zu verhindern oder zu unterbinden, zu entkräften. Zunächst stellte *Ewers* klar, dass mit der Aufnahme des Begriffs des *„Veranstalters"*, gleich in § 1, die eindeutige Aussage getroffen wurde, daß

> *„jedermann derartiges ‚veranstalten' kann, es sei denn, dass bestimmte Ausnahmetatbestände des Grundgesetzes vorliegen."*[1352]

Die Regelungen in § 1 Abs. 2 5.A.-VersG 1951 und die Verbotstatbestände des § 3a 5.A.-VersG 1951 brachten seiner Ansicht nach klar zum Ausdruck, dass die Polizei,

---

1347 Es war auch insofern zu unterscheiden, dass mit den Ziffern 2–4 immer nur eine Beschränkung (soweit einschlägig) des Grundrechts für den einzelnen Bürger einherging, allein nach Ziffer 1 war ein (dauerhafter) Entzug möglich.

1348 *Mat.-VersG, Nr. 54*, S. 7.

1349 a.a.O., S. 8. Aus diesem Grund habe man sich auch auf das Wort „Grundgesetz" verständigt.

1350 Siehe Art. 2 Abs. 1 und Art 9 Abs. 2 GG.

1351 *Mat.-VersG, Nr. 54*, S. 8.

1352 a.a.O., S. 9.

„wenn nicht einer der konkret genannten Fälle [...] vorliegt, keine Versammlung irgendeiner Partei präventiv verbieten kann.“[1353]

Und ein solches Verbot sollte nur möglich sein, wenn es auf Tatsachen beruhte, die durch die *„Polizei in vor dem Gericht beweisbarer Weise festgestellt [wurden].“*[1354] Dies zeigte in seinen Augen eindeutig, dass ein zulässiger Ermessensspielraum gegeben war und somit auch nicht die von *Fisch* angesprochene willkürliche Handhabe vorlag.

(c) Abstimmung

In der anschießenden Abstimmung wurde der Änderungsantrag der KPD[1355] gegen die Stimmen der KPD-Abgeordneten abgelehnt und § 1 in der Fassung des Mündlichen Berichts des 5. Ausschusses vom 22. April 1953[1356] bei zahlreichen Enthaltungen und gegen wenige Stimmen als § 1 VersG-BT angenommen.[1357]

(2) § 2 5.A.-VersG 1951 (Waffenverbot)

§ 2 5.A.-VersG 1951 wurde ohne weitere Wortmeldungen und ohne Änderungen als § 2 VersG-BT bei zahlreichen Enthaltungen angenommen.[1358]

cc) Öffentliche Versammlungen in geschlossenen Räumen, II. Abschnitt

(1) § 3a 5.A.-VersG 1951 (Präventivverbot)

Zu § 3 a 5.A.-VersG 1951 gab der Abgeordnete *Fisch* (KPD) eine mündliche Begründung zu der von der KPD-Gruppe beantragten kompletten Streichung der Norm ab. Er sah in den Verbotstatbeständen, insbesondere bei dem Verbot nach § 3a Ziffer 1[1359] die *„offizielle Verkündung des Prinzips polizeistaatlicher Willkür.“*[1360] Dies war nach seiner Ansicht durch die Möglichkeit des Ausspruchs eines Vereinigungsverbots durch Verwaltungsbehörden und nicht durch das BVerfG gegeben. Er fürchtete *„Kataloge von Organisationen“*, die von vornherein als gegen die verfassungsmäßige Ordnung gerichtete Institutionen angesehen würden.[1361] *Fisch* verkannte dabei jedoch, dass ein solches Verbot immer einer gerichtlichen Überprüfung,

1353 Ders., ebda,

1354 Ders., ebda.

1355 Streichung von § 1 Abs. 2 Ziffern 2 bis 4.

1356 *Mat.-VersG, Nr. 49.*

1357 *Mat.-VersG, Nr. 54,* S. 10.

1358 Ders., ebda.

1359 Dort heißt es: *„Die Abhaltung einer Versammlung kann [...] verboten werden, wenn 1.) der Veranstalter unter die Vorschriften des § 1 Abs. 2 Nr. 1 bis 4 fällt und im Falle der Nr. 4 das Verbot durch die zuständige Verwaltungsbehörde festgestellt worden ist, [...].“* Siehe zu § 1 5.A.-VersG 1951 oben, S. 287 ff.

1360 *Mat.-VersG, Nr. 54,* S. 10.

1361 Ders., ebda.

möglicherweise bis hin zum BVerfG, unterliegen würde, in der auch etwaige Willkür aufgedeckt werden würde.

In der sich anschließenden Abstimmung wurde der Änderungsantrag der KPD gegen die Stimmen der Antragssteller abgelehnt und § 3a 5.A.-VersG als § 3 VersG-BT unverändert angenommen.[1362]

(2) § 4 5.A.-VersG 1951 (Ausschluss von Teilnehmern in der Einladung)

In der Regelung von § 4 5.A.-VersG 1951 sah die KPD-Gruppe den Versuch, eine Norm zum „*Schutz gegen unliebsame Diskussionsredner, gegen Zwischenrufer, gegen Fragensteller*" zu verabschieden, mit der sie

> „*das Grundrecht der Versammlungsfreiheit verlieren [indem sie] vom Besuche öffentlicher Versammlungen ausgeschlossen werden.*"[1363]

Der eigentliche Regelungszweck von § 4 5.A.-VersG wurde verkannt. Denn zum einen war immer nur ein Ausschluss von der Teilnahme an einer speziellen Versammlung möglich, zum anderen war diese Möglichkeit Ausdruck der Versammlungsfreiheit des Veranstalters, der über den Teilnehmerkreis bestimmen sollte. Mit der Norm sollte es dem Veranstalter möglich sein, Teilnehmer, die allein mit dem Ziel, eine unfriedliche Versammlung herbeiführen zu wollen, an einer Versammlung teilnehmen, von dieser Versammlung auszuschließen. Da diese Ausschlussmöglichkeit nicht für Vertreter der Presse galt, war immer auch gewährleistet, dass die Öffentlichkeit durch die Presse auf der Versammlung vertreten wurde. Zudem musste jeder Veranstalter damit rechnen, dass bei einer zu extremen Ausnutzung der Ausschlussmöglichkeit das Risiko eines Abdriftens in eine nicht-öffentliche Versammlung möglich wurde, mit der Konsequenz, dass dann der Schutz aus Art. 8 GG und aus dem VersG nicht mehr bestehen würde.

Der Änderungsantrag der KPD auf Streichung von § 4 Abs. 1 5.A.-VersG 1951 wurde gegen deren Stimmen abgelehnt und bei zahlreichen Enthaltungen[1364] die Norm als § 4 VersG-BT unverändert angenommen.[1365]

(3) §§ 5 und 6 5.A.-VersG 1951 (Person des Leiters und Leitung der Versammlung)

Die §§ 5 und 6 5.A.-VersG 1951 wurden bei einigen Enthaltungen unverändert als §§ 5 und 6 VersG-BT angenommen.

1362 a.a.O., S.11.

1363 Ders., ebda.

1364 Das Plenarprotokoll gibt keine Auskunft darüber, welche Abgeordneten sich bei der Abstimmung der Stimme enthielten.

1365 Ders., ebda.

(4) § 7 5.A.-VersG 1951 (Ordnereinsatz)

Die Regelung in § 7 5.A.-VersG 1951 wurde von der KPD-Gruppe als Versuch betrachtet, in kommunistischen Versammlungen die Zahl der eingesetzten Ordner gering zu halten, um so bei einer organisierten Störung von außen der Polizei *„den willkommenen Anlass [zu bieten], die Versammlung aufzulösen.“*[1366] *Fisch* ignorierte dabei vollständig die im 5. Ausschuss ausführlich geführte Diskussion über die Möglichkeit einer Begrenzung der Ordnerzahl.[1367] Diese war zunächst verworfen worden und nur als Reaktion auf Vorfälle, bei denen die eingesetzten Ordner die Versammlung gestört oder gesprengt hatten, wieder in das Gesetz aufgenommen worden. Auch die Begrenzung der Ordnerzahl unterlag einer gerichtlichen Überprüfung. Insgesamt war die Regelung des Ordnereinsatzes nicht zuletzt aufgrund der Erfahrungen der SA-Saalschlachten heftig diskutiert worden.[1368]

§ 7 5.A.-VersG 1951 wurde im Ergebnis mit zahlreichen Enthaltungen unverändert als § 7 VersG-BT angenommen.

(5) §§ 7a, 8 und 11 5.A.-VersG 1951 (Befolgen von Anweisungen des Leiters, Versammlungsausschluss durch den Leiter und Teilnahme der Polizei an einer Versammlung)

§ 7a, § 8 und § 11 5.A.-VersG wurden ohne Aussprache und/oder Änderungen als §§ 8, 9 und 10 VersG-BT bei zahlreichen Enthaltungen angenommen.[1369]

(6) § 12 5.A.-VersG 1951 (Auflösungsrecht der Polizei)

Mit Hinblick auf § 12 5.A.-VersG 1951 hatte die Gruppe der KPD die Streichung von Abs. 1 Ziffern 1 und 4 beantragt.[1370] Der Abgeordnete *Fisch* sah durch die geplante Regelung *„der polizeistaatlichen Willkür Tür und Tor geöffnet.“*[1371] Er kritisierte dabei insbesondere, dass mit § 12 nicht eindeutig festgelegt werde, welcher

1366 a.a.O., S. 12.

1367 Siehe hierzu oben, S. 213 ff.

1368 Dass die KPD in den einzelnen Normen wiederholt Versuche der politischen Gegner vermutete, durch gesetzliche Regelungen der eigenen Partei einen Vorteil zu verschaffen, zieht sich durch die gesamte Lesung des Gesetzes im BT.

1369 *Mat.-VersG, Nr. 54*, S. 12.

1370 § 12 Abs. 1 Ziffern 1 und 4 lauteten: *„Die Polizei (§ 11) kann die Versammlung nur dann und unter Angabe des Grundes auflösen, wenn 1. Der Veranstalter unter die Vorschriften des § 1 Abs. 2 Nr. 1 bis 4 fällt und im Falle der Nr. 4 das Verbot durch die zuständige Verwaltungsbehörde festgestellt worden ist. [...] 4. Durch den Verlauf der Versammlung gegen Strafgesetze verstoßen wird, die ein Verbrechen oder von Amts wegen zu verfolgendes Verbrechen zum Gegenstand haben, oder wenn in der Versammlung zu solchen Straftaten aufgefordert oder angereizt wird und der Leiter dies nicht unverzüglich unterbindet.“*

1371 *Mat.-VersG, Nr. 54*, S. 13.

Verstoß gegen Strafgesetze einschlägig sei und wer für die Beurteilung eines strafrechtlich relevanten Verhaltens zuständig sei.[1372] Dies erscheint zumindest auf den ersten Blick auch nachvollziehbar. Denn nach dem Wortlaut des Gesetzes oblag es zunächst der Polizei über die strafrechtliche Relevanz zu entscheiden, ohne dass eindeutig zwischen (präventiver) polizeilicher Gefahrenabwehr und Strafverfolgung unterschieden wurde. Im Falle der Strafverfolgung konnte es im Hinblick auf Art. 8 GG nicht zu einer Auflösung kommen.[1373] *Fisch* fürchtete, dass mit dieser Norm insbesondere gegen kommunistische Versammlungen vorgegangen werde, indem unliebsame Inhalte als *„Hochverrat bzw. als Staatsgefährdung"* eingeordnet und somit eine Auflösung ermöglicht würde.[1374] Da *Fisch* jedoch in seinen weiteren Ausführungen wiederholt allgemeine (politische) Ausführungen unternahm, statt zur Sache zu sprechen, wurde er mehrfach durch den Sitzungsleiter ermahnt.[1375] In der Abstimmung wurde der Änderungsantrag der KPD abgelehnt und § 12 5.A.-VersG 1951 ohne Änderungen als § 11 VersG-BT beschlossen.

1372 *Mat.-VersG, Nr. 54*, S. 12.

1373 Allenfalls wäre denkbar, dass im Rahmen einer Strafverfolgungsmaßnahme auch der Ablauf einer Versammlung unterbrochen oder beendet werden kann. Dann müsste aber die ergriffene Maßnahme nicht auf die Versammlung gerichtet sein bzw. eine Einschränkung von Art. 8 GG darstellen, sondern als eine Art Nebeneffekt auch die Versammlung berühren. Es dürfte also kein spezifischer oder gezielter Grundrechtseingriff vorliegen.

1374 Ders., ebda. Er bezog sich dabei jedoch auf Beispiele, bei denen in verschiedenen Bundesländern Versammlungsverbote ausgesprochen worden waren, ohne dass ein Fall, wie ihn der Gesetzentwurf nun vorsah, vorlag. Doch genau dieser unterschiedliche Umgang mit möglichem strafbarem Verhalten sollte durch das Gesetz nun eindeutig geklärt werden. *Fisch* verkannte zudem, dass eine Auflösung nur bei Verbrechen und Vergehen, die keine Antragsdelikte sind, in Betracht kam. So z.B. die §§ 185 bis 187 StGB (Beleidigung, üble Nachrede und Verleumdung), die gem. § 194 StGB als reines Antragsdelikt zu verstehen waren, ohne dass es auf ein besonderes öffentliches Interesse ankommen musste.

1375 Vgl. *Mat.-VersG, Nr. 54*, S. 13. *Fisch* beendete sodann seine Ausführungen und kam damit einem Wortentzug zuvor. Es schloss sich eine kurze Debatte zu § 41 GO-BT an, nach der bei Wortentzug *„in der gleichen Sache"* nicht nochmals das Wort an den entsprechenden Abgeordneten erteilt werden durfte. *Ewers* (DP) sah dabei die Beratung zum Gesetzentwurf als eine Sache an und forderte daher, dem Abgeordneten *Fisch* dauerhaft das Wort zu entziehen, da ihm schon zu § 1 das Wort entzogen worden war, siehe oben S. 290. Der Bundestagsvizepräsident (und Sitzungsleiter) *Dr. Schäfer* (FDP) und der Abgeordnete *Schoettle* (SPD) betrachteten jede Norm als gesonderte Sache, so dass § 41 GO-BT nicht zur Anwendung kommen sollte. Siehe hierzu insgesamt *Mat.-VersG, Nr. 54*, S. 14.

dd) Öffentliche Versammlungen unter freiem Himmel. III. Abschnitt

(1) § 14 5.A.-VersG 1951 (Anmeldepflicht von Versammlungen)

Die Anmeldepflicht in § 14 5.A.-VersG 1951 wurde ohne Wortmeldungen oder Anträge als § 12 VersG-BT angenommen.[1376]

(2) § 15 5.A.-VersG 1951 (Auflagen und Auflösung der Versammlung durch die Polizei

Hinsichtlich der Möglichkeit, für Versammlungen unter freiem Himmel Auflagen zu erteilen sowie diese aufzulösen und zu verbieten, hatte die KPD eine vollständige Streichung von § 15 5.A.-VersG 1951 beantragt. In seiner mündlichen Begründung führte der Abgeordnete *Fisch* aus, dass zunächst entgegen der Aussage von Bundesinnenminister *Dr. Lehr*, auf die Aufnahme von Generalklauseln im Gesetz verzichten zu wollen,[1377] mit § 15 5.A.-VersG 1951 eine solche Generalklausel geschaffen worden sei, die *„von vorne bis hinten verfassungswidrig ist.“*[1378] *Fisch* störte sich insbesondere daran, dass das Gesetz nicht klarstellte, welche Auflagen gemacht werden dürften. Er sah darin einen Verstoß gegen den Grundsatz des „Allgemeinen Gesetzes“ gem. Art. 19 Abs. 1 S. 1 GG. *Fisch* zeigte dabei ein falsches Verständnis der grundgesetzlichen Regelung. Denn ein allgemeines Gesetz war dann gegeben, wenn dadurch alle Grundrechtsinhaber in gleicher Weise betroffen waren, also kein fester und vor allem ausschließlicher Adressatenkreis bestimmt war.[1379] Diese Voraussetzung war hier jedoch erfüllt, da die Möglichkeit einer Auflagenerteilung für jede öffentliche Versammlung unter freiem Himmel bestand. Dass die konkrete Entscheidung über Ob und Umfang einer Auflage hingegen von Fall zu Fall, also einzelfallabhängig, entschieden werden durfte, verstieß nicht gegen Art. 19 Abs. 1 S. 1 GG, sondern stärkte vielmehr den einzelnen Grundrechtsträger in der Ausübung seines Grundrechts aus Art. 8 GG, da mit der Einräumung behördlichen Ermessens auch kein Verstoß gegen den Bestimmtheitsgrundsatz aus Art. 20 Abs. 3 GG erfolgte.[1380] Auch der Vorwurf von *Fisch*, in der Möglichkeit der geplanten Regelung sei ein Verstoß gegen Art. 79 Abs. 3 GG zu sehen,[1381] verfehlte, da die Möglichkeit, Auflagen für eine Versammlung zu erteilen, vom Gesetzesvorbehalt in Art. 8 Abs. 2 GG umfasst war und das Grundrecht der Versammlungsfreiheit durch § 15 nicht in seinem

---

1376 a.a.O., S. 15.

1377 *Dr. Lehr* hatte in seiner Begründung jedoch lediglich ausgeführt, dass die polizeiliche Generalklausel für Versammlungen nicht mehr allgemein gelten sollte, nicht jedoch, dass grundsätzlich generelle Regelungen, wie die Möglichkeit zur Auflagenerteilung, entfallen sollten, vgl. *Mat.-VersG, Nr. 54*, S. 4.

1378 a.a.O., S. 15. Als Generalklausel bezeichnete *Fisch* die Möglichkeit, nach § 15 Abs. 1 die Durchführung der Versammlung von bestimmten Auflagen abhängig zu machen.

1379 Siehe BVerGE 7, 129, [150 f].

1380 Vergleiche zum Bestimmtheitsgrundsatz und der Möglichkeit einer Ermessensnorm: BVerfGE 84, 133, [149].

1381 *Mat.-VersG, Nr. 54*, S. 15.

Bestand angegriffen oder verändert wurde. Denn es entsprach genau dem Grundsatz von Art. 8 GG, für Versammlungen unter freiem Himmel Einschränkungen zuzulassen.[1382] Ohne weitere Wortmeldungen und/oder Änderungen wurde § 15 5.A.-VersG 1951 als § 13 VersG-BT verabschiedet.

(3) § 16 5.A.-VersG 1951 (Bannkreisregelungen)

Die Gruppe der KPD hatte auch die vollständige Streichung von § 16 5.A.-VersG 1951 gefordert. Der Abgeordnete *Fisch* gab hierzu als Begründung an, dass die Schaffung von Bannkreisen allein dazu bestimmt sei, *„die Abgeordneten des Volkes von ihren Wählern fernzuhalten, die Parlamente vom Volke zu isolieren und sie damit einer volksfeindlichen Politik noch gefügiger zu machen.“*[1383] Der Abgeordnete *Dr. Jaeger* (CSU) widersprach dem. Er betonte vielmehr die Notwendigkeit von Bannmeilen, um einen Schutz der verfassungsmäßigen Organe sicherzustellen. Denn nur so konnte die Demokratie, die in der Arbeit von Parlamenten und Gerichten besonders zum Ausdruck komme, gestärkt werden.[1384]

Auch die SPD-Fraktion hatte eine Änderung von § 16 5.A.-VersG 1951 beantragt,[1385] die durch den Abgeordneten *Dr. Bergsträsser* mündlich begründet wurde. Indem man nun die Festlegung der Bannmeilen sowie möglicher Ausnahmeregelungen nur mittels Bundes- bzw. Landesgesetz und nicht mehr mittels Verordnung durch Bundes- oder Landesregierungen beabsichtigte, sollte eine *„Stabilisierung“* der Rechtslage erreicht werden, um kurzfristige Änderungen, beispielsweise im Falle eines Regierungswechsels, möglichst zu verhindern.[1386]

In der Abstimmung wurde der Antrag der KPD-Gruppe abgelehnt und § 16 5.A.-VersG 195 unter Annahme der Änderungsanträge der SPD-Fraktion als § 14 VersG-BT verabschiedet.

1382 *Fisch* wurde dann sogar seiner eigenen Argumentationslinie untreu, da er zunächst in § 15 einen Verstoß gegen die Ewigkeitsklausel aus Art. 79 Abs. 3 GG, dann aber für die Verabschiedung der Norm zumindest eine 2/3-Mehrheit gem. Art. 79 Abs. 1 und 2 GG (Änderung des Grundgesetzes) forderte. Jedoch waren die Regelungen aus Art. 79 Abs. 1 und 2 GG eben gerade nicht für Abs. 3 anwendbar, auch nicht auf den Wortlaut selber, da sonst die Ewigkeitsgarantie obsolet geworden wäre. Vgl. zum Umfang der Ewigkeitsklausel: *Möller*, S. 189 ff, m.w.N.

1383 *Mat.-VersG, Nr. 54*, S. 15.

1384 a.a.O., S. 16.

1385 Siehe *Mat.-VersG, Nr. 52.* Darin war eine Neufassung von § 16 Abs. 2 und 3 mit folgendem Wortlaut vorgesehen: *„(2) Die befriedeten Bannkreise für die Gesetzgebungsorgane des Bundes und für das Bundesverfassungsgericht werden durch Bundesgesetz, die befriedeten Bannkreise für die Gesetzgebungsorgane der Länder durch Landesgesetze bestimmt. (3) Das Weitere regeln die Bannmeilengesetze des Bundes und der Länder.“*

1386 *Mat.-VersG, Nr. 54*, S. 16. Die CDU/CSU-Fraktion begrüßte dabei die Änderungsanträge der SPD-Fraktion.

(4) §§ 17, 18, 20 und 21 5.A.-VersG 1951 (Ausnahmeregelungen, Entsprechende Anwendung von Vorschriften des 2. Abschnitts, Rechte des Leiters und Zitiergebot aus Art. 19 Abs. 1 S. 2 GG)

Die §§ 17, 18, 20 und 21 5.A.-VersG 1951 wurden ohne Wortmeldungen und/oder Änderungen als §§ 15, 16, 17 und 18 VersG-BT beschlossen.[1387]

ee) Strafvorschriften, IV. Abschnitt

(1) § 22 5.A.-VersG 1951 (Versammlungssprengung)

Die SPD-Fraktion hatte Änderungsanträge zu § 22 5.A.-VersG 1951 gestellt,[1388] die Anlass für eine umfangreichere Debatte waren. Der Abgeordnete *Meitmann* (SPD) führte dazu aus, dass man mit den Änderungsanträgen den Fall von einer Strafbarkeit ausnehmen wolle, in dem objektiv eine grobe Störung vorläge, jedoch eine Böswilligkeit der Störung nicht gegeben sei.[1389] Es sollten also *„Bagatellfälle"* abgegrenzt werden.[1390] Der Antrag der SPD-Fraktion und die dazugehörige Begründung erscheinen nicht vollkommen durchdacht. Die Ausführungen des SPD-Abgeordneten sind wohl so zu verstehen, dass für Fälle, in denen eine gröbliche Störung vorliegt, die Gefängnisstrafe greifen soll, wenn jedoch eine minderschwere Störung vorlag, dann sollte nur eine Geldstrafe in Betracht kommen.[1391] Mit den vorliegenden Änderungsanträgen konnte dies jedoch nicht erreicht werden, da der Fall einer groben Störung dann gar nicht mehr vorgesehen gewesen wäre. Um eine Differenzierung im Strafmaß in Abhängigkeit zur Schwere der Störung

---

1387 *Mat.-VersG, Nr. 54,* S. 16. Die CDU/CSU-Fraktion hatte dabei ihren Änderungsantrag zu § 17 5.A.-VersG 1951, vgl. oben S. 284, inzwischen zurückgezogen.

1388 Der Antrag der SPD sah vor, das Verursachen von groben Störungen als Tatbestandsvariante zu streichen und Gefängnis *„oder"* Geldstrafe als Strafmaß festzulegen, vgl. *Mat.-VersG, Nr. 52,* S. 1. Bisher war Geldstrafe nur *„daneben"* möglich gewesen, siehe *Mat.-VersG, Nr. 49,* S. 8.

1389 *Mat.-VersG, Nr. 54,* S. 16. Als Beispiel wurde die Störung durch einen Betrunkenen genannt.

1390 Ders., ebda.

1391 Der Abgeordnete *Ewers* (DP) wies in diesem Zusammenhang auf das „Gesetz zur Erweiterung des Anwendungsgebietes der Geldstrafe und zur Einschränkung der kurzen Freiheitsstrafe" (Geldstrafengesetz) vom 21. Dezember 1921 (RGBl. I 1923, S. 1604) mit Neuerung vom 27. April 1923 (RGBl. I 1923, S. 254), mit dem schon jetzt die Möglichkeit einer Geldstrafe für die genannten Fälle bestünde. Vgl. *Mat.-VersG, Nr. 54,* S. 18. § 3 Abs. 1 Geldstrafengesetz lautete: *„Ist für ein Vergehen, für das nach den bestehenden Vorschriften Geldstrafe überhaupt nicht oder nur neben Freiheitsstrafe zulässig ist, Freiheitsstrafe von weniger als drei Monaten verwirkt, so ist an Stelle der Freiheitsstrafe auf Geldstrafe bis zu einhundertfünfzigtausend Mark zu erkennen, wenn der Strafzweck durch eine Geldstrafe erreicht werden kann."* Die extreme Höhe der Geldstrafe ist dabei als Reaktion auf die fortschreitende Geldentwertung in den 20er Jahren des 20. Jahrhunderts zu verstehen, vgl. hierzu *Radbruch-Strafrecht,* S. 111.

vorzunehmen, hätte die Aufnahme eines minder schweren Falls o.ä. geholfen.[1392] In diese Richtung ging auch der Vorschlag des Abgeordneten *Mehs* (CDU), der folgende Änderung vorschlug: *„Geringere Störungen werden mit Geldstrafe bestraft."*[1393] Auch der Abgeordnete *Euler* (FDP) sprach sich für eine Beibehaltung der groben Störung als Tatbestandsmerkmal sowie des bisherigen Strafrahmens aus. Nur in der Androhung einer *„empfindlichen Strafe"* sah er die ausreichende Gewähr für einen Schutz vor *„Störabsichten organisierter Trupps."*[1394] Der Abgeordnete *Dr. Jaeger* (CSU) pflichtete den Ausführungen *Eulers* bei. Er erwog jedoch die Möglichkeit, *„das richterliche Ermessen"* durch die Möglichkeit, in bestimmten Fällen eine Geldstrafe zu verhängen, zu erweitern. In diesem Zusammenhang befürchtete der Abgeordnete *Dr. Menzel* (SPD), dass die Gerichte dem politischen (Versammlungs-) Leben distanziert gegenüberstehen könnten und dadurch die Vorschrift nicht richtig anwenden, was *„zu einer starken Einengung der politischen Freiheiten"* führen könne.[1395] Die SPD befürchtete also die überzogene Sanktionierung von nur geringen Störungen auf Kosten der demokratischen Entwicklung des Landes. Auch der Abgeordnete *Ewers* (DP) sprach sich entschieden gegen die Änderungsanträge der SPD-Fraktion aus. Er ordnete der Norm *„in erster Linie [...] [einen] Abschreckungscharakter"*[1396] zu. Zudem sah er in der Versammlungspraxis keine Anzeichen, die eine Verminderung der bestehenden Entwurfsregelungen rechtfertigen würden.[1397] *Ewers* ging es vielmehr darum, Fälle eines provozierenden und störenden Verhaltens von Teilnehmern,[1398] das oftmals in einer entsprechenden Reaktion der übrigen Teilnehmer und im Ergebnis zu einem Abbruch der Versammlung geführt hätte und das er als einen *„Spezialfall des Landfriedensbruchs"* ansah, entsprechend hart zu sanktionieren. Zudem sah er bei oft mittellosen Tätern mit Blick auf den Präventionsgedanken die Gefahr einer verfehlenden Strafrechtspolitik.[1399] Gleichwohl beharrte die SPD auf ihrem Anliegen, eine Regelung zu verhindern, die auch im Falle eines *„zufälligen Verletzers"*[1400] der Versammlungsordnung Freiheitsstrafe als Strafmaß vorsah. Zwar gestand der Abgeordnete *Ewers* zu, dass es sich bei einer groben Störung um einen *„dehnbaren Begriff"* handele, der von den Gerichten auszulegen sei, gerade

1392 Zur Frage des (unbenannten) minder schweren Falls und des damit verbundenen Problems einer Aufweichung des Grundsatzes der Gewaltenteilung und eines möglichen Verstoßes gegen den Bestimmtheitsgrundsatz aus Art. 103 Abs. 2 GG, siehe *Gerhold, ZJS 2009*, S. 260 f, m.w.N.

1393 a.a.O., S. 19.

1394 a.a.O., S. 17. Nicht zuletzt aufgrund der Erfahrungen in den 20er Jahren wollte er den Gedanken der Demokratie auf diese Weise gestärkt wissen.

1395 Ders., ebda.

1396 a.a.O., S. 18.

1397 a.a.O., S. 17. *Ewers* sprach sogar von eine *„Verwässerung"* des Strafrechts durch die SPD-Anträge.

1398 Er bezeichnete dies als einen *„Komplott"*; ders., ebda.

1399 a.a.O., S. 18.

1400 Ders., ebda.

auch, was die *„Gradunterschiede“* der Störung betreffe.[1401] Zudem erwartete *Ewers* von den Gerichten, dass diese ein gewisses Mindestmaß i.S.e. *„Geeignetheit“*[1402] der Störung zugrundlegen würden, um im Hinblick auf die tatbestandliche Störungsabsicht überhaupt den subjektiven Tatbestand als erfüllt anzusehen.

Bei der sich anschließenden Abstimmung wurden die SPD-Anträge abgelehnt und § 22 5.A-VersG 1951 unverändert als § 19 VersG-BT angenommen.

(2) §§ 23 und 24 5.A.-VersG 1951 (Widerstand gegen Leiter und Ordner sowie Werbung für eine verbotene Versammlung)

Die §§ 23 und 24 5.A.-VersG 1951 wurden unter Ablehnung des Streichungsantrages der KPD-Gruppe hinsichtlich der Strafbarkeit der Werbung für verbotene Versammlungen unverändert als §§ 20 und 21 VersG-BT beschlossen.[1403]

(3) §§ 25 und 27 5.A.-VersG 1951 (Verbot des Einsatzes bewaffneter Ordner und Verstoß gegen das Waffenverbot)

Auch hinsichtlich der Straftatbestände von Verstößen gegen das Waffenverbot auf Versammlungen gab es zwei Änderungsanträge der SPD-Fraktion. Diese sahen eine Angleichung des Strafmaßes der beiden Normen auf *„Gefängnisstrafe bis zu einem Jahr“* unter Wegfall der Möglichkeit einer Geldstrafe vor.[1404] Der Abgeordnete *Dr. Brill* (SPD) führte dazu aus: Die Fraktion habe einen großen Widerspruch darin gesehen, dass der einzelne Teilnehmer unter einer wesentlich höheren Strafandrohung stehe (Gefängnis bis zu fünf Jahren) als ein Versammlungsleiter (Gefängnis bis zu einem Jahr), der mit einer *„Kompanie bewaffneter Ordner“* erscheine.[1405] Gleichzeitig unterstrich *Dr. Brill* die Forderung, die Möglichkeit einer Geldstrafe in beiden Normen zu streichen. In seinen Augen stellte

> *„das bewaffnete Erscheinen in einer Versammlung die stärkste Drohung gegen den inneren Frieden [einer Versammlung] dar,“*

die Möglichkeit einer Geldstrafe würde gerade § 25 *„ad absurdum“* führen.[1406] Diese Änderungsanträge fanden die Zustimmung der FDP-Fraktion. Man sah in der Möglichkeit der Geldstrafe eine *„Verharmlosung“* der Straftatbestände.[1407] Auch der Abgeordnete *Ewers* begrüßte die Änderungsanträge der SPD. Zudem schlug er

1401 a.a.O., S. 20 f.
1402 a.a.O., S. 21.
1403 a.a.O, S. 21 und 25.
1404 Vgl. *Mat.-VersG, Nr. 52*, S. 1.
1405 *Mat.-VersG, Nr. 54*, S. 21 f. Die SPD-Fraktion hatte sogar einen deutlich höheren Strafrahmen für § 25 5.A.-VersG 1951 in Erwägung gezogen.
1406 a.a.O., S. 22.
1407 So der Abgeordnete *Euler* (FDP) in seinen Ausführungen, ders., ebda.

eine Zusammenfassung der beiden Normen in einem § 25 vor.[1408] Diese Anregung lehnte *Dr. Brill* jedoch aus systematischen Erwägungen ab.[1409] In der folgenden Abstimmung wurden die Anträge der SPD-Fraktion angenommen und die §§ 25 und 27 5.A.-VersG 1951 als §§ 22 und 25 VersG-BT verabschiedet.[1410]

(4) §§ 26 und 26 a 5.A.-VersG 1951 (Abweichen von Anmeldung und Auflagen sowie Durchführung einer Versammlung trotz Verbots, Auflösung oder fehlender Anmeldung)

Für die Regelungen in den §§ 26 und 26a hatte die SPD-Fraktion ebenfalls eine Änderung des Strafmaßes beantragt.[1411] Damit wollte man dem Umstand Rechnung tragen, dass die Zahl der Adressaten dieser Norm sehr groß sei, und gleichzeitig die in diesen Normen geahndeten Verstöße in ihrem Unrechtsgehalt zumindest teilweise niedriger zu bewerten seien als Verstöße gegen das Waffenverbot.[1412] Dies fand nicht die Zustimmung der FDP-Fraktion. Sie sah vielmehr eine *„gesteigerte Verantwortung"* von Veranstaltern und Leitern, die *bei*

> *„Veränderungen im Ablauf der Versammlung oder des öffentlichen Umzuges entgegen vorher gegebenem Versprechen,"*

entsprechend strafrechtlich zur Verantwortung gezogen werden sollten.[1413] Bei einer Verringerung des Strafmaßes befürchtete sie eine Zunahme des Abweichens von Auflagen und Angaben in der Anmeldung. Der Abgeordnete *Ewers* begrüßte hingegen die Änderungsvorschläge. Da in seinen Augen die in den beiden Normen sanktionierten Verhaltensweisen im Wesentlichen Verstöße gegen *„Ordnungsvorschriften"*

1408 a.a.O., S. 23. Zudem erwog er eine Anhebung der Gefängnisstrafe für den Leiter (bis 5 Jahre) und eine Begrenzung für die des Teilnehmers (bis zu einem Jahr).

1409 Ders., ebda. *Dr. Brill* wollte die §§ 25, 26 und 26 a 5.A.-VersG 1951 als eine Einheit beibehalten (Verhalten von Leiter und Veranstalter).

1410 a.a.O., S. 25 f. Eine Erhöhung des Strafmaßes für den Einsatz bewaffneter Ordner im Verhältnis zum Waffenbesitz von Teilnehmern wurde nicht vorgenommen, obwohl man doch in einem Verstoß gegen das Waffenverbot im Rahmen des Ordnereinsatzes unter dem Gesichtspunkt einer dahinterstehenden Ordnerorganisation einen höheren Unrechtsgehalt gesehen hatte, vgl. a.a.O., S. 23.

1411 Danach sollte für beiden Normen ein einheitliches Strafmaß von *„Gefängnis bis zu sechs Monaten oder Geldstrafe"* gelten. Für § 26 a war dies bereits mit dem schriftlichen Änderungsantrag geschehen, *Mat.-VersG, Nr. 52*, S. 1, die Änderung von § 26 wurde hingegen erst mündlich im Plenum beantragt, vgl. *Mat.-VersG, Nr. 54*, S. 22.

1412 Ders., ebda.; gerade bei einem Verstoß gegen Auflagen (§ 26 Ziffer 2 5.A.-VersG 1951), der schon durch die Nichtbeachtung einer Auflage aufgrund ihrer Unklarheit eine Strafbarkeit begründete, war nach Ansicht von *Dr. Brill* eine geringere Strafandrohung notwendig.

1413 Ders., ebda.

zum Inhalt hätten, hielt er eine Reduzierung des Strafmaßes ebenfalls für angemessen.[1414] In der anschließenden Einzelabstimmung wurden beide Normen mit den Änderungsanträgen der SPD-Fraktion als §§ 23 und 24 VersG-BT angenommen.

(5) § 28 5.A.-VersG 1951 (Strafbarkeit des Fehlverhaltens von Versammlungsteilnehmern)

Zu § 28 5.A.-VersG 1951 hatte die SPD-Fraktion ebenfalls einen Änderungsantrag gestellt. Danach sollte in § 28 Ziffer 2 nur die fortwährende *„gröbliche"* Störung zu einer Strafbarkeit führen.[1415] Hinter diesem Antrag stand das Anliegen, die *„Entwicklung des demokratischen Lebens und [...] des Konnexes der Bevölkerung mit den Vertretern der politischen Parteien"* nicht durch zu strenge strafrechtliche Sanktionen zu behindern.[1416] Man befürchtete nämlich, dass bereits wiederholte Zwischenrufe eines Teilnehmers, gepaart mit einer besonderen Empfindlichkeit des Veranstalters oder Leiters zu einer Verurteilung führen könnten.[1417] Hier wurde verkannt, dass die Empfindlichkeit des Veranstalters oder Leiters nur begrenzt Einfluss auf die Beurteilung einer Störung haben dürfte. Denn das zuständige Gericht hätte vielmehr im Einzelfall prüfen müssen, ob das Verhalten objektiv zu einer Störung, also zu einer Behinderung des (weiteren) Versammlungsablaufs geführt hat.[1418] So lehnte die FDP-Fraktion aus diesen Gründen den Änderungsantrag ab. Denn man sah in den zusätzlichen Tatbestandsmerkmalen des § 28 Ziffer 2 5.A.-VersG 1951 eine ausreichende Gewähr dafür, dass nur erhebliche Störungen eine Strafbarkeit begründen konnten.[1419] Auch *Ewers* (DP) lehnte den Änderungsantrag ab, jedoch aus rechtssystematischen Gründen. Durch das nochmalige Verwenden des Tatbestandsmerkmals der *„groben Störung"* aus § 22 5.A.-VersG 1951 bzw. § 19 VersG-BT als Verkleinerungsform in § 28 Ziffer 2 5.A.-VersG 1951, sah er sprachliche Abgrenzungsprobleme und die Gefahr einer *„Verwässerung"* der „groben Störung"

1414 a.a.O., S. 23; Zudem sah er ebenfalls das praktische Problem einer falschen Auslegung von Auflagen etc., die bisher immer auch zu einer Gefängnisstrafe führen müssten.

1415 Vgl. *Mat.-VersG, Nr. 52,* S. 1. Diese Norm sollte folglich folgenden Wortlaut in Ziffer 2 erhalten: *„[W]er trotz wiederholter Zurechtweisung durch den Leiter oder einen Ordner fortfährt, den Ablauf einer öffentlichen Versammlung oder eines Aufzuges gröblich zu stören."*

1416 *Mat.-VersG, Nr. 54,* S. 23.

1417 a.a.O., S. 24.

1418 Dass man sich von einem Zwischenruf subjektiv gestört fühlt, und sei es nur, weil er eine gegenteilige Ansicht zum Ausdruck bringt, dieser den Versammlungsablauf aber nicht verhindert, konnte schlechterdings nicht maßgeblich für eine Verurteilung sein.

1419 *Euler* sprach hier von einer ausreichenden *„Einengung"*, vgl. *Mat.-VersG, Nr. 54,* S. 24.

in § 19 VersG-BT.[1420] Im Ergebnis wurden der Änderungsantrag der SPD und der Antrag der KPD auf Streichung von § 28 Abs. 1 Ziffern 1, 3 und 4 5.A.-VersG 1951[1421] abgelehnt und die Norm unverändert als § 26 VersG-BT beschlossen.

ff) Schlussbestimmungen, V. Abschnitt

Zu den §§ 30 (Streichung von Vorschriften), 30 a (Berlin-Klausel) und 31 (Inkrafttreten) fand keine Aussprache statt. Die Normen wurden unverändert als §§ 27, 28 und 29 VersG-BT verabschiedet.[1422]

d) Allgemeine Aussprache (3. Lesung) am 6. Mai 1953

In der sich anschließenden 3. Lesung fand eine allgemeine Aussprache zum Gesetzentwurf statt. Dabei machten die Vertreter der einzelnen Fraktionen und Gruppen grundsätzliche Ausführungen zu dem geplanten Gesetz.

aa) Anmerkungen der SPD-Fraktion

Im Hinblick auf den Verlauf der bisherigen Beratung des Gesetzentwurfs in den Ausschüssen und im Plenum vermag die abschließende Stellungnahme der SPD-Fraktion am meisten zu verwundern: *„Die sozialdemokratische Fraktion [...] wird bei der Schlussabstimmung dem vorliegenden Gesetzentwurf ihre Zustimmung nicht geben.“*[1423] Zwar war das geplante Abstimmungsverhalten vom Abgeordneten *Maier* bereits im Rahmen der 2. Ausschussberatung (Sitzung vom 5. Februar 1953) den anderen Ausschussmitgliedern eröffnet worden,[1424] jedoch ließen die Mitarbeit der SPD-Abgeordneten in den Ausschussberatungen und die in dieser BT-Sitzung behandelten, und in Mehrheit angenommenen Änderungsanträge eine vollständige Ablehnung des Gesetzentwurfs als wenig realistisch erscheinen. *Maier* gab zwar zu, dass ein gewisses Bedürfnis an einem bundeseinheitlichen Versammlungsgesetz bestünde, jedoch war es ein Grundanliegen der SPD,[1425] *„politische Tätigkeit in der Demokratie durch möglichst wenig Vorschriften [einzuengen].“*[1426] Ihre ablehnende Haltung gegenüber dem Gesetzentwurf machte die SPD dabei im Wesentlichen an drei Punkten fest: (1) Überforderung des Versammlungsleiters durch die gesetzlichen

---

1420 Ders., ebda. Er schlug stattdessen vor, in § 28 Ziffer 2 5.A.-VersG 1951 von einer *„beharrlichen“* Störung zu sprechen, um somit die für eine Strafbarkeit erforderliche Intensität der Störung zu unterstreichen.

1421 Siehe *Mat.-VersG, Nr. 51*, S. 1.

1422 *Mat.-VersG, Nr. 54*, S. 26.

1423 a.a.O., S. 27.

1424 Siehe *Mat.-VersG, Nr. 38*, S.2.

1425 Und ebenso der FDP, vgl. *Mat.-VersG, Nr. 54*, S. 28.

1426 a.a.O., S. 26.

Regelungen, verbunden mit der ständigen Gefahr strafbaren Handelns,[1427] (2) starke Einschränkung der freien Meinungsäußerung durch die Regelung in § 22 5.A-VersG bzw. § 19 VersG-BT (Strafbarkeit der Versammlungssprengung) und (3) kein Bedarf eines solchen Gesetzes in der Praxis.[1428]

bb) Anmerkungen der Gruppe der FU/BP

Freiherr von Arentin (FU/BP) sah den Gesetzentwurf als nicht ausreichend an, *„um eine wirkliche Gewalt, um einen Drang zum Unrecht, um eine beginnende Revolution einzuengen.“*[1429] Er bemängelte insbesondere die bundesrechtliche Einschränkung der Länderpolizei durch das Gesetz.[1430] Zudem störte sich die FU an der Streichung des Uniformverbots und sah dies als inkonsequent im Verhältnis zum übrigen Gesetzentwurf an.[1431] Gleichwohl kündigte *Freiherr von Aretin* die Zustimmung der FU in der Schlussabstimmung an.

cc) Anmerkungen der Landesgruppe der CSU

Dr. Jaeger (CSU) begrüßte das Gesetz und unterstrich dabei dessen Erfordernis, um *„die Demokratie zu sichern und dafür zu sorgen, dass es keine Scherben gibt.“*[1432] Eingehend auf die Äußerungen von *Maier* und *Freiherr von Arctin* verwies er auf die schon existierenden und teilweise viel weitergehenden landesrechtlichen Regelungen in Bayern. Diese seien durch den sozialdemokratischen Staatsminister *Dr. Hoeger* eingeführt worden.[1433] Gleichzeitig sprach sich *Dr. Jaeger* gegen noch schärfere gesetzliche Maßnahmen aus.[1434] Im bestehenden Entwurf sah er keine Gefahr für eine Überforderung des Versammlungsleiters. Vielmehr hielt er die

1427 *Maier* nannte dabei als Beispiel, dass es praktisch unmöglich sei, die Volljährigkeit der Ordner (§ 7 Abs. 1 S. 2 VersG-BT) zu verantworten bzw. entsprechend zu kontrollieren, ders., ebda. Dabei verkannte er, dass der Einsatz nicht-volljähriger Ordner keinerlei Strafbarkeit begründen konnte, vgl. § 26 Ziffer 5 VersG-BT.

1428 *Mat.-VersG, Nr. 54*, S. 27. Gerade dieser letzte Punkt verwundert, da auch die SPD-Ausschussmitglieder wiederholt die praktische Notwendigkeit des Gesetzes betonten und an seiner Entstehung entsprechend mitwirkten.

1429 Ders., ebda.

1430 Dabei verwies er auf die Entstehung des *„Dritten Reichs“*, die er vor allem durch die Aushöhlung der Polizeigewalt der Länder durch das damalige Reich begünstigt sah. Er bestritt zudem die Notwendigkeit eines solchen Gesetzes für Bayern.

1431 Bemängelt wurde, dass auf der einen Seite ein Gesetz zum Schutz der Versammlungen verabschiedet werden sollte, auf der anderen Seite jedoch nach wie vor Uniformfreiheit zugelassen wurde.

1432 *Mat.-VersG, Nr. 54*, S. 27.

1433 In seinen Augen hatte die SPD zumindest für Bayern die Erforderlichkeit eines Gesetzes bejaht.

1434 Inwieweit Strafrecht und allgemeines Verwaltungsrecht grundsätzlich zum Schutz der Verfassung und damit auch der Versammlungsfreiheit nach Art. 8 GG dienen können, siehe *Wegener*, S. 9 ff. Dass in Bayern durch das PAG von 1954 die darin enthaltenen Regelungen zur Wahrung des Hausrechts für erforderlich.[1435] Die Streichung des Uniformverbots begründete er mit rechtssystematischen Erwägungen[1436], betonte jedoch zugleich, dass sich auch die CSU grundsätzlich für ein Uniformverbot ausspreche.[1437]

dd) Anmerkungen der FDP-Fraktion

Euler gab seiner Verwunderung über das geplante Abstimmungsverhalten der SPD Ausdruck. Er sprach sich für den Gesetzentwurf aus, da er darin *„für eines der wichtigsten demokratischen Grundrechte die abschließende Regelung"*[1438] sah. Inhaltlich begrüßte er, dass die Freiheit der Grundrechtsausübung durch verfassungstreue Bürger gestärkt würde und gleichzeitig vor *„Bekämpfern des Grundrechts"* geschützt werde.[1439] Die Stellung des Versammlungsleiters sah *Euler* als gestärkt an und im Gegensatz zur SPD als *„freigestellt von juristischen Voraussetzungen, mit denen er früher belastet werden sollte."*[1440]

ee) Anmerkungen der DP-Fraktion

Auch der Abgeordnete *Ewers* (DP) unterstrich die Zustimmung der DP-Fraktion zum Gesetzentwurf, für den er eine *„zwingende Notwendigkeit"*[1441] sah. Er würdigte ihn als eine Ergänzung des Hausrechts des Veranstalters, mit dem die Spielregeln einer demokratischen Versammlung mittels einer *„Geschäftsordnung"* festgelegt würden.[1442] Ebenfalls unterstrich er das Erfordernis eines Gesetzes am Beispiel der Verhinderung von Versammlungen durch *„Sprengkommandos."*[1443]

ff) Anmerkungen der Gruppe der KPD

Auch in der allgemeinen Aussprache wiederholte *Fisch* seine allgemeine Kritik an dem Gesetzentwurf, den er als ein Mittel *„zur Aufhebung der Versammlungsfreiheit"*[1444] betrachtete. Zudem unterstellte er der Regierungskoalition die Absicht,

---

Befugnisse der Polizei für den Schutz vor verfassungsfeindlichen Handlungen in der Tradition des ALR erweitert wurden, siehe a.a.O., S. 37 ff.

1435 *Mat.-VersG. Nr. 54*, S. 27.

1436 Er sah ein Uniformverbot lieber im Rahmen des Strafrechtsänderungsgesetzes geregelt.

1437 a.a.O., S. 28.

1438 Ders., ebda.

1439 *Euler* sprach von *„Toleranz der Toleranz, Intoleranz der Intoleranz,"* ders., ebda.

1440 Ders., ebda.

1441 a.a.O., S. 29.

1442 Ders., ebda. Dabei betonte *Ewers*, dass es sich eben nicht um ein Polizeigesetz, sondern um ein *„demokratisches Ordnungsgesetz [in] Ergänzung des Grundgesetzes"* handele.

1443 Ders., ebda.

1444 Ders., ebda.

mit dem Gesetzentwurf, die Verbreitung *„kommunistischer Propaganda"* im bevorstehenden Bundestagswahlkampf verhindern zu wollen. *Fisch* übte allgemeine Kritik an der Regierung Adenauer, die *„amerikanische Wünsche"* mittels Gesetzgebung und durch Verzicht auf demokratische Rechte und Freiheiten erfülle.[1445]

3. Schlussabstimmung im Bundestag

In der sich an die 3. Lesung anschließenden Schlussabstimmung des Gesetzentwurfs in der Fassung der Beschlüsse der Einzelberatung in der 2. Lesung wurde die endgültige Abstimmung im Wege des „Hammelsprungs" gem. § 51 GO-BT vorgenommen.[1446] Dies führte zu folgendem Abstimmungsergebnis[1447]: 174 Ja-Stimmen, 130 Nein-Stimmen und zwei Enthaltungen, so dass das VersG-BT mit einfacher Mehrheit beschlossen wurde.

VI. Zusammenfassung der Beratungen und Beschlüsse des Bundestages zum Versammlungsgesetz

Nach fast dreijähriger Beratungszeit des Entwurfs eines Gesetzes über öffentliche Versammlungen und Aufzüge war es nunmehr am 6. Mai 1953 zu der Verabschiedung des Gesetzentwurfs im Plenum des Deutschen Bundestages gekommen. Die nunmehr beschlossene Fassung wich dabei stark vom einstigen RegE ab. In den ausführlichen Ausschussberatungen hatten die Abgeordneten aller Fraktionen, mit Ausnahme der KPD, konstruktiv und mit dem gemeinsamen Willen, das Recht der Versammlungsfreiheit zu stärken und die noch junge Demokratie in der BRD zu festigen, die Verhandlungen geführt. Zusätzlich waren die Beratungen auch von der Notwendigkeit geprägt, für den Bundestagswahlkampf 1953 eine bundeseinheitliche Regelung zu schaffen, die gerade auch die anstehenden Wahlkampfveranstaltungen vor Störungen und Beeinträchtigungen beschützen sollte. Parteiübergreifend und ohne große politische Grabenkämpfe hatten die Abgeordneten um der Sache willen gerungen. Unterschiedliche Auffassungen zu Tiefe, Umfang und Reichweite der einzelnen Regelungen bestanden nicht (nur) zwischen Fraktionen, sondern auch zwischen den Abgeordneten, ohne dass das politische Parteibuch zwingend maßgeblich war. Bis zum Ende der Ausschussberatungen hatte sich der Eindruck gefestigt, dass das geplante Gesetz, auf starken Füßen stehend und mit einer starken parlamentarischen Mehrheit ausgestattet, die Bedeutung und Aussagekraft erhalten würde, um den noch jungen Rechts- und Verfassungsstaat zu stärken. Umso mehr

1445 a.a.O., S. 30. *Fisch* ging hier auf die von dem Kabinett *Adenauer* angestrebte Westintegration unter Aufgabe einer schnellen Wiedervereinigung von BRD und DDR ein und versuchte diese in erster Linie außenpolitische Grundausrichtung auch auf die rein innenpolitische Materie des Versammlungsrechts zu übertragen und zu kritisieren. Vgl. zur Westintegration, *Ebbing*, S. 5 ff. m.w.N.

1446 *Mat.-VersG, Nr. 54*, S. 31. Es erfolgte keine namentliche Abstimmung.

1447 Siehe a.a.O.

überraschte die Entscheidung der SPD-Fraktion, in der entscheidenden BT-Sitzung gegen den Gesetzentwurf zu stimmen. Denn gerade SPD-Abgeordnete – hier sind insbesondere der Ausschussvorsitzende, *Dr. Menzel*, und einer der wesentlichen Wortführer im Ausschuss, *Dr. Bergsträsser*, zu nennen – hatten intensiv und zielstrebig an den Beratungen mitgewirkt. Die Änderungsanträge der SPD-Fraktion für die BT-Sitzung von 6. Mai 1953 konnten als letzte Änderungen für ein eigentlich schon beschlossenes Gesetz verstanden werden, die auch bis auf wenige Ausnahmen[1448] die Zustimmung der übrigen Fraktionen fanden. Zwar begründete die SPD-Fraktion ihre verweigerte Zustimmung zu dem Gesetzentwurf,[1449] weshalb dies jedoch erst so kurzfristig geschah, wurde offengelassen.[1450] So fehlte es dem Gesetzentwurf an einer begrüßenswerten breiten Zustimmung. Die verweigerte Zustimmung der KPD-Gruppe vermochte nicht zu überraschen. Denn diese sah in dem Gesetz einen Akt westlicher bzw. alliierter Agitation, der zum einen gegen die mögliche Wiedervereinigung beider deutscher Staaten sprach und zum anderen in den Augen von *Fisch* und seinen Parteifreunden eine Verletzung des GG darstellte.

Die Möglichkeit einer einstimmigen Annahme des Gesetzentwurfs war somit vorerst vertan, damit auch die Chance, ein Zeichen für die Stärkung der Demokratie zu setzen. Dass aber mit dem jetzigen Stand des Gesetzes schon im Wesentlichen auch die Interessen der Länder (BR) mitberücksichtigt und eingeflossen waren, zeigten die relativ kurzen Beratungen im BR und seinen Ausschüssen sowie in der Beratung des Vermittlungsausschusses.[1451]

1448 So die Änderung von § 19 VersG-BT (Strafbarkeit der Versammlungssprengung), vgl. oben S. 296.

1449 (1) Überforderung des Versammlungsleiters durch die gesetzlichen Regelungen verbunden mit der ständigen Gefahr strafbaren Handelns, (2) starke Einschränkung der freien Meinungsäußerung durch die Regelung in § 22 5.A-VersG bzw. § 19 VersG-BT (Strafbarkeit der Versammlungssprengung) und (3) kein Bedarf eines solchen Gesetzes in der Praxis. Siehe oben, S. 303

1450 Redliche Interessen muss man der SPD dabei unterstellen. Gleichwohl ist die Entscheidung auch mit Hinblick auf die bevorstehende Bundestagswahl zu sehen.

1451 Von der Verabschiedung im BT bis zur endgültigen Zustimmung durch den BR am 3. Juli 1953 brauchte es nur mehr zwei Monate.

Fünfter Teil – Beratung des vom Bundestag verabschiedeten Gesetzes im Bundesrat, Mai 1953

Zwischen dem 15. und 22. Mai 1953 befasste sich der BR bzw. dessen Ausschuss für Innere Angelegenheiten sowie der Rechtsausschuss mit dem VersG-BT.

I. Beratung in den Ausschüssen des Bundesrates

1. Beratung im Rechtsausschuss des Bundesrates in der Sitzung vom 13. Mai 1953

Bereits am 13. Mai 1953 beschäftigte sich der Rechtsausschuss des Bundesrates auf seiner 119. Sitzung mit dem VersG-BT.[1452] Der Berichterstatter *Dr. ter Beck* machte insbesondere auf die wesentlichen Abweichungen des VersG-BT ggü. dem RegE aufmerksam. Hinsichtlich der in § 1 Abs. 2 VersG-BT enthaltenen Beschränkungen der Versammlungsfreiheit sah er keine verfassungsrechtlichen Bedenken.[1453]

a) Das Präventivverbot nach § 3 Nr. 2 VersG-BT

Im Rahmen der Aussprache zu den Verbotstatbeständen des § 3 VersG-BT äußerte der Vertreter des Landes Baden-Württemberg, *Dr. Dehm*, Bedenken hinsichtlich der Regelungen in § 3 Ziffer 2 VersG-BT[1454]. Er sah darin eine unzulässige Einschränkung der Versammlungsfreiheit, gerade vor dem Hintergrund, dass Art. 8 Abs. 1 GG nicht unter dem Gesetzesvorbehalt stehe.[1455] *Dr. Füßlein* (BMI) erwiderte dazu, dass *„das Grundrecht der Versammlungsfreiheit nicht die Befugnis verleihen könne, Versammlungen auch unter falschem Namen einzuberufen.“*[1456] Im Ergebnis beantragte

1452 Siehe Niederschrift über die 119. Sitzung des Rechtsausschusses am 13. Mai 1953, BR-Drs. R 90/53, S. 21–23. An dieser Sitzung nahmen teil: *Bleibtreu* (Vorsitzender, Nordrhein-Westfalen), *Dr. Dehm* (Baden-Württemberg), *Dr. Gerner* (Bayern), *Dr. v. Mettenheim* (Berlin), *Schwarberg* (Bremen), *Dr. Jaeschke* (Hamburg), *v. Brünneck* (Hessen), *Dr. Schumacher* (Niedersachsen), *Dr. ter Beck* (Rheinland-Pfalz), *Dr. Praetorius* (Schleswig-Holstein), *Dr. Lackner* (BMJ) und *Dr. Füßlein* (BMI).

1453 BR-Drs. R 90/53, S. 21.

1454 Danach war ein Verbot möglich, wenn der Veranstalter seinen Namen nicht oder falsch auf der öffentlichen Einladung angegeben hat.

1455 BR-Drs. R 90/53, S. 21.

1456 Ders., ebda. *Dr. Füßlein* ging nicht auf den fehlenden Gesetzesvorbehalt ein, obwohl *Dr. Dehm* hier einen wichtigen Punkt angesprochen hatte. Denn bisher wurde bei einem Verstoß gegen die Namensnennungspflicht „automatisch“ ein Verbotstatbestand eröffnet, ohne dass eine Differenzierung, gerade auch im der Rechtsausschuss bei Einberufung des Vermittlungsausschusses (aus anderen Gründen), die Streichung von § 3 Nr. 2 VersG-BT zu beantragen.[1457]

Von Brünneck (Hessen) thematisierte hinsichtlich des Präventivverbots die Frage, ob die im Gesetz enthaltenen Regelungen abschließend seien, oder ein Verbot, z.B. bei einer Seuchengefahr, auch auf anderweitiger gesetzlicher Grundlage (weiterhin) erfolgen könne.[1458] *Dr. Füßlein* betonte, dass andere gesetzliche Möglichkeiten eine Versammlung zu verbieten – exemplarisch nannte er seuchenpolizeiliche, baupolizeiliche und verkehrspolizeiliche Verbote – nach wie vor zur Anwendung kommen müssten. Hier zeigte sich das bestehende Verhältnis zwischen dem Schutz von Art. 8 GG und Eingriffsnormen außerhalb des Versammlungsgesetzes. So sollte eine außerhalb des Gesetzes stehende Ermächtigungsgrundlage nur dann in ihrer Anwendung ausgeschlossen sein, wenn mit dem Verbot ein zielgerichteter Eingriff in den Schutzbereich der Versammlungsfreiheit erfolge, nicht jedoch, wenn der Eingriff

> *„ohne Bezug zum eigentlichen Sachgehalt der Versammlungsfreiheit erfolgt: dem Schutz der kollektiven meinungsmäßigen Kommunikation.“*[1459]

b) Straftatbestände

Hier diskutierten die Ausschussmitglieder die Aufnahme der Versammlungssprengung in § 19 VersG-BT und die Aufhebung des entsprechenden Tatbestands im StGB (§ 107 a) durch § 27 Abs. 2 VersG-BT. *Von Brünneck* äußerte Bedenken, dass dadurch möglicherweise die Strafbarkeit der Sprengung einer nicht-öffentlichen Versammlung entfallen könne, da das Gesetz ausschließlich auf öffentliche Versammlungen anwendbar sei.[1460] *Bleibtreu* (Nordrhein-Westfalen) teilte diese Bedenken nicht, sondern hielt auch § 19 VersG-BT für nicht-öffentliche Versammlungen anwendbar, da in Abschnitt IV (Strafvorschriften) eine Unterscheidung zwischen öffentlichen und nicht-öffentlichen Versammlungen vorgenommen werde.[1461] Er ging also von einer Geltung von § 19 VersG-BT auch für nicht-öffentliche Versammlungen aus

---

Hinblick auf die Schwere des Pflichtverstoßes, vorgenommen wurde. Es konnte so der Eindruck entstehen, dass jede Verhaltensvorschrift (hier die Namensangabe) mit einem entsprechenden Versammlungsverbot im Falle einer Zuwiderhandlung belegt werden sollte.

1457 Dazu wurde folgende Begründung beschlossen: *„Mit dem durch Art. 8 I GG garantierten Grundrecht der Versammlungsfreiheit ist es unvereinbar, wenn eine Versammlung schon deshalb verboten werden kann, weil in einer Einladung der Name des Veranstalters nicht oder falsch angegeben ist.“*

1458 BR-Drs. R 90/53, S. 22.

1459 *Schwäble*, S. 176 f., m.w.N.

1460 BR-Drs. R 90/53, S. 22.

1461 Ders., ebda. So spricht z.B. § 20 VersG-BT ausdrücklich von einer *„öffentlichen Versammlung.“* *Dr. Lackner* (BMJ) wies ergänzend darauf hin, dass eine Aufnahme in das VersG-BT nur aus systematischen Gründen erfolgte, ohne die tatbestandliche Reichweite der Strafbarkeit zu verändern.

und sah zudem die Sprengung nicht-öffentlicher Versammlungen auch durch die Tatbestände Nötigung und Hausfriedensbruch geschützt. Der Antrag des Landes Hessen, im Vermittlungsausschuss eine Streichung der §§ 19 und 27 Abs. 2 VersG-BT zu beschließen und damit die Versammlungssprengung als Tatbestand im StGB zu belassen, wurde abgelehnt.

Dr. Gerner (Bayern) wies noch darauf hin, dass die §§ 21 (Werbung für eine verbotene Versammlung) und 24 (Durchführung der Versammlung trotz Auflösung oder Verbot) VersG-BT einen unterschiedlichen Strafrahmen enthielten und § 24 dem Strafrahmen von § 21 angepasst werden sollte.[1462] Es kam jedoch zu keinerlei Beschluss.

c) Erfordernis einer Zustimmung des Bundesrates zum Gesetzentwurf

Auch die Frage der Zustimmungsbedürftigkeit des Entwurfs durch den BR wurde von den Ausschussmitgliedern erörtert. Dabei kam man zu der einstimmigen Ansicht, dass durch die Regelungen in den §§ 7 Abs. 2, 11, 12, 13 und 16 Abs. 2 VersG-BT das Verwaltungsverfahren zum Versammlungsgesetz geregelt werde und damit gem. Art. 84 GG eine Zustimmungsbedürftigkeit bestehe.[1463] Das BMI verneinte hingegen die Zustimmungsbedürftigkeit. Die sich hier aufdrängende Frage, ob eine Zustimmungsbedürftigkeit für das ganze Gesetz bestand, oder nur für die zustimmungsbedürftigen Teile, wurde 1958 durch die „Einheitstheorie" des BVerfG zugunsten einer vollständigen Zustimmungsbedürftigkeit beantwortet.[1464] Im weiteren Verlauf wurde das Gesetz als Zustimmungsgesetz behandelt.

1462 Ders., ebda. § 21 VersG-BT: Gefängnis oder Geldstrafe, § 24 VersG-BT: Gefängnis bis zu 6 Monaten oder Geldstrafe. Dabei hatte der BT in seiner 2. Lesung in § 24 die Reduzierung des Strafmaßes von Gefängnis auf Gefängnis bis zu 6 Monaten gerade erst beschlossen, um die Unterschiede im Unrechtsgehalt ggü. Verstößen gegen das Waffenverbot zum Ausdruck zu bringen, vgl. oben, S. 298.

1463 BR-Drs. R 90/53, S.23. Art. 84 GG lautete: *„Führen die Länder die Bundesgesetze als eigene Angelegenheit aus, so regeln sie die Einrichtung der Behörden und das Verwaltungsverfahren, soweit nicht Bundesgesetze mit Zustimmung des Bundesrates etwas anderes bestimmen."*

1464 Vgl. Beschluss des BVerfG vom 12. November 1958, BVerfGE 8, S. 274. Danach ist das *„Gesetz als gesetzgebungstechnische Einheit"* i.S.v. Art. 84 Abs. 1 GG insgesamt zustimmungsbedürftig, nicht nur einzelne Verwaltungsvorschriften. Die Einheitstheorie brachte eine Vielzahl von zustimmungsbedürftigen Gesetzen mit sich, so dass im Rahmen der Föderalismusreform 2006 in diesen Fällen nunmehr der BT Einspruchsgesetze verabschieden kann. Die Länder sind jedoch nach Art. 84 Abs. 1 GG n.F. nunmehr befugt eigene Abweichungen zu regeln. Nur wenn die bundesrechtlichen Bestimmungen bindend sein sollen, ist weiterhin ein Zustimmungsgesetz notwendig.

2. Beratung im Ausschuss für Innere Angelegenheiten in der Sitzung vom 15. Mai 1953

Auf seiner 92. Sitzung am 15. Mai 1953 befasste sich auch der Ausschuss für Innere Angelegenheiten mit dem VersG-BT.[1465] Die Beratungen wurden dabei auf wesentliche Punkte beschränkt.

a) *Uniformverbot (§ 3 RegE)*

Von Seiten *Dr. Zimmer* (Rheinland-Pfalz) wurde beantragt, den Vermittlungsausschuss gem. Art. 77 Abs. 2 GG anzurufen mit dem Ziel, wieder ein Uniformverbot in einem neuen § 2 a VersG-BT einzuführen. *Dr. Zimmer* sah im Wegfall des Uniformverbots eine erhebliche Erschwernis für die demokratischen Parteien und Verbände, friedliche Versammlungen zu veranstalten, und die Gefahr eines Missbrauchs der Versammlungsfreiheit durch radikale Elemente.[1466] Sein Vorschlag wich jedoch wesentlich von der Fassung des RegE ab.[1467] Er wollte kein generelles Uniformverbot aussprechen. Vielmehr vertraute er der politischen Vernunft und erwartete eine Abstimmung zwischen den Ländern über ihre Maßnahmen.[1468] Ein bundesweit einheitliches Verbot sollte nur ausnahmsweise und unter strengen Voraussetzungen möglich sein. Die Vertreter der Länder Berlin, Hessen, Niedersachsen und Nordrhein-Westfalen sprachen sich auch für die Aufnahme des Uniformverbots aus, hielten aber eine bundesweit einheitliche Lösung mit einem generellen Verbot für unausweichlich.[1469] Andernfalls wären die unterschiedlichen Regelungen der Länder zwar ein Ausdruck politischer Verschiedenheit, der hier jedoch vor dem übergeordneten Interesse des Bundes aufgrund politischer Erfahrungen zurücktreten müsse.[1470] Man schlug daher die Fassung des RegE mit

1465 Vgl. Niederschrift über die 92. Sitzung des Ausschusses für Innere Angelegenheiten am 15. Mai 1953, BR-Drs. In 71/53. An dieser Sitzung nahmen teil: *Dr. Zimmer* (Vorsitzender, Rheinland-Pfalz), *Schnarrenberger* (Baden-Württemberg), *Dr. Feneberg* (Bayern), *Dr. Klein* (Berlin), *Schwarberg* (Bremen), *Dr. Jaeschke* (Hamburg), *Dr. Brennhausen* (Hessen), *Dr. Lauritzen* (Niedersachsen), *Dr. Rietdorf* (Nordrhein-Westfalen), *Dr. Schon* (Schleswig-Holstein), *Dr. Anders, Dr. Füßlein* und *Ritter von Lex* (BMI).

1466 BR-Drs. In 71/53, S. 2.

1467 Er lautete: *„(1) Die Länderregierungen werden ermächtigt, durch Rechtsverordnung Vorschriften zu erlassen, durch die das Tragen von Uniformen, Uniformteilen, gleichartigen Kleidungsstücken oder Fahnen als Ausdruck einer gemeinsamen Gesinnung verboten werden kann, sofern und insoweit die Wahrung der öffentlichen Sicherheit und Ordnung dies erfordert. (2) Ist durch das Tragen oder Zeigen der in Abs. 1 bezeichneten Gegenstände eine unmittelbare Gefährdung der öffentlichen Sicherheit und Ordnung zu befürchten, so kann ein Verbot auch ohne Bestehen einer Rechtsverordnung gemäß Abs. 1 erlassen werden.“*

1468 BR-Drs. In 71/53, S.2.

1469 Ders., ebda.

1470 Ders., ebda.

dem dazugehörigen Bundesratsbeschluss vom 25. Mai 1950 als zusätzlichen § 2 a VersG-BT vor.[1471]

Im Ergebnis stimmte der Ausschuss für das generelle Uniformverbot, ohne dass nach Ansicht des Ausschusses Ausnahmen einer Rechtsverordnung bedurft hätten. Vielmehr müssten sie als eine elastische Regelung auch für den Einzelfall und unter Verhängung von Auflagen angeordnet werden können.[1472] Der Ausschuss sah jedoch keine Änderung des Gesetzes in diesem Sinne vor, so dass eine praktische Umsetzung aufgrund des strengen Wortlauts eher unwahrscheinlich gewesen wäre.

b) Verbot des Tragens nationalsozialistischer Kennzeichen

Der Ausschuss beschloss zudem eine Aufnahme des Verbots nationalsozialistischer Kennzeichen als neuen § 2 b VersG-BT[1473]. Man hielt dies aufgrund allgemeiner politischer Erwägungen für erforderlich.[1474] Die gleichzeitig geplante Regelung dieser Materie im Strafrechtsänderungsgesetz wurde dabei nicht berücksichtigt.

c) Flaggenverbot

Ebenso sprach sich der Ausschuss für Innere Angelegenheiten wieder für die Regelung eines Flaggenverbots, wie ursprünglich vom BMI in der Kabinettsvorlage vorgesehen, in einem zusätzlichen § 2 c VersG-BT im Rahmen der Beratungen im Vermittlungsausschuss aus. Auch dies sollte aufgrund allgemeiner politischer Erwägungen geschehen.[1475] Der Ausschuss unterstrich in seiner Begründung, bewusst zwischen der Regelung in § 2 b und § 2 c unterschieden zu haben, da das Verbot der Verwendung nationalsozialistischer Kennzeichen generell und ohne die weitere Voraussetzung, damit eine politische Gesinnung zum Ausdruck bringen zu wollen, gelten sollte.[1476]

1471 Danach war eine Ausnahmeregelung für Jugendorganisationen vorgesehen gewesen. Die vorgeschlagene Fassung lautete daher: *„(1) Das Tragen von Uniformen, Uniformteilen, oder gleichartigen Kleidungsstücken als Ausdruck einer gemeinsamen politischen Gesinnung ist verboten. (2) Die oberste Landesbehörde kann für Jugendorganisationen Ausnahmen zulassen.“*

1472 BR-Drs., IN 71/53, S.3.

1473 Dieser sollte lauten: *„Es ist verboten, öffentlich oder in einer Versammlung die Farben und Symbole der ehemaligen nationalsozialistischen deutschen Arbeiterpartei zu verwenden.“*

1474 Siehe Begründung zu § 2 b, BR-Drs. In 71/53, S. 6.

1475 Ders., ebda. § 2c sollte folgenden Wortlaut erhalten: *„Es ist verboten, öffentlich oder in einer Versammlung die Farben oder Symbole des früheren deutschen Reiches, soweit sie von den gegenwärtigen Bundesfarben und Bundessymbolen abweichen, zur Bekundung einer politischen Gesinnung zu verwenden.“*

1476 Ders., ebda. So hatte es der Ausschuss auch schon auf seiner Sitzung am 20. Mai 1953 beschlossen, vgl. oben S. 134.

d) *Präventivverbote, § 3 VersG-BT*

Im Rahmen der Aussprache zu den Präventivverboten des § 3 VersG-BT wurde vor den Mitgliedern des Ausschusses für Innere Angelegenheiten durch den Vertreter des BMI, *Dr. Anders*, klargestellt, dass im Hinblick auf Versammlungsverbote aus anderen Gründen das Gesetz *„keine lex specialis"* sei.[1477] Zu der vom Rechtsausschuss beschlossenen Streichung des § 3 Nr. 2 VersG-BT[1478] bezog der Ausschuss keine Stellung. Jedoch betonte *Ritter von Lex* (BMI) an dieser Stelle, dass gegen § 3 Nr. 2 VersG-BT gewisse verfassungsrechtliche Bedenken bestünden.[1479]

aa) *Erweiterung von § 3 Nr. 4 VersG-BT (Präventivverbot bei angestrebtem gewalttätigen oder aufrührerischen Verlauf)*

Der Vertreter des Landes Niedersachsen (*Dr. Lauritzen*) beantragte in § 3 Nr. 4 VersG-BT die Erweiterung der Voraussetzungen des Präventivverbots auch generell auf Fälle, in denen *„Versammlungsteilnehmer einen gewalttätigen oder aufrührerischen Verlauf der Versammlung anstreben."*[1480] Es sollte damit ein Präventivverbot auch für die Fälle geschaffen werden, in denen ein unfriedlicher Verlauf vorherzusehen war. Dies fand auch die Unterstützung des Vertreters des Landes Berlin (*Dr. Klein*), der ein präventives Eingreifen auch für Fälle einer Störung durch andere Personen als Veranstalter oder Anhang forderte.[1481] Mit dieser Forderung stellte man sich jedoch gegen die Überlegungen und Bestrebungen des 5. Ausschusses des Bundestages, der nach langen Verhandlungen ein Präventivverbot allein für entsprechendes Verhalten von Veranstalter und Anhang beschlossen hatte.[1482] Zudem stellte dieser Antrag den Versuch dar, zulasten der Versammlungsfreiheit potentiell unfriedliche Versammlungsabläufe umfänglich und vorzeitig zu verhindern, statt durch andere Maßnahmen auf der Versammlung und durch Unterstützung des Veranstalters die demokratische Versammlung zu schützen. Entsprechend fiel auch die Reaktion der Vertreter des BMI aus, die in der beantragten Neuformulierung insbesondere die Gefahr sahen,

> *„dass terroristische Elemente eine geordnete Versammlungstätigkeit demokratischer Parteien und Verbände außerordentlich erschweren könnten."*[1483]

1477 BR-Drs. In 71/53, S. 3; vgl. hierzu bereits die Erörterung der Frage einer abschließenden Regelung durch das VersG-BT im Rechtsausschuss, oben S. 309.

1478 Siehe oben, S. 309.

1479 BR-Drs. In 71/53, S.3.

1480 a.a.O., S.4. Bisher war die Präventivverbotsmöglichkeit nur bei entsprechendem Verhalten des Veranstalters oder seines Anhangs vorgesehen gewesen.

1481 Ders., ebda. *Dr. Klein* forderte eine Übernahme der Formulierung von § Nr. 2 VersG-BT: *„wenn die Versammlung einen gewalttätigen oder aufrührerischen Verlauf nimmt oder unmittelbare Gefahr für Leben oder Gesundheit der Versammlungsteilnehmer besteht."*

1482 Siehe hierzu ausführlich oben, S. 200 ff.

1483 BR-Drs. In 71/53, S. 4.

Man befürchtete also, dass extremistische Gruppierungen durch die Androhung oder die Durchführung von störendem Verhalten die Verhängung von Präventivverboten hervorrufen könnten, mit der Folge, dass der eigentlich gewollte Schutz demokratischer Versammlungen durch die weitreichende präventive Möglichkeit eines Verbots sich zu einer Einschränkung dieser Versammlungen entwickeln würde. Auch die Vertreter der Länder Bayern (*Dr. Feneberg*) und Rheinland-Pfalz (*Dr. Zimmer*) sprachen sich gegen den Änderungsvorschlag aus. Man erachtete die *„verstärkten Rechte des Versammlungsleiters"* und die *„sachgemäße Handhabe der polizeilichen Exekutive"* als ausreichende Gewähr für einen geregelten Versammlungsablauf.[1484] Im Ergebnis wurde der Änderungsvorschlag abgelehnt.

bb) Präventivverbot im Hinblick auf mögliche Straftaten

Dr. Feneberg (Bayern) beantragte jedoch die Aufnahme einer zusätzlichen Ziffer 5 für § 3 VersG-BT.[1485] Mit dieser Erweiterung des Präventivverbots sollte *„der zuständigen Behörde eine klare Richtlinie"* gegeben werden und so *„die Handhabung des Gesetzes mit dem Ziel einer geordneten Versammlungstätigkeit"* erleichtert werden.[1486] Auch der 5. Ausschuss hatte ein Präventivverbot bei zu erwartendem strafbaren Verhalten in Erwägung gezogen,[1487] sich jedoch später dagegen entschieden.[1488] Der Ausschuss stimmte diesem Antrag zu.

e) Anmeldepflicht einer öffentlichen Versammlung unter freiem Himmel, § 12 VersG-BT

aa) Umfang der Pflichtangaben

Der Vertreter Bayerns (*Dr. Feneberg*) forderte eine Erweiterung der Pflichtangaben bei der Anmeldung in § 12 Abs. 2 VersG-BT. Nunmehr sollten auch zwingend Angaben zum Hauptredner und zur *„Art der Veranstaltung"* gemacht werden.[1489] Dies fand jedoch nicht die Zustimmung der übrigen Ausschussmitglieder.

1484 Ders., ebda.

1485 Danach sollte ein Präventivverbot auch dann möglich sein, *„wenn die unmittelbare Gefahr besteht, dass von der Versammlungsleitung Ansichten oder Vorschläge vertreten oder geduldet werden, die ein Verbrechen oder ein von Amts wegen zu verfolgendes Vergehen zum Gegenstand haben."*

1486 Vgl. BR-Drs. In 71/53, S. 7.

1487 Vgl. *Mat.-VersG, Nr. 39*, S. 3.

1488 Siehe oben, S. 274.

1489 BR-Drs. In 71/53, S. 4. Ebenso verlangte *Dr. Feneberg* diese Erweiterung für die Angaben in der Einladung gem. § 2 Abs. 1 VersG-BT.

bb) Begriff der öffentlichen Versammlung unter freiem Himmel

Anders verhielt es sich jedoch mit dem Änderungsantrag des Landes Berlin, der einen zusätzlichen § 12 Abs. 3 VersG-BT vorsah. Dieser sollte folgenden Wortlaut bekommen:

> *„Als öffentliche Versammlung unter freiem Himmel gilt auch eine Versammlung, die in einem geschlossenen Raum veranstaltet wird, wenn Personen, die sich außerhalb des Versammlungsraumes unter freiem Himmel befinden, die Möglichkeit haben, durch technische Übertragung an der Versammlung teilzunehmen."*[1490]

In eine ähnliche Richtung ging bereits ein Vorschlag von *Dr. Lüders* (BMI), den dieser in seiner Kommentierung zum ersten Rohentwurf des BMI gemacht hatte.[1491] Mit diesem Änderungsantrag wurde erstmals der Versuch unternommen, eine gesetzliche Definition für den bisher unbestimmten Begriff der öffentlichen Versammlung unter freiem Himmel zu finden. Der Vorschlag sollte dabei vor allem den *„Fortschritten der Übertragungstechnik"* Rechnung tragen und somit *„Zweifel in der Handhabung des Gesetzes eindeutig ausschließen."*[1492] Auch der 5. Ausschuss des Bundestags hatte in seinen Beratungen den Begriff der öffentlichen Versammlung unter freiem Himmel diskutiert und dabei eine Abgrenzung vorgenommen, ohne jedoch eine Bestimmung in das Gesetz aufzunehmen.[1493] Im Unterschied zu der rein räumlichen Abgrenzung des 5. Ausschusses des Bundestags sah der Änderungsvorschlag des Ausschusses für Innere Angelegenheiten vor, dass trotz des Schwerpunkts der Versammlung in geschlossenen Räumen über das Kriterium der Teilnahme von Personen außerhalb dieses Raumes die Veranstaltung zu einer Versammlung unter freiem Himmel werden konnte. Der Vorschlag wurde vom Ausschuss für Innere Angelegenheiten angenommen.

Es bleibt festzuhalten, dass der Vorschlag einige Bedenken hinsichtlich der Handhabe und seiner Auswirkungen auf das Versammlungsleben aufwirft und zudem Mängel in der genauen Verwendung von Definitionen enthielt. So bleibt offen, was unter der Teilnahme durch technische Übertragung zu verstehen war. Es kommt zum einen die bloße passive Teilnahme aufgrund einer Lautsprecherübertragung in Betracht. In diesem Fall wären die Kriterien ziemlich schnell erfüllt gewesen. Zum anderen hätte man auf eine aktive Teilnahme abstellen können, also auf die Möglichkeit für den draußen Stehenden, durch Mikrofon oder ähnliche Hilfsmittel an Diskussion und Aussprache und somit am Meinungsaustausch und der politischen

---

1490 a.a.O, S. 7.

1491 Vgl. oben, S. 94 f.

1492 Ders., ebda.

1493 Vgl. oben, S. 244. Danach galt: *„Der Ausschuss steht auf dem Standpunkt, dass Versammlungen, die nicht in geschlossenen Räumen stattfinden als Versammlungen unter freiem Himmel im Sinne der §§ 14 ff anzusehen sind."*

Willensbildung teilzunehmen.[1494] Der Änderungsvorschlag ließ also offen, wann eine Versammlung unter freiem Himmel vorliegen sollte. Hinsichtlich der Auswirkungen auf das (praktische) Versammlungsleben war außerdem Folgendes zu bedenken: Je nach Verständnis des Begriffs der Teilnahme war der Veranstalter der Versammlung der Gefahr ausgesetzt, dass z.B. bei einer größeren als ursprünglich erwarteten Teilnehmerzahl und deren Teilverlagerung nach draußen eine Versammlung unter freiem Himmel durch die zuständigen Behörden angenommen werden würde. Dies hätte dann zur Folge, dass aufgrund einer fehlenden Anmeldung und eines ungenehmigten Ordnereinsatzes der Veranstalter plötzlich einer Strafbarkeit ausgesetzt wäre. Zudem wären dann auch die Eingriffsmöglichkeiten der Polizei erweitert gewesen. Der hier beschlossene Änderungsantrag hatte also eher das Potential, in der praktischen Anwendung der Norm für Verwirrung zu sorgen, als, wie von den Ausschussmitgliedern beabsichtigt, eine eindeutige und klare gesetzliche Regelung zu schaffen.

f) Auflagen sowie Auflösungs- und Verbotsmöglichkeiten für die Versammlung unter freiem Himmel, § 13 VersG-BT

Bezüglich der Regelungen in § 13 VersG-BT wies der Vertreter des Landes Niedersachsen (*Dr. Lauritzen*) darauf hin, dass nach § 13 VersG-BT im Unterschied zu § 3 VersG-BT ein Eingreifen nur bei einer unmittelbaren Gefahr möglich sei und dies zu Abgrenzungsschwierigkeiten führen könne.[1495] Dies fand jedoch keine Zustimmung im Ausschuss.

Der Ausschuss nahm zudem Stellung zu der Frage der zuständigen (Polizei-) Behörden für die Maßnahmen nach § 13 VersG-BT. Dabei kam man überein, dass für die Auflösung nach Abs. 3 die Vollzugspolizei zuständig sei. Deren mögliches Handeln nach besonderer Weisung vorgesetzter Behörden, *„sei eine interne Angelegenheit der Behördenorganisation."*[1496] Bei den Absätzen 1 und 2 seien unterschiedliche Behörden zuständig.[1497]

1494 Vgl. die spätere Definition des Begriffs der Versammlung durch das BVerfG: *„Versammlung im Sinne des Art. 8 GG ist eine örtliche Zusammenkunft mehrerer Personen zur gemeinschaftlichen, auf die Teilhabe an der öffentlichen Meinungsbildung gerichteten Erörterung oder Kundgebung."* Beschluss des BVerfG, 1 BvR 1190/90 vom 24. Oktober 2001, Leitsatz.

1495 BR-Drs. In 71/53, S. 5.

1496 Ders., ebda.

1497 Ders., ebda. Dies resultierte aus dem Unterschied zwischen den Absätzen. Abs. 1 war Ermächtigungsgrundlage für präventive Maßnahmen, Abs. 2 sollte für den Fall einer laufenden Versammlung gelten. Der Ausschuss ließ jedoch offen, weshalb dieser Unterschied eine unterschiedliche Behördenzuständigkeit begründen sollte.

g) *Versammlungssprengung (§ 19 VersG-BT)*

Von Seiten der Länder Hessen und Niedersachsen wurde eine Modifizierung von § 19 VersG-BT gefordert.[1498] Diese entsprach vollständig dem Änderungsantrag der SPD-Fraktion im Bundestag[1499] und wurde ebenfalls abgelehnt.[1500]

h) *Strafbarkeit von Verstößen gegen das Uniformverbot und Flaggenverbot und das Verbot der Verwendung nationalsozialistischer Kennzeichen*

Aufgrund der Wiederaufnahme eines Uniform- und Flaggenverbots sowie des Verbots der Verwendung nationalsozialistischer Kennzeichen als §§ 2a, 2b und 2c in VersG-BT wurde die Aufnahme einer korrespondierenden Strafvorschrift (§ 25 a) vorgeschlagen.[1501] Die Höhe des festgelegten Strafmaßes (Gefängnis bis zu sechs Jahren) unterstrich dabei die Wichtigkeit der Einhaltung der Verbotstatbestände.

3. Zusammenfassung

a) *Allgemeines*

Die von Rechtsausschuss und Ausschuss für Innere Angelegenheiten angeregten Änderungen wurden in einem gemeinsamen Vorschlag für eine Einberufung des Vermittlungsausschusses festgehalten und dem Plenum des BR zur Entscheidung vorgelegt.[1502] Die Empfehlung enthielt die von beiden Ausschüssen beschlossenen Änderungsanträge, die als Grundlage für die Beratungen im Vermittlungsausschuss dienen sollten.[1503] Neben den Änderungsanträgen zu § 3 VersG-BT (Präventivverbote), der etwas missglückten Abgrenzung des Begriffs der öffentlichen Versammlung unter freiem Himmel durch einen neuen § 12 Abs. 3 VersG-BT ist vor allem die Wiederaufnahme des Uniformverbots, des Flaggenverbots und des Verbots der Verwendung nationalsozialistischer Kennzeichen bedeutend. Denn damit kehrte der Ausschuss für Innere Angelegenheiten einerseits zu der Fassung des RegE zurück, der ebenfalls ein Uniformverbot in § 3 RegE, jedoch noch ohne eine Ausnahmeregelung für Jugendliche vorgesehen hatte.[1504] Andererseits waren Flaggenverbot und Verbot der Verwendung nationalsozialistischer Kennzeichen zwar ebenfalls

---

1498 Ders., ebda.

1499 Vgl. Mat.-VersG, Nr. 52, S. 1.

1500 Siehe hierzu die ausführliche Debatte im Bundestag auf der Sitzung vom 6. Mai 1953, S. 296ff.

1501 BR-Drs. In 71/53, S. 7. Diese sollte folgende Fassung erhalten: *„Wer den Vorschriften der §§ 2a, 2b oder 2c zuwiderhandelt, wird mit Gefängnis bestraft.“*

1502 Siehe „Empfehlung des Ausschußes für Innere Angelegenheiten und des Rechtsausschußes auf Einberufung des Vermittlungsausschußes“ vom 17. Mai 1953, BR-Drs. 204/2/53 = *Mat.-VersG, Nr., 59.*

1503 Vgl. BR-Drs. In 71/53, S. 3.

1504 Siehe *Mat.-VersG, Nr. 7,* S. 2.

durch das BMI in die Kabinettsvorlage aufgenommen worden, jedoch aus Furcht u.a. vor einem neuen Flaggenstreit ersatzlos gestrichen worden.[1505] Für die Mehrheit der Bundesländer war eine Regelung des Flaggenverbots und des Verbots nationalsozialistischer Kennzeichen im Gesetz aus allgemeinen politischen Erwägungen unabdingbar,[1506] so dass die Regelung dieser Materie maßgeblich Einfluss auf die Zustimmung (oder Ablehnung) des Gesetzentwurfs insgesamt haben sollte. Gleichwohl stieß das VersG-BT im Übrigen auf eine starke Zustimmung der Länder.

b) Antrag des Landes Baden-Württemberg

Neben dem gemeinsamen Antrag des Ausschusses für Innere Angelegenheiten und des Rechtsausschusses stellte auch Baden-Württemberg einen Antrag auf Anrufung des Vermittlungsausschusses.[1507] Dieser enthielt eine Abänderung des Uniformverbots sowie des Flaggenverbots und des Verbots der Verwendung nationalsozialistischer Symbole. So sollte § 2a VersG-BT (Uniformverbot) nur mehr für *„öffentliche Versammlungen und Aufzüge"* gelten.[1508] Diese Begrenzung des Anwendungsbereichs war auch für § 2 b VersG-BT (Verbot der Verwendung nationalsozialistischer Kennzeichen) und für § 2c VersG-BT (Flaggenverbot) vorgesehen.[1509] Zwei Gründe wurden genannt: Zum einen sah man die bisherige Regelung als einen Verstoß gegen Art. 74 Ziffer 3 GG aF an.[1510] Denn in einer Erstreckung der drei Verbotstatbestände über den Bereich der öffentlichen Versammlung hinaus sah man eine Überschreitung der Gesetzgebungskompetenz, da ein generelles (versammlungsunabhängiges) Verbot Teil des Polizeirechts sei.[1511] Mit dieser Argumentation übersah der Antrag des Landes Baden-Württemberg jedoch die Gesetzgebungskompetenz des Bundes aus Art. 72 Abs. 2 GG aF für den Fall des Bedürfnisses einer einheitlichen bundesgesetzlichen Regelung. Dieses Bedürfnis dürfte für den Inhalt der Verbotstatbestände in jedem Fall bestanden

1505 Vgl. hierzu die Beratung und Neufassung in einer Referentenbesprechung der Bundesministerien, S. 125, sowie die Beratungen im Kabinett, oben, S. 129.

1506 Vgl. auch schon die Stellung des BR zum RegE, *Mat.-VersG, Nr. 7*, S. 12 f.

1507 Siehe „Antrag des Landes Baden-Württemberg auf Einberufung des Vermittlungsausschusses" vom 20. Mai 1953, BR-Drs. 204/3/53 = *Mat.-VersG, Nr. 60.*

1508 a.a.O., S. 1. § 2a Abs. 1 hatte nun folgenden Wortlaut: *„Bei öffentlichen Versammlungen und Aufzügen ist das Tragen von Uniformen, Uniformteilen oder gleichartigen Kleidungsstücken als Ausdruck einer gemeinsamen politischen Gesinnung verboten."*

1509 Ders., ebda. § 2b lautete nun folgendermaßen: *„Es ist verboten, bei öffentlichen Versammlungen oder Aufzügen ein Kennzeichen der ehemaligen Nationalsozialistischen Deutschen Arbeiterpartei zu verwenden."* § 2c hatte folgende Fassung bekommen: *„Es ist verboten, bei öffentlichen Versammlungen oder Aufzügen die Farben und Symbole des früheren deutschen Reiches, soweit sie von den gegenwärtigen Bundesfarben und Bundessymbolen abweichen, zu Bekundung einer politischen Gesinnung zu verwenden."*

1510 *Mat.-VersG, Nr. 60*, S. 1.

1511 Ders., ebda. Und damit in die Gesetzgebungskompetenz der Länder fiel.

haben.[1512] Zum anderen sah man auch aus praktischen Gründen kein Erfordernis für ein allgemeines Verbot. Man erwartete, dass Organisationen etc. keine Uniformen nutzen würden, die dann auf öffentlichen Versammlungen und Aufzügen nicht gezeigt werden dürften.[1513] Diese Argumentation griff wohl ebenfalls zur kurz. Denn gerade Organisationen und Gruppierungen würden kaum vor solch einem Verbot zurückgeschreckt haben, da die Verwendung auch in anderem Rahmen oder im Verborgenen möglich blieb. Die generellen Verbote waren im Stande, der Bevölkerung die (politische) Ächtung von Uniformen und Flaggen sowie nationalsozialistischen Kennzeichen in dem gewollten Umfang nahe zu bringen.[1514] Die bewusste Abkehr von einer generell erlaubten Nutzung dieser Gegenstände sollte die demokratische Ausrichtung des Staates betonen.

II. Exkurs: Erneute Befassung im Bundeskabinett

Zeitgleich zu den BR-Ausschüssen befasste sich auch die Bundesregierung erneut mit dem Gesetzentwurf.[1515] Anlass dafür war eine Mitteilung des amerikanischen Hohen Kommissars, *Conant*, an BK *Dr. Adenauer* gewesen. Die Alliierte Hohe Kommission sah in der Streichung des *„Parteiuniformverbots"* aus dem Gesetzentwurf im Rahmen der Beschlussfassung des BT am 6. Mai 1953 einen Verstoß gegen Gesetz Nr. 7 (Uniformen und Abzeichen) der Alliierten Hohen Kommission.[1516] Dessen Artikel 1 und 2 enthielten ein umfassendes Verbot des Tragens von (nationalsozialistischen) Uniformen, Symbolen und Abzeichen.[1517] Der Bundesinnenminister teilte diesbezüglich mit, dass durch den BR-Ausschuss für Innere Angelegenheiten eine entsprechende Änderung auf den Weg gebracht worden sei.[1518] Auf der 295. Kabinettssitzung am 29. Mai 1953 waren das Uniformverbot, das Verbot der Verwendung nationalsozialistischer Kennzeichen und das Flaggenverbot erneut Gegenstand der Tagesordnung. Man sprach sich dafür aus, im Vermittlungsausschuss[1519] hinsichtlich

1512 Da in der praktischen Anwendung von Art. 72 Abs. 2 GG aF regelmäßig das gesetzgeberische Tätigwerden des Bundes als „Bedürfnis" ausreichte, wurde die Bedürfnisklausel durch eine Erforderniskklausel ersetzt, vgl. *„Gesetz zur Änderung des Grundgesetzes (Art. 3, 20a, 28, 29, 72, 74, 75, 76, 77, 80, 87, 93, 118a und 125a)"* vom 27. Oktober 1994, verkündet am 3. November 1994, BGBl. I, S. 3146.

1513 *Mat.-VersG, Nr. 60*, S. 1.

1514 Selbstverständlich betraf dies nicht Uniformen, die nach wie vor im Dienstgebrauch verschiedener Einrichtungen wie Polizei, Feuerwehr oder Bundeswehr standen.

1515 Siehe Protokoll der Sondersitzung der BReg mit Vertretern der Koalitionsparteien am 20. Mai 1953, *Kabinettsprotokolle BReg, Band 6 1953*, S. 302 ff.

1516 a.a.O., S. 302.

1517 Gesetz Nr. 7 der Alliierten Hohen Kommission vom 21. September 1949 (Amtsblatt der Hohen Alliierten Kommission, S. 11 f.).

1518 Vgl. oben, S. 312 ff.

1519 Siehe unten, S. 330 ff.

des Uniformverbots und des Verbots der Verwendung nationalsozialistischer Kennzeichen der Stellungnahme des Bundesrates beizutreten, nicht jedoch hinsichtlich des Flaggenverbots.[1520] Entsprechend agierte *Ritter von Lex* (BMI) als Vertreter der Bundesregierung auf den Sitzungen des Vermittlungsausschusses. In seinen Ausführungen ging er jedoch mit keinem Wort auf die Regelungen von Gesetz Nr. 7 der Alliierten Hohen Kommission oder die Mitteilung des amerikanischen Hohen Kommissars ein.

III. Behandlung im Plenum des Bundesrates

Der BR befasste sich auf seiner 108. Sitzung am 22. Mai 1953 mit dem VersG-BT und den dazu ergangenen Anträgen. Als Berichterstatter fungierte *Dr. Zimmer* (Rheinland-Pfalz), für die BReg sprach *Ritter von Lex* (BMI).

1. Uniformverbot § 3 RegE

Dr. Zimmer (Rheinland-Pfalz) verdeutlichte die Gründe, die für den Ausschuss für Innere Angelegenheiten maßgeblich waren, sich gegen die Entscheidung des BT, kein Uniformverbot im Gesetzentwurf vorzusehen, auszusprechen. Man sah darin die einzige Möglichkeit, effektiv und nachhaltig *„den Anfängen der Verrohung politischer Sitten"* entgegen zu wirken.[1521] Man wollte den Erfahrungen der Vergangenheit entgegenwirken, bei denen *„militante[n] Bestrebungen radikaler Elemente"*[1522] aufgrund des Fehlens solcher Verbote begünstigt worden seien. Eine Uniformierung der Bevölkerung sollte aus der Öffentlichkeit verschwinden. Der Formulierungsvorschlag des Landes Rheinland-Pfalz, die Regelung eines Uniformverbots mit einer entsprechenden Ermächtigung den Ländern zu überlassen,[1523] konnte nach Auffassung von *Dr. Zimmer* evtl. als Diskussionsgrundlage für den Vermittlungsausschuss dienen.

Ritter von Lex begrüßte die Wiederaufnahme eines Uniformverbots, sprach sich jedoch gegen den Ausnahmetatbestand für Jugendorganisationen aus, da das Uniformverbot grundsätzliche Bedeutung habe.[1524] Allenfalls könne er sich vorstellen, den obersten Landesbehörden die Entscheidung zu überlassen, auf welche

---

1520 Protokoll der 295. Kabinettssitzung am 29. Mai 1953, *Kabinettsprotokolle BReg, Band 6 1953,* S. 318 ff.

1521 „Sitzungsprotokoll der 108. Sitzung des Bundesrates" vom 22. Mai 1953, *Mat.-VersG, Nr. 61,* S. 1. Die Verhinderung der Verrohung der politischen Sitten war auch Kernanliegen des RegE, vgl. *Mat.-VersG, Nr. 7,* S. 8.

1522 Ders., ebda. Man befürchtete, dass die Uniform als Mittel in der politischen Auseinandersetzung in der Bevölkerung das Gefühl einer bevorstehenden erneuten „Machtergreifung" vermitteln würde.

1523 Siehe oben, S. 312.

1524 *Mat.-VersG, Nr. 61,* S. 2.

Organisationen das Uniformverbot Anwendung finde.[1525] In der abschließenden Abstimmung stimmte der BR für das Uniformverbot in der Fassung des gemeinsamen Vorschlags[1526] des Ausschusses für Innere Angelegenheiten und des Rechtsausschusses unter Beibehaltung des Ausnahmetatbestandes für Jugendorganisationen.

2. Verbot von Kennzeichen der ehemaligen NSDAP und das Flaggenverbot

Dr. Zimmer unterstrich die Notwendigkeit, ein Verbot von Kennzeichen der ehemaligen NSDAP sowie ein Flaggenverbot einzuführen. Man wolle mit einer solchen Regelung das politische Leben beruhigen und

> *„eine Wiederholung der äußerst unerfreulichen und dem Ansehen des deutschen Volkes und Deutschlands in der Welt abträglichen Streitigkeiten der Vergangenheit“*

verhindern.[1527] Es bleibt festzuhalten, dass sich *Dr. Zimmer* mit dieser Begründung (bewusst) nur auf die politischen Verhältnisse und Versammlungen nach 1945 bezog. Er ließ es unerwähnt, dass mit dem geplanten Verbot gerade auch eine Erinnerung an undemokratische Zeiten in Deutschland (vor allem durch den Einsatz bestimmter Flaggen) und eine öffentliche Zustimmung zu den Taten der Nationalsozialisten verhindert werden sollte.

Ritter von Lex unterstrich die Zustimmung der BReg zu der Aufnahme der beiden Verbote in das Gesetz. Da, entgegen der bisherigen Annahme, beide Verbote nicht durch die Strafrechtsnovelle geregelt würden, sprach sich die BReg nun ebenfalls für eine Regelung im Versammlungsgesetz aus.[1528] In der abschließenden Abstimmung wurden beide Verbote in der Fassung des gemeinsamen Vorschlags des Ausschusses für Innere Angelegenheiten und des Rechtsausschusses angenommen.

3. Antrag des Landes Baden-Württemberg auf Begrenzung der drei generellen Verbotstatbestände auf öffentliche Versammlungen und Aufzüge

Da der Antrag[1529] des Landes Baden-Württemberg nicht Gegenstand der Ausschussberatungen gewesen war, wies *Dr. Zimmer* lediglich auf seine eigenen Bedenken hin. Er befürchtete eine gesetzgeberische Lücke mit starken Auswirkungen auf die

---

1525 Ders. ebda. Mit einer solchen Regelung hätte man sich aber wieder in die Gefahr einer unterschiedlichen länderabhängigen Regelung begeben, was im Hinblick auf das Uniformverbot gerade nicht gewollt war.

1526 *Mat.-VersG, Nr. 59*, S. 1.

1527 a.a.O., S. 1.

1528 a.a.O., S. 2.

1529 Siehe oben, S. 319.

Praxis, da in seiner Vorstellung das Tragen von Uniformen im öffentlichen Leben auch außerhalb einer „offiziellen“ Versammlung stattfinden könne.[1530] Gleichwohl wollte er auch die verfassungsrechtlichen Bedenken des Antrags nicht generell von der Hand weisen.[1531] *Ritter von Lex* sprach sich gegen eine Begrenzung der Verbotsregeln auf öffentliche Versammlungen und Aufzüge aus. Er sah die Gesetzgebungskompetenz für ein generelles Verbot auf jeden Fall in der Strafrechtsgesetzgebungskompetenz aus Art. 74 Nr. 1 GG aF.[1532] Durch die Annahme des inhaltlich weitergehenden Vorschlags von Ausschuss für Innere Angelegenheiten und Rechtsausschuss hatte sich eine Abstimmung über den Vorschlag des Landes Baden-Württemberg erübrigt.[1533]

4. Präventivverbote gem. § 3 VersG-BT

a) Streichung von § 3 Nr. 2 VersG-BT

Hinsichtlich der beantragten Streichung von § 3 Nr. 2 VersG-BT führte *Dr. Zimmer* aus, dass die bisherige Regelung eine unzulässige Einschränkung von Art. 8 Abs. 1 GG aF darstelle.[1534] *Ritter von Lex* wollte einer Streichung nicht widersprechen, da die Bedenken des Rechtsausschusses *„der Bundesregierung nicht ganz unbegründet“* erschienen. Der Antrag wurde angenommen.

b) Zusätzlicher § 3 Nr. 5 VersG-BT

Der Erweiterung der präventiven Verbotstatbestände in § 3 VersG-BT[1535] um eine zusätzliche Nr. 5 schloss sich die BReg an. Sie hielt dies für wichtig, um eine gesetzgeberische Lücke zu schließen.[1536] Gleichwohl sah *Ritter von Lex* die Möglichkeiten eines Präventivverbots als zu *„beengt“*[1537] an. Jedoch gab man sich mit Einführung der Nr. 5 zumindest vorerst zufrieden.[1538]

1530 Mat.-VersG, Nr. 61, S 1.

1531 Baden-Württemberg hatte die Gesetzgebungskompetenz aus Art. 74 Nr. 2 GG aF für generelle Verbote in Zweifel gezogen.

1532 *Mat.-VersG, Nr. 61*, S. 2. Er befürwortete es daher, die Verbote als strafrechtliche Vorschriften zu formulieren.

1533 Vgl. a.a.O., S. 3.

1534 a.a.O., S. 2.

1535 Ein zusätzliches Verbot, *„wenn die unmittelbare Gefahr besteht, dass von der Versammlungsleitung Ansichten oder Vorschläge verbreitet oder geduldet werden, die ein Verbrechen oder ein von Amtswegen zu verfolgendes Vergehen zum Gegenstand haben,“* war danach vorgesehen.

1536 *Mat.-VersG, Nr. 61*, S. 2.

1537 Ders., ebda.

1538 Vgl. ders., ebda.

5. Begriff der öffentlichen Versammlung unter freiem Himmel

Im Vorschlag des Ausschusses für Innere Angelegenheiten, in § 12 VersG-BT einen zusätzlichen Abs. 3 zu schaffen, um so eine leichtere Anwendung der Norm in der Praxis zu gewährleisten,[1539] sah die BReg keine Notwendigkeit.[1540] So sah man durch das bereits durch Rechtsprechung und Literatur ausgebildete Verständnis von Versammlungsrecht[1541] einen ausreichend festgelegten Bestimmungsgehalt für die Anwendung dieser Begriffe gegeben.[1542] Deshalb wollte man auch den Einfluss technischer Neuerungen auf den Ablauf einer Versammlung nicht gesetzlich festgelegt wissen, sondern die Beantwortung der Frage, wann eine Versammlung zu einer Versammlung unter freiem Himmel wurde, Rechtsprechung und Praxis überlassen.[1543] Zudem störte sich *Ritter von Lex* an der etwas ungenauen Formulierung des Änderungsantrags. Im Ergebnis stimmte der BR für den Änderungsantrag von Ausschuss für Innere Angelegenheiten und Rechtsausschuss zu § 12 VersG-BT.

6. Strafbarkeit von Verstößen gegen das Uniformverbot, das Flaggenverbot und das Verbot der Verwendung von Kennzeichen der ehemaligen NSDAP

Die Einführung eines zusätzlichen § 25 a VersG-BT, mit dem Verstöße gegen das Uniformverbot, das Flaggenverbot und das Verbot der Verwendung von Kennzeichen der ehemaligen NSDAP unter Strafe gestellt werden sollten, fand ebenfalls die Zustimmung des BR.[1544] Denn unabhängig von der Frage der konkreten Reichweite der jeweiligen Verbotsnorm war man der einhelligen Ansicht, dass eine wirksame Einhaltung der Verbote nur durch Schaffung eines entsprechenden Straftatbestandes erreicht werden konnte.

7. Zusammenfassung und Beschluss über die Einberufung des Vermittlungsausschusses nach Art. 77 Abs. 2 GG aF

Wie zu erwarten stimmte das Plenum sämtlichen Änderungsanträgen der gemeinsamen Empfehlung von Ausschuss für Innere Angelegenheiten und Rechtsausschuss zu. Zwar wurden von Seiten der BReg (*Ritter von Lex* als Vertreter des BMI) Bedenken zu einigen Neuregelungen vorgetragen,[1545] diese betrafen jedoch nur

---

1539 So die Begründung von *Dr. Zimmer*; ders., ebda. Vgl. zu dem Änderungsvorschlag insgesamt oben, S. 316 ff.

1540 *Mat.-VersG, Nr. 61*, S. 2.

1541 Insbesondere hinsichtlich der Begriffe „Versammlung“ und „freier Himmel“.

1542 *Mat.-VersG, Nr. 61*, S. 2.

1543 Ders., ebda.

1544 a.a.O., S. 3.

1545 So z.B. hinsichtlich der Ausnahmemöglichkeiten vom Uniformverbot für Jugendorganisationen.

kleine Teilaspekte. Jedoch entsprachen die beschlossenen Änderungen den Vorstellungen der BReg, die nun, nach Ablehnung durch den BT, als Diskussionsgrundlage für den Vermittlungsausschuss wieder Eingang in die parlamentarischen Beratungen gefunden hatten. Der BR beschloss auf seiner Sitzung am 22. Mai 1953,

> *„zu dem Gesetzentwurf über öffentliche Versammlungen und Aufzüge (Versammlungsgesetz) den Vermittlungsausschuss nach Art. 77 Abs. 2 GG aF [aus den vorgetragenen Gründen]*[1546] *einzuberufen.“*[1547]

1546 Diese Gründe waren die vom BR beschlossenen Änderungen zum VersG-BT, betreffend die §§ 2a (neu), 2b (neu), 2c (neu), 3 Nr. 2 (Streichung), 3 Nr. 5 (neu), 12 Abs. 3 (neu) und 25 a (neu).

1547 *Mat.-VersG, Nr. 61*, S.3.

Sechster Teil – Beratungen und Beschlussfassungen zum VersG im Vermittlungsausschuss und Verabschiedung des Versammlungsgesetzes durch den Bundestag und den Bundesrat, Juni und Juli 1953

I. Zuständigkeit des Vermittlungsausschusses und Umfang der Beratungen

Mit Schreiben vom 22. Mai 1953 übersandte der Präsident des Bundesrates den Beschluss auf Einberufung des Vermittlungsausschusses an den Vorsitzenden des Vermittlungsausschusses des Deutschen Bundestages und des Bundesrates, *Dr. Kiesinger.*[1548] Der Vermittlungsausschuss befasste sich auf seinen Sitzungen am 1. Juni 1953[1549], 18. Juni 1953[1550]

1548 Vgl. Bekanntgabe des Bundesratsbeschlusses an den Bundestag, BT-Drs. Nr. 4387/1953 = *Mat.-VersG, Nr. 63.*

1549 Siehe Kurzprotokoll der 47. Sitzung des Vermittlungsausschusses vom 1. Juni 1953, *Kurzprotokoll-Vermittlungsausschuss 1949–1953, 47. Sitzung.* An dieser Sitzung nahmen teil: die Abgeordneten des Deutschen Bundestag *Dr. Kiesinger* (Vorsitzender), *Arndgen, Kunze* und *Hoogen* (CDU), *Schoettle, Marx, Dr. Arndt, Maier, Meitmann* und *Nadig* (SPD), *Dr. Wollhausen* (FDP) sowie *Dr. von Merkatz* (DP), als Vertreter des Bundesrats *Dr. Frank* (Baden-Württemberg), *Dr. Ringelmann* (Bayern), *Dr. Klein* (Berlin), *Ehlers* (Bremen), *Neuenkirch* (Hamburg), *Zinn* (Hessen), *Borowski* (Niedersachsen), *Dr. Flecken* (Nordrhein-Westfalen), *Altmeier* (Rheinland-Pfalz), *Dr. Spiecker* (Nordrhein-Westfalen), als Vertreter der BReg *Dr. Schuberth* und *Dr. Schuster* (BMPF), *Storch, Kerschel* und *Polser* (BMA), *Schäffer, Morsmann, Fischer-Menshausen, Rogge, von Schmiedeberg, Dr. Hüchting* und *Dr. Wick* (BMF) sowie *Beutler* (BKAmt). Die Teilnahme von mehreren Vertretern des BMPF, BMA und BMF begründet sich darin, dass auf der 47. Sitzung auch der *„Entwurf eines Gesetzes über die Anrechnung von Renten in der Arbeitslosenfürsorge"*, der *„Entwurf eines Gesetzes über die Verwaltung der Bundespost (Postverwaltungsgesetz)"* und der *„Entwurf eines Gesetzes zur Änderung steuerlicher Vorschriften und zur Sicherung der Haushaltsführung"* Gegenstand der Tagesordnung waren.

1550 Siehe Kurzprotokoll der 48. Sitzung des Vermittlungsausschusses vom 18. Juni 1953, *Kurzprotokoll-Vermittlungsausschuss 1949–1953, 48. Sitzung.* An dieser Sitzung nahmen teil: die Abgeordneten des Deutschen Bundestags *Dr. Kiesinger* (Vorsitzender), *Kunze, Wackerzapp* und *Hoogen* (CDU) sowie *Schoettle* und *Nadig* (SPD), und 2. Juli 1953[1551] mit dem VersG-BT und den dazugehörigen Änderungsanträgen des BR. Trotz des Abschlusses der Beratungen auf der 47. Sitzung am 1. Juni 1953, in deren Folge ein „Mündlicher Bericht" erstellt worden war, wurde der Gesetzentwurf auf der 48. Sitzung am 18. Juni 1953 außerhalb der Tagesordnung nochmals Gegenstand der Beratungen. Inhaltlicher Anlass hierfür waren Bedenken der SPD-Bundestagsfraktion zum Strafmaß von § 25a VersG-BT.[1552] Der Ausschuss sah sich jedoch daran gehindert, ohne weiteres wieder in die Beratungen zum Gesetzentwurf einzusteigen.[1553] Zum einen war die Sache aufgrund des Mündlichen Berichts bereits an den BT zur Beschlussfassung abgegeben worden, zum anderen war fraglich, ob aufgrund eines Wechsels in der Besetzung des Vermittlungsausschusses gegen die Beschlüsse einer erneuten Beratung nicht ein Einspruch der früheren Ausschussmitglieder statthaft gewesen wäre.[1554] Die Möglichkeit einer erneuten Befassung sah der Vermittlungsausschuss aus fünf Gründen als zulässig an: Erstens waren die inhaltlichen Änderungsvorschläge grundsätzlich nicht von der Hand zu weisen.[1555] Zweitens konnte eine Anpassung[1556] durch den BT selber nicht vorgenommen werden, da dieser den Vorschlag des Vermittlungsausschusses nur mit ja oder nein beantworten durfte.[1557] Drittens war das Gesetzgebungsverfahren noch nicht abgeschlossen worden.[1558] Viertens sah man einmal getätigte Beschlüsse als nicht derart

---

als Vertreter des Bundesrats *Hohlwegler* (Baden-Württemberg), *Dr. Ringelmann* (Bayern), *Degener* (Bremen), *Dr. Krapp* (Niedersachsen), *Dr. Flecken* (Nordrhein-Westfalen), *Altmeier* (Rheinland-Pfalz), *Lübke* (Schleswig-Holstein), als Vertreter der BReg *Dr. Hohrmann* und *Fanelsa* (BMF) sowie *Dr. Kautzer* (BMfV).

1551 Siehe Kurzprotokoll der 49. Sitzung des Vermittlungsausschusses vom 2. Juli 1953, *Kurzprotokoll-Vermittlungsausschuss 1949–1953, 49. Sitzung*. An dieser Sitzung nahmen teil: die Abgeordneten des Deutschen Bundestags *Dr. Kiesinger* (Vorsitzender), *Arndgen, Dr. Jäger* und *Hoogen* (CDU), *Schoettle, Dr. Greve, Dr. Arndt* und *Krahnstöver* (SPD), *Dr. Schneider* (FDP) sowie *Dr. von Merkatz* (DP), als Vertreter des Bundesrats *Hohlwegler* (Baden-Württemberg), *Dr. Ringelmann* (Bayern), *Dr. Klein* (Berlin), *Ehlers* (Bremen), *Neuenkirch* (Hamburg), *Zinn* (Hessen), *Dr. Krapp* (Niedersachsen), *Dr. Flecken* und *Dr. Spiecker* (Nordrhein-Westfalen), *Altmeier* (Rheinland-Pfalz), *Dr. Dr. Pagel* (Schleswig-Holstein), als Vertreter der BReg *Dr. Strauß, Dr. Dallinger, Dr. Dreher* und *Dr. Lackner* (BMJ), *Bleek, Ritter von Lex, Dr. Kitz, Gottschick* und *Dr. Füßlein* (BMI), *Storch* (BMA) sowie *Schäffer* und *Dr. Elsholz* (BMF).

1552 Siehe hierzu sogleich, S. 334.

1553 *Kurzprotokoll-Vermittlungsausschuss 1949–1953, 48. Sitzung*, S. 2.

1554 a.a.O., S. 3.

1555 Ders., ebda.

1556 Die Änderungen waren von der SPD-Bundestagsfraktion ins Spiel gebracht worden.

1557 *Kurzprotokoll-Vermittlungsausschuss 1949–1953, 48. Sitzung*, S. 3. Siehe entsprechend die gesetzliche Regelung hierzu in § 10 Abs. 2 GO VermA: *„Der Bundestag stimmt nur über den Einigungsvorschlag ab. Zu dem Vorschlag können vor der Abstimmung Erklärungen abgegeben werden. Ein anderer Antrag zur Sache ist nicht zulässig."*

1558 *Kurzprotokoll-Vermittlungsausschuss 1949–1953, 48. Sitzung*, S. 2. Erst mit Beschluss des BT gem. Art. 77 Abs. 2 S. 5 GG aF dürfte eine erneute Befassung durch den Vermittlungsausschuss unzulässig geworden sein.

bindend an, wie beim BT, dem nach einem entsprechenden Beschluss keine erneute Behandlung oder Befassung mehr möglich gewesen wäre.[1559] Zuletzt stand einer erneuten Befassung auch keine ausdrückliche Regelung in der GO VermA entgegen.[1560] Denn die Vorschrift des § 12 Abs. 3 und 4 GO VermA[1561] galt nur für Fälle, in denen keine Vermittlung zustande kommt. Um einen möglichen Einspruch von (ehemaligen) Ausschussmitgliedern zu vermeiden, beschloss man, vor einer erneuten Beratung die schriftliche Zustimmung dazu von allen an der ersten Beratung teilnehmenden Ausschussmitgliedern einzuholen.[1562] Da auf dieses Schreiben hin kein Widerspruch der früheren Ausschussmitglieder erhoben wurde,[1563] konnte die Beratung auf der 49. Sitzung am 1. Juli 1953 fortgesetzt werden. Die Verfahrensweise des Vermittlungsausschusses dürfte in keiner Weise zu beanstanden sein. Es wurden alle in Betracht kommenden rechtlichen Aspekte überprüft und abgewogen. Dabei ist insbesondere hervorzuheben, dass man durch den Schwebezustand des Vermittlungsvorschlags[1564] mit guten Gründen annehmen konnte, dass das Vermittlungsverfahren noch nicht derart abgeschlossen worden sei, dass eine erneute Behandlung faktisch unmöglich wurde. *De lege lata* waren keine (grundgesetzlichen) Regelungen vorhanden, die eine erneute Befassung verhinderten. Wäre der Vermittlungsvorschlag bereits auf die Tagesordnung des BT gesetzt worden, so wäre der Fall wohl anders zu bewerten gewesen. Die alleinige Befragung der Ausschussmitglieder, und nicht etwa der Mitglieder von BT oder BR, zu dem geplanten Vorgehen entsprach dabei der Regelung des Art. 77 Abs. 2 S. 3 GG. Die Weisungsungebundenheit der Ausschussmitglieder musste auch die Entscheidung über eine erneute Befassung im Ausschuss enthalten. Neben der rechtlichen Würdigung des Vorgehens war die getroffene Entscheidung auch deshalb zu begrüßen, da eine Vermittlung im Vordergrund stand, die zu erzielen oberstes Anliegen sein musste, solange die rechtliche Möglichkeit dazu bestand.[1565]

1559 a.a.O., S. 3.

1560 Ders., ebda.

1561 *„Auf andere Weise kann das Verfahren ohne Einigungsvorschlag nicht abgeschlossen werden. (4) Der Vorsitzende hat den Abschluss des Verfahrens festzustellen und unverzüglich dem Präsidenten des Bundestages und des Bundesrates mitzuteilen."*

1562 *Kurzprotokoll-Vermittlungsausschuss 1949–1953, 48. Sitzung*, S. 4. Dies geschah dann auch mit einem Schreiben vom 18. Juni 1953.

1563 *Kurzprotokoll-Vermittlungsausschuss 1949–1953, 49. Sitzung*, S. 3.

1564 Nach Beschlussfassung, aber noch vor Terminierung auf der Tagesordnung des BT.

1565 In der weiteren Darstellung wird keine Unterscheidung zwischen der Beratung in der 47. Sitzung am 1. Juni 1953 und der Beratung in der 49. Sitzung am 1. Juli 1953 vorgenommen.

II. Inhaltliche Änderungen des Gesetzentwurfs durch die Beschlüsse des Vermittlungsausschusses

1. Überschrift des Gesetzes

Auf Anregung von *Ritter von Lex* (BMI) erörterte der Vermittlungsausschuss eine Änderung der Überschrift des Gesetzes. Aufgrund des Geltungsbereichs von Vorschriften, insbesondere der Strafvorschriften wie § 19 VersG-BT (Versammlungssprengung) auch für nicht-öffentliche Versammlungen wurde die Streichung des Wortes „öffentlich" in der Gesetzesüberschrift erwogen. Dadurch wollte man dem etwaigen Missverständnis vorbeugen, die betreffenden Normen würden nur für öffentliche Versammlungen gelten.[1566] Ein entsprechender Antrag von *Dr. Kiesinger* wurde einstimmig angenommen.[1567]

2. Uniformverbot

Die vom Bundesrat vorgeschlagene Wiederaufnahme eines generellen Uniformverbots fand die grundsätzliche Zustimmung aller Ausschussmitglieder. Jedoch war die vorgesehene Ausnahmeregelung für Jugendorganisationen Gegenstand einer längeren Diskussion. So führte der BT-Abgeordnete *Hoogen* (Berichterstatter, CDU) aus, die Regelung eines neuen § 2a Abs. 2 VersG-BT beinhalte einen Widerspruch, da das Uniformverbot somit nur für Erwachsene, nicht jedoch für Jugendliche gelten sollte.[1568] Er befürchtete jedoch, dass es mit dem Vorschlag[1569] zu einer unterschiedliche Handhabung der Ausnahmemöglichkeit in den Ländern kommen würde.[1570] *Hoogen* erwog daher aus Gründen der einheitlichen Rechtsanwendung eine komplette Streichung von § 2 a Abs. 2 VersG-BT. Diesen Bedenken widersetzte sich der Abgeordnete *Marx* (SPD), der ein Uniformverbot für Jugendliche für *„unzweckmäßig"* hielt.[1571] Jugendorganisationen würden in erster Linie der *„Gemeinschaftspflege"* dienen, *„der durch eine einheitliche Kleidung Ausdruck gegeben würde."*[1572] *Dr. Kiesinger* (CDU) griff den Gedanken der *„Gemeinschaftspflege"* auf und sah eine Streichung von § 2a Abs. 2 VersG-BT als gerechtfertigt an, wenn *„zweifelsfrei feststünde, dass die gleichartige Kleidung nicht als Ausdruck einer politischen Gesinnung*

1566 *Kurzprotokoll-Vermittlungsausschuss 1949–1953, 49. Sitzung*, S. 4.

1567 Nunmehr sollte die Überschrift nur noch „Gesetz über Versammlungen und Aufzüge" lauten, vgl. „Mündlicher Bericht des Vermittlungsausschusses zu dem Entwurf eines Gesetzes über öffentliche Versammlungen und Aufzüge (Versammlungsgesetz)" vom 2. Juli 1953, BT-Drs. 4409/1953, S.2 = *Mat.-VersG, Nr. 64*, S. 2.

1568 *Kurzprotokoll-Vermittlungsausschuss 1949–1953, 47. Sitzung*, S. 14. *Hoogen* sah keine Begründung für diesen Unterschied.

1569 Entscheidung einer Ausnahme jeweils durch die obersten Landesbehörden.

1570 Ders., ebda.

1571 Ders., ebda.

1572 Ders., ebda. Hier ist z.B. an Pfadfinder zu denken. *Marx* unterstellte also Jugendorganisationen eine unpolitische Ausrichtung in ihren Unternehmungen.

zu beurteilen sei.“[1573] Er hielt also die Aufnahme eines Ausnahmetatbestandes für überflüssig, wenn von vornherein klar war, dass bei Jugendorganisationen gleichartige Kleidung immer (und ausschließlich) der Bekräftigung der Gemeinschaftspflege dienen sollte. Auch *Ritter von Lex* (BMI) sprach sich für eine Streichung von § 2a Abs. 2 VersG aus. Er wollte die Entscheidung über Ausnahmemöglichkeiten allein der Praxis überlassen. Nach seiner Ansicht sollten zum einen die Gerichte entscheiden, welche Jugendorganisationen (überhaupt) unter das Uniformverbot fallen sollten,[1574] zum anderen sollte auf Landesebene eine Einschränkung des Verbotstatbestandes durch Anweisungen an die zuständigen Polizeibehörden erfolgen.[1575] Dem erwiderte *Marx* (SPD), dass dies die Gefahr einer unterschiedlichen Behandlung von Jugendorganisationen auf Länderebene in sich berge.[1576] Auch der Abgeordnete *Dr. von Merkatz* (DP) sprach sich für eine Streichung von § 2a Abs. 2 in der Fassung des BR aus. Jedoch wollte er sichergestellt wissen, dass Jugendorganisationen dennoch nicht dem Anwendungsbereich des § 2a Abs. 1 unterliegen. Da in seinen Augen eine Unterscheidung zwischen nicht-politischer Gemeinschaftspflege und politischen Jugendverbänden[1577] in der Praxis nur schwer vorzunehmen sei, schlug er folgende Neufassung von § 2a Abs. 2 VersG-BT vor:

> *„Diese Bestimmungen treffen nicht für Jugendorganisationen mit ausgesprochenem jugendpflegerischen Charakter zu. In Zweifelsfällen entscheidet der Bundesminister des Innern.“*[1578]

Ob mit dieser Neufassung die angestrebte Klarheit einer Ausnahmeregelung geschaffen werden konnte, erscheint zumindest fragwürdig. Zwar sollte durch die allein beim BMI liegende Befugnis die *„Einheitlichkeit im Bundesgebiet“* gesichert werden,[1579] dennoch konnte diese Formulierung Unklarheiten nicht gänzlich ausräumen. Gleichwohl beschloss der Vermittlungsausschuss zunächst folgende Fassung von § 2a Abs. 2 VersG-BT:

> *„(2) Das Verbot des Tragens gleichartiger Kleidungsstücke gilt nicht für Mitglieder von Jugendverbänden, die sich vorwiegend der Jugendpflege widmen. In Zweifelsfällen entscheidet der Bundesminister des Innern.“*[1580]

Zwar war es nun bei einem Ausnahmetatbestand für Jugendorganisationen geblieben, dieser war jedoch deutlich enger, aber zugleich genauer gefasst als der Vorschlag des BR: Enger, da nur das Verbot gleichartiger Kleidungsstücke eingeschränkt wurde, genauer, weil nun der Maßstab für mögliche Ausnahmen in der

---

1573 Ders., ebda.
1574 Also dann nicht, wenn im Einzelfall feststeht, dass gleiche Kleidung oder Uniformen nicht Ausdruck einer politischen Gesinnung sind.
1575 *Kurzprotokoll-Vermittlungsausschuss 1949–1953, 47. Sitzung*, S. 15.
1576 Ders., ebda.
1577 Hier sei z.B. an die Jugendorganisationen der politischen Parteien zu denken.
1578 Siehe insgesamt *Kurzprotokoll-Vermittlungsausschuss 1949–1953, 47. Sitzung*, S. 15.
1579 So die Begründung von *Dr. von Merkatz*, ders., ebda.
1580 Ders., ebda.

Ausrichtung der Jugendorganisation gefunden werden konnte. Dass für Uniformen und Uniformteile kein Ausnahmetatbestand beschlossen wurde, erscheint im ersten Moment nachvollziehbar, da man der Uniform wohl eine naturgegebene politische Aussagekraft (und sei diese positiver Natur) beimaß. Dies berücksichtigte jedoch nicht die Fälle, in denen rein äußerlich mehr als ein gleichartiges Kleidungsstück wie das Pfadfinderhalstuch, nämlich die gesamte Bekleidung einen uniformellen Charakter wegen des gleichen äußeren Erscheinungsbildes bekam,[1581] gleichwohl der Schwerpunkt der Jugendorganisation auf der Gemeinschaftspflege lag.[1582]

Zwar nahm der Ausschuss noch eine Änderung in § 2a Abs. 2 vor, diese betraf jedoch nicht den Umfang der Ausnahmeregelung. Sie sollte lediglich zur Klärung von Zweifeln hinsichtlich der Rechtsnatur von Entscheidungen des BMI in Form eines *„überregionalen Verwaltungsaktes"* führen.[1583] Letztlich beschloss der Vermittlungsausschuss folgende Fassung von § 2a VersG-BT:

> *„(1) Es ist verboten, öffentlich oder in einer Versammlung Uniformen, Uniformteile oder gleichartige Kleidungsstücke als Ausdruck einer gemeinsamen politischen Gesinnung zu tragen.*
> *(2) Das Verbot des Tragens gleichartiger Kleidungsstücke gilt nicht für Mitglieder von Jugendverbänden, die sich vorwiegend der Jugendpflege widmen. Ob diese Voraussetzung vorliegt, entscheidet bei Jugendverbänden, die sich über das Gebiet eines Landes hinaus erstrecken, der Bundesminister des Inneren, sonst die oberste Landesbehörde."*

3. Verbot der Verwendung von Kennzeichen der ehemaligen NSDAP

Hinsichtlich des Verbots der Verwendung von Kennzeichen der ehemaligen NSDAP in § 2b VersG-BT der Vorschläge des BR herrschte Einstimmigkeit[1584] zwischen den Mitgliedern des Vermittlungsausschusses, so dass § 2b VersG-BT in der folgenden Fassung beschlossen wurde:

> *„Es ist verboten, öffentlich oder in einer Versammlung Kennzeichen ehemaliger nationalsozialistischer Organisationen zu verwenden."*[1585]

Damit wurde das Verbot auf sämtliche Organisationen der Nationalsozialisten ausgeweitet, also z.B. auch auf die Kennzeichen von SS oder SA, und blieb nicht auf die NSDAP begrenzt.

1581 So z.B. eine Pfadfinderuniform oder Uniformen von Jugendorganisationen der Hilfswerke wie Jugendfeuerwehr oder Rotes Kreuz Jugend.

1582 Der Begriff „Uniform" als eine Art „Einheitsanzug" für die gemeinsame Tätigkeit, ohne politischen Hintergrund oder politische Aussagekraft.

1583 *Kurzprotokoll-Vermittlungsausschuss 1949–1953, 49. Sitzung*, S. 4.

1584 Denn das bisherige Fehlen im VersG-BT lag allein an einer erwarteten Regelung in der Strafrechtsnovelle.

1585 *Kurzprotokoll-Vermittlungsausschuss 1949–1953, 47. Sitzung*, S. 15.

4. Flaggenverbot

Das vom BR für § 2c VersG-BT vorgeschlagene Flaggenverbot[1586] wurde hingegen vom Vermittlungsausschuss abgelehnt. Damit wurde im Ergebnis den Bedenken von BReg und Mehrheit des BT gefolgt. Schon bei der ersten Erörterung im Kabinett waren Bedenken zu der geplanten Regelung eines Flaggenverbots geäußert worden; man befürchtete insbesondere eine Wiederkehr des Flaggenstreits aus den 20er Jahren.[1587] Dies hatte im Wesentlichen zu der Entscheidung des Kabinetts, in den RegE keine Regelung über ein Flaggenverbot aufzunehmen, geführt.[1588] Auch im Bundestag wurde diese Entscheidung von der Mehrheit befürwortet. Jedoch sah man nicht die Gefahr eines erneuten Flaggenstreits, vielmehr wollte man, statt mittels gesetzlicher Verbote, durch eine positive Betonung der Symbole der Bundesrepublik eine Abkehr von den Fahnen, Flaggen und Symbolen aus der Zeit vor 1945 erreichen,[1589] ein Weg, der auch die Mehrheit der Mitglieder des Vermittlungsausschusses zu überzeigen schien. Berichterstatter *Hoogen* (CDU) verwies ausdrücklich auf die Beratungen im Plenum.[1590] Mit dem endgültigen Verzicht auf ein gesetzliches Flaggenverbot bestätigte der Vermittlungsausschuss die gesetzgeberische Grundtendenz. Es wurde als kontraproduktiv angesehen, nicht Gewolltes vorschnell mittels Verbot zu verhindern. Denn dies barg immer auch die Gefahr, eine *„Märtyrerstellung“*[1591] zu schaffen, statt durch die Vermittlung demokratischer Werte eine Nichtverwendung dieser „undemokratischen“ Gegenstände zu erreichen.[1592] Durch den Verzicht auf ein Verbot wurde das Vertrauen in die Demokratie unterstrichen und gestärkt.

5. Präventivverbote des § 3 VersG-BT

Die vom BR vorgeschlagenen Änderungen in § 3 VersG-BT fanden die Zustimmung des Vermittlungsausschusses. Sowohl die Streichung von § 3 Nr. 2 VersG-BT (Präventivverbot bei fehlender oder falscher Namensangabe in der Einladung) als auch die Hinzufügung eines zusätzlichen Verbotstatbestandes für den Verstoß gegen bestimmte Strafvorschriften (nunmehr § 3 Nr. 4 (neu) VersG-BT) wurden unverändert übernommen.[1593] Zusätzlich nahm der Ausschuss noch eine Veränderung in § 3 Nr. 4 (alt) bzw. Nr. 3 (neu) VersG-BT vor.[1594]

1586 Siehe oben, S. 313.
1587 Siehe oben, S. 120.
1588 Siehe oben., S. 129.
1589 *Mat.-VersG, Nr. 8*, S. 4. Vgl. zudem oben, S. 157 f.
1590 *Kurzprotokoll-Vermittlungsausschuss 1949–1953, 47. Sitzung*, S. 15.
1591 *Mat.-VersG, Nr. 8*, S. 4.
1592 Man könnte auch vom „Reiz des Verbotenen“ sprechen.
1593 *Kurzprotokoll-Vermittlungsausschuss 1949–1953, 47. Sitzung*, S. 16.
1594 Ders., ebda. Dies betraf aber nur eine grammatikalische Korrektur.

6. Begriff der öffentlichen Versammlung

Hingegen fand der Vorschlag des BR, in § 12 VersG-BT einen zusätzlichen Abs. 3 (Auslegungsregel für den Begriff der öffentlichen Versammlung unter freiem Himmel) aufzunehmen, nicht die Zustimmung des Vermittlungsausschusses. Im Wesentlichen sah man verfassungsrechtliche Schwierigkeiten. So hielt es *Hoogen* (CDU) nicht für vertretbar, *„derartige Auslegungen des Grundgesetzes in einem Gesetz vorzunehmen.“*[1595] Gerade vor dem Hintergrund von Art. 8 Abs. 2 GG[1596] dürfte die geplante Regelung, neben zusätzlichen praktischen Problemen,[1597] verfassungsrechtlich zumindest fragwürdig erscheinen. Denn mit dem Gesetzesvorbehalt in Art. 8 Abs. 2 GG aF sollte für Versammlungen unter freiem Himmel eine Möglichkeit der Einschränkung des Grundrechts geschaffen werden, da man von diesen Veranstaltungen stärkere Einflüsse auf die Öffentlichkeit erwarten konnte, als bei einer Versammlung in geschlossenen Räumen. Der Vorschlag des BR entsprach aber nicht eindeutig dem Sinn und Zweck des Gesetzesvorbehalts. Denn der Schwerpunk der Versammlung lag immer in einem geschlossenen Raum, war also nach wie vor „begrenzt“. Man stelle sich den Fall vor, dass Personen an offenen Fenstern stehen und so ebenfalls teilnehmen, und sei es aufgrund der Verwendung von Lautsprechern nur im Versammlungsraum. Dann würde jedoch (richtigerweise) niemand eine öffentliche Versammlung unter freiem Himmel angenommen haben. Es war also schon vor dem Hintergrund einer möglichst uneingeschränkten Möglichkeit der Grundrechtsausübung geboten, den Vorschlag des Bundesrats abzulehnen.

7. Ausnahmen von den Vorschriften über Versammlungen unter freiem Himmel, § 15 VersG-BT

Auf Anregung der Abgeordneten *Dr. Arndt* (SPD) und *Dr. Kiesinger* (CDU) erfolgte eine redaktionelle Ergänzung des Ausnahmetatbestandes. Danach sollten nun auch *„Gottesdienste unter freiem Himmel“* in den Wortlaut der Norm aufgenommen werden.[1598] Dies fand die einhellige Zustimmung der Ausschussmitglieder.

8. Strafbarkeit des Verstoßes gegen Uniformverbot und Verbot der Verwendung von Kennzeichen der ehemaligen NSDAP

Der Änderungsvorschlag des BR auf Einführung eines zusätzlichen § 25 a VersG wurden in einer modifizierten Fassung durch den Ausschuss angenommen. Da zuvor nur das Uniformverbot (§ 2a) und das Verbot der Verwendung von Kennzeichen ehemaliger nationalsozialistischer Organisationen (§ 2b) beschlossen worden waren,

1595 Ders., ebda.
1596 Vgl. ders., ebda.
1597 Siehe oben, S. 316.
1598 *Kurzprotokoll-Vermittlungsausschuss 1949–1953, 49. Sitzung*, S. 4.

wurde in § 25a nur noch deren Nichtbefolgung unter Strafe gestellt.[1599] In der 49. Sitzung am 1. Juli 1953 war die Norm erneut Gegenstand der Verhandlungen. Die SPD-Bundestagsfraktion hatte Bedenken gegen die Höhe des in § 25 a VersG-BT vorgesehenen Strafmaßes (Gefängnis bis zu fünf Jahren) erhoben, das im Vergleich zu den anderen Strafnormen, insbesondere zu den Verstößen gegen das Waffenverbot (§§ 22 und 25, jeweils mit Strafandrohung von Gefängnis bis zu einem Jahr) den SPD-Abgeordneten unverhältnismäßig hoch erschien. Denn die bisherigen Beratungen sowie Art. 8 Abs. 1 GG ließen nicht erkennen, weshalb einem Verstoß gegen Uniformverbot und Verbot von nationalsozialistischen Kennzeichen ein deutlich höherer Unwertgehalt innewohnen sollte als einem Verstoß gegen das Waffenverbot, der sich direkt gegen Art. 8 Abs. 1 GG richten musste. Gleichwohl beließ der Vermittlungsausschuss das Strafmaß in § 21 (Werbung für eine verbotene Versammlung) bei Gefängnis bis zu fünf Jahren. Die Beibehaltung der Höhe des Strafmaßes hätte die Wichtigkeit des Uniformverbots und des Verbots von nationalsozialistischen Kennzeichen also noch deutlicher unterstreichen können, zumal das Verbot nicht auf öffentliche Versammlungen beschränkt war, sondern vielmehr generell für die Öffentlichkeit galt.[1600]

9. Zusammenfassung

In seinen Beratungen kam der Vermittlungsausschuss zu keinen überraschenden Ergebnissen. Wie zu erwarten lag der Schwerpunkt der Diskussionen bei den §§ 2a, 2b und 2c VersG-BT der Änderungsvorschläge des BR. Für das Uniformverbot hatten sich bereits BMI, die BReg und der BR ausgesprochen, lediglich im BT gab es dazu Vorbehalte, die schlussendlich aufgegeben wurden. Die Möglichkeit von Ausnahmen für Jugendorganisationen ist als eine gelungene Kompromisslösung anzusehen. Denn mit ihr wurden die gegensätzlichen Standpunkte in zufrieden stellender Weise in Übereinstimmung gebracht. So galt das Uniformverbot nun grundsätzlich für jedermann. Gleichzeitig wurde die vormals umstrittene Ausnahmeregelung für Jugendorganisationen in modifizierter Weise beibehalten, wobei positiv feststehen musste, dass die Organisation vorwiegend der Jugendpflege diente. Dass das Flaggenverbot nicht aufgenommen wurde, ist Ausdruck der überwiegenden (historisch geprägten) Bedenken einer solchen Verbotsnorm und sollte Raum für eine demokratische Entwicklung (anstelle gesetzlichen Zwangs) lassen. Mit der Ablehnung eines zusätzlichen § 12 Abs. 3 VersG-BT vermied man eine verfassungsrechtlich bedenkliche Auslegungsregel.

1599 *Kurzprotokoll-Vermittlungsausschuss 1949–1953, 47. Sitzung*, S. 16. Das Flaggenverbot war durch den Ausschuss verworfen worden.

1600 Es war der klare politische Wille durch die beiden Verbote die Abkehr von der nationalsozialistischen und undemokratischen Vergangenheit des Landes, die von bestimmten Kennzeichen und Symbole sowie einem hohen Maß an der öffentlichen Uniformierung gekennzeichnet war, deutlich zum Ausdruck zu bringen.

Die vom Rechtsausschuss des BR aufgeworfenen Frage, ob in VersG-BT ein Zustimmungs- oder Einspruchsgesetz zu sehen sei,[1601] wurde im Vermittlungsausschuss, wie auch schon im Plenum des BR, nicht weiter verfolgt. Auch von Seiten des BT oder der BReg gab es dazu keine weiteren Ausführungen. Das VersG-BT wurde somit (auch weiterhin) als ein Zustimmungsgesetz behandelt.

III. Erörterung der Beschlüsse des Vermittlungsausschusses und Verabschiedung des Gesetzes durch den Bundestag am 3. Juli 1953

Der Bundestag befasste sich auf seiner Sitzung am 3. Juli 1953 mit dem Beschluss des Vermittlungsausschusses.[1602] Mit der Berichterstattung war der Abgeordnete *Hoogen* (CDU) befasst. Neben der Erläuterung der einzelnen Änderungsvorschläge des Vermittlungsausschusses betonte *Hoogen* nochmals, dass der BT sich bisher deshalb gegen das Uniformverbot ausgesprochen habe, da man es für praktisch nicht durchführbar hielt, nicht, weil man das Verbot inhaltlich nicht gewollt habe.[1603] Die Möglichkeit zur Aussprache nahm lediglich die Gruppe der KPD war. Deren Vertreter *Fisch* forderte zunächst eine getrennte Abstimmung über die einzelnen Änderungspunkte.[1604] Dieser Antrag war überflüssig, da der Vermittlungsausschuss gem. § 10 Abs. 3 S. 1 GO VermA eine getrennte Abstimmung im BT festgelegt hatte.[1605] Inhaltlich lehnte Fisch die Neufassung von § 3 Nr. 3 VersG-BT ab, da er darin eine *„Zerstörung der Meinungsfreiheit"* und die *„Legalisierung der Polizeiwillkür"* verwirklicht sah.[1606]

Im Ergebnis wurde der Antrag des Vermittlungsausschusses (BT-Drs. 4409) durch den Bundestag angenommen. Das VersG-BT war dadurch mit den Änderungen aus dem Antrag des Vermittlungsausschusses am 3. Juli 1953 als VersG[1607] wirksam verabschiedet worden.

1601 Vgl. oben, S. 311.

1602 „Protokoll der 280. Sitzung des Deutschen Bundestages am 3. Juli 1953", *Mat.-VersG, Nr. 65.*

1603 a.a.O., S. 1. Nun wollte man aber dem BR folgenden, der von einer praktischen Durchführbarkeit ausging.

1604 a.a.O., S. 2.

1605 Siehe *Kurzprotokoll-Vermittlungsausschuss 1949–1953, 47. Sitzung*, S. 17. Dies war dem BT auch mitgeteilt worden, vgl. „Mündlicher Bericht des Ausschusses nach Art. 77 des Grundgesetzes (Vermittlungsausschuss) zum Entwurf eines Gesetzes über öffentliche Versammlungen und Aufzüge (Versammlungsgesetz)" vom 2. Juli 1953, BT-Drs. 4409/53= *Mat.-VersG, Nr. 64.*

1606 *Mat.-VersG, Nr. 65*, S. 2.

1607 Siehe zu der endgültigen Fassung im Anhang, S. CXXI. Durch die Einfügung des Uniformverbots und des Verbots von Kennzeichen nationalsozialistischer Organisationen als § 3 VersG und § 4 VersG, verschob sich die Zählung der nachfolgenden §§. Das Präventivverbot aus § 3 VersG-BT stand nun in § 5 VersG usw.

IV. Zustimmungsbeschluss des Bundesrates

Mit Schreiben vom 3. Juli 1953 teilte Bundestagspräsident *Dr. Ehlers* die Verabschiedung des VersG durch den BT dem Präsidenten des Bundesrates und den Vertretungen der Länder mit.[1608] Auf seiner 112. Sitzung vom 3. Juli 1953 war der Vorschlag des Vermittlungsausschusses Gegenstand der Tagesordnung des Bundesrates.[1609] Auch auf dieser Sitzung trat der Bundestagsabgeordnete *Hoogen* (CDU) als Berichterstatter auf. Neben einer allgemeinen Darstellung der Beschlüsse des Vermittlungsausschusses, die im Wesentlichen auf Änderungsanträgen des BR beruhten, ging er insbesondere auf die vom Vermittlungsausschuss abgelehnten BR-Anträge ein.[1610]

Bei der anschließenden Abstimmung wurde der Antrag des Vermittlungsausschusses durch den Bundesrat angenommen.

V. Ausfertigung und Verkündung des Gesetzes

Mit Schreiben vom 3. Juli 1953 teilte der Präsident des Bundesrates dem Bundeskanzler die Zustimmung des Bundesrates gem. Art. 84 Abs. 1 i.V.m. Art. 78 GG zu dem vom Bundestag am 3. Juli 1953 verabschiedeten VersG mit.[1611]

Nach Gegenzeichnung durch Bundesinnenminister *Dr. Lehr* und Bundeskanzler *Dr. Adenauer* gem. Art. 82 Abs. 1 GG aF wurde das VersG ausgefertigt und am 24. Juli 1953 von Bundespräsident *Heuss* im Bundesgesetzblatt verkündet.[1612] Es trat gem. § 32 VersG 14 Tage später am 10. August 1953 in Kraft.

1608 „Bekanntgabe des Beschlusses des Bundestages aufgrund des Mündlichen Berichts des Ausschusses nach Artikel 77 des Grundgesetzes (Vermittlungsausschuss) zu dem Entwurf eines Gesetzes über öffentliche Versammlungen und Aufzüge" vom 3. Juli 1953, BR-Drs. 342/53 = *Mat.-VersG, Nr. 67.*

1609 „Protokoll der 112. Sitzung des Bundesrates am 3. Juli 1953", *Mat.-VersG, Nr. 68.*

1610 *Mat.-VersG, Nr. 68,* S. 1. *Hoogen* führte insbesondere zum Flaggenverbot und dem Begriff der Versammlung unter freiem Himmel aus und übermittelte das Beratungsergebnis des Vermittlungsausschusses.

1611 „Mitteilung des Präsidenten des Bundesrates über die Zustimmung des Bundesrates zu dem vom Bundestag am 3. Juli 1953 verabschiedeten Entwurf eines Gesetzes über Versammlungen und Aufzüge (Versammlungsgesetz)" vom 3. Juli 1953, BR-Drs. 342/53 (Beschluss) = *Mat.-VersG,* Nr. 69.

1612 „Gesetz über Versammlungen und Aufzüge (Versammlungsgesetz)" vom 24. Juli 1953, BGBl. I, S 684–687 = *Mat.-VersG, Nr. 70.*

Siebenter Teil – Änderungen des Versammlungsgesetzes bis 2008 und Auswirkungen der Föderalismusreform

I. Änderungsgesetze zum und Neufassung des Versammlungsgesetzes

1. Änderungen von 1953 bis 1974

a) Vereinsgesetz von 1964

Eine erste Änderung des VersG wurde durch das Inkrafttreten des Vereinsgesetzes[1613] im August 1964 vorgenommen. § 29 Vereinsgesetz sah eine inhaltliche Anpassung von § 3 Abs. 2 VersG vor, der nunmehr noch klarer die zwingende Ausnahme vom Uniformverbot für Jugendverbände, die der Jugendpflege dienen, vorsah.[1614]

b) Einführungsgesetz zum Gesetz über Ordnungswidrigkeiten von 1968

Mit Inkrafttreten von Art. 32 des Einführungsgesetzes zum Gesetz über Ordnungswidrigkeiten am 1. Oktober 1968[1615] wurde ein zusätzlicher § 29 a in das VersG aufgenommen, der nunmehr die Möglichkeit der Einziehung von Gegenständen, die der Verwirklichung von strafbaren Verstößen gegen das Waffen- und Uniformverbot sowie das Verbot der Verwendung von Kennzeichen ehemaliger nationalsozialistischer Organisationen (§§ 27 und 28 VersG) dienen, vorsah.[1616]

1613 Gesetz zur Regelung des öffentlichen Vereinsrechts (Vereinsgesetz) vom 5. August 1964, BGBl. I 1964, S. 593 ff.

1614 § 3 Abs. 2 VersG lautete nunmehr: „*Jugendverbänden, die sich vorwiegend der Jugendpflege widmen, ist auf Antrag für ihre Mitglieder eine Ausnahmegenehmigung von dem Verbot des Absatzes 1 zu erteilen. Zuständig ist bei Jugendverbänden, deren erkennbare Organisation oder Tätigkeit sich über das Gebiet eines Landes hinaus erstreckt, der Bundesminister des Innern, sonst die oberste Landesbehörde. Die Entscheidung des Bundesministers des Innern ist im Bundesanzeiger und im Gemeinsamen Ministerialblatt, die der obersten Landesbehörden in ihren amtlichen Mitteilungsblättern bekanntzumachen.*“

1615 Einführungsgesetz zum Gesetz über Ordnungswidrigkeiten (EGOWiG) vom 24. Mai 1968, BGBl. I 1968, S. 503 ff.

1616 § 29a VersG lautete: „*Gegenstände, auf die sich eine Straftat nach § 27 oder § 28 bezieht, können eingezogen werden.*“

c) 3. Strafrechtsreformgesetz von 1970

Durch Art. 3 des 3. Strafrechtsreformgesetzes[1617] wurde § 23 VersG (Öffentliche Aufforderung zur Teilnahme an einer verbotenen Versammlung oder Aufzug) aufgehoben, da sich dieser Straftatbestand nunmehr in dem geänderten § 111[1618] StGB wiederfand und eine Anstiftungsstrafbarkeit auch mit Blick auf § 29 VersG vorsah. Zusätzlich sah Art. 3 des 3. Strafrechtsreformgesetzes die Streichung von § 29 Nr. 4 VersG[1619] vor, wodurch die bisherigen Nr. 5 und 6 zu neuen Nr. 4 und 5 wurden.

d) Einführungsgesetz zum StGB von 1974

Eine umfangreichere Änderung des 4. Abschnitts des VersG (Strafvorschriften) wurde durch das Einführungsgesetz zum StGB[1620] vorgenommen. Art. 81 EGStGB sah dabei sowohl eine Abmilderung der vorhandenen Strafandrohung bei einer Mehrzahl der Strafnormen als auch teilweise eine sprachliche Anpassung bestimmter Straftatbestände vor. So wurde in § 21 VersG (Strafbarkeit der Sprengung einer Versammlung) die Strafandrohung von bis zu fünf Jahren Freiheitsstrafe auf maximal drei Jahre herabgesetzt. § 22 VersG (Widerstand gegen den Leiter oder Ordner einer Versammlung) wurde sprachlich neu gefasst, ohne eine Anpassung des Strafmaßes.[1621] In § 24 VersG (Strafbarkeit des Einsatzes bewaffneter Ordner) wurde die Strafandrohung auf Geldstrafe (neben einer Freiheitstrafe von bis zu einem Jahr) erweitert. § 25 VersG (Strafbarkeit bei Abweichung von Angaben der Anmeldung oder nicht befolgten Auflagen) sah nunmehr zusätzlich Geldstrafe von bis zu 180 Tagessätzen vor. § 26 VersG (Strafbarkeit des Versammlungsleiters bei Fortsetzung trotz Verbot oder Auflösung sowie Abhalten einer Versammlung ohne Anmeldung) wurde die Strafandrohung von sechs Monaten Freiheitsstrafe auf Freiheitsstrafe bis zu einem Jahr angehoben. Gleichzeitig wurde § 26 Abs. 2 VersG und die darin

---

1617 Drittes Gesetz zur Reform des Strafrechts (3. StrRG) vom 20. Mai 1970, BGBl. I 1970, S. 505 ff. Zu den Änderungen aufgrund des 1. Strafrechtsreformgesetzes von 1969, insbesondere mit Blick auf die Vereinheitlichung des Begriffs der Freiheitsstrafe, siehe Fußnote 302.

1618 § 111 StGB lautete in seiner Fassung aufgrund des 3. StrRG: „*(1) Wer öffentlich, in einer Versammlung oder durch Verbreiten von Schriften, Tonträgern, Abbildungen oder Darstellungen zu einer mit Strafe bedrohten Handlung auffordert, wird wie ein Anstifter bestraft. (2) Bliebt die Aufforderung ohne Erfolg, so ist die Strafe nach den Vorschriften über die Bestrafung des Versuchs zu mildern.*“

1619 Strafbarkeit des Nichtentfernens von einer aufgelösten Versammlung trotz Aufforderung durch die Polizei.

1620 Einführungsgesetz zum Strafgesetzbuch (EGStGB) vom 2. März 1974, BGBl. I 1974, S. 469 ff.

1621 So wurde in § 22 VersG die Formulierung „*durch Gewalt oder durch Bedrohung mit Gewalt*“ durch die Formulierung „*mit Gewalt oder Drohung mit Gewalt*“ ersetzt.

vorgesehene Möglichkeit einer fahrlässigen Begehungsweise ersatzlos gestrichen.[1622] Zusätzlich wurde in § 26 Abs. 1 Ziffer 1 VersG die Strafbarkeit bei Verstößen gegen ein Versammlungsverbot das zusätzliche Erfordernis der Vollziehbarkeit des Verbots aufgenommen.[1623]

Auch in den §§ 27 (Strafbarkeit bei Verstößen gegen das Waffenverbot) und 28 (Strafbarkeit bei Verstößen gegen das Uniformverbot und bei Verwendung von Kennzeichen ehemaliger nationalsozialistischer Organisationen) war nunmehr neben der Freiheitsstrafe auch die Möglichkeit der Geldstrafe vorgesehen.

Eine umfangreichere Veränderung durch das EGStGB erfuhr § 29 VersG (Strafbarkeit von Versammlungsteilnehmern und Leiter bei Verstößen gegen (polizeiliche) Anordnungen). Die bisherigen Straftatbestände der Nr. 1 bis 5[1624] wurden nun sämtlich zu Ordnungswidrigkeitstatbeständen herabgestuft.[1625] Gleichzeitig war ein neuer § 29 Abs. 2 VersG vorgesehen, der die Höchstgrenze der möglichen Geldbußen regelte.[1626] Zusätzlich erfuhren § 29 Abs. 1 Nr. 1 und 4 inhaltliche Änderungen.[1627]

2. Neufassung des Versammlungsgesetzes 1978

a) Ausgangslage und Gesetzentwürfe der CDU/CSU-Fraktion 1977

Als Reaktion auf den Terror der Roten Armee Fraktion und den insgesamt zu verzeichnenden Anstieg von Schwerkriminalität seit Ende der sechziger Jahre, brachte die CDU/CSU-Fraktion im April und Oktober 1977 zwei Gesetzentwürfe in den Bundestag ein,[1628] mit denen den politischen und gesellschaftlichen Entwicklungen Rechnung getragen werden sollte. Neben der Bekämpfung der Schwerkriminalität sollte dem

---

1622 § 26 Abs. 2 VersG lautete bislang: „*Kannte der Täter das Verbot, die Auflösungsverfügung oder den Mangel der Anmeldung infolge von Fahrlässigkeit nicht, so ist auf Geldstrafe zu erkennen.*“

1623 So lautete § 26 Abs. 1. Ziffer 1 nunmehr: „*[...] trotz vollziehbaren Verbots durchführt [...]*“.

1624 Vgl. zur vorherigen Änderung von § 29 VersG durch das 3. StrRG die Fußnoten 1617 bis 1619.

1625 So lauteten die Eingangsworte von § 29 VersG nunmehr: „*Ordnungswidrig handelt, wer*“.

1626 § 29 Abs. 2 VersG lautete: „*Die Ordnungswidrigkeit kann in den Fällen des Absatzes 1 Nr. 1 bis 3 mit einer Geldbuße bis zu tausend Deutsche Mark und in den Fällen des Absatzes 1 Nr. 4 und 5 mit einer Geldbuße bis zu fünftausend Deutsche Mark geahndet werden.*“

1627 § 29 Abs. 1 Nr. 1 VersG lautete nunmehr: „*1. an einer öffentlichen Versammlung oder einem Aufzug teilnimmt, deren Durchführung durch ein vollziehbares Verbot untersagt ist*“; in § 29 Abs. 1 Nr. 4 VersG (alte Nr. 5) wurde das Wort „*wissentlich*“ gestrichen.

1628 Entwurf eines Gesetzes zur Bekämpfung von Terrorismus und Gewaltkriminalität sowie zum Schutz des inneren Friedens vom 26. April 1977, BT-Drs. 8/322 und Entwurf eines Zweiten Gesetzes zur Bekämpfung von Terrorismus und Gewaltkriminalität sowie zum Schutz des inneren Friedens vom 5. Oktober 1977, BT-Drs. 8/996.

„Mißbrauch des Demonstrationsrechts zu gewalttätigen Ausschreitungen […] [durch] [r]adikale Gruppen und subversive Kräfte […] mit sich steigernder Gewalt zu organisiertem Widerstand"[1629] hinreichend begegnet werden, um *„unter Wahrung der Grundrechte auf freie Meinungsäußerung und auf friedliche Versammlung die gesetzlichen Voraussetzungen zur Wiederherstellung des öffentlichen Friedens und zur Durchsetzbarkeit staatlicher Willensbildung zu gewährleisten.*"[1630]

So sah der erste Gesetzentwurf einerseits eine Betonung des Rechts auf eine friedliche Versammlung vor[1631], andererseits sollte, unter anderem, eine Bestimmung ergänzt werden,

„wonach mit Strafe bedroht wird, wer Waffen und waffenähnliche Gegenstände ansammelt, bereithält oder verteilt, wenn diese Waffen geeignet und bestimmt sind, zu Gewalttätigkeiten gegen Personen oder Sachen bei öffentlichen Versammlungen oder Aufzügen verwendet zu werden."[1632]

Ergänzend sah der zweite Gesetzentwurf ein

„Verbot aktiver und passiver Bewaffnung und der Mitnahme sonstiger Gegenstände zur Gewaltanwendung und zur Maskierung oder Unkenntlichmachung"[1633]

vor. So war neben der Ausdehnung des Waffenverbots und der Nutzung gefährlicher Gegenstände, die bereits im VersG angelegt waren, insbesondere die Einführung eines Vermummungsverbots beabsichtigt.[1634] Die Einführung eines Vermummungsverbots wurde im Laufe der Ausschussberatungen jedoch aufgegeben, da man mehrheitlich[1635] die Auffassung vertrat,

„dass diese Auswüchse schon nach geltendem Recht, insbesondere durch den Erlass von Auflagen, untersagt werden könnten."[1636]

1629 BT-Drs. 8/322, S. 1.

1630 BT-Drs. 8/322, S. 1.

1631 So war folgende Neufassung von § 1 Abs. 1 VersG vorgesehen: *„(1) Jeder hat das Recht, öffentliche Versammlungen und Aufzüge friedlich zu veranstalten und an solchen Veranstaltungen friedlich teilzunehmen.*"

1632 BT-Drs. 8/322, S. 9.

1633 BT-Drs. 8/996, S. 1.

1634 Gem. zweiten Gesetzentwurfs sollte § 2 Abs. 3 VersG diesbezüglich wie folgt lauten: *„Niemand darf in einer öffentlichen Versammlung oder einem Aufzug […] 3. sich maskieren oder sonst unkenntlich machen, es sei denn, dass die zuständige Behörde dies zugelassen hat, weil ein friedlicher Ablauf der Versammlung gewährleistet ist.*"

1635 Die CDU/CSU-Fraktion als Urheber der beiden Gesetzentwürfe stellte zu diesem Zeitpunkt die Opposition im Bundestag.

1636 Vgl. Zweite Beschlussempfehlung und Zweiter Bericht des Rechtsausschusses (6. Ausschuss) zu den Gesetzentwürfen vom 1. Juni 1978, BT-Drs. 8/1845, S. 12.

b) Änderungen des Versammlungsgesetzes durch Gesetz vom 25. September 1978

Im Folgenden sollen die Änderungen des Versammlungsgesetzes aufgrund des Gesetzes zur Änderung des Gesetzes über Versammlungen auf Aufzüge vom 25. September 1978 überblickartig dargestellt werden, ohne näher auf die inhaltliche Diskussion zu den einzelnen Normen im Laufe der Beratungen zu den Gesetzentwürfen der CDU/CSU-Fraktion einzugehen.

Das Waffenverbot in § 2 Abs. 3 VersG wurde umfassend überarbeitet und in seiner Reichweite deutlich ausgedehnt.[1637] Während bislang nur das Tragen von Waffen, mit Ausnahme von behördlicher Erlaubnis, verboten war, erstreckte sich das Verbot nunmehr auf anderweitige gefährliche Gegenstände. Zudem wurde die Tathandlung ausgedehnt, da nun bereits in der Vorbereitungsphase einer Versammlung das Waffenverbot greifen sollte.[1638] So sollte mittels Präventivmaßnahmen ein friedlicher und waffenloser Versammlungsablauf gewährleistet werden.[1639]

Bedingt durch die Erweiterung des Waffenverbots in § 2 Abs. 3 VersG wurden in § 5 Nr. 2 (Versammlungsverbot), § 9 Abs. 1 (Einsatz von Ordnern), § 13 Abs. 1 Nr. 3 (Auflösung einer Versammlung durch die Polizei), § 24 VersG (Strafbarkeit des Einsatzes von bewaffneten Ordnern) und § 27 VersG (Strafbarkeit bei Verstoß gegen das Waffenverbot) entsprechende Ergänzungen vorgenommen.[1640]

1637 § 2 Abs. 3 VersG lautete nunmehr: „*Niemand darf bei öffentlichen Versammlungen oder Aufzügen Waffen oder sonstige Gegenstände, die ihrer Art nach zur Verletzung von Personen oder zur Beschädigung von Sachen geeignet und bestimmt sind, mit sich führen, ohne dazu behördlich ermächtigt zu sein. Ebenso ist es verboten, ohne behördliche Ermächtigung Waffen oder die in Satz 1 genannten Gegenstände auf dem Weg zu öffentlichen Versammlungen oder Aufzügen mit sich zu führen, zu derartigen Veranstaltungen hinzuschaffen oder sie zur Verwendung bei derartigen Veranstaltungen bereitzuhalten oder zu verteilen.*“

1638 BT-Drs. 8/1845, S. 10.

1639 Ders. ebda.

1640 So lautete etwa § 5 Nr. 2 VersG nunmehr: „*der Veranstalter oder Leiter der Versammlung Teilnehmern Zutritt gewährt, die Waffen oder sonstige Gegenstände im Sinne von § 2 Abs. 3 mit sich führen.*“ § 27 VersG erhielt folgenden Wortlaut: „*Wer bei öffentlichen Versammlungen oder Aufzügen Waffen oder sonstige Gegenstände, die ihrer Art nach zur Verletzung von Personen oder Beschädigung von Sachen geeignet oder bestimmt sind, mit sich führt, ohne dazu behördlich ermächtigt zu sein, wird mit Freiheitsstrafe bis zu einem Jahr oder mit Geldstrafe bestraft. Ebenso wird bestraft, wer ohne behördliche Ermächtigung Waffen oder sonstige Gegenstände im Sinne des Satzes 1 auf dem Weg zu öffentlichen Versammlungen oder Aufzügen mit sich führt, zu derartigen Veranstaltungen hinschafft oder sie zur Verwendung bei derartigen Veranstaltungen bereithält oder verteilt.*“

Die in § 14 Abs. 1 VersG (Anmeldepflicht für Versammlungen unter freiem Himmel und Aufzüge) vorgenommenen Änderungen sahen für den Inhalt der Anmeldung nunmehr zwingend die Angabe des Gegenstands der Versammlung bzw. des Aufzuges vor.

Um mit Blick auf die Möglichkeit eines Versammlungsverbots gem. § 15 VersG für die Verwaltungspraxis[1641] zu verdeutlichen, dass die für ein Verbot bzw. eine Auflage erforderliche unmittelbare Gefährdung der öffentlichen Sicherheit und Ordnung nicht bereits bei Erlass der Anordnung oder Verfügung vorliegen muss, wurde durch die Neuformulierung von § 15 Abs. 1 VersG klargestellt, dass es ausreicht, wenn zu diesem Zeitpunkt die Gefährdung mit an Sicherheit grenzender Wahrscheinlichkeit zu erwarten ist.[1642]

Die Ordnungswidrigkeitstatbestände[1643] des § 29 VersG wurden um drei weitere Tatbestände ergänzt und die Norm insgesamt neu gefasst.[1644] So wurde der durch das 3. Strafrechtsreformgesetz von Mai 1970[1645] zunächst aufgegebene (Bußgeld-) Tatbestand für den Fall des Nichtentfernens bei Auflösung einer Versammlung als Nr. 2 des VersG wieder eingeführt. Zusätzlich wurde das Zutrittsrecht der Polizei

---

1641 Vgl. BT-Drs. 8/1845, S. 11, die Änderungen in § 15 Abs. 1 VersG entsprachen der bisherigen Auslegung und Anwendung der Norm durch die Verwaltungspraxis.

1642 § 15 Abs. 1 VersG lautete nunmehr: „*Die zuständige Behörde kann die Versammlung oder den Aufzug verbieten oder von bestimmten Auflagen abhängig machen, wenn nach den zur Zeit des Erlasses der Verfügung erkennbaren Umständen die öffentliche Sicherheit und/oder Ordnung bei Durchführung der Versammlung oder des Aufzuges unmittelbar gefährdet ist.*“

1643 Umwandlung der Tatbestände des § 29 VersG in Ordnungswidrigkeitstatbestände durch das EGStGB, vgl. Fußnote 1620.

1644 § 29 VersG lautete nunmehr: „*(1) Ordnungswidrig handelt, wer 1. an einer öffentlichen Versammlung oder einem Aufzug teilnimmt, deren Durchführung durch vollziehbares Verbot untersagt ist, 2. sich trotz Auflösung einer öffentlichen Versammlung oder eines Aufzuges durch die zuständige Behörde nicht unverzüglich entfernt, 3. als Teilnehmer einer öffentlichen Versammlung unter freiem Himmel oder eines Aufzuges einer vollziehbaren Auflage nach § 15 Abs. 1 nicht nachkommt, 4. trotz wiederholter Zurechtweisung durch den Leiter oder einen Ordner fortfährt, den Ablauf einer öffentlichen Versammlung oder eines Aufzuges zu stören, 5. sich nicht unverzüglich nach seiner Ausschließung aus einer öffentlichen Versammlung oder einem Aufzug entfernt, 6. der Aufforderung der Polizei, die Zahl der von ihm bestellten Ordner mitzuteilen, nicht nachkommt oder eine unrichtige Zahl mitteilt (§ 9 Abs. 2), 7. als Leiter oder Veranstalter einer öffentlichen Versammlung oder eines Aufzuges eine größere Zahl von Ordnern verwendet, als die Polizei zugelassen oder genehmigt hat (§ 9 Abs. 2, § 18 Abs. 2) oder Ordner verwendet, die anders gekennzeichnet sind, als es nach § 9 Abs. 1 zulässig ist, oder 8. als Leiter den in eine öffentliche Versammlung entsandten Polizeibeamten die Anwesenheit verweigert oder ihnen keinen angemessenen Platz einräumt. (2) Die Ordnungswidrigkeit kann in den Fällen des Absatzes 1 Nr. 1 bis 5 mit einer Geldbuße bis tausend Deutsche Mark und in den Fällen des Absatzes 1 Nr. 6 bis 8 mit einer Geldbuße bis fünftausend Deutsche Mark geahndet werden.*“

1645 Vgl. oben, Fußnote 1617.

zu öffentlichen Versammlungen durch den zusätzlichen Ordnungswidrigkeitstatbestand in § 29 Nr. 8 VersG *„abgesichert“*[1646]. In der neuen Nr. 3 wurde zudem die Missachtung von Auflagen durch Versammlungsteilnehmer[1647] als zusätzlicher Tatbestand eingeführt. Zudem wurde für einen Teil der Tatbestände die Möglichkeit eines Bußgelds von bis zu dreitausend Deutsche Mark eingeführt.

Die Möglichkeit der Einziehung in § 29a VersG wurde um den Fall des § 29 Abs. 1 Nr. 3 VersG (Missachtung von Auflagen durch Versammlungsteilnehmer) erweitert, so dass nun auch die Möglichkeit bestand, bei einem Verstoß etwa gegen eine Auflage, bestimmte Gegenstände nicht mit zur Versammlung zu bringen, diese Gegenstände im Falle des Verstoßes eingezogen werden konnten.

c) Neufassung des Versammlungsgesetzes vom 15. November 1978

Von der in Art. 2 des Gesetzes zur Änderung des Gesetzes über Versammlungen und Aufzüge vom 25. September 1978[1648] enthaltenen Ermächtigung[1649] zur Neufassung des Gesetzes wurde durch den Bundesinnenminister am 15. November 1978 Gebrauch gemacht.[1650] Hintergrund dieser Ermächtigung waren die zahlreichen Änderungen des VersG seit 1953, die nun eine Neubekanntmachung (ohne inhaltliche Änderungen) geboten.[1651]

3. Änderungen nach 1978

a) Gesetz zur Änderung des Strafgesetzbuches und des Versammlungsgesetzes von 1985

Nach der Neufassung des VersG vom 15. November 1978 erfolgte die nächste Änderung durch Art. 2 des Gesetzes zur Änderung des Strafgesetzbuches und des Versammlungsgesetzes vom 18. Juli 1985[1652]. Wesentliche Änderung war die Einführung des Schutzwaffen-[1653] (Abs. 1) sowie des Vermummungsverbots (Abs. 2) in einen

1646 BT-Drs. 8/1845, S. 11.

1647 Bislang bestand diesbezüglich nur eine Strafbarkeit für den Versammlungsleiter in § 25 Nr. 2 VersG.

1648 Vgl. zuvor.

1649 Art. 2 lautete: *„Der Bundesinnenminister kann das Versammlungsgesetz in der Fassung, die sich aus Artikel 1 ergibt, mit neuem Datum und neuer Paragraphenfolge neu bekanntmachen und dabei Unstimmigkeiten des Wortlauts beseitigen.“*

1650 Bekanntmachung der Neufassung des Gesetzes über Versammlungen und Aufzüge (Versammlungsgesetz) vom 15. November 1978, BGBl. I 1978, S. 1789 ff.

1651 Vgl. BT-Drs. 8/1845, S. 11.

1652 BGBl. I 1985, S. 1511 ff.

1653 Zum Begriff der Schutzwaffe siehe *Erbs/Kohlhaas-VersG-Wache*, § 17a, Rn. 3f. m.w.N.

neuen § 17a VersG[1654]. Letzteres war, wenn auch mit anderem Wortlaut, bereits in dem Gesetzentwurf der CDU/CSU-Fraktion von 1977[1655] vorgesehen gewesen, jedoch seinerzeit in den Ausschussberatungen mit Verweis auf die bereits zur Verfügung stehende Möglichkeit zur Erteilung von Auflagen abgelehnt worden. § 29 VersG wurde um zwei zusätzliche Ordnungswidrigkeitstatbestände (neue Nr. 1a und 1b von Abs. 1) erweitert, durch welche Verstöße gegen das Schutzwaffen- und Vermummungsverbot des § 17a nunmehr mit einer Geldbuße geahndet werden konnten. Ebenso wurde die in § 30 VersG geregelte Einziehung auf Gegenstände, die einem Verstoß gegen des Schutzwaffen- und Vermummungsverbots dienen, erweitert.

b) *Gesetz zur Änderung des Strafgesetzbuches, der Strafprozessordnung und des Versammlungsgesetzes und zur Einführung einer Kronzeugenregelung bei terroristischen Straftaten von 1989*

Eine weitere Änderung erfuhr das VersG durch Art. 3 des Gesetzes zur Änderung des Strafgesetzbuches, der Strafprozessordnung und des Versammlungsgesetzes und zur Einführung einer Kronzeugenregelung bei terroristischen Straftaten[1656] vom 9. Juni 1989. So wurden in dem neuen § 12a VersG[1657] die Zulässigkeit und der

---

1654 § 17a VersG lautete: „*(1) Es ist verboten, bei öffentlichen Versammlungen unter freiem Himmel, Aufzügen oder sonstigen öffentlichen Veranstaltungen unter freiem Himmel oder auf dem Weg dorthin Schutzwaffen oder Gegenstände, die als Schutzwaffen geeignet und dazu bestimmt sind, Vollstreckungsmaßnahmen eines Trägers von Hoheitsbefugnissen abzuwehren, mit sich zu führen. (2) Es ist auch verboten, an einer solchen Veranstaltung in einer Aufmachung, die geeignet und den Umständen nach darauf gerichtet ist, die Feststellung der Identität zu verhindern, teilzunehmen. (3) Die Absätze 1 und 2 gelten nicht, wenn es sich um Veranstaltungen im Sinne des § 17 handelt. Die zuständige Behörde kann weitere Ausnahmen von den Verboten der Absätze 1 und 2 zulassen, wenn eine Gefährdung der öffentlichen Sicherheit oder Ordnung nicht zu besorgen ist. (4) Die zuständige Behörde kann zur Durchsetzung der Verbote der Absätze 1 und 2 Anordnungen treffen. Sie kann insbesondere Personen, die diesen Verboten zuwiderhandeln, von der Versammlung oder dem Aufzug ausschließen.*"

1655 Entwurf eines Zweiten Gesetzes zur Bekämpfung von Terrorismus und Gewaltkriminalität sowie zum Schutz des inneren Friedens, BT-Drs. 8/996; siehe auch Fußnote 1636.

1656 BGBl. I 1989, S. 1059 ff.

1657 § 12a VersG lautete: „*(1) Die Polizei darf Bild- und Tonaufnahmen von Teilnehmern bei oder im Zusammenhang mit öffentlichen Versammlungen nur anfertigen, wenn tatsächliche Anhaltspunkte die Annahme rechtfertigen, daß von ihnen erhebliche Gefahren für die öffentliche Sicherheit oder Ordnung ausgehen. Die Maßnahmen dürfen auch durchgeführt werden, wenn Dritte unvermeidbar betroffen werden. (2) Die Unterlagen sind nach Beendigung der öffentlichen Versammlung oder zeitlich und sachlich damit unmittelbar im Zusammenhang stehender Ereignisse unverzüglich zu vernichten, soweit sie nicht benötigt werden 1. für die Verfolgung von Straftaten*

Umfang von Bild- und Tonaufnahmen durch die Polizei auf einer öffentlichen Versammlung sowie die Vernichtung dieser Aufnahmen umfassend geregelt. Durch den neuen § 19a VersG fand § 12a VersG auch Anwendung auf Versammlungen unter freiem Himmel und Aufzüge. Zusätzlich wurde das Vermummungsverbot in § 17a Abs. 2[1658] inhaltlich angepasst, indem nunmehr auch das Mitbringen von für Zwecke einer Vermummung tauglichen Gegenständen, neben dem eigentlichen Vermummungsverbot, untersagt wurde. Mit Neufassung von § 23 VersG wurde die Strafbarkeit der öffentlichen Aufforderung zur Teilnahme an einer verbotenen oder aufgelösten Versammlung wieder in das VersG aufgenommen. In § 27 VersG[1659] (Führung von Waffen) wurden nunmehr auch Verstöße gegen das Schutzwaffenverbot (§ 17a Abs.1) und Verstöße gegen das Vermummungsverbot in der Variante der tatsächlichen Vermummung (§ 17a Abs.1 Nr. 1) unter Strafe gestellt und gleichzeitig der Ordnungswidrigkeitstatbestand in § 29 Abs. 1 Nr. 1a und 1b VersG durch eine

---

von Teilnehmern oder 2. im Einzelfall zur Gefahrenabwehr, weil die betroffene Person verdächtig ist, Straftaten bei oder im Zusammenhang mit der öffentlichen Versammlung vorbereitet oder begangen zu haben, und deshalb zu besorgen ist, daß von ihr erhebliche Gefahren für künftige öffentliche Versammlungen oder Aufzüge ausgehen. Unterlagen, die aus den in Satz 1 Nr. 2 aufgeführten Gründen nicht vernichtet wurden, sind in jedem Fall spätestens nach Ablauf von drei Jahren seit ihrer Entstehung zu vernichten, es sei denn, sie würden inzwischen zu dem in Satz 1 Nr. 1 aufgeführten Zweck benötigt. (3) Die Befugnisse zur Erhebung personenbezogener Informationen nach Maßgabe der Strafprozeßordnung und des Gesetzes über Ordnungswidrigkeiten bleiben unberührt."

1658 § 17a Abs. 2 lautete nunmehr folgendermaßen: *„Es ist auch verboten, 1. an derartigen Veranstaltungen in einer Aufmachung, die geeignet und den Umständen nach darauf gerichtet ist, die Feststellung der Identität zu verhindern, teilzunehmen oder den Weg zu derartigen Veranstaltungen in einer solchen Aufmachung zurückzulegen, 2. bei derartigen Veranstaltungen oder auf dem Weg dorthin Gegenstände mit sich zu führen, die geeignet und den Umständen nach dazu bestimmt sind, die Feststellung der Identität zu verhindern."*

1659 § 27 Abs. 2 VersG lautete wie folgt: *„Wer 1. entgegen § 17a Abs. 1 bei öffentlichen Versammlungen unter freiem Himmel, Aufzügen oder sonstigen öffentlichen Veranstaltungen unter freiem Himmel oder auf dem Weg dorthin Schutzwaffen oder Gegenstände, die als Schutzwaffen geeignet und den Umständen nach dazu bestimmt sind, Vollstreckungsmaßnahmen eines Trägers von Hoheitsbefugnissen abzuwehren, mit sich führt, 2. entgegen § 17a Abs. 2 Nr. 1 an derartigen Veranstaltungen in einer Aufmachung, die geeignet und den Umständen nach darauf gerichtet ist, die Feststellung der Identität zu verhindern, teilnimmt oder den Weg zu derartigen Veranstaltungen in einer solchen Aufmachung zurücklegt oder 3. sich im Anschluß an oder sonst im Zusammenhang mit derartigen Veranstaltungen mit anderen zusammenrottet und dabei a) Waffen oder sonstige Gegenstände, die ihrer Art nach zur Verletzung von Personen oder Beschädigung von Sachen geeignet und bestimmt sind, mit sich führt, b) Schutzwaffen oder sonstige in Nummer 1 bezeichnete Gegenstände mit sich führt oder c) in der in Nummer 2 bezeichneten Weise aufgemacht ist, wird mit Freiheitsstrafe bis zu einem Jahr oder mit Geldstrafe bestraft."*

neue Nr. 1a ersetzt, in welcher nur noch der Verstoß gegen das Vermummungsverbot in der Variante des § 17a Abs. 2 Nr. 2 VersG mit einem Bußgeld geahndet werden konnte. Entsprechend der Änderung in § 29 VersG wurde der Wortlaut in § 30 VersG (Einziehung) angepasst.

c) *Gesetz zur Neuregelung des Schutzes von Verfassungsorganen des Bundes von 1999*

Durch Art. 4 des Gesetzes zur Neuregelung des Schutzes von Verfassungsorganen des Bundes vom 11. August 1999[1660] wurden die Bannkreis-Bestimmungen in § 16 VersG um ein Verbot der Aufforderung zu Versammlungen in den befriedeten Bannkreisen der Gesetzgebungsorgane des Bundes oder der Länder erweitert.[1661] Zusätzlich wurde mit § 29a VersG ein neuer Ordnungswidrigkeitstatbestand geschaffen, nach dem Verstöße gegen § 16 Abs. 1 VersG mit einem Bußgeld von bis zu 30.000 Deutsche Mark geahndet werden konnten.

d) *Gesetz zur Änderung des Versammlungsgesetzes und des Strafgesetzbuches von 2005*

Mit Art. 1 des Gesetzes zur Änderung des Versammlungsgesetzes und des Strafgesetzbuches vom 24. März 2005[1662] wurde eine Erweiterung von § 15 VersG (Verbot von Versammlungen im Freien, Auflagen und Auflösung) vorgenommen. Dabei wurde durch Einfügung eines neuen Abs. 2[1663] die Möglichkeit eines Versammlungsverbots und der Erteilung von Auflagen für die Fälle geschaffen, in denen eine Versammlung oder ein Aufzug an einer Gedenkstätte von historisch herausragender,

---

1660 BGBl. I 1999, S. 1818 ff.; das Gesetz sah in Art. 1 die Schaffung des Gesetzes über befriedete Bezirke für Verfassungsorgane des Bundes (BefBezG) vor.

1661 § 16 Abs. 1 VersG lautete daher nunmehr: „*Öffentliche Versammlungen unter freiem Himmel und Aufzüge sind innerhalb der befriedeten Bannkreise der Gesetzgebungsorgane des Bundes und der Länder sowie des Bundesverfassungsgerichts verboten. Ebenso ist es verboten, zu öffentlichen Versammlungen unter freiem Himmel oder Aufzügen nach Satz 1 aufzufordern.*“

1662 BGBl. I 2005, S. 969 f.

1663 § 15 Abs. 2 VersG lautete: „*Eine Versammlung oder ein Aufzug kann insbesondere verboten oder von bestimmten Auflagen abhängig gemacht werden, wenn 1. die Versammlung oder der Aufzug an einem Ort stattfindet, der als Gedenkstätte von historisch herausragender, überregionaler Bedeutung an die Opfer der menschenunwürdigen Behandlung unter der nationalsozialistischen Gewalt- und Willkürherrschaft erinnert, und 2. nach den zur Zeit des Erlasses der Verfügung konkret feststellbaren Umständen zu besorgen ist, dass durch die Versammlung oder den Aufzug die Würde der Opfer beeinträchtigt wird. Das Denkmal für die ermordeten Juden Europas in Berlin ist ein Ort nach Satz 1 Nr. 1. Seine Abgrenzung ergibt sich aus der Anlage zu diesem Gesetz. Andere Orte nach Satz 1 Nr. 1 und deren Abgrenzung werden durch Landesgesetz bestimmt.*“

überregionaler Bedeutung für Opfer des Nationalsozialismus geplant ist und durch die Versammlung oder den Aufzug eine Beeinträchtigung der Würde der Opfer zu befürchten ist. Dabei stellte das Gesetz klar, dass das Denkmal für die ermordeten Juden Europas in Berlin eine Gedenkstätte im Sinne des Gesetzes sei und legte in der Anlage[1664] zu § 15 Abs. 2 VersG die genauen Grenzen des geschützten Bereichs fest. Die Festlegung weiterer Gedenkstätten im Sinne des § 15 Abs. 2 VersG wurde den Landesgesetzgebern[1665] überlassen. Die Tatbestände in § 25 Nr. 2 (Strafbarkeit der von der Anmeldung oder erteilten Auflagen abweichenden Durchführung von Versammlungen) und § 29 Abs. 1 Nr. 3 (Ordnungswidrigkeit der Nichtbefolgung von Auflagen durch Versammlungsteilnehmer) VersG wurden auf Fälle des § 15 Abs. 2 VersG entsprechend erweitert.

e) Gesetz zur Zusammenführung der Regelungen über befriedete Bezirke für Verfassungsorgane des Bundes von 2008

Die bislang[1666] letzte Änderung des VersG wurde durch Art. 2 des Gesetzes zur Zusammenführung der Regelungen über befriedete Bezirke für Verfassungsorgane des Bundes vom 8. Dezember 2008[1667] vorgenommen. Aufgrund der durch Art. 1 des Gesetzes erfolgten Verabschiedung des Gesetzes über die befriedeten Bezirke für Verfassungsorgane des Bundes (BefBezG)[1668] wurden die Bestimmungen des § 16 VersG auf das Verbot von Versammlungen in befriedeten Bannkreisen der Gesetzgebungsorgane der Länder beschränkt. Die spezialgesetzlichen Regelungen

---

1664 Die Anlage zu § 15 Abs. 2 VersG lautete: „*Die Abgrenzung des Ortes nach § 15 Abs. 2 Satz 2 (Denkmal für die ermordeten Juden Europas) umfasst das Gebiet der Bundeshauptstadt Berlin, das umgrenzt wird durch die Ebertstraße, zwischen der Straße In den Ministergärten bzw. Lennéstraße und der Umfahrung Platz des 18. März, einschließlich des unbefestigten Grünflächenbereichs Ebertpromenade und des Bereichs der unbefestigten Grünfläche im Bereich des J.-W.-von-Goethe-Denkmals, die Behrenstraße, zwischen Ebertstraße und Wilhelmstraße, die Cora-Berliner-Straße, die Gertrud-Kolmar-Straße, nördlich der Einmündung der Straße In den Ministergärten, die Hannah-Arendt-Straße, einschließlich der Verlängerung zur Wilhelmstraße. Die genannten Umgrenzungslinien sind einschließlich der Fahrbahnen, Gehwege und aller sonstigen zum Betreten oder Befahren bestimmten öffentlichen Flächen Bestandteil des Gebiets.*“

1665 So etwa das Gesetz zum Schutz von Gräber- und anderen Gedenkstätten, die der Erinnerung an Opfer von Krieg und Gewaltherrschaft gewidmet sind (Gedenkstättenschutzgesetz) vom 25. Mai 2005, Gesetz- und Verordnungsblatt für das Land Brandenburg 2005 Teil I – Nr. 1., welches die Gedenkstätten für die ehemaligen Konzentrationslager Sachsenhausen und Ravensbrück als Gedenkstätten im Sinne des § 15 Abs. 2 VersG einstufte.

1666 Stand 11. August 2016.

1667 BGBl. I 2008, S. 2366 ff.

1668 Das Gesetz sah befriedete Bezirke für den Bundestag, den Bundesrat und das Bundesverfassungsgericht vor.

des BefBezG[1669] machten eine Bannkreisregelung für Bundestag, Bundesrat und Bundesverfassungsgericht unter dem VersG entbehrlich.

II. Die Föderalismusreform 2006

Infolge der Föderalismusreform 2006 und der damit verbundenen Änderungen des GG im Hinblick auf die Gesetzgebungskompetenz von Bund und Ländern traten Veränderungen für den Bereich des Versammlungswesens ein, aufgrund derer das VersG heute (in Teilen) als „historisch" bezeichnet werden kann.

1. Änderungen im GG

Die konkurrierende Gesetzgebungskompetenz des Bundes für den Bereich des Versammlungswesens[1670] wurde durch die Änderung von Art 74 Abs. 1 Nr. 3 GG[1671] aufgehoben. Somit liegt die Gesetzgebungskompetenz für das Versammlungsrecht nunmehr ausschließlich bei den Ländern.

2. Übergangregelungen und Umsetzung in den Ländern

Die Änderung des GG führte jedoch nicht zu unmittelbarem Handlungsbedarf für die Bundesländer. Vielmehr sieht Art. 125 a GG für bestehendes Bundesrecht eine Fortgeltung trotz der Änderung von Art. 74 Abs. 1 GG vor. Gleichwohl können die Länder das Bundesrecht durch landesrechtliche Regelungen ersetzen.

Von ihrer Gesetzgebungskompetenz haben bisher die folgenden Bundesländer Gebrauch gemacht: Bayern[1672], Berlin[1673], Niedersachsen[1674], Sachsen[1675], Sachsen-Anhalt[1676]

1669 §§ 1 BefBezG lautete: „*Für den Deutschen Bundestag, den Bundesrat und das Bundesverfassungsgericht werden befriedete Bezirke gebildet. Die Abgrenzung der befriedeten Bezirke ergibt sich aus der Anlage zu diesem Gesetz.*" § 2 BefBezG lautete: „*Öffentliche Versammlungen unter freiem Himmel und Aufzüge sind innerhalb der befriedeten Bezirke nach § 1 verboten. Ebenso ist es verboten, zu Versammlungen oder Aufzügen nach Satz 1 aufzufordern.*" § 2 BefBezG entsprach damit der bislang in § 16 VersG enthaltenen Regelung.

1670 Siehe oben, S. 86.

1671 BGBl. I 2006, S. 2034.

1672 Bayerisches Versammlungsgesetz vom 22. Juli 2008, GVBl 2008, S. 421.

1673 Gesetz über Aufnahmen und Aufzeichnung von Bild und Ton bei Versammlungen unter Freiem Himmel und Aufzügen. Die Berliner Regelungen sind jedoch nur hinzugetreten. Im Übrigen bestehen die Regelungen des VersG weiterhin fort.

1674 Niedersächsisches Versammlungsgesetz vom 7. Oktober 2010, Nds. GVBl. 2010, S. 532.

1675 Sächsisches Versammlungsgesetz vom 25. Januar 2012, Sächsisches Gesetz- und Verordnungsblatt 2012, S. 54.

1676 Gesetz des Landes Sachsen-Anhalt über Versammlungen und Aufzüge vom 3. Dezember 2009, GVBl. LSA 2009, S. 558.

und Schleswig-Holstein[1677]. Diese landesgesetzlichen Regelungen haben jedoch keine wesentlichen inhaltlichen Änderungen gegenüber dem VersG hervorgebracht.[1678] Es wird sich zeigen, inwieweit einzelne Gesetzgebungsvorhaben der Länder, wie etwa in Baden-Württemberg oder Mecklenburg-Vorpommern, noch weitere Landesversammlungsgesetze zur Folge haben werden.

1677 Versammlungsfreiheitsgesetz für das Land Schleswig-Holstein (VersFG SH) vom 18. Juni 2015, GVOBl. 2015, S. 135.

1678 Zwar enthält z.B. das Bayerische Versammlungsgesetz in seinem Art. 2 eine Legaldefinition des Begriffs der *öffentlichen Versammlung*. So lautet Art. 2: „*(1) Eine Versammlung ist eine Zusammenkunft von mindestens zwei Personen zur gemeinschaftlichen, überwiegend auf die Teilhabe an der öffentlichen Meinungsbildung gerichteten Erörterung oder Kundgebung. (2) Eine Versammlung ist öffentlich, wenn die Teilnahme nicht auf einen individuell feststehenden Personenkreis beschränkt ist. [...].*" Die getroffenen Bestimmungen entsprechen jedoch weitestgehend den durch die Rechtsprechung zum VersG entwickelten Begrifflichkeiten, vgl. etwa BVerfG, NJW 2001, S. 2459.

Achter Teil – Schlussbetrachtung und Ausblick

I. Gesetzgebung im Spannungsbogen von Grundrechtsschutz und Ordnungsinteresse

1. Ausgleich zwischen bürgerlichem Freiheits- und staatlichem Schutzinteresse

Mit dem Inkrafttreten des VersG im August 1953 fand ein über mehrere Jahrzehnte dauernder Entwicklungsprozess seinen Abschluss und trug, mit Blick auf den eingangs erwähnten Gedanken der Rechtsstaatlichkeit und eines Verfassungsstaates, somit zu einer Festigung der grundgesetzlich garantierten Werte und Rechte bei. Mit dem VersG wurde ein Gesetz geschaffen, welches dem Spannungsbogen zwischen grundgesetzlich garantierter Versammlungsfreiheit und Schutzinteressen anderer Grundrechtsträger und dem Schutz- und Ordnungsinteresse des Staates gerecht werden sollte. So haben beispielsweise die parlamentarischen Diskussionen über die Einführung eines Präventivverbots für Versammlungen gezeigt, dass sich der Gesetzgeber der Schwierigkeit, den unterschiedlichen Interessenlagen gerecht zu werden, voll und ganz bewusst war, da man trotz eines staatlicherseits nachvollziehbaren Ordnungsinteresses die Möglichkeit eines vorherigen Verbots auf ein Mindestmaß an denkbaren Fällen reduzierte. Auch die Auseinandersetzungen und Diskussionen mit Blick auf mögliche Einschränkungen von Versammlungen unter freiem Himmel und damit die zentrale „Funktion“ des VersG hinsichtlich Art. 8 Abs. 2 GG unterstreichen die inhaltlich schwierige, von den betreffenden Abgeordneten aber mit Maß gewählte Ausgestaltung einer Einschränkung des Grundrechts einerseits und des Schutzes der Versammlungsfreiheit andererseits. Die Fragstellungen zu Umfang und Schutzcharakter von Straftatbeständen im Versammlungsgesetz zeigen zum einen den nicht zuletzt aus dem Gedanken der strafrechtlichen Gesamt- und Spezialprävention heraus notwendigen Schritt einer strafrechtlichen „Absicherung“ der Ge- und Verbote des Versammlungsgesetzes, zum anderen die Notwendigkeit eines Maßes an demokratischer Selbstregulierung im Sinne eines in der Bevölkerung entwickelten Maßstabs der Grenzen des Erlaubten. Eine vollständige „Absicherung“ von Gebots- und Verbotsnormen durch Schaffung entsprechender Straftatbestände hätte nicht dem demokratischen (Schutz-)Charakter des Gesetzes entsprochen, sondern vielmehr eine Fortführung der polizeigesetzlichen Regelungen des RVG bedeutet.

2. Ausgewählte Diskussionsschwerpunkte der gesetzgeberischen Beratungen

In den Beratungen zum Versammlungsgesetz vom ersten Referentenentwurf bis zur Verabschiedung des VersG durch Bundestag und Bundesrat war eine Vielzahl der Regelungsbereiche des Gesetzes in den einzelnen Beratungsabschnitten wiederholt

Gegenstand längerer Diskussionen und inhaltlicher Auseinandersetzung. Nachstehend sind die Diskussionen und Beratungen zu einzelnen Themenbereichen nochmals zusammenfassend dargestellt, die aus Sicht des Verfassers eine besondere Bedeutung im Gesetzgebungsverfahren mit Blick auf die Versammlungsfreiheit in Art. 8 GG und/oder für die Anwendung des Gesetzes in der Praxis gewonnen haben. Dazu gehören die Ausgestaltung des allgemeinen Teilnahmerechts (a), das Waffenverbot (b), das Flaggenverbot (c), das Uniformverbot (d), Rechte und Pflichten des Versammlungsleiters (e) und die Frage eines möglichen Präventivverbots (f).

a) *Allgemeines Teilnahmerecht und Ausschluss von Versammlungsteilnehmern*

Ein allgemeines Teilnahmerecht in Ergänzung und Konkretisierung der Rechte aus Art. 8 GG sowie die Möglichkeit, bestimmte Teilnehmer in der Einladung zur Versammlung von einer Teilnahme auszuschließen, wurden erstmals in § 5 des Fünften Referentenentwurfs des BMI explizit geregelt.[1679] Die darin vorgesehenen Bestimmungen fanden die grundsätzliche Zustimmung des BMJ. Man wandte sich jedoch gegen den Begriff der „*Befugnis zur Teilnahme*", um keine Missverständnisse mit Blick auf ein vermeintliches staatliches Genehmigungserfordernis aufkommen zu lassen.[1680] Der Vorschlag des BMJ fand im finalen RegE (§ 4) keine Berücksichtigung.[1681] Gegen den Ausschlusstatbestand in § 4 Abs. 2 RegE wurden auf der Innenministerkonferenz vom 12. Mai 1950 Bedenken geäußert, da der gewählte Wortlaut auch verfassungstreue Bürger treffen könne.[1682] Auch der Rechtsausschuss und der Ausschuss für Innere Angelegenheiten des Bundesrates forderten eine Begrenzung der Ausschlussmöglichkeit auf ortsfremde Personen oder Personenkreise,[1683] was von der Bundesregierung mit Verweis auf die praktische Kontrolle und Durchsetzung eines solchen Ausschlusses abgelehnt wurde.[1684] Zusätzlich zu dem Teilnahme- und Ausschlussrecht in § 4 RegE schrieb § 1 RegE für Versammlungsteilnehmer ein Verhalten im Einklang mit der öffentlichen Sicherheit und Ordnung vor.

Während § 1 und § 4 RegE durch den Ausschuss für Angelegenheiten der inneren Verwaltung (24. Ausschuss) des Bundestages unverändert angenommen wurde,[1685] wurden durch den mit der Beratung federführend betrauten Ausschuss zum Schutze der Verfassung (5. Ausschuss) und dem von diesem einberufenen Unterausschuss „Versammlungsordnungsgesetz" Umfang und Reichweite von § 1 und § 4 RegE erheblich abgeändert. So schlug der Unterausschuss eine Änderung von § 1 RegE vor,

---

1679 Siehe oben, S. 107.
1680 Stattdessen wurden die Begriffe „*teilnehmen können*" und „*Zutritt haben*" vorgeschlagen, siehe oben, S. 112.
1681 Siehe unten Seite 433 ff.
1682 Vgl. oben, S. 131.
1683 Siehe oben, S. 144.
1684 Vgl. oben, S. 150.
1685 Siehe oben, S. 166 und S. 167.

durch welche der Adressatenkreis der Norm nicht mehr auf Versammlungsteilnehmer beschränkt bleiben sollte und somit im Ergebnis der Schutzbereich der Norm erweitert wurde. Gleichzeitig waren nicht mehr die öffentliche Sicherheit und Ordnung, sondern die *„ordnungsgemäße Durchführung"* als Verhaltensmaßstab vorgesehen.[1686] In der weiteren Beratung durch den 5. Ausschuss wurde § 1 RegE nochmals grundlegend überarbeitet. Dabei wurde das bislang in § 4 RegE enthaltene allgemeine Teilnahmerecht nunmehr in § 1 5.A.-VersG 1951 aufgenommen und parallel ein Katalog von Ausnahmetatbeständen[1687] in Bezug auf das allgemeine Teilnahmerecht vorgeschlagen.[1688] Gleichzeitig entfiel die allgemeine Verhaltensvorschrift des § 1 RegE.[1689] Die Fassung des 5. Ausschusses wurde durch den Bundestag und den Bundesrat ohne weitere Änderungen als § 1 VersG verabschiedet. Allein die KPD hatte starke Bedenken gegen die Regelung geäußert, sich aber damit in der abschließenden Lesung und Beschlussfassung im Bundestag nicht durchsetzen können.[1690]

Hinsichtlich § 4 RegE schlug der Unterausschuss „Versammlungsordnungsgesetz" eine Neuregelung vor, die einen Ausschluss von Pressevertretern explizit untersagte, dies aber gleichzeitig mit der Pflicht für Pressevertreter verband, sich gegenüber der Versammlungsleitung ordnungsgemäß auszuweisen.[1691] An dieser Formulierung wurde im Plenum des 5. Ausschusses die weitergehende Frage diskutiert, ob Pressevertreter nur zur Berichterstattung berechtigt waren oder auch an der inhaltlichen Diskussion auf der Versammlung teilnehmen durften.[1692] Im Ergebnis wurde jedoch auf eine gesetzliche Klarstellung verzichtet. Der Vorschlag des Unterausschusses wurde durch den Bundestag und den Bundesrat ohne weitere Änderungen als § 6 VersG angenommen.

b) Waffenverbot

Bereits der erste Referentenentwurf des BMI sah die Regelung eines Waffenverbots vor, das ein *„bewaffnetes Erscheinen"* auf einer Versammlung oder einem Aufzug untersagte, sofern nicht eine entsprechende behördliche Ermächtigung vorlag.[1693] Ein Waffenverbot wurde auch in den weiteren Referentenentwürfen des BMI beibehalten, jedoch wurde erst durch die Begründungen zum 5. und 6. Referentenentwurf klargestellt, dass sich der Verbotstatbestand nicht allein auf Schusswaffen bezog und

1686 Vgl. oben, S. 188.
1687 U.a. Grundrechtsverwirkung, Versammlungen durch verbotene Parteien oder Vereinigungen.
1688 Siehe oben, S. 272.
1689 Diese war jedoch später in § 2 Abs. 2 VersG (wieder) enthalten.
1690 Siehe oben, S. 287 ff.
1691 Vgl. oben, S. 190.
1692 Siehe oben, S. 209.
1693 Vgl. unten, S. 397 ff.

der Besitz eines Waffenscheins keine ausreichende behördliche Ermächtigung im Sinne der Norm darstellen, sondern vielmehr eine behördliche Sondergenehmigung erforderlich sein sollte.[1694] In diesem Sinne wurde das Waffenverbot in § 2 RegE übernommen. Der Bundesrat erwog in seinen Beratungen zum RegE ein im Lichte von Art. 8 GG noch strenger formuliertes Waffenverbot, in dem insbesondere der Ausnahmetatbestand der behördlichen Ermächtigung gestrichen werden sollte.[1695] Mit Blick auf die Bewaffnung von Polizeibeamten sollten diese schon aufgrund des Wortlauts der Norm nicht vom Verbot betroffen sein, da sie nicht Teilnehmer der Versammlung im Sinne des Verbotstatbestands waren. Der Vorschlag des Bundesrates wurde von der BReg in ihrer Stellungnahme mit Verweis auf die Notwendigkeit[1696] eines bewaffneten Erscheinens von dazu behördlich ermächtigten Personen abgelehnt. Eine nähere Begründung für dieses Ausnahmeerfordernis, gerade mit Blick auf den Wortlaut von Art. 8 GG, wurde nicht gegeben. Im Rahmen der ersten Aussprache zum RegE im Bundestag wurde von Seiten der SPD-Abgeordneten die Erweiterung der Norm um eine Legaldefinition für den Begriff der „Waffe" gefordert.[1697] Eine solche Ergänzung wurde im Rahmen der sich anschließenden Ausschussberatungen eingehender erörtert,[1698] jedoch keine nähergehende Regelung diesbezüglich beschlossen. Vielmehr sollte die nähere Ausgestaltung des Waffenbegriffs der Rechtsprechung überlassen werden.[1699] Hinsichtlich Umfang und Grenzen des Waffenverbots ergaben die Ausschussberatungen gegenüber dem RegE keine größeren Änderungen. So richtete sich das Waffenverbot zwar nicht mehr allein an „Teilnehmer" von Versammlungen, sondern an einen deutlich erweiterten Adressatenkreis,[1700] jedoch wurde der Ausnahmetatbestand in Form der behördlichen Ermächtigung beibehalten, der sowohl die Bewaffnung von Polizeibeamten als auch von Versammlungsteilnehmern im Sinne einer Spezialermächtigung umfasste. Der in dieser Form abgeänderte Verbotstatbestand wurde im Ergebnis durch den Bundestag und den Bundesrat als § 2 Abs. 3 VersG unverändert angenommen. Die grundsätzliche Frage, ob ein Waffenverbot in den Gesetzentwurf/das Gesetz überhaupt aufzunehmen sei, war zu keinem Zeitpunkt Gegenstand der Beratungen. Vielmehr ging man (stillschweigend) von dem Erfordernis eines expliziten Waffenverbots aus.

1694 Siehe oben, S. 106, und unten, S. 423 ff. Ähnliches galt auch für die Polizeibeamten, die, sofern keine dienstliche Teilnahme an der Versammlung vorlag, ebenfalls nicht zu einem bewaffneten Erscheinen berechtigt waren.

1695 Vgl. oben, S. 143.

1696 „*müssen*", vgl. unten, S. 433 ff.

1697 Siehe oben, S. 157.

1698 Siehe oben, S. 166 und S. 174.

1699 Vgl. oben, S. 198.

1700 „*Niemand darf Waffen bei sich tragen […]*", vgl. oben. S. 273.

c) *Flaggenverbot*

Die Regelung eines Flaggenverbots fand sich erstmals im 3. Referentenentwurf des BMI. Es richtete sich gegen das

> *„Zeigen von Farben oder Fahnen, die eine verfassungsfeindliche Haltung oder eine Ablehnung der Bundesfarben zum Ausdruck bringen".*[1701]

Die Anknüpfung des Verbots an das subjektive Merkmal der verfassungsfeindlichen Absicht oder der Ablehnung der Bundesfarben wurde im 6. Referentenentwurf des BMI wieder aufgegeben. Stattdessen umfasste das Flaggenverbot nunmehr das Zeigen der früheren Reichsflaggen, Reichsfarben, von Flaggen und Farben ausländischer Staaten sowie von nationalsozialistischen Symbolen und Symbolen ausländischer Staaten als Ausdruck einer politischen Gesinnung. Diese (Neu-)Regelung sollte zum einen dem Schutz der freiheitlich-demokratischen Grundordnung dienen. Zum anderen wollte man vor dem Hintergrund einer Achtung der geschichtlichen Tradition in Deutschland und der mit ihr verbundenen Farben und Flaggen einen parteipolitischen Missbrauch zu verfassungsfeindlichen Zwecken vermeiden.[1702]

In den sich anschließenden Beratungen des Bundeskabinetts zeigten sich größere Vorbehalte gegen die gesetzliche Regelung eines Flaggenverbots. Neben der Sorge vor einer zu starken Reglementierung des Ablaufs von Versammlungen durch eine Vielzahl von Verbotstatbeständen befürchtete man mit Blick auf ein mögliches Flaggenverbot vor allem ein Wiederaufleben des Flaggenstreits von 1926.[1703] Hatte eine Referentenbesprechung der Bundesministerien im April 1950 noch mehrheitlich die Regelung eines Flaggenverbots befürwortet,[1704] so entschied sich das Bundeskabinett in seiner Sitzung vom 5. Mai 1950 gegen die Aufnahme eines Flaggenverbots im RegE, um einen erneuten Flaggenstreit durch Schaffung eines expliziten Verbotstatbestands zu verhindern.[1705] Zwar drängte der Bundesrat in der Folge auf die Aufnahme eines Flaggenverbots aufgrund allgemeiner politscher Erwägungen,[1706] einschließlich des Verbots nationalsozialistischer Kennzeichen, jedoch wurde eine gesetzliche Regelung bereits im Rahmen der ersten Lesung im Bundestag abgelehnt, um dadurch ein *„künstliches Märtyrertum"* zu verhindern.[1707] Auch in den anschließenden Ausschussberatungen wurde die Aufnahme eines Flaggenverbots nur anfänglich diskutiert, im Ergebnis aber nicht weiter verfolgt. Man erachtete die von den Alliierten für diesen Bereich geschaffenen Verbotstatbestände für ausreichend und wollte die weitergehende gesetzliche Ausgestaltung eines Flaggenverbots

---

1701 Siehe unten S. 405. Das Verbot sollte sich zudem auf andere verfassungsfeindliche Gegenstände richten.

1702 Siehe hierzu insgesamt oben, S. 116 ff.

1703 Vgl. oben, S.119.

1704 Siehe oben, S. 125.

1705 Siehe oben, S. 129.

1706 Vgl. oben, S. 134 und 143.

1707 Siehe oben, S. 157.

durch die angestrebte Strafrechtsnovelle abgedeckt wissen.[1708] Folglich enthielt auch das zunächst vom Bundestag verabschiedete Gesetz kein Flaggenverbot. Erst in den Beratungen des Bundesrates zu dem vom Bundestag verabschiedeten Gesetz wurde die gesetzliche Regelung eines Flaggenverbots erneut diskutiert und im Ergebnis befürwortet.[1709] Die angestrebte Regelung eines Verbots der Verwendung nationalsozialistischer Symbole und eines Flaggenverbots fand nun auch die grundsätzliche Zustimmung der BReg, da keine Regelung durch die Strafrechtsnovelle mehr erfolgen sollte.[1710] Im Rahmen der Beratungen des Vermittlungsausschusses verständigten sich die Vertreter von Bundestag und Bundesrat auf die Aufnahme eines Verbots der Verwendung von *„Kennzeichen ehemaliger nationalsozialistischer Organisationen“*.[1711] Ein darüber hinaus gehendes Flaggenverbot wurde hingegen abgelehnt, da man nach wie vor die Entstehung eines „neuen“ Flaggenstreits befürchtete und stattdessen der Maßgabe des Bundestages folgen wollte, anstelle eines Verbotstatbestandes eine positive Betonung von Farben und Symbolen der Bundesrepublik zu erreichen.[1712] Dieser „Kompromiss“ fand sich unverändert in § 4 VersG wieder.

d) Uniformverbot

Der 3. Referentenentwurf des BMI sah erstmals ein Verbot des Tragens von *„Uniformen und uniformierten Kleidungsstücken“* als Ausdruck einer politischen Gesinnung oder Zugehörigkeit zu einer politischen Organisation vor.[1713] In seiner Stellungnahme zum 5. Referentenentwurf[1714] erwog das BMJ den Wortlaut der Norm zu präzisieren, um den eigentlichen Sinn und Zweck des Verbots, eine Untersagung der Verwendung für politische Absichten, noch stärker zu betonen. Statt uniformierten Kleidungsstücken sollte sich das Verbot gegen die Verwendung von *„gleichartigen Kleidungsstücken als Uniformersatz“* wenden.[1715] Der Vorschlag fand Berücksichtigung im 6. Referentenentwurf des BMI. Im abschließenden RegE wurde der Verbotstatbestand nochmals angepasst.[1716] Während der RegE keinerlei Ausnahmemöglichkeit vom Uniformverbot vorsah, erwog der Ausschuss für Innere Angelegenheiten des Bundesrates, in seinen Beratungen zum RegE eine

---

1708 Vgl. oben, S. 166 und 176.
1709 Siehe oben, S. 313.
1710 Vgl. oben, S. 322.
1711 Siehe oben, S. 333.
1712 a.a.O.
1713 Siehe oben, S. 99.
1714 Der hinsichtlich eines Uniformverbots der Regelung im 3. Referentenentwurf entsprach.
1715 Vgl. oben, S. 111.
1716 Uniformtrageverbot nur soweit Ausdruck einer politischen Gesinnung.

Ausnahmeregelung für Jugendorganisationen,[1717] um dadurch eine flexible und einzelfallbezogene Regelung, beispielsweise für Pfadfinderorganisationen, zu schaffen.[1718] Eine entsprechende Regelung fand sich in den Änderungsvorschlägen des Bundesrates zum RegE wieder, die jedoch von der BReg mit Verweis auf die grundsätzliche Bedeutung des Uniformverbots abgelehnt wurde.[1719] Der Vorschlag des Bundesrates fand in der ersten Lesung im Bundestag die Zustimmung der SPD-Fraktion. In der Folge stimmte auch der Ausschuss für Angelegenheiten der Inneren Verwaltung des Bundestages (24. Ausschuss) für die Möglichkeit der *„Ausnahme im Einzelfall"*.[1720]

Im Gegensatz dazu entspann sich im Ausschuss zum Schutze der Verfassung (5. Ausschuss) eine intensive Diskussion zu Reichweite und Zwecksetzung eines Uniformverbots. So kritisierte der SPD-Abgeordnete *Jacobi* ein zu umfangreiches Ermessen für die Polizei im Hinblick auf die zu treffende Feststellung, ob auf einer Versammlung getragene Kleidungsstücke Ausdruck einer politischen Gesinnung sind.[1721] Der Abgeordnete *Dr. von Merkatz* (DP) störte sich an einer zu weit gehenden Beschränkung des Versammlungsrechts durch die im RegE enthaltene Norm. Zwar hielt er die gesetzliche Regelung eines Verbots von all denjenigen Kleidungsstücken für erforderlich, die im Rahmen der politischen Auseinandersetzung eine militante und gewaltbereite Gesinnung zum Ausdruck bringen könnten. Er bevorzugte dabei jedoch eine allgemeine polizeirechtliche anstelle einer spezialgesetzlichen Regelung in einem Versammlungsgesetz. Der im RegE gewählte Wortlaut betraf nach Auffassung von *Dr. von Merkatz* hingegen auch Kleidungsstücke, deren „Einsatz" zwar Ausdruck einer politischen Gesinnung sein konnte, jedoch mit friedlicher Absicht. Eine solche Absicht war in seinen Augen schon durch Art. 5 GG geschützt und durfte daher nicht durch eine gesetzliche Regelung eingeschränkt werden.[1722] Die weitergehenden Beratungen im Unterausschuss „Versammlungsordnungsgesetz" führten zu einer vollständigen Streichung eines Uniformverbots aus dem Gesetzentwurf, da einerseits eine richtige und sinnvolle Abgrenzung zwischen erlaubten und verbotenen Kleidungsstücken nur schwierig vorzunehmen erschien. Andererseits wollte man die erforderliche Verbotsnorm durch die Strafrechtsnovelle geregelt wissen.[1723] Die vollständige Streichung des Uniformverbots wurde auch in dem vom Bundestag zunächst verabschiedeten Gesetz beibehalten. Im Rahmen der sich daran anschließenden Beratungen des Bundesrates wurde erneut die Aufnahme eines Uniformverbots diskutiert. Während einige Landesvertreter eine bloße Ermächtigungsnorm für die Länder mit Blick auf die Einführung und Ausgestaltung

1717 Für die Entscheidung über die Ausnahme sollte die Oberste Landesbehörde zuständig sein.
1718 Siehe oben, S. 134.
1719 Vgl. oben, S. 147.
1720 Siehe oben, S. 166.
1721 Vgl. oben, S. 174.
1722 a.a.O. und ff.
1723 Siehe oben, S. 189.

eines Uniformverbots präferierten, einigte man sich im Ergebnis auf die Einführung einer bundesweit einheitlichen Regelung mit einem Ausnahmetatbestand für Jugendorganisationen.[1724] Zielrichtung der getroffenen Entscheidung war es, eine Uniformierung in der Bevölkerung und einen Missbrauch von Versammlungen durch radikale Elemente zu verhindern.[1725]

In den Beratungen des Vermittlungsausschusses fand eine rasche Einigung über die grundsätzliche Aufnahme des Uniformverbots in den Gesetzentwurf statt, jedoch war die Frage, ob und in welchem Umfang eine Ausnahmeregelung für Jugendorganisationen aufgenommen werden sollte, nicht unumstritten.[1726] Im Ergebnis wurde eine Ausnahmeregelung für Jugendverbände eingeführt, *„die sich vorwiegend der Jugendpflege widmen"*[1727] und daher gar nicht oder nur sehr gering politisch tätig sind. Die getroffene Regelung entsprach dem späteren § 3 VersG.

e) Rechte und Pflichten des Versammlungsleiters

Bereits der erste Referentenentwurf des BMI sah eine Regelung der Rechte und Pflichten des Versammlungsleiters vor.[1728] Dazu gehörten das Recht, den Ablauf der Versammlung zu regeln, Rednern das Wort zu erteilen und zu entziehen sowie bestimmte Ordnungsmaßnahmen[1729] vorzunehmen. Gleichzeitig sollte es dem Versammlungsleiter möglich sein, sich bei der Durchsetzung seiner Rechte unbewaffneter Ordner zu bedienen. Im Gegensatz dazu bildete die Einhaltung von Ruhe und Ordnung während der Versammlung den zentralen Teil der rechtlichen Verantwortung des Versammlungsleiters.[1730] Die Ausgestaltung des Katalogs an Rechten und Pflichten wurde in den folgenden Referentenentwürfen nochmals überarbeitet und präzisiert. Während die Rechte des Versammlungsleiters dabei inhaltlich im Wesentlichen unverändert blieben und lediglich eine sprachliche Anpassung erfuhren, wurde der Pflichtenkatalog signifikant erweitert: Neben der gebotenen Einhaltung von *„Ruhe und Ordnung"* war der Versammlungsleiter nunmehr zum Eingreifen verpflichtet,

---

1724 Vgl. oben, S. 312.

1725 Siehe oben, S. 312 f. und 321.

1726 Vgl. im Einzelnen oben, S. 330 f.

1727 a.a.O. und ff.

1728 Im Folgenden werden die Rechte und Pflichten des Versammlungsleiters dargestellt. Dabei wird auf eine zusammenfassende Darstellung der Entstehung von § 7 VersG, in dem das grundsätzliche Erfordernis eines Leiters und die Möglichkeit, die Leitung auf Dritte zu übertragen, geregelt wurde, verzichtet.

1729 Z.B. Ordnungsrufe und das Recht, Personen von der Versammlung auszuschließen.

1730 Siehe insgesamt oben, S. 90.

„wenn Ansichten und Vorschläge vertreten werden, die sich gegen die freiheitliche demokratische Grundordnung, den Bestand der Bundesrepublik Deutschland oder den Gedanken der Völkerverständigung richten oder den Strafgesetzen zuwiderlaufen.“[1731]

In den Beratungen des Bundeskabinetts zum Gesetzentwurf wurden jedoch rechtliche und tatsächliche Zweifel hinsichtlich Umfang und Reichweite der auf den Versammlungsleiter übertragenen Rechte und Pflichte geäußert. Im Kern befürchtete man, dass ein Versammlungsleiter den ihm übertragenen Verantwortlichkeiten im Rahmen einer Versammlung nur schwerlich nachkommen könne und dadurch ein ordnungsgemäßer Verlauf insgesamt gefährdet sei.[1732] Um in diesem Zusammenhang den Schutz der friedlichen Versammlung vor Störungen von außen und durch einzelne Versammlungsteilnehmer zu gewährleisten, beschloss das Bundeskabinett im RegE die Zuständigkeiten des Versammlungsleiters wieder deutlich zu verringern.[1733]

Diese grundsätzlichen Bedenken der Bundesregierung wurden von den Vertretern des Bundesrats nicht geteilt. Folglich sahen die Änderungsvorschläge des Bundesrates eine Ergänzung des Pflichtenkatalogs des Versammlungsleiters vor, die im Wesentlichen dem Stand des 6. Referentenentwurfs des BMI/der Kabinettsvorlage entsprach. Man begründete die geforderte Ergänzung mit dem Rechtsgedanken aus § 20 RegE,[1734] ohne die Besonderheiten und (abstrakte) Gefährdungslage eines Aufzuges erkennbar zu berücksichtigen. Die unterschiedlichen Ansätze von Bundesregierung und Bundesrat zeigten das Spannungsfeld zwischen einer möglichst weiten Ausgestaltung der Versammlungsfreiheit durch Übertragung von Rechten und Pflichten auf den Versammlungsleiter einerseits und der Gefahr eines Kontrollverlusts der Versammlungsleitung innerhalb der ihr obliegenden Zuständigkeiten und damit einer Gefahr für die friedliche Versammlung andererseits.

Diese Meinungsverschiedenheiten setzten sich auch in der ersten Lesung im Bundestag fort. Während die SPD-Fraktion die Änderungsvorschläge guthieß und für praktisch durchführbar erachtete, folgte die CDU/CSU dem Vorschlag der Bundesregierung. Im Rahmen der Ausschussverhandlungen wurden die Änderungsvorschläge des Bundesrats durch den 24. Ausschuss mit der gleichen Begründung abgelehnt. Auch innerhalb des 5. Ausschusses sprach sich eine Mehrheit der Abgeordneten gegen eine Erweiterung der Bestimmungen im RegE aus. Um den Ordnungsanweisungen des Versammlungsleiters ein stärkeres Gewicht zu verleihen, schlug der 5. Ausschuss die Einführung einer zusätzlichen Norm vor, nach der

---

1731 Siehe unten, S. 423. Mit der getroffenen Regelung war jedoch nicht die Übertragung polizeilicher Befugnisse auf die Versammlungsleiter beabsichtigt.

1732 Siehe oben, S. 129.

1733 a.a.O.; es bestand nur noch die Möglichkeit, zur Ordnung zu rufen bzw. die grundsätzliche Pflicht für Ordnung zu sorgen, jedoch keine darüber hinaus gehende Eingriffsverpflichtung mehr.

1734 Eingriffspflicht für den Versammlungsleiter bei Aufzügen, u.a. in den Fällen, in denen Teilnehmer Waffen ohne behördliche Ermächtigung mit sich führen oder in der Anmeldung gemachte Angaben bzw. Auflagen der Polizei nicht einhalten.

die Versammlungsteilnehmer den Anweisungen des Versammlungsleiters Folge zu leisten hatten.[1735] Die von den Ausschüssen vorgenommenen Änderungen entsprachen dabei den späteren §§ 8 bis 11 VersG.[1736]

f) *Präventivverbot*

Die Frage eines möglichen Präventivverbots für Versammlungen wurde erstmals durch die Bundestagsabgeordneten im Rahmen der Ausschussberatungen zum RegE diskutiert. Trotz der vergleichsweise spät einsetzenden Diskussion zu diesem Themengebiet handelte es sich hierbei um einen der strittigsten Punkte des Gesetzgebungsverfahrens, insbesondere aufgrund der mit einem solchen Verbot zwangsläufig verbundenen Einschränkung der Rechte aus Art. 8 GG. Die Diskussionen zeigen das im Rahmen der Gesetzgebung zu bewältigende Spannungsverhältnis zwischen uneingeschränkter Grundrechtsausübung und der Notwendigkeit, das Grundrecht in bestimmten Fällen einzuschränken, um einen zu erwartenden Missbrauch zu verhindern und (potentielle) Versammlungsteilnehmer vor bestimmten Gefahren durch ein präventives Versammlungsverbot zu schützen. Einen ersten Vorschlag für ein Präventivverbot hatten die FDP-Abgeordneten *Dr. Becker* und *Stahl* in die Beratungen des 5. Ausschusses eingebracht.[1737] Zentraler Kritikpunkt der Mehrheit der Abgeordneten an dem Formulierungsvorschlag war die damit verbundene Möglichkeit für die Polizei, durch die Anwendung allgemeinen (landesrechtlichen) Polizeirechts – beispielsweise in Form der polizeilichen Generalklauseln – Präventivverbote für Versammlungen auszusprechen. Die Mehrheit der Ausschussmitglieder befürwortete den Anwendungsausschluss von allgemeinen polizeirechtlichen Eingriffsnormen im Sinne einer „Polizeifestigkeit"[1738] von Versammlungen und lehnte somit auch Präventivverbote grundsätzlich ab.[1739] Gleichwohl hielt man die Möglichkeit eines Präventivverbots im Versammlungsgesetz für gem. Art. 9 Abs. 2 GG verbotene Vereinigungen für erforderlich, um ein umfassendes Verbot der betroffenen Vereinigung zu erreichen. Der vom BMI in diesem

---

1735 Vgl. oben, S. 191 ff. Zudem wurde das allgemeine Recht des Versammlungsleiters, die Versammlung zu leiten, mit Blick auf ein Recht zur jederzeitigen Unterbrechung oder Auflösung bzw. Schließung der Versammlung konkretisiert.

1736 An dieser Stelle sei auf die Diskussion zu Umfang und Anforderungen an den Einsatz von Ordnern als „Hilfskräfte" des Versammlungsleiters verwiesen, die in die Regelung von § 9 VersG mündete. Dabei herrschte eine grundsätzliche Übereinstimmung, dass ein Ordnereinsatz möglich sein sollte. Vielmehr waren Zahl und Qualifikation der eingesetzten Ordner Gegenstand der Diskussionen, vgl. z.B. oben S. 178 f. und S. 191.

1737 Siehe oben, S. 199. Der Vorschlag lautete: *„Die allgemeinen sicherheitspolizeilichen Bestimmungen sind anzuwenden, soweit es sich um die unmittelbare Gefahr von Gesundheit und Leben eines Versammlungsteilnehmers handelt."*

1738 Vgl. z.B. BVerfG, NVwZ 2005, S. 80.

1739 Siehe hierzu insgesamt oben, S. 199 f.

Zusammenhang entworfene Formulierungsvorschlag sah sich ebenfalls einer starken Kritik der Ausschussmitglieder ausgesetzt.[1740] Der unveränderten Ablehnungshaltung der Mehrheit der Mitglieder des 5. Ausschusses hielt das BMI entgegen, dass ohne eine entsprechende Regelung überhaupt kein Präventivverbot (mehr) vorgesehen sei, ein solches aber schon aus praktischen Erwägungen von BMI und BReg für erforderlich gehalten werde.[1741]

Die weiteren Beratungen im 5. Ausschuss zeigten das Bestreben der Abgeordneten, eine Formulierung zu finden, die den praktischen Erfordernissen gerecht werden sollte, ohne eine zu weitreichende Ermächtigung der Polizei für Präventivverbote zu schaffen. Eine der diskutierten Herangehensweisen war dabei die Regelung eines Versammlungsverbots für den Fall, dass eine unfriedliche Versammlung zu erwarten ist.[1742] Durch die Verknüpfung mit dem Merkmal der Unfriedlichkeit sollte die Brücke zu Art. 8 Abs. 1 GG geschlagen werden, jedoch war ein in diesem Zusammenhang denkbares Präventivverbot von einer entsprechenden Prognoseentscheidung abhängig. Gleichwohl trat unter den Ausschussmitgliedern die immer deutlichere Einsicht zutage, dass ein Präventivverbot nur im Falle eines Verstoßes gegen Art. 8 und 9 GG, aber auch nur dann, möglich sein sollte.

Ein weiterer Diskussionspunkt im 5. Ausschuss entspann sich an der Frage, an das Verhalten welcher Personen das Präventivverbot zwingend anknüpfen sollte. Die Mehrheit der Abgeordneten wollte auf das Verhalten des Versammlungsleiters bzw. dessen Anhang abstellen, während das BMI jeglichen Missbrauch der Versammlung für ausreichend erachtete. Eine solche weite Anknüpfung wurde jedoch von den Ausschussmitgliedern abgelehnt, um nicht einzelnen Störern, die allein das Nicht-Stattfinden einer Versammlung bezweckten, mittelbar in die Hände zu spielen.[1743] Das BMI sprach sich für einen weiten Anknüpfungstatbestand aus, da man mit Blick auf zu erwartende Störungen den Schutz aller Versammlungen für praktisch nicht durchführbar hielt. Hierin sahen die Abgeordneten jedoch den Versuch, über den „Umweg" des polizeilichen Notstandes ein Präventivverbot bei Störungen, die nicht vom Veranstalter ausgingen, zuzulassen.[1744] Die vom 5. Ausschuss 1951 zunächst beschlossene Fassung wurde in den Beratungen im Februar/

1740 Siehe oben, S. 200 ff. Der Vorschlag des BMI lautete: *„Auf Grund der allgemeinen sicherheitspolizeilichen Bestimmungen kann die Abhaltung einer Versammlung nur im Einzelfall und nur dann verboten werden, wenn es sich zur Verhütung unmittelbarer Gefahr für Leben oder Gesundheit der Teilnehmer als zwingend erforderlich erweist. Ein Verbot ist ferner zulässig, wenn Tatsachen vorliegen, die mit Sicherheit erwarten lassen, dass der Veranstalter die Versammlung dazu missbrauchen wird, um Strafgesetze zu verletzen, die verfassungsmäßige Ordnung anzugreifen oder gegen den Gedanken der Völkerverständigung zu verstoßen."*

1741 a.a.O.

1742 Beispielsweise durch Einsatz von Waffen oder einen Angriff auf die verfassungsmäßige Ordnung.

1743 Siehe insgesamt a.a.O.

1744 Siehe oben, S. 207 f.

März 1953 nochmals modifiziert, da man die jeweilige Einzelfallentscheidung noch stärker zum Ausdruck bringen wollte und auch die inhaltliche Ausgestaltung der Verbotstatbestände und der notwendigen Prognoseentscheidung nochmals enger fassen wollte.[1745]

Der Vorschlag des 5. Ausschusses wurde durch den Bundestag unverändert angenommen. In der sich anschließenden Beratung im Bundesrat wurde eine Modifizierung des Präventivverbots gefordert, nach der ein Verbot bei falschen oder unzureichenden Angaben über den Veranstalter (Nr. 2) entfallen und eine zusätzliche Verbotsmöglichkeit bei unmittelbarer Gefahr eines Verstoßes gegen Strafvorschriften aufgenommen werden sollte. Die Änderungsvorschläge fanden die Zustimmung des Vermittlungsausschusses, so dass die modifizierte Fassung als § 5 VersG verabschiedet wurde.

II. Wandel vom reinen Polizeigesetz zum Grundrecht der Versammlungsfreiheit

Wie die Ausführungen gezeigt haben, hat die (Verfassungs-)Gesetzgebung auf dem Gebiet des Versammlungsrechts beginnend mit dem erstmalig in ganz Deutschland geltenden Reichsvereinsgesetz von 1908, über den Aufruf der Volksbeauftragten 1918, die Artikel der Weimarer Reichsverfassung, die Zeiten nationalsozialistischer Gesetzgebung, erster landesverfassungsrechtlicher Regelungen und der Schaffung von Art. 8 GG bis hin zur Verabschiedung und Verkündung des VersG einen starken inhaltlichen und verfassungsrechtlichen Wandel durchlaufen. War das Reichsvereinsgesetz als ein reines Polizeigesetz verabschiedet worden, das ohne grundrechtlich verbrieftes Recht auf Versammlungsfreiheit allein der Beschränkung und Kontrolle von öffentlichen Versammlungen diente,[1746] so erfuhr es durch den Aufruf der Volksbeauftragten und vor allem durch Art. 123 WRV eine dauerhafte grundrechtskonforme Einschränkung. Der polizeigesetzliche Charakter, die Vielzahl von Änderungen durch Verordnungen und Änderungsgesetze und schließlich die Änderungen durch die Rechtssetzungsakte der Alliierten machten letztendlich eine vollständige gesetzliche Neuregelung erforderlich. Der Wandel vom Polizeigesetz

---

1745 Siehe S. 274 f. Das Präventivverbot erhielt nunmehr folgende Fassung: „*Die Abhaltung einer Versammlung kann nur im Einzelfall und nur dann verboten werden, wenn 1.) der Veranstalter unter die Vorschriften des § 1 Abs. 2 Nr. 1 bis 4 fällt und im Falle der Nr. 4 das Verbot durch die zuständige Verwaltungsbehörde festgestellt worden ist [Anmerkung: § 1 Abs. 2 regelte die Beschränkung des allgemeinen Veranstaltungs- und Teilnahmerechts], 2.) in einer öffentlichen Einladung (§ 2 Abs. 1) der Name des Veranstalters nicht oder falsch angegeben ist, 3.) der Veranstalter oder Leiter der Versammlung entgegen § 2 Abs. 3 bewaffneten Teilnehmern Zutritt gewährt, 4.) Tatsachen festgestellt sind, aus denen sich ergibt, dass der Veranstalter oder sein Anhang einen gewalttätigen oder aufrührerischen Verlauf der Versammlung anstrebt.*“

1746 Man beachte nur die Regelungen zur Versammlungssprache (deutsch) und andere Einschränkungen, die den polizeigesetzlichen Charakter des RVGs unterstreichen.

(RVG) zum Schrankengesetz des Art. 8 GG[1747] zeigt sich etwa am Wegfall des Genehmigungserfordernisses des § 7 RVG durch Regelung einer bloßen Anmeldepflicht in § 14 VersG.[1748] Jedoch finden sich Regelungen und Regelungsansätze aus dem RVG, beispielsweise das Waffenverbot und der Ordnereinsatz, auch im VersG wieder. Denn trotz des Hinzutretens eines grundrechtlichen Verständnisses von Versammlungsfreiheit waren die praktischen Fragen der Versammlungsordnung erhalten geblieben. Es war daher geboten und sinnvoll, die Ordnungsnormen des RVG, die insbesondere auch Eingang in die Verwaltungspraxis gefunden hatten, im VersG entsprechend fortzuführen soweit es Sinn und Zweck des VersG im Lichte von Art. 8 GG zuließen.

III. Politische Akzeptanz des Versammlungsgesetzes, wiederkehrende Fragestellungen und gesetzgeberische Sorgfalt

Die Beratungen zum Versammlungsgesetz waren von einer grundsätzlichen Akzeptanz des Gesetzesvorhabens bei allen im Bundestag vertretenen Parteien mit Ausnahme der KPD-Abgeordneten geprägt. Aus diesem Grund vermag die Ablehnungshaltung der SPD zum Ende der Beratungen im Plenum des Bundestages zu überraschen. Dies insbesondere vor dem Hintergrund, dass dem federführenden Ausschuss zum Schutz der Verfassung während der Beratungen zum VersG zwei SPD-Abgeordnete (*Dr. Menzel und Zinn*) vorsaßen, die auch aktiv an den Beratungen zum Gesetzentwurf mitgewirkt hatten. Erstaunlich, zumindest vor der heute merklich wahrnehmbaren „Fraktionstreue" von Bundestagsabgeordneten, ist die Beobachtung, dass die inhaltliche Diskussion nicht allein zwischen parteipolitischen Lagern, sondern zwischen den einzelnen Abgeordneten und damit auch innerhalb einer Fraktion erfolgte. Das gemeinsame Ziel stand außer Frage, allein die inhaltliche Ausrichtung war Gegenstand langer und intensiver Beratungen. Dabei waren die Beratungen im Bundestag und Bundesrat von verschiedenen Themengebieten dominiert, die im Laufe der dreijährigen Beratungsdauer zwischen erstem ministeriellem Entwurf und Beratungen des Vermittlungsausschusses immer wieder Gegenstand der Diskussion waren. Hier seien exemplarisch die Regelung eines Flaggenverbots,[1749] die Aufnahme und Ausgestaltungen eines Präventivverbots für Versammlungen,[1750] der Umfang der Befugnisse des Versammlungsleiters sowie

1747 Man bedenke die Diskussion, ob neben den Schrankenregelungen i.S.v. Art. 8 Abs. 2 GG überhaupt weitere Normen, z.B. auch für öffentliche Versammlungen in geschlossenen Räumen, verfassungsrechtlich zulässig waren.
1748 Und deren erneute Einschränkung durch das BVerfG, vgl. BVerfGE 85, S. 69.
1749 Welches keinen Eingang in das VersG 1953 gefunden hat.
1750 Und die Schwierigkeiten vor dem Hintergrund der Regelung in Art. 8 GG.

Reichweite und Umfang der Strafvorschriften[1751] genannt. Gerade in diesem letzten Punkt zeigte sich an vielen Punkten der Diskussionen die ständige Frage, inwieweit die Aufnahme eines Straftatbestandes zwar eine Gebots- oder Verbotsnorm sichern, aber politische und demokratische Freiheit einschränken würde. Die Dauer der gesetzgeberischen Beratungen spricht außerdem für die von den Abgeordneten angewandte Sorgfalt im Rahmen ihrer Entscheidungsfindung. War man von Seiten der Bundesregierung einem gewissen „Druck" ausgesetzt, in Anbetracht von Landtagswahlen in verschiedenen Bundesländern (z.B. Hessen und Bayern) möglichst zeitnah das Gesetzgebungsverfahren zu einem Abschluss zu bringen, fand dies doch keinen Eingang in die parlamentarische Beratung.

IV. „Praxistauglichkeit" des Versammlungsgesetzes

Ob das VersG 1953 eine für den jungen Verfassungsstaat erforderliche Praxistauglichkeit aufwies, ließe sich nur anhand einer breiteren Darstellung der Verwaltungspraxis und der verwaltungs- sowie verfassungsgerichtlichen Rechtsprechung ab 1953 über das hier gewählte Maß hinaus nachvollziehen. Dabei könnte aufgrund der Vielzahl an gerichtlichen Entscheidungen und der Zahl der gesetzlichen Neuerungen des Versammlungsgesetzes eine solche Praxistauglichkeit mit guten Gründen verneint werden. Gleichwohl bleibt aber festzuhalten, dass die Vielzahl der gerichtlichen Entscheidungen zum einen die Grenzen behördlichen Ermessens innerhalb der Eingriffsnormen näher bestimmte und ggf. einschränkte. Andererseits wurde der Bestand und Fortbestand des VersG, etwa aufgrund verfassungswidrigen Inhalts, durch die Rechtsprechung niemals ernsthaft in Frage gestellt. Nichtsdestotrotz haben insbesondere die Entscheidungen des BVerfG zu einer weiteren Ausformung der Versammlungsfreiheit aus Art. 8 GG und damit zwangsläufig zu einer Korrektur der Normen des VersG geführt. Die gerichtlichen Entscheidungen[1752] – hier sei als Beispiel die Entscheidung zur Anmeldepflicht bei Versammlungen unter freiem Himmel gem. 14 Abs. 1 VersG und zur Frage, ob die gesetzliche Regelung Eil- oder Spontanversammlungen ausschließe bzw. ein Verstoß gegen die 48-stündige Anmeldefrist die Versammlung rechtswidrig erscheinen lasse, genannt -[1753] haben stets einen „minimalinvasiven" Eingriff bewirkt, der den Anforderungen an den Grundrechtsschutz und ordnungspolitische Bedürfnisse gleichermaßen gerecht werden konnte. Auch die Änderungen des Versammlungsgesetzes nach 1953, insbesondere

1751 Hier stellte sich immer wieder die Frage, ob einzelne Regelungsinhalte, statt durch das VersG, im Rahmen der Strafrechtsreform behandelt werden sollten.

1752 Zum Schutzbereich des Grundrechts der Versammlungsfreiheit, siehe BVerfGE 69, S. 315. Zur Friedlichkeit von Versammlungen, vgl. BVerfGE 73, S. 206. Zum Umfang des von der Versammlungsfreiheit geschützten Verhaltens siehe BVerfGE 84, 203.

1753 BVerfGE 85, S. 69

dessen Neufassung 1978, waren weniger eine Anpassung oder Korrektur aufgrund gerichtlicher Entscheidungen, als vielmehr eine Reaktion auf politische und gesellschaftliche Entwicklungen.

V. Künftige Anforderungen an das Versammlungsrecht

Mit den Regelungen des VersG 1953 wurde eine stabile Grundlage für den Erhalt eines ausreichenden und durchgängigen Grundrechtsschutzes sowie für einen dauerhaft und ordnungspolitisch vertretbaren Katalog an Eingriffsnormen für den Versammlungsablauf geschaffen. Der Gesetzgeber hat mit den seit 1953 erfolgten Änderungen des VersG zu verschiedenen Zeitpunkten auf Anforderungen aus der Praxis reagiert.[1754] Diese solide gesetzliche Basis korrespondiert mit einer Vielzahl an gerichtlichen Entscheidungen, welche zusammen ein breites Fundament des Versammlungsrechts in Deutschland darstellen. Es bleibt jedoch abzuwarten, ob die Änderungen durch die Föderalismusreform eine einheitliche Verwaltungspraxis auch in Zukunft ermöglichen oder durch unterschiedliche landesgesetzliche Regelungen Unterschiede im Versammlungsablauf und dem behördlichen Handeln auftreten werden.[1755] Gesetzgeberisches Handeln im Bereich des Versammlungsrechts dürfte von sich aus derzeit fernliegend sein. Jedoch wird sich in Zukunft erneut und vermehrt die Frage stellen, ob aufgrund „bewegter" Zeiten in Politik und Öffentlichkeit und den damit verbundenen Diskussionen zu einer Vielzahl von verschiedenen Themen[1756] „zwangsläufig" die Zahl von Versammlungen weiter zunehmen wird. Trotz des durch Art. 8 GG geschützten Inhalts[1757] einer Versammlung ist eine rechtspolitische Diskussion über Anforderungen an und ggf. Änderungen des bestehenden Versammlungsrechts nicht auszuschließen, um somit den Herausforderungen in der Praxis Rechnung zu tragen, bedingt durch neue und zusätzliche Versammlungsinhalte und die damit verbundene Zahl an Versammlungen und Gegenveranstaltungen. Wenngleich eine solche rechtspolitische Entwicklung oder

1754 Beispielsweise die nachträgliche Einführung des Vermummungsverbots.

1755 Versuche, durch ein neues Landesversammlungsgesetz strengere Ordnungsvorschriften zu implementieren (vgl. z.B. Bayern), haben einer gerichtlichen Überprüfung nur teilweise standgehalten, siehe BVerfG, NJW 2009, S. 14 81 m.w.N.

1756 So etwa die sich derzeit aufdrängenden Fragen zur deutschen und europäischen Flüchtlingspolitik, zu volkswirtschaftlichen Entwicklungen und Bestrebungen, die auch in Deutschland Teil der breiten öffentlichen Diskussion und damit auch Gegenstand einer Versammlung sind oder werden können, etwa die dauerhafte wirtschaftliche Versorgung von Flüchtlingen bei gleichzeitigem Wegfall staatlicher Leistungsfähigkeit und die damit verbundene Suche nach Alternativmöglichkeiten (denkbar wäre z.B. ein Konzept der Mikrofinanzierung, vgl. hierzu auch *Schroth-Microfinance*, S. 1 ff.) oder Auswirkungen der wirtschaftlichen Globalisierung sowie vermehrt (partei-)politische Entwicklungen als Reaktion auf gesellschafts- und wirtschaftspolitische Veränderungen.

1757 Vgl. BVerfGE 84, S. 203.

Diskussion in einem starken Gegensatz zu dem Fundament von Rechtsprechung und gesetzlichen Regelungen sowie dem grundrechtlichen Verständnis insgesamt steht, ist es Aufgabe von Verwaltung, Parlamenten und Rechtsprechung, den *status quo* zu erhalten und gleichzeitig auf Erfordernisse der Zukunft angemessen zu reagieren, ohne dabei an dem herrschenden Grundverständnis von Versammlungsfreiheit zu rütteln. Der Verwirklichung dieser Zielsetzung soll die vorliegende Arbeit dienen, in der Hoffnung, dass die Idee des VersG, wie sie sich in den dargestellten Beratungen zum Gesetz entwickelt hat, in zukünftige Diskussionen über Umfang und Schutz der Versammlungsfreiheit in Art. 8 GG einfließen wird.

Anhang

I. Kurzlebensläufe der Ordentlichen Mitglieder des Ausschusses zum Schutze der Verfassung (5. Ausschuss) des Bundestages in der 1. Legislaturperiode

1. Bayernpartei

- **Etzel**, Hermann,[1758] Mitglied des Ausschusses bis Dezember 1951; geb. am 21. Juni 1882 in Eisenfelden (Oberbayern), gest. am 14. April 1978 in Bamberg. Jurist, Dozent, Schriftsteller. Nach Abitur und Studium der Philosophie, Rechts- und Staatswissenschaften, Privatwirtschaftslehre und Geographie, 1914 Promotion zum Dr. jur. utr., Dozent an der Akademischen Abteilung der Handels- und Realschule Calw (Württemberg), 1919 bis 1934 stellv. Direktor bzw. Direktor der Handwerkskammer für München und Oberbayern, 1934 aus politischen Gründen zwangspensioniert. 1945/46 Gründung der Bamberger Symphoniker und 1954 des „Deutschen Klubs" in Bamberg, umfangreiche schriftstellerische Tätigkeit. 1948 Eintritt in die Bayernpartei und Mitglied der Landesleitung, 1949 stellv. Landesvorsitzender. Seit 1946 Landrat in Bamberg. Mitglied des Bundestages von 1949 bis 1953, zunächst in der BP-Fraktion, von Dezember 1951 bis Dezember 1952 in der Föderalistischen Union, danach bis zum Ende der Legislaturperiode fraktionslos, aber Zusammenarbeit mit der Gesamtdeutschen Volkspartei. Weitere Ausschussmitgliedschaften (u.a.) in der 1. Legislaturperiode: Ausschuss für Wirtschaftspolitik, Ausschuss für Rechtswesen und Verfassungsrecht.

2. CDU/CSU

- **Bausch**, Paul,[1759] Mitglied des Ausschusses bis März 1952; geb. am 27. Mai 1895 in Korntal, gest. ebda. am 1. September 1981. Verwaltungsbeamter. Nach Besuch Realgymnasium Eintritt in den gehobenen württembergischen Verwaltungsdienst, 1919 Staatsprüfung für den Verwaltungsdienst, ab 1920 Beamter beim württembergischen Wirtschaftsministerium. Ab 1928 Aufsichtsrat der Leonberger Bausparkasse, 1932 Rechnungsrat in Korntal, 1945 Personalberichterstatter und Kanzleidirektor im württembergischen Finanzministerium. 1924 Mitbegründer der evangelischen Bewegung „Christlich-Sozialer Volksdienst". 1928 bis 1932 Mitglied des württembergischen Landtags und von 1930 bis November 1933 Reichstagsabgeordneter. Nach dem Zweiten Weltkrieg Aufbau der württembergischen CDU, zeitweilig Vorsitzender des Evangelischen Arbeitskreises der CDU in Württemberg. 1946 bis 1950 Landtagsabgeordneter in Baden-Württemberg.

1758 *Vierhaus/Herbst Bd. 1*, S. 193.
1759 *Vierhaus/Herbst Bd. 1*, S. 45 f.

Mitglied des Bundestages von 1949 bis 1965. Vertreter im Ältestenrat des Bundestages, zeitweilig im Fraktionsvorstand der CDU. Weitere Ausschussmitgliedschaften (u.a.) in der 1. Legislaturperiode: Haushaltsausschuss, Ausschuss zur Mitberatung des EVG-Vertrages.

- **Brauksiepe**, Aenne (geb. Engels),[1760] Mitglied des Ausschusses in der gesamten 1. Legislaturperiode; geb. am 23. Februar 1912 in Duisburg, gest. am 1. Januar 1997 in Oelde (Westfalen). Angestellte in der Sozialpflege. Nach Abitur 1931 zwei Jahre in der Behindertenfürsorge tätig. 1934 bis 1937 in Glasgow, ab 1937 Unterricht für körperlich behinderte Kinder in den Niederlanden, 1943 Rückkehr nach Duisburg. Vorsitzende des deutschen Zweiges von St. Joan's International Social and Political Alliance, Mitglied des Präsidiums des Deutschen Katholischen Frauenbundes, Vizepräsidentin des Familienbundes Deutscher Katholiken, Landesvorsitzende der Europäischen Frauenunion, Vorsitzende im Kuratorium des Deutschen Müttergenesungswerkes und Zweite Vorsitzende der Studienstiftung des Deutschen Volkes. 1945 Mitbegründerin der CDU, 1956 Mitglied des Bundesvorstandes der CDU, 1958 bis 1971 Vorsitzende der Bundesvereinigung der Frauen der CDU, 1966 bis 1969 Mitglied des CDU-Parteipräsidiums. Mitglied des Bundestages von 1949 bis 1972. 1965 bis 1968 stellv. Vorsitzende der CDU/CSU-Fraktion. Weitere Ausschussmitgliedschaften (u.a.) in der 1. Legislaturperiode: Verfassungsausschuss, Petitionsausschuss, Vorsitz des Unterausschuss „Film über die Entstehung eines Gesetzes" (Unterausschuss des Ausschusses zum Schutze der Verfassung). 1968/69 Bundesministerin für Familie und Jugend, moderne Familienpolitik, u.a. Einführung der Teilzeitarbeit und Konzept der Ganztagschule für berufstätige Frauen. 1969 Großkreuz mit Stern des Verdienstordens der Bundesrepublik Deutschland.
- **Heix**, Martin,[1761] Mitglied des Ausschusses in der gesamten 1. Legislaturperiode; geb. am 2. September 1903 in Büderich (Wesel), gest. am 24. April 1977 in Oberhausen. Maurer, Verbandsfunktionär. Nach Volksschule Ausbildung zum Maurer. Begründer der Deutschen Jugendkraft. Diverse Verwendungen in Verbänden, u.a. 1950 Gründung der Siedlungsgemeinschaft „Kolping-Ketteler", 1954 Vorsitzender der Vertreterversammlung der Landesversicherungsanstalt Rheinprovinz, ab 1953 Mitglied des Aufsichtsrates der Hüttenwerk AG in Oberhausen. 1945 Mitbegründer der CDU Oberhausen, 1948 Oberbürgermeister von Oberhausen. Mitglied des Bundestages von 1949 bis 1965. Weitere Ausschussmitgliedschaften (u.a.) in der 1. Legislaturperiode: Ausschuss für Geld und Kredit, Ausschuss für Fragen des Gesundheitswesens, Ausschuss für Arbeit, Ausschuss für Fragen der europäischen Sicherheit. 1952 Verdienstkreuz und 1969 Großes Verdienstkreuz des Verdienstordens der Bundesrepublik Deutschland.

1760 *Vierhaus/Herbst Bd. 1*, S. 94.
1761 *Vierhaus/Herbst Bd. 1*, S. 323.

- **Hoogen**, Matthias,[1762] Mitglied des Ausschusses ab März 1952; geb. am 25. Juni 1904 in Straelen, gest. am 13. Juli 1985 in Ehrenkirchen. Rechtsanwalt. Nach Abitur Studium der Rechtswissenschaften, 1932 Zweite Juristische Staatsprüfung und Zulassung als Rechtsanwalt am Landgericht Krefeld. Ab September 1940 verschiedene Verwendungen als Soldat, zuletzt 1945 als Oberstabsrichter in Freiburg/Breisgau. Nach Kriegsende zunächst Mitglied des Zentrums, 1949 Wechsel zur CDU. 1948 bis 1956 Bürgermeister von Kempten, 1948/49 Mitglied des Wirtschaftsrates für das Vereinigte Wirtschaftsgebiet. Von 1949 bis 1964 Mitglied des Bundestages. Weitere Ausschussmitgliedschaften (u.a.) in der 1. Legislaturperiode: Ausschuss für Patentrecht und gewerblichen Rechtsschuss (stellv. Vorsitzender), Untersuchungsausschuss zur Überprüfung von Missständen in der Bundesverwaltung (Platow-Ausschuss; Vorsitzender), Ausschuss für Geschäftsordnung und Immunität, Ausschuss für Lastenausgleich, Ausschuss für Rechtswesen und Verfassungsrecht. Von 1964 bis 1970 Wehrbeauftragter des Deutschen Bundestages (Nachfolger von Hellmut Heye). 1959 Großes Verdienstkreuz mit Stern und Schulterband des Verdienstordens der Bundesrepublik Deutschland.
- **Jaeger**, Richard,[1763] Mitglied des Ausschusses in der gesamten 1. Legislaturperiode und dessen stellv. Vorsitzender; geb. am 16. Februar 1913 in Schöneberg (Berlin), gest. am 15. Mai 1998 in Bonn. Richter. Nach Abitur 1933 Studium der Rechts- und Staatswissenschaften, 1936 Erstes und 1939 Zweites Staatsexamen und 1948 Promotion zum Dr. jur. 1940 Gerichtsassessor, 1943 Amtsgerichtsrat in Weilheim. 1946 Eintritt in die CSU. 1947 bis 1948 Regierungsrat und persönlicher Referent im Bayerischen Kultusministerium. Anschließend erster Bürgermeister, ab 1949 Oberbürgermeister von Eichstätt. Nach Beitritt der Bundesrepublik zur NATO Leiter der deutschen Delegation bei der NATO-Parlamentarierkonferenz und von 1957 bis 1990 Präsident der Deutschen Atlantischen Gesellschaft. Mitglied des Bundestages von 1949 bis 1980. Weitere Ausschussmitgliedschaften (u.a.) in der 1. Legislaturperiode: Ausschuss für Geschäftsordnung und Immunität, Ausschuss für Rechtswesen und Verfassungsrecht, Ausschuss für innergebietliche Neuordnung. Ausschuss zur Mitberatung des EVG-Vertrages. 1953 bis 1965 und 1967 bis 1976 Vizepräsident des Bundestages. 1966/67 Bundesjustizminister. Nach Ausscheiden aus dem Bundestag weitere politische Betätigung auf Kreis- und Landesebene. 1984 Leiter der deutschen Delegation bei der Menschenrechtskommission der Vereinten Nationen in Genf. 1987 bis 1991 Präsident der Vereinigung ehemaliger Mitglieder des Deutschen Bundestages. 1959 Bayerischer Verdienstorden und 1967 Großes Verdienstkreuz mit Stern und Schulterband des Verdienstordens der Bundesrepublik Deutschland.

1762 *Vierhaus/Herbst Bd. 1*, S. 361.
1763 *Vierhaus/Herbst Bd. 1*, S. 382.

- **Kiesinger**, Kurt Georg,[1764] Mitglied des Ausschusses bis März 1952 und dessen stellv. Vorsitzender von Dezember 1949 bis März 1952; geb. am 6. April 1904 in Ebingen (Albstadt), gest. am 9. März 1988 in Tübingen. Rechtsanwalt. 1925 bis 1931 Studium der Philosophie und Geschichte sowie Rechts- und Staatswissenschaften. 1931 Erste und 1934 Zweite Juristische Staatsprüfung, 1935 Zulassung als Rechtsanwalt beim Kammergericht Berlin, bis 1945 auch privater Rechtslehrer. 1935 Eintritt in die NSDAP. 1940 in der Rundfunkabteilung des Auswärtigen Amtes als Hilfsarbeiter dienstverpflichtet und ab 1943 stellv. Abteilungsleiter. 1946 Anbieter von juristischen Repetitorien an der Universität Würzburg, 1948 Zulassung als Rechtsanwalt in Tübingen und Würzburg. 1948 Eintritt in die CDU. 1950 Mitglied des erweiterten Parteivorstandes der CDU-Bundespartei, 1951 bis 1961 Geschäftsführender Vorstand, Mai 1967 bis Juli 1971 Bundesvorsitzender der CDU, anschließend Ehrenvorsitzender. 1950 bis 1958 Mitglied der beratenden Versammlung des Europarates, 1955 Vizepräsident und 1957/58 Vorsitzender der christlich-demokratischen Fraktion. 1960 bis 1966 Mitglied des baden-württembergischen Landtages, 1962 bis 1963 Präsident des Bundesrates und 1962 bis 1966 Bevollmächtigter der Bundesregierung für kulturelle Angelegenheiten im Rahmen des Vertrages über die deutsch-französische Zusammenarbeit. Dezember 1958 bis 1966 Ministerpräsident von Baden-Württemberg. Mitglied des Bundestages von 1949 bis 1959 und wieder von 1969 bis 1980. Weitere Ausschussmitgliedschaften (u.a.) in der 1. Legislaturperiode: Vermittlungsausschuss (Vorsitzender), Ausschuss für Geschäftsordnung und Immunität, Ausschuss für Rechtswesen und Verfassungsrecht. Dezember 1966 bis 1969 Bundeskanzler (Nachfolger von Ludwig Erhard). 1980 bis 1988 Vorsitzender des Kuratoriums der Stiftung Bundeskanzler-Adenauer-Haus. 1960 Großkreuz des Verdienstordens der Bundesrepublik Deutschland. Weitere Ehrungen und Ordensverleihungen im In- und Ausland.
- **Laforet**, Wilhelm,[1765] Mitglied des Ausschusses für die gesamte 1. Legislaturperiode; geb.19. November 1877 in Edenkoben, gest. am 14. September 1959 in Würzburg. Jurist, Verwaltungsbeamter, Hochschullehrer. Nach dem Abitur 1896 Studium der Staats- und Rechtswissenschaften sowie Promotion zum Dr. jur. 1908 Eintritt in den bayerischen Verwaltungsdienst. Nach Teilnahme am Ersten Weltkrieg von 1918 bis 1922 Bezirksamtmann in Ochsenfurt am Main, von 1922 bis 1927 Oberregierungs- und Ministerialrat im Ministerium des Innern, von 1927 bis 1951 ordentlicher Professor des Staatsrechts und Verwaltungsrechts an der Universität Würzburg. 1945 Gründungsmitglied der CSU, Mitglied des von den amerikanischen Behörden eingesetzten Ausschusses für Verwaltungsrecht in Heidelberg und Sachverständiger im vorbereitenden Verfassungsausschuss von Baden-Württemberg. 1946 bis 1949 Abgeordneter im Bayerischen Landtag. Mitglied des Bundestages von 1949 bis 1953. Weitere Ausschussmitgliedschaften

1764 *Vierhaus/Herbst Bd. 1*, S. 416 f.
1765 *Vierhaus/Herbst Bd. 1*, S. 476 f.

(u.a.) in der 1. Legislaturperiode: Ausschuss für Rechtswesen und Verfassungsrecht (Vorsitzender), Wahlmännerausschuss (Vorsitzender), Ausschuss zur Wahrung der Rechte der Volksvertretung gem. Art. 45 GG. 1952 Großes Verdienstkreuz, und 1957 Großes Verdienstkreuz mit Stern des Verdienstordens der Bundesrepublik Deutschland.

- **Lemmer**, Ernst,[1766] Mitglied des Ausschusses ab März 1952; geb. am 28. April 1898 in Remscheid, gest. am 18. August 1970 in Berlin. Redakteur. Kriegsabitur 1915, bis 1918 Soldat, 1919 bis 1922 Studium der Theologie, Geschichte und Volkswirtschaft, zugleich Tätigkeit als Journalist. Seit 1933 (aufgrund Berufsverbots) Korrespondent für ausländische Zeitungen, 1949 bis 1956 Chefredakteur und 1949 bis 1966 Herausgeber der Tageszeitung „Der Kurier". Seit 1918 Mitglied der Deutschen Demokratischen Partei (DDP), für die er von 1924 bis 1933 im Reichstag saß. Vorsitzender des Deutschen Demokratischen Studentenbundes, 1922 bis 1933 Generalsekretär des liberalen Gewerkschaftsrings der Arbeiter-, Angestellten- und Beamtenverbände im Deutschen Reich. 1924 Mitbegründer des Reichsbanners „Schwarz-Rot-Gold". 1945 Mitbegründer der Berliner CDU, 1945 bis zu seiner Abberufung 1947 stellvertretender Vorsitzender der CDU in der Sowjetischen Besatzungszone. Neben weiteren politischen Ämtern war Lemmer 1946 bis 1949 Mitglied des Brandenburgischen Landtages und von 1950 bis 1969 Angehöriger des Berliner Abgeordnetenhauses. Von 1963 bis 1967 Bundesvorsitzender und von 1967 bis 1970 Präsident des Gesamtverbandes der Sowjetzonenflüchtlinge. Von 1952 bis zu seinem Tod 1970 Mitglied des Bundestages, 1961 bis 1965 stellvertretender Fraktionsvorsitzender der CDU. Weitere Ausschussmitgliedschaften (u.a.) in der 1. Legislaturperiode: Ausschuss für gesamtdeutsche Fragen. 1956/57 Bundesminister für das Post- und Fernmeldewesen, 1957 bis 1962 Bundesminister für Gesamtdeutsche Fragen, 1964/65 Bundesminister für Vertriebene und 1965 bis 1969 Berlin-Sonderbeauftragter des Bundeskanzlers.
- **Mehs**, Matthias Joseph,[1767] Mitglied des Ausschusses für die gesamte 1. Legislaturperiode; geb. am 12. Oktober 1893 in Wittlich, gest. ebda. am 7. April 1976. Gastwirt. Nach dem Abitur 1913 Studium der Philosophie, Geschichte und Kunstwissenschaften. Nach dem Ersten Weltkrieg Übernahme des elterlichen Gastwirtsbetriebs. Zunächst Mitglied des Zentrums und 1929 bis 1933 Stadtverordneter. Nach dem Attentat vom 20. Juli 1944 kurzzeitig in Haft. Ab 1945 Mitglied der CDU und Übernahme verschiedener kommunalpolitischer Ämter (u.a. Bürgermeister von Wittlich). Mitglied des Bundestages von 1949 bis 1953. Weitere Ausschussmitgliedschaften (u.a.) in der 1. Legislaturperiode: Ausschuss für innerbetriebliche Neuordnung, Organisationsausschuss und Ausschuss für Grenzlandfragen.

1766 *Vierhaus/Herbst Bd. 1*, S. 493 f.
1767 *Vierhaus/Herbst Bd. 1*, S. 548.

- **Schulze-Pellengahr**, Hubert,[1768] Mitglied des Ausschusses für die gesamte 1. Legislaturperiode; geb. am 15. August 1899 in Ascheberg (Kreis Lüdinghausen), gest. ebda. am 23. Juni 1985. Landwirt. Nach dem Abitur 1917 und Soldat im Ersten Weltkrieg Studium der Land- und Volkswirtschaft für vier Semester, 1935 Übernahme des elterlichen Hofes. Mitglied des Bundestages von 1949 bis 1961 für den Wahlkreis Lüdinghausen-Coesfeld. Weitere Ausschussmitgliedschaften (u.a.) in der 1. Legislaturperiode: Ausschuss für Verkehrswesen, Wahlrechtsausschuss.
- **Serres**, Günther,[1769] Mitglied des Ausschusses ab März 1952; geb. am 18. Juni 1910 in Krefeld, gest. am 26. Dezember 1981 in Roth an der Our. Jurist, Syndikus, leitender Angestellter, Wirtschaftsberater. Studium der Rechtswissenschaft und Volkswirtschaft, 1934 Promotion zum Dr. jur. Da aus politischen Gründen aus dem Justizdienst ausgeschieden, Tätigkeit als Wirtschaftsberater und Geschäftsführer von Fachverbänden der krawatten- und Schalindustrie. Mitglied des Gesamtvorstandes der Schutzvereinigung für Wertpapierbesitz. Nach dem Zweiten Weltkrieg Syndikus des Verbandes der Deutschen Krawatten- und Seidenindustrie. Mitbegründer der CDU. Mitglied des Bundestages von 1949 bis 1969. Weitere Ausschussmitgliedschaften (u.a.) in der 1. Legislaturperiode: Ausschuss für Berlin, Ausschuss für Außenhandelsfragen, Ausschuss für Rechtswesen und Verfassungsrecht. Von 1962 bis 1970 Mitglied und Sprecher der Deutschen Delegation in der Beratenden Versammlung des Europarates und der Versammlung der Westeuropäischen Union. Vorsitz der Deutsch-Luxemburgischen Gesellschaft. 1961 Großes Verdienstkreuz mit Stern, 1969 Großkreuz mit Stern und Schulterband des Verdienstordens der Bundesrepublik Deutschland. Grand Officier de l'Ordre de Mérite du Grand-Duché de Luxembourg und Commandeur de l'Ordre de la Couronne (Belgien).

3. Deutsche Partei

- **Matthes**, Heinz,[1770] Mitglied des Ausschusses in der gesamten 1. Legislaturperiode (Juni 1951 bis März 1953 als Stellvertretendes Mitglied); geb. am 13. April 1897 in Hannover, gest. ebda. am 2. Juli 1976. Bäcker, Konditor, Parteifunktionär. Bäcker- und Konditoreiausbildung, nach dem 1. Weltkrieg bis 1920 Führer einer Sturmabteilung. 1920/21 Bergbaupraktikant, 1921 bis 1933 Geschäftsführer der Deutsch-Hannoverschen Partei, verschiedene politische Ämter, Landesführer der Deutschen Legion sowie Direktor und Vorstandsmitglied der Interessengemeinschaft der Norddeutschen Portland-Zementfabrik Misburg AG. Mitglied des Deutschen Bundestages von 1949 bis 1961 (drei Legislaturperioden), zunächst als Mitglied der DP-Fraktion, später der Fraktion DP/FVP, nach Bildung der

1768 *Vierhaus/Herbst Bd. 2*, S. 797.
1769 *Vierhaus/Herbst Bd. 2*, S. 817.
1770 *Vierhaus/Herbst Bd. 1*, S. 541.

Gesamtdeutschen Partei aus Gesamtdeutschem Block/BHE und DP 1961 fraktionsloser Abgeordneter. Weitere Ausschussmitgliedschaften (u.a.) in der 1. Legislaturperiode: Organisationsausschuss, Ausschuss für Petitionen, Untersuchungsausschuss zur Überprüfung der im Raume Bonn vergebenen Aufträge, Untersuchungsausschussfrage (Spiegelausschuss), Ausschuss für Angelegenheiten der inneren Verwaltung.

- **Merkatz**, Hans-Joachim von,[1771] Ausschussmitglied ab Juni 1951; geb. am 7. Juli 1905 in Stargard (Pommern), gest. am 25. Februar 1982 in Bonn. Jurist, wissenschaftlicher Mitarbeiter, Parteifunktionär. Nach dem Abitur von 1928 bis 1931 Studium der Rechtswissenschaften, Geschichte und Nationalökonomie, 1934 Promotion zum Dr. jur. 1935 bis 1938 Referent am Kaiser-Wilhelm-Institut für ausländisches öffentliches Recht und Völkerrecht, 1938 bis 1945 Generalsekretär des Ibero-Amerikanischen Instituts. Ab 1946 Sachbearbeiter an der Akademie für Raumforschung und Landesplanung in Hannover. 1946 Beitritt zur Niedersächsischen Landespartei (NLP) und DP, bereits ab 1946 Mitglied des Direktoriums. 1948/49 wissenschaftlicher Mitarbeiter bei der Vertretung der DP im Parlamentarischen Rat, 1952 bis 1960 Direktoriumsmitglied der DP und 1955 bis 1957 stellvertretender Bundesvorsitzender. 1960 Eintritt in die CDU. 1949 bis 1969 Mitglied des Bundestages. Bis 1960 Mitglied der DP- bzw. DP/FVP-Fraktion und zunächst stellv. Fraktionsvorsitzender, von 1953 bis 1955 Vorsitzender der DP-Fraktion. 1960 kurze Zeit fraktionslos und ab September 1960 Mitglied der CDU/CSU-Fraktion. Weitere Ausschussmitgliedschaften (u.a.) in der 1. Legislaturperiode: Ausschuss für Besatzungsstatut und auswärtige Angelegenheiten, Ausschuss zur Wahrung der Rechte der Volksvertretung gem. Art 45 GG, Ausschuss für Geschäftsordnung und Immunität, Ausschuss für gesamtdeutsche Fragen. 1949 bis 1952 Staatssekretär im Bundesministerium für Angelegenheiten des Bundesrates. 1951 bis 1958 Mitglied der Beratenden Versammlung des Europarates. 1952 bis 1958 Mitglied der Gemeinsamen Versammlung der Europäischen Gemeinschaft für Kohle und Stahl. 1955 bis 1962 Bundesminister für Angelegenheiten des Bundesrates. 1956/57 Bundesjustizminister. 1960/61 Bundesminister für Vertriebene, Flüchtlinge und Kriegsgeschädigte. 1958 bis 1979 Präsident des Ostdeutschen Kulturrates, 1964 bis 1969 Mitglied des Exekutivrates der UNESCO, 1967/68 Präsident der Paneuropa-Union in Deutschland. 1959 bis 1972 Lehrbeauftragter (ab 1966 als Honorarprofessor) für staats- und völkerrechtliche Probleme der europäischen Integration an der Universität Bonn. 1955 Großes Verdienstkreuz mit Stern und Schulterband und 1958 Großkreuz des Verdienstordens der Bundesrepublik Deutschland. 1972 Bayerischer Verdienstorden. Zudem Träger des Kommandeurskreuzes der Ehrenlegion.

1771 *Vierhaus/Herbst Bd. 1*, S. 555 f.

4. Zentrum

- **Glasmeyer**, Heinrich,[1772] Mitglied des Ausschusses bis Juni 1951; geb. am 4. April 1893 in Steinbeck (Kreis Tecklenburg), gest. am 2. Januar 1974 in Rheine. Bäcker, Staatswissenschaftler Landwirt. Nach Bäckerlehre und Studium der katholischen Theologie und Staatswissenschaften 1926 Promotion zum Dr. rer. pol. Seit 1922 selbständiger Landwirt. 1919 Mitglied des Zentrums, 1951 Wechsel in die CDU. Mitglied des Bundestages in der 1. und 2. Legislaturperiode, zunächst als Mitglied der Zentrumsfraktion, ab 1951 der CDU/CSU-Fraktion. Weitere Ausschussmitgliedschaften (u.a.) in der 1. Legislaturperiode: Ausschuss gemäß Artikel 15 GG, Ausschuss für Lastenausgleich, Ausschuss für ERP-Fragen.
- **Reismann**, Bernhard,[1773] Mitglied des Ausschusses ab März 1952; geb. am 29. Januar 1903 in Münster, gest. ebda. am 13. Januar 1982. Rechtsanwalt und Notar. Nach juristischer Ausbildung und Promotion ab 1929 Rechtsanwalt in Münster, später auch Notar. 1930 Mitglied des Zentrums. 1945 Wiederbegründer des Zentrums in Nordrhein-Westfalen, später Mitglied des Landes- und Hauptvorstandes. Bis 1933 Mitglied der Stadtverordnetenversammlung Münster, 1946 bis 1959 Landtagsabgeordneter in Nordrhein-Westfalen, 1957 bis 1959 Regierungspräsident von Münster, später Geschäftsführer der Rheinisch-Westfälischen Industrieförderungsgesellschaft. Gewähltes Mitglied (Landesliste) des Bundestages in der 1. Legislaturperiode. Ab 1951 Mitglied der Föderalistischen Union und deren stellvertretender Fraktionsvorsitzender. Weitere Ausschussmitgliedschaften (u.a.) in der 1. Legislaturperiode: Untersuchungsausschuss zur Hauptstadtfrage (Spiegelausschuss; Vorsitzender 1950/51), Ausschuss für Rechtswesen und Verfassungsrecht, Ausschuss für Angelegenheiten der inneren Verwaltung.
- **Willenberg**, Alex,[1774] Mitglied des Ausschusses Juni 1951 bis März 1952; geb. 8. Juni 1897 in Essen, gest. ebda. am 2. Januar 1974. Bergmann, Gewerkschaftsfunktionär, Journalist. 1920 Jugendsekretär des Gewerkvereins Christlicher Bergarbeiter in Mitteldeutschland, 1921 Bezirksleiter im mitteldeutschen Braunkohlen-, Kali- und Erzbau, 1924 im Saarland und in Oberschlesien. Ab 1933 (nach Entlassung aus politischen Gründen) zunächst bei der „Oberschlesischen Volksstimme", später Begründer des „Oberschlesischen Katholischen Kirchenblatts". Ab 1946 Redakteur der „Rhein-Ruhr-Zeitung", später Leiter der Arbeitsrechtsabteilung der Industriegewerkschaft Bergbau in Essen. Seit 1916 im Zentrum engagiert, ab 1946 Mitglied des Gesamtvorstands. Ab Oktober 1950 Mitglied des Deutschen Bundestages (Nachfolger des verstorbenen Paul Krause) bis zum Ende der 1. Legislaturperiode, seit 1951 Mitglied der Föderalistischen Union. Weitere Ausschussmitgliedschaften (u.a.) in der 1. Legislaturperiode: Ausschuss für Sozialpolitik, Ausschuss für Heimatvertriebene, Ausschuss für Arbeit.

1772 *Vierhaus/Herbst Bd. 1*, S. 262 f.
1773 *Vierhaus/Herbst Bd. 2*, S. 679.
1774 *Vierhaus/Herbst Bd. 2*, S. 956.

5. FDP

- **Becker**, Max,[1775] Mitglied des Ausschusses bis Februar 1953; geb. 25. Mai 1888 in Kassel, gest. 29. Juli 1960 in Bad Hersfeld. Rechtsanwalt und Notar. Nach juristischer Ausbildung ab 1913 Rechtsanwalt und ab 1921 Notar in Bad Hersfeld. 1909 Mitglied der jungliberalen Bewegung, später bei der Deutschen Volkspartei. 1945 Eintritt in die Liberale Partei Deutschlands (später FDP), 1956 Hessischer Landesvorsitzender der FDP. 1946 bis 1949 Hessischer Landtagsabgeordneter. 1948/49 Mitglied des Parlamentarischen Rates. 1949 bis zu seinem Tod 1960 Mitglied des Deutschen Bundestages, 1957 bis 1960 Vorsitzender der FDP-Fraktion. Weitere Ausschussmitgliedschaften (u.a.) in der 1. Legislaturperiode: Ausschuss zur Wahrung der Rechte der Volksvertretung, Ausschuss für Besatzungsstatut und auswärtige Angelegenheiten, Untersuchungsausschuss zur Überprüfung, ob durch die Personalpolitik Missstände im Auswärtigen Dienst eingetreten sind (teilweise als Vorsitzender).
- **Euler**, August-Martin,[1776] Mitglied des Ausschusses ab Februar 1953; geb. 9. Mai 1908 in Kassel, gest. 4. Februar 1966 in Brüssel. Rechtsanwalt und Notar. Nach juristischer Ausbildung von 1939 bis 1944 Vertragsjurist bei der I.G. Farbenindustrie AG und beim Generalbevollmächtigten Chemie in Berlin. Nach dem Zweiten Weltkrieg Rechtsanwalt und Notar in Frankfurt a.M. 1958 bis 1966 Generaldirektor bei der Versorgungsabteilung der Euratom in Brüssel. Mitbegründer der hessischen FDP mit diversen Parteifunktionen. 1956 FDP-Austritt, Mitbegründer der Freien Volkspartei (FVP), nach Fusion mit der DP deren Landesvorsitzender in Hessen. Politische Ämter: 1946 Mitglied der Verfassungsberatenden Landesversammlung Groß-Hessen. 1946/47, 1950/51 und 1954/55 Mitglied des Hessischen Landtags. Von 1949 bis 1958 Mitglied des Deutschen Bundestages. 1951/52 Vorsitzender der FDP-Fraktion. Weitere Ausschussmitgliedschaften (u.a.) in der 1. Legislaturperiode: Ausschuss für innergebietliche Neuordnung (Vorsitzender), Ausschuss für Besatzungsstatut und auswärtige Angelegenheiten, Ausschuss für Innere Angelegenheiten der Verwaltung. 1958 Mandatsniederlegung im Bundesrat (seit 1956 fraktionslos dann FVP/DP-Fraktion). 1958 Mandatsniederlegung im Bundestag.
- **Golitschek**, Hubertus von,[1777] Mitglied des Ausschusses ab Oktober 1951; geb. am 22. Oktober 1910 in Prauss (Schlesien), gest. am 17. Januar 1969. Jurist, Verwaltungsbeamter, Wirtschaftsberater. Nach Studium der Rechtswissenschaften und Promotion (1935) Tätigkeit im tschechischen Finanzdienst, ab 1937 Tätigkeit in der Stahlindustrie. Nach dem Zweiten Weltkrieg Tätigkeit als Wirtschaftsberater in Heidelberg. Seit 1948 Stadtrat in Heidelberg. Mitorganisator der Badischen Heimatvertriebenen-Organisation, Mitglied des Lastenausgleichsausschusses der Heimatvertriebenen-Verbände und badischer Delegierter zum Zentralverband

1775 *Vierhaus/Herbst Bd. 1*, S. 50 f.
1776 *Vierhaus/Herbst Bd. 1*, S. 193 f.
1777 *Vierhaus/Herbst Bd. 1*, S. 272.

der vertriebenen Deutschen. Ab 1949 Flüchtlingsvertreter in Ausschüssen des baden-württembergischen Landtags. Mitglied des Bundestages von 1949 bis 1953 und 1956 bis 1957. Weitere Ausschussmitgliedschaften (u.a.) in der 1. Legislaturperiode: Ausschuss für Petitionen, Ausschuss für Lastenausgleich, Ausschuss für Kriegsopfer- und Kriegsgefangenenfragen.

- **Hammer**, Richard,[1778] Mitglied des Ausschusses bis Oktober 1951; geb. am 7. Februar 1897 in Darmstadt, gest. ebda. am 3. Oktober 1969. Arzt. Nach Studium der Medizin ab 1924 niedergelassener praktischer Arzt in Darmstadt. Bis 1933 Mitglied der Deutschen Demokratischen Partei (DDP) bzw. Deutschen Staatspartei. Teilnahme am Zweiten Weltkrieg, zuletzt als Oberstabsarzt. Präsident der Ärztekammer und der kassenärztlichen Vereinigung in Darmstadt. 1945 Eintritt in die FDP. 1946 bis 1949 hessischer Landtagsabgeordneter. Mitglied des Bundestages von 1949 bis 1957. Weitere Ausschussmitgliedschaften (u.a.) in der 1. Legislaturperiode: Ausschuss für Fragen des Gesundheitswesens (Vorsitzender), Ausschuss für Sozialpolitik.
- **Stahl**, Wilhelm,[1779] Mitglied des Ausschusses in der gesamten 1. Legislaturperiode; geb. am 10. April 1903 in Neustadt (Schwarzwald), gest. am 6. Oktober 1989 in Titisee. Buchhalter, Parteifunktionär. 1921 bis 1923 Studium der Forstwissenschaften (ohne Abschluss), 1923 bis 1925 kaufmännische Lehre in einer Papierfabrik in Neustadt, dort ab 1925 als Buchhalter angestellt. Ab 1921 Vorsitzender der Deutsch-Demokratischen Jugend in Neustadt. Seit 1925 Vorsitzender der badischen Jungdemokraten, ab 1927 Parteisekretär, später Landesgeschäftsführer der Deutschen Demokratischen Partei in Baden. 1928 erfolglose Kandidatur für den Reichstag. Nach Verbot der Partei 1933 zunächst arbeitslos, dann von 1934 bis 1939 Buchhalter in einem Hotel in Titisee. 1969 bis 1973 Präsident des Bundes Heimat- und Volksleben. 1945/46 Mitbegründer der Demokratischen Partei in Süd- und Mittelbaden. 1946 Bürgermeister von Titisee. 1947 stellv. Landesvorsitzender der DP in Baden und von 1947 bis 1952 badischer Landtagsabgeordneter. Mitwirkung bei der Eingliederung der DP in den FDP/DVP-Landesverband (1952). 1960 bis 1978 Vorsitzender des FDP-Bezirksverbandes Südbaden. Mitglied des Bundestages von 1949 bis 1961. Weitere Ausschussmitgliedschaften (u.a.) in der 1. Legislaturperiode: Ausschuss für Angelegenheiten der inneren Verwaltung, Ausschuss für Kommunalpolitik, Ausschuss für Post- und Fernmeldewesen. 1966 Großes Verdienstkreuz des Verdienstordens der Bundesrepublik Deutschland, 1978 Verdienstmedaille des Landes Baden-Württemberg.
- **Will**, Rudolf,[1780] Mitglied des Ausschusses ab Februar 1952; geb. am 16. Dezember 1893 in München, gest. ebda. am 10. Januar 1963. Jurist. Nach Teilnahme am Ersten Weltkrieg Studium der Rechts- und Staatswissenschaft sowie Promotion zum Dr. rer. pol., 1924 Direktor des Gerling-Konzerns in Berlin-Charlottenburg.

1778 *Vierhaus/Herbst Bd. 1*, S. 303.
1779 *Vierhaus/Herbst Bd. 2*, S. 835.
1780 *Vierhaus/Herbst Bd. 2*, S. 955.

Beiratsmitglied des Verbandes Berliner industrieller Kaufleute. Gehörte 1945 zu den Mitbegründern der Berliner LDPD und Bezirksvorsitzender der Partei in Charlottenburg. Nach Gründung der Berliner FDP Mitglied des geschäftsführenden Vorstands, von 1956 bis 1958 sowie 1959/60 Landesvorsitzender. 1949 bis 1952 Mitglied des Berliner Abgeordnetenhauses. Mitglied des Bundestages von 1952 bis 1961. Weitere Ausschussmitgliedschaften (u.a.) in der 1. Legislaturperiode: Bundestagsausschuss für Wiederaufbau und Wohnungswesen.

6. SPD

- **Bergsträsser**, Ludwig,[1781] Mitglied des Ausschusses in der gesamten 1. Legislaturperiode; geb. am 23. Februar 1883 in Altkirch (Elsass), gest. am 23. März 1960 in Darmstadt. Historiker, Hochschullehrer, Verwaltungsbeamter. Nach Abitur 1902 zunächst Studium der Rechtswissenschaften, dann der Geschichte, 1906 Promotion zum Dr. phil. Ab 1910 Privatdozent, ab 1916 Professor für Neuere Geschichte in Greifswald und ab 1919 an der Technischen Universität Berlin. 1920 Archivrat in der Forschungsabteilung des Reichsarchivs, 1928 bis 1934 außerordentlicher Professor in Frankfurt am Main. Ab 1945 Honorarprofessor für Politische Wissenschaft an der Universität Frankfurt am Main, ab 1950 an der Universität Bonn. 1924 bis 1928 Mitglied der Deutschen Demokratischen Partei, 1930 Übertritt zur SPD. 1945 bis 1949 Regierungspräsident in Darmstadt, 1946 bis 1949 hessischer Landtagsabgeordneter. 1948/49 Mitglied des Parlamentarischen Rates. Mitglied des Bundestages von 1949 bis 1953. Weitere Ausschussmitgliedschaften (u.a.) in der 1. Legislaturperiode: Ausschuss für Kulturpolitik, Wahlrechtsausschuss, Ausschuss für Bücherei/Bücherbeirat (stellv. Vorsitzender). 1953 Großkreuz des Verdienstordens der Bundesrepublik Deutschland.
- **Gleisner**, Alfred,[1782] Mitglied des Ausschusses in der gesamten 1. Legislaturperiode; geb. am 19. Juni 1908 in Kamen (Westfalen), gest. am 15. Februar 1991 in Unna. Kaufmann, Detektiv. 1922 bis 1928 Bergmann in Kamen. 1928 Besuch der Kriminalpolizeischule Potsdam, 1929 Umschulung zum Kaufmann. 1931 Kriminalsekretär in Berlin und bis 1933 Detektiv. 1934 bis 1937 Versicherungskaufmann sowie später Organisationsleiter in einem Lebensmittelbetrieb. 1938 Fabrikdirektor in Frankfurt am Main. 1945 Eintritt in die SPD, 1946 Sekretär des Unterbezirks Hamm, Mitglied des Bezirksvorstandes und des Landesausschusses Nordrhein-Westfalen. Seit 1946 Abgeordneter im Kreistag Unna und dort Vorsitzender der SPD-Fraktion. 1947 bis 1950 Landtagsabgeordneter in Nordrhein-Westfalen. 1959 Amtsdirektor in Pelkum. 1969 bis 1973 Stadtdirektor in Bergkamen, 1971 bis 1973 Präsident des Städte- und Gemeindebundes Nordrhein-Westfalen. Mitglied des

1781 *Vierhaus/Herbst Bd. 1*, S. 59.
1782 *Vierhaus/Herbst Bd. 1*, S. 263.

Bundestages von 1949 bis 1959. Weitere Ausschussmitgliedschaften (u.a.) in der 1. Legislaturperiode: Ausschuss zur Mitberatung des EVG-Vertrages, Ausschuss für Angelegenheiten der inneren Verwaltung.

- **Jacobi**, Werner,[1783] Mitglied des Ausschusses bis 25. Juni 1951; geb. am 18. Januar 1907 in Dortmund, gest. am 5. März 1970 in Köln. Jurist, Verwaltungsbeamter, Verbandsfunktionär, Redakteur. Nach Studium der Rechts- und Staatswissenschaften 1931 Erstes Juristisches Staatsexamen und Eintritt in den Staatsdienst. 1933 Entlassung aufgrund des Gesetzes zur „Wiederherstellung des Berufsbeamtentums". Bis 1937 kaufmännischer Angestellter in der Metallindustrie. 1937 Verhaftung wegen „Vorbereitung zum Hochverrat", 15-montige Gestapohaft und Verurteilung zu zweieinhalb Jahren Zuchthaus. 1940 im Konzentrationslager Sachsenhausen inhaftiert, ab 1941 im Vernichtungslager Groß-Rosen, von dessen Außenlager in Hersbrück (bei Nürnberg) Flucht am 11. April 1945. 1946 bis 1948 Chefredakteur der „Westfälischen Rundschau". 1947 Staatskommissar zur Bekämpfung von Korruption und Misswirtschaft in Verwaltung und Wirtschaft des Landes Nordrhein-Westfalen. 1950 besoldeter Beigeordneter bei der Hauptgeschäftsstelle des Deutschen Städtetages und 1956 Hauptgeschäftsführer des Verbandes kommunaler Unternehmen. Seit 1923 Mitglied der Sozialistischen Arbeiterjugend und der SPD. 1927 Mitgründer des Deutsch-Republikanischen Studentenbundes. 1945 Landrat des Kreises Iserlohn, 1946 bis 1948 Oberbürgermeister der Stadt Iserlohn. 1946–1950 Landtagsabgeordneter in Nordrhein-Westfalen. Mitglied des Bundestages von 1949 bis zu seinem Tod 1970. Weitere Ausschussmitgliedschaften (u.a.) in der 1. Legislaturperiode: Ausschuss für Kommunalpolitik (stellv. Vorsitzender), Ausschuss für Wiederaufbau und Wohnungswesen, Ausschuss für Angelegenheiten der inneren Verwaltung.
- **Knothe**, Wilhelm,[1784] Mitglied des Ausschusses bis 14. Februar 1952; geb. am 1. Mai 1888 in Kassel, gest. am 20. Februar 1952 in Bonn. Kaufmännischer Angestellter, Parteifunktionär. Mittelschule und kaufmännische Handelsschule, kaufmännischer Angestellter. Teilnahme am Ersten Weltkrieg. 1918 bis 1920 im Arbeiter- und Soldatenrat. Seit 1906 SPD-Mitglied, ab 1920 Parteisekretär des SPD-Unterbezirks Wetzlar, Marburg, Dillenburg, Biedenkopf, Frankenberg und Kirchhain, 1920 bis 1933 Führer der Sozialistischen Arbeiterjugend in Hessen. 1924 bis 1933 Mitglied des Kreistages und Kreisausschusses. Nach 1933 illegal tätig und 1934 verhaftet und Verurteilung zu drei Jahren Gefängnis. Ab 1938 wieder kaufmännischer Angestellter, ab 1940 illegal im „Arbini-Kreis" in Frankfurt am Main und 1944 nach erneuter Verhaftung Flucht aus dem Polizeigefängnis. Nach 1945 Lizentiat der „Frankfurter Rundschau". 1945 Erster Vorsitzender der SPD in Frankfurt am Main und Erster Landesvorsitzender der SPD in Hessen. 1946/47 Zweiter Vorsitzender der SPD und Mitglied des SPD-Hauptvorstandes. Neben weiteren politischen Ämtern auf kommunaler Ebene von 1946 bis 1949

1783 *Vierhaus/Herbst Bd. 1*, S. 379 f.

1784 *Vierhaus/Herbst Bd. 1*, S. 433.

Mitglied des Hessischen Landtages. Mitglied des Bundestages von 1949 bis zu seinem Tod 1952. Weitere Ausschussmitgliedschaften (u.a.) in der 1. Legislaturperiode: Organisationsausschuss, Ausschuss für Wirtschaftspolitik, Ausschuss für Beamtenrecht.

- **Maier**, Friedrich,[1785] Mitglied des Ausschusses ab 25. Juni 1951; geb. am 29. Dezember 1894 in Karlsruhe, gest. am 14. Dezember 1960 in Freiburg im Breisgau. Grund- und Hauptschullehrer. Nach Oberrealschule Besuch eines Lehrerseminars und bis 1933 Volksschullehrer. 1945 Schulleiter, 1947 Rektor und Methodiklehrer an der Lehrerakademie in Gengenbach, 1947 Referent im badischen Ministerium des Innern, später Ministerialrat. 1920 Eintritt in die SPD, ab 1947 stellv. Landesvorsitzender in Baden. 1946 bis 1951 Abgeordneter im Landtag von Baden (ab 1948 als Fraktionsvorsitzender). Angehöriger des Parlamentarischen Rates 1948/49. Mitglied des Deutschen Rates der Europäischen Bewegung. Mitglied des Bundestages von 1949 bis 1961. Weitere Ausschussmitgliedschaften (u.a.) in der 1. Legislaturperiode: Ausschuss für Angelegenheiten der inneren Verwaltung (Vorsitzender), Wahlrechtsausschuss (ab März 1953 als Vorsitzender), Ausschuss für innergebietliche Neuordnung.
- **Meitmann**, Karl,[1786] Mitglied des Ausschusses ab dem 25. Juni 1951; geb. am 20. März in Kiel, gest. am 17. Februar 1971 in Mönkeberg bei Kiel. Kaufmännischer Angestellter, Parteifunktionär. 1905 Mitbegründer der Sozialistischen Arbeiterjugend. 1908 bis 1912 Angestellter der Großeinkaufsgesellschaft Deutscher Konsumverein in Hamburg. Soldat im Ersten Weltkrieg. 1918/19 Sekretär des Beigeordneten beim Regierungspräsidenten in Schleswig, 1919/20 Sekretär des deutschen Bevollmächtigten der Internationalen Kommission in Schleswig. 1920 Kommandant der republikanischen Abwehrtruppen in Schleswig-Holstein beim Kapp-Putsch, 1920 bis 1924 Zivilkommissar für die Schutzpolizei. 1924 bis 1926 Gaugeschäftsführer des Reichsbanners „Schwarz-Rot-Gold", 1926 bis 1928 Parteisekretär für den SPD-Unterbezirk Altona, 1928 bis 1933 Parteisekretär und Vorsitzender der SPD-Landesorganisation Hamburg. 1931 bis 1933 Abgeordneter in der Hamburgischen Bürgerschaft. 1933 verhaftet und in das Konzentrationslager Fuhlsbüttel verbracht. Nach dem Zweiten Weltkrieg verschiedene SPD-Parteiämter in Hamburg und von 1946 bis 1949 wieder Mitglied der Hamburgischen Bürgerschaft. Mitglied des Bundestages von 1949 bis 1961. Weitere Ausschussmitgliedschaften (u.a.) in der 1. Legislaturperiode: Ausschuss zur Wahrung der Rechte der Volksvertretung gem. Art. 45 GG, Ausschuss für Berlin.
- **Mellies**, Wilhelm,[1787] Mitglied des Ausschusses ab Oktober 1951; geb. am 5. September 1899 in Pivitsheide (Detmold), gest. am 19. Mai 1958 in Bonn. Lehrer, Parteifunktionär. 1914 bis 1916 Besuch der Präparande und 1916/17 und 1920/21 Besuch des Lehrerseminars in Detmold. 1921 1. Lehrerprüfung und

1785 *Vierhaus/Herbst Bd. 1*, S. 530.
1786 *Vierhaus/Herbst Bd. 1*, S. 550.
1787 *Vierhaus/Herbst Bd. 1*, S. 550 f.

Volksschullehrer in Breitenheide (Lippe). 1923 2. Lehrerprüfung und von 1924 bis 1926 Berufsschullehrer sowie von 1927 bis 1933 Volksschullehrer in Lage (Lippe). Nach Entlassung aus dem Schuldienst Tätigkeit als Kaufmann. 1939/40 und 1943 bis 1945 Soldat und Mai bis Juli 1945 in Kriegsgefangenschaft. 1923 Eintritt in die SPD, von 1925 bis 1933 Abgeordneter im Landtag von Lippe, ab 1929 dessen Präsident. Oktober bis Dezember 1945 hauptamtlicher und ab Januar 1946 ehrenamtlicher Landrat von Detmold. 1946 bis 1953 Präsident des Deutschen Gemeindetages. Neben erneuter Landtagstätigkeit in Lippe (1946/47) und weiteren kommunalpolitischen Posten ab Juli 1949 Vorsitzender des SPD Bezirksvorstands Ostwestfalen/Lippe, von September 1952 bis zu seinem Tod stellv. Vorsitzender des SPD-Parteivorstands. Mitglied des Bundestages von 1949 bis zu seinem Tod 1958. Von September 1949 bis Oktober 1952 Sekretär und von September 1953 bis Oktober 1957 stellv. Vorsitzender der SPD-Fraktion. Weitere Ausschussmitgliedschaften (u.a.) in der 1. Legislaturperiode: Ausschuss zur Wahrung der Rechte der Volksvertretung gem. Art. 45 GG, Ausschuss für Berlin (stellv. Vorsitzender ab Dez. 1949), Haushaltsausschuss.

- **Menzel**, Walter,[1788]Ausschussmitglied für die gesamte 1. Legislaturperiode und ab dem 15. Februar 1951 dessen Vorsitzender; geb. am 13. September 1901 in Berlin, gest. am 24. September 1963 in Bad Harzburg. Richter, Rechtsanwalt, Notar und Verwaltungsbeamter. Nach Abitur 1920 Studium der Rechts- und Staatswissenschaften, 1925 Erste und 1927 Zweite Staatsprüfung und 1925 Promotion zum Dr. jur. 1927 Amtsrichter in Potsdam, 1927/28 Regierungsassessor beim Polizeipräsidium in Essen und 1928 bis 1931 Finanzrat im preußischen Finanzministerium, anschließend Landrat in Weilburg an der Lahn. 1934 Rechtsanwalt in Berlin und ab 1945 Rechtsanwalt und Notar in Bielefeld. 1945 Generalreferent für Inneres und allgemeine Verwaltung beim Oberpräsidium der Provinzialregierung Westfalens in Münster und Stellvertreter des Oberpräsidenten. Stellv. Vorsitzender des Aufsichtsrates der Klöckner-Werke AG in Duisburg und von 1948 bis 1963 Mitherausgeber des „Deutschen Verwaltungsblattes“. Bereits 1919 Mitglied der sozialistischen Arbeiterjugend, 1920 der Jungsozialisten und 1921 der SPD, ab 1946 Mitglied des Parteivorstands. 1946 bis 1954 Mitglied des nordrhein-westfälischen Landtags. 1946 bis 1950 nordrhein-westfälischer Innenminister und stellv. Ministerpräsident. Mitglied des Zonenbeirates und Mitglied des Parlamentarischen Rates und der Delegation für die Verhandlungen mit den Militärgouverneuren in Frankfurt am Main. Mitglied des Bundestages von 1949 bis zu seinem Tod 1963. 1952 bis 1957 Parlamentarischer Geschäftsführer des SPD-Fraktion. Weitere Ausschussmitgliedschaften (u.a.) in der 1. Legislaturperiode: Untersuchungsausschuss betr. Dokumentendiebstahl im Bundeskanzleramt (Vorsitzender), Ausschuss für Angelegenheiten der inneren Verwaltung,

1788 *Vierhaus/Herbst Bd. 1*, S. 554 f.

Ausschuss für Beamtenrecht, Ausschuss für Fragen der europäischen Sicherheit, Wahlrechtsausschuss. 1959 Großes Verdienstkreuz mit Stern des Verdienstordens der Bundesrepublik Deutschland.

- **Paul**, Ernst,[1789] Mitglied des Ausschusses ab 25. Juni 1951; geb. am 27. April 1897 in Steinsdorf (Gem. Riegersdorf, Böhmen), gest. am 11. Juni 1978 in Esslingen. Schriftsetzer, Redakteur. Nach der Schulzeit Schriftsetzerlehre (bis 1915) in einer Druckerei in Bodenbach. Seit 1912 in der sozialdemokratischen Jugendbewegung engagiert, 1919/20 Vorsitzender des Verbandes der sozialdemokratischen Arbeiterjugend, 1020 bis 1926 des neugegründeten Sozialistischen Jugendverbandes und von 1923 bis 1932 Angehöriger des Büros der Sozialistischen Jugendinternationale. Ab 1924 Bildungsreferent bei der Zentrale der Deutschen Sozialdemokratischen Arbeiterpartei in der Tschechoslowakischen Republik, später zweiter Sekretär und Vorstandsmitglied. 1926 bis 1936 Geschäftsführer, 1936 bis 1938 Vorsitzender der Republikanischen Wehr. 1939 Emigration nach Schweden, dort Zusammenarbeit u.a. mit Willy Brandt in der Internationalen Gruppe demokratischer Sozialisten. 1945 bis 1948 Schatzmeister des Hilfskomitees für sudetendeutsche Flüchtlinge. 1955 Beteiligung am deutsch-dänischen Abkommen über die Minderheitenfrage. Ab 1948 in Stuttgart ansässig und von 1949 bis 1951 Chefredakteur der „Allgemeinen Zeitung“. Mitglied des Bundestages von 1949 bis 1969. Weitere Ausschussmitgliedschaften (u.a.) in der 1. Legislaturperiode: Ausschuss für Fragen der Presse, des Rundfunks und des Films, Ausschuss für gesamtdeutsche Fragen, Ausschuss für Heimatvertriebene, Ausschuss für Besatzungsstatut und auswärtige Angelegenheiten. Mitglied der Arbeitsgemeinschaft zur Wahrung sudetendeutscher Rechte bzw. des Sudetendeutschen Rates und Vorsitzender der Seliger-Gemeinde (Gesinnungsgenossenschaft sudetendeutscher Sozialdemokraten). Als späteres Mitglied des Verteidigungsausschusses u.a an der Einführung der Person des Wehrbeauftragen beteiligt und 1960 SPD-Referent auf der NATO-Parlamentskonferenz. Mitglied des Europarates und 1962 bis 1967 stellv. Sprecher der deutschen Delegation bei der Versammlung der westeuropäischen Union.
- **Schmid**, Carlo,[1790] Mitglied des Ausschusses bis 25. Juni 1951; geb. am 3. Dezember 1896 in Perpignan (Frankreich), gest. 11. Dezember 1979 in Bad Honnef. Rechtsanwalt, Richter, Hochschullehrer. Abitur 1914, Soldat im Ersten Weltkrieg, ab 1919 Studium der Rechtswissenschaften in Tübingen, 1921 Examen und 1923 Promotion zum Dr. jur. 1924/25 Tätigkeit als Rechtsanwalt in Reutlingen, anschließend Gerichtsassessor in Tübingen, 1927 Amtsrichter in Tübingen, 1931 Landgerichtsrat. 1927/28 Referent am Kaiser-Wilhelm-Institut für ausländisches öffentliches Recht und Völkerrecht in Berlin, 1929 Habilitation. Ab 1930 Privatdozent zum Völkerrecht, den Gestaltwandel der Reichsidee und Machiavelli. Ab 1933 an weiterer Universitätskarriere gehindert aufgrund

1789 *Vierhaus/Herbst Bd. 2*, S. 632.
1790 *Vierhaus/Herbst Bd. 2*, S. 749 ff.

Beförderungssperrvermerk. Soldat im Zweiten Weltkrieg. Ab Juni 1945 außerplanmäßiger Professor und ab April 1946 Ordinarius für Völkerrecht an der Universität Tübingen. Ab 1953 Inhaber des Lehrstuhls für Politikwissenschaft, 1966 Emeritus. Zahlreiche Ehrenämter, u.a. Senator der Max-Planck-Gesellschaft (1951 bis 1969) und Mitglied im Präsidium des Deutschen Roten Kreuzes (1950 bis 1969). 1946 Eintritt in die SPD und sogleich Landesvorsitzender in Württemberg-Hohenzollern, 1947 bis 1973 im SPD-Parteivorstand, 1958 bis 1970 Mitglied des Parteipräsidiums. 1945 Landesdirektor für Kultus in Stuttgart, 1945 Vorsitz des Staatssekretariats und Leitung der Landesdirektion für Justiz und für Kultus, Erziehung und Kunst in Württemberg-Hohenzollern. 1947 bis 1950 stellv. Staatspräsident und Justizminister von Württemberg-Hohenzollern. Mitglied des Parlamentarischen Rates 1948/49, einer der „Väter des Grundgesetzes". Mitglied des Bundestages von 1949 bis 1972. 1949 bis 1953 3. stellv. SPD-Fraktionsvorsitzender, ab 1957 stellv. Fraktionsvorsitzender. Weitere Ausschussmitgliedschaften (u.a.) in der 1. Legislaturperiode: Ausschuss zur Wahrung der Rechte der Volksvertretung gem. Art. 45 GG, Ausschuss für Besatzungsstatut und auswärtige Angelegenheiten, Ausschuss für Rechtswesen und Verfassungsrecht, Ausschuss für innergebietliche Neuordnung. 1946 bis 1966 und 1969 bis 1972 Bundestagsvizepräsident. 1949 bis 1953 Vorsitz im außenpolitischen Ausschuss des Bundestages, anschließend stellv. Vorsitzender. In dieser Funktion 1955 Moskaureise mit Konrad Adenauer, die zu einer Freilassung der letzten deutschen Kriegsgefangenen führte. 1949 bis 1966 und 1969 bis 1973 Mitglied des Europarates, 1956 bis 1963 Vizepräsident der Westeuropäischen Union, 1963 bis 1966 deren Präsident. 1949 bis 1952 Vizepräsident der Europa-Union, 1949 bis 1952 und 1969 bis 1973 Vorsitzender der Deutschen Gruppe im Rat der Europäischen Bewegung. Dezember 1966 bis Oktober 1969 Bundesminister für Angelegenheiten des Bundesrates und der Länder, 1969 bis zu seinem Tod Koordinator für die deutsch-französische Zusammenarbeit. Mitglied des deutschen PEN-Zentrums, Träger des Goethepreises. 1955 Großkreuz des Verdienstordens der Bundesrepublik Deutschland, 1971 Großoffizier der Französischen Ehrenlegion.

- **Wehr**, Philipp,[1791] Mitglied des Ausschusses ab 10. Juni 1952; geb. am 10. April 1906 in München, gest. ebda. am 20. Februar 1960. Zimmermeister, Unternehmer. Bürgerschule in Eberswalde und Zimmermannslehre. 1922 Gründung einer Lehrlingsvereinigung des Baugewerbes. 1923 bis 1923 Tätigkeit als Zimmerer. Ab 1926 SPD-Mitglied und Mitglied der Sozialistischen Arbeiterjugend. 1928/29 Bundesschule des Allgemeinen Deutschen Gewerkschaftsbundes (Bernau bei Berlin), Schule der Arbeit in Leipzig, SPD-Schule in Straußberg und Agrarschule in Brieselang. 1930 Vorsitzender des SPD-Ortsvereins Eberswalde. 1933 Flucht aus Eberswalde unter anderem Namen. Tätigkeit als landwirtschaftlicher Arbeiter und Zimmerer. 1938 Meisterprüfung in Lüneburg, danach Bauleiter, ab 1945 Geschäftsführer und von 1947 bis 1953 Mitinhaber der Baugesellschaft

1791 *Vierhaus/Herbst Bd. 2*, S. 929.

Sperling mbH. Mitglied des Kuratoriums der Jugendberatungsstelle für Psychohygiene, des Verwaltungsrats der Bädergesellschaft Bremerhaven und der Industriegewerkschaft Bau, Steine und Erden. 1951 bis 1955 Stadtrat in Bremerhaven. Ab Mai 1952 bis zu seinem Tod 1960 Mitglied des Bundestages. Weitere Ausschussmitgliedschaften (u.a.) in der 1. Legislaturperiode: Wahlrechtsausschuss, Ausschuss für Außenhandelsfragen, Ausschuss für Wirtschaftspolitik.

- **Zinn**, Georg-August,[1792] Mitglied des Ausschusses bis zum 21. Januar 1951 als dessen Vorsitzender; geb. am 27. Mai 1901 in Frankfurt am Main, gest. ebda. am 27. März 1976. Rechtsanwalt. Nach dem Abitur 1920 Kommunalbeamter der Stadt Kassel, 1923 erfolgreiche Prüfung zum gehobenen, mittleren Kommunalverwaltungsdienst. 1923 bis 1926 Studium der Rechts- und Staatswissenschaften, 1927 Erste und 1931 Zweite Juristische Staatsprüfung. Von 1931 bis 1945 Rechtsanwalt in Kassel. 1920 Eintritt in die SPD, 1924 bis 1926 Vorsitzender der sozialdemokratischen Studentenvereinigung in Berlin, seit 1928 Mitglied der SPD-Gauleitung in Kassel, dort Mitbegründer des Reichsbanners Schwarz-Rot-Gold. Bis 1933 verschiedene kommunalpolitische Ämter. Nach 1933 mehrmals verhaftet und an seiner Berufsausübung als Rechtsanwalt gehindert, stand der Widerstandsgruppe um Rudolf Küstermeier nahe. Nach 1945 zunächst Landgerichtsdirektor in Kassel und von 1946 bis 1949 hessischer Justizminister. 1947 Mitglied und Vizepräsident des Wirtschaftsrates für das Vereinigte Wirtschaftsgebiet. Mitglied des Parlamentarischen Rates, dort im Ausschuss für Grundsatzfragen und (u.a. Bestimmung des Umfangs des Grundrechtskatalogs) und v.a. Mitarbeit im Allgemeinen Redaktionsausschuss, in dem zusammen mit Heinrich von Brentano (CDU) und Thomas Dehler (FDP) der Gesamtentwurf des GG entstand. Von 1949 bis 1951 Mitglied des Bundestages, Amtsniederlegung am 21. Januar 1951 (nach seiner Wahl zum Ministerpräsidenten von Hessen), kurzzeitig wieder Abgeordneter im Herbst 1961. Weitere Ausschussmitgliedschaften (u.a.) in der 1. Legislaturperiode: Ausschuss zur Wahrung der Rechte der Volksvertretung gem. Art. 45 GG und Ausschuss für Rechtswesen und Verfassungsrecht. 1950 bis 1970 Vorsitzender des SPD-Bezirks Hessen-Nord, 1952 bis 1970 Mitglied des SPD-Bundesvorstands. 1954 bis 1970 Abgeordneter im hessischen Landtag. Von 1950 bis 1969 hessischer Ministerpräsident (und somit „doppelte" Mitwirkung am VersG durch Ausschussmitgliedschaft bis 1951 einerseits und Beteiligung des Landes Hessen an den Beratungen im Bundesrat andererseits) und von 1950 bis 1963 in Personalunion Justizminister. 1951 bis 1969 Mitglied, 1953/54 und 1965/65 Präsident des Bundesrates. Seit 1949 Mitglied des Vermittlungsausschusses und seit 1955 dessen Vorsitzender. 1947 Vorsitzender des Aufsichtsrates der Flughafen AG und 1947 bis 1955 Vorsitzender des Verwaltungsrates der Hessischen Landesbank. 1953 Großkreuz des Verdienstordens der Bundesrepublik Deutschland.

1792 *Vierhaus/Herbst Bd. 2*, S. 989 f.

II. Lebensläufe der Bundesinnenminister *Heinemann* und *Lehr*

1. Gustav Heinemann[1793]

Gustav Walter Heinemann wurde am 23. Juli 1899 in Schwelm (Ruhr) geboren. Nach dem Notabitur 1917/18 studierte Heinemann Rechtswissenschaften, Volkswirtschaft und Geschichte und promovierte 1922 zum Dr. rer pol. sowie 1929 zum Dr. jur. Zwischen 1926 und 1936 war er als Rechtsanwalt sowie Justitiar in Essen tätig. Seine politische Tätigkeit begann Heinemann erst nach dem Zweiten Weltkrieg, war aber von 1930 bis 1933 Mitglied des Christlich-Sozialen Volksdienstes und bis 1938 Mitglied der „Bekennenden Kirche“ (als Gegenbewegung zu den „Deutsche Christen“), die er jedoch 1938 aufgrund inhaltlicher Differenzen bei der „Eidfrage“ verließ. Heinemann war maßgeblicher Verfasser der „Stuttgarter Schulderklärung“ der Evangelischen Kirche in Deutschland von 1945 und von 1949 bis 1955 Präses der gesamtdeutschen Synode der EKD.

Heinemann war Gründungsmitglied der CDU 1945 und übernahm als erstes politisches Amt den Posten des Oberbürgermeisters von Essen (bis 1950). Ab 1947 (bis 1950) war er Abgeordneter des nordrhein-westfälischen Landtags und von 1947 bis 1948 Justizminister von Nordrhein-Westfalen. Heinemann strebte zunächst kein politisches Amt auf Bundesebene an, um seinen Posten als Essener Oberbürgermeister behalten zu können. Aus den gleichen Gründen hatte er zuvor seine Wahl in den Parlamentarischen Rat abgelehnt. Somit wurde Heinemann auch nicht Mitglied des Ersten Deutschen Bundestages. Um den evangelischen Flügel innerhalb der CDU, die sich als überkonfessionelle Partei verstand, ausreichend im ersten Kabinett Adenauers zu repräsentieren, musste Konrad Adenauer Heinemann den Posten des Innenministers anbieten, den dieser nur zögernd[1794] annahm. In seine Amtszeit als Bundesinnenminister fielen unter anderem die Verabschiedung des Vorläufigen Beamtengesetzes, das Gesetz über die Zusammenarbeit des Bundes und der Länder in Angelegenheiten des Verfassungsschutzes sowie die Gründung des Bundesamtes für Verfassungsschutz 1950. Mit Blick auf das Versammlungsgesetz zeichnete Heinemann als Bundesinnenminister für die Kabinettsvorlage (6. Referentenentwurf des BMI) verantwortlich und vertrat die Bundesregierung bei der Vorstellung und Begründung des RegE in der ersten Lesung zum Versammlungsgesetz am 12. September 1950. Auf den weiteren Gang des Gesetzentwurfes hatte Heinemann jedoch aufgrund seines Rücktritts vom Posten des Bundesinnenministers im Oktober 1950 keinen weiteren Einfluss. Hauptgründe für den Rücktritt waren Differenzen mit Adenauer hinsichtlich der Wiederbewaffnung der Bundesrepublik, bei Gründung der Bundespolizei und der starken Annäherung an den Westen

1793 Die nachfolgende Darstellung beruht im Wesentlichen auf *Kempf/Merz-Jesse*, S. 309 ff.

1794 Heinemann war eigentlich Anhänger einer großen Koalition, a.a.O., S. 310.

(Beitritt zum Europarat), bei welcher der Gedanke einer schnellen Wiedervereinigung der beiden deutschen Staaten (zunächst) nicht gegeben war. Ausschlaggebend für den Rücktritt war dann Adenauers „Sicherheitsmemorandum" vom 12. August 1950, in welchem Adenauer nach Ausbruch des Koreakrieges dem amerikanischen Hochkommissar McCloy einen westdeutschen Verteidigungsbeitrag angekündigt hatte. Heinemann befürchtete durch die Politik Adenauers eine dauerhafte Spaltung Deutschlands, die er mit seinem christlichen Verständnis nicht mittragen wollte. Sein Nachfolger im Amt des Bundesinnenministers wurde Robert Lehr (CDU). 1952 verließ Heinemann die CDU und gründete zusammen mit Helene Wessel die Gesamtdeutsche Volkspartei (GVP), die sich für ein neutrales Gesamtdeutschland aussprach. Bei der Bundestagswahl 1953 erzielte die GVP jedoch nur 1,2% und wurde 1957 endgültig aufgelöst. Heinemann trat in der Folge der SPD bei. Ab 1957 war Heinemann Bundestagsabgeordneter für die SPD. Mit Bildung der Großen Koalition im Herbst 1966 wurde Heinemann Bundesjustizminister. In seine Amtszeit fällt dabei vor allem die große Strafrechtsreform, die nach der Vorstellung Heinemanns eine grundlegende Liberalisierung des Strafrechts mit sich bringen sollte. So sahen die Strafrechtsänderungsgesetze von 1969 unter anderem die Einführung einer einheitlichen Freiheitsstrafe, eine Erweiterung der Bewährungsstrafe sowie die Streichung der Strafvorschriften für Ehebruch und Homosexualität vor. Hinzu kamen Änderungen im Ehe- und Familienrecht sowie im politischen Strafrecht.[1795]

Am 5. März 1969 wurde Heinemann im dritten Wahlgang zum Bundespräsidenten gewählt, wobei er sich nur knapp gegen Gerhard Schröder (CDU) durchsetzen konnte. Seine Aufstellung als Kandidat verdankte er seiner öffentlichen Reaktion auf die Unruhen und die Ermordung von Rudi Dutschke im April 1968, in der er alle Beteiligten zur Mäßigung aufrief. Er wurde als Bürgerpräsident wahrgenommen, da er jeglichen Pomp oder eine Sonderstellung bei seiner Amtsführung ablehnte. Aufgrund seines fortgeschrittenen Alters kam für ihn 1974 eine Wiederwahl als Bundespräsident nicht in Frage. Heinemann verstarb am 7. Juli 1976 in seiner Heimatstadt Essen.

2. Robert Lehr[1796]

Robert Lehr wurde am 20. August 1883 in Celle geboren. Nach dem Abitur studierte er von 1903 bis 1907 Rechtswissenschaften und promovierte 1908 zum Dr. jur. Nach seiner Zeit als Assessor am Amtsgericht Kassel legte er 1912 sein Großes Staatsexamen ab und wurde für zwei Jahre juristischer Hilfsarbeiter bei der Stadtverwaltung Rheydt (Nordrhein-Westfalen; heute Teil von Mönchengladbach).

1795 Siehe hierzu a.a.O., S. 313 f.

1796 Die nachfolgende Darstellung beruht im Wesentlichen auf *Kempf/Merz-Fenske*, S. 419 ff.

Ab 1913 war er für die Stadt Düsseldorf tätig, zunächst als Polizeidezernent und Beigeordneter, 1919 als Finanzdezernent und ab Sommer 1924 als Oberbürgermeister.

Bislang parteilos, trat er 1929 der Deutschnationalen Volkspartei (DNVP) bei, um bei der kommunalen Gebietsreform mehr für Düsseldorf zu erreichen, übernahm jedoch keine besondere Rolle innerhalb der Partei. Nach der Machtübernahme durch die Nationalsozialisten 1933 wurde er im April 1933 auf Betreiben des NSDAP-Gauleiters seines Amtes als Düsseldorfer Oberbürgermeister enthoben. Unberechtigte Vorwürfe wegen schwerer Bestechlichkeit führten zu seiner Verhaftung, aus der er jedoch krankheitsbedingt bereits im September 1933 entlassen wurde, ohne dass es noch zu einem Gerichtsverfahren gekommen war. Bis Kriegsende war er Privatmann im Sauerland, wobei er dem Widerstandskreis um Karl Arnold[1797] angehörte. Lehrs politische Zurückhaltung zeigte sich auch in seiner Amtsführung als Oberpräsident der Provinz Nordrhein ab Oktober 1945. Gleichwohl war Lehr Mitbegründer und Vorstandsmitglied der rheinischen CDU und setzte sich nachhaltig für die Gründung des Landes Nordrhein-Westfalen ein.

Gerne wäre er anstelle Arnolds der erste gewählte Ministerpräsident von Nordrhein-Westfalen geworden. Das ihm angetragene Amt des Kultusministers lehnte er ab. Lehr gehörte dem ersten gewählten Landtag von Nordrhein-Westfalen an und wurde 1948 in den Parlamentarischen Rat delegiert. Bei den Beratungen zum Grundgesetz wirkte er vor allem an den Artikeln zu den obersten Bundesorganen mit, wobei er mit Blick auf den Bundesrat eher dem Senatsmodell[1798] nahestand. Bei der ersten Bundestagswahl wurde er mit großer Mehrheit für den Wahlkreis Düsseldorf-West gewählt. Seinem Wunsch, zum ersten Bundesinnenminister bestellt zu werden, kam Adenauer jedoch aufgrund des Drängens der CDU-Bundestagsfraktion, die einen Vertreter des evangelischen Flügels forderte, nicht nach und ernannte stattdessen Gustav Heinemann.

Nach dem Rücktritt Heinemanns im Herbst 1950 wurde er jedoch als dessen Nachfolger berufen und zeichnete sich, nicht zuletzt aufgrund seiner langjährigen Erfahrung in der Verwaltung, durch eine souveräne Amtsführung aus. Zentrale Themen seiner Amtszeit waren das Beamtenrecht, die Treuepflicht der Angehörigen des öffentlichen Dienstes, die Errichtung des Bundesgrenzschutzes und das Pressegesetz. Zudem fielen in seine Amtszeit die Schaffung des Bundesverwaltungsgerichts, des Bundeskriminalamtes, des Bundesamts für Verfassungsschutz und der Bundeszentrale für Heimatdienst. Ebenso musste er sich mit den Verbotsanträgen gegen die KPD und die SRP befassen. Mit Blick auf das Versammlungsgesetz war er nach dem Rücktritt Heinemanns als Chef des federführenden BMI für den Fortgang des Gesetzes verantwortlich. So äußerte er sich auf der Sitzung des BT am

1797 Arnold war nach dem gescheiterten Attentat vom 20. Juli 1944 verhaftet worden, Lehr hingegen blieb unbehelligt.

1798 Bundesratsmitglieder sollten nicht die Vertreter der Landesregierungen sein, sondern von der Landesbevölkerung oder den Landtagen gewählte Senatoren.

26. Juni 1952 und machte insbesondere in den Beratungen des Plenums in der Sitzung vom 6. Mai 1953 längere Ausführungen zur Notwendigkeit und Dringlichkeit der Verabschiedung des Versammlungsgesetzes, um einen Missbrauch der grundgesetzlichen Versammlungsfreiheit zu verhindern.[1799]

1953 schied Lehr aus dem Bundestag aus, da er überraschenderweise nicht mehr als Kandidat seines Wahlkreises nominiert worden war. Auch auf der Landesliste der CDU wurde er nicht aufgestellt. Da Lehr sich als Parteipolitiker immer zurückgehalten hatte, fehlte ihm nun der entscheidende Rückhalt in der Parteibasis, der ihm wohl zu einer erneuten Aufstellung als Kandidat verholfen hätte. Folglich war Lehr auch nicht mehr Mitglied der neuen Bundesregierung. Er zog sich in den Ruhestand nach Düsseldorf zurück. Dort verstarb er am 13. Oktober 1956 im Alter von 73 Jahren.

1799 Vgl *Mat.-VersG*, Nr. 54, S. 4.

III. Übersicht der Landesregierungen

Die nachstehende Übersicht gibt die Regierungspartei(en) sowie Ministerpräsidenten bzw. Bürgermeister und deren Stellvertreter der Bundesländer zum Zeitpunkt der Zustimmung des Bundesrates zum VersG am 3. Juli 1953 wieder.

Bundesland	Regierungspartei(en)	Ministerpräsident/Bürgermeister	Stellvertreter
Land Baden-Württemberg	FDP/DVP, SPA, GB/BHE	Reinhold Maier (DVP), Ministerpräsident Präsident des Bundesrates	Herman Veit (SPD)
Freistaat Bayern	CSU, SPD	Heinz Ehard (CSU), Ministerpräsident	Wilhelm Hoegner (SPD)
Land Berlin (West)	SPD, CDU, FDP	Ernst Reuter (SPD), Regierender Bürgermeister	Walther Schreiber (CDU)
Freie Hansestadt Bremen	SPD, FDP, CDU	Wilhelm Kaisen (SPD), Bürgermeister	Theodor Spitta (FDP)
Freie und Hansestadt Hamburg	SPD	Max Brauer (SPD), Erster Bürgermeister	Paul Nevermann (SPD)
Land Hessen	SPD	Georg-August Zinn (SPD), Ministerpräsident	Heinrich Zinnkann (SPD)
Land Niedersachsen	SPD, GB/BHE, Zentrum	Hinrich Wilhelm Kopf (SPD), Ministerpräsident	Friedrich von Kessel (GB/BHE)
Land Nordrhein-Westfalen	CDU, Zentrum	Karl Arnold (CDU), Ministerpräsident	Artur Sträter (CDU)
Land Rheinland-Pfalz	CDU, FDP	Peter Altmeier (CDU), Ministerpräsident	Alois Zimmer (CDU) Bruno Becher (FDP)
Land Schleswig-Holstein	CDU, GB/BHE, FDP	Friedrich Wilhelm Lübke (CDU)	Waldemar Kraft (GB/BHE)

IV. Gesetzes- und Entwurfstexte[1800]

1. Reichsvereinsgesetz vom 19. April 1908. RGBl. 18/1908 (Nr. 3449)

Vereinsgesetz vom 19. April 1908

Wir, Wilhelm, von Gottes Gnaden Deutscher Kaiser, König von Preußen verordnen im Namen des Reichs, nach erfolgter Zustimmung des Bundesrats und des Reichstags, was folgt:

§ 1.
Alle Reichsangehörigen haben das Recht, zu Zwecken, die den Strafgesetzen nicht zuwiderlaufen, Vereine zu bilden und sich zu versammeln. Dieses Recht unterliegt polizeilich nur den in diesem Gesetz und anderen Reichsgesetzen enthaltenen Beschränkungen.
Die allgemeinen sicherheitspolizeilichen Bestimmungen des Landesrechts finden Anwendung, soweit es sich um die Verhütung unmittelbarer Gefahr für Leben und Gesundheit der Teilnehmer an einer Versammlung handelt.

§ 2.
Ein Verein, dessen Zweck den Strafgesetzen zuwiderläuft, kann aufgelöst werden. Die Auflösungsverfügung kann im Wege des Verwaltungsstreitverfahrens und wo ein solches nicht besteht, im Wege des Rekurses nach Maßgabe der Vorschriften der §§ 20, 21 der Gewerbeordnung angefochten werden. Die endgültige Auflösung eines Vereins ist öffentlich bekannt zu machen.

§ 3.
Jeder Verein, der eine Einwirkung auf politische Angelegenheiten bezweckt (politischer Verein), muß einen Vorstand und eine Satzung haben.
Der Vorstand ist verpflichtet, binnen einer Frist von zwei Wochen nach Gründung des Vereins die Satzung sowie das Verzeichnis der Mitglieder des Vorstandes der für den Sitz des Vereins zuständigen Polizeibehörde einzureichen. Über die erfolgte Einreichung ist eine kostenfreie Bescheinigung zu erteilen.
Ebenso ist jede Änderung der Satzung sowie jede Änderung in der Zusammensetzung des Vorstandes binnen einer Frist von zwei Wochen nach dem Eintritte der Änderung anzuzeigen.
Die Satzung sowie die Änderungen sind in deutscher Fassung einzureichen. Ausnahmen von dieser Vorschrift können von der höheren Verwaltungsbehörde zugelassen werden.

1800 Offensichtliche (Recht-)Schreibfehler in den Entwurfstexten des BMI zum VersG wurden durch den Verfasser korrigiert.

§ 4.
Personenmehrheiten, die vorübergehend zusammentreten, um im Auftrage von Wahlberechtigten Vorbereitungen für bestimmte Wahlen zu den auf Gesetz oder Anordnung von Behörden beruhenden öffentlichen Körperschaften zu treffen, gelten vom Tage der amtlichen Bekanntmachung des Wahltages bis zur Beendigung der Wahlhandlung nicht als politische Vereine.

§ 5.
Wer eine öffentliche Versammlung zur Erörterung politischer Angelegenheiten (politische Versammlung) veranstalten will, hat hiervon mindestens 24 Stunden vor dem Beginne der Versammlung unter Angabe des Ortes und der Zeit bei der Polizeibehörde Anzeige zu erstatten. Über die Anzeige ist von der Polizeibehörde sofort eine kostenfreie Bescheinigung zu erteilen.

§ 6.
Einer Anzeige bedarf es nicht für Versammlungen, die öffentlich bekannt gemacht worden sind; die Erfordernisse der Bekanntmachung bestimmt die Landeszentralbehörde.
Einer Anzeige bedarf es ferner nicht für Versammlungen der Wahlberechtigten zum Betriebe der Wahlen zu den auf Gesetz oder Anordnung von Behörden beruhenden öffentlichen Körperschaften vom Tage der amtlichen Bekanntmachung des Wahltags bis zur Beendigung der Wahlhandlung.
Das Gleiche gilt für Versammlungen der Gewerbetreibenden, gewerblichen Gehilfen, Gesellen, Fabrikarbeiter, Besitzer und Arbeiter von Bergwerken, Salinen, Aufbereitungsanstalten und unterirdisch betriebenen Brüchen und Gruben zur Erörterung von Verabredungen und Vereinigungen zum Behufe der Erlangung günstiger Lohn- und Arbeitsbedingungen, insbesondere mittels Einstellung der Arbeit oder Entlassung der Arbeiter.

§ 7.
Öffentliche Versammlungen unter freiem Himmel und Aufzüge auf öffentlichen Straßen oder Plätzen bedürfen der Genehmigung der Polizeibehörde. Die Genehmigung ist von dem Veranstalter mindestens vierundzwanzig Stunden vor dem Beginne der Versammlung oder des Aufzuges unter Angabe des Ortes und der Zeit nachzusuchen. Sie ist schriftlich zu erteilen und darf nur versagt werden, wenn aus der Abhaltung der Versammlung oder der Veranstaltung des Aufzuges Gefahr für die öffentliche Sicherheit zu befürchten ist. Im Falle der Verweigerung ist dem Veranstalter sofort ein kostenfreier Bescheid mit Angabe der Gründe zu erteilen.

§ 8.
Eine Versammlung, die in einem geschlossenen Raume veranstaltet wird, ist nicht schon deshalb als Versammlung unter freiem Himmel anzusehen, weil außerhalb des Versammlungsraums befindliche Personen an der Erörterung teilnehmen, oder

weil die Versammlung in einen mit dem Versammlungsraume zusammenhängenden umfriedeten Hof oder Garten verlegt wird.

§ 9.
Der Landeszentralbehörde bleibt es überlassen zu bestimmen, daß und unter welchen Voraussetzungen für Versammlungen unter freiem Himmel und Aufzüge die Genehmigung durch Anzeige oder öffentliche Bekanntmachung ersetzt wird.
Gewöhnliche Leichenbegängnisse sowie Züge der Hochzeitsgesellschaften, wo sie hergebracht sind, bedürfen der Anzeige oder Genehmigung nicht. Der Landeszentralbehörde bleibt es überlassen zu bestimmen, daß auch andere Aufzüge der Anzeige und Genehmigung nicht bedürfen, und daß Aufzüge, die durch mehrere Ortschaften führen, nur einer Polizeibehörde angezeigt und von ihr genehmigt zu werden brauchen.

§ 10.
Jede öffentliche politische Versammlung muß einen Leiter haben. Der Veranstalter ist berechtigt, die Leitung selbst zu übernehmen, sie einem andern zu übertragen oder die Wahl des Leiters durch die Versammlung zu veranlassen. Der Leiter oder, solange dieser nicht bestellt ist, der Veranstalter hat für Ruhe und Ordnung in der Versammlung zu sorgen. Er ist befugt, die Versammlung für aufgelöst zu erklären.

§ 11.
Niemand darf in einer öffentlichen Versammlung oder einem Aufzuge, der auf öffentlichen Straßen oder Plätzen stattfinden soll, bewaffnet erscheinen, es sei denn, daß er vermöge öffentlichen Berufs zum Waffentragen berechtigt oder zum Erscheinen mit Waffen behördlich ermächtigt ist.

§ 12.
Die Verhandlungen in öffentlichen Versammlungen sind in deutscher Sprache zu führen.
Diese Vorschrift findet auf internationale Kongresse sowie auf Versammlungen der Wahlberechtigten zum Betriebe der Wahlen für den Reichstag und für die gesetzgebenden Versammlungen der Bundesstaaten und Elsaß-Lothringens vom Tage der amtlichen Bekanntmachung des Wahltags bis zur Beendigung der Wahlhandlung keine Anwendung.
Die Zulässigkeit weiterer Ausnahmen regelt die Landesgesetzgebung. Jedoch ist in Landesteilen, in denen zur Zeit des Inkrafttretens dieses Gesetzes alteingesessene Bevölkerungsteile nichtdeutscher Muttersprache vorhanden sind, sofern diese Bevölkerungsteile nach dem Ergebnisse der jeweilig letzten Volkszählung sechzig vom Hundert der Gesamtbevölkerung übersteigen, während der ersten zwanzig Jahre nach dem Inkrafttreten dieses Gesetzes der Mitgebrauch der nichtdeutschen Sprache gestattet, wenn der Veranstalter der öffentlichen Versammlung mindestens dreimal vierundzwanzig Stunden vor ihrem Beginne der Polizeibehörde die Anzeige erstattet hat, daß und in welcher nichtdeutschen Sprache die Verhandlungen

geführt werden sollen. Über die Anzeige ist von der Polizeibehörde sofort eine kostenfreie Bescheinigung zu erteilen. Als Landesteile gelten die Bezirke der unteren Verwaltungsbehörden.
Ferner sind, soweit die Landesgesetzgebung abweichendes nicht bestimmt, Ausnahmen auch mit Genehmigung der Landeszentralbehörde zulässig.

§ 13.
Beauftragte, welche die Polizeibehörde in eine öffentliche Versammlung (§§ 5, 6, 7, 8, 9, 12) entsendet, haben sich unter Kundgebung ihrer Eigenschaft dem Leiter oder, solange dieser nicht bestellt ist, dem Veranstalter der Versammlung zu erkennen zu geben. Den Beauftragten muß ein angemessener Platz eingeräumt werden. Die Polizeibehörde darf nicht mehr als zwei Beauftragte entsenden.

§ 14.
Die Beauftragten der Polizeibehörde sind befugt, unter Angabe des Grundes die Versammlung für aufgelöst zu erklären,

1) wenn in den Fällen des § 12 Abs. 3 die Bescheinigung über die ordnungsmäßige Anzeige nicht vorgelegt werden kann;
2) wenn die Genehmigung nicht erteilt ist (§ 7),
3) wenn die Zulassung der Beauftragten der Polizeibehörde (§ 13 Abs. 1) verweigert wird;
4) wenn Bewaffnete, die unbefugt in der Versammlung anwesend sind, nicht entfernt werden (§ 11);
5) wenn in der Versammlung Anträge oder Vorschläge erörtert werden, die eine Aufforderung oder Anreizung zu Verbrechen oder nicht nur auf Antrag zu verfolgenden Vergehen enthalten;
6) wenn Rednern, die sich verbotswidrig einer nichtdeutschen Sprache bedienen (§ 12), auf Aufforderung der Beauftragten der Polizeibehörde von dem Leiter oder Veranstalter der Versammlung das Wort nicht entzogen wird.

Ist eine Versammlung für aufgelöst erklärt worden, so hat die Polizeibehörde dem Leiter der Versammlung die mit Tatsachen zu belegenden Gründe der Auflösung schriftlich mitzuteilen, falls er dies binnen drei Tagen beantragt.

§ 15.
Auf die Anfechtung der Auflösung einer Versammlung finden die Vorschriften des § 2 Abs. 2 Anwendung.

§ 16.
Sobald eine Versammlung für aufgelöst erklärt ist, sind alle Anwesenden verpflichtet, sich sofort zu entfernen.

§ 17.

Personen, die das achtzehnte Lebensjahr noch nicht vollendet haben, dürfen nicht Mitglieder von politischen Vereinen sein und weder in den Versammlungen solcher Vereine, sofern es sich nicht um die Veranstaltungen zu geselligen Zwecken handelt, noch in öffentlichen politischen Versammlungen anwesend sein.

§ 18.

Mit Geldstrafe bis zu einhundertfünfzig Mark, an deren Stelle im Unvermögensfalle Haft tritt, wird bestraft:

1) wer als Vorstand oder als Mitglied des Vorstandes eines Vereins den Vorschriften über die Einreichung von Satzungen und Verzeichnissen (§ 3 Abs. 2 bis 4) zuwiderhandelt;
2) wer eine Versammlung ohne die durch §§ 5, 6, 7, 8, 9 dieses Gesetzes vorgeschriebene Anzeige oder Bekanntmachung veranstaltet oder leitet;
3) wer als Veranstalter oder Leiter einer Versammlung den Beauftragten der Polizeibehörde die Einräumung eines angemessenen Platzes verweigert (§ 13 Abs. 2);
4) wer sich nach Erklärung der Auflösung einer Versammlung nicht sofort entfernt (§ 16);
5) wer als Vorstand oder als Mitglied des Vorstandes eines Vereins entgegen den Vorschriften des § 17 dieses Gesetzes Personen, die das achtzehnte Lebensjahr noch nicht vollendet haben, in dem Vereine duldet;
6) wer entgegen den Vorschriften des § 17 dieses Gesetzes in einer Versammlung anwesend ist.

§ 19.

Mit Geldstrafe bis zu dreihundert Mark, an deren Stelle im Unvermögensfalle Haft tritt, oder mit Haft wird bestraft:

1) wer eine Versammlung unter freiem Himmel oder einen Aufzug ohne die vorgeschriebene Anzeige oder Genehmigung (§§ 7, 9) veranstaltet oder leitet;
2) wer unbefugt in einer Versammlung oder in einem Aufzuge bewaffnet erscheint (§ 11);
3) wer entgegen den Vorschriften des § 12 dieses Gesetzes eine öffentliche Versammlung veranstaltet, leitet oder in ihr als Redner auftritt.

§ 20.

Die Vorschriften dieses Gesetzes finden keine Anwendung auf die durch das Gesetz oder die zuständigen Behörden angeordneten Versammlungen.

§ 21.

Welche Behörden unter der Bezeichnung „Polizeibehörde“, „untere Verwaltungsbehörde“ und „höhere Verwaltungsbehörde“ zu verstehen sind, bestimmt die Landeszentralbehörde.

§ 22.

An die Stelle des§ 72 des Bürgerlichen Gesetzbuches tritt folgende Vorschrift: Der Vorstand hat dem Amtsgericht auf dessen Verlangen jederzeit eine von ihm vollzogene Bescheinigung über die Zahl der Vereinsmitglieder einzureichen.

§ 23.

Aufgehoben werden

der § 17 Abs. 2 des Wahlgesetzes für den deutschen Reichstag vom 31. Mai 1869 (Bundes-Gesetzbl. S. 145, Reichs-Gesetzbl. 1873 S. 163),

der § 2 Abs. 2 des Einführungsgesetzes zum Strafgesetzbuche für das Deutsche Reich vom 31. Mai 1870 (Bundes-Gesetzbl. S. 195, Reichs-Gesetzbl. 1871 S. 127), soweit er sich auf die besonderen Vorschriften des Landesstrafrechts über Mißbrauch des Vereins- und Versammlungsrechts bezieht,

der § 6 Abs. 2 Nr. 2 des Einführungsgesetzes zur Strafprozeßordnung vom 1. Februar 1877 (Reichs-Gesetzbl. S. 346).

Die sonstigen reichsgesetzlichen Vorschriften über Vereine und Versammlungen bleiben in Kraft.

§ 24.

Unberührt bleiben

die Vorschriften des Landesrechts über kirchliche und religiöse Vereine und Versammlungen, über kirchliche Prozessionen, Wallfahrten und Bittgänge sowie über geistliche Orden und Kongregationen,

die Vorschriften des Landesrechts in bezug auf Vereine und Versammlungen für die Zeiten der Kriegsgefahr, des Krieges, des erklärten Kriegs- (Belagerungs-)Zustandes oder innerer Unruhen (Aufruhrs),

die Vorschriften des Landesrechts in bezug auf Verabredungen ländlicher Arbeiter und Dienstboten zur Einstellung oder Verhinderung der Arbeit,

die Vorschriften des Landesrechts zum Schutze der Feier der Sonn- und Festtage; jedoch sind für die Sonntage, die nicht zugleich Festtage sind, Beschränkungen des Versammlungsrechts nur bis zur Beendigung des vormittägigen Hauptgottesdienstes zulässig.

§ 25.

Dieses Gesetz tritt am 15. Mai 1908 in Kraft.

Urkundlich unter Unserer Höchsteigenen Unterschrift und beigedrucktem Kaiserlichen Insiegel.

Gegeben Achilleion auf Corfu, den 19. April 1908.

(L.S.) Wilhelm

von Bethmann Hollweg.

2. Rohentwurf (1. Referentenentwurf) BMI vom 20. März 1950

Rohentwurf
eines Gesetzes über Versammlungen und Aufzüge
(Versammlungsordnungsgesetz)

Abschnitt I:
Öffentliche Versammlungen

§ 1

(1) Alle Deutsche haben das Recht, sich ohne Anmeldung oder Erlaubnis friedlich und ohne Waffen zu versammeln. Für Versammlungen und Aufzüge unter freiem Himmel gelten die Vorschriften in Abschn. II.

(2) Veranstaltung und Ordnung öffentlicher Versammlungen regeln sich nach den Vorschriften dieses Gesetzes.

§ 2

Eine Versammlung ist auch dann öffentlich, wenn bestimmte Personen oder ein bestimmter Personenkreis in der Einladung ausgeschlossen werden, oder wenn neben einem eingeladenen bestimmten Teilnehmerkreis Gäste in erheblichem Umfang zugelassen werden.

§ 3

Jede öffentliche Versammlung muss einen Leiter haben. Dieser kann die Leitung einem anderen übertragen oder durch die Versammlung einen anderen Leiter wählen lassen.

§ 4

(1) Der Leiter hat von der Versammlung der Teilnehmer an bis zum Ende der Versammlung für Ruhe und Ordnung zu sorgen. Er kann das Mitbringen von Gegenständen verbieten, deren Gebrauch geeignet ist, die Ruhe und Ordnung in der Versammlung zu stören.

(2) Er bestimmt den Verlauf der Versammlung, insbesondere erteilt und entzieht er das Wort und regelt die Aussprache.

(3) Bei Störungen kann er Ordnungsrufe erteilen und Teilnehmer auffordern, ihren Namen zu nennen. Teilnehmer, die kein Zutrittsrecht haben oder die die Ordnung gröblich stören, kann er von der Versammlung ausschließen. Er kann die Versammlung jederzeit für aufgelöst erklären.

(4) Zur Durchführung seiner Befugnisse kann er sich der Hilfe unbewaffneter Ordner bedienen, die durch Armbinden kenntlich gemacht sein müssen.

(5) Jeder Teilnehmer ist berechtigt, sich in der Verhandlung schriftlich Notizen zu machen. Dies gilt insbesondere für Pressevertreter.

§ 5
Werden Polizeibeamte in dienstlichem Auftrag in eine öffentliche Versammlung entsandt, so haben sie sich als solche dem Leiter zu erkennen zu geben. Es muss ihnen ein angemessener Platz eingeräumt werden.

§ 6
Die nach § 5 in eine Versammlung entsandten Polizeibeamten sind befugt, unter Angabe des Grundes die Versammlung für aufgelöst zu erklären,

1. wenn in der Versammlung Anträge oder Vorschläge erörtert oder Beschlüsse gefasst werden, die den Strafgesetzen zuwider laufen oder die sich gegen die verfassungsmässige Ordnung oder gegen den Gedanken der Völkerverständigung richten,
2. wenn die nach § 5 entsandten Polizeibeamten nicht zugelassen werden,
3. wenn Bewaffnete, die unbefugt in der Versammlung anwesend sind, nicht entfernt werden.

§ 7
Sobald eine Versammlung für aufgelöst erklärt ist, sind alle Anwesenden verpflichtet, sich sofort zu entfernen.

§ 8
Die allgemeinen sicherheitspolizeilichen Bestimmungen sind anzuwenden, soweit es sich um die Verhütung unmittelbarer Gefahr für Leben und Gesundheit der Teilnehmer an einer Versammlung handelt.

§ 9
Niemand darf in einer öffentlichen Versammlung oder in einem Aufzug bewaffnet erscheinen, falls er nicht dazu behördlich ermächtigt ist.

Abschnitt II:
Versammlungen und Aufzüge unter freiem Himmel

§ 10
(1) Versammlungen und Aufzüge unter freiem Himmel sind spätestens 48 Stunden vorher unter Angabe des Ortes, der Zeit und des Verhandlungsgegenstandes anzumelden.
(2) Sie können im Einzelfall verboten oder ihre Durchführung kann von der Erfüllung von Auflagen abhängig gemacht werden, wenn nach den Umständen eine unmittelbare Gefahr für die öffentliche Sicherheit zu besorgen ist.
(3) Sie können aufgelöst werden, wenn sie verboten sind oder wenn von den Angaben in der Anmeldung abgewichen oder wenn einer Auflage zuwidergehandelt wird.
(4) Für kirchliche Prozessionen, Bittgänge und Wallfahrten, gewöhnliche Leichenbegängnisse, hergebrachte Züge von Hochzeitsgesellschaften und hergebrachte Volksfeste besteht keine Anmeldepflicht.

§ 11

(1) Innerhalb des befriedeten Bannkreises der Gebäude der gesetzgebenden Körperschaften des Bundes und der Länder sind Versammlungen und Aufzüge unter freiem Himmel mit Ausnahme der in § 10 Abs. 4 genannten Veranstaltungen verboten.

(2) Ausnahmen können für die Gebäude des Bundes von der Bundesregierung, für die Gebäude der Länder von den Landesregierungen mit Zustimmung des Präsidenten der gesetzgebenden Körperschaft zugelassen werden.

(3) Den befriedeten Bannkreis bestimmen für den Bund die Bundesregierung, für die Länder die Landesregierungen mit Zustimmung des Präsidenten der gesetzgebenden Körperschaften. Soweit durch Landesrecht für das Gebäude einer gesetzgebenden Körperschaft des Landes bereits ein befriedeter Bannkreis bestimmt ist, gelten für ihn die Vorschriften dieses Gesetzes.

Abschnitt III:

Strafvorschriften

§ 12

Mit Gefängnis oder Geldstrafe wird bestraft,

1. wer in einer Versammlung oder in einem Aufzuge bewaffnet ist,
2. wer ohne die nach § 10 erforderliche Anmeldung eine Versammlung oder einen Aufzug veranstaltet, leitet, dabei als Redner aufritt oder als ihr Veranstalter oder Leiter die für sie gemachten Auflagen nicht erfüllt,
3. wer für eine nicht angemeldete oder verbotene Versammlung einen Raum oder Platz zur Verfügung stellt,
4. wer sich in Versammlungen oder Aufzügen an einer Schlägerei oder einem von mehreren gemachten Angriffen beteiligt, welcher den Tod oder die Körperverletzung eines Menschen verursachte, es sei denn, dass er ohne sein Verschulden hereingezogen worden ist,
5. wer eine öffentliche Versammlung gröblich stört oder entgegen dem Verbot des § 4 Abs. 1 bestimmte Gegenstände mitbringt,
6. wer als Veranstalter oder Leiter einer Versammlung den nach § 5 entsandten Polizeibeamten keinen angemessenen Platz einräumt,
7. wer als Veranstalter oder Leiter einer öffentlichen Versammlung seine Befugnisse absichtlich und grob missbraucht.

§ 13

(1) Mit Haft oder Geldstrafe bis zu DM 150,- wird bestraft,

1. wer sich nach Ausschluss aus einer öffentlichen Versammlung nicht sofort entfernt,
2. wer gemäß § 4 Abs. 3 seinen Namen nicht nennt,

3. wer an einer Versammlung oder einem Aufzuge teilnimmt, die nicht angemeldet waren oder verboten sind,
4. wer sich nicht sofort entfernt, nachdem eine Versammlung für aufgelöst erklärt wurde, soweit nicht nach anderen Vorschriften eine höhere Strafe verwirkt ist.

(2) Bestrafung nach Ziffer 1 und 2 tritt nur auf Antrag des Veranstalters oder Leiters einer Versammlung ein.

Abschnitt IV:
Übergangs- und Schlussbestimmungen

§ 14
Die Vorschriften dieses Gesetzes sind auf die Sitzungen der Vertretungskörperschaften des Bundes, der Länder, der Gemeindeverbände und der Gemeinden nicht anzuwenden.

§ 15
Die Landesregierungen bestimmen die für die Durchführung der §§ 5, 6 und 10 zuständigen Behörden.

§ 16
Die §§ ... des Vereinsgesetzes vom 19. April 1908 (RGBl. S. 151) sowie seiner Abänderungsgesetze vom ... und der Verordnung des Reichspräsidenten zum Schutze des Deutschen Volkes vom 4. Februar 1933 (RGBl. I S. 35) über Versammlungen und Aufzüge werden aufgehoben.

3. 2. Referentenentwurf BMI, März/April 1950

Zweiter Entwurf
eines Gesetzes über öffentliche Versammlungen und Aufzüge
(Versammlungsordnungsgesetz)

Abschnitt I:
Öffentliche Versammlungen

§ 1
(1) Alle Deutsche haben das Recht, sich ohne Anmeldung oder Erlaubnis friedlich und ohne Waffen zu versammeln.

Die Veranstaltung und die Ordnung öffentlicher Versammlungen sowie von Aufzügen unter freiem Himmel regeln sich nach diesem Gesetz.

§ 2
Eine Versammlung ist auch dann öffentlich, wenn der Veranstalter von der Teilnahme lediglich bestimmte Personen oder Personenkreise ausschließt oder wenn neben einem bestimmten Teilnehmerkreis unbestimmte Gäste in erheblichem Umfang zugelassen werden.

§ 3
Jede öffentliche Versammlung muss einen Leiter haben. Er ist vom Veranstalter zu bestellen. Der Veranstalter kann der Versammlung die Wahl des Leiters überlassen.

§ 4
(1) Der Leiter hat von der Zusammenkunft der Teilnehmer an bis zum Ende der Versammlung für Ruhe und Ordnung zu sorgen.
(2) Er bestimmt den Verlauf der Versammlung, insbesondere erteilt und entzieht er das Wort.
(3) Bei Störungen kann er Ordnungsrufe erteilen und Teilnehmer auffordern, ihren Namen zu nennen. Teilnehmer, die kein Zutrittsrecht haben, oder die die Ordnung gröblich oder wiederholt stören, kann er von der Versammlung ausschließen. Er kann die Versammlung jederzeit für aufgelöst erklären.

§ 5
Zur Durchführung seiner Befugnisse kann sich der Leiter der Hilfe unbewaffneter Ordner bedienen. Diese sind durch Armbinden kenntlich zu machen.

§ 6
Jeder Teilnehmer ist berechtigt, sich in der Verhandlung schriftlich Notizen zu machen.

§ 7
Das Mitbringen von Gegenständen, deren Gebrauch geeignet ist, die Versammlung zu stören, ist verboten.

§ 8
Werden Polizeibeamte in dienstlichem Auftrag in eine öffentliche Versammlung entsandt, so haben sie sich als solche dem Leiter zu erkennen zu geben. Es muss ihnen ein angemessener Platz eingeräumt werden.

§ 9
Die nach § 8 in eine Versammlung entsandten Polizeibeamten sind befugt, unter Angabe des Grundes die Versammlung für aufgelöst zu erklären,

1. wenn sie nicht zugelassen werden,
2. wenn in der Versammlung Anträge oder Vorschläge erörtert oder Beschlüsse gefasst werden, die den Strafgesetzen zuwiderlaufen oder die sich gegen die verfassungsmäßige Ordnung oder gegen den Gedanken der Völkerverständigung richten,
3. wenn Bewaffnete, die unbefugt in der Versammlung anwesend sind, nicht entfernt werden.

§ 10
Sobald eine Versammlung für aufgelöst erklärt ist, sind alle Teilnehmer verpflichtet, sich sofort zu entfernen.

§ 11
Die allgemeinen sicherheitspolizeilichen Bestimmungen sind anzuwenden, soweit es sich um die Verhütung unmittelbarer Gefahr für Leben und Gesundheit von Teilnehmern an einer Versammlung handelt.

Abschnitt II:
Versammlungen und Aufzüge unter freiem Himmel

§ 12
(1) Versammlungen und Aufzüge unter freiem Himmel sind spätestens 48 Stunden vorher unter Angabe des Ortes, der Zeit und des Verhandlungsgegenstandes anzumelden.
(2) Sie können im Einzelfall verboten werden, wenn nach den Umständen eine unmittelbare Gefahr für die öffentliche Sicherheit zu besorgen ist. Ihre Durchführung kann unter den gleichen Voraussetzungen von der Erfüllung von Auflagen abhängig gemacht werden.
(3) Sie können, abgesehen von den Fällen des § 9 auch aufgelöst werden, wenn sie verboten worden sind oder wenn von den Angaben in der Anmeldung abgewichen oder wenn einer Auflage zuwidergehandelt wird.

(4) Für kirchliche Prozessionen, Bittgänge und Wallfahrten, gewöhnliche Leichenbegängnisse, hergebrachte Züge von Hochzeitsgesellschaften und hergebrachte Volksfeste besteht keine Anmeldepflicht.

§ 13

(1) Innerhalb des befriedeten Bannkreises der Gebäude gesetzgebender Körperschaften des Bundes und der Länder sind Versammlungen und Aufzüge unter freiem Himmel mit Ausnahme der in § 12 Abs. 4 genannten Veranstaltungen verboten.
(2) Ausnahmen können für die Gebäude des Bundes von der Bundesregierung, für die Gebäude eines Landes von den Landesregierungen mit Zustimmung des Präsidenten der gesetzgebenden Körperschaft zugelassen werden.
(3) Den befriedeten Bannkreis bestimmen für den Bund die Bundesregierung, für die Länder die Landesregierungen mit Zustimmung des Präsidenten der gesetzgebenden Körperschaften. Soweit durch Landesrecht bereits ein befriedeter Bannkreis bestimmt ist, gelten für ihn die Vorschriften dieses Gesetzes.

Abschnitt III: **Strafvorschriften**

§ 14

Mit Gefängnis oder Geldstrafe wird bestraft,

1. wer in einer Versammlung oder in einem Aufzuge bewaffnet ist,
2. wer ohne die nach § 12 erforderliche Anmeldung eine Versammlung oder einen Aufzug veranstaltet, leitet, dabei als Redner aufritt oder als ihr Veranstalter oder Leiter die für sie gemachten Auflagen nicht erfüllt,
3. wer für eine nicht angemeldete oder verbotene Versammlung unter freiem Himmel einen Platz zur Verfügung stellt.
4. wer sich in einer Versammlung oder einem Aufzug oder anlässlich einer solchen Veranstaltung an einer Schlägerei oder einem von mehreren gemachten Angriffen beteiligt, welcher den Tod oder die Körperverletzung eines Menschen verursachte, es sei denn, dass er ohne sein Verschulden hereingezogen worden ist,
5. wer eine öffentliche Versammlung gröblich oder wiederholt stört oder entgegen dem Verbot des § 7 bestimmte Gegenstände mitbringt,
6. wer als Veranstalter oder Leiter einer Versammlung den nach § 8 entsandten Polizeibeamten keinen angemessenen Platz einräumt,
7. wer als Veranstalter oder Leiter einer öffentlichen Versammlung seine Befugnisse absichtlich und grob missbraucht.

§ 15
Mit Haft oder Geldstrafe bis zu DM 150,- wird bestraft,

1. wer sich nach Ausschluss aus einer öffentlichen Versammlung nicht sofort entfernt,
2. wer entgegen § 4 Abs. 3 seinen Namen nicht nennt,
3. wer an einer Versammlung oder einem Aufzuge teilnimmt, die nicht angemeldet waren oder verboten sind,
4. wer sich nicht sofort entfernt, nachdem eine Versammlung für aufgelöst erklärt wurde, soweit nicht nach anderen Vorschriften eine höhere Strafe verwirkt ist.

Abschnitt IV: **Übergangs- und Schlussbestimmungen**

§ 16
Die Vorschriften dieses Gesetzes sind auf die durch Gesetz oder die zuständigen Behörden angeordneten Versammlungen nicht anzuwenden.

§ 17
Die Landesregierungen bestimmen die für die Durchführung der §§ 8, 9 und 12 zuständigen Behörden.

§ 18
Die Vorschriften des Vereinsgesetzes vom 19. April 1908 (RGBl. S. 151) sowie seiner Änderungsgesetze vom ... und der Verordnung des Reichspräsidenten zum Schutze des Deutschen Volkes vom 4. Februar 1933 (RGBl. I S. 35) über Versammlungen und Aufzüge werden aufgehoben.

4. 3. Referentenentwurf BMI, März/April 1950

Dritter Entwurf
Gesetz über öffentliche Versammlungen und Aufzüge
(Versammlungsordnungsgesetz)
VersOGes.

Alle Deutschen haben gemäß Art. 8 des Grundgesetzes das Recht, sich ohne Anmeldung oder Erlaubnis friedlich und ohne Waffen zu versammeln. Die Veranstaltung und die Ordnung öffentlicher Versammlungen in geschlossenen Räumen und unter freiem Himmel sowie von Umzügen regeln sich nach diesem Gesetz. Art. 8 des Grundgesetzes wird insoweit beschränkt.

Abschnitt I:
Allgemeines

§ 1
Wer an einer Versammlung oder an einem Umzug teilnimmt, hat sich so zu verhalten, dass die öffentliche Ruhe, Ordnung und Sicherheit nicht beeinträchtigt werden.

§ 2
Teilnehmer an diesen Veranstaltungen dürfen keine Waffen bei sich führen, es sei denn, dass ihnen eine polizeiliche Erlaubnis gegeben ist.

§ 3
Das Tragen von Uniformen oder von uniformierten Kleidungsstücken als Ausdruck einer politischen Gesinnung oder Zugehörigkeit zu einer politischen Organisation ist verboten.

§ 4
Das Zeigen von Fahnen oder Farben, die eine verfassungsfeindliche Haltung oder eine Ablehnung der Bundesfarben zum Ausdruck bringen, ist in öffentlichen Versammlungen oder Umzügen verboten; das gleiche gilt für andere Gegenstände verfassungsfeindlichen oder sonst aufreizenden Inhalts, sowie für Werbezettel, Plakate und Druckschriften, in denen zur Teilnahme an einer Veranstaltung aufgefordert wird.

Abschnitt II:
Öffentliche Versammlungen in geschlossenen Räumen

§ 5
Eine Versammlung in geschlossenem Raume ist öffentlich, wenn der Veranstalter jedermann die Teilnahme gestattet.

Eine Versammlung ist auch dann öffentlich, wenn der Veranstalter bestimmte Personen oder Personenkreise in der Einladung ausschließt oder wenn neben einem eingeladenen bestimmten Teilnehmerkreis andere Personen zugelassen werden.
Eine Versammlung in geschlossenem Raum ist ferner als öffentlich anzusehen, wenn durch Lautsprecher oder durch Öffnen von Fenstern oder Türen einem größeren unbestimmten Personenkreis im Freien ermöglicht wird, den Ablauf der Veranstaltung zu verfolgen.

§ 6
Jede öffentliche Versammlung muss einen Leiter haben. Leiter der Versammlung ist der Veranstalter. Dieser kann die Leitung einer anderen Person übertragen oder die Wahl des Leiters durch die Versammlung herbeiführen.

§ 7
Der Leiter bestimmt den Verlauf der Versammlung; insbesondere ob eine Aussprache stattfindet. Er erteilt und entzieht das Wort.

§ 8
Der Leiter hat während der Versammlung für Ruhe und Ordnung zu sorgen.
Er kann sich der Hilfe unbewaffneter Ordner bedienen. Diese sind durch Armbinden kenntlich zu machen.

§ 9
Der Leiter ist verpflichtet einzugreifen, wenn verfassungsfeindliche oder den Strafgesetzen zuwiderlaufende Ansichten oder Vorschläge vorgetragen werden.
Fährt der Redner trotz Zurechtweisung mit diesen Äußerungen fort, so hat der Leiter ihm das Wort zu entziehen.

§ 10
Personen, die den Ablauf von Versammlungen in geschlossenen Räumen stören, insbesondere durch fortwährende Zwischenrufe, kann der Leiter zur Ordnung rufen. Teilnehmer, welche die Ordnung gröblich stören, kann er von der Versammlung ausschließen.

§ 11
Eine Person, die wiederholt zur Ordnung gerufen oder aus der Versammlung ausgeschlossen worden ist, hat sich auf Anfordern des Leiters oder eines Ordners durch Vorlage von Personalpapieren auszuweisen.

§ 12
Der Leiter kann die Versammlung jederzeit auflösen.

§ 13
Werden Polizeibeamte in dienstlichem Auftrag in eine öffentliche Versammlung entsandt, so haben sie sich als solche dem Leiter zu erkennen zu geben. Es muss ihnen ein angemessener Platz eingeräumt werden.

§ 14
Der leitende beauftragte Polizeibeamte (§ 13) kann die Versammlung unter Angabe des Grundes auflösen

1.) wenn der Leiter seine Pflichten gemäß § 9 nicht nachkommt oder seine Befugnisse in gröblicher Weise mißbraucht,
2.) wenn der geordnete Ablauf der Versammlung nicht mehr gewährleistet ist, insbesondere wenn sich der Leiter nicht durchzusetzen vermag,
3.) wenn Personen, die unbefugt Waffen mit sich führen, nicht sofort entfernt werden,
4.) wenn der Leiter gegen § 4 verstoßende Gegenstände auf Anfordern der Polizeibeamten nicht sofort entfernen lässt.

§ 15
Wer aus der Versammlung ausgeschlossen worden ist, hat sie sofort zu verlassen. Sobald eine Versammlung für aufgelöst erklärt ist, haben alle Anwesenden mit Ausnahme des Leiters und der Ordner sich sofort zu entfernen.

Abschnitt III: **Öffentliche Versammlungen unter freiem Himmel**

§ 16
Wer die Absicht hat, eine öffentliche Versammlung unter freiem Himmel oder einen Umzug zu veranstalten, hat dies spätestens 48 Stunden vor der öffentlichen Bekanntgabe der zuständigen Behörde anzumelden.
In der Anmeldung ist anzugeben, welche Person als Beauftragter des Veranstalters für die Leitung der Versammlung (§ 6 Abs. 2) oder für die Durchführung des Umzuges verantwortlich sein soll.

§ 17
Die zuständige Behörde kann die Versammlung oder den Umzug verbieten oder von der Erfüllung bestimmter Auflagen abhängig machen, wenn nach den Umständen eine unmittelbare Gefahr für die öffentliche Sicherheit besteht.
Eine verbotene Versammlung oder ein verbotener Umzug sind aufzulösen.
Sie können aufgelöst werden, wenn den Auflagen zuwidergehandelt wird oder wenn von den Angaben der Anmeldung abgewichen wird.

§ 18
Innerhalb des befriedeten Bannkreises der Gebäude gesetzgebender Körperschaften des Bundes und der Länder sind Versammlungen oder Umzüge unter freiem Himmel verboten.
Ausnahmen können für den Bannkreis der Gebäude des Bundes von der Bundesregierung, für den Bannkreis der Gebäude eines Landes von den Landesregierungen mit Zustimmung des Präsidenten der gesetzgebenden Körperschaft zugelassen werden.
Den befriedeten Bannkreis bestimmen für den Bund die Bundesregierung, für die Länder die Landesregierungen mit Zustimmung des Präsidenten der gesetzgebenden Körperschaften. Soweit durch Landesrecht für das Gebäude einer gesetzgebenden Körperschaft des Landes bereits ein befriedeter Bannkreis bestimmt ist, gelten für ihn die Vorschriften dieses Gesetzes.

§ 19
§§ 16 – 18 finden keine Anwendung auf kirchliche Prozessionen und Wallfahrten, gewöhnliche Leichenbegängnisse, Züge von Hochzeitsgesellschaften und hergebrachte Volksfeste.

§ 20
Für Versammlungen unter freiem Himmel sind die §§ 6–9, 12–15 entsprechend anzuwenden.
Bei Störungen von Versammlungen unter freiem Himmel kann nur der leitende beauftragte Polizeibeamte (§ 13) die Befugnisse des § 14 wahrnehmen.

§ 21
Die Verwendung von Ordnern (§ 8 Abs. 2) in Versammlungen unter freiem Himmel oder in Umzügen bedarf polizeilicher Genehmigung. Diese ist zugleich mit der Anmeldung zu beantragen.

§ 22
Der Beauftragte des Veranstalters eines Umzuges hat einzugreifen,

1.) wenn Teilnehmer sich Ausschreitungen oder andere den Strafgesetzen zuwiderlaufende Handlungen zuschulden kommen lassen,
2.) wenn Teilnehmer unbefugt Waffen mit sich führen.

Vermag der Beauftragte sich nicht durchzusetzen, so ist er befugt und verpflichtet, den Umzug aufzulösen. § 15 Abs. 2 gilt entsprechend.

Abschnitt IV: **Strafvorschriften**

§ 23

Wer in der Absicht, öffentliche Versammlungen oder Umzüge zu verhindern, ihre Durchführung zu vereiteln oder sie zu sprengen, grobe Störungen hervorruft, Gewalttätigkeiten vornimmt oder androht, wird mit Gefängnis nicht unter drei Monaten bestraft.

§ 24

Wer in der Absicht, eine öffentliche Versammlung zu stören, Gegenstände mitbringt, deren Verwendung den geordneten Ablauf der Versammlung zu beeinträchtigen geeignet ist, insbesondere Lärminstrumente, wird mit Gefängnis bestraft.

§ 25

Wer dem Leiter einer öffentlichen Versammlung oder dem Beauftragten eines Umzuges oder Ordnern tätlichen Widerstand entgegensetzt, wird, sofern nicht die genannten Personen ihre Stellung mißbraucht haben, mit Gefängnis bis zu 2 Jahren bestraft.

§ 26

Wer zur Teilnahme an einer verbotenen Veranstaltung auffordert, wird mit Gefängnis bestraft. Ergeht die Aufforderung öffentlich, so ist auf Gefängnis nicht unter 3 Monaten zu erkennen.

Wird die Aufforderung in Unkenntnis ihres Verbotes bewirkt, so ist auf Geldstrafe bis zu 10.000,- DM zu erkennen, falls der Täter das Verbot hätte kennen müssen.

Wer an einer verbotenen Veranstaltung teilnimmt, wird mit Haft oder Geldstrafe bis zu 150,- DM bestraft.

§ 27

Wer als Beauftragter der Veranstalter (§ 16 Abs. 2) den von der zuständigen Behörde aufgestellten Auflagen nicht Folge leistet oder ohne polizeiliche Genehmigung Ordner einsetzt (§ 21), wird mit Gefängnis bestraft.

§ 28

Wer den Bestimmungen der §§ 2–4, 9, 16 und 22 vorsätzlich zuwiderhandelt, wird mit Gefängnis oder Geldstrafe bestraft.

Bei Fahrlässigkeit ist auf Geldstrafe bis zu 1000,- DM zu erkennen.

§ 29

Wer eine öffentliche Versammlung oder einen Umzug gröblich stört, wird mit Haft oder Geldstrafe bis zu 150,- DM bestraft.

Einer gröblichen Störung macht sich insbesondere schuldig,

a) wer trotz wiederholter Zurechtweisung fortfährt, den Ablauf der Versammlung zu stören (§ 10),
b) wer verweigert, sich durch Personalpapiere auszuweisen (§ 11).

Wird die gröbliche Störung gemeinsam von mehreren betrieben, so ist auf Gefängnis bis zu einem Jahr zu erkennen.
Wird durch die gröbliche Störung eine Schlägerei ausgelöst, so ist, wer sich nach Abs. 1 strafbar gemacht hat, mit Gefängnis bis zu 2 Jahren, wer sich nach Abs. 3 strafbar gemacht hat, mit Gefängnis nicht unter 3 Monaten zu bestrafen.

§ 30
Wer den Bestimmungen der §§ 10, 11 und 15 zuwiderhandelt, wird mit Haft oder Geldstraße bis zu 150,- DM bestraft.

5. 4. Referentenentwurf BMI, März/April 1950

Vierter Entwurf
Gesetz über öffentliche Versammlungen und Umzüge
(Versammlungsordnungsgesetz)
VersOGes.

Alle Deutschen haben gemäß Art. 8 des Grundgesetzes das Recht, sich ohne Anmeldung oder Erlaubnis friedlich und ohne Waffen zu versammeln. Die Veranstaltung und die Ordnung öffentlicher Versammlungen in geschlossenen Räumen und unter freiem Himmel sowie von Umzügen regeln sich nach diesem Gesetz. Art. 8 des Grundgesetzes wird insoweit beschränkt.

Abschnitt I:
Allgemeines

§ 1
Wer an einer Versammlung oder an einem Umzug teilnimmt, hat sich so zu verhalten, dass die öffentliche Ordnung und Sicherheit nicht beeinträchtigt werden.

§ 2
Teilnehmer an diesen Veranstaltungen dürfen keine Waffen bei sich führen, es sei denn, daß ihnen eine polizeiliche Erlaubnis gegeben ist.

§ 3
Das Tragen von Uniformen oder von uniformierten Kleidungsstücken als Ausdruck einer politischen Gesinnung oder Zugehörigkeit zu einer politischen Organisation ist verboten.

§ 4
Das Zeigen von Fahnen oder Farben, die eine verfassungsfeindliche Haltung oder eine Ablehnung der Bundesfarben zum Ausdruck bringen, ist in öffentlichen Versammlungen oder Aufzügen verboten; entsprechendes gilt für sonstige Gegenstände verfassungsfeindlichen oder zu strafbarem Handeln aufreizenden Inhalts, sowie für Werbezettel, Plakate und Druckschriften, in denen zur Teilnahme an einer Veranstaltung aufgefordert wird.

Abschnitt II:
Öffentliche Versammlungen in geschlossenen Räumen

§ 5
Eine Versammlung in geschlossenem Raume ist öffentlich, wenn der Veranstalter jedermann die Teilnahme gestattet.

Eine Versammlung ist auch dann öffentlich, wenn der Veranstalter bestimmte Personen oder Personenkreise in der Einladung ausschließt oder wenn neben einem eingeladenen bestimmten Teilnehmerkreis andere Personen in erheblichem Umfange zugelassen werden.
Eine Versammlung in geschlossenem Raum ist auch dann öffentlich, wenn durch Lautsprecher oder durch Öffnen von Fenstern oder Türen einem größeren unbestimmten Personenkreis im Freien ermöglicht wird, den Ablauf der Veranstaltung zu verfolgen.

§ 6
Jede öffentliche Versammlung muss einen Leiter haben. Leiter der Versammlung ist der Veranstalter. Dieser kann die Leitung einer anderen Person übertragen oder die Wahl des Leiters durch die Versammlung herbeiführen.

§ 7
Der Leiter bestimmt den Verlauf der Versammlung; insbesondere ob eine Aussprache stattfindet. Er erteilt und entzieht das Wort.

§ 8
Der Leiter hat während der Versammlung für Ruhe und Ordnung zu sorgen.
Er kann sich der Hilfe unbewaffneter Ordner bedienen. Diese sind durch Armbinden kenntlich zu machen. Der Leiter ist verpflichtet, die von ihm bestellten Ordner der Polizei auf Anforderung namentlich zu bezeichnen.

§ 9
Der Leiter ist verpflichtet einzugreifen, wenn Ansichten oder Vorschläge vertreten werden, die sich gegen die freiheitliche demokratische Grundordnung, den Bestand der Bundesrepublik Deutschland richten oder den Strafgesetzen zuwiderlaufen.
Fährt der Redner trotz Zurechtweisung mit diesen Äußerungen fort, so hat der Leiter ihm das Wort zu entziehen.

§ 10
Personen, die den Ablauf von Versammlungen in geschlossenen Räumen stören, insbesondere durch fortwährende Zwischenrufe, kann der Leiter zur Ordnung rufen.
Teilnehmer, welche die Ordnung gröblich stören, kann er von der Versammlung ausschließen.

§ 11
Eine Person, die wiederholt zur Ordnung gerufen oder aus der Versammlung ausgeschlossen worden ist, hat sich auf Anfordern des Leiters oder eines Ordners durch Vorlage von Personalpapieren auszuweisen.

§ 12

Der Leiter kann die Versammlung jederzeit auflösen.

§ 13

Werden Polizeibeamte in dienstlichem Auftrag in eine öffentliche Versammlung entsandt, so haben sie sich als solche dem Leiter zu erkennen zu geben. Es muss ihnen ein angemessener Platz eingeräumt werden.

§ 14

Die Polizei (§ 13) kann die Versammlung unter Angabe des Grundes auflösen,

1.) wenn der Leiter seinen Pflichten gemäß § 9 nicht nachkommt oder seine Befugnisse in gröblicher Weise mißbraucht,
2.) wenn unmittelbare Gefahr für Leben oder Gesundheit von Teilnehmern besteht,
3.) wenn Personen, die unbefugt Waffen mit sich führen, nicht sofort ausgeschlossen werden,
4.) wenn der Leiter gegen § 4 verstoßende Gegenstände auf Anfordern der Polizeibeamten nicht sofort entfernen lässt.

§ 15

Wer aus der Versammlung ausgeschlossen worden ist, hat sie sofort zu verlassen. Sobald eine Versammlung für aufgelöst erklärt ist, haben alle Teilnehmer sich sofort zu entfernen.

Abschnitt III: **Öffentliche Versammlungen unter freiem Himmel**

§ 16

Wer die Absicht hat, eine öffentliche Versammlung unter freiem Himmel oder einen Umzug zu veranstalten, hat dies spätestens 48 Stunden vor der öffentlichen Bekanntgabe der zuständigen Behörde anzumelden.

In der Anmeldung ist anzugeben, welche Person als Beauftragter des Veranstalters für die Leitung der Versammlung (§ 6 Abs. 2) oder für die Durchführung des Umzuges verantwortlich sein soll.

§ 17

Die zuständige Behörde kann die Versammlung oder den Umzug verbieten oder von der Erfüllung bestimmter Auflagen abhängig machen, wenn nach den Umständen eine unmittelbare Gefahr für die öffentliche Ordnung und Sicherheit besteht.

Eine verbotene Versammlung oder ein verbotener Umzug sind aufzulösen.

Eine Versammlung oder ein Umzug kann aufgelöst werden, wenn den Auflagen zuwidergehandelt wird oder wenn von den Angaben der Anmeldung abgewichen wird.

§ 18
Innerhalb des Bannkreises der Gebäude gesetzgebender Körperschaften des Bundes und der Länder sind öffentliche Versammlungen oder Umzüge unter freiem Himmel verboten.
Ausnahmen können für den Bannkreis der Gebäude des Bundes von der Bundesregierung, für den Bannkreis der Gebäude eines Landes von der Landesregierung mit Zustimmung des Präsidenten der gesetzgebenden Körperschaft zugelassen werden.
Den Bannkreis bestimmen für den Bund die Bundesregierung, für die Länder die Landesregierungen mit Zustimmung des Präsidenten der gesetzgebenden Körperschaften.
Soweit durch Landesrecht für das Gebäude einer gesetzgebenden Körperschaft des Landes bereits ein befriedeter Bannkreis bestimmt ist, gelten für ihn die Vorschriften dieses Gesetzes.

§ 19
§§ 16 – 18 finden keine Anwendung auf kirchliche Prozessionen, Bittgänge und Wallfahrten, gewöhnliche Leichenbegängnisse, Züge von Hochzeitsgesellschaften und hergebrachte Volksfeste.

§ 20
Für Versammlungen unter freiem Himmel sind die §§ 6–9, 12–15 entsprechend anzuwenden.
Bei Störungen von Versammlungen unter freiem Himmel kann nur die Polizei (§ 13) die Befugnisse des § 10 wahrnehmen.

§ 21
Die Verwendung von Ordnern (§ 8 Abs. 2) in Versammlungen unter freiem Himmel oder in Umzügen bedarf polizeilicher Genehmigung. Diese ist zugleich mit der Anmeldung zu beantragen.

§ 22
Der Beauftragte des Veranstalters eines Umzuges hat einzugreifen,

1.) wenn Teilnehmer sich Ausschreitungen oder andere den Strafgesetzen zuwiderlaufende Handlungen zuschulden kommen lassen,
2.) wenn Teilnehmer unbefugt Waffen mit sich führen,
3.) wenn Teilnehmer die von der Polizei angeordneten Auflagen (§ 17) nicht einhalten,
4.) wenn Teilnehmer gegen § 4 verstoßende Gegenstände mit sich führen.

Vermag der Beauftragte sich nicht durchzusetzen, so ist er verpflichtet, den Umzug aufzulösen. § 15 Abs. 2 gilt entsprechend.

Abschnitt IV:
Strafvorschriften

§ 23
Wer in der Absicht, öffentliche Versammlungen oder Umzüge zu verhindern, ihre Durchführung zu vereiteln oder sie zu sprengen, grobe Störungen hervorruft, Gewalttätigkeiten vornimmt oder androht, wird mit Gefängnis nicht unter drei Monaten bestraft.

§ 24
Wer in der Absicht, eine öffentliche Versammlung zu stören, Gegenstände mitbringt, deren Verwendung den geordneten Ablauf der Versammlung zu beeinträchtigen geeignet ist, insbesondere Lärminstrumente, wird mit Gefängnis bestraft.

§ 25
Wer den Leiter einer öffentlichen Versammlung oder den Beauftragten eines Umzuges oder Ordnern tätlichen Widerstand entgegensetzt, wird, sofern nicht die genannten Personen ihre Stellung mißbraucht haben, mit Gefängnis bis zu 1 Jahr bestraft.

§ 26
Wer zur Teilnahme an einer verbotenen Veranstaltung auffordert, wird mit Gefängnis bestraft. Ergeht die Aufforderung öffentlich, so ist auf Gefängnis nicht unter 3 Monaten zu erkennen.
Wird die Aufforderung in Unkenntnis ihres Verbotes bewirkt, ist auf Geldstrafe bis zu 10.000,- DM zu erkennen, falls der Täter das Verbot hätte kennen müssen.
Wer an einer verbotenen Veranstaltung teilnimmt, wird mit Haft oder Geldstrafe bis zu 150,- DM bestraft.

§ 27
Wer als Beauftragter des Veranstalters (§ 16 Abs. 2) den von der zuständigen Behörde aufgestellten Auflagen nicht Folge leistet oder ohne polizeiliche Genehmigung Ordner einsetzt (§ 21), wird mit Gefängnis bestraft.

§ 28
Wer den Bestimmungen der §§ 2–4, 9, 16, 20 in Verbindung mit 9 und 22 vorsätzlich zuwiderhandelt, wird mit Gefängnis oder Geldstrafe bestraft.
Bei Fahrlässigkeit ist auf Geldstrafe bis zu 1000,- DM zu erkennen.

§ 29
Wer eine öffentliche Versammlung oder einen Umzug gröblich stört, wird mit Haft oder Geldstrafe bis zu 150,- DM bestraft.
Einer gröblichen Störung macht sich insbesondere schuldig,

a) wer trotz wiederholter Zurechtweisung fortfährt, den Ablauf der Versammlung zu stören (§ 10),
b) wer sich weigert, sich über seine Personalpapiere auszuweisen (§ 11).

Wird die gröbliche Störung gemeinsam von mehreren betrieben, so ist auf Gefängnis bis zu einem Jahr zu erkennen.
Wird durch die gröbliche Störung eine Schlägerei ausgelöst, die zu einer Auflösung der Versammlung führt, so ist, wer sich nach Abs. 1 strafbar gemacht hat, mit Gefängnis nicht unter 3 Monaten zu bestrafen.

§ 30
Wer den Bestimmungen der §§ 10, 11 und 15 zuwiderhandelt, wird mit Haft oder Geldstraße bis zu 150,- DM bestraft.

6. 5. Referentenentwurf BMI, März/April 1950

Fünfter Entwurf
Gesetz über öffentliche Versammlungen und Aufzüge
(Versammlungsordnungsgesetz)
VersOGes.

Alle Deutschen haben gemäß Art. 8 des Grundgesetzes das Recht, sich ohne Anmeldung oder Erlaubnis friedlich und ohne Waffen zu versammeln. Die Veranstaltung und die Ordnung öffentlicher Versammlungen in geschlossenen Räumen und unter freiem Himmel sowie von Umzügen regeln sich nach diesem Gesetz. Art. 8 des Grundgesetzes wird insoweit beschränkt.

Abschnitt I:
Allgemeines

§ 1
Wer an einer Versammlung oder an einem Umzug teilnimmt, hat sich so zu verhalten, dass die öffentliche Ordnung und Sicherheit nicht beeinträchtigt werden.

§ 2
Teilnehmer an diesen Veranstaltungen dürfen keine Waffen bei sich führen, es sei denn, dass sie hierzu durch gesetzliche Bestimmung oder polizeiliche Erlaubnis befugt sind.

§ 3
Das Tragen von Uniformen oder von uniformierten Kleidungsstücken als Ausdruck einer politischen Gesinnung oder Zugehörigkeit zu einer politischen Vereinigung ist verboten.

§ 4
Das Zeigen von Fahnen oder Farben, die eine verfassungsfeindliche Haltung oder eine Ablehnung der Bundesfarben zum Ausdruck bringen, ist in öffentlichen Versammlungen oder Aufzügen verboten; entsprechendes gilt für sonstige Gegenstände verfassungsfeindlichen oder zu strafbarem Handeln aufreizenden Inhalts, sowie für Werbezettel, Plakate und Druckschriften, in denen zur Teilnahme an einer Veranstaltung aufgefordert wird.

Abschnitt II:
Öffentliche Versammlungen in geschlossenen Räumen

§ 5
Wird zu einer öffentlichen Versammlung geladen, so ist jedermann befugt, an dieser teilzunehmen.

Bestimmte Personen oder Personenkreise können in der Einladung von der Teilnahme an einer öffentlichen Versammlung ausgeschlossen werden.

§ 6
Jede öffentliche Versammlung muß einen Leiter haben. Leiter der Versammlung ist der Veranstalter. Dieser kann die Leitung einer anderen Person übertragen oder die Wahl des Leiters durch die Versammlung herbeiführen.

§ 7
Der Leiter bestimmt den Verlauf der Versammlung; insbesondere ob eine Aussprache stattfindet. Er erteilt und entzieht das Wort.

§ 8
Der Leiter hat während der Versammlung für Ordnung zu sorgen.
Er kann sich der Hilfe unbewaffneter Ordner bedienen. Diese sind durch Armbinden kenntlich zu machen.
Der Leiter ist verpflichtet, die von ihm bestellten Ordner der Polizei auf Anforderung namentlich zu bezeichnen.

§ 9
Der Leiter ist verpflichtet einzugreifen, wenn Ansichten oder Vorschläge vertreten werden, die sich gegen die freiheitliche demokratische Grundordnung, den Bestand der Bundesrepublik Deutschland oder den Gedanken der Völkerverständigung richten oder den Strafgesetzen zuwiderlaufen.
Fährt der Redner trotz Zurechtweisung mit Äußerungen dieser Art fort, so hat der Leiter ihm das Wort zu entziehen.

§ 10
Personen, die den Ablauf von Versammlungen in geschlossenen Räumen stören, insbesondere durch fortwährende Zwischenrufe, kann der Leiter zur Ordnung rufen. Teilnehmer, welche die Ordnung gröblich oder wiederholt stören, kann er von der Versammlung ausschließen.

§ 11
Eine Person, die wiederholt zur Ordnung gerufen oder aus der Versammlung ausgeschlossen worden ist, hat sich auf Anfordern des Leiters oder eines Ordners über seine Person auszuweisen.

§ 12
Der Leiter kann die Versammlung jederzeit auflösen.

§ 13
Werden Polizeibeamte in dienstlichem Auftrag in eine öffentliche Versammlung entsandt, so haben sie sich als solche dem Leiter zu erkennen zu geben. Es muss ihnen ein angemessener Platz eingeräumt werden.

§ 14
Die Polizei (§ 13) kann die Versammlung unter Angabe des Grundes auflösen,

1.) wenn der Leiter seinen Pflichten gemäß § 9 nicht nachkommt oder seine Befugnisse in gröblicher Weise mißbraucht,
2.) wenn unmittelbare Gefahr für Leben oder Gesundheit von Teilnehmern besteht,
3.) wenn Personen, die unbefugt Waffen mit sich führen, nicht sofort ausgeschlossen werden,
4.) wenn der Leiter Gegenstände, die nach § 4 nicht gezeigt werden dürfen, auf Anfordern der Polizeibeamten nicht sofort entfernen lässt.

§ 15
Wer aus der Versammlung ausgeschlossen worden ist, hat sie sofort zu verlassen. Sobald eine Versammlung für aufgelöst erklärt ist, haben alle Teilnehmer sich sofort zu entfernen.

Abschnitt III:
Öffentliche Versammlungen unter freiem Himmel

§ 16
Wer die Absicht hat, eine öffentliche Versammlung unter freiem Himmel oder einen Aufzug zu veranstalten, hat dies spätestens 48 Stunden vor der öffentlichen Bekanntgabe der zuständigen Behörde anzumelden.
In der Anmeldung ist anzugeben, welche Person als Beauftragter des Veranstalters für die Leitung der Versammlung (§ 6 Abs. 2) oder für die Durchführung des Aufzuges verantwortlich sein soll.

§ 17
Die zuständige Behörde kann die Versammlung oder den Aufzug verbieten oder von der Erfüllung bestimmter Auflagen abhängig machen, wenn nach den Umständen eine unmittelbare Gefahr für die öffentliche Ordnung und Sicherheit besteht.
Eine verbotene Versammlung oder ein verbotener Aufzug sind aufzulösen.
Eine Versammlung oder ein Aufzug kann aufgelöst werden, wenn den Auflagen zuwidergehandelt wird und wenn von den Angaben der Anmeldung abgewichen wird.

§ 18
Innerhalb des Bannkreises der Gebäude gesetzgebender Körperschaften des Bundes und der Länder sind öffentliche Versammlungen oder Umzüge unter freiem Himmel verboten.

Ausnahmen können für den Bannkreis der Gebäude des Bundes von der Bundesregierung, für den Bannkreis der Gebäude eines Landes von der Landesregierung mit Zustimmung des Präsidenten der gesetzgebenden Körperschaft zugelassen werden. Den Bannkreis bestimmen für den Bund die Bundesregierung, für die Länder die Landesregierungen. Soweit durch Landesrecht für das Gebäude einer gesetzgebenden Körperschaft des Landes bereits ein befriedeter Bannkreis bestimmt ist, gelten für ihn die Vorschriften dieses Gesetzes.

§ 19
§§ 16 – 18 finden keine Anwendung auf kirchliche Prozessionen, Bittgänge und Wallfahrten, gewöhnliche Leichenbegängnisse, Züge von Hochzeitsgesellschaften und hergebrachte Volksfeste.

§ 20
Für Versammlungen unter freiem Himmel sind die §§ 6–9, 12–15 entsprechend anzuwenden.
Bei Störungen von Versammlungen unter freiem Himmel kann nur die Polizei (§ 13) die Befugnisse des § 10 wahrnehmen.

§ 21
Die Verwendung von Ordnern (§ 8 Abs. 2) in Versammlungen unter freiem Himmel oder in Aufzügen bedarf polizeilicher Genehmigung. Sie ist mit der Anmeldung zu beantragen.

§ 22
Der Beauftragte des Veranstalters eines Umzuges hat einzugreifen,

1.) wenn Teilnehmer sich Ausschreitungen oder andere den Strafgesetzen zuwiderlaufende Handlungen zuschulden kommen lassen,
2.) wenn Teilnehmer unbefugt Waffen mit sich führen,
3.) wenn Teilnehmer die von der Polizei angeordneten Auflagen (§ 17) nicht einhalten,
4. wenn Teilnehmer Gegenstände, welche gegen § 4 verstoßen, mit sich führen.

Vermag der Beauftragte sich nicht durchzusetzen, so ist er verpflichtet, den Umzug aufzulösen. § 15 Abs. 2 gilt entsprechend.

Abschnitt IV:
Strafvorschriften

§ 23
Wer in der Absicht, öffentliche Versammlungen oder Umzüge zu verhindern, ihre Durchführung zu vereiteln oder sie zu sprengen, grobe Störungen hervorruft, Gewalttätigkeiten vornimmt oder androht, wird mit Gefängnis bestraft.

§ 24
Wer in der Absicht, eine öffentliche Versammlung zu stören, Gegenstände mitbringt, deren Verwendung den geordneten Ablauf der Versammlung zu beeinträchtigen geeignet ist, insbesondere Lärminstrumente, wird mit Gefängnis bestraft.

§ 25
Wer dem Leiter einer öffentlichen Versammlung oder dem Beauftragten eines Umzuges oder Ordnern tätlichen Widerstand entgegensetzt, wird, sofern nicht die genannten Personen ihre Stellung mißbraucht haben, mit Gefängnis bis zu 1 Jahr bestraft.

§ 26
Wer zur Teilnahme an einer verbotenen Veranstaltung auffordert, wird mit Gefängnis bis zu einem Jahr oder mit Geldstrafe bestraft.
Ergeht die Aufforderung öffentlich, so ist auf Gefängnis nicht unter 3 Monaten zu erkennen. Kannte der Täter das Verbot nicht, hätte er es aber bei Anwendung pflichtgemäßer Sorgfalt kennen müssen, so ist auf Geldstraße bis zu 10.000 DM zu erkennen.

§ 27
Wer als Beauftragter des Veranstalters (§ 16 Abs. 2) den von der zuständigen Behörde aufgestellten Auflagen nicht Folge leistet oder wer ohne polizeiliche Genehmigung Ordner einsetzt (§ 21), wird mit Gefängnis bis zu 1 Jahr bestraft.

§ 28
Wer den Bestimmungen der §§ 2–4, 9, 16, 20 in Verbindung mit 9 und 22 vorsätzlich zuwiderhandelt, wird mit Gefängnis oder Geldstrafe bestraft.
Bei Fahrlässigkeit ist auf Geldstrafe bis zu 1000,- DM zu erkennen.

§ 29
Wer eine öffentliche Versammlung oder einen Umzug gröblich stört, wird mit Haft oder Geldstrafe bis zu 150,- DM bestraft.
Einer gröblichen Störung macht sich insbesondere schuldig,

a) wer trotz wiederholter Zurechtweisung fortfährt, den Ablauf der Versammlung zu stören (§ 10),
b) wer verweigert, sich über seine Person auszuweisen (§ 11),
c) wer sich nicht unverzüglich nach seiner Ausschließung aus der Versammlung entfernt (§ 15 Abs. 1).

Wird die gröbliche Störung gemeinsam von mehreren betrieben, so ist auf Gefängnis bis zu einem Jahr zu erkennen.
Wird durch die gröbliche Störung eine Schlägerei ausgelöst, die zur Auflösung der Versammlung führt, so ist, wer sich nach Abs. 1 strafbar gemacht hat, mit Gefängnis bis zu 2 Jahren, wer sich nach Abs. 3 strafbar gemacht hat, mit Gefängnis nicht unter 3 Monaten zu bestrafen.

§ 30
Wer an einer verbotenen Veranstaltung teilnimmt oder ich trotz Auflösung einer Veranstaltung nicht unverzüglich entfernt (§§ 15 Abs. 2, 20), wird mit Haft oder Geldstrafe bis zu 150,- DM bestraft.

Abschnitt V:
Schlußbestimmungen

§ 31
Die Vorschriften des Vereinsgesetzes vom 19. April 1908 (RGBl. S. 151) sowie seiner Abänderungsgesetze vom ...... und der Verordnung des Reichspräsidenten zum Schutze des Deutschen Volkes vom 4. Februar 1933 (RGBl. I S. 35) über Versammlungen und Aufzüge werden aufgehoben.

7. 6. Referentenentwurf BMI / Kabinettsvorlage vom 18. April 1950

Entwurf eines Gesetzes
über öffentliche Versammlungen und Aufzüge
(Versammlungsordnungsgesetz)

Alle Deutschen haben gemäss Art. 8 des Grundgesetzes das Recht, sich ohne Anmeldung oder Erlaubnis friedlich und ohne Waffen zu versammeln. Die Veranstaltung und die Ordnung öffentlicher Versammlungen in geschlossenen Räumen und unter freiem Himmel sowie von Aufzügen regeln sich nach diesem Gesetz. Art. 8 des Grundgesetzes wird insoweit beschränkt.

Abschnitt I:
Allgemeines

§ 1
Wer an einer Versammlung oder an einem Aufzug teilnimmt, hat sich so zu verhalten, dass die öffentliche Ordnung und Sicherheit nicht beeinträchtigt werden.

§ 2
Teilnehmer an diesen Veranstaltungen dürfen keine Waffen bei sich führen, es sei denn, dass sie zum Erscheinen mit Waffen behördlich ermächtigt sind.

§ 3
Das Tragen von Uniformen, Uniformteilen oder gleichartigen Kleidungsstücken als Ausdruck einer politischen Gesinnung oder Zugehörigkeit zu einer politischen Organisation ist verboten.

§ 4
(1) Es ist verboten, öffentlich oder in Versammlungen eine frühere Reichsflagge oder frühere Reichsfarben oder die Flagge oder die Farben eines ausländischen Staates zur Bekundung einer politischen Gesinnung zu zeigen. Das gleiche gilt für die nationalsozialistischen Symbole und für die Symbole ausländischer Staaten.
(2) Ebenso ist es verboten, derartige Farben oder Symbole auf Werbezetteln, Plakaten oder Druckschriften zu verwenden, auf denen zur Teilnahme an öffentlichen Versammlungen oder Aufzügen aufgefordert wird.

Abschnitt II: **Öffentliche Versammlungen in geschlossenen Räumen**

§ 5

(1) Wird zu einer öffentlichen Versammlung geladen, so ist jedermann befugt, an dieser teilzunehmen.

(2) Bestimmte Personen oder Personenkreise können in der Einladung von der Teilnahme an einer öffentlichen Versammlung ausgeschlossen werden.

§ 6

(1) Jede öffentliche Versammlung muss einen Leiter haben.

(2) Leiter der Versammlung ist der Veranstalter. Wird die Versammlung von einer Vereinigung veranstaltet, so ist ihr Vorsitzender der Leiter.

(3) Der Veranstalter kann die Leitung einer anderen Person übertragen oder die Wahl des Leiters durch die Versammlung herbeiführen.

§ 7

Der Leiter bestimmt den Verlauf der Versammlung; insbesondere ob eine Aussprache stattfindet. Er erteilt und entzieht das Wort.

§ 8

(1) Der Leiter hat während der Versammlung für Ordnung zu sorgen.

(2) Er kann sich der Hilfe unbewaffneter Ordner bedienen. Diese sind durch Armbinden kenntlich zu machen.

(3) Der Leiter ist verpflichtet, die von ihm bestellten Ordner der Polizei auf Anforderung namentlich zu bezeichnen.

§ 9

(1) Der Leiter ist verpflichtet einzugreifen, wenn Ansichten oder Vorschläge vertreten werden, die sich gegen die freiheitliche demokratische Grundordnung, den Bestand der Bundesrepublik Deutschland oder den Gedanken der Völkerverständigung richten oder den Strafgesetzen zuwiderlaufen.

(2) Fährt der Redner trotz Zurechtweisung mit Äußerungen dieser Art fort, so hat der Leiter ihm das Wort zu entziehen.

§ 10

Personen, die den Ablauf von Versammlungen in geschlossenen Räumen stören, insbesondere durch fortwährende Zwischenrufe, kann der Leiter zur Ordnung rufen. Teilnehmer, welche die Ordnung gröblich oder wiederholt stören, kann er von der Versammlung ausschließen.

§ 11
Wer wiederholt zur Ordnung gerufen oder aus der Versammlung ausgeschlossen worden ist, hat sich auf Anfordern des Leiters oder eines Ordners über seine Person auszuweisen.

§ 12
Der Leiter kann die Versammlung jederzeit auflösen.

§ 13
Werden Polizeibeamte in dienstlichem Auftrag in eine öffentliche Versammlung entsandt, so haben sie sich als solche dem Leiter zu erkennen zu geben. Es muss ihnen ein angemessener Platz eingeräumt werden.

§ 14
Die Polizei (§ 13) kann die Versammlung unter Angabe des Grundes auflösen,

1.) wenn der Leiter seinen Pflichten gemäß § 9 nicht nachkommt oder seine Befugnisse in gröblicher Weise missbraucht,
2.) wenn unmittelbare Gefahr für Leben oder Gesundheit von Teilnehmern besteht,
3.) wenn Personen, die Waffen ohne behördliche Ermächtigung mit sich führen (§ 2), nicht sofort ausgeschlossen werden,
4.) wenn der Leiter trotz Aufforderung durch den Polizeibeamten gegen Verstöße gegen § 4 nicht vorgeht.

§ 15
(1) Wer aus der Versammlung ausgeschlossen worden ist, hat sie sofort zu verlassen.
(2) Sobald eine Versammlung für aufgelöst erklärt ist, haben alle Teilnehmer sich sofort zu entfernen.

Abschnitt III: **Öffentliche Versammlungen unter freiem Himmel**

§ 16
(1) Wer die Absicht hat, eine öffentliche Versammlung unter freiem Himmel oder einen Aufzug zu veranstalten, hat dies spätestens 48 Stunden vor der öffentlichen Bekanntgabe der zuständigen Behörde anzumelden.
(2) In der Anmeldung ist anzugeben, welche Person für die Leitung der Versammlung oder des Aufzuges verantwortlich sein soll.

§ 17
(1) Die zuständige Behörde kann die Versammlung oder den Aufzug verbieten oder von der Erfüllung bestimmter Auflagen abhängig machen, wenn nach den Umständen eine unmittelbare Gefahr für die öffentliche Ordnung und Sicherheit besteht.

(2) Eine verbotene Versammlung oder ein verbotener Aufzug sind aufzulösen.
(3) Eine Versammlung oder ein Aufzug kann aufgelöst werden, wenn den Auflagen zuwidergehandelt wird und wenn von den Angaben der Anmeldung abgewichen wird.

§ 18
(1) Innerhalb des Bannkreises um Gebäude von gesetzgebenden Körperschaften des Bundes und der Länder sowie von Gerichten sind öffentliche Versammlungen oder Aufzüge unter freiem Himmel verboten.
(2) Ausnahmen können für den Bannkreis um Gebäude des Bundes von der Bundesregierung, für den Bannkreis um Gebäude eines Landes von der Landesregierung mit Zustimmung des Präsidenten der gesetzgebenden Körperschaft oder des Gerichts zugelassen werden.
(3) Den Bannkreis bestimmen für den Bund die Bundesregierung, für die Länder die Landesregierungen durch Verordnung. Soweit durch Landesrecht bereits ein Bannkreis bestimmt ist, gelten für ihn die Vorschriften dieses Gesetzes.

§ 19
§§ 16 bis 18 finden keine Anwendung auf kirchliche Prozessionen, Bittgänge und Wallfahrten, gewöhnliche Leichenbegängnisse, Züge von Hochzeitsgesellschaften und hergebrachte Volksfeste.

§ 20
(1) Für Versammlungen unter freiem Himmel sind die §§ 6 bis 9 und 12 bis 15 entsprechend anzuwenden.
(2) Bei Störungen von Versammlungen unter freiem Himmel kann nur die Polizei (§ 13) die Befugnisse des § 10 wahrnehmen.

§ 21
Die Verwendung von Ordnern (§ 8 Abs. 2) in Versammlungen unter freiem Himmel oder in Aufzügen bedarf polizeilicher Genehmigung. Sie ist mit der Anmeldung zu beantragen.

§ 22
(1) Der Leiter eines Aufzuges hat einzugreifen,
  1.) wenn Teilnehmer sich Ausschreitungen oder andere den Strafgesetzen zuwiderlaufende Handlungen zuschulden kommen lassen,
  2.) wenn Teilnehmer Waffen ohne behördliche Ermächtigung mit sich führen (§ 2),
  3.) wenn Teilnehmer die von der Polizei angeordneten Auflagen (§ 17) nicht einhalten,
  4. wenn Teilnehmer gegen die Vorschrift des § 4 verstoßen.
(2) Vermag der Leiter des Aufzuges sich nicht durchzusetzen, so ist er verpflichtet, den Aufzug aufzulösen. § 15 Abs. 2 gilt entsprechend.

Abschnitt IV:
Strafvorschriften

§ 23
Wer in der Absicht, öffentliche Versammlungen oder Aufzüge zu verhindern, ihre Durchführung zu vereiteln oder sie zu sprengen, grobe Störungen hervorruft, Gewalttätigkeiten vornimmt oder androht, wird mit Gefängnis bestraft.

§ 24
Wer bei öffentlichen Versammlungen in geschlossenem Raum dem Leiter oder einem Ordner tätlichen Widerstand entgegensetzt, wird, sofern nicht die genannten Personen ihre Stellung missbraucht haben, mit Gefängnis bis zu einem Jahr bestraft.

§ 25
(1) Wer zur Teilnahme an einer verbotenen Veranstaltung auffordert, wird mit Gefängnis bis zu einem Jahr oder mit Geldstrafe bestraft.
(2) Ergeht die Aufforderung öffentlich, so ist auf Gefängnis nicht unter drei Monaten zu erkennen. Kannte der Täter das Verbot nicht, hätte er es aber bei Anwendung pflichtgemäßer Sorgfalt kennen müssen, so ist auf Geldstraße bis zu zehntausend Deutsche Mark zu erkennen.

§ 26
Wer als Leiter (§ 16 Abs. 2) den Auflagen der zuständigen Behörde (§ 17 Abs. 1) nicht nachkommt oder wer ohne polizeiliche Genehmigung Ordner einsetzt (§ 21), wird mit Gefängnis bis zu einem Jahr bestraft.

§ 27
(1) Wer den Bestimmungen der §§ 2 bis 4, 9, 16 Abs. 1 und 22 sowie § 20 Abs. 1 in Verbindung mit § 9 vorsätzlich zuwiderhandelt, wird mit Gefängnis oder Geldstrafe bestraft.
(2) Bei Fahrlässigkeit ist auf Geldstrafe bis zu zehntausend Deutsche Mark zu erkennen.

§ 28
(1) Wer eine öffentliche Versammlung oder einen Umzug gröblich stört, wird mit Haft oder Geldstrafe bis zu einhundertfünfzig Deutsche Mark bestraft.
(2) Einer gröblichen Störung macht sich insbesondere schuldig,
    a) wer trotz wiederholter Zurechtweisung fortfährt, den Ablauf der Versammlung zu stören (§ 10),
    b) wer verweigert, sich über seine Person auszuweisen (§ 11),
    c) wer sich nicht unverzüglich nach seiner Ausschließung aus der Versammlung entfernt (§ 15 Abs. 1).
(3) Wird die gröbliche Störung gemeinsam von mehreren betrieben, so ist auf Gefängnis bis zu einem Jahr zu erkennen.

(4) Wird durch die gröbliche Störung eine Schlägerei ausgelöst, die zur Auflösung der Versammlung führt, so ist, wer sich nach Abs. 1 strafbar gemacht hat, mit Gefängnis bis zu zwei Jahren, wer sich nach Abs. 3 strafbar gemacht hat, mit Gefängnis nicht unter drei Monaten zu bestrafen.

§ 29
Wer an einer verbotenen Veranstaltung teilnimmt oder sich trotz Auflösung einer Veranstaltung nicht unverzüglich entfernt (§§ 15 Abs. 2 und 20), wird mit Haft oder Geldstrafe bis zu einhundertfünfzig Deutsche Mark bestraft.

Abschnitt V:
Schlußbestimmungen

§ 30
Die Vorschriften über Versammlungen und Aufzüge des Vereinsgesetzes vom 19.4.1908 (RGBl. S. 151) und der Abänderungsgesetze vom 26.6.1916 (RGBl. S. 635) und vom 19.4.1917 (RGBl. 361) sowie der Verordnung des Reichspräsidenten zur Erhaltung des inneren Friedens vom 19.12.1932 (RGBl. S. 548) und der Verordnung des Reichspräsidenten zum Schutze des Deutschen Volkes vom 4.2.1933 (RGBl. S. 35) über Versammlungen und Aufzüge werden aufgehoben.

§ 31
Dieses Gesetz tritt am Tage nach seiner Verkündung in Kraft.

Begründung
des Entwurfs eines Gesetzes
über öffentliche Versammlungen und Aufzüge.

I.
Das Grundrecht der Versammlungsfreiheit in Art. 8 des Grundgesetzes bestätigt das der Persönlichkeit in Art. 2 Grundgesetzes zugestandene Entfaltungsrecht und steht damit unter dem Vorbehalt der verfassungsmäßigen Ordnung und des Sittengesetzes. Wenn schon unter Art. 123 der Weimarer Verfassung die Zulässigkeit gesetzlicher Bestimmungen bejaht wurde, die einem Schutz von Versammlungen gegenüber Mißbräuchen dienen sollten, so muß dies mit Rücksicht auf Art. 2 des Grundgesetzes heute erst recht gelten.

Solange Spielregeln der öffentlichen Diskussion nicht aus gesundem demokratischen Geist entwickelt werden oder sich nicht zu festigen vermögen, muß der Staat entsprechende Rechtsnormen setzen und unter strafrechtlichen Schutz stellen.

Leider muß festgestellt werden, daß politische Versammlungen in sehr vielen Fällen einen turbulenten Verlauf nehmen oder gar gesprengt werden. Die Bundesregierung hält es deshalb für geboten, der drohenden Verrohung der politischen

Sitten mit gesetzlichen Mitteln entgegenzutreten. Die politische Diskussion soll indessen keinesfalls durch Polizeizwang eingeengt werden. Die Bundesregierung beschränkt sich daher in ihrer Vorlage darauf, die Spielregeln, die das Verhalten der Versammlungsteilnehmer und die Handhabung der Versammlungsleitung bestimmen sollten, gesetzlich festzulegen.

Das Vereinsgesetz vom 19. April 1908, durch das der Grundsatz der Versammlungsfreiheit erstmalig reichsrechtlich eingeführt worden war, hat auf eine nähere Regelung der Rechte und Pflichten der Versammlungsteilnehmer verzichtet und sich im Wesentlichen darauf beschränkt, die Voraussetzungen eines polizeilichen Einschreitens festzulegen. Das Vereinsgesetz ist zudem durch zahlreiche spätere Vorschriften, vor allem durch den Aufruf der Volksbeauftragten, die Weimarer Reichsverfassung und das Grundgesetz zum großen Teil überholt, so daß sich eine Neufassung des Versammlungsrechts ohnehin aus Gründen der Übersichtlichkeit erforderlich macht.

Das Vereinsgesetz von 1908 sagt in der einzigen einschlägigen Bestimmung in § 10:

„Jede öffentliche politische Versammlung muss einen Leiter haben. Der Veranstalter ist berechtigt, die Leitung selbst zu übernehmen, sie einem anderen zu übertragen oder die Wahl des Leiters durch die Versammlung zu veranlassen. Der Leiter oder, solange dieser nicht bestellt ist, der Veranstalter hat für Ruhe und Ordnung in der Versammlung zu sorgen. Er ist befugt, die Versammlung für aufgelöst zu erklären."

In dieser Bestimmung wird von den Pflichten der Teilnehmer an einer öffentlichen Versammlung überhaupt nicht geredet. Die Pflichten des Versammlungsleiters beschränken sich auf die Wahrung von Ruhe und Ordnung. Seine hausrechtliche Gewalt wird ausschließlich auf die Befugnis zur Auflösung der Versammlung hingeführt. Damit ist sein Hausrecht viel zu knapp umschrieben, zumal es manchem Störenfriede einer öffentlichen Versammlung ja geradezu darauf ankommt, die Auflösung der Versammlung zu erzwingen.

Der Entwurf spricht daher aus, daß alle Teilnehmer zur Wahrung von Ordnung und Sicherheit verpflichtet sind, daß der Veranstalter alles unterlassen muß, was den verfassungstreuen Staatsbürger provoziert, indem etwa eine demokratiefeindliche Haltung demonstrativ zum Ausdruck gebracht wird. Auch ist dem Leiter einer öffentlichen Versammlung eine Mitverantwortung für das auferlegt, was in der Versammlung gesagt wird. Auf der anderen Seite sind für den Leiter einer öffentlichen Versammlung auf der Grundlage des Hausrechts diejenigen Befugnisse näher entwickelt, mit denen er seinen Verpflichtungen nachkommen kann.

Da die Polizei nicht in der Lage sein wird, in allen öffentlichen Versammlungen ihrerseits die Wahrung demokratischer Spielregeln zu gewährleisten, wird es zugelassen, daß der Versammlungsleiter zur Erfüllung seiner Pflichten und zur Wahrung seines Hausrechts andere Personen als Ordner zu Hilfe nimmt. Alles das zielt ausschließlich auf den Schutz der Meinungs- und Versammlungsfreiheit ab. Denn diese Freiheit kann nur bestehen, wenn ein Mindestmaß an Ordnung gewährleistet ist.

II:
Im einzelnen

zu § 2
Als Waffen gelten auch andere als Schusswaffen.

Ein Waffenschein allein berechtigt nicht, mit einer Schusswaffe an einer öffentlichen Versammlung teilzunehmen, sondern es bedarf dazu einer besonderen Ermächtigung der zuständigen Behörde. Auch eine kraft öffentlichen Berufs zum Waffentragen berechtigte Person, etwa ein Polizeibeamter, kann, wenn sie nicht im Dienst ist, nicht in einer öffentlichen Versammlung bewaffnet erscheinen.

zu § 4
Diese Bestimmung behandelt den Mißbrauch einer früheren Reichsflagge oder früherer Reichsfarben. Zwar besteht eine fortlaufende staatsrechtliche Kontinuität vom Deutschen Reich ab 1871 bis zur gegenwärtigen Bundesrepublik Deutschland. Trotzdem weisen die einzelnen geschichtlichen Perioden dieses Staates verschiedenartige Staatsformen auf. Die Flaggen, Farben und Symbole sind aber jeweils mit diesen einzelnen staatlichen Verfassungen abgelöst worden. Sie repräsentieren daher nach allgemeiner Überzeugung die zu ihrer Zeit herrschende Staatsform.

Eben deshalb hat der Parlamentarische Rat auf die schwarz-rot-goldene Flagge zurückgegriffen, deren Farben seit 1848 eng mit der Demokratie verbunden sind. Wer heute auf andere Reichsfarben oder –flaggen zurückgreift, dokumentiert damit bewusst und ostentativ seine Gegnerschaft zur bestehenden freiheitlich-demokratischen Grundordnung. Anders als zur Zeit des Weimarer Staates soll ein solches Verhalten heute nicht mehr geduldet, sondern unter Strafe gestellt werden.

Überdies gilt es, diesen alten Reichsfarben und Reichsflaggen, die einer vergangenen und zu ihrer Zeit angesehenen Geschichtsepoche angehören, als Teil der deutschen Geschichte zu achten und vor Mißbrauch in der Gegenwart zu bewahren. Ein solcher Mißbrauch liegt aber fraglos vor, wenn verfassungsfeindliche Elemente diese geschichtlichen Symbole heute zu egoistischen, parteitaktischen Zwecken einer zersetzenden Propaganda benutzen. Das soll mit dieser Bestimmung ein für allemal verhindert werden.

Durch die Einbeziehung nichtöffentlicher Versammlungen und durch das Verbot, bestimmte Flaggen und Farben „öffentlich" zu zeigen, geht § 4 über den Rahmen dieses Gesetzes nicht hinaus. Demonstrationen dieser Art außerhalb öffentlicher Versammlungen stehen in einem so engen Zusammenhang mit der politischen Diskussion, dass dem parteipolitischen Mißbrauch gewisser Flaggen, Farben und Symbole allgemein entgegentreten werden muss und deshalb eine Gesetzeslücke hier durch eine Vorschrift zu schließen ist, die systematisch sonst einer – bisher noch nicht vorliegenden – Strafrechtsnovelle zu überlassen gewesen wäre.

Ob und inwieweit die in § 4 bezeichneten Flaggen, Farben oder Symbole etwa zu gewerblichen Zwecken verwendbar bleiben, kann freilich durch dieses Gesetz nicht geregelt werden.

Versuchen zur Umgehung der in § 4 angesprochenen Tatbestände wird die Rechtsprechung zu begegnen haben.

zu § 5
Mit dieser Vorschrift wird der in Praxis und Rechtsprechung entwickelte Begriff der öffentlichen Versammlung übernommen. Schon bisher hatte der Veranstalter die Möglichkeit, die Öffentlichkeit, wie in Absatz 2 vorgesehen, zu beschränken.

zu §§ 6 – 12
Diese Bestimmungen regeln den Ablauf der Versammlungen so, wie es vernünftiger Übung entsprechen sollte. Wer an einer öffentlichen Versammlung teilnimmt, unterwirft sich – ohne daß darin eine Beeinträchtigung des Grundrechts der Versammlungsfreiheit erblickt werden könnte – der für eine solche Veranstaltung gebotenen Ordnung.

Besonderer Entwicklung bedürfen die Rechte und Pflichten des Leiters, der für die Ordnung in der Versammlung eine rechtliche Verantwortung trägt.

Die in § 8 vorgesehenen Ordner sind keine Polizeiorgane, haben auch keine eigenen Befugnisse aus öffentlichem Recht, sondern sind Gehilfen des Leiters.

Gegen die Maßnahmen der Verwaltungsbehörden und der Polizeibeamten auf Grund dieses Gesetzes sind die allgemeinen Rechtsmittel der Beschwerde und der Klage von den Verwaltungsgerichten gegeben; einer Regelung in diesem Gesetz bedarf die Anfechtung also nicht.

Auch § 11 begründet keine polizeilichen Befugnisse des Leiters und der Ordner. Nach § 28 sind gröbliche Störungen unter Strafe gestellt. Dementsprechend kann ein Störer, dessen Persönlichkeit nicht sofort festgestellt werden kann, gemäß § 127 der Strafprozeßordnung von jedermann vorläufig festgenommen werden. Hieraus folgt, daß die im Entwurf niedergelegte Verpflichtung sich auszuweisen, der bereits bestehenden strafprozessualen Vorschrift entspricht. Die Angabe des Namens macht den schweren Eingriff einer vorläufigen Festnahme überflüssig.

Zur Versammlungsfreiheit des Veranstalters und des Leiters gehört – ebenso wie das Recht, über Zulassung und Umfang der Diskussion zu bestimmen – auch die Befugnis, jederzeit die Versammlung zu schließen (§ 12).

zu § 14
Die Eingriffsrechte der Polizei werden im Unterschied zum Vereinsgesetz von 1908 darauf abgestellt, dass bei Angriffen auf die demokratische Grundordnung, den Bestand der Bundesrepublik oder die Strafgesetze in erster Linie der Leiter einzuschreiten hat (§ 4) und die Polizei erst dann Maßnahmen ergreifen soll, wenn der Leiter dieser Pflicht nicht nachkommt. Die bisherigen Befugnisse der Polizei in Fällen „unmittelbarer Gefahr für Leben oder Gesundheit der Teilnehmer“ (Ziff. 2) bleiben unberührt.

zu § 17
Das Recht der unbeschränkten Versammlungsfreiheit gilt nach Artikel 8 Absatz 2 GG nicht für die Versammlungen unter freiem Himmel und die ihnen zuzurechnenden Aufzüge. Diese Veranstaltungen, bei denen die demonstrative Absicht stärker zum Ausdruck kommt als bei Diskussionen in geschlossenen Räumen, unterliegen eher der Gefahr eines Mißbrauchs. Sie müssen auch, da sie die Öffentlichkeit noch stärker berühren, in erhöhtem Maße unter sicherheits-, insbesondere verkehrspolizeilichen Gesichtspunkten geprüft werden.

zu § 18
Die Festsetzung eines Bannkreises, der bisher nur für Parlamente vorgesehen war (vergl. für den Reichstag: Gesetz vom 8.5.1920), soll auch bei Gerichten insoweit ermöglicht werden, als ein Bedürfnis dafür bestehen wird.

zu § 20
Die Vorschrift in Absatz 2 ist im Hinblick auf den Gemeingebrauch an öffentlichen Straßen und Plätzen notwendig.

zu § 21
Auch diese Einschränkung ergibt sich aus dem Gemeingebrauch. Die Genehmigung wird, wenn sie erfolgt, unter Auflagen erteilt werden, die die Zusammenarbeit mit der Polizei sicherstellen.

zu §§ 23 – 29
Da dem Leiter keine polizeilichen Funktionen gegeben werden, hat er auch keine öffentlich-rechtlichen Exekutivbefugnisse. Die Sicherung seiner Ordnungsaufgaben muss daher – neben den etwa aus seinem Hausrecht sich ergebenden zivilrechtlichen Befugnissen – durch Strafvorschriften erfolgen.
Wenn diese Vorschriften sich als wirksam erweisen sollen, eine demokratische Ordnung des öffentlichen Versammlungswesens zu gewährleisten, müssen die Strafen abschreckend wirken. Es ist daher notwendig, nicht nur Übertretungs- sondern auch eine Reihe von Vergehenstatbeständen zu schaffen.
Die dem Versammlungsleiter im Gesetz zugebilligten weitgehenden Rechte machen es andererseits erforderlich, auch einem etwaigen Mißbrauch seiner Befugnisse durch besondere Strafbestimmungen entgegenzuwirken (z.B. §§ 26 und 27).
Neben diesen strafrechtlichen Maßnahmen kann auch ein Verfahren wegen Verwirkung von Grundrechten nach Art. 18 GG in Betracht kommen.

8. Entwurf eines Gesetzes über öffentliche Versammlungen und Aufzüge (Versammlungsordnungsgesetz) vom 26. Juni 1950, BT-Drs. Nr. 1102, nebst Stellungnahmen BR und BReg. (RegE)

Deutscher Bundestag
1. Wahlperiode
1949

Drucksache Nr. 1102

Bundesrepublik Deutschland
Der Bundeskanzler
BK 1825/50

Bonn, den 26. Juni 1950

An den Herrn
Präsidenten des Deutschen Bundestages

In der Anlage 1 übersende ich den von der Bundesregierung beschlossenen

Entwurf eines Gesetzes
über öffentliche Versammlungen und Aufzüge
(Versammlungsordnungsgesetz)

nebst Begründung mit der Bitte, die Beschlußfassung des Bundestages herbeizuführen.

Federführend ist der Bundesminister des Innern.

Der Deutsche Bundesrat hat zu der Vorlage in seiner Sitzung vom 25. Mai 1950 gemäß Artikel 76 Absatz 2 des Grundgesetzes Stellung genommen und die Änderungen in Anlage 2 vorgeschlagen.

Die Stellungnahme der Bundesregierung zu den Änderungsvorschlägen des Bundesrates ist in der Anlage 3 beigefügt.

Der Stellvertreter des Bundeskanzlers
Blücher

Anlage 1

Entwurf eines Gesetzes über öffentliche Versammlungen und Aufzüge (Versammlungsordnungsgesetz)

Abschnitt I: **Allgemeines**

§ 1

Wer an einer öffentlichen Versammlung oder an einem Aufzug teilnimmt, hat sich so zu verhalten, daß die öffentliche Ordnung und Sicherheit nicht beeinträchtigt werden.

§ 2

Teilnehmer an diesen Veranstaltungen dürfen keine Waffen bei sich führen, es sei denn, daß sie zum Erscheinen mit Waffen behördlich ermächtigt sind.

§ 3

Das Tragen von Uniformen, Uniformteilen oder gleichartigen Kleidungsstücken als Ausdruck einer gemeinsamen politischen Gesinnung ist verboten.

Abschnitt II: **Öffentliche Versammlungen in geschlossenen Räumen**

§ 4

(1) Wird zu einer öffentlichen Versammlung geladen, so ist jedermann befugt, an dieser teilzunehmen.

(2) Bestimmte Personen oder Personenkreise können in der Einladung von der Teilnahme an einer öffentlichen Versammlung ausgeschlossen werden.

§ 5

(1) Jede öffentliche Versammlung muß einen Leiter haben.

(2) Leiter der Versammlung ist der Veranstalter. Wird die Versammlung von einer Vereinigung veranstaltet, so ist ihr Vorsitzender der Leiter.

(3) Der Veranstalter kann die Leitung einer anderen Person übertragen oder die Wahl des Leiters durch die Versammlung herbeiführen.

§ 6

Der Leiter bestimmt den Verlauf der Versammlung, insbesondere, ob eine Aussprache stattfindet. Er erteilt und entzieht das Wort.

§ 7

(1) Der Leiter hat während der Versammlung für Ordnung zu sorgen.
(2) Er kann sich der Hilfe unbewaffneter Ordner bedienen. Diese sind durch Armbinden kenntlich zu machen.
(3) Der Leiter ist verpflichtet, die von ihm bestellten Ordner der Polizei auf Anfordern namentlich zu bezeichnen.

§ 8

Personen, die den Ablauf von Versammlungen in geschlossenen Räumen stören, insbesondere durch fortwährende Zwischenrufe, kann der Leiter zur Ordnung rufen. Teilnehmer, welche die Ordnung gröblich oder wiederholt stören, kann er von der Versammlung ausschließen.

§ 9

Wer wiederholt zur Ordnung gerufen oder wer aus der Versammlung ausgeschlossen worden ist, hat sich auf Anfordern des Leiters oder seines Ordners über seine Person auszuweisen.

§ 10

Der Leiter kann die Versammlung jederzeit auflösen.

§ 11

Werden Polizeibeamte in dienstlichem Auftrag in eine öffentliche Versammlung entsandt, so haben sie sich als solche dem Leiter zu erkennen zu geben. Es muß ihnen ein angemessener Platz eingeräumt werden.

§ 12

Die Polizei (§ 11) kann die Versammlung unter Angabe des Grundes auflösen,
1. wenn der Leiter seine Befugnisse in gröblicher Weise mißbraucht,
2. wenn unmittelbare Gefahr für Leben oder Gesundheit von Teilnehmern besteht,
3. wenn Personen, die Waffen ohne behördliche Ermächtigung mit sich führen (§ 2) nicht sofort ausgeschlossen werden.

§ 13

(1) Wer aus der Versammlung ausgeschlossen worden ist, hat sie sofort zu verlassen.
(2) Sobald eine Versammlung für aufgelöst erklärt ist, haben alle Teilnehmer sich sofort zu entfernen.

Abschnitt III: **Öffentliche Versammlungen unter freiem Himmel**

§ 14

(1) Wer die Absicht hat, eine öffentliche Versammlung unter freiem Himmel oder einen Aufzug zu veranstalten, hat dies spätestens 48 Stunden vor der öffentlichen Bekanntgabe der zuständigen Behörde anzumelden.

(2) In der Anmeldung ist anzugeben, welche Person für die Leitung der Versammlung oder des Aufzuges verantwortlich sein soll.

§ 15

(1) Die zuständige Behörde kann die Versammlung oder den Aufzug verbieten oder von der Erfüllung bestimmter Auflagen abhängig machen, wenn nach den Umständen eine unmittelbare Gefahr für die öffentliche Ordnung und Sicherheit besteht.
(2) Eine verbotene Versammlung oder ein verbotener Aufzug sind aufzulösen.
(3) Eine Versammlung oder ein Aufzug können aufgelöst werden, wenn sie nicht angemeldet sind oder wenn von den Angaben der Anmeldung abgewichen oder den Auflagen zuwidergehandelt wird.

§ 16

(1) Innerhalb des befriedeten Bannkreises um das Gebäude eines Organs der Gesetzgebung des Bundes und der Länder sowie von Gerichten sind öffentliche Versammlungen oder Aufzüge unter freiem Himmel verboten.
(2) Ausnahmen können für den befriedeten Bannkreis um Gebäude des Bundes von der Bundesregierung, für den befriedeten Bannkreis um Gebäude eines Landes von der Landesregierung mit Zustimmung des Präsidenten der gesetzgebenden Körperschaft oder des Gerichts zugelassen werden.
(3) Den befriedeten Bannkreis bestimmen für den Bund die Bundesregierung, für die Länder die Landesregierungen durch Verordnung. Soweit durch Landesrecht bereits ein Bannkreis bestimmt ist, gelten für ihn die Vorschriften dieses Gesetzes.

§ 17

§§ 14–16 finden keine Anwendung auf kirchliche Prozessionen, Bittgänge und Wallfahrten, gewöhnliche Leichenbegängnisse, Züge von Hochzeitsgesellschaften und hergebrachte Volksfeste.

§ 18

(1) Für Versammlungen unter freiem Himmel sind die §§ 5 bis 1, 8 Satz 1 und 10 bis 13 entsprechend anzuwenden.
(2) Bei Störungen von Versammlungen unter freiem Himmel kann nur die Polizei (§ 11) die Befugnisse des § 8 Satz 2 wahrnehmen.

§ 19

Die Verwendung von Ordnern (§ 7 Absatz 2) in Versammlungen unter freiem Himmel oder in Aufzügen bedarf polizeilicher Genehmigung. Sie ist bei der Anmeldung zu beantragen.

§ 20

(1) Der Leiter des Aufzuges hat einzugreifen,
   1. wenn Teilnehmer sich Ausschreitungen oder andere den Strafgesetzen zuwiderlaufende Handlungen zuschulden kommen lassen,
   2. wenn Teilnehmer Waffen ohne behördliche Ermächtigung mit sich führen (§ 2),
   3. wenn Teilnehmer die in der polizeilichen Anmeldung gemachten Angaben oder die von der Polizei angeordneten Auflagen (§ 15) nicht einhalten.

(2) Vermag der Leiter des Aufzuges sich nicht durchzusetzen, so ist er verpflichtet, den Aufzug aufzulösen. § 13 Absatz 2 gilt entsprechend.

§ 21

Das Grundrecht des Artikels 8 des Grundgesetzes wird durch die Bestimmungen dieses Abschnitts eingeschränkt.

Abschnitt IV: **Strafvorschriften**

§ 22

Wer in der Absicht, Versammlungen oder Aufzüge zu verhindern oder zu sprengen oder sonst ihre Durchführung zu vereiteln, Gewalttätigkeiten vornimmt oder androht oder grobe Störungen verursacht, wird mit Gefängnis bestraft.

§ 23

Wer bei öffentlichen Versammlungen in geschlossenem Raum dem Leiter oder einem Ordner tätlichen Widerstand entgegensetzt, wird, sofern nicht die genannten Personen ihre Stellung mißbraucht haben, mit Gefängnis bis zu einem Jahr bestraft.

§ 24

(1) Wer für die Teilnahme an einer verbotenen Veranstaltung wirbt, wird mit Gefängnis bis zu einem Jahr oder mit Geldstrafe bestraft.

(2) Geschieht die Werbung öffentlich, so ist auf Gefängnis nicht unter drei Monaten zu erkennen. Kannte der Täter das Verbot nicht, hätte er es aber bei Anwendung pflichtgemäßer Sorgfalt kennen müssen, so ist auf Geldstrafe bis zu zehntausend Deutsche Mark zu erkennen.

§ 25

(1) Wer als Leiter (§ 14 Absatz 2) die in der polizeilichen Anmeldung gemachten Angaben nicht einhält oder den Auflagen der zuständigen Behörde (§ 15 Absatz 1) nicht nachkommt, wird mit Gefängnis bis zu einem Jahr bestraft.

(2) Wer ohne polizeiliche Genehmigung Ordner einsetzt (§ 19), wird mit Haft oder Geldstrafe bis zu einhundertfünfzig Deutsche Mark bestraft.

§ 26

Wer der Bestimmung des § 3 zuwiderhandelt, wird mit Gefängnis bestraft.

§ 27

(1) Wer den Bestimmungen der §§ 2, 14 Absatz 1 und 20 vorsätzlich zuwiderhandelt, wird mit Gefängnis oder Geldstrafe bestraft.

(2) Bei Fahrlässigkeit ist auf Geldstrafe bis zu 10 000 Deutsche Mark zu erkennen.

§ 28

(1) Wer eine öffentliche Versammlung oder einen Umzug gröblich stört, wird mit Haft oder Geldstrafe bis zu einhundertfünfzig Deutsche Mark bestraft.

(2) Einer gröblichen Störung macht sich insbesondere schuldig,
   a) wer trotz wiederholter Zurechtweisung fortfährt, den Ablauf der Versammlung zu stören (§ 8),
   b) wer entgegen der Verpflichtung nach § 9 sich weigert, sich über seine Person auszuweisen,
   c) wer sich nicht unverzüglich nach seiner Ausschließung aus der Versammlung entfernt (§ 13 Absatz 1).

(3) Wird die gröbliche Störung gemeinsam von mehreren betrieben, so ist auf Gefängnis bis zu einem Jahr zu erkennen.

(4) Wird durch die gröbliche Störung eine Schlägerei ausgelöst, die zur Auflösung der Versammlung führt, so ist, wer sich nach Absatz 1 oder Absatz 3 strafbar gemacht hat, mit Gefängnis zu bestrafen.

§ 29

Wer an einer verbotenen Veranstaltung teilnimmt oder sich trotz Auflösung einer Veranstaltung nicht unverzüglich entfernt (§§ 13 Absatz 2 und 18), wird mit Haft oder Geldstrafe bis zu einhundertfünfzig Deutsche Mark bestraft.

Abschnitt V:

Schlußbestimmungen

§ 30

Die Vorschriften über Versammlungen und Aufzüge des Vereinsgesetzes vom 19. April 1908 (RGBl. S. 151) und der Abänderungsgesetze vom 26. Juni 1916 (RGBl. S. 635) und vom 19. April 1917 (RGBl. S. 361) sowie der Verordnung des Reichspräsidenten zur Erhaltung des inneren Friedens vom 19. Dezember 1932 (RGBl. S. 548) und der Verordnung des Reichspräsidenten zum Schutze des deutschen Volkes vom 4. Februar 1933 (RGBl. S. 35) werden aufgehoben.

§ 31

Dieses Gesetz tritt am Tage nach seiner Verkündung in Kraft.

Begründung

I.

Das Grundrecht der Versammlungsfreiheit in Artikel 8 des Grundgesetzes bestätigt das der Persönlichkeit in Artikel 2 des Grundgesetzes zugestandene Entfaltungsrecht und steht damit unter dem Vorbehalt der verfassungsmäßigen Ordnung und des Sittengesetzes. Wenn schon unter Artikel 123 der Weimarer Verfassung die Zulässigkeit gesetzlicher Bestimmungen bejaht wurde, die einem Schutz von Versammlungen gegenüber Mißbräuchen dienen sollten, so muß dies mit Rücksicht auf Artikel 2 des Grundgesetzes heute erst recht gelten.

Solange Spielregeln der öffentlichen Diskussion nicht aus gesundem demokratischen Geist entwickelt werden oder sich nicht zu festigen vermögen, muß der Staat entsprechende Rechtsnormen setzen und unter strafrechtlichen Schutz stellen.

Leider muß festgestellt werden, daß politische Versammlungen in sehr vielen Fällen einen turbulenten Verlauf nehmen oder gar gesprengt werden. Die Bundesregierung hält es deshalb für geboten, der drohenden Verrohung der politischen Sitten mit gesetzlichen Mitteln entgegenzutreten. Die politische Diskussion soll indessen keinesfalls durch Polizeizwang eingeengt werden. Die Bundesregierung beschränkt sich daher in ihrer Vorlage darauf, die Spielregeln, die das Verhalten der Versammlungsteilnehmer und die Handhabung der Versammlungsleitung bestimmen sollten, gesetzlich festzulegen.

Das Vereinsgesetz vom 19. April 1908, durch das der Grundsatz der Versammlungsfreiheit erstmalig reichsrechtlich eingeführt worden war, hat auf eine nähere Regelung der Rechte und Pflichten der Versammlungsteilnehmer verzichtet und sich im wesentlichen darauf beschränkt, die Voraussetzungen eines polizeilichen Einschreitens festzulegen. Das Vereinsgesetz ist zudem durch zahlreiche spätere Vorschriften, vor allem durch den Aufruf der Volksbeauftragten, die Weimarer Reichsverfassung und das Grundgesetz zum großen Teil überholt, so daß sich eine Neufassung des Versammlungsrechts ohnehin aus Gründen der Übersichtlichkeit erforderlich macht.

Das Vereinsgesetz von 1908 sagt in der einzigen einschlägigen Bestimmung in § 10:

> „Jede öffentliche politische Versammlung muß einen Leiter haben. Der Veranstalter ist berechtigt, die Leitung selbst zu übernehmen, sie einem anderen zu übertragen oder die Wahl des Leiters durch die Versammlung zu veranlassen. Der Leiter oder, solange dieser nicht bestellt ist, der Veranstalter hat für Ruhe und Ordnung in der Versammlung zu sorgen. Er ist befugt, die Versammlung für aufgelöst zu erklären."

In dieser Bestimmung wird von den Pflichten der Teilnehmer an einer öffentlichen Versammlung überhaupt nicht geredet. Die Pflichten des Versammlungsleiters beschränken sich auf die Wahrung von Ruhe und Ordnung. Seine hausrechtliche Gewalt wird ausschließlich auf die Befugnis zur Auflösung der Versammlung hingeführt. Damit ist sein Hausrecht viel zu knapp umschrieben, zumal da es manchen Störenfrieden einer öffentlichen Versammlung ja geradezu darauf ankommt, die Auflösung der Versammlung zu erzwingen.

Der Entwurf spricht daher aus, daß alle Teilnehmer zur Wahrung von Ordnung und Sicherheit verpflichtet sind, daß der Veranstalter alles unterlassen muß, was den verfassungstreuen Staatsbürger provoziert, indem etwa eine demokratiefeindliche Haltung demonstrativ zum Ausdruck gebracht wird. Auch ist dem Leiter einer öffentlichen Versammlung eine Mitverantwortung für das, auferlegt, was in der Versammlung gesagt wird. Auf der anderen Seite sind für den Leiter einer öffentlichen Versammlung auf der Grundlage des Hausrechts diejenigen Befugnisse näher entwickelt, mit denen er seinen Verpflichtungen nachkommen kann. Da die Polizei nicht in der Lage sein wird, in allen öffentlichen Versammlungen ihrerseits die Wahrung demokratischer Spielregeln zu gewährleisten, wird es zugelassen, daß der Versammlungsleiter zur Erfüllung seiner Pflichten und zur Wahrung seines Hausrechts andere Personen als Ordner zu Hilfe nimmt. Alles das zielt ausschließlich auf den Schutz der Meinungs- und Versammlungsfreiheit ab. Denn diese Freiheit kann nur bestehen, wenn ein Mindestmaß an Ordnung gewährleistet ist.

II: **Im einzelnen**

Zu § 2
Als Waffen gelten auch andere als Schußwaffen. Ein Waffenschein allein berechtigt nicht, mit einer Schußwaffe an einer öffentlichen Versammlung teilzunehmen, sondern es bedarf dazu einer besonderen Ermächtigung der zuständigen Behörde. Auch eine kraft öffentlichen Berufs zum Waffentragen berechtigte Person, etwa ein Polizeibeamter, kann, wenn sie nicht im Dienst ist, nicht in einer öffentlichen Versammlung bewaffnet erscheinen.

Zu §4
Mit dieser Vorschrift wird der in Praxis und Rechtsprechung entwickelte Begriff der öffentlichen Versammlung übernommen. Schon bisher hatte der Veranstalter die Möglichkeit, die Öffentlichkeit, wie in Absatz 2 vorgesehen, zu beschränken.

Zu §§ 5–10
Diese Bestimmungen regeln den Ablauf der Versammlungen so, wie es vernünftiger Übung entsprechen sollte. Wer an einer öffentlichen Versammlung teilnimmt, unterwirft sich – ohne daß darin eine Beeinträchtigung des Grundrechts der Versammlungsfreiheit erblickt werden könnte – der für eine solche Veranstaltung gebotenen Ordnung.

Besonderer Entwicklung bedürfen die Rechte und Pflichten des Leiters, der für die Ordnung in der Versammlung eine rechtliche Verantwortung trägt.

§ 7 enthält keine Verpflichtung des Leiters, Ordner einzusetzen. Für etwaige Haftungsansprüche kann er daher nicht als Schutzgesetz im Sinne des § 823 BGB angesehen werden. Die vorgesehenen Ordner sind keine Polizeiorgane, haben auch keine eigenen Befugnisse aus öffentlichem Recht, sondern sind Gehilfen des Leiters. Gegen die Maßnahmen der Verwaltungsbehörden und der Polizeibeamten auf Grund dieses Gesetzes sind die allgemeinen Rechtsmittel der Beschwerde und der Klage vor den Verwaltungsgerichten gegeben; einer Regelung in diesem Gesetz bedarf die Anfechtung also nicht.

Auch § 9 begründet keine polizeilichen Befugnisse des Leiters oder der Ordner. Nach § 28 sind gröbliche Störungen unter Strafe gestellt. Dementsprechend kann ein Störer, dessen Persönlichkeit nicht sofort festgestellt werden kann, gemäß § 127 der Strafprozeßordnung von jedermann vorläufig festgenommen werden. Hieraus folgt, daß die im Entwurf niedergelegte Verpflichtung sich auszuweisen, der bereits bestehenden strafprozessualen Vorschrift entspricht. Die Angabe des Namens macht den schwereren Eingriff einer vorläufigen Festnahme überflüssig. Die Ausweispflicht besteht nur innerhalb des Versammlungslokals.

Zur Versammlungsfreiheit des Veranstalters und des Leiters gehört — ebenso wie das Recht, über Zulassung und Umfang der Diskussion zu bestimmen - auch die Befugnis, jederzeit die Versammlung zu schließen (§ 10).

Zu § 12
Die Eingriffsrechte der Polizei werden im Unterschied zum Vereinsgesetz von 1908 darauf abgestellt, daß bei Angriffen auf die demokratische Grundordnung, den Bestand der Bundesrepublik oder die Strafgesetze in erster Linie der Leiter einzuschreiten hat (§ 7) und die Polizei erst dann Maßnahmen ergreifen soll, wenn der Leiter dieser Pflicht nicht nachkommt. Die bisherigen Befugnisse der Polizei in Fällen „unmittelbarer Gefahr für Leben oder Gesundheit der Teilnehmer" (Ziffer 2) bleiben unberührt.

Zu § 15
Das Recht der unbeschränkten Versammlungsfreiheit gilt nach Artikel 8 Absatz 2 des Grundgesetzes nicht für Versammlungen unter freiem Himmel und die ihnen zuzurechnenden Aufzüge. Diese Veranstaltungen, bei denen die demonstrative Absicht stärker zum Ausdruck kommt als bei Diskussionen in geschlossenen Räumen, unterliegen eher der Gefahr eines Mißbrauchs. Sie müssen auch, da sie die Öffentlichkeit noch stärker berühren, in erhöhtem Maße unter sicherheits-, insbesondere verkehrspolizeilichen Gesichtspunkten geprüft werden.

Zu- § 16
Die Festsetzung eines befriedeten Bannkreises, der bisher nur für Parlamente vorgesehen war (vergl. für den Reichstag: Gesetz vom 8. Mai 1920), soll auch bei Gerichten insoweit ermöglicht werden, als ein Bedürfnis dafür bestehen wird.

Zu § 18
Die Vorschrift in Absatz 2 ist im Hinblick auf den Gemeingebrauch an öffentlichen Straßen und Plätzen notwendig.

Zu § 19
Auch diese Einschränkung ergibt sich aus dem Gemeingebrauch. Die Genehmigung wird, wenn sie erfolgt, unter Auflagen erteilt werden, die die Zusammenarbeit mit der Polizei sicherstellen.

Zu § 20
Unter „Ausschreitungen" sind nicht nur strafbare Handlungen zu verstehen.

Zu §§ 22–29
Da dem Leiter keine polizeilichen Funktionen gegeben werden, hat er auch keine öffentlich-rechtlichen Exekutivbefugnisse. Die Sicherung seiner Ordnungsaufgaben muß daher – neben den etwa aus seinem Hausrecht sich ergebenden zivilrechtlichen Befugnissen – durch Strafvorschriften erfolgen.

Wenn diese Vorschriften sich als wirksam erweisen sollen, eine demokratische Ordnung des öffentlichen Versammlungswesens zu gewährleisten, müssen die Strafen abschreckend wirken. Es ist daher notwendig, nicht nur Übertretungs-, sondern auch eine Reihe von Vergehenstatbeständen zu schaffen.

Die dem Versammlungsleiter im Gesetz zugebilligten weitgehenden Rechte machen es andererseits erforderlich, auch einem etwaigen Mißbrauch seiner Befugnisse durch besondere Strafbestimmungen entgegenzuwirken (z. B. §§ 25 und 27).

Die Strafvorschrift des § 29 bezieht sich nicht auf Teilnehmer von Veranstaltungen, die anmeldepflichtig sind, aber weder angemeldet noch ausdrücklich verboten waren (Spontankundgebungen). In solchen Fällen soll es bei der Bestrafung des Veranstalters nach § 27 sein Bewenden haben.

Neben diesen strafrechtlichen Maßnahmen kann auch ein Verfahren wegen Verwirkung von Grundrechten nach Artikel 18 des Grundgesetzes in Betracht kommen.

Anlage 2
Änderungen
des Deutschen Bundesrates
zum
Entwurf eines Gesetzes über öffentliche Versammlungen und Aufzüge (Versammlungsordnungsgesetz)

1. Die Überschrift des Gesetzes soll lauten:

   „Gesetz über die Ordnung in öffentlichen Versammlungen und bei Aufzügen (Versammlungsordnungsgesetz)"

   Begründung:

   Der Änderungsvorschlag zielt auf eine den Zweck des Gesetzes zum Ausdruck bringende sprachliche Verbesserung.

2. a) § 2 erhält folgende Fassung:

   „Teilnehmer an diesen Veranstaltungen dürfen keine Waffen bei sich führen."

   b) Auf Seite 3 der Begründung zu dem Gesetzentwurf ist in der Begründung zu § 2 der letzte Satz zu streichen.

   Begründung:

   Die Befugnis zum Waffentragen soll möglichst beschränkt werden; es genügt, in § 2 des Gesetzes den Grundsatz des Artikels 8 GG zu wiederholen. Dagegen soll § 2 die Befugnis des Polizeibeamten zum Waffentragen nicht beschränken.

3. Dem § 3 ist als Absatz 2 anzufügen:

   „(2) Die Oberste Landesbehörde kann für Jugendorganisationen Ausnahmen zulassen."

   Begründung:

   Es besteht das Bedürfnis, die Bestimmung des § 3 bezüglich der Jugendorganisationen elastischer zu gestalten und hier durch Bestimmung der Obersten Landesbehörde Ausnahmen von dem Grundsatz des § 3 zu ermöglichen.

4. Hinter § 3 sind als §§ 3a und 3b neu einzufügen:

   „§ 3a

   Es ist verboten, öffentlich oder in einer Versammlung ein Kennzeichen der ehemaligen nationalsozialistischen deutschen Arbeiterpartei zu verwenden.

   § 3b

   Es ist verboten, öffentlich oder in einer Versammlung die
   Farben oder Symbole des früheren Deutschen Reiches,
   soweit sie von den gegenwärtigen Bundesfarben und Bundessymbolen
   abweichen, zur Bekundung einer politischen
   Gesinnung zu verwenden."

   Begründung:

   Die Aufnahme dieser Bestimmungen erscheint aus allgemeinen politischen Erwägungen erforderlich. Die Scheidung der Bestimmungen in § 3a und

§ 3b soll zum Ausdruck bringen, daß die Verwendung nationalsozialistischer Kennzeichen auch dann verboten ist. wenn sie nicht zur Bekundung einer politischen Gesinnung erfolgt.

5. § 4 Absatz 2 erhält folgende Fassung:
„Bestimmte Personen oder bestimmte Gruppen von Personen, die nicht am Versammlungsort oder im Bundestagswahlkreis des Versammlungsortes ansässig sind, jedoch nicht Vertreter der Presse, können in der Einladung von der Teilnahme an einer öffentlichen Versammlung ausgeschlossen werden."
Begründung:
Es erscheint erforderlich, das Ausschließungsrecht des § 4 Absatz 2 in der vorgeschlagenen Form schärfer zu begrenzen.

6. § 7 Absatz 2 erhält folgende Fassung:
„(2) Er kann sich der Hilfe ehrenamtlicher unbewaffneter Ordner bedienen. Die Ordner müssen am Versammlungsort oder im Bundestagswahlkreis des Versammlungsortes polizeilich gemeldet und zum Bundestag wählbar sein. Sie sind durch weiße Armbinden kenntlich zu machen."
Begründung:
Durch das Prinzip der Ehrenamtlichkeit und die Aufstellung bestimmter Qualifikationsvoraussetzungen soll politischen Entartungserscheinungen vorgebeugt werden. Aus dem gleichen Grunde erscheint es zweckmäßig, eine möglichst neutrale Farbe der Armbinden vorzuschreiben.

7. Hinter § 7 sind als §§ 7a und 7b neu einzufügen:
„§ 7a
(1) Der Leiter ist verpflichtet einzugreifen, wenn Ansichten oder Vorschläge vertreten werden, die sich offensichtlich gegen die freiheitliche demokratische Grundordnung, den Bestand der Bundesrepublik Deutschland oder den Gedanken der Völkerverständigung richten oder den Strafgesetzen zuwiderlaufen.
(2) Fährt der Redner trotz Zurechtweisung mit Äußerungen dieser Art fort, so hat der Leiter ihm das Wort zu entziehen.
§ 7b
Der Leiter hat ferner einzugreifen, wenn
1. Teilnehmer sich Ausschreitungen oder den Strafgesetzen zuwiderlaufende Handlungen zuschulden kommen lassen;
2. Teilnehmer gegen die Bestimmungen der §§ 2 bis 3b verstoßen."
Begründung:
Es erscheint geboten, die Pflichtenstellung des Leiters über den Umfang des § 7 des Regierungsentwurfs hinaus unter Verwendung der Rechtsgedanken des § 20 der Regierungsvorlage zu erweitern. Bei Übernahme des Wortlauts des § 20 Absatz 1 Ziffer 1 derselben war dabei das Wort „andere" zu streichen, um zu verdeutlichen, daß unter Ausschreitungen nicht notwendig strafbare Handlungen zu verstehen sind.

8. Zu § 8 wird empfohlen, in der Begründung zu dem Gesetz zum Ausdruck zu bringen, daß durch diese Bestimmung das Recht des Zwischenrufers, den Leiter auf einen Verstoß gegen seine in diesem Gesetz begründeten Pflichten aufmerksam zu machen, nicht berührt wird.

9. Der bisherige § 11 erhält jetzt als § 10 folgende Fassung:

„§10

Beauftragten der Polizei ist auf Anfordern ein angemessener Platz zur Ausführung ihres Auftrags einzuräumen."

Begründung:

Die Ausübung der rechtmäßigen Tätigkeit der Polizei soll von einer Verständigung mit dem Leiter nicht abhängig sein; jedoch kann der Beauftragte der Polizei, wenn er es für erforderlich hält, einen angemessenen Platz zur Ausführung seines Auftrags beanspruchen.

10. Hinter den neuen § 10 tritt als § 10 a:

„§ 10a

Jeder Teilnehmer ist berechtigt, in der Versammlung Aufzeichnungen zu machen."

Begründung:

Zur Gewährleistung der öffentlichen Meinungsbildung erscheint die Aufnahme dieser Bestimmung erforderlich, wenn sie auch nur deklaratorische Bedeutung hat.

11. Der bisherige § 10 wird nunmehr § 11.

Begründung:

Zur Verbesserung der Systematik des Gesetzes erscheint es erforderlich, die Reihenfolge des bisherigen § 10 und des neugebauten bisherigen § 11 zu vertauschen.

12. § 12 erhält folgende Fassung:

„§ 12

Die Polizei kann die Versammlung unter Angabe des Grundes auflösen,

1. wenn der Leiter seine Pflichten nach den §§ 7 a und 7 b gröblich verletzt oder seine Befugnisse in gröblicher Weise mißbraucht,
2. wenn unmittelbare Gefahr für Leben oder Gesundheit von Teilnehmern besteht."

Begründung:

Der verstärkten Pflichtenstellung des Leiters nach §§ 7 a und 7 b entspricht ein stärkeres Eingriffsrecht der Polizei im Falle pflichtwidrigen Handelns des Leiters. Die Bezugnahme auf den § 11 früherer Fassung konnte dabei entfallen, da die Abänderungsvorschläge nicht mehr auf das Sicherkennengeben der Polizei gegenüber dem Leiter abstellen.

Ziffer 3 war gleichfalls entbehrlich, da die Bestimmung des § 2 jetzt durch die Bezugnahme der Ziffer 1 auf § 7 b einbegriffen ist.

13. In der Überschrift des Abschnitt III „Öffentliche Versammlungen unter freiem Himmel“ sind die Worte anzufügen: „und Aufzüge“.
    Begründung:
    Der Vorschlag hat nur redaktionelle Bedeutung.

14. In § 14 Absatz 1 ist vor dem Wort „Bekanntgabe“ das Wort „öffentlichen“ zu streichen.
    Begründung:
    Es soll über die öffentliche Bekanntgabe hinaus jede Form der Bekanntgabe erfaßt werden.

15. In § 15 Absatz 1 muß es anstelle der Worte „Ordnung und Sicherheit“ heißen „Ordnung oder Sicherheit“.
    Begründung:
    Der Änderungsvorschlag hat zum Ziel, auch rein verkehrspolizeiliche Störungen zweifelsfrei zu erfassen.

16. In § 16 Absatz 2 ist hinter dem Wort „Landesregierung“ ein Komma anzufügen.
    Begründung:
    Der Vorschlag dient der Berichtigung eines offensichtlichen Schreibfehlers zur Vermeidung einer Sinnentstellung.

17. In § 17 ist am Anfang das Wort „Die“ zu setzen.
    Begründung:
    Der Vorschlag hat nur redaktionelle Bedeutung.

18. § 18 erhält folgende Fassung:
    „§ 18
    (1) Für Versammlungen unter freiem Himmel sind § 4 Absatz 1, §§ 5 bis 7 b, § 8 Satz 1 und §§ 10 bis 13 entsprechend anzuwenden.
    (2) Bei Störungen von Versammlungen unter freiem Himmel kann nur die Polizei die Befugnisse des § 8 Satz 2 wahrnehmen.“
    Begründung:
    Die Änderung ergibt sich insbesondere aus der Einfügung der §§ 7 a und ,7 b.

19. Hinter § 18 ist als § 18 a neu einzufügen:
    „§ 18 a
    Der Leiter einer Versammlung unter freiem Himmel hat außer in den Fällen der §§ 7 a und 7 b einzugreifen, wenn Teilnehmer die in der polizeilichen Anmeldung gemachten Angaben oder die von der Polizei angeordneten Auflagen (§ 15) nicht einhalten.“
    Begründung:
    Es ist geboten, die Bestimmungen des § 20 Absatz 1 des Regierungsentwurfs nicht nur für Aufzüge, sondern auch für Versammlungen unter freiem Himmel gelten zu lassen und sie hier aus Gründen der Systematik als neuen § 18 a aufzunehmen.

20. Der bisherige § 19 wird jetzt § 20 (vgl. Ziffer 21):
Als § 19 erhält § 20 Absatz 1 der Regierungsvorlage folgende Fassung:
„§ 19

(1) Der Leiter eines Aufzuges hat einzugreifen
   1. in den Fällen der §§ 7 a und 7 b,
   2. wenn Teilnehmer die in der polizeilichen Anmeldung gemachten Angaben oder die von der Polizei angeordneten Auflagen (§ 15) nicht einhalten.

(2) § 12 gilt entsprechend."

Begründung:
Die veränderte Fassung des § 20 Absatz 1 der Regierungsvorlage hat wesentlich redaktionelle Bedeutung und ist eine Folge der Einfügung der §§ 7 a und 7 b. Die entsprechende Anwendbarkeit des § 12 soll die Befugnisse der Polizei in gleichem Umfang wie sie in § 18 für die Versammlungen unter freiem Himmel vorgesehen sind, sichern.

21. Der bisherige § 19 wird jetzt § 20.
Begründung:
Da § 19 sowohl für Versammlungen unter freiem Himmel als auch für Aufzüge gilt, wird er systematisch richtiger hinter den gesonderten Bestimmungen für Versammlungen unter freiem Himmel und Aufzüge eingefügt.

22. Hinter § 20 ist als § 20 a einzufügen:
„§ 20 a

(1) Vermag der Leiter einer Versammlung unter freiem Himmel oder eines Aufzuges sich nicht durchzusetzen, so ist er verpflichtet, die Versammlung oder den Aufzug aufzulösen.
(2) § 13 Absatz 2 gilt entsprechend."

Begründung:
Auch die Bestimmung des § 20 Absatz 2 der Regierungsvorlage soll auf die Versammlungen unter freiem Himmel ausgedehnt werden. Sie erscheint deshalb systematisch richtig als § 20a hinter den für Versammlungen unter freiem Himmel und Aufzügen gesondert geltenden Bestimmungen. Mit Rücksicht auf die Bedeutung des § 13 Absatz 2 erscheint es notwendig, die Bezugnahme hierauf als besonderen Absatz anzufügen.

23. § 21 entfällt an dieser Stelle (vgl. Ziffer 29).

24. § 23 wird gestrichen.

Begründung:
Die Bestimmung ist entbehrlich; die allgemeinen Vorschriften des Strafrechts, insbesondere über Hausfriedensbruch und Körperverletzung, erscheinen ausreichend.

25. In § 24 treten in Absatz 1 anstelle der Worte „Wer für die Teilnahme an einer verbotenen Versammlung wirbt," die Worte „Wer zur Teilnahme an einer verbotenen Versammlung auffordert," und in Absatz 2 anstelle der Worte „Geschieht die Werbung" die Worte „Ergeht die Aufforderung".

Begründung:
Der Vorschlag dient der Vermeidung des in der Rechtsetzung unbekannten Begriffs der Werbung.

26. An die Stelle der §§ 25 bis 27 treten folgende Bestimmungen:

„§ 25

(1) Wer als Leiter (§ 7 Absatz 1) Ordner einsetzt, die nicht den Bestimmungen des § 7 Absatz 2 entsprechen, wird mit Gefängnis bis zu einem Jahr oder Geldstrafe bestraft.
(2) Wer der Pflicht zur namentlichen Bezeichnung der Ordner (§ 7 Absatz 3) nicht nachkommt, wird mit Haft oder Geldstrafe bis zu 150 Deutsche Mark bestraft.

§ 26

(1) Wer als Leiter (§ 14 Absatz 2) Ordner einsetzt, die nicht den Vorschriften des § 7 Absatz 2 entsprechen oder die in der polizeilichen Anmeldung gemachten Angaben nicht einhält oder den Auflagen der zuständigen Behörde (§ 15 Absatz 1) nicht nachkommt, wird mit Gefängnis bis zu einem Jahr oder mit Geldstrafe bestraft.
(2) Wer ohne polizeiliche Genehmigung Ordner einsetzt (§ 20), wird mit Haft oder Geldstrafe bis zu 150 Deutsche Mark bestraft.

§ 27

(1) Wer den Bestimmungen der §§ 2, 3, 3 a oder 3 b zuwiderhandelt, wird mit Gefängnis oder Geldstrafe bestraft.
(2) Ebenso wird bestraft, wer entgegen der Vorschrift des § 14 Absatz 1 eine öffentliche Versammlung unter freiem Himmel oder einen Aufzug veranstaltet.
(3) Bei Fahrlässigkeit ist auf Geldstrafe bis zu zehntausend Deutsche Mark zu erkennen."

Begründung:
Es ist einerseits erforderlich, die Einhaltung der Pflichten des § 7 sowohl für den Bereich der öffentlichen Versammlungen in geschlossenen Räumen als auch für den Bereich der öffentlichen Versammlungen unter freiem Himmel und der Aufzüge durch Strafandrohung zu sichern. Diesem Zweck dient die Einfügung des § 25 und die Neugestaltung des § 25 der Regierungsvorlage als § 26. Andererseits war es erforderlich, auch die Beachtung der neu eingefügten §§ 3 a und 3 b durch Strafandrohung zu sichern. Da der Unterschied der Strafandrohungen in den §§ 26 und 27 der Regierungsvorlage sachlich nicht gerechtfertigt erscheint, konnte der Inhalt dieser beiden

Paragraphen in dem neuen § 27 zusammengefaßt werden. Dabei konnte in § 27 Absatz 1 das Wort „vorsätzlich" als bedeutungslos entfallen.
Bei der Neufassung des § 27 erschien es weiterhin zweckmäßig, den Tatbestand des § 14 Absatz 1 nicht durch bloßen Hinweis auf diese Formulierung zu fassen, da Nichtanmeldung nicht schon bei Veranstaltungsabsicht, sondern nur bei durchgeführter Veranstaltung strafbar sein kann. Hieraus ergibt sich die Aufteilung des § 27 in drei Absätze. Der Verstoß gegen § 20 der Regierungsvorlage wird nicht als strafwürdig angesehen, nachdem auch bei Versammlungen in geschlossenen Räumen in entsprechenden Fällen von einer Strafvorschrift abgesehen ist.
Um die strafrechtlich gesicherten Pflichten dem Staatsbürger deutlich erkennbar zu machen, war es erforderlich, in den §§ 25 und 26 diese strafrechtlich gesicherten Pflichten konkret aufzuführen und nicht nur auf die entsprechenden früheren Paragraphen Bezug zu nehmen. Eine gewisse Vergrößerung der räumlichen Ausführlichkeit der Strafbestimmungen in dem Gesetz muß dabei in Kauf genommen werden.

27. Unter Wegfall der Absätze 1, 3 und 4 erhält § 28 folgende Fassung:

„§ 28

Mit Haft oder Geldstrafe bis zu 150 Deutsche Mark wird bestraft:

a) wer trotz wiederholter Zurechtweisung fortfährt, den Ablauf der Versammlung zu stören (§ 8),
b) wer entgegen der Verpflichtung nach § 9 sich weigert, sich über seine Person auszuweisen,
c) wer sich nicht unverzüglich nach seiner Ausschließung aus der Versammlung entfernt (§ 13 Absatz 1)."

Begründung:
Neben der Bestimmung des § 22 und den allgemeinen Vorschriften des Strafgesetzbuches, insbesondere § 360 Ziffer 11, erscheint eine weitere Strafdrohung als Generalklausel gegen die Störung einer öffentlichen Versammlung oder eines Umzuges nicht erforderlich. Dagegen sollen die typischen Verstöße gegen die Ordnung in öffentlichen Versammlungen oder bei Umzügen – wie vorgeschlagen – unter Strafe gestellt bleiben.
Die Bestimmung des Absatz 4 erscheint rechtspolitisch nicht tragbar, weil sie ohne zwingenden Anlaß ein durch den Erfolg qualifiziertes Delikt mit besonders hoher Strafdrohung schaffen würde.

28. § 29 erhält folgende Fassung:

„§ 29

Mit Haft oder mit Geldstrafe bis zu 150 Deutsche Mark wird bestraft:

a) wer an einer verbotenen Veranstaltung teilnimmt,
b) wer an einer öffentlichen Versammlung teilnimmt, obwohl er von der Teilnahme an ihr gemäß § 4 Absatz 2 ausgeschlossen ist,

c) wer sich trotz Auflösung einer Veranstaltung nicht unverzüglich entfernt (§§ 13 Absatz 2, 18 und 20 a)."

Begründung:
Es erscheint erforderlich, über den bisherigen Inhalt des § 29 hinaus auch den Verstoß gegen einen gemäß § 4 Absatz 2 erfolgten Ausschluß mit einer Strafandrohung auszustatten.

29. Zu Beginn des letzten Abschnitts ist folgender § 29 a zu setzen:

„§ 29 a

Durch dieses Gesetz werden die Grundrechte des Artikels 5 und, für Versammlungen unter freiem Himmel und für Aufzüge, auch des Artikels 8 des Grundgesetzes eingeschränkt."
Begründung:
Da nicht nur das Grundrecht der Versammlungsfreiheit des Artikels 8 in § 21 der Regierungsvorlage zum Ausdruck gebracht wird, sondern auch das Grundrecht der Meinungsfreiheit, macht sich die Erweiterung dieser Vorschrift erforderlich. Sie steht am Schluß des Gesetzes, da sich die Einschränkung des Artikels 5 auf alle Abschnitte bezieht.

30. § 30 erhält folgende Fassung:

„§ 30

Die Vorschriften über Versammlungen und Aufzüge des Vereinsgesetzes vom 19. April 1908 (RGBl. S. 151) und der Abänderungsgesetze vom 26. Juni 1916 (RGBl. S. 635) und vom 19. April 1917 (RGBl. S. 361), der Verordnung des Reichspräsidenten zur Erhaltung des inneren Friedens vom 19. Dezember 1932 (RGBl. S. 548), der Verordnung des Reichspräsidenten zum Schutze des deutschen Volkes vom 4. Februar 1933 (RGBl. S. 35) und des § 107 a des Deutschen Strafgesetzbuches werden aufgehoben."
Begründung:
Auch die Bestimmung des § 107 a StGB ist durch die Vorschriften dieses Gesetzes vollinhaltlich überholt und deshalb in den Katalog der aufzuhebenden Vorschriften aufzunehmen.

Anlage 3
Stellungnahme
der Bundesregierung zu den Änderungsvorschlägen
des Bundesrates

Den Abänderungsvorschlägen des Bundesrates zu § 2, § 3 Absatz 2, §§ 3 a, 3 b, 4 Absatz 2, §§ 7 a, 7 b und 29 a sowie der Streichung des § 23 kann nicht zugestimmt werden.

Zu § 2:
Bei öffentlichen Versammlungen und Aufzügen müssen solche Personen mit Waffen erscheinen können, denen dies aus besonderen Gründen von der Behörde gestattet worden ist.

Zu § 3 Absatz 2:
Das Verbot politischer Uniformen sollte wegen seiner grundsätzlichen Bedeutung auch zu Gunsten Jugendlicher nicht durchbrochen werden.

Zu §§ 3 a und 3 b:
Die Frage eines Verbotes des Flaggenmißbrauchs reicht über öffentliche Versammlungen und Aufzüge hinaus. Sie ist im Rahmen des Strafrechtsänderungsgesetzes 1950 zu klären.

Zu § 4 Absatz 2:
Die Beschränkung des Personenausschlusses auf Ortsfremde führt sowohl auf seiten des Veranstalters wie auf seiten der Kontrollorgane und des Strafrichters zu unverhältnismäßigen Schwierigkeiten.

Zu §§ 7 a und 7 b:
Dem Versammlungsleiter wird es in der Praxis nicht möglich sein, die ihm durch diese Vorschriften auferlegten weitgehenden Pflichten zu erfüllen.

Zu § 23:
Den besonderen Obliegenheiten des Leiters und der Ordner vermag der im Strafgesetzbuch gewährte allgemeine Strafschutz im Falle tätlichen Widerstandes nicht zu genügen.

Zu § 29 a:
Eines Verweises auf Artikel 5 GG bedarf es nicht, da das Grundrecht der freien Meinungsäußerung ohnedies in den Vorschriften der allgemeinen Gesetze seine Schranken findet (Artikel 5 Absatz 2 GG).

Im übrigen wird den Vorschlägen des Bundesrates zugestimmt. Die vorgeschlagene Fassung der §§ 12, 18, 18 a, 19 und 27 muß jedoch insoweit geändert werden, als sie auf der Einfügung der §§ 3 a, 3 b, 7 a und 7 b sowie auf der Streichung des § 2 Halbsatz 2 beruht.

9. Mündlicher Bericht des Ausschusses zum Schutze der Verfassung (5. Ausschuss) über den Entwurf eines Gesetzes über öffentliche Versammlungen und Aufzüge (Versammlungsordnungsgesetz)[1801] vom 19. Oktober 1951, BT-Drs. 1/2759 (Mündlicher Bericht 1)

Deutscher Bundestag **Drucksache Nr. 2759**
1. Wahlperiode
1949

Mündlicher Bericht
des Ausschusses zum Schutze der Verfassung
(5. Ausschuß)
über den Entwurf eines Gesetzes
über öffentliche Versammlungen und Aufzüge
(Versammlungsgesetz)
– Nr. 1102 der Drucksachen –

Berichterstatter:
Abgeordneter Dr. Becker (Hersfeld)

Antrag des Ausschusses:
Der Bundestag wolle beschließen,
dem Gesetzentwurf mit den aus der nachstehenden Zusammenstellung ersichtlichen Änderungen zuzustimmen.
Bonn, den 19. Oktober 1951

Der Ausschuß zum Schutze der Verfassung
Dr. Menzel **Dr. Becker (Hersfeld)**
Vorsitzender Berichterstatter

1801 Unter der Berücksichtigung der gemeinsamen Beratungen mit dem Ausschuss für Angelegenheiten der inneren Verwaltung (24. Ausschuss) am 5. Juli 1951.

Zusammenstellung
des
Entwurfs eines Gesetzes
über öffentliche Versammlungen und Aufzüge (Versammlungsgesetz)
– Nr. 1102 der Drucksachen –
mit den
Beschlüssen des Ausschusses zum Schutze der Verfassung
(5. Ausschluß)

Entwurf	Beschlüsse des 5. Ausschusses
§ 3 Das Tragen von Uniformen, Uniformteilen oder gleichartigen Kleidungsstücken als Ausdruck einer gemeinsamen politischen Gesinnung ist verboten.	§ 3 entfällt
Abschnitt II **Öffentliche Versammlungen in geschlossenen Räumen**	Abschnitt II **Öffentliche Versammlungen in geschlossenen Räumen**
	§ 3a **Die Abhaltung einer Versammlung kann nur im Einzelfall und nur dann verboten werden, wenn Tatsachen vorliegen, die mit Sicherheit erwarten lassen, daß der Veranstalter oder sein Anhang die Versammlung dazu mißbrauchen wird,** **1. einen unfriedlichen Verlauf der Versammlung anzustreben oder zuzulassen oder** **2. entgegen der Vorschrift des § 2 bewaffneten Teilnehmern Zutritt zu gewähren oder** **3. die Strafgesetze zu verletzen, oder** **4. die verfassungsmäßige Ordnung anzugreifen, oder** **5. gegen den Gedanken der Völkerverständigung zu verstoßen.**

Entwurf	Beschlüsse des 5. Ausschusses
§ 4	§ 4
(1) Wird zu einer öffentlichen Versammlung geladen, so ist jedermann befugt, an dieser teilzunehmen.	
(2) Bestimmte Personen oder Personenkreise können in der Einladung von der Teilnahme an einer öffentlichen Versammlung ausgeschlossen werden.	(1) Bestimmte Personen oder Personenkreise können in der Einladung von der Teilnahme an einer Versammlung ausgeschlossen werden.
	(2) Pressevertreter können nicht ausgeschlossen werden; sie haben sich dem Leiter der Versammlung gegenüber durch ihren Presseausweis ordnungsgemäß auszuweisen.
§ 5	§ 5
(1) Jede öffentliche Versammlung muß einen Leiter haben.	(1) unverändert
(2) Leiter der Versammlung ist der Veranstalter. Wird die Versammlung von einer Vereinigung veranstaltet, so ist ihr Vorsitzender der Leiter.	(2) unverändert
(3) Der Veranstalter kann die Leitung einer anderen Person übertragen oder die Wahl des Leiters durch die Versammlung herbeiführen.	(3) Der Veranstalter kann die Leitung einer anderen Person übertragen.
	(4) Der Leiter übt das Hausrecht aus.
§ 6	§ 6
Der Leiter bestimmt den Verlauf der Versammlung, insbesondere ob eine Aussprache stattfindet. Er erteilt und entzieht das Wort.	Der Leiter bestimmt den Ablauf der Versammlung. **Er hat während der Versammlung für Ordnung zu sorgen. Er kann die Versammlung jederzeit unterbrechen oder auflösen. Er bestimmt, wann eine unterbrochene Versammlung fortgesetzt wird.**

Entwurf	Beschlüsse des 5. Ausschusses
§ 7	§ 7
(1) Der Leiter hat während der Versammlung für Ordnung zu sorgen. (2) Er kann sich der Hilfe unbewaffneter Ordner bedienen. Diese sind durch Armbinden kenntlich zu machen.	(1) Der Leiter kann sich **bei der Durchführung seiner Rechte aus § 6** der Hilfe **einer angemessenen Zahl ehrenamtlicher,** unbewaffneter Ordner bedienen. Diese **müssen volljährig sein und** sind durch **weiße** Armbinden, **die nur die Bezeichnung „Ordner" tragen dürfen,** kenntlich zu machen.
(3) Der Leiter ist verpflichtet, die von ihm bestellten Ordner der Polizei auf Anfordern namentlich zu bezeichnen.	(2) Der Leiter ist verpflichtet, die **Zahl der** von ihm bestellten Ordner der Polizei auf Anfordern **mitzuteilen. Die Polizei kann die Zahl der Ordner angemessen beschränken.**
	§ 7 a **Alle Versammlungsteilnehmer sind verpflichtet, die zur Aufrechterhaltung der Ordnung getroffenen Anweisungen des Leiters oder der von ihm bestellten Ordner zu befolgen.**
§ 8 Personen, die den Ablauf von Versammlungen in geschlossenen Räumen stören, insbesondere durch fortwährende Zwischenrufe, kann der Leiter zur Ordnung rufen. Teilnehmer, welche die Ordnung gröblich oder wiederholt stören, kann er von der Versammlung ausschließen.	§ 8 **Der Leiter kann** Teilnehmer, welche die Ordnung gröblich stören, von der Versammlung ausschließen.
§9 Wer wiederholt zur Ordnung gerufen oder wer aus der Versammlung ausgeschlossen worden ist, hat sich auf Anfordern des Leiters oder seines Ordners über seine Person auszuweisen.	§ 9 (1) Wer aus der Versammlung ausgeschlossen **wird**, hat **sie sofort zu verlassen**. **(2) Sobald eine Versammlung für aufgelöst erklärt ist, haben alle Teilnehmer sich sofort zu entfernen.**
§ 10 Der Leiter kann die Versammlung jederzeit auflösen.	§ 10 entfällt

Entwurf	Beschlüsse des 5. Ausschusses
§ 11 Werden Polizeibeamte in dienstlichem Auftrag in eine öffentliche Versammlung entsandt, so haben sie sich als solche dem Leiter zu erkennen zu geben. Es muß ihnen ein angemessener Platz eingeräumt werden.	§ 11 Werden Polizeibeamte in eine öffentliche Versammlung entsandt, so haben sie sich dem Leiter zu erkennen zu geben. Es muß ihnen ein angemessener Platz eingeräumt werden.
§ 12 Die Polizei (§ 11) kann die Versammlung unter Angabe des Grundes auflösen,	§ 12 Die Polizei (§ 11) kann die Versammlung unter Angabe des Grundes **unterbrechen oder** auflösen,
1. wenn der Leiter seine Befugnisse in gröblicher Weise mißbraucht,	1. **wenn sie einen unfriedlichen Verlauf nimmt, insbesondere, wenn unmittelbare Gefahr für Leben oder Gesundheit von Teilnehmern besteht,**
2. wenn unmittelbare Gefahr für Leben oder Gesundheit von Teilnehmern besteht,	2. **wenn der Leiter seine Befugnisse gröblich mißbraucht und dadurch der ordnungsmäßige Ablauf der Versammlung erheblich gefährdet wird, insbesondere, wenn er Personen, die entgegen der Vorschrift des § 2 Waffen mit sich führen, nicht sofort ausschließt und nicht für die Durchführung des Ausschlusses sorgt,**
3. wenn Personen, die Waffen ohne behördliche Ermächtigung mit sich führen (§ 2) nicht sofort ausgeschlossen werden.	3. **wenn in der Versammlung, ohne daß der Leiter es verhindert oder mit Hilfe der Ordner oder der Polizei zu verhindern in der Lage ist, Kundgebungen stattfinden oder Anträge oder Vorschläge erörtert werden, die den Strafgesetzen zuwiderlaufen oder sich gegen die verfassungsmäßige Ordnung oder den Gedanken der Völkerverständigung richten.**

Entwurf	Beschlüsse des 5. Ausschusses
§ 13 (1) Wer aus der Versammlung ausgeschlossen worden ist, hat sie sofort zu verlassen. (2) Sobald eine Versammlung für aufgelöst erklärt ist, haben alle Teilnehmer sich sofort zu entfernen.	§ 13 jetzt § 9
Abschnitt III **Öffentliche Versammlungen unter freiem Himmel**	Abschnitt III **Öffentliche Versammlungen unter freiem Himmel und Aufzüge**
§ 14 (1) Wer die Absicht hat, eine öffentliche Versammlung unter freiem Himmel oder einen Aufzug zu veranstalten, hat dies spätestens 48 Stunden vor der öffentlichen Bekanntgabe der zuständigen Behörde anzumelden.	§ 14 (1) Wer die Absicht hat, eine öffentliche Versammlung unter freiem Himmel oder einen Aufzug zu veranstalten, hat dies spätestens 48 Stunden vor der Bekanntgabe der zuständigen Behörde anzumelden.
(2) In der Anmeldung ist anzugeben, welche Person für die Leitung der Versammlung oder des Aufzuges verantwortlich sein soll.	(2) unverändert
§ 15 (1) Die zuständige Behörde kann die Versammlung oder den Aufzug verbieten oder von der Erfüllung bestimmter Auflagen abhängig machen, wenn nach den Umständen eine unmittelbare Gefahr für die öffentliche Ordnung und Sicherheit besteht.	§ 15 (1) Die zuständige Behörde kann die Versammlung oder den Aufzug verbieten oder von bestimmten Auflagen abhängig machen, wenn nach den Umständen die öffentliche Ordnung oder Sicherheit unmittelbar gefährdet ist.
(2) Eine verbotene Versammlung oder ein verbotener Aufzug sind aufzulösen.	
(3) Eine Versammlung oder ein Aufzug können aufgelöst werden, wenn sie nicht angemeldet sind oder wenn von den Angaben der Anmeldung abgewichen oder den Auflagen zuwidergehandelt wird.	(2) **Sie kann eine Versammlung oder einen Aufzug auflösen**, wenn sie nicht angemeldet sind, wenn von den Angaben der Anmeldung abgewichen oder den Auflagen zuwidergehandelt wird **oder wenn die Voraussetzungen zu einem Verbot nach Absatz 1 gegeben sind.**
	(3) **Eine verbotene Veranstaltung ist aufzulösen.**

Entwurf	Beschlüsse des 5. Ausschusses
§ 16	§ 16
(1) Innerhalb des befriedeten Bannkreises um das Gebäude eines Organs der Gesetzgebung des Bundes und der Länder sowie von Gerichten sind öffentliche Versammlungen oder Aufzüge unter freiem Himmel verboten.	(1) Öffentliche Versammlungen unter freiem Himmel **und** Aufzüge sind innerhalb des befriedeten Bannkreises **der Gesetzgebungsorgane** des Bundes **oder** der Länder **verboten**.
(2) Ausnahmen können für den befriedeten Bannkreis um Gebäude des Bundes von der Bundesregierung, für den befriedeten Bannkreis um Gebäude eines Landes von der Landesregierung mit Zustimmung des Präsidenten der gesetzgebenden Körperschaft oder des Gerichts zugelassen werden.	(2) Ausnahmen können für den befriedeten Bannkreis um Gebäude des Bundes von der Bundesregierung, für den befriedeten Bannkreis um Gebäude eines Landes von der Landesregierung, **jeweils** mit Zustimmung des Präsidenten der gesetzgebenden Körperschaft zugelassen werden.
(3) Den befriedeten Bannkreis bestimmen für den Bund die Bundesregierung, für die Länder die Landesregierungen durch Verordnung. Soweit durch Landesrecht bereits ein Bannkreis bestimmt ist, gelten für ihn die Vorschriften dieses Gesetzes.	(3) unverändert
§ 17	§ 17
§§ 14 bis 16 finden keine Anwendung auf kirchliche Prozessionen, Bittgänge und Wallfahrten, gewöhnliche Leichenbegängnisse, Züge von Hochzeitsgesellschaften und hergebrachte Volksfeste.	§§ 14 bis 16 **gelten nicht für** kirchliche Prozessionen, Bittgänge und Wallfahrten, gewöhnliche Leichenbegängnisse, Züge von Hochzeitsgesellschaften und hergebrachte Volksfeste.
§ 18	§ 18
(1) Für Versammlungen unter freiem Himmel sind die §§ 5 bis 7, 8 Satz 1 und 10 bis 13 entsprechend anzuwenden.	(1) Für Versammlungen unter freiem Himmel sind die §§ **6, 7 Absatz 1, 7 a, 9 und 11** entsprechend anzuwenden.
(2) Bei Störungen von Versammlungen unter freiem Himmel kann nur die Polizei (§ 11) die Befugnisse des § 8 Satz 2 wahrnehmen.	(2) **Die Verwendung von Ordnern bedarf polizeilicher Genehmigung. Sie ist bei der Anmeldung zu beantragen.**
	(3) **Die Polizei kann Teilnehmer, welche die Ordnung gröblich stören, von der Versammlung ausschließen.**

Entwurf	Beschlüsse des 5. Ausschusses
§ 19	§ 19
Die Verwendung von Ordnern (§ 7 Absatz 2) in Versammlungen unter freiem Himmel oder in Aufzügen bedarf polizeilicher Genehmigung. Sie ist bei der Anmeldung zu beantragen.	entfällt
§ 20	§ 20
(1) Der Leiter des Aufzuges hat einzugreifen,	(1) Der Leiter des Aufzuges **hat für den ordnungsmäßigen Ablauf zu sorgen. Er kann sich der Hilfe ehrenamtlicher Ordner bedienen, für welche die §§ 7 Absatz 1 und 18 gelten.**
1. wenn Teilnehmer sich Ausschreitungen oder andere den Strafgesetzen zuwiderlaufende Handlungen zuschulden kommen lassen,	
2. wenn Teilnehmer Waffen ohne behördliche Ermächtigung mit sich führen (§ 2),	
3. wenn Teilnehmer die in der polizeilichen Anmeldung gemachten Angaben oder die von der Polizei angeordneten Auflagen (§ 1 5) nicht einhalten.	
	(2) Die Teilnehmer sind verpflichtet, die zur Aufrechterhaltung der Ordnung getroffenen Anordnungen des Leiters oder der von ihm bestellten Ordner zu befolgen.
(2) Vermag der Leiter des Aufzuges sich nicht durchzusetzen, so ist er verpflichtet, den Aufzug aufzulösen. § 1 3 Absatz 2 gilt entsprechend.	(3) Vermag der Leiter sich nicht durchzusetzen, so ist er verpflichtet, den Aufzug **für aufgelöst zu erklären.**
	(4) Die Polizei kann Teilnehmer, welche die Ordnung gröblich stören, von dem Aufzug ausschließen.

Entwurf	Beschlüsse des 5. Ausschusses
§ 21 Das Grundrecht des Artikels 8 des Grundgesetzes wird durch die Bestimmungen dieses Abschnitts eingeschränkt.	§ 21 unverändert
Abschnitt IV **Strafvorschriften**	Abschnitt IV **Strafvorschriften**
§ 22 Wer in der Absicht, Versammlungen oder Aufzüge zu verhindern oder zu sprengen oder sonst ihre Durchführung zu vereiteln, Gewalttätigkeiten vornimmt oder androht oder grobe Störungen verursacht, wird mit Gefängnis bestraft.	§ 22 entfällt
§ 23 Wer bei öffentlichen Versammlungen in geschlossenem Raum dem Leiter oder einem Ordner tätlichen Widerstand entgegensetzt, wird, sofern nicht die genannten Personen ihre Stellung mißbraucht haben, mit Gefängnis bis zu einem Jahr bestraft.	§ 23 Wer bei **einer** öffentlichen Versammlung **oder einem Aufzug** dem Leiter oder einem Ordner **in der rechtmäßigen Ausübung seiner Ordnungsbefugnisse durch Gewalt oder durch Bedrohung mit Gewalt** Widerstand **leistet**, wird mit Gefängnis bis zu einem Jahr **oder mit Geldstrafe** bestraft.
§ 24 (1) Wer für die Teilnahme an einer verbotenen Veranstaltung wirbt, wird mit Gefängnis bis zu einem Jahr oder mit Geldstrafe bestraft.	§ 24 (1) Wer **öffentlich, in einer Versammlung oder durch Verbreiten von Schriften, Schallaufnahmen, Abbildungen oder Darstellungen** für die Teilnahme an einer **verbotenen öffentlichen Versammlung oder einem verbotenen Aufzug** wirbt, wird mit Gefängnis **nicht unter einem Monat** bestraft.
(2) Geschieht die Werbung öffentlich, so ist auf Gefängnis nicht unter drei Monaten zu erkennen. Kannte der Täter das Verbot nicht, hätte er es aber bei Anwendung pflichtgemäßer Sorgfalt kennen müssen, so ist auf Geldstrafe bis zu zehntausend Deutsche Mark zu erkennen.	(2) **Ist die Tat fahrlässig begangen**, ist auf Geldstrafe zu erkennen.

Entwurf	Beschlüsse des 5. Ausschusses
§ 25 (1) Wer als Leiter (§ 14 Absatz 2) die in der polizeilichen Anmeldung gemachten Angaben nicht einhält oder den Auflagen der zuständigen Behörde (§ 15 Absatz 1) nicht nachkommt, wird mit Gefängnis bis zu einem Jahr bestraft.	§ 25 (1) Wer als Leiter **einer öffentlichen Versammlung in geschlossenen Räumen Ordner einsetzt, die nicht den Bestimmungen des § 7 entsprechen**, wird mit Gefängnis bis zu einem Jahr **oder mit Geldstrafe** bestraft.
(2) Wer ohne polizeiliche Genehmigung Ordner einsetzt (§ 19), wird mit Haft oder Geldstrafe bis zu einhundertfünfzig Deutsche Mark bestraft.	(2) **Wer auf Anfordern der Polizei die Zahl der von ihm bestellten Ordner nicht oder wissentlich unrichtig mitteilt (§ 7 Absatz 2)**, wird mit Haft oder Geldstrafe bis zu einhundertfünfzig Deutsche Mark bestraft.
§ 26 Wer der Bestimmung des § 3 zuwiderhandelt, wird mit Gefängnis bestraft.	**§ 26** **Wer als Leiter einer öffentlichen Versammlung unter freiem Himmel oder eines Aufzuges** **1. Ordner ohne polizeiliche Genehmigung einsetzt,** **2. Ordner einsetzt, die nicht den Vorschriften des § 7 Absatz 1 entsprechen,** **3. die in der polizeilichen Anmeldung gemachten Angaben nicht einhält,** **4. den Auflagen der zuständigen Behörde nicht nachkommt,** **wird mit Gefängnis bis zu einem Jahr oder mit Geldstrafe bestraft.**
	§ 26a **(1) Wer. vorsätzlich als Veranstalter oder Leiter** **1. eine öffentliche Versammlung oder einen Aufzug trotz Verbots abhält oder trotz Auflösung durch die Polizei fortsetzt oder** **2. eine öffentliche Versammlung unter freiem Himmel oder einen Aufzug ohne die nach § 14 erforderliche Anmeldung durchführt, wird mit Gefängnis bestraft.** **(2) Wer die Tat fahrlässig begeht, wird mit Gefängnis bis zu einem Jahr oder mit Geldstrafe bestraft.**

Entwurf	Beschlüsse des 5. Ausschusses
§ 27	§ 27
(1) Wer den Bestimmungen der §§ 2, 14 Absatz 1 und 20 vorsätzlich zuwiderhandelt, wird mit Gefängnis oder Geldstrafe bestraft.	**Wer bei öffentlichen Versammlungen oder Aufzügen Waffen bei sich führt, ohne zum Erscheinen mit Waffen behördlich ermächtigt zu sein,** wird mit Gefängnis oder Geldstrafe bestraft.
(2) Bei Fahrlässigkeit ist auf Geldstrafe bis zu 10 000 Deutsche Mark zu erkennen.	
§ 28	**§ 28**
(1) Wer eine öffentliche Versammlung oder einen Umzug gröblich stört, wird mit Haft oder Geldstrafe bis zu einhundertfünfzig Deutsche Mark bestraft.	**Mit Haft oder Geldstrafe bis zu einhundertfünfzig Deutsche Mark wird bestraft,** **1. wer an einer verbotenen öffentlichen Versammlung oder einem verbotenen Aufzug teilnimmt,** **2. wer trotz wiederholter Zurechtweisung dem Leiter oder einem Ordner in der rechtmäßigen Ausübung seiner Ordnungsbefugnisse Widerstand leistet, insbesondere fortfährt, den Ablauf einer öffentlichen Versammlung oder eines Aufzuges zu stören,** **3. Wer sich nicht unverzüglich nach seiner Ausschließung aus einer öffentlichen Versammlung oder einem Aufzug entfernt,** **4. wer sich trotz Auflösung einer öffentlichen Versammlung oder eines Aufzuges durch die Polizei nicht unverzüglich entfernt.**

Entwurf	Beschlüsse des 5. Ausschusses
(2) Einer gröblichen Störung macht sich insbesondere schuldig, a) wer trotz. wiederholter Zurechtweisung fortfährt, den Ablauf der Versammlung zu stören (§ 8), b) wer entgegen der Verpflichtung nach § 9 sich weigert, sich über seine Person auszuweisen, c) wer sich nicht unverzüglich nach seiner Ausschließung aus der Versammlung entfernt (§ 13 Absatz 1).	(2) entfällt
(3) Wird die gröbliche Störung gemeinsam von mehreren betrieben, so ist auf Gefängnis bis zu einem Jahr zu erkennen.	(3) entfällt
(4) Wird durch die gröbliche Störung eine Schlägerei ausgelöst, die zur Auflösung der Versammlung führt, so ist, wer sich nach Absatz 1 oder Absatz 3 strafbar gemacht hat, mit Gefängnis zu bestrafen.	(4) entfällt
§ 29 Wer an einer verbotenen Veranstaltung teilnimmt oder sich trotz Auflösung einer Veranstaltung nicht unverzüglich entfernt (§§ 13 Absatz 2 und 18), wird mit Haft oder Geldstrafe bis zu einhundertfünfzig Deutsche Mark bestraft.	§ 29 entfällt

Entwurf	Beschlüsse des 5. Ausschusses
Abschnitt V **Schlussbestimmungen**	Abschnitt V **Schlussbestimmungen**
§30 Die Vorschriften über Versammlungen und Aufzüge des Vereinsgesetzes vom 19. April 1908 (RGBl. S: 151) und der Abänderungsgesetze vom 26. Juni 1916 (RGBl. S. 635) und vom 19. April 1917 (RGBl. S. 361) sowie der Verordnung des Reichspräsidenten zur Erhaltung des inneren Friedens vom 19. Dezember 1932 (RGBl. S. 548) und der Verordnung des Reichspräsidenten zum Schutze des deutschen Volkes vom 4. Februar 1933 (RGBl. S. 35) werden aufgehoben.	§ 30 Die Vorschriften über Versammlungen und Aufzüge 1. des Vereinsgesetzes vom 19. April 1908 (RGBl. S. 151) und der Abänderungsgesetze vom 26. Juni 1916 (RGBl. S. 635) und vom 19. April 1917 (RGBl. S. 361) 2. der Verordnung des Reichspräsidenten zur Erhaltung des inneren Friedens vom 19. Dezember 1932 (RGBl. I S. 548) 3. der Verordnung des Reichspräsidenten zum Schutze des deutschen Volkes vom 4. Februar 1933 (RGBl. I S. 35) werden aufgehoben.
	30 a Dieses Gesetz gilt auch im Lande Berlin, wenn das Land Berlin gemäß Artikel 87 Absatz 2 seiner Verfassung die Anwendung des Gesetzes beschließt.
§ 31 Dieses Gesetz tritt am Tage nach seiner Verkündung in Kraft.	§ 31 gestrichen.

10. Mündlicher Bericht des Ausschusses zum Schutze der Verfassung (5. Ausschuss) über den Entwurf eines Gesetzes über öffentliche Versammlungen und Aufzüge (Versammlungsordnungsgesetz) vom 5. Februar 1953, BT-Drs. 1/4079 (Mündlicher Bericht 2)

Deutscher Bundestag **Drucksache Nr. 4079**
1. Wahlperiode
1949

Mündlicher Bericht
des Ausschusses zum Schutze der Verfassung
(5. Ausschuß)
über den Entwurf eines Gesetzes
über öffentliche Versammlungen und Aufzüge
(Versammlungsgesetz)
– Nr. 1102 der Drucksachen –

Berichterstatter:
Abgeordneter Dr. Friedensburg

Antrag des Ausschusses:
Der Bundestag wolle beschließen,
dem Gesetzentwurf mit den aus der nachstehenden Zusammenstellung ersichtlichen Änderungen zuzustimmen.
Bonn, den 5. Februar 1953

Der Ausschuß zum Schutze der Verfassung

Dr. Menzel
Vorsitzender

Dr. Friedensburg
Berichterstatter

Zusammenstellung
des
Entwurfs eines Gesetzes
über öffentliche Versammlungen und Aufzüge (Versammlungsgesetz)
– Nr. 1102 der Drucksachen –
mit den
Beschlüssen des Ausschusses zum Schutze der Verfassung
(5. Ausschuß)

Entwurf	Beschlüsse des 5. Ausschusses
Entwurf eines Gesetzes über öffentliche Versammlungen und Aufzüge (Versammlungsordnungsgesetz)	**Entwurf eines Gesetzes über öffentliche Versammlungen und Aufzüge (Versammlungsgesetz)**
Der Bundestag hat mit Zustimmung des Bundesrates das folgende Gesetz beschlossen:	Der Bundestag hat mit Zustimmung des Bundesrates das folgende Gesetz beschlossen:
Abschnitt I **Allgemeines**	Abschnitt I **Allgemeines**
§ 1	§ 1
Wer an einer öffentlichen Versammlung oder an einem Aufzug teilnimmt, hat sich so zu verhalten, daß die öffentliche Ordnung und Sicherheit nicht beeinträchtigt werden.	**Bei** öffentlichen Versammlungen **und Aufzügen** hat sich **jedermann** so zu verhalten, daß die **ordnungsgemäße Durchführung nicht gestört wird.**
§ 2	§ 2
Teilnehmer an diesen Veranstaltungen dürfen keine Waffen bei sich führen, es sei denn, daß sie zum Erscheinen mit Waffen behördlich ermächtigt sind.	**Bei** diesen Veranstaltungen **darf niemand** Waffen bei sich führen, es sei denn, daß **er** zum Erscheinen mit Waffen behördlich ermächtigt **ist**.
	§ 2a
	Wird zu einer öffentlichen Versammlung oder einem Aufzug geladen, so ist jedermann berechtigt, teilzunehmen.

§ 2b

(1) Auf die Rechte aus diesem Gesetz darf sich nicht berufen, wer mit der Durchführung oder Teilnahme an einer Versammlung die Ziele einer durch das Bundesverfassungsgericht für verfassungswidrig erklärten Partei oder einer ihrer Tarnorganisationen fördern will.

(2) Entsprechendes gilt für rechtlich oder organisatorisch selbständige Teile einer Partei, soweit sich die Feststellung der Verfassungswidrigkeit auf solche Teile beschränkt.

Entwurf	Beschlüsse des 5. Ausschusses
§ 3 Das Tragen von Uniformen, Uniformteilen oder gleichartigen Kleidungsstücken als Ausdruck einer gemeinsamen politischen Gesinnung ist verboten.	§ 3 entfällt
Abschnitt II **Öffentliche Versammlungen in geschlossenen Räumen**	Abschnitt II **Öffentliche Versammlungen in geschlossenen Räumen**

§ 3a

Die Abhaltung einer Versammlung kann nur im Einzelfall und nur dann verboten werden, wenn Tatsachen vorliegen, die mit an Sicherheit grenzender Wahrscheinlichkeit erwarten lassen, daß der Veranstalter oder sein Anhang die Versammlung dazu mißbrauchen wird,

1. einen unfriedlichen Verlauf der Versammlung anzustreben oder zuzulassen oder

2. entgegen der Vorschrift des § 2 bewaffneten Teilnehmern Zutritt zu gewähren oder

3. die Strafgesetze zu verletzen, oder

Entwurf	Beschlüsse des 5. Ausschusses
	4. die verfassungsmäßige Ordnung anzugreifen, oder
	5. gegen den Gedanken der Völkerverständigung zu verstoßen.
§ 4	§ 4
(1) Wird zu einer öffentlichen Versammlung geladen, so ist jedermann befugt, an dieser teilzunehmen.	
(2) Bestimmte Personen oder Personenkreise können in der Einladung von der Teilnahme an einer öffentlichen Versammlung ausgeschlossen werden.	(1) Bestimmte Personen oder Personenkreise können in der Einladung von der Teilnahme an einer Versammlung ausgeschlossen werden.
	(2) Pressevertreter können nicht ausgeschlossen werden; sie haben sich dem Leiter der Versammlung gegenüber durch ihren Presseausweis ordnungsgemäß auszuweisen.
§ 5	§ 5
(1) Jede öffentliche Versammlung muß einen Leiter haben.	(1) unverändert
(2) Leiter der Versammlung ist der Veranstalter. Wird die Versammlung von einer Vereinigung veranstaltet, so ist ihr Vorsitzender der Leiter.	(2) unverändert
(3) Der Veranstalter kann die Leitung einer anderen Person übertragen oder die Wahl des Leiters durch die Versammlung herbeiführen.	(3) Der Veranstalter kann die Leitung einer anderen Person übertragen.
	(4) Der Leiter übt das Hausrecht aus.
§ 6	§ 6
Der Leiter bestimmt den Verlauf der Versammlung, insbesondere ob eine Aussprache stattfindet. Er erteilt und entzieht das Wort.	Der Leiter bestimmt den **Ab**lauf der Versammlung. **Er hat während der Versammlung für Ordnung zu sorgen. Er kann die Versammlung jederzeit unterbrechen oder auflösen. Er bestimmt, wann eine unterbrochene Versammlung fortgesetzt wird.**

Entwurf	Beschlüsse des 5. Ausschusses
§ 7	§ 7
(1) Der Leiter hat während der Versammlung für Ordnung zu sorgen. (2) Er kann sich der Hilfe unbewaffneter Ordner bedienen. Diese sind durch Armbinden kenntlich zu machen.	(1) Der Leiter kann sich **bei der Durchführung seiner Rechte aus § 6** der Hilfe **einer angemessenen Zahl ehrenamtlicher,** unbewaffneter Ordner bedienen. Diese **müssen volljährig sein und** sind **ausschließlich** durch **weiße** Armbinden, **die nur die Bezeichnung „Ordner" tragen dürfen,** kenntlich zu machen.
(3) Der Leiter ist verpflichtet, die von ihm bestellten Ordner der Polizei auf Anfordern namentlich zu bezeichnen.	(2) Der Leiter ist verpflichtet, die **Zahl der** von ihm bestellten Ordner der Polizei auf Anfordern **mitzuteilen. Die Polizei kann die Zahl der Ordner angemessen beschränken.**
	§ 7 a **Alle Versammlungsteilnehmer sind verpflichtet, die zur Aufrechterhaltung der Ordnung getroffenen Anweisungen des Leiters oder der von ihm bestellten Ordner zu befolgen.**
§ 8 Personen, die den Ablauf von Versammlungen in geschlossenen Räumen stören, insbesondere durch fortwährende Zwischenrufe, kann der Leiter zur Ordnung rufen. Teilnehmer, welche die Ordnung gröblich oder wiederholt stören, kann er von der Versammlung ausschließen.	§ 8 **Der Leiter kann** Teilnehmer, welche die Ordnung gröblich stören, von der Versammlung ausschließen.
§9 Wer wiederholt zur Ordnung gerufen oder wer aus der Versammlung ausgeschlossen worden ist, hat sich auf Anfordern des Leiters oder seines Ordners über seine Person auszuweisen.	§ 9 (1) Wer aus der Versammlung ausgeschlossen **wird**, hat **sie sofort zu verlassen**. **(2) Sobald eine Versammlung für aufgelöst erklärt ist, haben alle Teilnehmer sich sofort zu entfernen.**
§ 10 Der Leiter kann die Versammlung jederzeit auflösen.	§ 10 entfällt

Entwurf	Beschlüsse des 5. Ausschusses
§ 11 Werden Polizeibeamte in dienstlichem Auftrag in eine öffentliche Versammlung entsandt, so haben sie sich als solche dem Leiter zu erkennen zu geben. Es muß ihnen ein angemessener Platz eingeräumt werden.	§ 11 Werden Polizeibeamte in eine öffentliche Versammlung entsandt, so haben sie sich dem Leiter zu erkennen zu geben. Es muß ihnen ein angemessener Platz eingeräumt werden.
§ 12 Die Polizei (§ 11) kann die Versammlung unter Angabe des Grundes auflösen,	§ 12 Die Polizei (§ 11) kann die Versammlung unter Angabe des Grundes **unterbrechen oder** auflösen,
1. wenn der Leiter seine Befugnisse in gröblicher Weise mißbraucht,	1. **wenn sie einen unfriedlichen Verlauf nimmt, insbesondere, wenn unmittelbare Gefahr für Leben oder Gesundheit von Teilnehmern besteht,**
2. wenn unmittelbare Gefahr für Leben oder Gesundheit von Teilnehmern besteht,	2. **wenn der Leiter seine Befugnisse gröblich mißbraucht und dadurch der ordnungsmäßige Ablauf der Versammlung erheblich gefährdet wird, insbesondere, wenn er Personen, die entgegen der Vorschrift des § 2 Waffen mit sich führen, nicht sofort ausschließt und nicht für die Durchführung des Ausschlusses sorgt,**
3. wenn Personen, die Waffen ohne behördliche Ermächtigung mit sich führen (§ 2), nicht sofort ausgeschlossen werden.	3. **wenn in der Versammlung, ohne daß der Leiter es verhindert oder mit Hilfe der Ordner oder der Polizei zu verhindern in der Lage ist, Kundgebungen stattfinden oder Anträge oder Vorschläge erörtert werden, die den Strafgesetzen zuwiderlaufen oder sich gegen die verfassungsmäßige Ordnung oder den Gedanken der Völkerverständigung richten.**
§ 13 (1) Wer aus der Versammlung ausgeschlossen worden ist, hat sie sofort zu verlassen. (2) Sobald eine Versammlung für aufgelöst erklärt ist, haben alle Teilnehmer sich sofort zu entfernen.	§ 13 entfällt hier *siehe § 9*

Entwurf	Beschlüsse des 5. Ausschusses
Abschnitt III **Öffentliche Versammlungen unter freiem Himmel**	Abschnitt III **Öffentliche Versammlungen unter freiem Himmel und Aufzüge**
§ 14	§ 14
(1) Wer die Absicht hat, eine öffentliche Versammlung unter freiem Himmel oder einen Aufzug zu veranstalten, hat dies spätestens 48 Stunden vor der öffentlichen Bekanntgabe der zuständigen Behörde anzumelden.	(1) Wer die Absicht hat, eine öffentliche Versammlung unter freiem Himmel oder einen Aufzug zu veranstalten, hat dies spätestens 48 Stunden vor der Bekanntgabe der zuständigen Behörde anzumelden.
(2) In der Anmeldung ist anzugeben, welche Person für die Leitung der Versammlung oder des Aufzuges verantwortlich sein soll.	(2) unverändert
§ 15	§ 15
(1) Die zuständige Behörde kann die Versammlung oder den Aufzug verbieten oder von der Erfüllung bestimmter Auflagen abhängig machen, wenn nach den Umständen eine unmittelbare Gefahr für die öffentliche Ordnung und Sicherheit besteht.	(1) Die zuständige Behörde kann die Versammlung oder den Aufzug verbieten oder von bestimmten Auflagen abhängig machen, wenn nach den Umständen die öffentliche Ordnung **oder** Sicherheit unmittelbar **gefährdet sind**.
(2) Eine verbotene Versammlung oder ein verbotener Aufzug sind aufzulösen.	
(3) Eine Versammlung oder ein Aufzug können aufgelöst werden, wenn sie nicht angemeldet sind oder wenn von den Angaben der Anmeldung abgewichen oder den Auflagen zuwidergehandelt wird.	(2) **Sie kann eine Versammlung oder einen Aufzug auflösen**, wenn sie nicht angemeldet sind, wenn von den Angaben der Anmeldung abgewichen oder den Auflagen zuwidergehandelt wird **oder wenn die Voraussetzungen zu einem Verbot nach Absatz 1 gegeben sind.**
	(3) **Eine verbotene Veranstaltung ist aufzulösen.**

Entwurf	Beschlüsse des 5. Ausschusses
§ 16	§ 16
(1) Innerhalb des befriedeten Bannkreises um das Gebäude eines Organs der Gesetzgebung des Bundes und der Länder sowie von Gerichten sind öffentliche Versammlungen oder Aufzüge unter freiem Himmel verboten.	(1) Öffentliche Versammlungen unter freiem Himmel **und** Aufzüge sind innerhalb des befriedeten Bannkreises **der Gesetzgebungsorgane** des Bundes **oder** der Länder sowie **des Bundesverfassungsgerichts verboten**.
(2) Ausnahmen können für den befriedeten Bannkreis um Gebäude des Bundes von der Bundesregierung, für den befriedeten Bannkreis um Gebäude eines Landes von der Landesregierung mit Zustimmung des Präsidenten der gesetzgebenden Körperschaft oder des Gerichts zugelassen werden.	(2) Ausnahmen können für den befriedeten Bannkreis um Gebäude des Bundes von der Bundesregierung, für den befriedeten Bannkreis um Gebäude eines Landes von der Landesregierung, **jeweils** mit Zustimmung des Präsidenten der gesetzgebenden Körperschaft oder des Bundesverfassungsgerichts zugelassen werden.
(3) Den befriedeten Bannkreis bestimmen für den Bund die Bundesregierung, für die Länder die Landesregierungen durch Verordnung. Soweit durch Landesrecht bereits ein Bannkreis bestimmt ist, gelten für ihn die Vorschriften dieses Gesetzes.	(3) unverändert
§ 17	§ 17
§§ 14 bis 16 finden keine Anwendung auf kirchliche Prozessionen, Bittgänge und Wallfahrten, gewöhnliche Leichenbegängnisse, Züge von Hochzeitsgesellschaften und hergebrachte Volksfeste.	§§ 14 bis 16 **gelten nicht für** kirchliche Prozessionen, Bittgänge und Wallfahrten, gewöhnliche Leichenbegängnisse, Züge von Hochzeitsgesellschaften und hergebrachte Volksfeste.
§ 18	§ 18
(1) Für Versammlungen unter freiem Himmel sind die §§ 5 bis 7, 8 Satz 1 und 10 bis 13 entsprechend anzuwenden.	(1) Für Versammlungen unter freiem Himmel sind die §§ **5 Abs. 1, 6, 7 Absatz 1, 7 a, 9 und 11** entsprechend anzuwenden.
(2) Bei Störungen von Versammlungen unter freiem Himmel kann nur die Polizei (§ 11) die Befugnisse des § 8 Satz 2 wahrnehmen.	(2) **Die Verwendung von Ordnern bedarf polizeilicher Genehmigung. Sie ist bei der Anmeldung zu beantragen.**

Entwurf	Beschlüsse des 5. Ausschusses
	(3) **Die Polizei kann Teilnehmer, welche die Ordnung gröblich stören, von der Versammlung ausschließen.**
§ 19 Die Verwendung von Ordnern (§ 7 Absatz 2) in Versammlungen unter freiem Himmel oder in Aufzügen bedarf polizeilicher Genehmigung. Sie ist bei der Anmeldung zu beantragen.	§ 19 entfällt
§ 20 (1) Der Leiter des Aufzuges hat einzugreifen,	§ 20 (1) Der Leiter des Aufzuges **hat für den ordnungsmäßigen Ablauf zu sorgen. Er kann sich der Hilfe ehrenamtlicher Ordner bedienen, für welche die §§ 7 Absatz 1 und 18 gelten.**
1. wenn Teilnehmer sich Ausschreitungen oder andere den Strafgesetzen zuwiderlaufende Handlungen zuschulden kommen lassen,	
2. wenn Teilnehmer Waffen ohne behördliche Ermächtigung mit sich führen (§ 2),	
3. wenn Teilnehmer die in der polizeilichen Anmeldung gemachten Angaben oder die von der Polizei angeordneten Auflagen (§ 15) nicht einhalten.	
	(2) Die Teilnehmer sind verpflichtet, die zur Aufrechterhaltung der Ordnung getroffenen Anordnungen des Leiters oder der von ihm bestellten Ordner zu befolgen.
(2) Vermag der Leiter des Aufzuges sich nicht durchzusetzen, so ist er verpflichtet, den Aufzug aufzulösen. § 13 Absatz 2 gilt entsprechend.	(3) Vermag der Leiter sich nicht durchzusetzen, so ist er verpflichtet, den Aufzug **für aufgelöst zu erklären.**
	(4) Die Polizei kann Teilnehmer, welche die Ordnung gröblich stören, von dem Aufzug ausschließen.

Entwurf	Beschlüsse des 5. Ausschusses
§ 21 Das Grundrecht des Artikels 8 des Grundgesetzes wird durch die Bestimmungen dieses Abschnitts eingeschränkt.	§ 21 unverändert
Abschnitt IV **Strafvorschriften**	Abschnitt IV **Straf- und Bußgeldvorschriften**
§ 22 Wer in der Absicht, Versammlungen oder Aufzüge zu verhindern oder zu sprengen oder sonst ihre Durchführung zu vereiteln, Gewalttätigkeiten vornimmt oder androht oder grobe Störungen verursacht, wird mit Gefängnis bestraft.	§ 22 entfällt
§ 23 Wer bei öffentlichen Versammlungen in geschlossenem Raum dem Leiter oder einem Ordner tätlichen Widerstand entgegensetzt, wird, sofern nicht die genannten Personen ihre Stellung mißbraucht haben, mit Gefängnis bis zu einem Jahr bestraft.	§ 23 Wer bei **einer** öffentlichen Versammlung **oder einem Aufzug** dem Leiter oder einem Ordner **in der rechtmäßigen Ausübung seiner Ordnungsbefugnisse durch Gewalt oder durch Bedrohung mit Gewalt** Widerstand **leistet oder ihn während der rechtmäßigen Ausübung seiner Ordnungsbefugnisse tätlich angreift**, wird mit Gefängnis bis zu einem Jahr **oder mit Geldstrafe** bestraft.
§ 24 (1) Wer für die Teilnahme an einer verbotenen Veranstaltung wirbt, wird mit Gefängnis bis zu einem Jahr oder mit Geldstrafe bestraft.	§ 24 (1) Wer **öffentlich, in einer Versammlung oder durch Verbreiten von Schriften, Schallaufnahmen, Abbildungen oder Darstellungen zur** Teilnahme an einer verbotenen **öffentlichen Versammlung oder einem verbotenen Aufzug auffordert**, wird mit Gefängnis oder mit Geldstrafe bestraft.

Entwurf	Beschlüsse des 5. Ausschusses
(2) Geschieht die Werbung öffentlich, so ist auf Gefängnis nicht unter drei Monaten zu erkennen. Kannte der Täter das Verbot nicht, hätte er es aber bei Anwendung pflichtgemäßer Sorgfalt kennen müssen, so ist auf Geldstrafe bis zu zehntausend Deutsche Mark zu erkennen.	(2) Kannte der Täter das Verbot **infolge von Fahrlässigkeit** nicht, so ist auf Geldstrafe zu erkennen.
§ 25 (1) Wer als Leiter (§ 14 Absatz 2) die in der polizeilichen Anmeldung gemachten Angaben nicht einhält oder den Auflagen der zuständigen Behörde (§ 15 Absatz 1) nicht nachkommt, wird mit Gefängnis bis zu einem Jahr bestraft.	§ 25 (1) Wer als Leiter **einer öffentlichen Versammlung oder eines Aufzuges Ordner verwendet, die bewaffnet sind**, wird mit Gefängnis bis zu einem Jahr **oder mit Geldstrafe** bestraft.
(2) Wer ohne polizeiliche Genehmigung Ordner einsetzt (§ 19), wird mit Haft oder Geldstrafe bis zu einhundertfünfzig Deutsche Mark bestraft.	
§ 26 Wer der Bestimmung des § 3 zuwider handelt, wird mit Gefängnis bestraft.	**§ 26** **Wer als Leiter einer öffentlichen Versammlung unter freiem Himmel oder eines Aufzuges** **1. die Versammlung oder den Aufzug in anderer Weise durchführt, als die Veranstalter bei der Anmeldung angegeben haben, oder** **2. Auflagen nach § 15 Abs. 1 nicht nachkommt,** wird mit Gefängnis **bis zu einem Jahr oder mit Geldstrafe** bestraft.

Entwurf	Beschlüsse des 5. Ausschusses
	§ 26a
	(1) Wer als Veranstalter oder Leiter **1. eine öffentliche Versammlung oder einen Aufzug trotz Verbots abhält oder trotz Auflösung durch die Polizei fortsetzt oder** **2. eine öffentliche Versammlung unter freiem Himmel oder einen Aufzug ohne Anmeldung (§ 14) durchführt,** **wird mit Gefängnis bestraft.**
	(2) Wer die Tat fahrlässig begeht, wird mit Gefängnis bis zu einem Jahr oder mit Geldstrafe bestraft.
	(2) Kannte der Täter das Verbot, die Auflösungsverfügung oder den Mangel der Anmeldung infolge von Fahrlässigkeit nicht, so ist auf Geldstrafe zu erkennen.
§ 27	§ 27
(1) Wer den Bestimmungen der §§ 2, 14 Absatz 1 und 20 vorsätzlich zuwider handelt, wird mit Gefängnis oder Geldstrafe bestraft.	**Wer bei öffentlichen Versammlungen oder Aufzügen Waffen bei sich führt, ohne zum Erscheinen mit Waffen behördlich ermächtigt zu sein,** wird mit Gefängnis oder Geldstrafe bestraft.
(2) Bei Fahrlässigkeit ist auf Geldstrafe bis zu 10 000 Deutsche Mark zu erkennen.	
§ 28	**§ 28**
(1) Wer eine öffentliche Versammlung oder einen Umzug gröblich stört, wird mit Haft oder Geldstrafe bis zu einhundertfünfzig Deutsche Mark bestraft.	(1) Mit Haft oder Geldstrafe bis zu einhundertfünfzig Deutsche Mark wird bestraft, **1. wer an einer verbotenen öffentlichen Versammlung oder einem verbotenen Aufzug teilnimmt,**
	2. wer trotz wiederholter Zurechtweisung dem Leiter oder einem Ordner in der rechtmäßigen Ausübung seiner Ordnungsbefugnisse Widerstand leistet, insbesondere fortfährt, den Ablauf einer öffentlichen Versammlung oder eines Aufzuges zu stören,

Entwurf	Beschlüsse des 5. Ausschusses
	3. wer sich nicht unverzüglich nach seiner Ausschließung aus einer öffentlichen Versammlung oder einem Aufzug entfernt,
	4. wer sich trotz Auflösung einer öffentlichen Versammlung oder eines Aufzuges durch die Polizei nicht unverzüglich entfernt,
	5. wer der Aufforderung der Polizei, die Zahl der von ihm bestellten Ordner mitzuteilen, nicht nachkommt oder wissentlich eine unrichtige Zahl mitteilt (§ 7 Abs. 2) oder
	6. wer als Leiter oder Veranstalter einer öffentlichen Versammlung oder eines Aufzuges eine größere Zahl von Ordnern verwendet, als die Polizei zugelassen oder genehmigt hat (§ 7 Abs. 2, § 18 Abs. 2), oder Ordner verwendet, die anders gekennzeichnet sind, als es nach § 7 Abs. 1 zulässig ist.
(2) Einer gröblichen Störung macht sich insbesondere schuldig, a) wer trotz. wiederholter Zurechtweisung fortfährt, den Ablauf der Versammlung zu stören (§ 8), b) wer entgegen der Verpflichtung nach § 9 sich weigert, sich über seine Person auszuweisen, c) wer sich nicht unverzüglich nach seiner Ausschließung aus der Versammlung entfernt (§ 13 Absatz 1).	(2) entfällt
(3) Wird die gröbliche Störung gemeinsam von mehreren betrieben, so ist auf Gefängnis bis zu einem Jahr zu erkennen.	(3) entfällt

Entwurf	Beschlüsse des 5. Ausschusses
(4) Wird durch die gröbliche Störung eine ,Schlägerei ausgelöst, die zur Auflösung der Versammlung führt, so ist, wer sich nach Absatz 1 oder Absatz 3 strafbar gemacht hat, mit Gefängnis zu bestrafen.	(4) entfällt
§ 29 Wer an einer verbotenen Veranstaltung teilnimmt oder sich trotz Auflösung einer Veranstaltung nicht unverzüglich entfernt (§§ 13 Absatz 2 und 18), wird mit Haft oder Geldstrafe bis zu einhundertfünfzig Deutsche Mark bestraft.	§ 29 entfällt
Abschnitt V **Schlussbestimmungen**	Abschnitt V **Schlussbestimmungen**
§30 Die Vorschriften über Versammlungen und Aufzüge des Vereinsgesetzes vom 19. April 1908 (RGBl. S: 151) und der Abänderungsgesetze vom 26. Juni 1916 (RGBl. S. 635) und vom 19. April 1917 (RGBl. S. 361) sowie der Verordnung des Reichspräsidenten zur Erhaltung des inneren Friedens vom 19. Dezember 1932 (RGBl. S. 548) und der Verordnung des Reichspräsidenten zum Schutze des deutschen Volkes vom 4. Februar 1933 (RGBl. S. 35) werden aufgehoben.	§ 30 Die Vorschriften über Versammlungen und Aufzüge 1. des Vereinsgesetzes vom 19. April 1908 (**Reichsgesetzbl.** S. 151) und der Abänderungsgesetze vom 26. Juni 1916 (**Reichsgesetzbl.** S. 635) und vom 19. April 1917 (RGBl. S. 361), 2. der Verordnung des Reichspräsidenten zur Erhaltung des inneren Friedens vom 19. Dezember 1932 (**Reichsgesetzbl.** I S. 548), 3. der Verordnung des Reichspräsidenten zum Schutze des deutschen Volkes vom 4. Februar 1933 (**Reichsgesetzbl.** I S. 35), werden aufgehoben.

Entwurf	Beschlüsse des 5. Ausschusses
	30 a **Dieses Gesetz gilt nach Maßgabe des § 13 Abs. 1 des Dritten Überleitungsgesetzes vom 4. Januar 1952 (Bundesgesetzbl. I S. 1) auch im Land Berlin. Rechtsverordnungen, die auf Grund der in diesem Gesetz enthaltenen Ermächtigung erlassen werden, gelten im Land Berlin nach § 14 des Dritten Überleitungsgesetzes.**
§ 31 Dieses Gesetz tritt am Tage nach seiner Verkündung in Kraft.	§ 31 entfällt

11. Mündlicher Bericht des Ausschusses zum Schutze der Verfassung (5. Ausschuss) über den Entwurf eines Gesetzes über öffentliche Versammlungen und Aufzüge (Versammlungsordnungsgesetz) vom 22. April 1953, BT-Drs. 1/4291 (Mündlicher Bericht 3)

Deutscher Bundestag
1. Wahlperiode
1949

Drucksache Nr. 4291

Mündlicher Bericht
des Ausschusses zum Schutze der Verfassung
(5. Ausschuß)
über den Entwurf eines Gesetzes
über öffentliche Versammlungen und Aufzüge
(Versammlungsgesetz)
– Nr. 1102 der Drucksachen –

Berichterstatter:
Abgeordneter Hoogen

Antrag des Ausschusses:
Der Bundestag wolle beschließen,
dem Gesetzentwurf mit den aus der nachstehenden Zusammenstellung ersichtlichen Änderungen zuzustimmen.
Bonn, den 22. April 1953

Der Ausschuß zum Schutze der Verfassung
Dr. Menzel Vorsitzender
Hoogen Berichterstatter

Zusammenstellung
des
Entwurfs eines Gesetzes
über öffentliche Versammlungen und Aufzüge (Versammlungsgesetz)
– Nr. 1102 der Drucksachen –
mit den
Beschlüssen des Ausschusses zum Schutze der Verfassung
(5. Ausschuß)

Entwurf	Beschlüsse des 5. Ausschusses
Entwurf eines Gesetzes über öffentliche Versammlungen und Aufzüge (Versammlungsordnungsgesetz)	**Entwurf eines Gesetzes über öffentliche Versammlungen und Aufzüge (Versammlungsgesetz)**
Der Bundestag hat mit Zustimmung des Bundesrates das folgende Gesetz beschlossen:	Der Bundestag hat mit Zustimmung des Bundesrates das folgende Gesetz beschlossen:
Abschnitt I **Allgemeines** § 1	Abschnitt I **Allgemeines** § 1
Wer an einer öffentlichen Versammlung oder an einem Aufzug teilnimmt, hat sich so zu verhalten, daß die öffentliche Ordnung und Sicherheit nicht beeinträchtigt werden.	**(1) Jedermann hat das Recht, öffentliche Versammlungen und Aufzüge zu veranstalten und an solchen Veranstaltungen teilzunehmen.**
	(2) Dieses Recht hat nicht,
	1. wer das Grundrecht der Versammlungsfreiheit gemäß Artikel 18 des Grundgesetzes verwirkt hat,
	2. wer mit der Durchführung oder Teilnahme an einer solchen Veranstaltung die Ziele einer nach Artikel 21 Abs. 2 des Grundgesetzes durch das Bundesverfassungsgericht für verfassungswidrig erklärten Partei oder Teil- oder Ersatzorganisation einer Partei fördern will,
	3. eine Partei, die nach Artikel 21 Abs. 2 des Grundgesetzes durch das Bundesverfassungsgericht für verfassungswidrig erklärt worden ist, oder
	4. eine Vereinigung, die nach Artikel 9 Abs. 2 des Grundgesetzes verboten ist.

Entwurf	Beschlüsse des 5. Ausschusses
§ 2 Teilnehmer an diesen Veranstaltungen dürfen keine Waffen bei sich führen, es sei denn, daß sie zum Erscheinen mit Waffen behördlich ermächtigt sind.	§ 2 **(1) Wer zu einer öffentlichen Versammlung oder zu einem Aufzug öffentlich einlädt, muß als Veranstalter in der Einladung seinen Namen angeben.** **(2) Bei öffentlichen Versammlungen und Aufzügen hat jedermann Störungen zu unterlassen, die bezwecken, die ordnungsmäßige Durchführung zu verhindern.** **(3) Niemand darf Waffen bei sich tragen, es sei denn, daß er zum Erscheinen mit Waffen behördlich ermächtigt ist.**
§ 3 Das Tragen von Uniformen, Uniformteilen oder gleichartigen Kleidungsstücken als Ausdruck einer gemeinsamen politischen Gesinnung ist verboten.	§ 3 entfällt
Abschnitt II **Öffentliche Versammlungen in geschlossenen Räumen**	Abschnitt II **Öffentliche Versammlungen in geschlossenen Räumen**
	§ 3a **Die Abhaltung einer Versammlung kann nur im Einzelfall und nur dann verboten werden, wenn** **1. der Veranstalter unter die Vorschriften des § 1 Abs. 2 Nr. 1 bis 4 fällt, und im Falle der Nr. 4 das Verbot durch die zuständige Verwaltungsbehörde festgestellt worden ist,** **2. in einer öffentlichen Einladung (§ 2 Abs. 1) der Name des Veranstalters nicht oder falsch angegeben ist,** **3. der Veranstalter oder Leiter der Versammlung entgegen § 2 Abs. 3 bewaffneten Teilnehmern Zutritt gewährt,**

	4. Tatsachen festgestellt sind, aus denen sich ergibt, daß der Veranstalter oder sein Anhang einen gewalttätigen oder aufrührerischen Verlauf der Versammlung anstrebt.
§ 4	§ 4
(1) Wird zu einer öffentlichen Versammlung geladen, so ist jedermann befugt, an dieser teilzunehmen.	
(2) Bestimmte Personen oder Personenkreise können in der Einladung von der Teilnahme an einer öffentlichen Versammlung ausgeschlossen werden.	(1) Bestimmte Personen oder Personenkreise können in der Einladung von der Teilnahme an einer Versammlung ausgeschlossen werden.
	(2) Pressevertreter können nicht ausgeschlossen werden; sie haben sich dem Leiter der Versammlung gegenüber durch ihren Presseausweis ordnungsgemäß auszuweisen.
§ 5	§ 5
(1) Jede öffentliche Versammlung muß einen Leiter haben.	(1) unverändert
(2) Leiter der Versammlung ist der Veranstalter. Wird die Versammlung von einer Vereinigung veranstaltet, so ist ihr Vorsitzender der Leiter.	(2) unverändert
(3) Der Veranstalter kann die Leitung einer anderen Person übertragen oder die Wahl des Leiters durch die Versammlung herbeiführen.	(3) Der Veranstalter kann die Leitung einer anderen Person übertragen.
	(4) Der Leiter übt das Hausrecht aus.
§ 6	§ 6
Der Leiter bestimmt den Verlauf der Versammlung, insbesondere ob eine Aussprache stattfindet. Er erteilt und entzieht das Wort.	Der Leiter bestimmt den **Ab**lauf der Versammlung. **Er hat während der Versammlung für Ordnung zu sorgen. Er kann die Versammlung jederzeit unterbrechen oder schließen. Er bestimmt, wann eine unterbrochene Versammlung fortgesetzt wird.**

Entwurf	Beschlüsse des 5. Ausschusses
§ 7	§ 7
(1) Der Leiter hat während der Versammlung für Ordnung zu sorgen. (2) Er kann sich der Hilfe unbewaffneter Ordner bedienen. Diese sind durch Armbinden kenntlich zu machen.	(1) Der Leiter kann sich **bei der Durchführung seiner Rechte aus § 6** der Hilfe **einer angemessenen Zahl ehrenamtlicher,** unbewaffneter Ordner bedienen. Diese **müssen volljährig sein und** sind **ausschließlich** durch **weiße** Armbinden, **die nur die Bezeichnung „Ordner“ tragen dürfen,** kenntlich zu machen.
(3) Der Leiter ist verpflichtet, die von ihm bestellten Ordner der Polizei auf Anfordern namentlich zu bezeichnen.	(2) Der Leiter ist verpflichtet, die **Zahl der** von ihm bestellten Ordner der Polizei auf Anfordern **mitzuteilen. Die Polizei kann die Zahl der Ordner angemessen beschränken.**
	§ 7 a **Alle Versammlungsteilnehmer sind verpflichtet, die zur Aufrechterhaltung der Ordnung getroffenen Anweisungen des Leiters oder der von ihm bestellten Ordner zu befolgen.**
§ 8 Personen, die den Ablauf von Versammlungen in geschlossenen Räumen stören, insbesondere durch fortwährende Zwischenrufe, kann der Leiter zur Ordnung rufen. Teilnehmer, welche die Ordnung gröblich oder wiederholt stören, kann er von der Versammlung ausschließen.	§ 8 (1) Der Leiter kann Teilnehmer, welche die Ordnung gröblich stören, von der Versammlung ausschließen. **(2) Wer aus der Versammlung ausgeschlossen wird, hat sie sofort zu verlassen.**
§9 Wer wiederholt zur Ordnung gerufen oder wer aus der Versammlung ausgeschlossen worden ist, hat sich auf Anfordern des Leiters oder seines Ordners über seine Person auszuweisen.	§ 9 entfällt
§ 10 Der Leiter kann die Versammlung jederzeit auflösen.	§ 10 entfällt

Entwurf	Beschlüsse des 5. Ausschusses
§ 11 Werden Polizeibeamte in dienstlichem Auftrag in eine öffentliche Versammlung entsandt, so haben sie sich als solche dem Leiter zu erkennen zu geben. Es muß ihnen ein angemessener Platz eingeräumt werden.	§ 11 Werden Polizeibeamte in eine öffentliche Versammlung entsandt, so haben sie sich dem Leiter zu erkennen zu geben. Es muß ihnen ein angemessener Platz eingeräumt werden.
§ 12 Die Polizei (§ 11) kann die Versammlung unter Angabe des Grundes auflösen,	§ 12 Die Polizei (§ 11) kann die Versammlung **nur dann und** unter Angabe des Grundes auflösen, wenn
1. wenn der Leiter seine Befugnisse in gröblicher Weise mißbraucht,	1. **der Veranstalter unter die Vorschriften des § 1 Abs. 2 Nr. 1 bis 4 fällt und im Falle der Nr. 4 das Verbot durch die zuständige Verwaltungsbehörde festgestellt worden ist,**
2. wenn unmittelbare Gefahr für Leben oder Gesundheit von Teilnehmern besteht,	2. **die Versammlung einen gewalttätigen oder aufrührerischen Verlauf nimmt oder unmittelbare Gefahr für Leben und Gesundheit der Teilnehmer besteht,**
3. wenn Personen, die Waffen ohne behördliche Ermächtigung mit sich führen (§ 2) nicht sofort ausgeschlossen werden.	3. **der Leiter Personen, die entgegen § 2 Abs. 3 Waffen mit sich führen, nicht sofort ausschließt und für die Durchführung des Ausschlusses sorgt,**
	4. durch den Verlauf der Versammlung gegen Strafgesetze verstoßen wird, die ein Verbrechen oder von Amts wegen zu verfolgendes Vergehen zum Gegenstand haben, oder wenn in der Versammlung zu solchen Straftaten aufgefordert oder angereizt wird und der Leiter dies nicht unverzüglich unterbindet.
	In den Fällen der Nr. 2 bis 4 ist die Auflösung nur zulässig, wenn andere polizeiliche Maßnahmen, insbesondere eine Unterbrechung, nicht ausreichen.
	(2) Sobald eine Versammlung für aufgelöst erklärt ist, haben alle Teilnehmer sich sofort zu entfernen.

Entwurf	Beschlüsse des 5. Ausschusses
§ 13	§ 13
(1) Wer aus der Versammlung ausgeschlossen worden ist, hat sie sofort zu verlassen. (2) Sobald eine Versammlung für aufgelöst erklärt ist, haben alle Teilnehmer sich sofort zu entfernen.	entfällt hier *siehe §§ 8 Abs. 2 und 12 Abs. 2*
Abschnitt III **Öffentliche Versammlungen unter freiem Himmel**	Abschnitt III **Öffentliche Versammlungen unter freiem Himmel und Aufzüge**
§ 14	§ 14
(1) Wer die Absicht hat, eine öffentliche Versammlung unter freiem Himmel oder einen Aufzug zu veranstalten, hat dies spätestens 48 Stunden vor der öffentlichen Bekanntgabe der zuständigen Behörde anzumelden.	(1) Wer die Absicht hat, eine öffentliche Versammlung unter freiem Himmel oder einen Aufzug zu veranstalten, hat dies spätestens 48 Stunden vor der Bekanntgabe der zuständigen Behörde anzumelden.
(2) In der Anmeldung ist anzugeben, welche Person für die Leitung der Versammlung oder des Aufzuges verantwortlich sein soll.	(2) unverändert
§ 15	§ 15
(1) Die zuständige Behörde kann die Versammlung oder den Aufzug verbieten oder von der Erfüllung bestimmter Auflagen abhängig machen, wenn nach den Umständen eine unmittelbare Gefahr für die öffentliche Ordnung und Sicherheit besteht.	(1) Die zuständige Behörde kann die Versammlung oder den Aufzug verbieten oder von bestimmten Auflagen abhängig machen, wenn nach den Umständen die öffentliche Ordnung **oder** Sicherheit unmittelbar **gefährdet sind**.
(2) Eine verbotene Versammlung oder ein verbotener Aufzug sind aufzulösen.	
(3) Eine Versammlung oder ein Aufzug können aufgelöst werden, wenn sie nicht angemeldet sind oder wenn von den Angaben der Anmeldung abgewichen oder den Auflagen zuwidergehandelt wird.	(2) **Sie kann eine Versammlung oder einen Aufzug auflösen**, wenn sie nicht angemeldet sind, wenn von den Angaben der Anmeldung abgewichen oder den Auflagen zuwidergehandelt wird **oder wenn die Voraussetzungen zu einem Verbot nach Absatz 1 gegeben sind.** (3) **Eine verbotene Veranstaltung ist aufzulösen.**

Entwurf	Beschlüsse des 5. Ausschusses
§ 16	§ 16
(1) Innerhalb des befriedeten Bannkreises um das Gebäude eines Organs der Gesetzgebung des Bundes und der Länder sowie von Gerichten sind öffentliche Versammlungen oder Aufzüge unter freiem Himmel verboten.	(1) Öffentliche Versammlungen unter freiem Himmel **und** Aufzüge sind innerhalb des befriedeten Bannkreises **der Gesetzgebungsorgane** des Bundes **oder** der Länder sowie **des Bundesverfassungsgerichts verboten**.
(2) Ausnahmen können für den befriedeten Bannkreis um Gebäude des Bundes von der Bundesregierung, für den befriedeten Bannkreis um Gebäude eines Landes von der Landesregierung mit Zustimmung des Präsidenten der gesetzgebenden Körperschaft oder des Gerichts zugelassen werden.	(2) Ausnahmen können für den befriedeten Bannkreis um Gebäude des Bundes von der Bundesregierung, für den befriedeten Bannkreis um Gebäude eines Landes von der Landesregierung, **jeweils** mit Zustimmung des Präsidenten der gesetzgebenden Körperschaft oder des Bundesverfassungsgerichts zugelassen werden.
(3) Den befriedeten Bannkreis bestimmen für den Bund die Bundesregierung, für die Länder die Landesregierungen durch Verordnung. Soweit durch Landesrecht bereits ein Bannkreis bestimmt ist, gelten für ihn die Vorschriften dieses Gesetzes.	(3) unverändert
§ 17	§ 17
§§ 14 bis 16 finden keine Anwendung auf kirchliche Prozessionen, Bittgänge und Wallfahrten, gewöhnliche Leichenbegängnisse, Züge von Hochzeitsgesellschaften und hergebrachte Volksfeste.	§§ 14 bis 16 **gelten nicht für** kirchliche Prozessionen, Bittgänge und Wallfahrten, gewöhnliche Leichenbegängnisse, Züge von Hochzeitsgesellschaften und hergebrachte Volksfeste.
§ 18	§ 18
(1) Für Versammlungen unter freiem Himmel sind die §§ 5 bis 7, 8 Satz 1 und 10 bis 13 entsprechend anzuwenden.	(1) Für Versammlungen unter freiem Himmel sind die §§ **5 Abs. 1, 6, 7 Absatz 1, 7 a, 8 Abs. 2, 11** und **12 Abs. 2** entsprechend anzuwenden.
(2) Bei Störungen von Versammlungen unter freiem Himmel kann nur die Polizei (§ 11) die Befugnisse des § 8 Satz 2 wahrnehmen.	(2) **Die Verwendung von Ordnern bedarf polizeilicher Genehmigung. Sie ist bei der Anmeldung zu beantragen.**
	(3) **Die Polizei kann Teilnehmer, welche die Ordnung gröblich stören, von der Versammlung ausschließen.**

Entwurf	Beschlüsse des 5. Ausschusses
§ 19 Die Verwendung von Ordnern (§ 7 Absatz 2) in Versammlungen unter freiem Himmel oder in Aufzügen bedarf polizeilicher Genehmigung. Sie ist bei der Anmeldung zu beantragen.	§ 19 entfällt
§ 20 (1) Der Leiter des Aufzuges hat einzugreifen,	§ 20 (1) Der Leiter des Aufzuges **hat für den ordnungsmäßigen Ablauf zu sorgen. Er kann sich der Hilfe ehrenamtlicher Ordner bedienen, für welche die §§ 7 Abs. 1 und 18 gelten.**
1. wenn Teilnehmer sich Ausschreitungen oder andere den Strafgesetzen zuwiderlaufende Handlungen zuschulden kommen lassen, 2. wenn Teilnehmer Waffen ohne behördliche Ermächtigung mit sich führen (§ 2), 3. wenn Teilnehmer die in der polizeilichen Anmeldung gemachten Angaben oder die von der Polizei angeordneten Auflagen (§ 15) nicht einhalten.	
	(2) Die Teilnehmer sind verpflichtet, die zur Aufrechterhaltung der Ordnung getroffenen Anordnungen des Leiters oder der von ihm bestellten Ordner zu befolgen.
(2) Vermag der Leiter des Aufzuges sich nicht durchzusetzen, so ist er verpflichtet, den Aufzug aufzulösen. § 13 Absatz 2 gilt entsprechend.	(3) Vermag der Leiter sich nicht durchzusetzen, so ist er verpflichtet, den Aufzug **für beendet zu erklären.**
	(4) Die Polizei kann Teilnehmer, welche die Ordnung gröblich stören, von dem Aufzug ausschließen.

Entwurf	Beschlüsse des 5. Ausschusses
§ 21 Das Grundrecht des Artikels 8 des Grundgesetzes wird durch die Bestimmungen dieses Abschnitts eingeschränkt.	§ 21 unverändert
Abschnitt IV **Strafvorschriften**	Abschnitt IV **Strafvorschriften**
§ 22 Wer in der Absicht, Versammlungen oder Aufzüge zu verhindern oder zu sprengen oder sonst ihre Durchführung zu vereiteln, Gewalttätigkeiten vornimmt oder androht oder grobe Störungen verursacht, wird mit Gefängnis bestraft.	§ 22 Wer in der Absicht, **nichtverbotene** Versammlungen oder Aufzüge zu verhindern oder zu sprengen oder sonst ihre Durchführung zu vereiteln, Gewalttätigkeiten vornimmt oder androht oder grobe Störungen verursacht, wird mit Gefängnis bestraft. **Daneben kann auf Geldstrafe erkannt werden.**
§ 23 Wer bei öffentlichen Versammlungen in geschlossenem Raum dem Leiter oder einem Ordner tätlichen Widerstand entgegensetzt, wird, sofern nicht die genannten Personen ihre Stellung mißbraucht haben, mit Gefängnis bis zu einem Jahr bestraft.	§ 23 Wer bei **einer** öffentlichen Versammlung **oder einem Aufzug** dem Leiter oder einem Ordner **in der rechtmäßigen Ausübung seiner Ordnungsbefugnisse durch Gewalt oder durch Bedrohung mit Gewalt** Widerstand **leistet oder ihn während der rechtmäßigen Ausübung seiner Ordnungsgbefugnisse tätlich angreift**, wird mit Gefängnis bis zu einem Jahr **oder mit Geldstrafe** bestraft.
§ 24 (1) Wer für die Teilnahme an einer verbotenen Veranstaltung wirbt, wird mit Gefängnis bis zu einem Jahr oder mit Geldstrafe bestraft.	§ 24 (1) Wer **öffentlich, in einer Versammlung oder durch Verbreiten von Schriften, Schallaufnahmen, Abbildungen oder Darstellungen zur** Teilnahme an einer verbotenen **öffentlichen Versammlung oder** einem verbotenen **Aufzug auffordert**, wird mit Gefängnis oder mit Geldstrafe bestraft.

Entwurf	Beschlüsse des 5. Ausschusses
(2) Geschieht die Werbung öffentlich, so ist auf Gefängnis nicht unter drei Monaten zu erkennen. Kannte der Täter das Verbot nicht, hätte er es aber bei Anwendung pflichtgemäßer Sorgfalt kennen müssen, so ist auf Geldstrafe bis zu zehntausend Deutsche Mark zu erkennen.	(2) Kannte der Täter das Verbot **infolge von Fahrlässigkeit** nicht, so ist auf Geldstrafe zu erkennen.
§ 25	§ 25
(1) Wer als Leiter (§ 14 Absatz 2) die in der polizeilichen Anmeldung gemachten Angaben nicht einhält oder den Auflagen der zuständigen Behörde (§ 15 Absatz 1) nicht nachkommt, wird mit Gefängnis bis zu einem Jahr bestraft.	Wer als Leiter **einer öffentlichen Versammlung oder eines Aufzuges** Ordner **verwendet, die bewaffnet sind**, wird mit Gefängnis bis zu einem Jahr oder mit Geldstrafe bestraft.
(2) Wer ohne polizeiliche Genehmigung Ordner einsetzt (§ 19), wird mit Haft oder Geldstrafe bis zu einhundertfünfzig Deutsche Mark bestraft.	
§ 26	**§ 26**
Wer der Bestimmung des § 3 zuwiderhandelt, wird mit Gefängnis bestraft.	**Wer als Leiter einer öffentlichen Versammlung unter freiem Himmel oder eines Aufzuges** **1. die Versammlung oder den Aufzug in anderer Weise durchführt, als die Veranstalter bei der Anmeldung angegeben haben, oder** **2. Auflagen nach § 15 Abs. 1 nicht nachkommt,** wird mit Gefängnis **bis zu einem Jahr oder mit Geldstrafe** bestraft.

Entwurf	Beschlüsse des 5. Ausschusses
	§ 26a **(1) Wer als Veranstalter oder Leiter** **1. eine öffentliche Versammlung oder einen Aufzug trotz Verbots abhält oder trotz Auflösung oder Unterbrechung durch die Polizei fortsetzt oder** **2. eine öffentliche Versammlung unter freiem Himmel oder einen Aufzug ohne Anmeldung (§ 14) durchführt,** **wird mit Gefängnis bestraft.** **(2) Kannte der Täter das Verbot, die Auflösungsverfügung oder den Mangel der Anmeldung infolge von Fahrlässigkeit nicht, so ist auf Geldstrafe zu erkennen.**
§ 27 (1) Wer den Bestimmungen der §§ 2, 14 Absatz 1 und 20 vorsätzlich zuwiderhandelt, wird mit Gefängnis oder Geldstrafe bestraft. (2) Bei Fahrlässigkeit ist auf Geldstrafe bis zu 10 000 Deutsche Mark zu erkennen.	§ 27 **Wer bei öffentlichen Versammlungen oder Aufzügen Waffen bei sich führt, ohne zum Erscheinen mit Waffen behördlich ermächtigt zu sein,** wird mit Gefängnis oder Geldstrafe bestraft.
§ 28 (1) Wer eine öffentliche Versammlung oder einen Umzug gröblich stört, wird mit Haft oder Geldstrafe bis zu einhundertfünfzig Deutsche Mark bestraft.	**§ 28** (1) Mit Haft oder Geldstrafe bis zu einhundertfünfzig Deutsche Mark wird bestraft, **1. wer an einer verbotenen öffentlichen Versammlung oder einem verbotenen Aufzug teilnimmt,** **2. wer trotz wiederholter Zurechtweisung durch den Leiter oder einen Ordner fortfährt, den Ablauf einer öffentlichen Versammlung oder eines Aufzuges zu stören,** **3. wer sich nicht unverzüglich nach seiner Ausschließung aus einer öffentlichen Versammlung oder einem Aufzug entfernt,**

Entwurf	Beschlüsse des 5. Ausschusses
	4. wer sich trotz Auflösung einer öffentlichen Versammlung oder eines Aufzuges durch die Polizei nicht unverzüglich entfernt,
	5. wer der Aufforderung der Polizei, die Zahl der von ihm bestellten Ordner mitzuteilen, nicht nachkommt oder wissentlich eine unrichtige Zahl mitteilt (§ 7 Abs. 2) oder
	6. wer als Leiter oder Veranstalter einer öffentlichen Versammlung oder eines Aufzuges eine größere Zahl von Ordnern verwendet, als die Polizei zugelassen oder genehmigt hat (§ 7 Abs. 2, § 18 Abs. 2) oder Ordner verwendet, die anders gekennzeichnet sind, als es nach § 7 Abs. 1 zulässig ist.
(2) Einer groblichen Störung macht sich insbesondere schuldig, a) wer trotz. wiederholter Zurechtweisung fortfährt, den Ablauf der Versammlung zu stören (§ 8), b) wer entgegen der Verpflichtung nach § 9 sich weigert, sich über seine Person auszuweisen, c) wer sich nicht unverzüglich nach seiner Ausschließung aus der Versammlung entfernt (§ 13 Absatz 1).	(2) entfällt
(3) Wird die gröbliche Störung gemeinsam von mehreren betrieben, so ist auf Gefängnis bis zu einem Jahr zu erkennen.	(3) entfällt
(4) Wird durch die gröbliche Störung eine, 'Schlägerei ausgelöst, die zur Auflösung der Versammlung führt, so ist, wer sich nach Absatz 1 oder Absatz 3 strafbar gemacht hat, mit Gefängnis zu bestrafen.	(4) entfällt

Entwurf	Beschlüsse des 5. Ausschusses
§ 29 Wer an einer verbotenen Veranstaltung teilnimmt oder sich trotz Auflösung einer Veranstaltung nicht unverzüglich entfernt (§§ 13 Absatz 2 und 18), wird mit Haft oder Geldstrafe bis zu einhundertfünfzig Deutsche Mark bestraft.	§ 29 entfällt
Abschnitt V **Schlussbestimmungen**	Abschnitt V **Schlussbestimmungen**
§30 Die Vorschriften über Versammlungen und Aufzüge des Vereinsgesetzes vom 19. April 1908 (RGBl. S: 151) und der Abänderungsgesetze vom 26. Juni 1916 (RGBl. S. 635) und vom 19. April 1917 (RGBl. S. 361) sowie der Verordnung des Reichspräsidenten zur Erhaltung des inneren Friedens vom 19. Dezember 1932 (RGBl. S. 548) und der Verordnung des Reichspräsidenten zum Schutze des deutschen Volkes vom 4. Februar 1933 (RGBl. S. 35) werde aufgehoben.	§ 30 (1) Die Vorschriften über Versammlungen und Aufzüge 1. des Vereinsgesetzes vom 19. April 1908 (**Reichsgesetzbl.** S. 151) und der Abänderungsgesetze vom 26. Juni 1916 (**Reichsgesetzbl.** S. 635) und vom 19. April 1917 (RGBl. S. 361), 2. der Verordnung des Reichspräsidenten zur Erhaltung des inneren Friedens vom 19. Dezember 1932 (**Reichsgesetzbl.** I S. 548), 3. der Verordnung des Reichspräsidenten zum Schutze des deutschen Volkes vom 4. Februar 1933 (**Reichsgesetzbl.** I S. 35), werden aufgehoben. **(2) § 107 a des Strafgesetzbuchs in der Fassung des Gesetzes zur Änderung des Strafgesetzbuchs vom 23. Mai 1923 (Reichsgesetzbl. I S. 296) wird aufgehoben.**
	30 a **Dieses Gesetz gilt nach Maßgabe des § 13 Abs. 1 des Dritten Überleitungsgesetzes vom 4. Januar 1952 (Bundesgesetzbl. I S. 1) auch im Land Berlin. Rechtsverordnungen, die auf Grund der in diesem Gesetz enthaltenen Ermächtigung erlassen werden, gelten im Land Berlin nach § 14 des Dritten Überleitungsgesetzes.**
§ 31 Dieses Gesetz tritt am Tage nach seiner Verkündung in Kraft.	§ 31 Dieses Gesetz tritt **14 Tage** nach seiner Verkündung in Kraft.

12. Mündlicher Bericht des Ausschusses nach Artikel 77 des Grundgesetzes (Vermittlungsausschuss) zu dem Entwurf eines Gesetzes über öffentliche Versammlungen und Aufzüge (Versammlungsgesetz) vom 2. Juli 1953, BT-Drs. 1/4409 (neu)

Deutscher Bundestag **Drucksache Nr. 4409 (neu)**
1. Wahlperiode
1949

Mündlicher Bericht
des Ausschusses nach Artikel 77 des Grundgesetzes
(Vermittlungsausschuß)
zu dem Entwurf eines Gesetzes über öffentliche
Versammlungen und Aufzüge
(Versammlungsgesetz)
– Nrn. 1102, 4291, 4387 der Drucksachen –

Berichterstatter:
Abgeordneter Hoogen

Antrag des Ausschusses:

Der Bundestag wolle beschließen:
Der vom Deutschen Bundestag in seiner 264. Sitzung am 6. Mai 1953 verabschiedete Entwurf eines Gesetzes über öffentliche Versammlungen und Aufzüge (Versammlungsgesetz) wird nach Maßgabe der in der Anlage zusammengefassten Beschlüsse geändert.
Gemäß § 10 Abs. 3 Satz 1 seiner Geschäftsordnung hat der Vermittlungsausschuß beschlossen, daß im Deutschen Bundestag eine gemeinsame Abstimmung über die Änderungen nicht erforderlich ist.
Bonn, den 2. Juli 1953

Der Vermittlungsausschuß
Kiesinger Hoogen
Vorsitzender Berichterstatter

Anlage

Änderungen des Entwurfs eines Gesetzes über öffentliche Versammlungen und Aufzüge (Versammlungsgesetz)

1. In der Überschrift des Gesetzes wird das Wort „öffentliche“ vor dem Wort „Versammlungen“ gestrichen.

2. **§ 2a (neu)**

Nach § 2 wird folgender neuer § 2a eingefügt:

„§ 2a

(1) Es ist verboten, öffentlich oder in einer Versammlung Uniformen, Uniformteile oder gleichartige Kleidungsstücke als Ausdruck einer gemeinsamen politischen Gesinnung zu tragen.

(2) das Verbot des Tragens gleichartiger Kleidungsstücke gilt nicht für Mitglieder von Jugendverbänden, die sich vorwiegend der Jugendpflege widmen. Ob diese Voraussetzung vorliegt, entscheidet bei Jugendverbänden, die sich über das Gebiet eines Landes hinaus erstrecken, der Bundesminister des Inneren, sonst die oberste Landesbehörde.“

3. **§ 2b (neu)**

Nach § 2a (neu) wird folgender neuer § 2b eingefügt:

„§ 2b

Es ist verboten, öffentlich oder in einer Versammlung Kennzeichen ehemaliger nationalsozialistischer Organisationen zu verwenden.“

4. **§ 3 Nr. 2**

a) § 3 Nr. 2 wird gestrichen.

b) Die bisherigen Nrn. 3 und 4 des § 3 werden Nrn. 2 und 3.

5. **§ 3 Nr. 3. (Nr. 4 alt)**

In § 3 Nr. 3 am Ende wird das Wort „angestrebt“ ersetzt durch das Wort „anstreben“.

6. **§ 3 Nr. 4 (neu)**

Dem § 3 Nr. 3 (Nr. 4 alt) wird folgende neue Nr. 4 angefügt:

„4. Tatsachen festgestellt sind, aus denen sich ergibt, daß der Veranstalter oder sein Anhang Ansichten vertreten oder Äußerungen dulden werden, die ein Verbrechen oder ein von Amts wegen zu verfolgendes Vergehen zum Gegenstand haben.“

7. **§ 15**

§ 15 wird wie folgt gefaßt:

„§ 15

§§ 12 bis 14 gelten nicht für Gottesdienste unter freiem Himmel, kirchliche Prozessionen, Bittgänge und Wallfahrten, gewöhnliche Leichenbegängnisse, Züge von Hochzeitsgesellschaften und hergebrachte Volksfeste.“

8. **§ 25a (neu)**

Nach § 25 wird folgender neuer § 25 a eingefügt:

„§ 25 a

Wer den Vorschriften der §§ 2 a oder 2 b zuwiderhandelt, wird mit Gefängnis bis zu 2 Jahren bestraft.“

13. Gesetz über Versammlungen und Aufzüge (Versammlungsgesetz) vom 24. Juli 1953, BGBl. I, S. 684–687

Gesetz über Versammlungen und Aufzüge (Versammlungsgesetz) Vom 24. Juli 1953

Der Bundestag hat mit Zustimmung des Bundesrates das folgende Gesetz beschlossen:

Abschnitt I: **Allgemeines**

§ 1

(1) Jedermann hat das Recht, öffentliche Versammlungen und Aufzüge zu veranstalten und an solchen Veranstaltungen teilzunehmen.

(2) Dieses Recht hat nicht,

1. wer das Grundrecht der Versammlungsfreiheit gemäß Artikel 18 des Grundgesetzes verwirkt hat.
2. wer mit der Durchführung oder Teilnahme an einer solchen Veranstaltung die Ziele einer nach Artikel 21 Abs. 2 des Grundgesetzes durch das Bundesverfassungsgericht für verfassungswidrig erklärten Partei oder Teil- oder Ersatzorganisation einer Partei fördern will.
3. eine Partei, die nach Artikel 21 Abs. 2 des Grundgesetzes durch das Bundesverfassungsgericht für verfassungswidrig erklärt worden ist, oder
4. eine Vereinigung, die nach Artikel 9 Abs. 2 des Grundgesetzes verboten ist.

§ 2

(1) Wer zu einer öffentlichen Versammlung oder zu einem Aufzug öffentlich einlädt, muss als Veranstalter seinen Namen angeben.

(2) Bei öffentlichen Versammlungen und Aufzügen hat jedermann Störungen zu unterlassen, die bezwecken, die ordnungsgemäße Durchführung zu verhindern.

(3) Niemand darf Waffen bei sich tragen, es sei denn, daß er zum Erscheinen mit Waffen behördlich ermächtigt ist.

§ 3

(1) Es ist verboten, öffentlich oder in einer Versammlung Uniformen, Uniformteile oder gleichartige Kleidungsstücke als Ausdruck einer gemeinsamen politischen Gesinnung zu tragen.

(2) Das Verbot des Tragens gleichartiger Kleidungsstücke gilt nicht für Mitglieder von Jugendverbänden, die sich vorwiegend der Jugendpflege widmen. Ob diese Voraussetzung vorliegt, entscheidet bei Jugendverbänden, die sich über das Gebiet eines Landes hinaus erstrecken, der Bundesminister des Innern, sonst die oberste Landesbehörde.

§ 4
Es ist verboten, öffentlich oder in einer Versammlung Kennzeichen ehemaliger nationalsozialistischer Organisationen zu verwenden

Abschnitt II:
Öffentliche Versammlungen in geschlossenen Räumen

§ 5
Die Abhaltung einer Versammlung kann nur im Einzelfall und nur dann verboten werden, wenn

1. der Veranstalter unter die Vorschriften des § 1 Abs. 2 Nr. 1 bis 4 fällt, und im Falle der Nummer 4 das Verbot durch die zuständige Verwaltungsbehörde festgestellt worden ist,
2. der Veranstalter oder Leiter der Versammlung entgegen § 2 Abs. 3 bewaffneten Teilnehmern Zutritt gewährt,
3. Tatsachen festgestellt sind, aus denen sich ergibt, daß der Veranstalter oder sein Anhang einen gewalttätigen oder aufrührerischen Verlauf der Versammlung anstreben,
4. Tatsachen festgestellt sind, aus denen sich ergibt, daß der Veranstalter oder sein Anhang Ansichten vertreten oder Äußerungen dulden werden, die ein Verbrechen oder ein von Amts wegen zu verfolgendes Vergehen zum Gegenstand haben.

§ 6
(1) Bestimmte Personen oder Personenkreise können in der Einladung von der Teilnahme an einer Versammlung ausgeschlossen werden.
(2) Pressevertreter können nicht ausgeschlossen werden; sie haben sich dem Leiter der Versammlung gegenüber durch ihren Presseausweis ordnungsgemäß auszuweisen.

§ 7
(1) Jede öffentliche Versammlung muss einen Leiter haben.
(2) Leiter der Versammlung ist der Veranstalter. Wird die Versammlung von einer Vereinigung veranstaltet, so ist ihr Vorsitzender der Leiter.
(3) Der Veranstalter kann die Leitung einer anderen Person übertragen.
(4) Der Leiter übt das Hausrecht aus.

§ 8
Der Leiter bestimmt den Ablauf der Versammlung. Er hat während der Versammlung für Ordnung zu sorgen. Er kann die Versammlung jederzeit unterbrechen oder schließen. Er bestimmt, wann eine unterbrochene Versammlung fortgesetzt wird.

§ 9

(1) Der Leiter kann sich bei der Durchführung seiner Rechte aus § 8 der Hilfe einer angemessenen Zahl ehrenamtlicher, unbewaffneter Ordner bedienen. Diese müssen volljährig sein und sind ausschließlich durch weiße Armbinden, die nur die Bezeichnung „Ordner" tragen dürfen, kenntlich zu machen.
(2) Der Leiter ist verpflichtet, die Zahl der von ihm bestellten Ordner der Polizei auf Anfordern mitzuteilen. Die Polizei kann die Zahl der Ordner angemessen beschränken.

§ 10

Alle Versammlungsteilnehmer sind verpflichtet, die zur Aufrechterhaltung der Ordnung getroffenen Anweisungen des Leiters oder der von ihm bestellten Ordner zu befolgen.

§ 11

(1) Der Leiter kann Teilnehmer, welche die Ordnung gröblich stören, von der Versammlung ausschließen.
(2) Wer aus der Versammlung ausgeschlossen wird, hat sie sofort zu verlassen.

§ 12

Werden Polizeibeamte in eine öffentliche Versammlung entsandt, so haben sie sich dem Leiter zu erkennen zu geben. Es muss ihnen ein angemessener Platz eingeräumt werden.

§ 13

(1) Die Polizei (§ 12) kann die Versammlung nur dann und unter der Angabe des Grundes auflösen, wenn
1. der Veranstalter unter die Vorschriften des § 1 Abs. 2 Nr. 1 bis 4 fällt, und im Falle der Nummer 4 das Verbot durch die zuständige Verwaltungsbehörde festgestellt worden ist,
2. die Versammlung einen gewalttätigen oder aufrührerischen Verlauf nimmt oder unmittelbare Gefahr für Leben und Gesundheit der Teilnehmer besteht,
3. der Leiter Personen, die entgegen § 2 Abs. 3 Waffen mit sich führen, nicht sofort ausschließt und für die Durchführung des Ausschlusses sorgt,
4. durch den Verlauf der Versammlung gegen Strafgesetze verstoßen wird, die ein Verbrechen oder von Amts wegen zu verfolgendes Vergehen zum Gegenstand haben, oder wenn in der Versammlung zu solchen Straftaten aufgefordert oder angereizt wird und der Leiter dies nicht unverzüglich unterbindet.

In den Fällen der Nummern 2 bis 4 ist die Auflösung nur zulässig, wenn andere polizeiliche Maßnahmen, insbesondere eine Unterbrechung, nicht ausreichen.

(2) Sobald eine Versammlung für aufgelöst erklärt ist, haben alle Teilnehmer sich sofort zu entfernen.

Abschnitt III:
Öffentliche Versammlungen unter freiem Himmel und Aufzüge

§ 14
(1) Wer die Absicht hat, eine öffentliche Versammlung unter freiem Himmel oder einen Aufzug zu veranstalten, hat dies spätestens 48 Stunden vor der Bekanntgabe der zuständigen Behörde anzumelden.
(2) In der Anmeldung ist anzugeben, welche Person für die Leitung der Versammlung oder des Aufzuges verantwortlich sein soll.

§ 15
(1) Die zuständige Behörde kann die Versammlung oder den Aufzug verbieten oder von bestimmten Auflagen abhängig machen, wenn nach den Umständen die öffentliche Ordnung oder Sicherheit unmittelbar gefährdet ist.
(2) Sie kann eine Versammlung oder einen Aufzug auflösen, wenn sie nicht angemeldet sind, wenn von den Angaben der Anmeldung abgewichen oder den Auflagen zuwidergehandelt wird oder wenn die Voraussetzungen zu einem Verbot nach Absatz 1 gegeben sind.
(3) Eine verbotene Veranstaltung ist aufzulösen.

§ 16
(1) Öffentliche Versammlungen unter freiem Himmel und Aufzüge sind innerhalb des befriedeten Bannkreises der Gesetzgebungsorgane des Bundes oder der Länder sowie des Bundesverfassungsgerichts verboten.
(2) Die befriedeten Bannkreise für die Gesetzgebungsorgane des Bundes und für das Bundesverfassungsgericht werden durch Bundesgesetz, die befriedeten Bannkreise für die Gesetzgebungsorgane der Länder durch Landesgesetze bestimmt.
(3) Das Weitere regeln die Bannmeilengesetze des Bundes und der Länder.

§ 17
§§ 14 bis 16 gelten nicht für Gottesdienste unter freiem Himmel, kirchliche Prozessionen, Bittgänge und Wallfahrten, gewöhnliche Leichenbegräbnisse, Züge von Hochzeitsgesellschaften und hergebrachte Volksfeste.

§ 18
(1) Für die Versammlungen unter freiem Himmel sind § 7 Abs. 1, §§ 8, 9 Abs. 1, §§ 10, 11 Abs. 2, §§ 12 und 13 Abs. 2 entsprechend anzuwenden.
(2) Die Verwendung von Ordnern bedarf polizeilicher Genehmigung. Sie ist bei der Anmeldung zu beantragen.
(3) Die Polizei kann Teilnehmer, die die Ordnung gröblich stören, von der Versammlung ausschließen.

§ 19

(1) Der Leiter des Aufzuges hat für den ordnungsgemäßen Ablauf zu sorgen. Er kann sich der Hilfe ehrenamtlicher Ordner bedienen, für welche § 9 Abs. 1 und § 18 gelten.
(2) Die Teilnehmer sind verpflichtet, die zur Aufrechterhaltung der Ordnung getroffenen Anordnungen des Leiters oder der von ihm bestellten Ordner zu befolgen.
(3) Vermag der Leiter sich nicht durchzusetzen, so ist er verpflichtet, den Aufzug für beendet zu erklären.
(4) Die Polizei kann Teilnehmer, welche die Ordnung gröblich stören, von dem Aufzug ausschließen.

§ 20

Das Grundrecht des Artikels 8 des Grundgesetzes wird durch die Bestimmungen dieses Abschnitts eingeschränkt.

Abschnitt IV:
Strafvorschriften

§ 21

Wer in der Absicht, nichtverbotene Versammlungen oder Aufzüge zu verhindern oder zu sprengen oder sonst ihre Durchführung zu vereiteln, Gewalttätigkeiten vornimmt oder androht oder grobe Störungen verursacht, wird mit Gefängnis bestraft. Daneben kann auf Geldstrafe erkannt werden.

§ 22

Wer bei einer öffentlichen Versammlung oder einem Aufzug dem Leiter oder einem Ordner in der rechtmäßigen Ausübung seiner Ordnungsbefugnisse durch Gewalt oder durch Bedrohung mit Gewalt Widerstand leistet oder ihn während der rechtmäßigen Ausübung seiner Ordnungsbefugnisse tätlich angreift, wird mit Gefängnis bis zu einem Jahr oder mit Geldstrafe bestraft.

§ 23

(1) Wer öffentlich, in einer Versammlung oder durch Verbreiten von Schriften, Schallaufnahmen, Abbildungen oder Darstellungen zur Teilnahme an einer verbotenen öffentlichen Versammlung oder einem verbotenen Aufzug auffordert, wird mit Gefängnis oder mit Geldstrafe bestraft.
(2) Kannte der Täter das Verbot infolge von Fahrlässigkeit nicht, so ist auf Geldstrafe zu erkennen.

§ 24

Wer als Leiter einer öffentlichen Versammlung oder eines Aufzuges Ordner verwendet, die bewaffnet sind, wird mit Gefängnis bis zu einem Jahr bestraft.

§ 25

Wer als Leiter einer öffentlichen Versammlung unter freiem Himmel oder eines Aufzuges

1. die Versammlung oder den Aufzug wesentlich anders durchführt, als die Veranstalter bei der Anmeldung angegeben haben, oder
2. Auflagen nach § 15 Abs. 1 nicht nachkommt,

wird mit Gefängnis bis zu sechs Monaten oder mit Geldstrafe bestraft.

§ 26

(1) Wer als Veranstalter oder Leiter
   1. eine öffentliche Versammlung oder einen Aufzug trotz Verbots abhält oder trotz Auflösung oder Unterbrechung durch die Polizei fortsetzt oder
   2. eine öffentliche Versammlung unter freiem Himmel oder einen Aufzug ohne Anmeldung (§ 14) durchführt, wird mit Gefängnis bis zu sechs Monaten oder mit Geldstrafe bestraft.

(2) Kannte der Täter das Verbot, die Auflösungsverfügung oder den Mangel der Anmeldung infolge von Fahrlässigkeit nicht, so ist auf Geldstrafe zu erkennen.

§ 27

Wer bei öffentlichen Versammlungen oder Aufzügen Waffen bei sich führt, ohne zum Erscheinen mit Waffen behördlich ermächtigt zu sein, wird mit Gefängnis bis zu einem Jahr bestraft.

§ 28

Wer den Vorschriften der §§ 3 oder 4 zuwiderhandelt, wird mit Gefängnis bis zu zwei Jahren bestraft.

§ 29

Mit Haft oder mit Geldstrafe bis zu einhundertfünfzig Deutsche Mark wird bestraft, wer

1. an einer verbotenen öffentlichen Versammlung oder einem verbotenen Aufzug teilnimmt,
2. trotz wiederholter Zurechtweisung durch den Leiter oder einen Ordner fortfährt, den Auflauf einer öffentlichen Versammlung oder eines Aufzuges zu stören,
3. sich nicht unverzüglich nach seiner Ausschließung aus einer öffentlichen Versammlung oder einem Aufzug entfernt,
4. sich trotz Auflösung einer öffentlichen Versammlung oder eines Aufzuges durch die Polizei nicht unverzüglich entfernt,
5. der Aufforderung der Polizei, die Zahl der von ihm bestellten Ordner mitzuteilen, nicht nachkommt oder wissentlich eine unrichtige Zahl mitteilt (§ 9 Abs. 2) oder
6. als Leiter oder Veranstalter einer öffentlichen Versammlung oder eines Aufzuges eine größere Zahl von Ordnern verwendet, als die Polizei zugelassen oder genehmigt hat (§ 9 Abs. 2, § 18 Abs. 2), oder Ordner verwendet, die anders gekennzeichnet sind, als es nach § 9 Abs. 1 zulässig ist.

Abschnitt V:
Schlussbestimmungen

§ 30

(1) Die Vorschriften über Versammlungen und Aufzüge

1. des Vereinsgesetzes vom 19. April 1908 (Reichsgesetzbl. S. 151) und der Änderungsgesetze vom 26. Juni 1916 (Reichgesetzbl. S. 635) und vom 19. April 1917 (Reichsgesetzbl. S. 361),
2. der Verordnung des Reichspräsidenten zur Erhaltung des inneren Friedens vom 19. Dezember 1932 (Reichsgesetzbl. I S. 548),
3. der Verordnung des Reichspräsidenten zum Schutze des deutschen Volkes vom 4. Februar 1933 (Reichsgesetzbl. I S. 35)

werden aufgehoben.

(2) § 107 a des Strafgesetzbuches in der Fassung des Gesetzes zur Änderung des Strafgesetzbuches vom 23. Mai 1923 (Reichsgesetzbl. I S. 296) wird aufgehoben.

§ 31

Dieses Gesetz gilt nach Maßgabe des § 13 Abs. 1 des Dritten Überleitungsgesetzes vom 4. Januar 1952 (Bundesgesetzbl. I S. 1) auch im Land Berlin. Rechtsverordnungen, die auf Grund der in diesem Gesetz enthaltenen Ermächtigung erlassen werden, gelten im Land Berlin nach § 14 des Dritten Überleitungsgesetzes.

§ 32

Dieses Gesetz tritt 14 Tage nach seiner Verkündung in Kraft.

Das vorstehende Gesetz wird hiermit verkündet.
Schwalten/Post Seeg, den 24. Juli 1953

Der Bundespräsident
Theodor Heuss

Der Stellvertreter des Bundeskanzlers
Blücher

Der Bundesminister des Innern
Dr. Lehr

14. Neufassung des Gesetzes über Versammlungen und Aufzüge (Versammlungsgesetz) vom 15. November 1978, BGBl. I, S. 1789–1793

Bundesgesetzblatt 1978
Teil 1, Seite 1789

Bekanntmachung
der Neufassung des Gesetzes über Versammlungen und Aufzüge
(Versammlungsgesetz)
Vom 15. November 1978

Auf Grund des Artikels 2 des Gesetzes zur Änderung des Gesetzes über Versammlungen und Aufzüge vom 25. September 1978 (BGBl. I S. 1571) wird nachstehend der Wortlaut des Gesetzes über Versammlungen und Aufzüge (Versammlungsgesetz) in der seit 1. Oktober 1978 geltenden Fassung bekanntgemacht. Das Gesetz in seiner ursprünglichen Fassung ist am 10. August 1953 in Kraft getreten. Die Neufassung berücksichtigt:

1. die im Bundesgesetzblatt Teil III, Gliederungsnummer 2180–4, veröffentlichte bereinigte Fassung des Gesetzes nach Maßgabe des § 3 Abs. 1 Satz 2 des Gesetzes über die Sammlung des Bundesrechts vom 10. Juli 1958 (BGBl. I S. 437) und des § 3 des Gesetzes über den Abschluss der Sammlung des Bundesrechts vom 28. Dezember 1968 (BGBl. I S. 1451),
2. den am 12. September 1964 in Kraft getretenen § 29 des Vereinsgesetzes vom 5. August 1964 (BGBl. I S. 593),
3. den am 1. Oktober 1968 in Kraft getretenen Artikel 32 des Einführungsgesetzes zum Gesetz über Ordnungswidrigkeiten vom 24. Mai 1968 (BGBl. I S. 503),
4. den am 22. Mai 1970 in Kraft getretenen Artikel 3 des Dritten Gesetzes zur Reform des Strafrechts vom 20. Mai 1970 (BGBl. I S. 505),
5. den am 1. Januar 1975 in Kraft getretenen Artikel 81 des Einführungsgesetzes zum Strafgesetzbuch vom 2. März 1974 (BGBl. I S. 469),
6. das am 1. Oktober 1978 in Kraft getretene Gesetz zur Änderung des Gesetzes über Versammlungen und Aufzüge vom 25. September 1978 (BGBl. I S. 1571).

Bonn, den 15. November 1978
Der Bundesminister des Inneren
Baum

Gesetz über Versammlungen und Aufzüge (Versammlungsgesetz)

Abschnitt I: **Allgemeines**

§ 1

(1) Jedermann hat das Recht, öffentliche Versammlungen und Aufzüge zu veranstalten und an solchen Veranstaltungen teilzunehmen.

(2) Dieses Recht hat nicht,

1. wer das Grundrecht der Versammlungsfreiheit gemäß Artikel 18 des Grundgesetzes verwirkt hat,
2. wer mit der Durchführung oder Teilnahme an einer solchen Veranstaltung die Ziele einer nach Artikel 21 Abs. 2 des Grundgesetzes durch das Bundesverfassungsgericht für verfassungswidrig erklärten Partei oder Teil- oder Ersatzorganisation einer Partei fördern will,
3. eine Partei, die nach Artikel 21 Abs. 2 des Grundgesetzes durch das Bundesverfassungsgericht für verfassungswidrig erklärt worden ist, oder
4. eine Vereinigung, die nach Artikel 9 Abs. 2 des Grundgesetzes verboten ist.

§ 2

(1) Wer zu einer öffentlichen Versammlung oder zu einem Aufzug öffentlich einlädt, muß als Veranstalter in der Einladung seinen Namen angeben.

(2) Bei öffentlichen Versammlungen und Aufzügen hat jedermann Störungen zu unterlassen, die bezwecken, die ordnungsgemäße Durchführung zu verhindern.

(3) Niemand darf bei öffentlichen Versammlungen oder Aufzügen Waffen oder sonstige Gegenstände, die ihrer Art nach zur Verletzung von Personen oder zur Beschädigung von Sachen geeignet und bestimmt sind, mit sich führen, ohne dazu behördlich ermächtigt zu sein. Ebenso ist es verboten, ohne behördliche Ermächtigung Waffen oder die in Satz 1 genannten Gegenstände auf dem Weg zu öffentlichen Versammlungen oder Aufzügen mit sich zu führen, zu derartigen Veranstaltungen hinzuschaffen oder sie zur Verwendung bei derartigen Veranstaltungen bereitzuhalten oder zu verteilen.

§ 3

(1) Es ist verboten, öffentlich oder in einer Versammlung Uniformen, Uniformteile oder gleichartige Kleidungsstücke als Ausdruck einer gemeinsamen politischen Gesinnung zu tragen.

(2) Jugendverbänden, die sich vorwiegend der Jugendpflege widmen, ist auf Antrag für ihre Mitglieder eine Ausnahmegenehmigung von dem Verbot des Absatzes 1 zu erteilen. Zuständig ist bei Jugendverbänden, deren erkennbare Organisation oder Tätigkeit sich über das Gebiet eines Landes hinaus erstreckt, der

Bundesminister des Innern, sonst die oberste Landesbehörde. Die Entscheidung des Bundesministers des Innern ist im Bundesanzeiger und im Gemeinsamen Ministerialblatt, die der obersten Landesbehörden in ihren amtlichen Mitteilungsblättern bekanntzumachen.

§ 4
(weggefallen)

§ 5
Die Abhaltung einer Versammlung kann nur im Einzelfall und nur dann verboten werden, wenn
1. der Veranstalter unter die Vorschriften des § 1 Abs. 2 Nr. 1 bis 4 fällt, und im Falle der Nummer 4 das Verbot durch die zuständige Verwaltungsbehörde festgestellt worden ist,
2. der Veranstalter oder Leiter der Versammlung Teilnehmern Zutritt gewährt, die Waffen oder sonstige Gegenstände im Sinne von § 2 Abs. 3 mit sich führen,
3. Tatsachen festgestellt sind, aus denen sich ergibt, daß der Veranstalter oder sein Anhang einen gewalttätigen oder aufrührerischen Verlauf der Versammlung anstreben,
4. Tatsachen festgestellt sind, aus denen sich ergibt, daß der Veranstalter oder sein Anhang Ansichten vertreten oder Äußerungen dulden werden, die ein Verbrechen oder ein von Amts wegen zu verfolgendes Vergehen zum Gegenstand haben.

§ 6
(1) Bestimmte Personen oder Personenkreise können in der Einladung von der Teilnahme an einer Versammlung ausgeschlossen werden.
(2) Pressevertreter können nicht ausgeschlossen werden; sie haben sich dem Leiter der Versammlung gegenüber durch ihren Presseausweis ordnungsgemäß auszuweisen.

§ 7
(1) Jede öffentliche Versammlung muß einen Leiter haben.
(2) Leiter der Versammlung ist der Veranstalter. Wird die Versammlung von einer Vereinigung veranstaltet, so ist ihr Vorsitzender der Leiter.
(3) Der Veranstalter kann die Leitung einer anderen Person übertragen.
(4) Der Leiter übt das Hausrecht aus.

§ 8
Der Leiter bestimmt den Ablauf der Versammlung. Er hat während der Versammlung für Ordnung zu sorgen. Er kann die Versammlung jederzeit unterbrechen oder schließen. Er bestimmt, wann eine unterbrochene Versammlung fortgesetzt wird.

§ 9

(1) Der Leiter kann sich bei der Durchführung seiner Rechte aus § 8 der Hilfe einer angemessenen Zahl ehrenamtlicher Ordner bedienen. Diese dürfen keine Waffen oder sonstigen Gegenstände im Sinne vom § 2 Abs. 3 mit sich führen, müssen volljährig und ausschließlich durch weiße Armbinden, die nur die Bezeichnung „Ordner“ tragen dürfen, kenntlich sein.
(2) Der Leiter ist verpflichtet, die Zahl der von ihm bestellten Ordner der Polizei auf Anfordern mitzuteilen. Die Polizei kann die Zahl der Ordner angemessen beschränken.

§ 10

Alle Versammlungsteilnehmer sind verpflichtet, die zur Aufrechterhaltung der Ordnung getroffenen Anweisungen des Leiters oder der von ihm bestellten Ordner zu befolgen.

§ 11

(1) Der Leiter kann Teilnehmer, welche die Ordnung gröblich stören, von der Versammlung ausschließen.
(2) Wer aus der Versammlung ausgeschlossen wird, hat sie sofort zu verlassen.

§ 12

Werden Polizeibeamte in eine öffentliche Versammlung entsandt, so haben sie sich dem Leiter zu erkennen zu geben. Es muß ihnen ein angemessener Platz eingeräumt werden.

§ 13

(1) Die Polizei (§ 12) kann die Versammlung nur dann und unter Angabe des Grundes auflösen, wenn
   1. der Veranstalter unter die Vorschriften des § 1 Abs. 2 Nr. 1 bis 4 fällt, und im Falle der Nummer 4 das Verbot durch die zuständige Verwaltungsbehörde festgestellt worden ist,
   2. die Versammlung einen gewalttätigen oder aufrührerischen Verlauf nimmt oder unmittelbare Gefahr für Leben und Gesundheit der Teilnehmer besteht,
   3. der Leiter Personen, die Waffen oder sonstige Gegenstände im Sinne von § 2 Abs. 3 mit sich führen, nicht sofort ausschließt und für die Durchführung des Ausschlusses sorgt,
   4. durch den Verlauf der Versammlung gegen Strafgesetze verstoßen wird, die ein Verbrechen oder von Amts wegen zu verfolgendes Vergehen zum Gegenstand haben, oder wenn in der Versammlung zu solchen Straftaten aufgefordert oder angereizt wird und der Leiter dies nicht unverzüglich unterbindet.

In den Fällen der Nummern 2 bis 4 ist die Auflösung nur zulässig, wenn andere polizeiliche Maßnahmen, insbesondere eine Unterbrechung, nicht ausreichen.
(2) Sobald eine Versammlung für aufgelöst erklärt ist, haben alle Teilnehmer sich sofort zu entfernen.

Abschnitt III:
Öffentliche Versammlungen unter freiem Himmel und Aufzüge

§ 14

(1) Wer die Absicht hat, eine öffentliche Versammlung unter freiem Himmel oder einen Aufzug zu veranstalten, hat dies spätestens 48 Stunden vor der Bekanntgabe der zuständigen Behörde unter Angabe des Gegenstandes der Versammlung oder des Aufzuges anzumelden.

(2) In der Anmeldung ist anzugeben, welche Person für die Leitung der Versammlung oder des Aufzuges verantwortlich sein soll.

§ 15

(1) Die zuständige Behörde kann die Versammlung oder den Aufzug verbieten oder von bestimmten Auflagen abhängig machen, wenn nach den zur Zeit des Erlasses der Verfügung erkennbaren Umständen die öffentliche Sicherheit oder Ordnung bei Durchführung der Versammlung oder des Aufzuges unmittelbar gefährdet ist.

(2) Sie kann eine Versammlung oder einen Aufzug auflösen, wenn sie nicht angemeldet sind, wenn von den Angaben der Anmeldung abgewichen oder den Auflagen zuwidergehandelt wird oder wenn die Voraussetzungen zu einem Verbot nach Absatz 1 gegeben sind.

(3) Eine verbotene Veranstaltung ist aufzulösen.

§ 16

(1) Öffentliche Versammlungen unter freiem Himmel und Aufzüge sind innerhalb des befriedeten Bannkreises der Gesetzgebungsorgane des Bundes oder der Länder sowie des Bundesverfassungsgerichts verboten.

(2) Die befriedeten Bannkreise für die Gesetzgebungsorgane des Bundes und für das Bundesverfassungsgericht werden durch Bundesgesetz, die befriedeten Bannkreise für Gesetzgebungsorgane der Länder werden durch Landesgesetze bestimmt.

(3) Das Weitere regeln die Bannmeilengesetze des Bundes und der Länder.

§ 17

Die §§ 14 bis 16 gelten nicht für Gottesdienste unter freiem Himmel, kirchliche Prozessionen, Bittgänge und Wallfahrten, gewöhnliche Leichenbegängnisse, Züge von Hochzeitsgesellschaften und hergebrachte Volksfeste.

§ 18

(1) Für Versammlungen unter freiem Himmel sind § 7 Abs. 1, §§ 8, 9 Abs. 1, §§ 10, 11 Abs. 2, §§ 12 und 13 Abs. 2 entsprechend anzuwenden.

(2) Die Verwendung von Ordnern bedarf polizeilicher Genehmigung. Sie ist bei der Anmeldung zu beantragen.

(3) Die Polizei kann Teilnehmer, welche die Ordnung gröblich stören, von der Versammlung ausschließen.

§ 19

(1) Der Leiter des Aufzuges hat für den ordnungsmäßigen Ablauf zu sorgen. Er kann sich der Hilfe ehrenamtlicher Ordner bedienen, für welche § 9 Abs. 1 und § 18 gelten.
(2) Die Teilnehmer sind verpflichtet, die zur Aufrechterhaltung der Ordnung getroffenen Anordnungen des Leiters oder der von ihm bestellten Ordner zu befolgen.
(3) Vermag der Leiter sich nicht durchzusetzen, so ist er verpflichtet, den Aufzug für beendet zu erklären.
(4) Die Polizei kann Teilnehmer, welche die Ordnung gröblich stören, von dem Aufzug ausschließen.

§ 20

Das Grundrecht des Artikels 8 des Grundgesetzes wird durch die Bestimmungen dieses Abschnitts eingeschränkt.

Abschnitt IV: **Straf- und Bußgeldvorschriften**

§ 21

Wer in der Absicht, nichtverbotene Versammlungen oder Aufzüge zu verhindern oder zu sprengen oder sonst ihre Durchführung zu vereiteln, Gewalttätigkeiten vornimmt oder androht oder grobe Störungen verursacht, wird mit Freiheitsstrafe bis zu drei Jahren oder mit Geldstrafe bestraft.

§ 22

Wer bei einer öffentlichen Versammlung oder einem Aufzug dem Leiter oder einem Ordner in der rechtmäßigen Ausübung seiner Ordnungsbefugnisse mit Gewalt oder Drohung mit Gewalt Widerstand leistet oder ihn während der rechtmäßigen Ausübung seiner Ordnungsbefugnisse tätlich angreift, wird mit Freiheitsstrafe bis zu einem Jahr oder mit Geldstrafe bestraft.

§ 23

(weggefallen)

§ 24

Wer als Leiter einer öffentlichen Versammlung oder eines Aufzuges Ordner verwendet, die Waffen oder sonstige Gegenstände, die ihrer Art nach zur Verletzung von Personen oder Beschädigung von Sachen geeignet und bestimmt sind, mit sich führen, wird mit Freiheitsstrafe bis zu einem Jahr oder mit Geldstrafe bestraft.

§ 25

Wer als Leiter einer öffentlichen Versammlung unter freiem Himmel oder eines Aufzuges

1. die Versammlung oder den Aufzug wesentlich anders durchführt, als die Veranstalter bei der Anmeldung angegeben haben, oder
2. Auflagen nach § 15 Abs. 1 nicht nachkommt,

wird mit Freiheitsstrafe bis zu sechs Monaten oder mit Geldstrafe bis zu einhundertachtzig Tagessätzen bestraft.

§ 26

Wer als Veranstalter oder Leiter
1. eine öffentliche Versammlung oder einen Aufzug trotz vollziehbaren Verbots durchführt oder trotz Auflösung oder Unterbrechung durch die Polizei fortsetzt oder
2. eine öffentliche Versammlung unter freiem Himmel oder einen Aufzug ohne Anmeldung (§ 14) durchführt, wird mit Freiheitsstrafe bis zu einem Jahr oder mit Geldstrafe bestraft.

§ 27

Wer bei öffentlichen Versammlungen oder Aufzügen Waffen oder sonstige Gegenstände, die ihrer Art nach zur Verletzung von Personen oder Beschädigung von Sachen geeignet und bestimmt sind, mit sich führt, ohne dazu behördlich ermächtigt zu sein, wird mit Freiheitsstrafe bis zu einem Jahr oder mit Geldstrafe bestraft. Ebenso wird bestraft, wer ohne behördliche Ermächtigung Waffen oder sonstige Gegenstände im Sinne des Satzes 1 auf dem Weg zu öffentlichen Versammlungen oder Aufzügen mit sich führt, zu derartigen Veranstaltungen hinschafft oder sie zur Verwendung bei derartigen Veranstaltungen bereithält oder verteilt.

§ 28

Wer der Vorschrift des § 3 zuwiderhandelt, wird mit Freiheitsstrafe bis zu zwei Jahren oder mit Geldstrafe bestraft.

§ 29

(1) Ordnungswidrig handelt, wer
   1. an einer öffentlichen Versammlung oder einem Aufzug teilnimmt, deren Durchführung durch vollziehbares Verbot untersagt ist,
   2. sich trotz Auflösung einer öffentlichen Versammlung oder eines Aufzuges durch die zuständige Behörde nicht unverzüglich entfernt,
   3. als Teilnehmer einer öffentlichen Versammlung unter freiem Himmel oder eines Aufzuges einer vollziehbaren Auflage nach § 15 Abs. nicht nachkommt,
   4. trotz wiederholter Zurechtweisung durch den Leiter oder einen Ordner fortfährt, den Ablauf einer öffentlichen Versammlung oder eines Aufzuges zu stören,
   5. sich nicht unverzüglich nach seiner Ausschließung aus einer öffentlichen Versammlung oder einem Aufzug entfernt,

6. der Aufforderung der Polizei, die Zahl der von ihm bestellten Ordner mitzuteilen, nicht nachkommt oder eine unrichtige Zahl mitteilt (§ 9 Abs. 2),
7. als Leiter oder Veranstalter einer öffentlichen Versammlung oder eines Aufzuges eine größere Zahl von Ordnern verwendet, als die Polizei zugelassen oder genehmigt hat (§ 9 Abs. 2, § 18 Abs. 2), oder Ordner verwendet, die anders gekennzeichnet sind, als es nach § 9 Abs. 1 zulässig ist, oder
8. als Leiter den in eine öffentliche Versammlung entsandten Polizeibeamten die Anwesenheit verweigert oder ihnen keinen angemessenen Platz einräumt.

(2) Die Ordnungswidrigkeit kann in den Fällen des Absatzes 1 Nr. 1 bis 5 mit einer Geldbuße bis tausend Deutsche Mark und in den Fällen des Absatzes 1 Nr. 6 bis 8 mit einer Geldbuße bis zu fünftausend Deutsche Mark geahndet werden.

§ 30
Gegenstände, auf die sich eine Straftat nach § 27 oder § 28 oder eine Ordnungswidrigkeit nach § 29 Abs. 1 Nr. 3 bezieht, können eingezogen werden.

Abschnitt V:
Schlussbestimmungen

§ 31
(Aufhebungsvorschriften)

§ 32
Dieses Gesetz gilt nach Maßgabe des § 13 Abs. 1 des Dritten Überleitungsgesetzes auch im Land Berlin. Rechtsverordnungen, die auf Grund der in diesem Gesetz enthaltenen Ermächtigung erlassen werden, gelten im Land Berlin nach § 14 des Dritten Überleitungsgesetzes.

§ 33
(Inkrafttreten)

V. Quellenverzeichnis

A) Materialien zum Gesetz über Versammlungen und Aufzüge (Versammlungsgesetz) vom 24. Juli 1953, Band 1 mit Anlagen, Parlamentsarchiv des Deutschen Bundestages, Berlin
Zitiert: *Mat-VersG, [lfd. Nr.]*, S.

Lfd. Nr.	**Datum**	**Fundstelle/Inhalt**
1.	12.5.1950	BR-Drucks. Nr. 328/50 – Gesetzentwurf d. BReg. (Versammlungsordnungsgesetz)
2.	15.5.1950	Zu BR-Drucks. Nr. 328/50 – Gesetzesvorlage d. BReg. b. BR
3.	20.5.1950	Zu BR-Drucks. Nr. 328/50 – Empfehlungen. d. BR-Aussch. f. Innere Angelegenheiten
4.	25.5.1950	Zu BR-Drucks. Nr. 328/50 – Empfehlungen d. BR-Aussch. f. Innere Angelegenheiten u.f. Recht
5.	25.5.1950	BR-22. Sitz. – Änderungsvorschläge, 1. übrig. Keine Einwendungen
6.	26.5.1950	BR-Drucks. Nr. 394/50 – Beschluß d. 22. Sitz.
7.	26.6.1950	BT-Drucks. Nr. 1102 – Gesetzesvorlage d. BReg. b. BT
8.	12.9.1950	BT-83. Sitz. – Ausschussüberweisung
9.	13.9.1950	BT-Präs. – Überweisung an 24. Aussch.
10.	20.9.1950	BT-24. Aussch. 15. Sitz. – Annahme mit Änderungen
11.	13.9.1950	BT-Präs. – Überweisung an 5. Aussch.
12.	12.10.1950	BT-5. Aussch. 17. Sitz. – Allg. Aussprache.; Einsetzung Unterausschuss
13.	25.10.1950	BT-5. Aussch. Unteraussch. „Versammlungsordnungsges." -Beschlußprotokoll zu den §§ 1 u. 2
14.	15.1.1951	BT-5. Aussch. Unteraussch. „Versammlungsordnungsges." – Drucks. Nr. 1 – Beschlußprotokoll zu den §§ 1–13
15.	25.1.1951	BT-5. Aussch. Unteraussch. „Versammlungsordnungsges." Aussch.-Drucks. Nr. 2 – Beschlußprotokoll zu den §§ 9 u. 12
16.	13.2.1951	BT-5. Aussch. Unteraussch. „Versammlungsordnungsges." Aussch.-Drucks. Nr. 3 -Zusammenstellg. d. bisherig. Beschlüsse d. Aussch.
17.	15.2.1951	BT-5. Aussch. 19. Sitz. – Berichterstattung. d. Unteraussch.
18.	22.2.1951	BT-5. Aussch. 20. Sitz. – Lesung §§ 1 – 5

19.	15.3.1951	BT-5. Aussch. 21. Sitz. – Lesung §§ 6–13; Neufassung der BReg für §§ 3 u. 12
20.	5.4.1951	BT-5. Aussch. 22. Sitz. – Lesung §§ 3 u. 12
21.	26.4.1951	BT-5. Aussch. 23. Sitz. – Lesung §§ 14–21
22.	31.5.1951	BT-5. Aussch. 24. Sitz. – Lesung § 15
23.	12.6.1951	BT-5. Aussch. 25. Sitz. Lesung §§ 3, 15, 22–24
24.	19.6.1951	BT-5. Aussch. 26. Sitz. Unteraussch. Redaktionskommission – Beschlußprot.: Gesetzentwurf. nach d. redaktionellen Überprüfung
25.	5.7.1951	BT-5. Aussch., 27. Sitz. / 24. Ausschuss, 29. Sitzung – Annahme mit Änderungen der gemeinsamen. Sitzung
26.	11.10.1951	BT-5. Aussch. 28. Sitz. – Annahme in der Fassung der gemeinsamen Sitzung mit dem 24. Ausschuss
27.	17.10.1951	BT-5. Aussch. 29. Sitz. – Einfügung § 30a (Berlinklausel)
28.	19.10.1951	BT-Drucks. Nr. 2759 – Mündlicher Bericht d. 5. Aussch.
29.	07.11.1951	BT-172. Sitz. – Absetzung von der Tagesordnung
30.	22.11.1951	BT-176. Sitz. – Absetzung von der Tagesordnung
31.	26.6.1952	BT-220. Sitz. – Berichterstattung des 5. Aussch.
32.	26.6.1952	BT-Umdr. Nr. 586 – Änderungsantrag KPD
33.	10.7.1952	BT-Umdr. Nr. 603 – Änderungsantrag DP
34.	16.7.1952	BT-Umdr. Nr. 621 – Änderungsantrag SPD
35.	18.7.1952	BT-226. Sitz. – Rückverweisung an den 5. Aussch.
36.	18.7.1952	BT-Präs. – Rückverweisung an 5. Aussch.
37.	18.9.1952	BT-5. Aussch. 35. Sitz. – Begründung des Änderungsantrags SPD; Ablehnung Änderungsantrag KPD, Änderung § 30a
38.	5.2.1953	BT-5. Aussch. 38. Sitz. – Ablehnung Änderungsantrag DP, Neufassung §§ 3a, 7, 16, 18, 21a, 23a, 24, 25, 26, 26a, 28, 30a
39.	5.2.1953	BT-Drucks. Nr. 4079 – Mündlicher Bericht d. 5. Aussch.
40.	21.2.1953	BT-Drucks. Nr. 755 – Berichtigung zum Mündlichen Bericht
41.	13.2.1953	BT-5. Aussch. Vors. – Bitte um gutachtl. Stellungn. an 23. Aussch.
42.	25.2.1953	BT-23. Aussch. 237. Sitz. – Ablehnung gutachtl. Stellungnahme
43.	25.2.1953	BT-Umdr. Nr. 761 – Änderungsantrag KPD
44.	25.2.1953	BT-250. Sitz. – Absetzung von der Tagesordnung

45.	27.2.1953	BT-5. Aussch. 39. Sitz. – Neufassung §§ 12, 26 Ziff. 1, 2a, 3a
46.	9.3.1953	BT-5. Aussch. 40. Sitz. – Neufassung §§ 1, 2, 3a, Streichung §§ 2a, 2b
47.	11.3.1953	BT-5. Aussch. 41. Sitz. – Änderung §§ 6, 20, Neufassung § 12
48.	16.4.1953	BT-5. Aussch. 42. Sitz. – Neufassung §§ 2, 3a, 12, 18, 22, 26, 26a, 27, 28, 30,31
49.	22.4.1953	BT-Drucks. Nr. 4291 – Mündlicher Bericht d. 5. Aussch. Titeländerung; Entwurf eines Gesetzes über öffentliche Versammlungen und Aufzüge (Versammlungsgesetz)
50.	5.5.1953	BT-Umdr. Nr. 898 – Änderungsantrag CDU/CSU
51.	5.5.1953	BT-Umdr. Nr. 899 – Änderungsantrag KPD
52.	6.5.1953	BT-Umdr. Nr. 900 – Änderungsantrag SPD
53.	6.5.1953	BT-Umdr. Nr. 907 – Änderungsantrag SPD
54.	6.5.1953	BT-264. Sitz. – II. u. III. Beratung; Gesetzesbeschluß
55.	6.5.1953	BT-Beschl. Nr. 264/2 – Beschluß d. 254. Sitz.
56.	o.D.	BT-Drucks. Nr. 204/53 – Gesetzentwurf nach d. BT-Beschl.
57.	22.5.1953	Zu BR-Drucks. Nr. 204/53 -Bekanntgabe d. BT-Gesetzesbeschl. an die Länder
58.	15.5.1953	BR-Drucks. Nr. 204/1/53 – Vorschlag d. Aussch. f. innere Angelegenheiten u.d. Rechtsaussch. auf Einberufung d. Vermittlungsausschusses
59.	17.5.1953	BR-Drucks. Nr. 204/2/53 – Vorschlag d. Aussch. f. innere Angelegenheiten u.d. Rechtsaussch. auf Einberufung d. Vermittlungsausschusses
60.	20.5.1953	BR-Drucks. Nr. 204/3/53 – Antrag Land Baden-Württemberg auf Einberufung d. Vermittlungsausschusses
61.	22.5.1953	BR-108. Sitz. – Antrag nach Art. 77 Abs. 2 GG
62.	22.5.1953	BR-Drucks. Nr. 204/53 – Beschluß d. 108. Sitz.
63.	22.5.1953	BT-Drucks. Nr. 4387 – Bekanntg. d. BR-Beschl. b. BT
64.	2.7.1953	BT-Drucks. Nr. 4409 (neu) – Mündlicher Bericht des Vermittlungsausschusses
65.	3.7.1953	BT-280. Sitz. – Annahme der Anträge des Vermittlungsausschusses
66.	3.7.1953	BT-Beschl. Nr. 280/2 – Beschluß d. 280. Sitz.
67.	3.7.1953	BR-Drucks. Nr. 342/53 – Bekanntg. d. BT-Beschl. a.d. Länder

68.	3.7.1953	BR-112. Sitz. – Zustimmungsbeschluß
69.	4.7.1953	BR-Drucks. Nr. 342/53 – Beschluß d. 112. Sitz.
70.	24.7.1953	BGBl. I S. 684 – Verkündung d. Gesetzes

Anlagen

20.9.1950	Anlage zu BR-Drucks. Nr. 204/2/53 – Synopse: Entwurf d. BReg. ./. Beschl. d. 24. Aussch.
15.9.1950	Anlage zu BR-Drucks. Nr. 204/2/53 – Gesellschaft f. Bürgerrechte Stellungnahme zum Entwurf
15.2.1951	Anlage 1 zu BT-5. Aussch. 17. Sitz. – Synopse: Entw. d. BReg. ./. Beschl. d. 24. Aussch. ./. Beschl. d. Unteraussch. „Versammlungsordnungsgesetz“
1.2.1951	Anlage 2 zu BT-5. Aussch. 17. Sitz. – Bekanntmachung d. Bayer. Staatsmin. d. Innern betr. Durchführung v. öffentl. Versammlungen
26.9.1950	Verordnung über das Verbot von Versammlungen u. Aufzüge unter freiem Himmel
22.2.1951	Anlage zu BT-5. Aussch. 20. Sitz. – Synopse: Entw. d. BReg. ./.1. Beschl. d. 5. Aussch.
o.D.	Anlage zu BT-5. Aussch. 20. Sitz. – Antrag betr. §§ 3 u. 12
15.3.1951	Anlage 1 zu BT-5. Aussch. 21. Sitz. – Synopse: Entw. d. BReg. ./. Beschl. d. 5. Aussch.
26.2.1951	Anlage 1 zu BT-5. Aussch. 21. Sitz. – Neufassungen §§ 3 und 12 durch BMI
2.3.1951	BT-5. Ausschussvorsitzender – Bemerkungen zu den Neufassungen
5.4.1951	Anlage 1 zu BT-5. Aussch. 22. Sitz. – Synopse: Entw. d. BReg. ./. Beschl. d. 5. Aussch.
22.3.1951	Anlage zu BT-5. Aussch. 22. Sitz. – Neufassungen §§ 3 u.12 durch BMI
26.4.1951	Anlage 1 zu BT-5. Aussch. 23. Sitz. – Synopse: entw. d. BReg. ./. Beschl. d. 5. Aussch.
23.5.1951	Anlage zu BT-5. Aussch. 24. Sitz. – Neufassung § 15 m. Begründung durch BMI
12.6.1951	Anlage 1 zu BT-5. Aussch. 25. Sitz. – Synopse: Entw. d. BReg. ./. Beschl. d. 5. Aussch.
5.6.1951	Anlage zu BT-5. Aussch. 25. Sitz. – Neufassung § 15 durch BMI
1.6.1931	Abschrift – § 14 d. PVG
o.D.	BMI – Neufassung §§ 22–28
19.6.1951	Anlage 1 zu BT-5. Aussch. 26. Sitz. – Synopse: Entw. d. BReg. ./. Fassung d. Redaktionskommission

5.7.1951	Anlage zu BT-5. Aussch. 27. Sitz.- Synopse: Entw. d. BReg. ./. Beschl. d. 5. Aussch. gemeins. mit d. 24. Aussch.
o.D.	Anlage zu BT-5. Aussch. 27. Sitz.- Vervielfältigung der Synopse: Entw. d. BReg. ./. Beschl. d. BReg. ./. Beschl. d. 5. Aussch. ./. Fassg. d. Redaktionskommission v. 19.6.51
o.D.	Anlage zu BT-5. Aussch. 35. Sitz. – Abschrift des Kabinettsbeschl. üb. Notwendigkeit u. Fassg. d. sog. Berlinklausel
11.3.1953	Anlage zu BT-5. Aussch. 41. Sitz. – Synopse: Entw. d. BReg. ./. Beschl. d. 5. Aussch. ./. Neufassg.
17.5.1953	Anlage zu BR-Drucks. Nr. 204/1/53 – Erläuterungen des BR-Aussch. f. innere Angelegenh. z. BR-Drucks. Nr. 204/1/53

B) Materialien zum Gesetz über Versammlungen und Aufzüge (Versammlungsgesetz) vom 24. Juli 1953, Band 2, Parlamentsarchiv des Deutschen Bundestages, Berlin
Zitiert: *Mat.-VersG II, [lfd. Nr.]*, S.

Lfd. Nr.	**Datum**	**Fundstelle/Inhalt**
1.	28.12.1950	BMI – Stellungnahme zum Uniformverbot
2.	28.12.1950	Abgeordneter Ewers – Vorschläge zur Neufassung d. Abschnittes II d. Entw. (§§ 4–13)
3.	26.5.1951	BMI – § 21 d. Preuss. Polizeiverwaltungsgesetzes v. 1.6. 1931; Neufassung d. § 15 d. Entwurfs eines Versammlungsordnungsgesetzes
4.	Juni 1951	BT-5. Aussch. – Synopse: Reg.-Entw. ./. Beschl. d. 24. Aussch. ./. Beschl. d. 5. Aussch. ./. Beschl. d. Redaktions-Kommission (Stand: 19.6.51)
5.	18.9.1951	BT-5. Aussch. – Stand d. Behandlung an BT-Direktion
6.	25.6.1952	Presse- und Informationsamt – Italien. Gesetz gegen neofaschistische Bewegungen
7.	8.5.1920	RGBl. S. 909 – Gesetz über die Befriedung der Gebäude des Reichstags und des Landtags
8.	23.12.1949	GVBl. Nordrhein-Westfalen 1950, S. 13 – Gesetz über die Befriedung des Hauses des Landtags
9.	6.2.1953	BMJ – Begründung der Änderungsvorschläge zu Abschnitt IV des Gesetzentwurfs
10.	25.5.1953	Heinz Stange – Eingabe
11.	6.6.1953	Gerhard Harbs – Eingabe
12.	o.D.	BMJ – Neufassung § 16

13.	o.D.	BT-5. Aussch. – Entwicklung der Beratungen des Versammlungsgesetzes unter Hervorhebung der politisch wichtigsten Punkte und der wesentlichen Änderungen ggü. d. RegE
14.	o.D.	Bundeskanzleramt Sprachendienst – Französ. u. engl. Übersetzung d. Versammlungsgesetzes
15.	o.D.	Abg. Dr. Becker – Entwurf eines Gesetzes über öffentliche Versammlungen u. Aufzüge

C) Verhandlungen des Deutschen Bundestages, 1. Wahlperiode 1949–1953 (Sitzungsberichte und Protokolle, fortlaufende Nummerierung), Stenographische Berichte
Zitiert: *BT-Protokolle 1949–1953,* S.

D) Akten des Bundesministeriums des Innern (BMI) zum Versammlungsgesetz 1953, Bundesarchiv Koblenz; Aktennummern BArch BMI-B106–3229, BArch BMI-B106–3330, BArch BMI-B106–3231, BArch BMI-B106–3232, BArch BMi-B106–16018
Zitiert: [*Name/Beschreibung des Dokuments und Datum*], BArch BMI-B106-[...].

E) Akten des Bundesministeriums der Justiz (BMJ) zum Versammlungsgesetz 1953, Bundesarchiv Koblenz, Aktennummern BArch BMJ-B141–4689, BArch BMJ-B141–4690, BArch BMJ-B141–4691, BArch BMJ-B141–4692, BArch BMJ-B141–4693
Zitiert: [*Name/Beschreibung des Dokuments und Datum*], BArch BMJ-B1141-[...].

F) Kurzprotokolle der Sitzungen des Vermittlungsausschusses des Deutschen Bundestages und Bundesrates, Microficheausgabe, 1. Wahlperiode 1949–1953, München 1953
Zitiert: *Protokoll-Vermittlungsausschuss 1949–1953, [lfd. Nr.] Sitzung,* S.

VI. Abkürzungsverzeichnis

23. Ausschuss	(23.) Bundestagsausschuss für Rechtswesen und Verfassungsrecht
24. Ausschuss	(24.) Bundestagsausschuss für Angelegenheiten der inneren Verwaltung
5. Ausschuss	(5.) Bundestagsausschuss zum Schutze der Verfassung
5.A.-VersG 1951	Fassung des VersG nach den Beschlüssen des 5. Ausschusses in der ersten und zweiten Ausschussbehandlung, 12. Oktober 1950 – 22. April 1953
a. a. O.	am angegebenen Ort
AHK	Alliierte Hohe Kommission (mit Satzung vom 20. Juni 1949)
ALR	Allgemeines Landrecht für die preußischen Staaten von 1794
bearb.	bearbeitet
BefBezG	Gesetz über die befriedeten Bezirke für Verfassungsorgane des Bundes vom 8. Dezember 2008
BGB	Bürgerliches Gesetzbuch
BGBl.	Bundesgesetzblatt
BGBl. NB	Bundesgesetzblatt des Norddeutschen Bundes
BK	Bundeskanzler
BKAmt	Bundeskanzleramt
BMA	Bundesministerium für Arbeit
BMF	Bundesministerium der Finanzen
BMfBR	Bundesministerium für Bundesratsangelegenheiten
BMfV	Bundesministerium für Vertriebene
BMI	Bundesministerium des Innern
BMJ	Bundesministerium der Justiz
BMM	Bundesministerium für den Marshallplan (European Recovery Programm)
BMPF	Bundesministerium für das Post- und Fernmeldewesen
BMV	Bundesverkehrsministerium
BMVg	Bundesministerium der Verteidigung
BMW	Bundeswirtschaftsministerium
BP	Bayernpartei
BPA	Presse- und Informationsamt der Bundesregierung
BR	Bundesrat
BRD	Bundesrepublik Deutschland
BReg	Bundesregierung
BT	Bundestag
BT-Drs.	Bundestag Drucksache [Nr.]
bspw.	beispielsweise
BVerfG	Bundesverfassungsgericht (Karlsruhe)
BVerfGE	Entscheidungssammlung des Bundesverfassungsgerichts
CDU	Christlich Demokratische Union

Ch.E	Chiemsee-Entwurf (Verfassungsausschuß der Ministerpräsidentenkonferenz der Westlichen Besatzungszonen, Bericht über den Verfassungskonvent in Herrenchiemsee vom 10. Bis 23. August 1948)
CSU	Christlich Soziale Union
DDR	Deutsche Demokratische Republik
ders.	derselbe
DJZ	Deutsche Juristenzeitung
DKP-DRP	Deutsche Konservativen Partei – Deutsche Reichspartei
DP	Deutsche Partei
DVP	Demokratische Volkspartei
ebda.	ebenda
f.	folgende Seite
ff.	folgende Seiten
FDP	Freie Demokratische Partei
Fn.	Fußnote
FU	Föderalistische Union (Fraktion im ersten Deutschen Bundestag bestehend aus Abgeordneten von BP und Zentrum)
GB/BHE	Gesamtdeutscher Block/Bund der Heimatvertriebenen und Entrechteten (Partei)
ggü.	gegenüber
GG	Grundgesetz der Bundesrepublik Deutschland
GfB	Gesellschaft für Bürgerrechte, Frankfurt am Main
GO VermA	Gemeinsame Geschäftsordnung des Bundestages und des Bundesrates für den Ausschuss nach Art. 77 GG (Vermittlungsausschuss) vom 5. Mai 1951 (BGBl. II 1951, S. 103)
h.L.	herrschende Lehre
Hrsg.	Herausgeber
i.S.v.	im Sinne von
i.V.	in Vertretung
KPD	Kommunistische Partei Deutschlands
Landger.Rat	Landgerichtsrat
Min.Dirig.	Ministerialdirigent
m.w.N.	mit weiteren Nachweisen
Nds. GVB	Niedersächsisches Gesetz- und Verordnungsblatt
NSDAP	Nationalsozialistische Deutsche Arbeiterpartei
NVwZ	Neue Zeitschrift für Verwaltungsrecht
o.D.	ohne Datum
o. J.	ohne Jahr
PAG	Gesetz über die Aufgaben und Befugnisse der Polizei in Bayern vom 16. Oktober 1954 (Polizeiaufgabengesetz, GVBl. I 1954, S. 237)
PrOVGE	Entscheidungssammlung des Preußischen Oberverwaltungsgerichts

PreußVerfUrk	Preußische Verfassungsurkunde vom 31. Januar 1850
Preuß. PolVwG	Preußisches Polizeiverwaltungsgesetz
Reg.Dir.	Regierungsdirektor
RegE	Regierungsentwurf des Versammlungsordnungsgesetzes vom 5. Mai 1950
Reichsverfassung	Deutsche Reichsverfassung vom 16. April 1871
RVG	Reichsvereinsgesetz von 1908, Stand: 14.03.1950
S.	Seite
s.	siehe
SA	Sturmabteilung, paramilitärische Kampforganisation der NSDAP
SPD	Sozialdemokratische Partei Deutschlands
s. o.	siehe oben
StVO	Straßenverkehrsordnung
s.u.	siehe unten
u.ä.	und ähnliche/r/s
u.a.	unter anderem
UAVersG	Fassung des Gesetzentwurfs nach Beschlüssen des 5. Ausschuss BT – Unterausschuss „Versammlungsordnungsgesetz" (Stand: 13.02.1951)
Vereinsgesetz	Verordnung über die Verhütung eines die gesetzliche Freiheit und Ordnung gefährdenden Missbrauchs des Versammlungs- und Vereinigungsrechts vom 11. März 1850 (Preußen)
VersG	Versammlungsgesetz; ohne weitere Angaben in seiner verkündeten Fassung von 1953 einschließlich der danach erfolgten Änderungen
VersG-BT	Versammlungsgesetz in der vom Bundestag am 6. Mai 1953 verabschiedeten Fassung
Verw.Ger.Rat	Verwaltungsgerichtsrat
vgl.	vergleiche
vorl. GO-BR	vorläufige Geschäftsordnung des Bundesrates (1950)
VVN	Vereinigung der Verfolgten des Naziregimes
WRV	Weimarer Reichsverfassung
z.B.	zum Beispiel
Zentrum oder *DZP*	Deutsche Zentrumspartei

VII. Literaturverzeichnis

Anschütz, Gerhard: Die Verfassung des Deutschen Reiches vom 11. August 1919, Kommentar für Wissenschaft und Praxis, 14. Auflage, Berlin 1933.
Zitiert: *Anschütz-WRV*

Appel, Ivo: Verfassung und Strafe – Zu den verfassungsrechtlichen Grenzen staatlichen Strafens, Berlin 1998.
Zitiert: *Appel*

Berger, Helge, **Ritschl**, Albrecht: Die Rekonstruktion der Arbeitsteilung in Europa – Eine neue Sicht des Marshallplans in Deutschland 1947–1951, in: Vierteljahreshefte für Zeitgeschichte 1995, S. 473–519.
zitiert: *Berger/Ritschl, Marshallplan, VfZ 1995*

Bundesarchiv/Booms, Hans (Hrsg.): Kabinettsprotokolle der Bundesregierung, Band 2 (1950), Band 3 (1950), Band 4 (1951), Band 5 (1952), Band 6 (1953), Boppard am Rhein.
Zitiert: *Kabinettsprotokolle BReg, [Band] [Jahr], [Seite]*

Böckenförde, Ernst-Wolfgang: Der Verfassungstyp der deutschen konstitutionellen Monarchie im 19. Jahrhundert, in: Ders., Moderne deutsche Verfassungsgeschichte, Königstein/Ts. 1981, S. 146–170.
Zitiert: *Böckenförde*

Caspar, Paul: Das preußische Versammlungs- und Vereinsrecht, Berlin 1894.
Zitiert: *Caspar-Versammlungsrecht*

Dreier, Horst (Hrsg.): Grundgesetz-Kommentar, Band 1 (Art. 1–19), Tübingen 1996.
Zitiert: *Dreier*-GG

Ebbing, Jule: Adenauers Außenpolitik – Wiedervereinigung oder Westintegration?, Aachen/Norderstedt 2013.
Zitiert: *Ebbing*

F.A. Brockhaus und Alpmann & Schmidt Juristische Lehrgänge (Hrsg.): Fachlexikon Recht, 1. Auflage, Mannheim/Münster 2005.
Zitiert: *Alpmann-Brockhaus*

Fischer, Thomas: Strafgesetzbuch mit Nebengesetzen, Kommentar, 63. Auflage, München 2016.
Zitiert: *Tröndle*

Frisch, Walter: An den Grenzen des Strafrechts, in: Beiträge zur Rechtswissenschaft, Festschrift für Walter Stree und Johannes Wessels zum 70. Geburtstag, Heidelberg 1993, S. 69–106.
Zitiert: *Frisch*

Geck, Wilhelm Karl: Zum Versammlungsbegriff des Art. 8 GG, in: Deutsches Verwaltungsblatt 1980, S. 797–803.
Zitiert: *Geck*, DVBl. 1980.

Gerber, Carl Friederich von: Über öffentliche Rechte, Tübingen 1852.
Zitiert: *v. Gerber – öffentliche Rechte*

Gerhold, Sönke: Der unbenannte minder schwere Fall im Strafrecht und seine Bedeutung für die Strafzumessung, in: Zeitschrift für das Juristische Studium 2009, S. 260–266.
Zitiert: *Gerhold, ZJS 2009*

Gierke, Otto von: Das Deutsche Genossenschaftsrecht, Bd. I, Nachdruck der ersten Ausgabe von 1868, Darmstadt 1954.
Zitiert: *Gierke*

Grimm, Dieter: Recht und Staat der bürgerlichen Gesellschaft, Frankfurt a.M. 1987.
Zitiert: *Grimm*

Gusy, Christoph: Die Weimarer Reichsverfassung, 1. Auflage, Tübingen 1997.
Zitiert: *Gusy*

Häberle, Peter (Hrsg.): Erbs/Kohlhaas – Strafrechtliche Nebengesetze, Band 1, Stand der 208. Ergänzungslieferung, München 2016.
Zitiert: *Erbs/Kohlhaas-VersG-[Bearbeiter]*

Haensch, Günther, **Tümmers**, Hans J.: Frankreich: Politik, Gesellschaft, Wirtschaft, 3., völlig neu bearbeitete Auflage, München 1998.
Zitiert: *Haensch/Tümmers-Frankreich*

Hieber, Johannes von, **Bazille**, Wilhelm: Das Reichsvereinsgesetz vom 19. April 1908 – an Hand der Begründung des Entwurfs, der Verhandlungen in Kommission und Reichstag sowie der bisher ergangenen Entscheidungen der einzelstaatlichen Verwaltungsgerichte, des Reichs- und Kammergerichtes für die Praxis, Kommentar, Stuttgart 1908.
Zitiert: *Hieber/Bazille-RVG*

Huber, Ernst Rudolf: Deutsche Verfassungsgeschichte seit 1789, Band I, Reform und Restauration 1789 bis 1830, 2. Auflage, Stuttgart 1990.
Zitiert: *Huber*, Band I

Huber, Ernst Rudolf: Deutsche Verfassungsgeschichte seit 1789, Band II, Der Kampf um Einheit und Freiheit 1830 bis 1850, 3. Auflage, Stuttgart 1988.
Zitiert: *Huber*, Band II

Huber, Ernst Rudolf: Deutsche Verfassungsgeschichte seit 1798, Band III, Bismarck und das Reich, 2. Auflage, Stuttgart 1963.
Zitiert: *Huber*, Band III

Huber, Ernst Rudolf (Hrsg.): Dokumente zur deutschen Verfassungsgeschichte, Band 2 Deutsche Verfassungsdokumente 1851 bis 1900, 3., neu bearbeitete Auflage, Stuttgart 1986.
Zitiert: *Huber-Verfassungsdokumente*

Isensee, Josef, **Kirchhof**, Paul: Handbuch des Staatsrechts, Band I: Historische Grundlagen, Bonn/Heidelberg 1981.
Zitiert: *Isensee/Kirchhof-StR I-Bearbeiter*

Jestaedt, Matthias: Grundrechtsentfaltung im Gesetz, Tübingen 1999.
Zitiert: *Jestaedt-Grundrechtsentfaltung*

Kakies, Dieter: Deutsche Verfassungen – Die grundlegenden Dokumente deutscher Demokratie von der Paulskirche bis zum Grundgesetz, 1. Auflage, München 1965.
Zitiert: *Kakies*-Gesetzestext

Kaufmann, Arthur (Hrsg.): Gustav Radbruch – Gesamtausgabe, Band 8 – Strafrecht, bearbeitet von Arthur Kaufmann, Heidelberg 1998.
Zitiert: *Radbruch-Strafrecht*

Kempf, Udo, **Merz**, Hans-Georg (Hrsg.): Kanzler und Minister 1949–1998 – Biographisches Lexikon der deutschen Bundesregierungen, Wiesbaden 2001.
Zitiert: *Kempf/Merz-[Bearbeiter]*

Kluxen, Kurt: Die geistesgeschichtlichen Grundlagen des englischen Parlamentarismus, in: Parlamentarismus, 3. Auflage, Köln/Berlin 1971.
Zitiert: *Kluxen*, Parlamentarismus

Knapp, Manfred: Deutschland und der Marshallplan: Zum Verhältnis zwischen politischer und ökonomischer Stabilisierung in der amerikanischen Deutschlandpolitik nach 1945, in: Marshallplan und westdeutscher Wiederaufstieg (Positionen – Kontroversen) von Hans-Jürgen Schröder (Hrsg.), Stuttgart 1990, S. 35–59.
Zitiert: *Knapp-Marshallplan*

Kotulla, Michael: Deutsche Verfassungsgeschichte – Vom Alten Reich bis Weimar (1495–1934), Heidelberg 2008.
Zitiert: *Kotulla*

Kraujuttis, Sigrid: Versammlungsfreiheit zwischen liberaler Tradition und Funktionalisierung, Köln/Berlin/München 2005.
Zitiert: *Kraujuttis-Versammlungsfreiheit*

Kretzer, Hartmut: Quellen zum Versammlungsverbot des Jahres 1937 und zur Gründung des BfC, Neustadt an der Weinstraße 1987.
Zitiert: *Kretzer-Versammlungsverbot 1937*

Küchenhoff, Klaus: Die geistesgeschichtliche Entwicklung der Vereins- und Versammlungsfreiheit, in: Wurzbacher/Küchenhoff, Vereinigungs- und Versammlungsfreiheit: Untersuchungen zu Art. 8 und 9 des Grundgesetzes für die Bundesrepublik Deutschland, Hannover 1966, S. 7–47.
Zitiert: *Küchenhoff*

Kunz, Karl-Ludwig: Das strafrechtliche Bagatellprinzip, Berlin 1984.
Zitiert: *Kunz*

Laband, Paul: Zum Entwurf des Vereinsgesetzes, in: Deutsche Juristenzeitschrift (DJZ) Nr. 1/1908, Spalten 1 ff.
Zitiert: *Laband-RVG*

Laband, Paul: Das Staatsrecht des Deutschen Reiches, Bände 1–4, Tübingen 1876.
Zitiert: *Laband-Staatsrecht*

Laufs, Adolf: Rechtsentwicklungen in Deutschland, 6., überarbeitete und erweiterte Auflage, Berlin 2006.
Zitiert: *Laufs*

Leibholz, Gerhard, **Mangoldt**, Hermann von (Hrsg.): Entstehungsgeschichte der Artikel des Grundgesetzes (= Jahrbuch des öffentlichen Rechts, Band 1 n.F.), Tübingen 1951.
Zitiert: *JöR-Entstehung GG*

Mangoldt, Hermann von, **Klein**, Friedrich, **Starck**, Christian: Kommentar zum Grundgesetz, 6., vollständig neubearbeitete Auflage, München 2010.
Zitiert: *v. Mangoldt/Klein/Starck-GG-Bearbeiter*

Maunz, Theodor, **Dürig**, Günter: Kommentar zum Grundgesetz, Loseblatt, Stand 2015.
Zitiert: *Maunz/Dürig-GG-Bearbeiter*

May, Thomas Erskine: Die Verfassungsgeschichte Englands seit der Thronbesteigung Georgs' s III, 1760 – 1860, 2 Bände, Berlin/Leipzig 1862.
Zitiert: *May-Verfassungsgeschichte Englands*

Meyer, Georg, **Anschütz**, Gerhard: Lehrbuch des Deutschen Staatsrechts, 6. Auflage, Leipzig 1905.
Zitiert: *Meyer/Anschütz-Staatsrecht*

Mohl, Robert von: Die Polizei-Wissenschaft nach den Grundsätzen des Rechtsstaates. Bd. 1, Tübingen 1844, S. 2–9, abgedruckt in: Klaus von Beyme (Hrsg.), Klassiker der Politik, Band 3, Köln 1966, S. 13 – 18.
Zitiert: *Mohl-Rechtsstaat*

Möller, Hauke: Die verfassungsgebende Gewalt des Volkes und die Schranken der Verfassungsrevision: Eine Untersuchung zu Art. 79 Abs. 3 GG und zur verfassungsgebenden Gewalt nach dem Grundgesetz, Berlin 2005.
Zitiert: *Möller*

Müller, Werner: Wirkungsbereich und Schranken der Versammlungsfreiheit, insbesondere im Verhältnis zur Meinungsfreiheit, Berlin 1974.
Zitiert: *Müller-Versammlungsfreiheit*

Nipperdey, Thomas: Deutsche Geschichte 1800–1866 – Bürgerwelt und starker Staat, München 1983.
Zitiert: *Nipperdey-Liberalismus*

Ott, Sieghart, **Wächtler**, Hartmut, **Heinhold**, Hubert: Gesetz über Versammlungen und Aufzüge (Versammlungsgesetz) mit Ergänzungen zum Bayerischen Versammlungsgesetz, 7. neubearbeitete und erweiterte Auflage, Stuttgart / München 2010.
Zitiert: *Ott/Wächtler/Heinhold-VersG*

Quilisch, Martin: Die demokratische Versammlung, Berlin 1970.
Zitiert: *Quilisch*

Ridder, Helmut, **Breitbach**, Michael, **Rühl**, Ulli, **Steinmeier**, Frank (Hrsg.): Versammlungsrecht, Kommentar, 1. Auflage, Baden-Baden 1992.
zitiert: *Ridder*-Bearbeiter

Romen, Antonius: Das Vereinsgesetz vom 19. April 1908 nebst Ausführungsbestimmungen – unter Benutzung der amtlichen Quellen und mit Berücksichtigung der gesamten Rechtsprechung bearbeitet und ausführlich erläutert, Reihe: Guttentagsche Sammlung Deutscher Reichsgesetze – Textausgaben mit Anmerkungen, Nr. 88, 4. Auflage, Berlin 1916.
Zitiert: *Romen-RVG*

Rupieper, Hermann-Josef: Die Wurzeln der westdeutschen Nachkriegsdemokratie – Der amerikanische Beitrag 1945–1952, Wiesbaden 1993.
Zitiert: *Rupieper*

Sachs, Michael: Grundgesetz Kommentar, 5. Auflage, München 2009.
Zitiert: *Sachs*-GG

Schnabel, Franz: Deutsche Geschichte im neunzehnten Jahrhundert, Band 3 Monarchie und Staatsgewalt, Freiburg 1964.
Zitiert: *Schnabel-Deutsche Geschichte*

Schönke, Adolf (begr.), **Schröder**, Horst (fortg.): Kommentar zum Strafgesetzbuch, 29., neubearbeitete Auflage, München 2014.
Zitiert: *S/S-Bearbeiter*

Schroth, Maximilian: Microfinance and the enhancement of economic development in less developed countries, Potsdam 2016, online abrufbar unter http://nbn-resolving.de/urn:nbn:de:kobv:517-opus4–94735.
Zitiert: *Schroth-Microfinance*

Schulze-Gävernitz, Hermann von: Lehrbuch des Deutschen Staatsrechts, Leipzig 1881.
Zitiert: *v. Schulze-Gävernitz-Deutsches Staatsrecht*

Schwäble, Ulrich: Das Grundrecht der Versammlungsfreiheit – Art. 8 GG (= Schriften zum öffentlichen Recht, Band 275), Berlin 1975.
Zitiert: *Schwäble*

Stier-Somlo, Fritz: Reichsvereinsgesetz vom 19. April 1908, Systematischer Kommentar, Stuttgart und Leipzig 1909.
Zitiert: *Stier-Somlo-RVG*

Stürmer, Michael: Die Reichsgründung. Deutscher Nationalstaat und europäisches Gleichgewicht im Zeitalter Bismarcks, München 1993
Zitiert: *Stürmer-Reichsgründung*

Thieme, Werner: Die Entwicklung des Verfassungsrechts im Saarland von 1945 bis 1958, in: Jahrbuch des öffentlichen Rechts der Gegenwart, Bd. 9, 1960, S. 432–462
Zitiert: *Thieme-Verfassungsrecht Saarland*

Thoma, Richard: Grundrecht und Polizeigewalt, in: Festgabe für das Preußische Oberverwaltungsgericht, Berlin 1925, S. 183–223
Zitiert: *Thoma-OVG Festschrift*

Trubel, Hans, **Hainka**, Franz: Das Versammlungsrecht. Ausführlicher Kommentar zum VersG, 1. Auflage, Hamburg 1953
Zitiert: *Trubel/Hainka-VersG*

Vierhaus, Rudolf, **Herbst**, Ludolf (Hrsg.): Biographisches Handbuch der Mitglieder des Deutschen Bundestages 1949–2002, 2 Bände, München 2003
Zitiert: *Vierhaus/Herbst Bd. [1/2]*

Wegener, Hans: Verfassungsfeindliche Handlungen im Bayerischen Sicherheits- und Polizeirecht, Würzburg 1971
Zitiert: *Wegener*

VIII. Stichwortverzeichnis

RECHTSHISTORISCHE REIHE

Die nachfolgende Liste führt die Titel der "Rechtshistorischen Reihe" ab Band 400 auf.
Eine vollständige Übersicht aller bisher in der Reihe erschienenen Bücher finden Sie auf
www.peterlang.com

Band	400	Thomas Simon (Hrsg.): Hundert Jahre allgemeines und gleiches Wahlrecht in Österreich. Modernes Wahlrecht unter den Bedingungen eines Vielvölkerstaates. 2010.
Band	401	Dörte Mentz: Die Beweislastumkehr in der Rechtsprechung des Reichsgerichts. 2010.
Band	402	Werner Schubert (Hrsg.): Oberster Gerichtshof für die Britische Zone (1948-1950). Nachschlagewerk Strafsachen – Nachschlagewerk Zivilsachen. Präjudizienbuch der Zivilsenate. Eingeleitet und herausgegeben von Werner Schubert. 2010.
Band	403	Yong Lei: Auf der Suche nach dem modernen Staat. Die Einflüsse der allgemeinen Staatslehre Johann Caspar Bluntschlis auf das Staatsdenken Liang Qichaos. 2010.
Band	404	Andreas Schwenk: Die Formbestimmung des § 313 BGB a. F. (§ 311 b Abs. 1 BGB n. F.) bei Verträgen über Grundstücke in der Rechtsprechung des Reichsgerichts. 2010
Band	405	René Schorsch: Eberhard Georg Otto Freiherr von Künßberg (1881-1941). Vom Wirken eines Rechtshistorikers. 2010.
Band	406	Ulrike Köbler: Werden, Wandel und Wesen des deutschen Privatrechtswortschatzes. 2010.
Band	407	Björn Florian Faulenbach: Rolle und Bedeutung der Lehre in der Rechtsprechung der Internationalen Gerichtshöfe im zwanzigsten Jahrhundert. 2010.
Band	408	Guangyu Fu: Das Causaproblem im deutschen Bereicherungsrecht. Eine rechtshistorische Untersuchung. 2010.
Band	409	Andreas Kimmelmann: Die Folter im Beweisverfahren der Leges Visigothorum. Chindasvinths Gesetzgebung im Spiegel der westgotischen Rechtsentwicklung. 2010.
Band	410	Jacqueline Schmaltz: Die Entwicklung der Industrie- und Handelskammern. Zwischen Pflicht und Kür. 2010.
Band	411	Hermann Nehlsen: Bayerische Rechtsgeschichte vom frühen Mittelalter bis zum 20. Jahrhundert. 2011.
Band	412	Kathrin Spoerr: Recht und Revolution. Deutsche Ökonomen und ihr Einfluss auf das Recht der Weimarer Republik – eine Zeitschriftenschau 1917-1920. 2011.
Band	413	Moritz von Köckritz: Die deutschen Oberlandesgerichtspräsidenten im Nationalsozialismus (1933-1945). 2011.
Band	414	Annika Lillemor Lara Rabaa: Die Ehe als Rechtsinstitut im Badischen Landrecht von 1810. Unter besonderer Berücksichtigung der gesellschaftlichen Entwicklungen im 19. Jahrhundert. 2011.
Band	415	Christian Hattenhauer / Klaus-Peter Schroeder (Hrsg.): 200 Jahre Badisches Landrecht von 1809/1810. Jubiläumssymposium des Instituts für geschichtliche Rechtswissenschaft der Ruprechts-Karls-Universität Heidelberg und der Heidelberger Rechtshistorischen Gesellschaft vom 23. bis 26. September 2009. 2011.
Band	416	Tobias Alexander Krammerbauer: Die Ministerverantwortlichkeit und die Vorformen sonstiger Verfassungsgerichtsbarkeit in Württemberg zwischen 1815 und 1918. 2011.

Band 417 Werner Schubert (Hrsg.): Quellen zur GmbH-Reform von 1958 bis zum GmbH-Änderungsgesetz von 1980. Eingeleitet und herausgegeben von Werner Schubert. 2011.

Band 418 Gisela Emling: Johannes Heckel. Leben und Wirken (1889-1963). 2011.

Band 419 Jochen Kirschbaum: Die Etablierung der Historischen Rechtsschule an der Ludoviciana (1814-1824). 2011.

Band 420 Sören Koch: Unaufgeforderte Hilfeleistung in Notsituationen. Eine rechtshistorische und rechtsvergleichende Studie zu den zivilrechtlichen Aspekten der Nothilfe mit besonderer Berücksichtigung des Rechts der Geschäftsführung ohne Auftrag. 2011.

Band 421 Friedrich Carl von Savigny: Die Prinzipienfragen in Beziehung auf eine neue Strafprozeß-Ordnung. Ausgearbeitet im Justizministerium für die Gesetzrevision. Eingeleitet und herausgeben von Werner Schubert. 2011.

Band 422 Stephan Faulwetter: Von der Zunft zur Handelskammer. Zur Entwicklung des Gewerberechts in thüringischen Staaten. 2011.

Band 423 Moritz Eisenhardt: Sanierung statt Liquidation. Die Geschichte des Vergleichs zur Abwendung des Konkurses unter besonderer Berücksichtigung der Vergleichsordnung von 1927 und 1935. 2011.

Band 424 Gerd Kleinheyer: Beiträge zur Strafrechtsgeschichte. Herausgeben von Franz Dorn, Mathias Schmoeckel und Jan Schröder. 2011.

Band 425 Ralf Maertens: Das Landgericht Altona (1879-1937) und die Anfänge des Landgerichts Itzehoe (1937-1945). Unter besonderer Berücksichtigung ihrer Tätigkeitsberichte und rechtspolitischen Stellungnahmen. 2011.

Band 426 Mark Friedrich: Ferdinand von Martitz (1839-1921). Rechtshistoriker, Staatsrechtler und Völkerrechtler zwischen dem Ende des Deutschen Bundes und dem Beginn der Weimarer Republik. 2012.

Band 427 Sebastian Krusche: Die Bundesrechtsanwaltsordnung vom 1. August 1959. Vorgeschichte und Entstehung. 2012.

Band 428 Marju Luts-Sootak / Sanita Osipova / Frank L. Schäfer (Hrsg./eds.): Einheit und Vielfalt in der Rechtsgeschichte im Ostseeraum. Unity and Plurality in the Legal History of the Baltic Sea Area. Sechster Rechtshistorikertag im Ostseeraum, 3.-5. Juni 2010 in Tartu (Estland) / Riga (Lettland). 6th Conference in Legal History in the Baltic Sea Area, 3rd-5rd June 2010 Tartu (Estonia) / Riga (Latvia). 2012.

Band 429 Margret R. I. Bootz: Die Hamburger Rechtsprechung zum Arbeitsrecht im Nationalsozialismus bis zum Beginn des 2. Weltkriegs. 2012.

Band 430 Heiko Zech: Die soziale Frage im Konkursrecht 1879-1900. 2012.

Band 431 Jan C. Lorenzen: Das Bundesnaturschutzgesetz vom 20. Dezember 1976. Die Entwicklung des Naturschutzrechtes in Deutschland von den Anfängen bis zur Neukodifikation des Bundesnaturschutzgesetzes von 1976. 2012.

Band 432 Ulrike Ingrid Bernhardt: Geschichte des Weinrechts im Deutschen Kaiserreich (1871-1918). Mit einem Überblick zur Vorgeschichte und Weiterentwicklung bis zur Gegenwart. 2012.

Band 433 Elisabeth Otto: Das Verwaltungsrecht in der SBZ / DDR bis zur Verwaltungsneugliederung im Jahr 1952. 2012.

Band 434 Werner Schubert: Zur Geschichte der Justizverfassung in Schleswig-Holstein im 19. und 20. Jahrhundert. Quellen und Studien. 2012.

Band 435 Stefan Ellenberg: Herrschaft und Reform. Zur Diskussion um die Aktienrechtsreform und den Konzern in der Weimarer Zeit. 2012.

Band 436 Jasmin Sonntag: Gesetzgebung und Verwaltung im Dalbergstaat 1802-1810. 2012.

Band 437 Martin Komusiewicz: Die Diskussion um das Verhältnis von Rechtsanwaltschaft und Notariat seit dem Ende des 18. Jahrhunderts bis zum Erlass der Bundesnotarordnung. 2012.

Band 438 Henriette von Breitenbuch: Karl Neumeyer – Leben und Werk (1869-1941). 2013.

Band 439 Günter Baranowski: Russische Rechtsgeschichte: Texte und Erläuterungen. Teil 1: Von den Anfängen bis 1612/13. 2013.

Band 440 Werner Schubert (Hrsg.): Staatsanwaltschaftsrecht (1934-1982). Quellen zu den Reformprojekten (Organisation – Innerer Dienstbetrieb – Ermittlungsverfahren – Verhältnis der Staatsanwaltschaft zur Polizei) und zur Anordnung über Organisation und Dienstbetrieb der Staatsanwaltschaft (OrgStA). Eingeleitet und herausgegeben von Werner Schubert. 2013.

Band 441 York Zieren: Das Schiedsverfahrensrecht der ZPO (1877-1933) unter Berücksichtigung der Genfer Übereinkommen von 1923 und 1927 sowie der Rechtsprechung des Reichsgerichts. 2013.

Band 442 Stefan Wolf: Das Jenaer Studium der Rechte im Dritten Reich. Zwischen Tradition und nationalsozialistischer Ideologie. 2013.

Band 443 Bernhard Klose: Das Verblassen eines Makels. Das Nichtehelichenrecht der DDR als Teil der gesamtdeutschen Entwicklung. 2013.

Band 444 Peter Opitz-von Bardeleben: Das Generalgouvernement Niederrhein. 2013.

Band 445 Nadine Göppner: Vorgeschichte und Entstehung des Atomgesetzes vom 23.12.1959. 2013.

Band 446 Frank L. Schäfer / Werner Schubert (Hrsg./eds.): Justiz und Justizverfassung / Judiciary and Judical System. Siebter Rechtshistorikertag im Ostseeraum, 3.-5. Mai 2012 Schleswig-Holstein / 7th Conference in Legal History in the Baltic Sea Area, 3rd-5th May 2012 Schleswig-Holstein. 2013.

Band 447 Sandy Schenker: Gegen Täuschungen und Gesundheitsgefährdungen durch schlechte Nahrung. Zur Entwicklung des Nahrungsmittelrechts durch Rechtsprechung und Gesetzgebung zwischen 1871 und 1927. 2013.

Band 448 Youn Seok Choi: Der Besitzerwerb des Erben. Historische Entwicklungen, die Lösung des § 857 BGB und ihre Anwendungsprobleme. 2013.

Band 449 Johannes Kalb: Die innerstädtische Auseinandersetzung in Regensburg am Ende der Reichsunmittelbarkeit. Eine historische und rechtliche Untersuchung. 2014.

Band 450 Thomas Habbe: Lastenausgleich. Die rechtliche Behandlung von Kriegsschäden in Deutschland seit dem 30jährigen Krieg. 2014.

Band 451 Günter Baranowski: Russische Rechtsgeschichte: Texte und Erläuterungen. Teil 2: Von 1613 bis 1682. 2015.

Band 452 Wilhelm Brauneder (Hrsg): Landrechtsentwurf für Österreich unter der Enns 1526. 2015.

Band 453 Maximilian Elsner von der Malsburg: „Arisierung“ von Privatbanken am Beispiel des Bankhauses E. J. Meyer in Berlin. 2015.

Band 454 Tanja Claussen: Johann Julius Wilhelm Planck (1817-1900). Leben und Werk. 2015.

Band 455 Werner Schubert (Hrsg.): Das Reichsjustizministerium und die höheren Justizbehörden in der NS-Zeit (1935-1944). Protokolle und Mitschriften der Arbeitstagungen der Reichs-justizminister mit den Präsidenten der Oberlandesgerichte, des Volksgerichtshofs, des Reichsgerichts sowie mit den Generalstaatsanwälten. Eingeleitet und herausgeben von Werner Schubert. 2015.

Band 456 Christian Vahl: Die gesetzliche Regelung des Seefrachtvertrags im deutschen Recht. Eine rechtshistorische Betrachtung unter besonderer Berücksichtigung der Beratungen des Seerechtsausschusses der Akademie für Deutsches Recht (1934-1942). 2015.

Band 457 Ruomeng Yang: Die Rezeption der europäischen Privatrechte in China und die konfuzianische Tradition. Das Beispiel des Deliktsrechts im frühen 20. Jahrhundert. 2015.

Band 458 Piotr Wittmann: „Der da sein Practic auß Teutschen Tractaten will lernen". Rechtspraktiker in deutschsprachiger Praktikerliteratur des 16. Jahrhunderts. 2015.

Band 459 Georg Rasche: Richter, Sachverständige, Handelskammern. Preußische Justizverwaltung und kaufmännische Interessen zwischen 1879 und 1907. 2015.

Band 460 Daniel Hupe: Von der Hierarchie zur Egalität in den Zivilrechtskodifikationen des 19. Jahrhunderts vor dem BGB. 2015.

Band 461 Wilhelm Brauneder (Hrsg.): Landrechtsentwurf für Österreich unter der Enns 1573. 2015.

Band 462 Tunay Sürek: Die Verfassungsbestrebungen der Tanzimât-Periode. Das *Kanun-i Esasî* – Die osmanische Verfassung von 1876. 2016.

Band 463 Takashi Izumo: Die Gesetzgebungslehre im Bereich des Privatrechts bei Christian Thomasius. 2016.

Band 464 Werner Schubert (Hrsg.): Quellen zum Bau- und Enteignungsrecht (1940-1958). Entwürfe zu einem Reichsbaugesetz (1940/41) – Vorentwurf zu einem Deutschen Baugesetzbuch von 1942 – Entwürfe zu einem Baugesetzbuch (1949/50) – Baulandbeschaffungsgesetz vom 3.8.1953 – Entwurf zu einem Bundesenteignungsgesetz von 1958. Eingeleitet und herausgegeben von Werner Schubert. 2016.

Band 465 Daniel Bischof: Geschichte der Wald- und Forstgesetzgebung im Bundesland Schleswig-Holstein. Unter Einbeziehung der Entwürfe zu einem Reichsforstgesetz von 1940/42 und der Entstehung des Bundeswaldgesetzes von 1975. 2016.

Band 466 Lena Darabeygi: Die Causa „Blinkfüer" und die Grundrechtsdogmatik zur Pressefreiheit in Weimar und Bonn. 2017.

Band 467 Werner Schubert (Hrsg.): Quellen zum Aktiengesetz vom 18. Juli 1884. 2017.

Band 468 Manfred Josef Thaler: Die Domkapitel der Reichskirche vom Wiener Konkordat bis zur Säkularisation (1448-1803). Grundzüge ihrer Verfassung im Vergleich. 2017.

Band 469 Philipp Eckert: Entstehung und Bedeutung des Landesverwaltungsgesetzes Schleswig-Holstein. 2017.

Band 470 Julia Christine Klix: Privatrechtstheorie und Wirtschaft von 1967 bis 1982. Unter besonderer Berücksichtigung der Kartellrechtsgeschichte. 2017.

Band 471 Thorsten Thielen: Friede und Recht. Studien zur Genese des frühmittelalterlichen Herrscher- und Tugendideals in der lateinischen Literatur der römischen Antike und des frühen Mittelalters. 2017.

Band 472 Werner Schubert (Hrsg.): Das Reichsjustizministerium unter Otto Thierack (1942-1945). Teil 1: Amt für Neuordnung der deutschen Gerichtsverfassung (Berichte von 1943/44 über den Besuch von 13 Oberlandesgerichten). Amt für Nachwuchsfragen (Juni/Juli 1944). 2017.

Band 473 Werner Schubert (Hrsg.): Das Reichsjustizministerium unter Otto Thierack (1942-1945). Teil 2: Die Arbeitstagungen auf der „Reichsburg Kochem" von April bis August 1944 (Protokolle und Berichte). 2017.

Band 474 Ruprecht Freiherr von Maltzahn: Das Versammlungsgesetz vom 24. Juli 1953. Vorgeschichte, Gesetzgebungsverfahren sowie spätere Änderungen. 2017.

www.peterlang.com